北京市顺义区党史地方志办公室　编

北京出版集团
北 京 出 版 社

图书在版编目（CIP）数据

北京顺义年鉴. 2020 / 北京市顺义区党史地方志办公室编. — 北京 : 北京出版社，2020. 12

ISBN 978－7－200－15897－7

Ⅰ. ①北… Ⅱ. ①北… Ⅲ. ①顺义区—2020—年鉴 Ⅳ. ①Z521.3

中国版本图书馆 CIP 数据核字（2020）第 186442 号

审图号：京 S（2020）030 号

责任编辑　杜冬梅
英文翻译　丰丹宁
英文审定　何艳艳
索引制作　刘书峰　许宏宇
封面设计　北京市顺平印刷厂
版式设计　北京市顺平印刷厂　品欣文化
责任印制　陈冬梅

北京顺义年鉴 2020
BEIJING SHUNYI NIANJIAN 2020
北京市顺义区党史地方志办公室　编
*
北　京　出　版　集　团
北　京　出　版　社　出版
（北京北三环中路 6 号）
邮政编码：100120
网　　址：www. bph. com. cn
北 京 出 版 集 团 总 发 行
新　华　书　店　经　销
廊坊市佳艺印务有限公司印刷
*
889 毫米×1194 毫米　16 开本　40.5 印张　1159 千字
2020 年 12 月第 1 版　2020 年 12 月第 1 次印刷
印数　1—1000

ISBN 978－7－200－15987－7
定价：280.00 元
如有印装质量问题，由本社负责调换
质量监督电话：010－58572393

特约撰稿人名单

（按姓氏笔画排序）

于　田　马大鹏　马小梅　马姜月　马骏鹏　丰丕超　王　凡

王　帅　王　芹　王　茜　王　彪　王　跃　王　焱　王　雷

王三军　王乐欣　王凌燕　王浩宇　王雪彬　王曼洁　王跃文

车利剑　仇东颖　仇伟颖　方中贵　尹　梦　邓国军　石艳斌

石淑芳　田　凯　田　铮　田立娟　田建秀　史林霞　付佳玉

付建平　付晓飞　白伟民　冯　宠　宁艳霞　邢　超　邢雪华

毕桂榕　吕　婷　吕雄伟　朱乐天　朱剑平　朱雪佳　朱琳婧

朱紫仪　乔　阳　任　刚　任立春　任永东　刘　凡　刘　芳

刘　杨　刘　峣　刘　溢　刘之海　刘子龙　刘子鹤　刘天华

刘冯玮　刘亚民　刘秀娟　刘明非　刘忠诚　刘依然　刘珊珊

刘胜利　刘朝辉　刘晶晶　闫　光　闫　旭　闫文龙　闫文彬

羊新征　许立新　孙　伟　孙　勇　孙　慧　孙东立　孙佳宇

孙海英　孙敬思　苏红利　杜　勇　李　丹　李　响　李　恒

李　娜　李　喆　李　鑫　李小新　李月明　李文文　李龙旺

李向利　李红艳　李连勇　李希堃　李建惟　李建新　李素香

李钰子　李雪峰　李崇贤　李婷婷　李新利　李聪新　李颜宁

杨　旭　杨　岳　杨　艳　杨　超　杨　葛　杨　璇　杨凤跃

杨世云　杨研佳　杨保华　杨炳彦　杨海红　杨慧雯　肖　钢

吴天强　谷芸芸　邸建韬　张　丹　张　旭　张　欢　张　杰

张　虎　张　娈　张　娟　张　晶　张　颖　张　静　张　影

张乃迪　张卫华　张云阳　张文海　张正言　张伟良　张庆玲

张丽珍　张拥军　张欣然　张欣慰　张河洋　张孟培　张春青

张重阳　张艳丽　张振友　张莹莹　张晓东　张雪原　陈　超

陈　静　陈东坡　陈立东　陈更硕　陈宝江　陈慧明　武卫金

武智欣　武巍巍　周　锋　周　静　周　蕊　周立鹃　周志贤

周君姝　周佳琦　周莹蓝　周晓东　周倩倩　周雪斌　周涵钰

庞海雄　於　忻　郑若倩　单江玉　孟佑娟　赵　旭　赵　欣

赵　恺　赵　倩　赵宏伟　赵国栋　赵国辉　赵瑞冬　赵德军

荆丽华　胡向华　胡莞玥　段小岩　侯　松　施薇薇　姜胜男

秦　蓁　袁永章　桂欣然　贾　雁　贾　楠　柴　虎　柴婉筠

徐国强　徐宝霞　徐溪瑶　奚冬梅　高　宁　郭　荣　郭　燕

郭小燕　郭子龙　郭伟强　郭思晨　郭媛媛　黄经纶　黄秋凤

黄颖华　曹四林　曹会军　曹梦涵　崔秋红　崔爱丽　梁　民

梁　芳　尉雅君　彭　倩　彭玉梅　彭笑月　董亚荣　韩　健

程来顺　焦红梅　曾旭红　谢梦洋　甄　雨　虞海燕　鲍　静

鲍晓芹　蔡学萍　廖　蕊　潘广伟　潘德宇　霍金秋　穆晓慧

穆鑫然　鞠佳佳　魏　征　魏安琪　魏济江

照片提供者名单

（按姓氏笔画排序）

王慧丽　孔繁建　刘国明　刘咏涵　李明磊　杨灵芝　杨学文

杨媛媛　吴永德　张　彪　张文海　张立新　张春青　武亦彬

郑薪宇　郝国斌　侯　松　徐　牛　徐　茂　高伟民　郭　坤

编辑说明

一、《北京顺义年鉴》是一部由中共北京市顺义区委员会和顺义区人民政府主办，北京市顺义区党史地方志办公室主持编纂的地方综合年鉴。自2007年开始逐年编纂并公开出版，一年一卷，本卷为第14卷。

二、《北京顺义年鉴》坚持以马克思列宁主义、毛泽东思想、邓小平理论、“三个代表”重要思想、科学发展观、习近平新时代中国特色社会主义思想为指导，坚持辩证唯物主义和历史唯物主义的立场、观点、方法，存真求实，全面、客观、系统地记述区域发展情况。

三、《北京顺义年鉴》以出版年号为卷次名称。本卷全面记述顺义区2019年政治、经济、文化和社会发展等各方面的基本情况和重大事件，记述时限为2019年1月1日至2019年12月31日。凡在本书中直书月、日的，均指2019年内的日期，文中“年内”指2019年。书中涉及其他年份的时间均标明年份。

四、《北京顺义年鉴》采用分类编纂体例，由类目、分目、条目组成。全书条目标题统一用黑体外加【 】表示。本卷设有区情概览、特载、大事记、中国共产党顺义区委员会、顺义区人民代表大会、顺义区人民政府、政协北京市顺义区委员会、纪检　监察、民主党派、人民团体、法治、军事、经济管理、临空经济、工业　建筑业、商务服务业　金融业、旅游业、农业与农村建设、城乡建设与规划、城乡管理、科技、教育、文化、卫生　体育、社会生活、街道　镇、附录共27个类目。

五、文中除“民主党派”部分外，未标明党派的“市委”均指“中共北京市委”，“区委”均指“中共顺义区委”，“党员”均指“中共党员”，“党建”工作均指“中国共产党建设”工作。

六、中共中央、国务院、中共北京市委、北京市人民政府及其所属部门直接使用当期规范简称。

七、入鉴的资料均由各撰稿单位确定专人撰写，并经主要负责人审核。部分资料由编辑部收集。主要数据和统计资料由顺义区统计局提供，部分资料由各相关部门提供。由于统计口径等原因，相关部门的个别数据与统计资料不一致，以统计资料为准。照片由各相关单位提供。

八、《北京顺义年鉴》的编辑工作得到各撰稿单位及各方面的大力支持。由于水平有限，对本书的疏漏及不足之处，恳请各界批评指正。

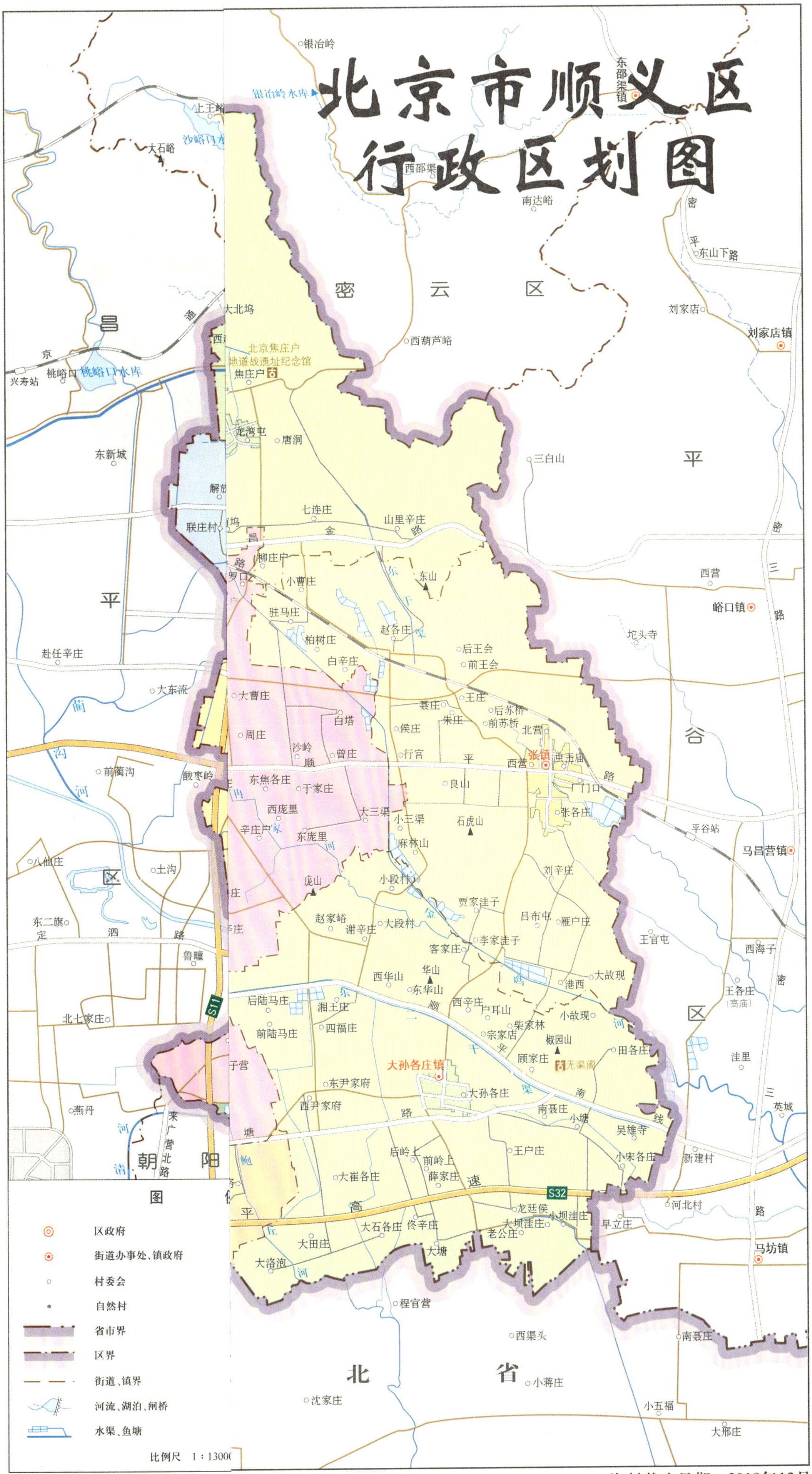

北京市顺义区
行政区划图

图例

- 区政府
- 街道办事处、镇政府
- 村委会
- 自然村
- 省市界
- 区界
- 街道、镇界
- 河流、湖泊、闸桥
- 水渠、鱼塘

比例尺 1：13000

审图号：京S（2020）030号

资料截止日期：2019年12月

12 月 27 日，顺义公安分局“五大安保” 表彰总结大会召开

年内，“民有所呼，我有所应”——顺义区便民服务热线接办工作大培训

2 月 28 日，区税务局与区财政局联合开展优化税收营商环境培训暨减税降费辅导会

4 月 15 日，北京市第四次全国经济普查领导小组检查组到顺义区石门市场鲜肉大厅调研指导顺义区第四次全国经济普查登记阶段数据质量检查工作

4 月 18 日，由北京市地方金融监督管理局、北京市顺义区人民政府共同主办的北京畅融工程第一季暨 2019 北京 5G 产业与金融发展论坛企业落户顺义区签约仪式举办

5 月 1 日，空港街道“深夜食街”开街

5 月 22 日，在第十届中国卫星导航年会上，由中国兵器工业导航与控制技术研究所投资建设的导航与控制产业基地落户顺义园

6 月 12 日，种植中心技术人员到南彩镇东江头村开展小麦产量及成熟情况监测

9 月 20 日，临空经济核心区海高大厦创新创业平台签约仪式举办

10 月 22—25 日，北小营镇在世界智能网联汽车大会的 W4-N8 展区展示智能网联汽车特色小镇建设成果

北京市非税收入统一票据（电子）

票据代码：11010119
交款人统一社会信用代码：
交款人：个人

票据号码：0022020310
校验码：847081
开票日期：2019-12-01

项目编码	项目名称	单位	数量	标准	金额（元）	备注
152010003	停车占道费	元	1	1.00	1.00	
金额合计（大写）壹元整				（小写）1.00		

其他信息：110113

收款单位（章）：北京市顺义区城市管理委员会　复核人：　收款人：顺义区城市管理委员会

12 月 1 日，顺义区第一张财政电子票据开具

12 月 10 日，京沈客运专线断面施工现场

12 月底，顺平辅线提级改造工程通车

年内，安宁大街（安华大街—京密路）道路及市政配套工程完工

年内，北京市首个水上漂浮式光伏发电项目实现并网发电

1 月 28 日，第三届北京·顺义张镇灶王文化节在张镇莲花山滑雪场开幕

5 月 22 日，第四届北京顺义樱桃采摘旅游文化节中外儿童绘制的百米画卷《献礼 70 周年》

6月28日，第28届北京国际燕京啤酒文化节在顺义奥林匹克水上公园开幕

9月，顺义区法院庆祝建国、建院70周年制作相册《同心同梦70年》

9月15日，北京市中小学生“我和我的祖国”传唱新童谣优秀作品展演活动在中国宋庆龄青少年科技文化交流中心举行

9月20—27日，区总工会举办“劳动光荣——与共和国同成长 与新时代齐奋进”主题展览

10月15日，“我和我的祖国”庆祝中华人民共和国成立70周年专场演唱会举办

2019 年，北京世园会顺义主题花坛

2019 年中国农民丰收节现场

6月7日、8日，顺义区城管执法局开展高考服务保障工作

10月，区妇联与志愿者24小时值班，坚守国庆服务保障重要岗位

年内，胜利街道开展“一碗粥温暖一座城”活动

5月29日，北京市“一校一品”体育教学改革阶段成果展示（顺义分会场）活动在首都师范大学顺义附小举行

6月2日，2019年第二届天竺杯国际人才社区MINI马拉松挑战赛举办

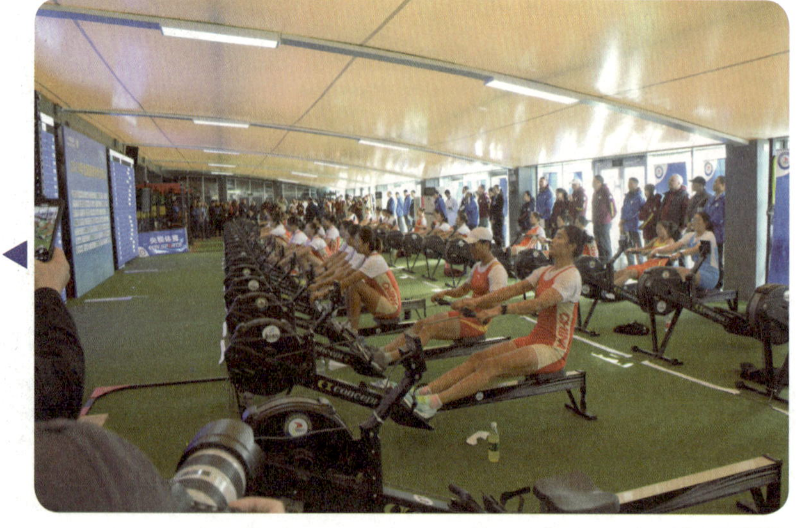

年内，2019年全国赛艇秋季冠军赛在奥林匹克水上公园（国家北京顺义体育训练基地）进行

目　录

顺义区人民代表大会

顺义区人民政府

政协北京市顺义区委员会

纪检　监察

民主党派

人民团体

法 治

军　事

经济管理

临空经济

工业　建筑业

商务服务业　金融业

旅游业

农业与农村建设

城乡建设与规划

城乡管理

科　技

教 育

文　化

卫生　体育

社会生活

街道　镇

附 录

索 引

CONTENTS

People's Organization

Rule of Law

Military

Economic Management

Airport Economic

Industry and Construction

Business Service Industry and Financial Industry

Tourism

Agriculture and Rural Construction

Urban and Rural Construction and Planning

Urban and Rural Management

Science and Technology

Education

Culture

Health and Sports

Social Life

Street and Town

Appendix

Index

区情概览

截至2019年底，顺义区下辖12个镇、7个地区办事处（加挂镇牌）和6个街道办事处，共426个村民委员会、140个居民委员会。全区常住人口1166605人，其中户籍人口655306人、流动人口511299人。

全年地区生产总值同比增长6%；完成一般公共预算收入165.7亿元，同比增长4%；全区居民人均可支配收入同比增长9.2%；完成固定资产投资462.7亿元；完成社会消费品零售总额506.1亿元，同比增长5.7%；城镇登记失业率控制在1.5%左右；全区PM2.5年均浓度下降到41微克/米^3，达到市级任务要求；较好地完成区五届人大第五次会议确定的各项任务。

2019年国民经济和社会发展

重大活动服务保障任务

2019年大事多、喜事多、盛事多，顺义区坚持将服务保障重大活动作为首要政治任务，针对中华人民共和国成立70周年庆祝活动，每日调度、一线督导，全区各部门、各属地密切配合、协调联动，完成群众游行、群众观礼、群众联欢、环境质量、安全稳定等服务保障任务。完成党的十九届四中全会、第二届“一带一路”国际合作高峰论坛、世界园艺博览会、亚洲文明对话大会等一系列重大活动服务保障工作，确保城市运行平稳有序、社会大局安全稳定。

经济建设

经济发展质效提升。认真落实中央“六稳”要求，确保经济运行保持在合理区间、质量效益不断提升。第三产业增加值占地区生产总值比重达到65%以上，单位地区生产总值能耗和水耗分别下降4.9%和10%。全区固定资产投资完成455亿元，其中建安投资完成210亿元。30亿元区政府固定资产投资分3批全部下达，120项重点工程全部完成立项，其中竣工25项、在建55项。为参加2018年海外展会的49家企业争取市级资金715万元。推动口岸提效降费，天竺综保区保税货物进、出口整体通关时间较2018年分别压缩67%、79%，保税货物通关时间全国领先。“一企一策”服务重点外贸企业，全年进出口额完成1050亿元，实际利用外资9.2亿美元。加大补短板有效投资力度，《进一步加强政府投资项目超投资管理意见》出台，政府投资资金使用效益提高。

创新动能不断积蓄。完成《北京创新产业集群示范区（顺义）发展规划（2017—2035年）》，制定《顺义区智能制造三年行动计划（2020—2022年）》，《北京国际合作产业园区（中德园区）规划方案》编制完成，制定《顺义区国家高新技术企业倍增三年行动计划》，全区国家级高新技术企业超过900家。全区累计认定登记技术合同485项，同比增长105%；技术合同成交额41.8亿元，同比增长84%。依托北京市科技成果转化统筹协调与服务平台，促成多家企业与高校院所对接。北大资源双创园、久悦体育等首批12个老旧厂房再利用试点全面开展。

重大产业促发展。7项研究成果在2019世界智能网联汽车大会集中发布。第十届中国卫星导航年会吸引国内外3000余位专家代表参会，159家国内外单位参展。京交会顺义分会场实现签约额106亿美元，在10个分会场中排名第一；4个展区获评最佳展区。在中德隐形冠军创新发展高峰论坛上，与9家公司签订合作协议。

加快消费转型升级步伐，社会消费品零售总额增长5.5%左右。《促消费稳增长工作方案》出台，《商业服务业专项提升三年行动计划》起草。中粮祥云小镇“深夜食街”成为全市首批“夜京城”商圈之一，夜间经济成为消费新动力；沃尔玛山姆店正式开业。

社会建设与服务

河东河西（以潮白河为界）协调发展持续推动。加快补齐河东基础设施和公共服务短板，百项工程完成立项79项，其中竣工26项、在建27项。顺平辅线提级改造工程实现通车，木燕路、顺密路、顺平路杜各庄桥等大修工程完工。新增供水管网12.4千米，杨镇、龙湾屯镇、南彩镇等达到通水条件，木林镇等燃气管网提升工程手续办理完成，郝家疃变电站扩建、东府站110千伏切改工程完工。南彩第一幼儿园、乔智幼儿园建设完成，新增学前学位720个。北京城市学院顺义校区三期工程拆迁完成。

基础设施建设加快推进。区文化中心、电子政务中心和劳动力实训基地五方验收完成。舞彩浅山郊野公园一期、海航城市森林主体完工。获评“四好农村路”全国示范区，通怀路、木孙路、天北路北延等道路工程加快推进，2741基“有灯不亮”路灯治理、40千米“有路无灯”补建完成。首条大件垃圾处理线和生活垃圾焚烧二期、餐厨垃圾处理厂投入使用，生活垃圾无害化处理率100%，生活垃圾分类示范片区覆盖率60%。基本便民商业服务功能城市社区覆盖率97.7%。31座城市公厕品质提升改造完成。

城市精细化治理水平不断提升。探索为基层赋权增能，优化线性工程、公厕提升等领域工作机制。“多网融合”城市管理网全面启用，镇街网格化综合管理指挥中心全部建立，区级指挥中心大厅建设完成。“智慧顺义”稳步推进，“雪亮工程”主体建设完成。全市入驻部门、综合窗口最多的区级政务服务中心投入使用。认真抓好“9+N”2.0版新政策落实，优化简易低风险工程建设项目审批服务，“水气热”e家办服务模式纳入全市典型并推广，服务企业信息平台上线运行。首都国际人才社区顺义试点正式获批。严管严查安全生产工作，检查企业12万家次。实现平安度汛，食品安全示范区创建成果日益巩固。

生态环境建设

大气污染治理成效明显。《顺义区打赢蓝天保卫战2019年行动计划》（顺政办发〔2019〕3号）由顺义区政府办印发实施，区大气办配套印发《顺义区打赢蓝天保卫战2019年行动计划细化实施方案》（顺大气办发〔2019〕3号）。全年顺义区PM2.5年均浓度为41微克/米^3，比全市低1微克，同比下降18%。全力推进挥发性有机物减排，实施燃气锅炉低氮改造工作，完成大龙供热中心城东、城西800蒸吨燃气锅炉提标改造，完成餐饮单位升级改造1800余家，淘汰高排放老旧柴油货车3593辆。全年顺义区年均降尘量为5.3吨/（平方公里·月）。疏解退出一般性制造业企业82家，居全市第二。

水环境建设深入推进。《顺义区集中式饮用水水源保护区清理整治方案》印发实施，每季度向社会公开7个集中式水源地生活饮用水安全状况信息，巩固京密引水渠（顺义段）整改效果。开展“绿盾2019”专项行动，结合《“绿盾2019”自然保护地强化监督专项行动方案》，对汉石桥湿地192个遥感点位进行全面核查，全年完成整改点位188个，占比98%。全区污水处理率达到93%，国家级和市级考核断面稳定达标，区级跨界断面补偿金同比下降39.9%。严格落实河长制，小微水体整治率达到95%。农村污水治理工程完成42个村，区污泥处置工程完工，牛栏山再生水厂通水运行，张镇再生水厂设备安装中，新建污水管线、雨污合流管线改造完成率均排名全市第一。

区域环境面貌持续美化。疏整促专项行动坚定有序，治理违法建设达到场清地净标准403万平方米、腾退土地511公顷，增设公园绿地7处、口袋公园5处、停车场57处，完成“补短板促提升”工作任务1.7万项。深入开展农村人居环境整治，626个农村公厕达标改造全部立项，农村户厕改造年度任务提前超额完成，覆盖率达到95%。新一轮百万亩造林1553.33公顷（2.33万亩）。扎实开展土壤污染防治，辖区受污染耕地、污染地块安全利用率达到90%以上。

农村城市化建设

2019年，农林牧渔业总产值43.37亿元，同比下降6.3%；全区居民人均可支配收入39948元，增长9.4%。

夯实农业基础，促进转型升级。农地保护水平不断提高。持续对疑似“大棚房”问题的图斑全面清查核查。建立“大棚房”长效监管机制，实现“一棚一码”。完成2019年耕地地力保护补贴，补贴面积5666.67公顷（8.5万亩），补贴金额2559万元。农业科技含量不断提高。本区农村实用人才总量突破2000名。持续推进“百名专家兴顺工程”，鼓励科研机构和专家，深入生产一线，促进农民增收。全面提高农业机械装备水平，主要农作物（玉米、小麦）耕种收综合机械化率达到98%以上。推动农业高质量发展。打造5个“龙头企业、中小企业、合作社”农业产业化联合体试点、实施“一村一品+休闲农业”试点工程。深化农业品牌建设，本区现有“北京农业好品牌”7个、“北京农业好基地”13家、市级以上农业产业化龙头企业18家。举办2019年“中国农民丰收节”北京市顺义区庆祝活动，创建国家农产品质量安全县，2019年度农产品样本检测合格率达100%。

加快补齐短板，巩固美丽乡村建设。推进农村人居环境整治。累计完成356个村庄规划编制。

在104个村实施污水治理工程，42个村污水设施投入使用。改造农村公厕112座，户厕5692户。清除私搭乱建、侵街占道1.9万余处84万平方米。完成绿化面积33.69公顷（505.35亩），栽植乔灌木5.1万余株，地被植物5.37万平方米。全区粪污无害化处理率和资源化利用率达到85%以上。做好农村地区村庄冬季清洁取暖工作。改造完成仁和镇庄头村325户“煤改电”工程。

聚力精准帮扶，提升农民获得感。扎实开展低收入农户精准帮扶工作。扎实推进“六个一批”精准帮扶措施，安排专项资金3941.94万元，在低收入村建设蔬菜标准化基地产业发展项目，号召区属企业开展对接帮扶，形成“一企一村”帮扶模式。开展339户低收入农户危房改造工作，持续改善农户居住条件。2019年，本区低收入农户人均可支配收入16018元，同比增长17.0%。规范发展农村集体经济。完成445个集体经济组织和94个所属企业“清产核资”工作；加强农村集体资源管理，依托北京市产权交易平台，累计成交农村产权交易项目91宗，成交金额20086.05万元。稳定农村土地承包关系，累计打印确权证书7.27万份。

科技　教育　文化　卫生　体育

围绕提高企业创新能力，进一步加大科技支持力度。《顺义区加快科技创新促进科技成果转化实施细则》《顺义区专利促进与保护实施细则》《顺义区知识产权质押贷款风险处置资金池管理办法》出台，《顺义区国家高新技术企业倍增三年行动计划》制定，推动形成“大企业支撑、创新企业繁荣”的发展格局，全年高新技术企业数达到1147家。本区有7家单位获北京市科学技术奖。其中，航天星图科技（北京）有限公司参与的“国家多源遥感数据高精度智能处理与应用新技术”，北京汽车研究总院有限公司牵头、北京汽车集团有限公司越野车分公司参与的“BJ40系列轻型越野汽车的研发及应用”，北京北一机床股份有限公司参与的“高精超大尺度重型车铣复合机床精准制造关键技术及应用”3个项目获北京市科学技术奖一等奖。全区专利申请量为6623件，专利授权量为3753件，PCT专利申请量为44件。全区有效发明专利拥有量为2999件。

年内，南彩第一幼儿园、乔智幼儿园建设完成，新增学前学位720个。普惠性幼儿园覆盖率达到92.3%，新增学前学位2414个。北京教科院附属顺义实验小学投入使用，增加学位1200个。

示范区设施建设加快推进，镇街综合文化中心建有率由96%提升到100%，村、社综合文化室建有率达到95%。图书馆分馆均实现“一卡通”全覆盖。由首都图书馆、顺义区图书馆联合北京工业大学耿丹学院共同打造的北京市首家面向社会开放的高校图书馆正式开馆。各类群众文化活动开展2.3万余场次，参与群众110余万人次。深入开展文化惠民工程，各类演出、电影放映17419场，“高品质、低票价、普及型”演出渐成常态；文物保护力度不断加大，图册《顺义文物》制作完成；区级非遗项目增至35个。文艺精品创作持续繁荣，原创评剧《老烧锅》《从前有条河》《良心果》获奖。潮白书苑获全国创新创意奖，潮白之声合唱团获全市金奖。

资源总量进一步优化配置。全区有医疗机构752个，实有床位4358张，执业（助理）医师3883人，在册护士3827人，与第一轮三年提升期末相比，医疗机构数、床位数、医师数和护士数分别增长7.8%、27.1%、21.7%、36.3%。连续两年在北京市卫生发展综合评价中位列城市发展新区第一。加快优质医疗资源引进。北京友谊医院顺义院区项目开工建设，阜外医院、北医三院、北京口腔医院入区办医项目加快推进，美国哈佛大学等入区办学项目完成前期准备工作。强化区域卒中、胸痛、创伤、危重新生儿与孕产妇诊疗中心建设。区医院卒中、胸痛中心分别完成诊疗患者296例、259例，位列北京市前列。与宣武医院、天坛医院等三甲医院开展全方位合作，加强专科疾病在防治结合方面的协同整合。在全区范围内建成4家医联体，覆盖全部26家基层单位。4家医联体核心单位累计下派医生553人次，接收上转患者1121人次。区级医学影像、心电远程会诊中心完成会诊7229人次。《顺义区国家高新技术企业倍增三年行动计划》中规划的120个村级医疗机构建设任务基本完成，20个空白村村卫生室正式开诊，实现医疗卫生服务全覆盖。组建家医服务团队292个，12类重点人群家庭医生签约覆盖率达91.97%。辖区所有养老机构均与公立医疗机构建立对口协作关系，年内，累计为1045名罹患慢病致失能群众免费提供上门建档、健康管理等个性化服务1.6万人次。

年内，组织开展5年一次的全国体育场地普查工作。全区各类体育场地设施3158个，总面积550万平方米，人均体育场地面积4.72平方米，位居全市第二名。以京津冀协同发展为核心，举办滑雪、徒步等10项京津冀户外运动嘉年华全民健身系列赛事。共有来自三地的135支代表队近5000名运动员，超过6万名市民参与其中。以打造国际人才社区为契机，举办“共建一带一路 弘扬传统文化 ”2019年北京国际龙舟邀请赛、国际人才社区MINI马拉松挑战赛等国际体育活动。全年参加市级比赛获得金牌103枚、银牌122枚、铜牌128枚。组织2000多人次参加北京市青少年“u系列”冠军赛及青少年锦标赛20余项次，取得奖牌200余枚。在全国第二届青年运动会上，本区运动员代表北京市参加俱乐部组、体校组比赛，获得金牌2枚、银牌3枚、铜牌7枚的成绩。

人力资源和社会保障

强化就业形势研判，对重点企业用工情况进行实时监测，纳入重点监测企业118家。《顺义区关于做好当前和今后一个时期促进就业工作方案》制定出台，进一步扩大群体覆盖、加强培训支持、促进多元就业。加大重点群体帮扶，制定实施就业帮扶方案，通过挖掘岗位、召开专场招聘会、开通就业服务绿色通道、定向推荐等措施，促进有劳动能力和就业意愿的1841名疏解企业分流职工实现就业。截至12月底，全区实现城乡劳动力就业16006人（完成指标的139.18%），帮扶城乡困难劳动力就业11049人（完成指标的184.15%），城镇登记失业率1.38%，城镇登记失业人员就业率64.51%。赴对口支援地区召开专场招聘会8场，组织85家企业提供就业岗位10348个；开展焊工、手工编织、应急救护员等职业技能培训，累计培训建档立卡贫困劳动力1057人，培训后就业868人；实行技能扶贫新模式，继续开展针对沽源县16名贫困学生的职业技能教育，新招收河北蔚县1名建档立卡贫困学生就读区高级技工学校；开设“一体化师资研修班”，完成对15名教师的一体化课程改革和校企融合发展主题培训。

职工养老、失业、工伤保险参保人数分别为68.15万人、55.39万人、54.54万人，同比分别增长5.25%、6.99%、4.84%。城乡居民养老保险基础养老金和老年保障福利养老金每月分别达到870元、795元，继续高于北京市统一标准60元。全区社保基金总收入106.86亿元、总支出55.85亿元，其中职工三险基金收入83.41亿元、支出37.90亿元。

全年共建设15家养老服务驿站；审核拨付建设补贴600余万元，发放运营补贴160余万元。全区累计建设养老服务驿站55家，公示运营44家，其中社区养老服务驿站24家、农村幸福晚年驿站20家，为老人提供日间照料、呼叫服务、助餐服务等6项基本服务。

精神文明　民主法治建设

顺义区创建全国文明城区工作以迎接全市

2019年文明城区模拟测评和中央文明办二次年终“大考”为契机，有效推动180项指标任务的落实。全年共整理上报档案材料414个，挂牌督办整改实地问题3524个，部署完成环境点位布置700余个。《顺义区新时代文明实践中心建设工作方案》制定出台，全区25个新时代文明实践所、560个新时代文明实践站挂牌成立，新时代文明实践中心云平台设计完成，并接入“北京顺义”手机客户端。坚持利用每月“新时代文明实践推动日”开展文明实践活动。

年内，顺义区公共法律服务中心、25个镇（街道）公共法律服务站、551个村（社区）公共法律服务室全部建设完成并投入使用。全区有律师事务所48家，社会执业律师208人、实习律师27人、公职公司律师21人，完成律师类行政许可、备案服务事项67件；公职公司律师备案服务审批10件，现场检查律师事务所47家，律师执业情况检查311人次，办理行政处罚3件。全区共开展矛盾纠纷排查43486次，调解纠纷3696件，调解成功3690件，调解成功率99.8%。

特 载

决胜全面建成小康社会
奋力开创首都重点平原新城建设新局面
——在中共北京市顺义区委五届十次全会上的报告
（2019 年 12 月 26 日）

区委书记 高 朋

一、关于 2019 年工作

今年以来，在市委的坚强领导下，区委常委会持续增强“四个意识”，始终坚定“四个自信”，坚决做到“两个维护”，坚持以优异成绩庆祝中华人民共和国成立 70 周年为纲，践行初心使命、奋力担当作为，推动全区各方面工作平稳有序、稳中向好。

一是坚持学思践悟、知行合一，扎实推动习近平新时代中国特色社会主义思想在顺义落地生根。今年以来，习近平总书记 4 次视察北京，5 次对北京发表重要讲话，充分体现了对首都工作的高度重视和巨大关怀，为我们推动首都新发展进一步指明了方向、激发了动力。区委常委会把学习贯彻习近平新时代中国特色社会主义思想和党的十九届四中全会精神、习近平总书记对北京重要讲话精神贯通起来，先后开展 16 次区委理论学习中心组学习，购置并发放理论书籍近 14.6 万册，深入开展理论宣讲和教育培训，引导党员干部读原著、学原文、悟原理。特别是开展“不忘初心、牢记使命”主题教育以来，区委紧密对标中央和市委要求，强化组织领导，细化“1+5”工作方案，在市委第六巡回指导组的悉心指导下，推动主题教育走深走实。全体区领导坚持“四个贯穿始终”，高标准开展 11 个专题的集中学习研讨，赴北京香山革命纪念馆开展主题党日活动，参观新中国成立 70 周年大型成就展，累计实地调研 867 次，发挥了示范带头作用。区属二级班子坚持规定动作做到位、自选动作有特色，将“8+2”专项整治、农村人居环境整治等作为重要着力点，促进主题教育和中心工作两结合、两提升。广大基层党组织落实“五个一”工作要求，坚持学做结合，推动主题教育全覆盖，教育引导党员立身为旗、爱岗敬业。中央第二巡回督导组来我区调研时，肯定了分层分类开展主题教育的成效，《北京日报》专版宣传推介了我区的经验做法。全区学以致用、知行合一的氛围更加浓郁，有力推动了党的创新理论和中央大政方针在顺义开花结果，形成生动实践。

二是坚持精精益求精、万万无一失，圆满完成庆祝新中国成立 70 周年等重大活动筹备和服务保障工作。我们牢牢把握今年首都大事多、喜事多的特点，坚决把做好服务保障工作作为必须抓牢扛稳的政治责任，带领广大党员干部群众圆满完成了第二届“一带一路”国际合作高峰论坛、亚洲文明对话大会、北京世界园艺博览会等重大活动服务保障任务。特别是在筹备和服务保障新中国成立 70 周年庆祝活动中，区委高度重视、周密调度，抽调

219人组建专班。作为群众游行三分指，成功组织伟大复兴篇章9个方阵、11辆彩车、1组标语车、超过2.5万人的群众游行；作为群众联欢九分指，成功组织2780人参加群众联欢，16次在央视直播画面中精彩呈现；精心组织400名群众参加观礼，城市志愿者累计服务群众1.5万人，圆满完成3000羽信鸽放飞任务，涌现了一批勇于担当、为国奉献的模范人物和先进事迹。国庆期间，各属地各部门协调联动、冲锋一线，广大党员干部群众无私奉献、昼夜值守，实现了全区刑事警情“零接报”，重点区域周边治安“零发案”，全区范围“不冒烟”，市民服务热线来电总量和诉求量“双下降”，营造了安乐祥和的区域环境。通过重大活动服务保障，激发了全区党员干部群众的爱国之心、强国之志，凝聚起奋进新时代的强大力量。

三是坚持突出重点、抓住关键，奋勇争先打好“三大攻坚战”。我们恪守扶贫脱低责任，全区低收入农户人均可支配收入绝对值居全市前列，提前一年实现脱低目标；持续完善“5+5+N”扶贫模式，推动139个项目100%开工，跨省联动精准医疗帮扶亮点突出，尼木县、万全区正式脱贫摘帽。持续加大污染防治力度，截至12月22日，PM2.5累计浓度下降到41微克/米^3，好于全市平均水平；“清四乱”任务全部完成，全区污水处理率达到93%；生活垃圾无害化处理率100%，土壤质量持续优化，顺义的天更蓝、水更清、土更净。积极防范化解重大风险，持续打击非法集资，稳步推进互联网金融风险专项整治，持续强化安全生产、食品药品安全监管，不断完善社会矛盾纠纷多元预防调处化解机制，确保了辖区安全平稳可控。

四是坚持久久为功、善作善成，持之以恒抓好“三件大事”。我们始终坚持开门搞规划，广泛吸收社会各界意见建议，分区规划正式获批，镇域国土空间规划和街区规划编制压茬启动，持续巩固了一张蓝图绘到底的基础。扎实推动“疏整促”专项行动，提前一个季度超额完成各项市级任务，拆除违法建设403万平方米，便民商业网点覆盖率达到97.7%，留白增绿158.8公顷，老旧厂房试点利用成效显著。坚持优势互补、协同发展，与昌平区深入开展生态、产业、人才、文化等方面结对协作。积极与冬奥组委有关部门对接，领任务、做服务。国家残疾人冰上运动比赛训练馆完成基础施工。全年举办30余项次冰雪体育赛事活动。顺鑫控股、燕京啤酒作为冬奥赞助商的影响力持续提升。

五是坚持完善功能、提升品质，系统谋划提高区域综合承载能力。我们把提高综合承载能力作为承接中心城区适宜功能产业和人口，提高我区公共服务水平的重大机遇，围绕服务“四个中心”功能建设、提高“四个服务”水平，制定出台系列意见方案和行动计划，一步一脚印推进平原新城建设。着力强化基础设施支撑，区文化中心、电子政务中心等项目完成验收，区中医院迁建工程主体完工，河东“百项工程”有力推进，顺平辅线提级改造工程实现通车，通怀路建设加快，荣获全市唯一“四好农村路”全国示范区称号。着力承接优质资源，北师大附中顺义分校全面开工，城市学院三期、友谊医院顺义院区、北医三院顺义院区加快推进，东城定向安置房实现封顶。着力扩大绿色生态空间，超额完成平原造林年度任务，舞彩浅山郊野公园主体完工，卧龙城市森林建成开放，海航城市森林即将开园。着力提升城市内涵，高标准完成市级测评检查任务，全国文明城区创建取得阶段成效，新时代文明实践中心实现镇街全覆盖；国际人才社区建设积极推进，全市首座“海高大厦”落户我区；北京国际燕京啤酒文化节、中国农民丰收节等活动精彩纷呈，城市内涵与韵味得到双提升。

六是坚持稳中求进、进中提质，大力推动高质量发展。面对经济下行压力，我们坚决贯彻稳中求进的工作总基调，沉着应对、迎难而上，预计地区生产总值增长6%，一般公共预算收入增长4%，总量均保持全市第5位。坚持稳就业，强化形势监测分析和重点群体帮扶，促进城乡劳动力就业1.5万余人，连续8年被评为北京市充分就业区。坚持稳外贸，积极应对国际形势影响，全年进出口额预计突破1000亿元，天竺综保区保税进出口值同比增长49%，增速居全市功能区首位。坚持稳投资，预计完成固定资产投资455亿元，建安投资210亿元，规模保持总体稳定。落地和开工高精尖产业项目居全市第二。坚持稳金融，出台全市首个融资租赁、外资金融机构专项扶持政策，新引进优质金融机构30家，金融业增加值占GDP比重创历史新高，第三支柱产业地位更加巩固。坚持稳外资，实际利用外资9亿多美元，居全市第三，国际贸易等领域外商投资热度不断上升。坚持稳预期，顶格实施国家减税降费政策，全年减免80多亿元，围绕企业诉求量身定制133个服务包，积极兑现政策扶持资金，与企业携手并进、共赢发展。坚持创优势，高标准编制并提请市委常委会审议通过北京创新产业集群示范区（顺义）发展规划，成功举办2019世界智能网联汽车大会、第十届中国卫星导航年会等会议，创新前沿地的影响力持续提升。

七是坚持民有所呼、我有所应，持续增进民生福祉。我们牢固树立大抓基层鲜明导向，着力解决群众最关心最直接最现实的利益问题。持续提升“七有”“五性”水平，全区普惠性幼儿园覆盖率达92.3%，教育资源配置不断优化；预计居民人均可支配收入增长8%，持续跑赢经济增速；医联体建设实现全覆盖，医疗卫生绩效居京郊前列；新建养老服务驿站15家，医养结合工作富有成效；持续开展老旧小区综合整治，强化党建引领，高效率推进杨镇中心区、柳各庄村等棚改项目，顺利完成平各庄村、望泉寺村回迁安置；扎实推进美丽乡村建设，363个村全部通过农村人居环境整治考核验收，积极发展社会福利和慈善事业，全国社会救助综合改革试点区建设深入推进。深化“接诉即办”工作，强化群众诉求分析、增设企业服务专线，创新双派单、双考核、双通报模式，实行一号响应、一单到底、上下联动，诉求响应率达到100%，解决率和满意率持续提升，截至目前综合成绩在全市排名第六。

八是坚持蹄疾步稳、重点突破，着力深化改革、扩大开放。我们充分发挥区委深改委统筹协调作用，推动改革不停歇、开放不止步。圆满完成机构改革工作，综合设置党政机构45个，区属议事协调机构精简至67个，系统性增强了党的领导力、政府执行力，构建了上下贯通、履职顺畅的工作体系。深入推动新时代街道工作和“吹哨报到”改革，建立改革召集人制度和统筹调度机制，持续完善“六步工作法”，53项改革任务推进有力。纵深推进新一轮服务业扩大开放试点工作，全面完成15项市级任务，实现知识产权证券化、5类指定进口商品加工试点等7项全国首创，综保区跨境贸易保税进出口通关时效全国领先，医药、文化艺术品进口规模分别占全国的1/5、1/3，开放成效持续彰显。深入推进功能区改革，出台改革意见和实施方案，进一步厘清职责定位、优化功能布局、完善考核办法，握指成拳的态势逐步显现。持续深化国资国企改革，聚焦主责主业，明确公共服务、产业促进、市场竞争三大类别，推进分类发展、分类监管、分类定责、分类考核，国资国企竞争力不断增强。农业农村、医疗教育等其他改革扎实推进，发展活力持续释放。

九是坚持总揽全局、协调各方，切实加强民主法治建设。我们大力支持区人大、区政府、区政协、区监察机关、区审判机关、区检察机关依法依章程充分履行职责。区委相继召开了第四次人大工作会议和第五次政协工作会议，分别出台了新时代加强和改进人大工作、政协工作的意见。区人大听取和审议“一府两院”专项工作报告28个，开展专题询问、执法检查、工作视察、专题调研16次，任免国家机关工作人员138人次，充分发挥了人大职能。区政府加快转变职能，严格落实权力清单、责任清单，推进行政执法规范化建设，政务服务水平持续提升。区政协开展专题协商5次，党派团体及其界别组集体提案45件，协商民主扎实有效。区委充分发挥各民主党派、工商联、无党派人士和新的社会阶层人士等社会各界作用，加强工青妇等群团组织桥梁纽带作用，扎实做好民族、宗教、外事、侨务、对台、老干部工作，强化党管武装和双拥共建，谋求最大公约数，画出最大同心圆。发挥区委依法治区委员会职能，统筹推进科学立法、严格执法、公正司法、全民守法，法治顺义建设稳步向前。

十是坚持全面从严、纵深推进，持续强化新时代党的建设。我们把抓好党建作为最大的政绩，坚决贯彻落实新时代党的建设总要求。层层压紧管党治党政治责任，区委常委会专题研究党建议题197项，占总数的68.4%，制定并实施加强党的政治建设工作方案，每月召开区领导碰头会、镇街党（工）委书记会，认真开展党建述职评议，分级分类建立主体责任清单，优化党建工作考核体系，把全面从严治党主体责任一贯到底。切实抓好意识形态工作，健全完善会商研判、风险防控、问题处置、舆情反馈闭环机制，出台网络意识形态工作责任制实施细则，守好主阵地、弘扬主旋律。始终坚持党管干部、党管人才，严把选人用人政治关，强化选育用管全链条管理，大力选树奋勇争先型、担当碰硬型、敬业奉献型干部；扎实开展处级干部个人有关事项集中申报工作；第二期“梧桐工程”面向海内外知名高校招聘148名优秀硕博毕业生。着力强化基层党组织战斗堡垒作用，在全市涉农区中，率先圆满完成村社区“两委”换届任务，22个软弱涣散村党组织全部销账摘帽。组织开展新一届“两委”干部大轮训，进一步提升了履职能力。开展“双报到”活动1600余次，解决各类问题450余项。持之以恒正风肃纪反腐，深化两个专项整治，严肃查纠“四风”隐形变异。严控文山会海，大幅精简会议和文件，切实为基层减负。进一步彻底肃清孙政才严重违纪违法腐败案件恶劣影响。全面整改中央扫黑除恶督导组通报问题，打伞破网立案7件7人。全力配合市委第一巡视组工作，推动巡视巡察上下联动，从严抓好市委巡视反馈意见整改。坚持政治巡察定位，推动区委巡察全覆盖。我们深刻汲取涉恶重大案件教训，运用监督执纪“四种形态”，强化谈心谈话和诫勉提醒，深入开展廉政教育，召开全区领导干部警示教育大会，以案为鉴、以案促改。加大惩治力度，处置问题线索891件，立案244件，给予党纪政务处分144人，移送司法机关9人，留置5人，政治生态更加风清气正。

同志们，艰难困苦，玉汝于成。回望即将过去的一年，我们攻坚克难、争创一流，圆满完成服务保障新中国成立70周年庆祝活动等重大活动的丰硕成果来之不易！我们保持定力、千方百计，顶住经济下行压力，克服转型升级阵痛，稳中有进的增长态势来之不易！我们刮骨疗毒、祛病除疴，在全面从严治党中，党员干部队伍经受考验，始终保持团结向上的稳定局面来之不易！成绩源于拼搏，奋斗值得铭记。我代表区委常委会，向广大党员干部一年来的辛劳付出和卓越贡献，致以崇高的敬意！向社会各界的大力支持和关心帮助，表示衷心的感谢！

看到成绩的同时，我们更要清醒地认识到存在的问题和不足：经济下行压力依然较大，多极支撑的格局还需拓展，创新驱动的基础仍需巩固。城乡区域发展还不协调，农村人居环境治理、污水处理还需加强，安全生产工作仍有薄弱环节。全面从严治党压力传导还有“断链”、责任覆盖还有“盲区”，国资监管、招投标等重点领域存在薄弱环节，涉恶重大案件教训沉痛深刻。对于这些问题，我们必须采取有力措施加以解决！

二、当前的形势和任务

2020年是全面建成小康社会、实现第一个百年奋斗目标的决胜之年，是构建更加有效的首都治理体系、加快平原新城发展步伐的实干之年，是深入落实分区规划、圆满收官“十三五”、科学谋划“十四五”的关键之年。我们要勠力同心、锐意进取，推动各方面工作再上新台阶。

做好明年工作，必须紧扣全面建成小康社会的目标任务，抓重点补短板强弱项扬优势，加快实现业强城优生活美。2020年全面建成小康社会，是我们党向人民、向历史做出的庄严承诺。面对当前国内外风险挑战上升的复杂局面，我们要深入贯彻落实习近平总书记在中央经济工作会议上的重要讲话精神，牢牢把握中华民族伟大复兴战略全局和世界百年未有之大变局的关系，强化斗争精神，把握“四个必须”的规律认识，落实“四个坚持”的工作要求，推动经济稳中向好、长期向好。我们要落实党的十九大报告和“十三五”规划确定的全面建成小康社会目标任务，抓牢中央经济工作会议部署的各项任务，在多重目标中寻求动态平衡，持续激发迎大考、受检阅的精神状态，始终保持一往无前、尽锐出战的奋斗姿态，一鼓作气实现第一个百年奋斗目标。

使命责无旁贷，决胜只争朝夕。实现全面建成小康社会和“十三五”规划目标任务，是明年我们党工作的重中之重。联系我区实际，已经提前实现“两个翻一番”，为我们决战决胜全面小康夯实了基础。我们要聚焦“全面”两字，树牢全局观念“抓重点”，站在全国一盘棋的高度，坚决打赢三大攻坚战；强化系统思维“补短板”，深入贯彻新发展理念，持续解决好城乡不协调、东西不均衡、基础设施有欠账等发展不平衡不充分的区域短板；坚持问题导向“强弱项”，结合全面小康监测指标和圆满收官“十三五”规划目标，加快弱项指标工作进度；提高工作标准“扬优势”，持续巩固全面小康成果，在此基础上加快建设“业强城优生活美”的首都重点平原新城，让全面小康更有厚度、顺义发展更有温度，得到人民认可，经得起历史检验。

做好明年工作，必须始终遵循国家治理现代化的行动纲领，坚定制度自信，为构建更加有效的首都治理体系贡献力量。党的十九届四中全会总结了中国特色社会主义制度的显著优势，擘画了国家治理现代化的宏伟蓝图，提出了长期坚持和完善的制度体系，激发了我们始终坚定中国特色社会主义的制度自信。习近平总书记的重要讲话，深刻阐释了坚持和完善中国特色社会主义制度、推进国家治理体系和治理能力现代化的重大意义、总体考虑、目标任务，为我们齐心协力推进“中国之治”提供了根本遵循。建设和管理好首都，是国家治理体系和治理能力现代化的重要内容。围绕构建更加有效的首都治理体系，市委十二届十次全会系统部署了14个方面的重点任务，坚定了我们推动首都治理现代化的强大决心。

蓝图指引方向，奋进再踏新程。推动首都治理体系和治理能力现代化，是长期而复杂的系统工程，更是光荣而艰巨的职责使命。下一步，市委将按照中央统一部署，制定分工方案和实施规划，我们要不折不扣地抓好贯彻落实。同时要结合我区实际，着力围绕加强党的全面领导、保证人民当家做主、服务首都核心功能、推动高质量发展、提高综合承载能力、保障和改善民生、落实全面从严治党要求，切实提高区域治理能力，更好地履行顺义职责，努力为构建更加有效的首都治理体系做出积极贡献。

做好明年工作，必须把握首都新时代新发展的战略机遇，树立“第一国门”意识，奋勇担当建设好重点平原新城。以习近平总书记视察北京并发表重要讲话，北京城市总体规划批复实施为标志，新时代的首都发展迈进了减量发展、绿色发展、创新发展的新阶段。中心城区适宜功能产业和人口加速向首都各平原新城疏解，北京各个区的发展都在奋勇争先、力争上游，我们正站在不进则退、慢进也是退的新的起跑线上。全市工作务虚会从“七个怎么看”“七个怎么干”，深入分析了当前首都形势，清晰勾勒了明年工作重点，为我们指出了奋进方向；市委十二届十一次全会总结了全市2019年工作，部署了2020年10项具体任务，我们要坚决响应“开工令”，开局即决战，决战即决胜。特别是市委书记蔡奇同志在城市副中心和平原新城区委书记座谈会上，对我区提出了“新城发展看顺义”的目标要求，这既是对近年来我区发展成绩的肯定，更是对今后更好发展的巨大鞭策，点燃了我们乘势而上、努力拼搏的奋斗豪情。

机遇潮涌迭起，扬帆正当其时。作为中国第一国门所在地和“多点”首位的平原新城，我们必须站在维护和彰显首都形象、示范和引领新城发展的高度，树立“第一国门”意识，高标准严要求推动好我区工作。要强化“忠诚坚定”的政治操守。把对党绝对忠诚摆在首位、融入血脉，始终为党中央站好岗、为国家守好门、为人民放好哨。要强化“开放创新”的时代品格。集聚国际资源要素，完善国际交往功能，促进港城产城融合，建设创新产业集群，构建开放引领、创新驱动的高质量发展格局。要强化“务实担当”的家国情怀。国门即家门，家国为一体。要弘扬求真务实作风，秉承担当奉献精神，践行初心使命，永葆为民之心，追逐复兴之梦。要强化“首善一流”的价值追求。瞄准国际前沿，落实国家战略，坚持首善标准，争创一流业绩，更加奋发有为地服务首都新发展。我们要意气风发向前看，撸起袖子加油干，干出一个蒸蒸日上、欣欣向荣的好局面。

三、2020年工作安排

做好明年工作，要坚持以习近平新时代中国特色社会主义思想为指导，全面贯彻党的十九大，十九届二中、三中、四中全会精神和中央经济工作会议精神，深入贯彻习近平总书记对北京重要讲话精神，落实市委十二届十次、十一次全会部署，对标蔡奇书记调研顺义及对平原新城发展指示要求，紧扣全面建成小康社会目标任务，坚持稳中求进工作总基调，落实“新城发展看顺义”的目标要求，树立“第一国门”意识，更加主动地服务“四个中心”功能建设，提高“四个服务”水平，打好“三大攻坚战”，抓好“三件大事”，纵深推进全面从严治党，统筹做好强承载、稳增长、惠民生、调结构、促改革、保平安等各项工作，加快建设“业强城优生活美”的首都重点平原新城，确保全面建成小康社会和“十三五”规划圆满收官！

统筹考虑各方面因素，建议2020年经济社会发展的主要目标为：地区生产总值增长6%左右，一般公共预算收入增长3%左右，固定资产投资完成465亿元，社会消费品零售总额增长5.5%左右，全区居民人均可支配收入增长7.5%，PM2.5年均浓度达到市级要求，确保“接诉即办”响应率继续保持100%，解决率、满意率持续提升。

结合以上思路和目标，明年区委常委会要重点抓好以下工作：

一要紧扣目标任务，高标准全面建成小康社会。我们要把实现全面建成小康社会和“十三五”规划目标任务作为全年工作的纲，集中优势兵力解决难题，坚决攻克最后堡垒。要围绕强弱项、补短板，靶向攻坚，着力抓好我区全面建成小康社会统计监测、“十三五”规划实施终期评估工作，聚焦文化产业、交通安全、技术研发等指标弱项，分解任务、压实责任，为决胜全面小康厚植基础。加快补齐城乡区域发展短板，以落实乡村振兴战略为总抓手，编好村庄规划，坚持农村人居环境整治常态化，推动城市公共服务资源向农村延伸，建好美丽乡村；抓牢河东重大项目建设三年行动计划和新一轮重点工程，抓紧杨镇新市镇建设，提速河东地区发展步伐。要围绕抓重点坚决打好“三大攻坚战”。坚持“一户一策一清单”，动态保持区内脱低成效，强化产业帮扶、消费帮扶，推进长效帮扶项目，助力受援地区剩余贫困人口如期脱贫，建立防止返贫机制，做到摘帽不摘责任、不摘政策、不摘帮扶、不摘监管。持续强化“一微克”行动，确保PM2.5年均浓度持续降低；严格落实河长制，高压开展“清河行动”，加快推动农村生活污水全收集、全处理；强化土壤源头管控和修复，持续改善土壤环境；高效率完成年度平原造林任务，积极创建国家森林城市。持续加大金融监管力度，强化对互联网金融等领域专项整治和风险排查处置，坚决守住不发生系统性风险的底线。

二要更加紧密融入首都大局，服务好“四个中心”功能建设。围绕落实优化提升首都功能的制度体系，我们要把握好“都”与“城”的关系，坚决把市委和区委制定出台的意见、规划、方案和行动计划一抓到底。要坚决服务好全国政治中心建设，推进机场周边地区安全发展综合提升三年行动计划，强化规划管控、隐患排查、综合治理，美化第五立面，加快机场周边城镇化进程，助力首都机场提级增效，健全重大活动常态化服务保障机制，持续营造安全稳定的区域环境。要坚决服务好全国文化中心建设，落实大运河（潮白河）文化保护传承利用规划，深挖运河文化，传承“一道三城”脉络，弘扬红色抗战精神，涵养农耕文明、工业文明，促进对外文化贸易两基地发展。一体推进全国文明城区创建、新时代文明实践中心和公共文化服务体系示范区建设。要坚决服务好国际交往中心建设，以新国展二、三期建设为契机，着力完善周边地区交通网络、商务休闲、文旅业态等配套设施，推动一、二、三期功能互补、衔接联动、整体成势，强化溢出带动效应，打造汇聚国际交往、展示首都形象的重要平台。要坚决服务好全国科技创新中心建设，聚焦北京创新产业集群示范区建设，强化与“三城”、亦庄开发区的功能协作、要素互补，大力促进产学研深度融合、军政企协同创新，推动更多科技成果在顺义产业化，在全市协同创新中发挥先锋作用。

三要加快提高综合承载力，在建设“国门空港城”上取得新进展。围绕落实提高超大城市治理水平的制度体系，我们要在优功能、提品质中持续提升规划建设管理水平，以首善标准建设好平原新城。要持之以恒落实分区规划。编制完成分区规划仅仅是长征迈开的第一步，难就难在一张蓝图绘到底，要依规推动信息公开，让人民群众监督好规划实施。要加快编制镇域国土空间规划、街区控制性详规及各类专项规划，特别要促进与“十四五”规划的内容衔接、实现多规融合，以全区规划一盘棋引领城乡发展加速度。要精益求精完善城市功能，全面落实提高综合承载力三年行动计划。积极构建综合立体交通网络，加快推进M15号线东延、R4线一期工程北延等项目前期工作，全力推进通怀路工程建设，提速京密路提级改造进度。纵深推进“疏整促”专项行动，统筹用好疏解腾退空间。加快推动城市学院三期、北医三院顺义院区等承接项目建设，争取更多三甲医院、国际医院，重点院校、国际学校在顺义办医办学。深入推进国际人才社区建设，完善总体规划，编制好国际语言环境建设、社区治理模式创新等专项规划，建好特色示范街区，优化“类海外”环境。要驰而不息推动协同发展。落实京津冀协同发展战略，服务城市副中心发展，助力国际一流双枢纽建设，深入推进与昌平结对协作。扎实推进冬奥会、冬残奥会筹办任务，巩固冰雪运动良好氛围。

四要推动经济高质量发展，在建设“创新前沿地”上塑造新优势。围绕落实推动高质量发展的制度体系，我们要牢牢把握稳中求进工作总基调，加快构建“3+4+1”高精尖产业结构，打造首都新的增长极。要全力以赴建设北京创新产业集群示范区。这是市委赋予我们的光荣使命，更是顺义赢得未来的重大机遇。要抓好示范区规划实施和配套方案制定，着力打造新能源智能汽车、第三代半导体及航空航天三大创新产业集群，积极培养新一代信息技术、智能装备、医药健康三大新兴产业。加快北京国际合作产业园区（中德园区）建设，推动奔驰新能源汽车、车和家等重点项目尽早见效。推动单一生产型园区向生产、生活、生态一体的产业社区转型，促进职住平衡、产城融合。要大力推动现代服务业蓬勃发展。扎实开展服务业扩大开放第三轮试点工作，加快服务业全产业链开放步伐，争取自贸区开放政策试点实施，促进天竺综保区和临空经济核心区优势叠加、融合发展。深入推进国家临空经济示范区建设，全面落实天竺综保区创新升级方案。坚持以会兴业，围绕现代服务业、科技创新、文化创意，举办更多会议展览，锻造新国展品牌。巩固金融业主导产业地位，建立产融结合促进机制，强化“一区一城一园”平台作用，建好北京新兴金融聚集区。持续推动商业提级增效，繁荣夜间经济，激发消费活力。实施“文化+”“旅游+”，整合全域资源，把文化软实力转化为现实生产力。要锲而不舍优化营商环境。着眼三年行动计划收官，深入实施“9+N”政策3.0版，严格落实“服务包”“双服务生”等制度机制，强化产业全生命周期服务管理，优化12345市民热线企业服务功能，定期走访企业，开展效果评估，营造温暖如春的发展环境。

五要强化基层治理，在建设“宜居示范区”上取得新成效。围绕落实保障和改善民生的制度体系，我们要在带头过紧日子的同时确保民生支出需求，着力推动共建共治共享，持续增进民生福祉。要提高“七有”“五性”水平。市委、市政府制定出台了监测评价指标体系，为我们开辟了新考场，要严格对标，全面落实我区水平提升工作方案，紧盯低于全市平均水平的指标，逐项梳理，全面查摆，加快补齐短板，稳步推动基本公共服务优质均衡发展，让民生事业有进步，群众有更多获得感。要强化主动治理、未诉先办。推进12345市民热线与“多网”融合紧密对接，健全接诉、办理、督办、反馈闭环式运行机制，做到发现问题向前一步、解决问题快速一步、服务群众贴心一步。巩固吹哨报到成果，深入落实“37+N”改革任务，推动接诉即办向职能部门延伸、向社区延伸、向企业延伸、向移动平台延伸。要促进治理精细化、法治化。深入落实北京市街道办事处条例、物业管理条例和生活垃圾管理条例，着力解决好群众反映强烈的回迁房办证、宅基地建设管理、物业管理和违法建设等问题。积极发挥“街巷长”、村（居）规民约等作用，完善共治共享的有效路径。

六要提高安全保障水平，全力维护区域安全稳定。安全稳定是发展前提，我们要保持忧患意识、强化底线思维，坚决维护社会安定、人民安宁。要牢固树立总体国家安全观，把维护安全稳定摆在工作首位，强化安全风险预测预警预防，妥善处置各类突发事件，筑牢维护首都安全的铜墙铁壁。要深化平安顺义建设，抓牢信访工作，完善常态化矛盾纠纷排查化解机制，把矛盾消除在萌芽状态；持续完善立体化信息化社会治安防控体系，加快“雪亮工程”建设，实现重点公共区域视频监控覆盖率、联网率100%，全力保障群众切身利益和社会安全稳定大局。要全面落实安全生产责任制，恪守安全生产红线，深刻汲取事故教训，进一步压紧压实属地监管责任、行业主管部门直接监管责任、安全生产部门综合监管责任和企业主体责任，狠抓风险防控和隐患排查治理，确保发展有质量、安全有保障。

四、纵深推进全面从严治党

抓党建就是抓发展，发展要顺顺当当，肌体必须健健康康。我们要树牢“抓好党建是最大政绩”的理念，以永远在路上的韧劲与执着，纵深推进全面从严治党，为高质量发展提供坚强政治保证。

一是始终强化党的全面领导。要落实维护党中央权威和集中统一领导的各项制度，牢记“看北京首先要从政治上看”，持续增强“四个意识”，始终坚定“四个自信”，坚决做到“两个维护”，确保中央各项决策部署政令畅通、执行有力。要强化区委对各项工作的领导，严格执行民主集中制，完善重大决策部署落实机制，强化区委议事协调机构职能作用，提高各级党委把方向、管大局、做决策、保落实能力，把党的全面领导落实到各领域各方面各环节，确保区委始终总揽全局、协调各方。完善党建工作考核体系，既为基层减负，又压实主体责任，推动重大决策部署落地落实。要团结凝聚各方力量，完善党领导人大、政府、政协、监察机关、审判机关、检察机关、武装力量、人民团体、企事业单位、基层群众自治组织、社会组织等制度，健全各级党委（党组）工作制度，持续巩固齐心协力谋发展、团结一心干事业的良好局面。

二是始终强化党的政治建设。从严落实区委加强党的政治建设工作方案，进一步压实管党治党政治责任，坚持全面从严治党清单制，压实党组织书记“第一责任”和班子成员分管责任，切实履行“一岗双责”。进一步提高政治能力，“首都无小事、事事连政治”，我们要善于从政治上看问题，持续提升辨别政治是非、保持政治定力、防范政治风险、驾驭政治局面的能力。严格落实意识形态工作责任制，健全舆情发现、研判、处置机制，强化阵地管理，严防“跑冒滴漏”，牢牢把握意识形态工作领导权话语权主动权。进一步严明政治纪律和政治规矩，强化党章党规党纪意识，严肃党内政治生活，严格执行重大事项请示报告制度，坚持“五个必须”，杜绝“七个有之”，做到讲政治、懂规矩、守纪律、按程序。进一步加强政治文化建设，倡导清清爽爽的同志关系，规规矩矩的上下级关系，干干净净的政商关系。

三是始终强化思想引领。要坚持用习近平新时代中国特色社会主义思想武装头脑、指导实践，把学习贯彻党的十九届四中全会精神作为重要政治任务，强化各级理论学习中心组示范带头和党校主渠道主阵地作用，深入推进分类分层学习培训，用好“学习强国”平台，持续推动党的创新理论走深走心走实，始终筑牢向上奋斗的强大思想基础。要坚持“不忘初心、牢记使命”的制度，深入总结成功经验和典型做法，不断巩固和发展主题教育成果，建立健全常抓常新、常态长效的学习教育机制，激励党员干部始终坚定理想信念、砥砺党性心性、忠诚履职尽责。

四是始终强化基层基础。要持续提升基层党组织组织力。建立党建联合体，推动“两新”组织与村居联动共建，细化问题清单、供需清单和项目清单，促进更多党建资源下沉基层，融入治理网格，引领基层治理、物业服务、安全生产等工作。要持续提升基层党组织战斗力。实施“头雁计划”，狠抓支部书记这一关键队伍，建立“正反”两张清单；严格落实党的组织生活制度，持续推动软弱涣散党组织整顿提升，激发党员队伍整体活力，使每名党员都争当一面鲜红的旗帜。要持续提升基层党组织的凝聚力。推进党群服务中心（站）建设，整合拓展服务功能，打造党群阵地服务圈。推动“双报到”制度化、常态化。加强区域化党建工作，健全党建工作协调委员会议事规则、工作机制，促进党建资源区域共享、融合互通。

五是始终强化干部人才队伍建设。要严把选人用人关，坚持把政治标准放在第一位，树立重实干重实绩鲜明导向，坚持深挖广聚、全域用才，注重在急难险重一线考察干部，大力发现培养、选拔使用高素质专业化干部，让想干事、能干事、干成事的干部有机会有舞台。要严管厚爱干部，综合运用提醒函询诫勉、个人有关事项报告抽查核实等措施，在思想上管紧、工作上管实、生活上管严；完善考核评价制度，让抓落实成效显著的干部得实惠、受重用、获奖励，让抓落实不够、不抓落实的干部挨批评、做检查、受处分；注重关心关爱，进一步完善奖励激励机制和容错纠错机制，为担当者担当，为干事者撑腰。要提高人才储备质量，聚焦产业高层次人才及紧缺急需人才，坚持引进与培养双轮驱动，持续强化“梧桐工程——干部人才引进计划”，启动高层次人才认定工作，形成具有强大竞争力的区域人才优势。

六是始终强化正风肃纪反腐。要打好作风建设持久战，锲而不舍落实中央八项规定精神，时刻防范“四风”隐形变异新动向，集中整治形式主义、官僚主义，坚决纠正表态多行动少、调门高落实差等突出问题。要坚持把纪律和规矩挺在前面，深化运用监督执纪“四种形态”，防止小毛病演变为大问题。统筹推进常规巡察、专项巡察，做细做实巡察整改后半篇文章。要深刻汲取涉恶重大案件教训，把警示教育融入日常，受警醒、知敬畏、守底线；强化对国资国企常态化监督，不断完善投资决策、工程建设等重点领域的监管力度，积极构建“亲”“清”新型政商关系；坚决推进扫黑除恶专项行动，打伞破网、打财断血，让黑恶势力在顺义无立锥之地。要巩固反腐败斗争压倒性胜利，进一步肃清孙政才严重违纪违法腐败案件恶劣影响，坚决划清界限。以刮骨疗毒的勇气正本清源，严肃查办违纪案件，重遏制、强高压、长震慑，一体推进不敢腐、不能腐、不想腐，守好政治生态的绿水青山。

同志们，风来潮起扬帆竞，征途路阔快加鞭。让我们更加紧密地团结在以习近平同志为核心的党中央周围，在市委的坚强领导下，决胜全面建成小康社会，奋力开创首都重点平原新城建设新局面，更加奋发有为地服务首都新发展！

名词解释

1.“1+5”工作方案：（第 7 页）“1”是指全区主题教育的实施方案；“5”是指区委常委会主题教育工作方案、区委常委会调研工作方案、专项整治工作方案、分类指导工作方案、宣传工作方案。

2.“四个贯穿始终”：（第 7 页）是指坚持把学习教育贯穿始终、坚持把调查研究贯穿始终、坚持把检视问题贯穿始终、坚持把整改落实贯穿始终。

3.“8+2”专项整治：（第 7 页）“8”是指中央提出的 8 个方面问题，即①整治对贯彻落实习近平新时代中国特色社会主义思想和党中央决策部署置若罔闻、应付了事、弄虚作假、阳奉阴违的问题；②整治干部创业精气神不够、患得患失、不担当不作为的问题；③整治违反中央八项规定精神的突出问题；④整治形式主义、官僚主义，层层加重基层负担，文山会海突出，督查检查考核过多过频的问题；⑤整治领导干部配偶、子女及其配偶违规经商办企业，甚至利用职权或职务影响为其经商办企业谋取非法利益的问题；⑥整治对群众关心的利益问题漠然处之、空头承诺、推诿扯皮，以及办事不公、侵害群众利益的问题；⑦整治基层党组织软弱涣散，党员教育管理宽松软，基层党建主体责任缺失的问题；⑧整治对黄赌毒和黑恶势力听之任之、失职失责，甚至包庇纵容、充当保护伞的问题。“2”是指北京市提出的 2 个方面问题，即①整治对贯彻落实城市总体规划要求认识不到位、态度不坚决、执行不严格、督查问责不落实的问题；②整治高校党的政治建设方面存在的突出问题。

4.“5+5+N”：（第 8 页）是指顺义区以“5 镇 +5 国企”为主导的“点对点”结对帮扶模式。“5 镇”是指天竺镇、高丽营镇、后沙峪镇、牛栏山镇、仁和镇；“5 国企”是指以市政控股、燕京啤酒、顺鑫控股、科创集团、供销合作联合社与商业集团有限公司联合的五大主体为主导的顺义区14家国有企业；“N”是指学校、医院、园区、支部、部门、社会组织等成员单位、社会各界力量，配合5镇5国企做好相关帮扶工作。

5.“清四乱”：（第8页）指为进一步加强河湖管理保护，维护河湖健康生命，在全国范围内对乱占、乱采、乱堆、乱建等河湖管理保护突出问题开展的专项清理整治行动。

6.“四好农村路”：（第8页）是指习近平总书记提出的农村公路建设要因地制宜、以人为本，与优化村镇布局、农村经济发展和广大农民安全便捷出行相适应，进一步把农村公路建好、管好、护好、运营好，逐步消除制约农村发展的交通瓶颈，为广大农民脱贫致富奔小康提供更好的保障。

7.“七有”“五性”：（第9页）“七有”是指习近平总书记在党的十九大报告中提出的幼有所育、学有所教、劳有所得、病有所医、老有所养、住有所居、弱有所扶；“五性”是指蔡奇书记提出的首都市民对美好生活的向往，突出表现在便利性、宜居性、多样性、公正性和安全性。

8.“六步工作法”：（第9页）是指顺义区在推进“街乡吹哨、部门报到”改革过程中，进一步细化了实操环节，创新形成的“六步工作法”。具体内容是指，“哨前准备定任务、精准吹哨明职责、督促督导抓协调、协同履职求实效、重大问题及时报、监督考核强问责”。通过“六步工作法”前后衔接、一体贯通，着力构建形成闭环式推动落实工作机制，将改革任务和责任具体化、清单化、链条化，确保各单位执行规范、落实到位。

9.监督执纪“四种形态”：（第10页）是指党内关系要正常化，批评和自我批评要经常开展，让咬耳朵、扯袖子、红红脸、出出汗成为常态；让党纪轻处分、组织调整成为大多数；让重处分、重大职务调整成为少数；让严重违纪涉嫌违法立案审查的成为极少数。实践监督执纪“四种形态”，是管党治党到边、到底的全覆盖，体现了全面从严治党的新要求。

10.“四个必须”：（第10页）是指必须科学稳健把握宏观政策逆周期调节力度，增强微观主体活力，把供给侧结构性改革主线贯穿于宏观调控全过程；必须从系统论出发优化经济治理方式，加强全局观念，在多重目标中寻求动态平衡；必须善于通过改革破除发展面临的体制机制障碍，激活蛰伏的发展潜能，让各类市场主体在科技创新和国内国际市场竞争的第一线奋勇拼搏；必须强化风险意识，牢牢守住不发生系统性风险的底线。

11.“四个坚持”：（第10页）是指坚持稳中求进工作总基调，坚持新发展理念，坚持以供给侧结构性改革为主线，坚持以改革开放为动力，推动高质量发展，坚决打赢三大攻坚战，全面做好“六稳”工作。

12.“两个翻一番”：（第11页）是指党的十八大对全面建成小康社会提出的新目标，即2020年实现国内生产总值和城乡居民人均收入比2010年翻一番。

13.“三城”：（第12页）是指中关村科学城、怀柔科学城、未来科学城。

14.“3+4+1”高精尖产业结构：（第13页）是指我区正在打造的高精尖产业发展体系，其中，“3”是指新能源智能汽车、航空航天、第三代半导体三大创新型产业集群；“4”是指临空经济、产业金融、商务会展、文创旅游四大现代服务业；“1”是指智能制造。

15.“一区一城一园”：（第13页）一区是指后沙峪金融商务区；一城是指马坡金融城；一园是指空港融资租赁产业园。

16.“五个必须”：（第14页）是指习近平总书记在十八届中央纪委五次全会上对党员干部提出的要求：必须维护党中央权威，在任何时候任何情况下都要在思想上政治上行动上同党中央保持高度一致；必须维护党的团结，坚持五湖四海，团结一切忠实于党的同志；必须遵循组织程序，重大问题该请示的请示，该汇报的汇报，不允许超越权限办事；必须服从组织决定，决不允许搞非组织活动，不得违背组织决定；必须管好亲属和身边工作人员，不得默许他们利用特殊身份谋取非法利益。

17.“七个有之”：（第14页）是指一些人无

视党的政治纪律和政治规矩，为了自己的所谓仕途，为了自己的所谓影响力，搞任人唯亲、排斥异己的有之，搞团团伙伙、拉帮结派的有之，搞匿名诬告、制造谣言的有之，搞收买人心、拉动选票的有之，搞封官许愿、弹冠相庆的有之，搞自行其是、阳奉阴违的有之，搞尾大不掉、妄议中央的也有之。

18.“头雁计划”：（第 14 页）是指聚焦村和社区党组织书记队伍建设，采取“选、引、调、派”选用优秀人才，依托“选、育、练、用”提升履职能力，制定体现履职情况“好”与“坏”的“正面清单”和“负面清单”，对不胜任不尽职的党组织书记实行动态调整优化，打造顺应顺义发展特征、符合区域功能定位、满足基层发展需要的村居发展“领头雁”。

政府工作报告

在北京市顺义区第五届人民代表大会第六次会议上

（2020年1月7日）

区长　孙军民

各位代表：

现在，我代表顺义区人民政府，向大会报告政府工作，请予审议，并请各位政协委员提出意见。

一、2019年工作回顾

2019年，在习近平新时代中国特色社会主义思想的指导下，在市委、市政府和区委的坚强领导下，在区人大、区政协的监督支持下，区政府紧紧团结依靠全区人民，坚持把新中国成立70周年庆祝活动作为统领各项工作的纲，主动服务首都“四个中心”功能建设，着力提高“四个服务”水平，认真抓好“三件大事”，坚决打好“三大攻坚战”，加快提升顺义新城综合承载力，真抓实干推动高质量发展，多措并举增进民生福祉，全区经济社会继续保持了良好发展态势。全年地区生产总值同比增长6%；完成一般公共预算收入165.7亿元，同比增长4%；全区居民人均可支配收入同比增长9.2%；完成固定资产投资462.7亿元，保持规模总体稳定；完成社会消费品零售总额506.1亿元，同比增长5.7%；城镇登记失业率控制在1.5%左右；全区PM2.5年均浓度下降到41微克/米^3，达到市级任务要求；较好地完成了区五届人大五次会议确定的各项任务。

（一）圆满完成重大活动服务保障任务

牢牢把握2019年大事多、喜事多、盛事多的特点，坚持将服务保障重大活动作为首要政治任务，全身心投入、全方位参与新中国成立70周年庆祝活动，每日调度、一线督导，全区各部门、各属地密切配合、协调联动，广大党员干部群众坚守岗位、无私奉献，以强烈的历史责任感和神圣使命感，圆满完成群众游行、群众观礼、群众联欢、环境质量、安全稳定等服务保障任务，国之大典激发的爱国热情持续转化为顺义人民奋进新时代的强大动力。坚持以最高标准、最强组织、最实举措、最佳状态接续奋战，圆满完成党的十九届四中全会、第二届“一带一路”国际合作高峰论坛、世界园艺博览会、亚洲文明对话大会等一系列重大活动服务保障工作，确保了城市运行平稳有序、社会大局安全稳定，夯实了工作基础，锤炼了过硬作风，积累了宝贵经验，有力促进了顺义各领域工作再展新作为、再上新台阶。

（二）持续完善城市规划体系

北京城市总体规划深入落实。顺义分区规划正式获得市政府批复，压茬启动街区、镇域规划编制，杨镇国土空间规划已形成初步成果，115个美丽乡村规划编制完成。扎实开展规划自然资源领域问题整改，20宗浅山区一般违法建设、7宗“大棚房”项目全部整改到位。研究探索建设用地腾退补偿机制，圆满完成年度减量任务。“三调”数据顺利通过国家第一轮核查，首次年度城市体检成果纳入北京城市体检报告。

产业发展规划不断完善。国家级临空经济示范区正式获批，发展规划加快编制。天竺综保区创新升级方案起草完成，政策功能进一步完善。北京国际合作产业园（中德园区）规划方案编制完成，国际化运营管理机制加快形成。

（三）全力确保经济运行稳中有进

经济发展质效提升。认真落实中央“六稳”要求，确保经济运行保持在合理区间、质量效益不断提升。第三产业增加值占GDP比重预计达到65%以上，“压舱石”作用进一步凸显；金融业增加值比重预计保持在10%以上、全区第三大支柱产业基础更加夯实，规模以上工业总产值降幅预计收窄至9%。预计实现建安投资210亿元，其中工业建安投资17.7亿元，超额完成市级任务。积极创建市级深夜食堂特色街区，中粮祥云小镇成为首都“网红打卡地”，夜间经济带来新的消费增长点。预计全年进出口额完成1050亿元，实际利用外资9.2亿美元，全市排名第三。

创新动能不断积蓄。全区累计认定登记技术合同485项，同比增长105%，技术合同成交额41.8亿元，同比增长84%。国家级高新技术企业预计超过900家。依托北京市科技成果转化统筹协调与服务平台，促成多家企业与高校院所对接。北大资源双创园、久悦体育等首批12个老旧厂房再利用试点全面开展。

（四）加快促进产业转型升级

重大产业活动成果丰硕。2019世界智能网联汽车大会成功举办，7项研究成果集中发布。第十届中国卫星导航年会盛况空前，国内外3000余位专家代表参会，159家国内外单位参展。京交会顺义分会场实现签约额106亿美元，10个分会场中排名第一，4个展区获评最佳展区。中德隐形冠军创新发展高峰论坛圆满闭幕，与9家公司签订合作协议。

重点产业项目加快推进。市委常委会审议通过北京创新产业集群示范区（顺义）发展规划，创新产业发展蓝图加快落实。编制完成智能制造三年行动计划，全面实行“项目负责制”，新引进3000万元以上项目263个，57个高精尖项目加快落地建设，总数全市第二。北京奔驰新能源顺义工厂总装车间全面建成，即将投产，滴滴出行与丰田合资公司、中融雷科等项目签约落地，北小营镇首期300亩自动驾驶封闭测试场建成运营。第三代半导体创新基地即将竣工，引进和储备镓族科技等一批产业化项目。中航复材二期顺利竣工，中国兵器导航与控制产业基地等项目签约落地。新一轮服务业扩大开放52项试点任务完成49项，实现7项全国首创。新引进墨盛资产等优质金融企业30家，金融机构达到342家。新国展二、三期项目启动设计方案国际征集，全市最大的沃尔玛山姆店正式开业，澳金园、金宝天阶等商业项目加快推进。国家对外文物交流平台顺利落地，文物修复中心正式运营。农业增加值稳居全市第一，成功创建国家农产品质量安全县。

营商环境持续优化。累计对接服务企业1000余次，区领导“一对一”深入走访服务，召开“早餐会”8场，量身定制“服务包”146个，全市入驻部门、综合窗口最多的区级政务服务中心投入使用。认真抓好“9+N”2.0版新政策落实，优化简易低风险工程建设项目审批服务，“水气热”e家办服务模式纳入全市典型并推广，服务企业信息平台上线运行。天竺综保区保税进、出口整体通关时间较去年分别压缩67%、79%，进出口规模同比增长30%。减税降费80.3亿元，全力为企业“加油”减负。实施一揽子企业扶持政策，出台创业摇篮计划支持办法，制定全市首个融资租赁、外资金融机构专项扶持政策。

（五）持续加强生态环境建设

大气污染治理成效明显。全面推进打赢蓝天保卫战三年行动计划，坚决抓好中央和市级环保督察问题整改，每周通报部署、每月研究调度，细化工地、道路、裸地扬尘管控措施，废弃矿山治理有序推进。全力推进挥发性有机物减排，完成餐饮单位升级改造1800余家，淘汰高排放老旧柴油货车3593辆。疏解退出一般性制造业企业82家，数量全市第二。

水环境建设深入推进。全区污水处理率达到93%，国家级和市级考核断面稳定达标，区级跨界断面补偿金同比下降39.9%。严格落实河长制，小微水体整治率达到95%。农村污水治理工程已完成42个村，区污泥处置工程完工，牛栏山再生水厂通水运行，张镇再生水厂正在设备安装，新建污水管线、雨污合流管线改造完成率均排名全市第一。

区域环境面貌持续美化。疏整促专项行动坚定有序，治理违法建设达到场清地净标准403万平方米、腾退土地511公顷，增设公园绿地7处、口袋公园5处、停车场57处，完成“补短板促提升”工作任务1.7万项。深入开展农村人居环境整治，626个农村公厕达标改造全部立项，农村户厕改造年度任务提前超额完成，覆盖率达到95%。新一轮百万亩造林2.33万亩，超额完成市级任务。扎实开展土壤污染防治，辖区受污染耕地、污染地块安全利用率达到90%以上。

（六）统筹推进城乡建设治理

河东河西协调发展持续推动。加快补齐河东基础设施和公共服务短板，百项工程完成立项79项，其中竣工26项、正在建设27项。顺平辅线提级改造工程实现通车，木燕路、顺密路、顺平路杜各庄桥等大修工程顺利完工。新增供水管网12.4公里，杨镇、龙湾屯镇、南彩镇等达到通水条件，木林镇等燃气管网提升工程完成手续办理，郝家疃变电站扩建、东府站110千伏切改工程顺利完工。南彩第一幼儿园、乔智幼儿园建设完成，新增学前学位720个。北京城市学院顺义校区三期工程拆迁完成。

基础设施建设加快推进。120项重点工程全部完成立项，其中竣工25项、正在建设55项。区文化中心、电子政务中心和劳动力实训基地完成五方验收。舞彩浅山郊野公园一期、海航城市森林主体完工。获评“四好农村路”全国示范区，通怀路、木孙路、天北路北延等道路工程加快推进，2741基“有灯不亮”路灯治理、40公里“有路无灯”补建完成。首条大件垃圾处理线和生活垃圾焚烧二期、餐厨垃圾处理厂投入使用，生活垃圾无害化处理率达到100%，生活垃圾分类示范片区覆盖率达到60%。基本便民商业服务功能城市社区覆盖率达到97.7%。31座城市公厕品质提升改造完成。

城市精细化治理水平不断提升。探索为基层赋权增能，优化线性工程、公厕提升等领域工作机制。“多网融合”城市管理网全面启用，镇街网格化综合管理指挥中心全部建立，区级指挥中心大厅建设完成。“智慧顺义”稳步推进，“雪亮工程”主体建设完成。首都国际人才社区顺义试点正式获批。严管严查安全生产工作，检查企业12万家次。实现平安度汛，食品安全示范区创建成果日益巩固。全区常住人口保持在123万人以内。

（七）全面增进民生福祉

积极回应群众关心关切。坚持民有所呼、我有所应，深化党建引领“吹哨报到”改革，组建“接诉即办”区级和镇街专班，严格执行24小时值守制度，确保全流程专人负责、闭环管理。建立完善考评制度，全年诉求响应率达到100%，解决率和满意率分别从年初的45.7%、59.8%提升到75.4%、88.4%。聚焦群众期盼和民生需求，全年完成30项民生实事工程。

扎实开展精准帮扶工作。西藏自治区尼木县、河北省万全区正式脱贫摘帽，精准医疗帮助科左中旗癫痫病人来京救治、尿毒症贫困户肾移植，全年助力2.8万名贫困人口脱贫，河北省沽源县、内蒙古自治区巴林左旗及科左中旗自评预估可实现脱贫摘帽。全区低收入农户人均可支配收入水平预计全部超过认定标准线。荆坨村、下营村、小营村3个低收入村蔬菜基地项目全部投用。与昌平区深入开展生态、产业、人才等全方位结对协作。

持续提升“七有”“五性”水平。连续8年被评为北京市充分就业区。新增学前学位2414个，普惠性幼儿园覆盖率达到92.3%，北京教科院附属顺义实验小学投入使用，增加学位1200个。友谊医院顺义院区建设有序推进，区中医院迁建工程主体完工，120个规划设置村卫生室基础设施全部完成，妇幼绩效考评全市第一。新建养老服务驿站15家。新开工政策性住房1.54万套、竣工8122套，官志卷村、张各庄村等集租房项目开工，企业人才公租房配租3040套，平各庄村、望泉寺村回迁安置圆满完成，杨镇中心区棚改项目2700余户住宅拆迁基本完成。潮白书苑获全国创新创意奖，潮白之声合唱团获全市金奖，国家残疾人冰上运动比赛训练馆完成基础施工，全区人均体育场地面积全市第二。全国文明城区创建工作扎实推进。民族宗教、国家安全、外事侨务、对台、新闻、档案、保密、气象、地震、民防和慈善、残疾人、红十字等工作取得新成绩。

（八）着力加强政府自身建设

主题教育深入开展。坚持以习近平新时代中国特色社会主义思想为指导，持续增强“四个意识”、坚定“四个自信”、做到“两个维护”，坚决贯彻中央、市委和区委部署要求，认真开展“不忘初心、牢记使命”主题教育，围绕11个专题深入开展集中学习研讨，主动下沉、深入基层调研检查点位1

万余个，督促整改问题近8000项。以主题教育促工作提升，大力弘扬“马上就办、真抓实干”优良作风，狠抓落实、一抓到底。

法治政府建设基础更加夯实。始终坚持依法行政，自觉接受区人大、区政协监督，主动接受监察监督，持续加强工作对接，按时办结人大代表建议126件、政协提案164件，满意率均达到100%。强化政府合同管理，累计事前审查各类政府合同5900余件。加大普法力度，接待法律咨询2.4万人次，开展以案释法、普法宣传等活动800余场。严格落实区委安排部署，高标准完成机构改革任务。

全面从严治党主体责任严格落实。进一步彻底肃清孙政才严重违纪违法腐败案件恶劣影响，坚决落实好中央扫黑除恶专项斗争督导、市委巡视反馈问题整改。认真履行“一岗双责”，持续强化党风廉政建设，深刻汲取案件教训，强化警示教育，及时约谈提醒。持续健全完善政府投资全周期管理、财政绩效考核评价等制度，继续执行年初批复预算外追加财政资金通报制度，不断扎紧扎牢制度的笼子，营造风清气正政治生态。

一年来，面对艰难繁重的改革发展稳定任务和纷繁复杂的矛盾风险挑战，取得这样的成绩来之不易。这是坚持以习近平新时代中国特色社会主义思想为指导的结果，是市委、市政府坚强领导的结果，是区委带领全区人民团结拼搏、努力奋斗的结果。在此，我代表区政府，向辛勤奋战在各条战线的广大干部群众，向各位人大代表、政协委员，向各民主党派、各人民团体和各界人士，向驻区中央、市属单位、部队和企业，向所有关心支持参与顺义改革发展的同志们、朋友们，表示崇高的敬意和衷心的感谢！

总的来看，过去一年全区经济社会运行总体平稳，但对标市委、市政府要求和群众期待，我区发展还存在一些短板。一是经济结构调整任务依然艰巨，传统增长动能逐步减弱，新的高精尖产业尚未形成有效支撑。二是生态环境建设任重道远，大气污染防治、水环境建设还需持之以恒，农村人居环境整治还要加大力度。三是城市治理不够精细，物业管理、回迁安置等历史遗留问题还需加快解决，安全生产企业主体责任还需进一步压实。四是“七有”“五性”水平需要继续提升，群众诉求办理还要更加精准高效。针对这些短板，我们将拿出有效举措，切实加以解决。

二、2020年工作任务

2020年是全面建成小康社会、奋力实现第一个百年奋斗目标的决胜之年，是服务构建更加有效的首都治理体系、加快平原新城发展步伐的实干之年，是深入落实分区规划、圆满收官“十三五”、积极谋划“十四五”的关键之年。当前，世界正面临百年未有之大变局，国际环境复杂多变，国内经济下行压力加大，全市迈入减量提质发展阶段，顺义发展正处在新旧动能转换的阵痛期，内外部的风险挑战需要我们积极应对。但更应该看到，我区发展面临着难得的机遇。从全国看，经济稳中向好、长期向好的基本趋势没有改变，经济结构优化升级、科技创新能力提升、改革开放持续深化带来新机遇，鼓舞我们坚定信心；从首都看，全市高质量发展的体制机制正在加快形成，更加有效的首都治理体系正在积极构建，营商环境持续优化，创新优势日益凸显，创新活力不断迸发，激励我们乘势而上；从自身看，市委、市政府赋予了我们“新城发展看顺义”的重大使命，中心城区更多优质资源加快向新城疏解，北京创新产业集群示范区（顺义）、国家级临空经济示范区建设将促进产业加速转型升级，北京国际合作产业园（中德园区）等重点园区引领作用不断增强，争取自贸区开放政策试点实施将提升服务业扩大开放水平，首都国际机场功能提升将进一步推动港城融合发展，新国展二、三期等重大基础设施项目将释放出强劲拉动力，催促我们奋勇争先。我们一定要迎难而上、抢抓机遇、积极作为，以坚如磐石的信心、只争朝夕的劲头、坚韧不拔的毅力，奋力开创新时代顺义高质量发展新局面。

2020年工作的总体要求是：坚持以习近平新时代中国特色社会主义思想为指导，深入贯彻党的十九大，十九届二中、三中、四中全会和中央经济工作会议精神，深入贯彻习近平总书记对北京重要讲话精神，落实市委十二届十次、十一次全会部署，对标蔡奇书记、陈吉宁市长调研顺义及对平原新城发展指示要求，按照区委五届十次全会安排，坚持稳中求进工作总基调，落实“新城发展看顺义”的目标要求，更加主动服务首都“四个中心”功能建设，提高“四个服务”水平，认真抓好“三件大事”，坚决打好“三大攻坚战”，全面落实分区规划，持续提高综合承载力，聚焦“七有”要求和“五性”需求，继续推动“业强城优生活美”，坚决确保全面建成小康社会和“十三五”规划圆满收官！

2020年全区经济社会发展的主要预期目标是：地区生产总值增长6%左右，一般公共预算收入增长3%左右，固定资产投资完成465亿元，社会消费品零售总额增长5.5%左右，规模以上工业总产值增长3%，全区居民人均可支配收入增长7.5%，城镇登记失业率控制在2%以内，PM2.5年均浓度达到市级要求，单位地区生产总值能耗下降、二氧化碳排放下降达到市级要求，单位地区生产总值水耗下降3%。

（一）强化责任担当，矢志不移打好“三大攻坚战”

着力抓重点、补短板、强弱项，确保精准扶贫脱低攻坚任务如期全面完成、生态环境质量持续好转、不发生系统性金融风险。

深度发力精准扶贫脱低攻坚战。深入开展对口帮扶协作，聚焦剩余的贫困人口，多措并举、分类施策，确保如期全部脱贫。创新“一县一策一方案”，精准谋划长效扶贫项目，建立防止因病致贫、因病返贫机制，确保脱贫人口不返贫。扎实开展区内低收入群体精准帮扶，坚决落实“六个一批”帮扶措施，进一步巩固帮扶成效，确保低收入农户收入全部超过认定标准线、低收入村全部消除，坚决完成精准扶贫脱低任务。

持续提升生态环境质量。深入推进打赢蓝天保卫战三年行动计划，狠抓秋冬季污染防治不松劲，加强工地和道路扬尘治理，定期开展露天焚烧、餐饮油烟专项检查，扎实开展重型柴油车路检和入户检查，完成124辆纯电动新能源公交车更新，强化重污染天气应急应对。进一步加强水环境治理，全力推进大孙各庄再生水厂项目，重点推动城乡接合部、重要水源地等85个村污水处理设施建设，力争年底前实现重点村生活污水全收集、全处理，全区污水处理率达到95%以上。持续强化河长履职，紧盯考核断面水质，加强控源截污，加快构建河流在线监控预警系统，努力消除黑臭水体。高标准完成北京市节水型区创建，进一步提高市政环卫、园林绿化等领域再生水利用比例，推进农村地区饮用水计量收费。落实《北京市生活垃圾管理条例》，实现生活垃圾分类示范片区全覆盖。完成新一轮百万亩造林2.16万亩。

毫不松懈防范化解重大风险。牢固树立总体国家安全观，保持忧患意识、强化底线思维，加强安全风险预测预警预防，妥善处置各类突发事件。深化平安顺义建设，深入开展矛盾纠纷排查化解，持续完善社会治安防控体系。积极创建全国安全发展示范城市，扎实开展企业安全生产主体责任落实及评估试点，纵深推进城市安全隐患治理三年行动，持续开展重点行业领域安全风险评估，深入推动瓶装液化石油气、电动自行车充电、工业企业涉爆粉尘等重点领域隐患排查治理。积极推进应急管理体系和能力现代化，组建3支专业森林消防队伍，全面升级微型消防站，不断提升安全综合防控能力。加大金融监管力度，继续深入开展互联网金融风险专项整治，加强金融风险排查处置，有效防范非法集资等违法违规金融活动，全力维护金融安全稳定。

（二）突出规划引领，确保一张蓝图绘到底

坚持以分区规划为引领，圆满收官“十三五”规划，科学谋划“十四五”规划，促进全区发展锚定目标、接续奋斗。

全面落实分区规划。加快制定分区规划落实分工方案，深入开展近期建设专题研究，保障重点区域、重大项目空间资源需求。有序开展镇域国土空间规划和街区控规编制工作，逐步实现规划全覆盖。积极推进镇街责任规划师工作实施，助力提升镇街规划设计水平。深入推进规自领域问题整改，落实“村地区管”体制，健全土地用途管控机制，强化农村土地资源管理。2020年全区城乡建设用地控制在277平方公里。

圆满收官“十三五”规划。紧密对照“十三五”规划各项目标任务，把握进度、加强调度，强化监测预警和重难点问题分析研判，力争“十三五”主要目标、重点任务顺利完成。密切关注国内外发展环境变化，及时准确把握宏观政策走向，以自身发展的稳定性有效应对外部环境的不确定性。高标准全面建成小康社会，聚焦文化产业、交通安全、技术研发等弱项，分解任务、压实责任，加快补齐相关领域短板。

高质量编制“十四五”规划。坚持将学习贯彻习近平总书记对北京重要讲话精神、落实北京城市总体规划和顺义分区规划、推动高质量发展贯穿始终，扎实开展前期课题研究，做深做实“十四五”规划编制工作。坚持“开门编规划”，认真组织群众建言献策活动，广泛征求各部门和社会各界意见。统筹编制“十四五”规划纲要、专项规划，形成以区级规划纲要为统领、以专项规划为支撑、统一衔接的“十四五”规划体系。

（三）打造一流营商环境，持续激发发展活力

把稳增长的压力转化为深化改革、扩大开放的强大动力，优服务、抓投资、促消费，全力确保经济运行在合理区间。

持续优化营商环境。继续深化“放管服”改革，完善权力清单、责任清单制度，充分激发市场主体活力。严格落实“9+N”3.0版改革政策，扎实做好迎接营商环境评价工作，确保第一轮营商环境改革三年行动计划圆满收官。动态更新“服务包”，精心组织“早餐会”，认真办理12345企业服务热线诉求。统一全区政务服务事项标准，进一步促进“一网通办”向属地延伸，确保区级个人事项全部下放镇街，实现更多事项“全区通办”。加快建设24小时自助办理大厅，推行镇街政务服务中心工作日中午不休息和周六服务制度。全年力争实现至少1300个事项线上自助办理，树立全市政务服务应用标杆。加快推动公共资源交易目录内事项100%进驻交易平台，逐步实现场外无交易。

精准发力有效投资。充分发挥投资对优化供给结构的关键作用，认真抓好北师大附属实验中学顺义分校、区中医院迁建等重大项目实施，强化项目有力接续。落实落细稳投资任务，科学设置手续办理、工程建设、投资纳统等目标，开展对政府投资、社会投资项目的全口径调控、精细化管理。聚焦打基础、补短板，统筹安排政府投资项目260个，集中力量、提高效率，确保干一件成一件。积极推进拆迁遗留户腾退，加快“批而未供”土地上市。进一步加强投融资体制改革，强化金融支撑作用。

积极推动消费升级。出台商业服务业转型升级三年行动计划，抓紧启动老城区商圈改造，加快合景天汇等重点商业项目建设。探索在顺义主城区、马坡新城等重点区域，打造各具特色的夜间消费场景。精准补建商业服务网点，继续引进7-11、全家等连锁品牌，大力支持区供销社、区市场中心及社会资本打造便民商业连锁品牌，实现基本便民商业服务功能城市社区全覆盖。加快京北（大孙各庄）智慧物流园建设，研究推进石门市场迁址升级。以“顺意好礼”研发、文化中心开馆为抓手，丰富文旅产品供给。

（四）强化创新驱动，加快构建高精尖经济结构

坚持以重大试点示范区建设为引领，全力推动制造业转型升级，持续深化服务业扩大开放，不断夯实高精尖主导产业新格局。

全力扩大创新产业集群有效增量。高标准落实北京创新产业集群示范区（顺义）发展规划。深入编制示范区建设实施方案，扎实推进科技成果转化和产业化，提前做好产业用地整理，不断优化公共服务供给，打造产城融合、宜居宜业的新型示范区。紧抓重点产业园区提质增效。提速国家级临空经济示范区建设，积极吸引总部企业、研发中心等落地。全面落实天竺综保区创新升级实施方案，加快推进二期国网用地调整。加强中关村顺义园智能制造产业建设，进一步优化空间布局、扩大产业规模。加快推进北京国际合作产业园（中德园区）建设，积极吸引重点德资项目落户。紧盯产业项目落地见效。全力确保北京奔驰新能源汽车年内实现量产、第三代半导体创新基地投入使用，推动车和家总部基地年底前入驻办公，启动第三代半导体标准化厂房建设，加快筹建第三代半导体产业投资基金。加快中航青云二期、飞行器姿轨控系统等项目建设，积极推进中国兵器导航与控制产业基地项目。全力办好世界智能网联汽车大会。加大5G基础设施建设力度，全面拓展创新应用场景。精心孵化初创型、科技型小微企业，更加有力推动形成领军企业支撑、创新企业繁荣的产业格局。支持传统制造业企业技术改造，加快北京现代一工厂转型升级。

更大力度推动服务业开放发展。拓宽开放领域、深化开放层次，基本完成本轮服务业扩大开放全部试点任务。加快临空经济转型升级，全力支持首都机场内部改造，构建立体综合交通体系，紧抓“一市两场”契机，积极吸引国际航空资源聚集。持续夯实金融业基础，促进优质金融机构入区发展，提升首都产业金融中心、北京市融资（金融）租赁聚集区影响力。大力发展会展业，加快新国展二、三期项目供地等工作，积极吸引专业展、新兴展、国际展落户。加快提升文旅产业规模，持续发挥好国家对外文化贸易基地、国家文化出口基地等平台作用，做大文化进出口规模，大力发展红色旅游、工业旅游、冰雪旅游。加强科技服务业布局，加快推进国家稀土新材料创新中心建设，促进中国国际检验检测中心发挥平台作用，全力推动海高大厦创新创业平台建设，发挥国际人才项目集聚作用。

提高招商引资能力水平。加快构建基于云计算、大数据的产业发展综合信息平台，实现承载空间、产业基础、金融服务、生态环境、政策优势等资源数字化。创新产业支持举措，通过代建标准厂房、产业引导基金参与、构建国企产业促进平台，有效降低企业落地成本，加速产业链上下游企业聚集。加强产业园区配套设施建设，以北京国际合作产业园（中德园区）建设为引领，打造国际产业社区。完善产业项目全生命周期服务管理机制和产城融合、产融结合促进机制。

（五）高标准建设治理城市，加快提高综合承载力

严格落实加快新城建设提高综合承载力三年行动计划，更大力度完善基础设施、提升城市品质，有力承接各类优质资源。

加快完善基础设施。进一步提升交通路网水平，保障京沈客专、京承铁路开行市郊列车如期通车，积极推进城际铁路联络线北延、M15号线东延、R4线一期工程北延、首都机场与新国展捷运系统项目前期工作。加快市政重点工程建设，完成火沙路周边市政配套、枫桥北路等6项工程。优化调整公交线网，提升新建小区、经济功能区公交线网覆盖率。加快推进3个220千伏、7个110千伏变电站项目前期工作和老旧小区配电网改造。开工建设生活垃圾焚烧三期工程，完成30座城市公厕品质提升任务。

促进腾退空间提升。坚持疏解整治与优化提升相结合，全年拆除违法建设600万平方米。探索实施“拆五建一”“拆旧建新”模式，有效解决土地再利用问题。统筹利用腾退空间，积极承接高精尖产业项目，建设一批“七有”“五性”民生改善项目和小微绿地、口袋公园、城市森林，“留白增绿”31公顷。聚焦首都机场周边、M15号线沿线等重点区域，深入推进综合治理，促进人口规模合理、流动有序。

更加精细治理城市。优化“多网融合”城市管理网功能，推进镇街平台运行建设，充分发挥区域网格作用，更加高效发现解决问题。创新国际人才社区治理模式，全力推进国际人才社区特色示范街区和重点线路建设。认真落实《北京市街道办事处条例》，巩固街道职责清单，推动社区共治共建共享。加快镇街综合执法队伍建设，推动联合执法向综合执法转变。破除协管员队伍条块壁垒，推动协管工作力量下沉、权限下放。严格落实《北京市物业管理条例》，持续开展物业突出问题专项治理。持续推进路侧停车电子收费改革，扎实开展交通拥堵治理。

（六）坚持共建共享，大力实施乡村振兴战略

树立农业农村优先发展政策导向，建立健全城乡融合发展体制机制，持续激发农业农村发展活力。

加快推进河东河西协调发展。强化杨镇新市镇引领作用，高质量实施新一轮河东重点工程。优化完善交通路网结构，加快实施木孙路等重点道路工程，推进河东50公里乡村公路大修和90公里道路路灯建设。持续扩大水电气供给，加快杨镇水厂扩建工程建设，推进龙湾屯镇、大孙各庄镇等自来水厂选址和南彩镇老旧小区市政水接入工程，实施天然气管网覆盖率提升工程、西府变电站主变增容改造工程。不断增加教育供给，重点推进杨镇中心幼儿园、南彩洼里幼儿园等开工建设，力争尹家府中心小学、南彩一小等中小学投入使用。持续提升医疗卫生服务能力，加快推动阜外医院顺义院区取得床位批复，实现木林卫生院改扩建工程达到开工条件。大力支持北京城市学院顺义校区三期建设。

持续改善农村人居环境。继续加大农村人居环境整治力度，加强日常巡查维护，定期通报、压实责任，确保新增问题不出现、整治问题不反弹。围绕首都机场周边等重点区域，深入开展背街小巷、城乡接合部村庄环境提升工作。继续推进厕所革命，确保10月底前农村公厕等级达标率实现100%，年底前农村无害化户厕覆盖率达到98%。以村规民约为抓手，不断完善乡村治理机制。制定实施农村宅基地管理办法。

深入推进一二三产融合发展。加快推动“科技＋农业”，促进农业绿色循环发展，吸引培养一批有技术、能扎根的“新农人”。大力发展“旅游＋农业”，积极培育全国“一村一品”示范村，形成具有京韵农味的顺义乡村文化品牌。积极扶持以张堪文化园为代表的“旅游＋农耕文明”模式，打造特色休闲农业精品路线，认真筹备2021年世界樱桃大会。着力打造“互联网＋农业”，加快培育现代农业新产品、新模式与新业态。

（七）坚持以人民为中心，全面提升“七有”“五性”水平

坚持以群众需求为导向，进一步保障和改善民生，努力让发展更有温度、全面小康更有厚度。

提升接诉即办水平。加快实现12345市民服务热线与“多网融合”平台对接，建立“集中受理、统一分拨、快速响应、跟踪督办、考核评价”的闭环管理机制，持续提高接诉即办效率。进一步深化“街乡吹哨、部门报到”机制，通过“双派单、双考核、双通报”，探索实现村居镇街不用“吹哨”、部门自动“报到”高效治理模式。深入分析市民诉求，加强规律性研究，坚持问题导向、靶向施策，推进“接诉即办”加快向未诉先办、主动治理转变。加强宣传引导，支持群众维护自身合法权益。

优化公共服务水平。加大重点群体就业帮扶力度，持续做好根治欠薪工作。全年新增1500个学前学位，确保常住人口入园率、普惠性幼儿园覆盖率均保持在90%以上。深化与北大教育学院、北京教科院等合作办学，加快推进胡各庄小学等项目建设。加快友谊医院、北医三院、昭德国际医院等优质医疗机构入区办医进度，全面加强紧密型、专科医联体建设，进一步做实做细家医签约服务。重视解决好“一老一小”问题，有序推进养老服务驿站建设，支持社会力量发展普惠托育服务。积极创建全国文明城区和公共文化服务体系示范区，实现镇街文化中心、村居文化室全面建成达标开放，区级非物质文化遗产达到35个。继续开展好2022年冬奥会和冬残奥会服务保障工作，大力推动冰雪运动普及发展，积极推进新城地区、空港地区体育场馆规划选址。

提高群众居住质量。全力为低保、低收入家庭及特殊困难家庭提供保障性住房，加快推进小左各庄村、马头庄村、太平村、前进村等回迁安置房建设，认真开展好国门商务区等公租房、共有产权房项目建设管理，力争张喜庄村、前进村集租房项目开工。加速推进已实施棚改项目征拆收尾及安置房建设工作，全面启动杨镇中心区棚改非宅拆迁，力争将首都机场周边4个村棚改项目纳入北京市2020年实施计划。继续实施好老旧小区改造。

（八）纵深推进全面从严治党，持续加强政府自身建设

进一步提高政府工作效能，加快推进治理体系和治理能力现代化，全面建设人民满意的服务型政府。

持续提升政治能力。深入学习贯彻习近平新时代中国特色社会主义思想和党的十九届二中、三中、四中全会精神，持续增强“四个意识”、坚定“四个自信”、做到“两个维护”。牢记“看北京首先要从政治上看”的要求，严守政治纪律和政治规矩，更加紧密围绕首都大局谋划和推动工作。不断提升学习能力，更加主动学习党的最新理论、产业发展前沿、基层治理创新等知识、方法，以理论素养的提升有力助推顺义转型发展。

不断强化政府自身改革。坚决反对形式主义、官僚主义，主动发扬斗争精神，不断增强斗争本领，切实以推动区域发展的实绩、为民服务的成绩，检验“不忘初心、牢记使命”主题教育实效。进一步精简文件和会议，下大力气为基层减负。更加主动践行宗旨意识，全力以赴为市民群众办实事、解烦忧。牢固树立长期过“紧日子”思想，切实提高财政资金使用效益。推动国资国企精准聚焦主业、分类发展，促进区属国有二、三级企业产权主体多元化。

全面推进法治政府建设。深入贯彻落实区委关于新时代加强和改进全区人大、政协工作的意见，自觉接受人大、政协监督，认真办理人大代表议案、建议和政协委员提案。持续开展会前学法和法治讲座，提升领导干部法治思维和依法行政能力。深入推进重大行政决策制度建设，积极发挥政府法律顾问作用，加强对重大决策的合法性审查。严格执法秩序、规范执法行为，加大政务公开力度。深入推进村居法律顾问制度，进一步提升服务效能。

持之以恒正风肃纪反腐。坚决扛起全面从严治党主体责任，严格履行“一岗双责”，层层传导压力、逐级压实责任。深化市委巡视反馈问题整改，认真贯彻中央八项规定精神和市委、区委落实办法。坚持把警示教育融入日常，引导党员干部受警醒、知敬畏、守底线。大力推进审计全覆盖，拓展审计监督的广度和深度。聚焦重点领域、重要部门、关键岗位，强化廉政风险防控，严肃整治发生在群众身边的腐败问题。严格落实意识形态工作责任制，加强正面宣传，强化舆情应对。纵深推进政府系统党风廉政建设，全力营造风清气正政治生态。

各位代表！70年历史照亮未来，新时代使命呼唤担当。让我们更加紧密地团结在以习近平同志为核心的党中央周围，在市委、市政府和区委的坚强领导下，不忘初心、牢记使命，勠力同心、锐意进取，坚决确保全面建成小康社会和“十三五”规划圆满收官，更加奋发有为地推动顺义高质量发展，为国际一流的和谐宜居之都建设做出新的更大贡献！

大事记

1月

1日，北京天竺综合保税区实现北京市首单跨境电商保税备货进口通关业务，标志着北京市跨境电商“1210”监管模式正式运行，跨境电商零售进口监管新政策正式实施。

7日，第四届舞彩顺义冰雪运动欢乐季启动仪式暨顺义区第二届中小学生冰雪嘉年华活动在张镇莲花山滑雪场举行。

12日，“开放共赢，拥抱未来——2019中国天使创投潮白论坛暨中国青年天使会第六届年度论坛”在顺义区举行。

13日，首届北京市冰上龙舟大赛暨第四届舞彩顺义冰雪运动欢乐季活动在奥林匹克水上公园举行。来自全市的12支龙舟队近200名运动员，参加冰上龙舟100米直道竞速和200米直道竞速两个项目的比赛。

同日，中国工业气体协会医用气体及工程分会在京津区域成立的唯一一家医用气体研究机构——中国工业气体协会医用气体及工程分会京津区域研究中心在首钢顺义冷轧公司举行成立仪式。

14日，北京飞机维修工程有限公司（AMECO）将一台V2500型飞机发动机运抵北京天竺综保区，并于当日完成海关查验并出区送厂维修。这是航空维修企业首次借助北京天竺综保区通关。

17日，顺义区首个村级便民综合服务中心——前鲁各庄村便民综合服务中心正式投入使用。

18日，由《艺术商业》主办的“2018年度十大艺术事件发布暨影响力机构颁奖”活动举办。松美术馆入选“2018年度十大艺术事件”榜单，“松子计划”被评为“年度艺术教育计划”。

28日，第三届北京·顺义张镇灶王文化节在莲花山滑雪场开幕。

同日，位于中晟馨苑1号院的顺家社区移动菜站开业，为顺义区首家社区移动菜站。

29日，为期3天的第十九届北京青少年机器人竞赛在牛栏山一中落幕。来自北京市16个区、中国儿童中心、天津市、河北省的共283支参赛队797名学生参赛。

同月，顺义区掌上办事大厅“顺手办”上线运行，涉及教育、文化、卫生、企业经营等各领域政务服务事项，实现全部线上预约、线上申报等功能。

2月

19日，顺义区第十七届“赵全营杯”民间花会大赛暨京津冀三地民间花会展演活动举行。本次活动以“三地一体化，两岸一家亲”为主题，由区委宣传部、区文化委员会、赵全营镇政府联合举办。

25日，区环保局向北京汽车集团越野车有限公司颁发排污许可证。这是自《排污许可证申请与核发技术规范汽车制造业》（HJ971-2018）发布后，全国首张汽车整车制造业国家统一编码的排污许可证。

26日，顺义区发布新版创业摇篮计划支持政策——《顺义区创业摇篮计划支持政策实施办法》。

27日，国家发展改革委和中国民航局联合印发《关于支持首都机场临空经济示范区建设的复函》（发改地区〔2019〕375号），指导北京市有序推进首都机场临空经济示范区建设，以顺义区政府作为示范区规划建设管理主体。

同月，北京地区首座双塔双索面斜拉桥——顺义区重点工程复兴大桥桥梁工程获北京市市政基础设施结构长城杯工程金质奖。

同月，顺义区残疾人联合会迁至双丰街道顺义区残疾人职业康复中心。

3月

1日，北京市科学技术奖励大会召开，顺义区共有7家单位获2018年北京市科学技术奖。北京汽车研究总院有限公司牵头、北京汽车集团有限公司越野车分公司参与的“BJ40系列轻型越野汽车的研发及应用”项目；北京北一机床股份有限公司参与的“高精超大尺度重型车铣复合机床精准制造关键技术及应用”项目；航天星图科技（北京）有限公司参与的“国产多源遥感数据高精度智能处理与应用新技术”项目获一等奖。北京星箭长空测控技术股份有限公司、北京市政路桥管理养护集团有限公司参与的项目获二等奖。北京汽车研究总院有限公司参与的项目获三等奖。

6日，京津冀户外运动嘉年华顺义区健身操舞比赛在仁和文化广场篮球馆举办。共有来自全区19个镇、6个街道的晨练点，河北省香河县，天津市茶淀街，北京市昌平区的600余人参赛。

11日，顺义区新政务服务中心实现全面运行。

15日，顺义区机构改革动员部署会召开。

19日，顺义区2019年度南水北调来水回补潮白河水源地工程启动。项目通过李家史山泵站经小中河向潮白河水源地补水，日补水量约43万立方米，瞬时流量5米^3/秒。

20日，顺义区首个城市森林绿地项目——双兴城市森林（绿地）工程的园林工程开工。

22日，顺义区机构改革后第一家挂牌成立的政府工作部门——北京市顺义区市场监督管理局挂牌成立。

23日—26日，以“发现·创新·责任”为主题的第39届北京青少年科技创新大赛和第二届北京青少年创客国际交流展示活动总决赛在中国科学院大学（雁栖湖校区）举行。顺义区在科技创新大赛上获得学生创新成果项目二等奖8项、三等奖27项；科技辅导员创新成果项目获得一等奖3项、二等奖3项、三等奖1项；优秀科技实践活动获得一等奖1项、二等奖1项；学生创意项目获得二等奖1项；少年儿童科学幻想绘画获得一等奖1幅、二等奖18 幅、三等奖17幅。在“创客”活动中获得学生礼品展二等奖2项、三等奖4项；教师作品展三等奖2项。在第二届北京青少年创客国际交流展示活动总决赛中，牛栏山一中、南彩二小2所学校4个项目入围总决赛。最终，2项获得一等奖；2项获得二等奖；2项获得专项奖。杨镇一中老师徐朋园获得“十佳科技辅导员”称号。

26日，顺义区首家“互联网+全民义务植树”基地在东郊森林公园（顺义园）启动，首都绿化办公室、李桥镇、区园林绿化局（绿化办）干部职工及小学生共300余人参加义务植树。

同月，北京儿童医院顺义妇儿医院遗传与生殖中心完成顺义区第一张新生儿基因图谱和第一张人类染色体图谱。

同月，京沈客专《顺义西站及站前地块一体化概念设计》出炉。

4月

4日，空中客车与中国航空器材集团有限公司（CAS）合资的华欧航空培训公司在北京临空经济核心区举行仪式，宣布其在中国投入使用的首台全新A350全动飞行模拟机正式启用。

9日，牛栏山酒厂院士专家工作站揭牌仪式举行。

18日，“北京畅融工程”第一季暨2019北京5G产业与金融发展论坛在顺义区举行。本次论坛由北京市地方金融监督管理局、顺义区人民政府共同主办。

5月

11日，2019年度北京市高招联合咨询会暨北京城市学院校园开放日在北京城市学院顺义校区举办。咨询会由北京市各区高招办联合主办、北京城市学院承办，中国人民大学、北京师范大学等50余所部属及市属院校现场接受考生和家长的报考咨询。

17日，顺义区首个老旧小区加装电梯工程在后沙峪镇双裕花园开工。

22日，第十届中国卫星导航年会在国家地理信息科技产业园拉开帷幕。市委副书记、市长陈吉宁出席开幕式并致辞，国家最高科学技术奖获得者孙家栋，中国工程院沈荣俊出席，中央军委装备发展部副部长、中国卫星导航系统委员会主席王兆耀，北斗系统总设计师杨长风在开幕式上致辞，市委常委、副市长殷勇为年会首次设立的“北斗奖”获得者颁奖，市政府秘书长靳伟出席。

24日，第四届北京顺义樱桃采摘旅游文化节推介会在中粮祥云小镇举行。

25日，驻华使节团携手走进顺义区国际人才社区活动举行。北京外交人员服务局常务副局长蒋琪，区委常委、常务副区长霍光峰，区委常委、区委组织部部长禹学垠参加。

同日，顺义第五届舞彩浅山旅游登山文化节在木林镇茶棚民俗村（舞彩浅山木林段）举行。

28日，以“开放、创新、智慧、融合”为主题的2019年中国国际服务贸易交易会在北京开幕。顺义作为本届京交会最大分会场，在新国展举办顺义服务业扩大开放、航空服务、金融服务、会展服务、智能制造、电子竞技六大专题板块，以及21场专业会议论坛。

同日，2019北京产融合作与创新发展论坛举行。联合国前副秘书长沙祖康做主题演讲，市地方金融监督管理局党组成员、副局长李妍致辞，区委常委、常务副区长霍光峰对顺义区投资环境进行推介。

29日，“开放顺义”北京市服务业扩大开放综合试点示范区政策发布会在新国展举行。市商务局局长闫立刚，区委副书记、区长、北京天竺综保税区管委会党组书记、主任孙军民参加。

29日—6月1日，顺义区以“北京·顺义：中国第一国门，全国文化中心新基地”为主题参展第十四届北京文博会，集中展示对外文化贸易新成果、非遗产品开发新特色、文化科技融合新亮点。

30日，2019年中国国际服务贸易交易会顺义分会场顺义区智能制造高峰论坛举行。顺义区政府向社会发布首期《北京市顺义区新技术新产品名录》。在此次论坛上，顺义区共有13个重点项目签约。

31日，以“构建新时代‘空中丝路’，打造经济发展新引擎”为主题的首届“空中丝绸之路”国际合作峰会在北京临空皇冠假日酒店举办。

同月，顺义奥林匹克水上公园被国家体育总局命名为“国家北京顺义体育训练基地”

同月，第四次全国经济普查入户登记工作结束。

6月

6—9日，北京市委宣传部、首都文明办、北京市体育局、顺义区人民政府主办的“和满京城，奋进九州”第十一届北京端午文化节暨2019全国龙舟邀请赛活动在顺义奥林匹克水上公园举行。

15日，北京医耗联动综合改革实施，顺义区共234家医疗机构参与改革。

19—20日，以“守正·匠心·开物”为主题的第四届中国文旅大消费创新峰会在顺义区举行。国家相关部委和地方文旅主管部门人士、行业指导机构同人、国内外文旅产业专家学者、文旅国企与民企代表高层、投资者、项目操盘手等1000余人参加。

23日，北京市民定向越野赛在顺义区汉石桥湿地自然保护区举行，2022名北京市民参赛。

28日，第28届北京国际燕京啤酒文化节在顺义奥林匹克水上公园开幕。

7月

1日，顺义区纪念中国共产党成立98周年座谈会召开。

3日，顺义区大型原创评剧《从前有条河》在区影剧院首演。全剧演出时长2小时，吸引1100余名观众到场观看。

4日，由综保区开发管理有限公司投资建设，下属北京天保佳畅物流有限公司运营管理的北京天竺综保区一体化查验平台海关监管冷库投入使用。

19日，杨镇棚户区改造工作动员会召开。区委常委、常务副区长霍光峰参加。

31日—8月4日，文化产品交易博览会在北京751•DPARK（朝阳区北京时尚设计广场）举办，顺义区以“文创生活、顺心顺义”为主题参展，12家文化企业携最新文创产品亮相。

同月，区经济和信息化局全面启动《顺义区智能制造三年行动计划（2020—2022）》的编制工作。

同月，顺义区新增3处不可移动文物，分别是南彩镇水屯村菩萨庙、龙湾屯镇张中坞村兴隆寺以及人工修建的引河（顺义区李桥镇苏庄—通州区平家疃段）。

8月

13日，由区住房保障事务中心组织，北京市燕顺保障性住房投资有限公司负责具体实施的针对低保、低收入及计划生育特殊困难轮候家庭的专项配租在望泉西里公租房项目1号楼公租房项目管理处进行。

15日，京蒙劳务协作科左中旗驻京服务中心在顺义区牛栏山镇成立。

16日，顺义地区首家5G体验馆——北京移动顺义营业厅正式营业。

21日—25日，第26届北京国际图书博览会暨第17届北京国际图书节以及第9届中国数字出版博览会在中国国际展览中心（新馆）举办。

同月，全国首家NIKESPORT LARGE跃层店铺落户祥云小镇。

9月

1日，北京教育科学研究院附属顺义实验小学挂牌成立。

10日，2019北京国际设计周顺义区分会场活动在北大资源天竺双创园开幕。

18—20日，第十八届北京国际航空展在北京举行。首都机场临空经济示范区首次亮相北京国际航空展，临空经济核心区携6家企业亮相。

20日，全市首座“海高大厦创新产业平台项目”在北京临空创新创业示范基地启动。北京市首座“海高大厦”落户顺义区北京临空经济核心区空港融慧园6号楼。

23日，2019年中国农民丰收节在北京市顺义区兴农天力农业园开幕，为期15天。

30日，顺义区在潮白烈士陵园举行烈士公祭活动。

10月

15日，北京市人才工作局、北京环球英才交流促进会、顺义区人民政府共同举办全球院士顺义交流对接活动。

22日，2019世界智能网联汽车大会在中国国际展览中心（新馆）开幕。

同日，北京市“有突出贡献人才”暨“留学人员创新创业特别贡献奖”表彰会在北京市委党校召开。北京燕京啤酒股份有限公司品酒师王欣、北京松冷冷链物流有限公司制冷设备维修工孙立军、北京汽车股份有限公司北京分公司涂装工高级技师吕杰、北京首钢冷轧薄板有限公司酸洗工高级技师高国强获北京市有突出贡献的高技能人才；分享收获（北京）农业发展有限公司执行董事石嫣获北京市有突出贡献的农村实用人才。

25日，“5G-50”技术与应用专家论坛在顺义区国测会议会展中心举行。

11 月

8 日，由首都图书馆、顺义区图书馆联合北京工业大学耿丹学院共同打造的北京市第一家面向社会开放的高校图书馆——首都图书馆、顺义区图书馆耿丹学院分馆开馆。

29 日，2020 年中国国际服务贸易交易会电子竞技专题推介会暨 2019 首届中国电竞营销大会在临空皇冠假日酒店举行。大会由中国服务贸易协会、中国广告协会指导，顺义区商务局、中国文化管理协会电竞管委会、中国服务贸易协会数字娱乐专委会、华体电竞（北京）体育文化有限公司主办。

30 日，第八届中国创新创业大赛国际第三代半导体专业赛全球总决赛暨第三代半导体发展战略高端论坛在顺义区举行。

12 月

2 日，由市金融监管局、顺义区人民政府主办的“2019 北京融资租赁产业国际论坛”在顺义区举行。

6 日，全区首个“红十字村”在大孙各庄镇西华山村揭牌。

18 日，国际文物交流平台发布暨揭牌仪式在天竺综保区国家对外文化贸易基地（北京）举办。

19 日，北京市上市挂牌企业总部基地仁和分基地在仁和镇高顺云港新能科技产业园揭牌。此次揭牌仪式由仁和镇人民政府、顺义区金融服务办公室主办，北京启元资本市场发展服务有限公司、高顺云港新能产业园承办。

同日，以“融合·新生态”为主题的 2019 第二届北京顺义文旅发展高峰论坛举行。此次高峰论坛共举办嘉宾主题演讲 10 场、圆桌论坛 2 场。

20 日，第五届北京顺义冰雪温泉欢乐季在莲花山滑雪场开幕。

30 日，北京市药监局会同北京市商务局、北京海关、北京天竺综保区管委会制定的《北京市跨境电商销售医药产品试点工作实施方案》发布。

同月，《顺义区“十四五”规划编制工作方案》印发实施。

中国共产党顺义区委员会

1 月 17 日，区委改革办与区城市管理指挥中心、区信息中心组成联合调研组，到仁和镇开展实地调研

2 月 19 日，高雄民俗舞亮相顺义民间花会大赛

3 月 22 日，区委区政府研究室组织顺义区调研工作部署暨培训会召开

6月1日，顺义区新一届村和社区"两委"主要负责人集中培训班举办

7月10日，顺义区台商举办慈善义卖活动

9月10日，顺义区"不忘初心、牢记使命"主题教育动员部署会召开

12 月 23 日，“梧桐”工程三期走进北京大学

年内，顺义区“两新”组织党建工作座谈会暨“党建引领 共筑安全”倡议活动举办

综　述

【概况】年内，区委常委会持续增强“四个意识”，始终坚定“四个自信”，坚决做到“两个维护”，坚持以优异成绩庆祝中华人民共和国成立70周年为纲，推动全区各方面工作平稳有序、稳中向好。一是坚持学思践悟、知行合一，扎实推动习近平新时代中国特色社会主义思想在顺义落地生根。区委常委会把学习贯彻习近平新时代中国特色社会主义思想和党的十九届四中全会精神、习近平总书记对北京重要讲话精神贯通起来，先后开展16次区委理论学习中心组学习；紧密对标中央和市委要求，强化组织领导，细化“1+5”工作方案，推动“不忘初心、牢记使命”主题教育走深走实。二是坚持精精益求精、万万无一失，完成庆祝新中国成立70周年等重大活动筹备和服务保障工作。区委高度重视新中国成立70周年庆祝活动筹备和服务保障工作，抽调219人组建专班。群众游行三分指，组织伟大复兴篇章9个方阵、11辆彩车、1组标语车、超过2.5万人的群众游行；群众联欢九分指，组织2780人参加群众联欢，16次在央视直播画面中精彩呈现；组织400名群众参加观礼，城市志愿者累计服务群众1.5万人。三是坚持突出重点、抓住关键，奋勇争先打好“三大攻坚战”。提前一年实现脱低目标；“5+5+N”扶贫模式持续完善，139个项目100%开工，跨省联动精准医疗帮扶亮点突出，尼木县、万全区正式脱贫摘帽。PM2.5累计浓度下降到41微克/米^3；“清四乱”任务全部完成，全区污水处理率达到93%；生活垃圾无害化处理率100%。持续打击非法集资，稳步推进互联网金融风险专项整治，持续强化安全生产、食品药品安全监管，不断完善社会矛盾纠纷多元预防调处化解机制。四是坚持久久为功、善作善成，持之以恒抓好“三件大事”。《顺义分区规划（国土空间规划）（2017年—2035年）》正式获批，镇域国土空间规划和街区规划编制压茬启动。“疏整促”专项行动扎实推动，拆除违法建设403万平方米，便民商业网点覆盖率达到97.7%，留白增绿158.8公顷。与冬奥组委有关部门对接，领任务、做服务。国家残疾人冰上运动比赛训练馆基础施工完成。五是坚持完善功能、提升品质，系统谋划提高区域综合承载能力。围绕服务“四个中心”功能建设、提高“四个服务”水平，制定出台系列意见方案和行动计划。区文化中心、电子政务中心等项目完成验收，区中医院迁建工程主体完工，顺平辅线提级改造工程实现通车，通怀路建设加快，获全市唯一“四好农村路”全国示范区称号。北师大附中顺义分校全面开工，城市学院三期、友谊医院顺义院区、北医三院顺义院区加快推进，东城定向安置房实现封顶。平原造林年度任务超额完成，舞彩浅山郊野公园主体完工，卧龙城市森林建成开放。新时代文明实践中心实现镇街全覆盖，全市首座“海高大厦”落户本区。六是坚持稳中求进、进中提质，大力推动高质量发展。地区生产总值增长6%，一般公共预算收入增长4%，总量均保持全市第5位。天竺综保区保税进出口值同比增长49%，增速居全市功能区首位。完成固定资产投资455亿元，建安投资210亿元。新引进优质金融机构30家。实际利用外资9亿多美元。国家减税降费政策顶格实施，全年减免80多亿元，围绕企业诉求量身定制133个服务包。举办2019世界智能网联汽车大会、第十届中国卫星导航年会等会议和活动。七是坚持民有所呼、我有所应，持续增进民生福祉。持续提升“七有”“五性”水平，全区普惠性幼儿园覆盖率达92.3%，居民人均可支配收入增长8%，新建养老服务驿站15家。八是坚持蹄疾步稳、重点突破，着力深化改革、扩大开放。完成机构改革工作，综合设置党政机构45个，区属议事协调机构精简至67个。深入推动新时代街道工作和“吹哨报到”改革，建立改革召集人制度和统筹调度机制，持续完善“六步工作法”，53项改革任务推进有力。纵深推进新一轮服务业扩大开放试点工作，全面完成15项市级任务，实现知识产权证券化、5类指定进口商品加工试点等7项全国首创。九是坚持总揽全局、协调各方，切实加强民主法治建设。十是坚持全面从严、纵深推进，持续强化新时代党的建设。区委常委会专题研究党建议题197项，占总数的68.4%。深化两个专项整治，严肃查纠“四风”隐形变异。全面整改中央扫黑除恶督导组通报问题，打伞破网立案7件7人。全力配合市委第一巡视组工作，推动巡视巡察上下联动，从严抓好市委巡视反馈意见整改。

（区委办）

【以文辅政、以策资政，决策参谋水平不断提升】年内，共起草各类文稿400余篇100余万字。通过区委书记月度工作点评会、基层党建述职评议会以及区委向市委领导专题汇报材料，全方位展示顺义区工作亮点。高标准起草《区委常委会2019年工作要点》《顺义区关于提高“四个服务”水平的意见》等区委重要文件，服务区委工作顺利开展。信息报送工作加强规范化建设，更加注重信息质量、选题策划，充分发挥党委信息主渠道作用，共上报市委信息522余篇，采用111篇，报送反映本区突发情况的紧急信息51篇；编发《顺义信息》各刊共552期。公文管理工作严格规范标准、突出政治审核，核发文件411件，接办区级各单位报送公文560件，流转区委主要领导批示871件，完成60次区委常委会会议组织工作。

（区委办）

【促沟通、抓落实，统筹协调各项工作】年内，坚持以中华人民共和国成立70周年庆祝活动筹备和服务保障工作为“纲”，深入落实各项具体工作，服务保障任务保质保量完成。行政服务工作共接待市委主要领导、市级部门领导及来访外埠领导到本区调研和参加活动17次；组织安排全区性各类会议344次，同比减少26%；安排区委主要领导调研82次，其中问题类调研51次。督查工作紧紧围绕市委巡视反馈意见整改落实、重大活动服务保障、“12345”市民服务热线等市民反映突出问题、乡村振兴、基层减负等市委、区委中心工作和决策部署，强化“立即办、零停留”的意识和标准，进一步强化督促检查，共下发督查通知409件，办理市委督查件57件，向区委主要领导反馈各类督查落实情况96期，获得区级领导批示79件次。

（区委办）

【区档案局机构改革】根据区委、区政府关于印发《北京市顺义区机构改革实施方案》的通知（京顺发〔2019〕2号）要求，全面清理事业单位承担的行政职能，坚持能转职能的不转机构，将承担的行政职能划入相关行政机构、行政执法职能划入相关行政执法机构。将区档案局（区档案馆）的行政职能划归区委办公室，区委办公室对外加挂区档案局牌子。将区档案馆由区政府直属事业单位改为区委直属事业单位，归口区委办公室管理，不再保留与区档案馆合署办公的区档案局。

（区委办）

重要会议

【区委常委班子民主生活会】1月28日，区委常委班子民主生活会召开。区委书记高朋主持，市委组织部副部长、市老干部局局长张革，市委组织部有关同志，区领导孙军民、张良等出席。区领导车克欣、周颖博，各相关单位主要负责领导参加会议。

（区委办）

【顺义区村和社区“两委”换届选举工作领导小组（扩大）会议】2月21日，顺义区村和社区“两委”换届选举工作领导小组（扩大）会议召开。区委副书记张良主持，区领导高朋等出席。区村和社区“两委”换届选举工作领导小组成员，各镇、街道党（工）委书记、副书记、组织委员（组织部部长），主管民政的副镇长（副主任）及相关科室负责人参加会议。

（区委办）

【2018年顺义区全面从严治党主体责任检查考核集中汇报会】2月26日，2018年顺义区全面从严治党主体责任检查考核集中汇报会召开。区委副书记、区监委主任张良主持，区领导高朋出席。各检查组成员，被检查考核单位党委书记、纪委书记参加会议。

（区委办）

【顺义区机构改革动员部署会】3月15日，顺义区机构改革动员部署会召开。区委副书记、区长孙军民主持，区领导高朋、车克欣、周颖博等出席。各相关单位主要负责同志，各街道工委书记、主任参加会议。

（区委办）

【顺义区2019年老干部工作会议】5月8日，顺义区2019年老干部工作会议召开。市委组织部副部长、市委老干部局局长张革，区领导高朋、张良等出席。离退休干部代表、各部委办局、公司、中心、人民团体主要负责同志、各镇、街道党（工）委书记参加会议。

（区委办）

【顺义区新时代文明实践中心建设启动大会】5月14日，顺义区新时代文明实践中心建设启动大会召开。区委书记高朋主持，区领导孙军民等出席。各相关单位主要负责人、各镇、街道党（工）委书记及分管负责人参加会议。

（区委办）

【第十届中国卫星导航年会高峰论坛】5月22日，第十届中国卫星导航年会高峰论坛举办。市领导陈吉宁、殷勇、靳伟、姜广智、徐和建，国家北斗办领导王兆耀、杨长风、冉承其，北斗系统高级顾问孙家栋，区领导孙军民、车克欣、周颖博出席。各相关单位主要负责人，相关专家院士及企业代表参加活动。

（区委办）

【第二十八届北京国际燕京啤酒文化节开幕式】6月28日，第二十八届北京国际燕京啤酒文化节开幕。区领导高朋、孙军民、车克欣、周颖博出席。区人大常委会各委室主任，区政协秘书长，各室主任，天竺综合保税区管委会各处室、中心负责人，各部委办局、公司、中心、人民团体主要负责人参加活动。

（区委办）

【纪念中国共产党成立98周年座谈会】7月1日，纪念中国共产党成立98周年座谈会召开。区委副书记、区长孙军民主持，区领导高朋、车克欣、周颖博出席。各相关单位主要负责人，基层党员代表，各镇、街道、临空经济核心区管委会，中关村顺义区管委会，绿色生态功能区管委会领导班子成员参加会议。

（区委办）

【中国共产党北京市顺义区第五届委员会第九次全体会议】7月29日，中国共产党北京市顺义区第五届委员会第九次全体会议召开。区委书记高朋，区委副书记、区长孙军民，区人大常委会主任车克欣，区政协主席周颖博，区委副书记张良等出席会议，区人大常委会各委室主任，区政协各室主任，天竺综合保税区管委会各处室、中心负责人，各部委办局、公司、中心、人民团体党政正职，各镇党委书记、镇长、人大主席，各街道工委书记、办事处主任，全体区党代表参加。

（区委办）

【重大活动顺义区服务保障工作总结大会】9月5日，中华人民共和国成立70周年庆祝活动顺义区筹备和服务保障工作动员大会暨“一带一路”国际合作高峰论坛、北京世园会、亚洲文明对话大会顺义区服务保障工作总结大会召开。区委书记高朋主持，区领导孙军民、车克欣、周颖博出席。首都机场集团、武警八支队、城市学院相关领导，各部委办局、公司、中心、人民团体主要负责人，各镇党委书记、镇长，各街道工委书记、主任，各相关单位代表参加会议。

（区委办）

【顺义区2019年新兵入伍欢送大会】9月5日，顺义区2019年新兵入伍欢送大会召开。区委常委、武装部部长王子利主持，区领导高朋、孙军民、车克欣、周颖博等出席。2019年顺义区征兵工作领导小组成员，各镇、街道党（工）委书记、武装部长及干事，相关高校主管领导及具体负责人，领兵部队负责人，入伍新兵及新兵家长，顺义籍优秀现役军人家属参加会议。

（区委办）

【2018年度全面从严治党检查考核“双约谈”会议】9月17日，2018年度全面从严治党检查考核“双约谈”会议召开。区委常委、区纪委书记、区监委副主任、代理主任刘国强主持，区领导高朋出席。各相关单位党工委（党组）书记，分管纪检监察工作负责同志，区纪委区监委案件管理室、信访室、党风政风监督室、第一至第三监督检查室、第六联合派驻纪检监察组、驻卫生健康委纪检监察组、第十一联合派驻纪检监察组负责同志参加会议。

（区委办）

【中华人民共和国成立70周年庆祝活动北京市筹备和服务保障工作总结表彰大会】10月25日，中华人民共和国成立70周年庆祝活动北京市筹备和服务保障工作总结表彰大会召开，全体区领导参加。

（区委办）

【中华人民共和国成立70周年庆祝活动顺义区筹备和服务保障工作总结大会】11月1日，中华人民共和国成立70周年庆祝活动顺义区筹备和服务保障工作总结大会召开。区委副书记张良主持，市委第六巡回指导组领导，区领导高朋、孙军民、车克欣、周颖博等出席。首都机场集团、武警八支队、城市学院相关领导，各部委办局、公司、中心、人民团体主要负责人，各镇党委书记、镇长，各街道工委书记、主任，各指挥部、大队代表参加会议。

（区委办）

【北京市学习贯彻党的十九届四中全会精神中央宣讲团报告会】11月15日，北京市学习贯彻党的十九届四中全会精神中央宣讲团报告会《在北京城市副中心举行》。市委常委、宣传部部长杜飞进主持，中央宣讲团成员、中央中共政治局委员北京市委书记蔡奇做宣讲报告。市委第六巡回指导组领导，区领导高朋、孙军民、车克欣、周颖博，近年退休的区级领导，各部委办局、公司、中心、人民团体主要负责人，区委巡察组组长，区委主题教育巡回指导组组长，各镇、街道领导班子成员及科级以上干部，村、社区干部代表，小巷管家和社区志愿者代表在顺义分会场参加会议。

（区委办）

【顺义区党的十九届四中全会精神宣讲报告会】举行12月9日，顺义区党的十九届四中全会精神宣讲报告会召开。区委常委、宣传部部长贺亚兰主持，区委书记高朋、本宣讲报告区领导孙军民、车克欣、周颖博等出席。区人大常委会各委室主任、副主任，区政协秘书长，各室主任、副主任，区纪委区监委领导班子成员，各部室主任、派驻纪检监察组组长；区委巡察组组长，各相关单位负责同志，各镇、街道领导班子成员，村和社区党组织书记参加会议。

（区委办）

【中国共产党北京市顺义区第五届委员会第十次全体会议】12月26日，中国共产党北京市顺义区第五届委员会第十次全体会议召开。区委书记高朋，区委副书记、代区长孙军民，区人大常委会主任车克欣，区政协主席周颖博，区委副书记张良等出席会议，区人大常委会各委室主任，区政协各室主任，天竺综合保税区管委会各处室、中心负责人，各部委办局、公司、中心、人民团体党政正职，各镇党委书记、镇长、人大主席，各街道工委书记、办事处主任，全体区党代表参加。

（区委办）

日常政务和活动

【保密服务保障统筹推进】以国庆70周年为重中之重，与各牵头单位对接，从保密体系建设、保密干部配备、制度建设等各方面入手，提供保障，共组织保密培训25场，配发宣教书籍和笔记本200余套，检查与国庆活动有关单位50余家。机要管理工作紧紧围绕密码通信和信息化密码服务保障，实现全年“无事故、无差错、无错情”的工作目标，完成区电子政务内网向全区处级单位延伸，内网联通单位达到95家，全年保障市区两级加密视频会议242场次，完成本区安可替代工程项目实施方案编制等工作。

（区委办）

【档案工作开展情况】全区档案指导和培训深入开展，做好全区档案统计工作，加强档案行政执法检查，涉及档案工作的各项政务服务事项办理时限均压缩55%以上。

（区委办）

【选人用人与老干部工作】严格按照干部选拔任用标准提出人选，按程序报批，做到选任干部依法依规。周密做好老干部服务工作，不断丰富老干部学习、生活。

（区委办）

【区委常委班子2018年度民主生活会征求意见座谈会】1月22日，区委常委班子2018年度民主生活会征求意见座谈会召开。区委书记高朋主持，区领导禹学垠出席。各相关单位主要负责人、征求意见代表参加会议。

（区委办）

【顺义区2019年专家人才迎新春慰问座谈会】1月23日上午,“梧桐引金凤 顺义聚贤才”顺义区2019年专家人才迎新春慰问座谈会召开。区委常委、组织部部长禹学垠主持,区领导高朋、孙军民等出席。区委组织部副部长、区人才工作领导小组办公室副主任王彦利介绍顺义区人才生态环境建设情况,8名国际国内优秀人才代表先后围绕优化顺义区人才生态环境建言献策。各相关单位主要负责人、专家人才代表参加会议。

(区委办)

【顺义区2019年新春团拜会】1月31日,顺义区2019年新春团拜会举办。区人大常委会副主任、总工会主席丁文强主持,区领导高朋、孙军民、车克欣、周颖博等出席。各部委办局、公司、中心、人民团体主要负责人,各镇、街道党(工)委书记,各邀请嘉宾、获表彰人员代表、基层一线职工代表参加。

(区委办)

【顺义区2019年“三八”国际妇女节庆祝活动】3月8日,“风雨兼程70载,巾帼建功新顺义”顺义区2019年“三八”国际妇女节庆祝活动举行。此次庆祝活动由“重拾她记忆”“感受家温馨”“畅聊新变化”“讲述她故事”“献礼新顺义”5个篇章组成,形式涵盖歌曲串烧、现场访谈、情景宣讲等。活动中,巾帼代表们依次点亮代表自尊、自信、自立、自强的“四自”精神书灯,并发起倡议,号召全区女性共同助力“创建全国文明城区”及疏解整治促提升专项行动,继续发扬“四自”精神,以良好的精神面貌开创各项事业发展新局面,齐心协力共建和谐顺义。市妇联党组成员、副主席赵丽君,区领导高朋、孙军民、车克欣、周颖博等出席。全区处级女干部,北京市“三八”红旗奖章及集体代表,区级巾帼文明岗、巾帼建功标兵代表,镇街居民代表,各镇街妇联主席、专职副主席,各区直单位妇委会主任参加活动。

(区委办)

【2018年度顺义区镇街、区直党(工)委书记抓基层党建工作述职评议考核会议】3月18日,2018年度顺义区镇街、区直党(工)委书记抓基层党建工作述职评议考核会议召开。市委组织部副部长、市人才工作局局长桂生,区领导高朋、张良等出席。区委党建工作领导小组成员,各镇街党(工)委书记、专职副书记,各相关单位副书记、纪(工)委书记、分管组织和宣传工作的负责人,区委党建督导组组长,部分区“两代表一委员”参加会议。

(区委办)

【顺义区深入推进疏解整治促提升促进生态文明与城乡环境建设动员大会暨镇街党(工)委书记会议】3月29日,顺义区深入推进疏解整治促提升促进生态文明与城乡环境建设动员大会暨镇街党(工)委书记会议召开。区委副书记、区长孙军民主持,区领导高朋、车克欣、周颖博等出席。各部委办局、公司、中心、人民团体主要负责人,各镇、街道党政领导班子成员,各村、社区党组织书记参加会议。

(区委办)

【顺义区代表团赴内蒙古对接对口帮扶工作】4月17、18日,区委书记高朋率顺义区代表团,赴内蒙古自治区赤峰市巴林左旗对接对口帮扶工作。

(区委办)

【顺义区教育工作大会】5月14日,顺义区教育工作大会召开。区委副书记、区长孙军民主持,区领导高朋、车克欣、周颖博出席。各部委办局、中心、人民团体主要负责同志,各镇、街道党(工)委书记、镇长、主管教育副镇长及教育助理、教育系统校园长、教育系统两代表一委员及教师代表,国际学校、民办学校代表参加会议。

(区委办)

【市委书记到顺义区调研】5月16日,市委书记蔡奇到顺义区调研北京城市学院、北京中国国际展览中心新馆,区委书记高朋随行调研。

(区委办)

【全市村和社区“两委”换届选举工作总结会】7月30日,全市村和社区“两委”换届选举工作总结会召开。市政府党组成员、副市长张家明主持,区村和社区“两委”换届选举领导小组组长、副组长高朋、张良等,各成员单位相关负责人,区选办相关负责人、区选办各工作组组长,各镇、街道领导班子成员及相关科室负责人在顺义分会场参加会议。

（区委办）

【市委常委、政法委书记调研垃圾分类工作】8月12日，市委常委、政法委书记张延昆一行到光明街道裕龙三社区、光明街道办事处调研垃圾分类工作。区领导车克欣等参加。

（区委办）

【顺义区精神文明建设暨创城工作推进大会】8月29日，顺义区精神文明建设暨创城工作推进大会召开。区委副书记、区长孙军民主持，市委宣传部副部长、首都文明办主任滕盛萍，区领导高朋、车克欣、周颖博出席。相关单位负责人，各镇街党（工）委书记、镇长、分管负责人参加会议。

（区委办）

【区委常委会市委巡视整改专题民主生活会】8月29日，区委常委会市委巡视整改专题民主生活会召开。区委书记高朋主持，市纪委市监委第六监督检查室主任史勍，市委组织部地区干部处副处长彭小斌，区领导高朋、孙军民等出席。区领导车克欣、周颖博，各相关单位主要负责人参加会议。

（区委办）

【中央主题教育第二巡回督导组调研】10月15日，接待中央主题教育第二巡回督导组调研，区委书记高朋随行。

（区委办）

【区委书记率顺义区代表团赴西藏对接对口帮扶工作】10月16日—18日，区委书记高朋率顺义区代表团，赴西藏自治区拉萨市尼木县对接对口帮扶工作。

（区委办）

【中共北京市顺义区委第四次人大工作会议】10月21日，中共北京市顺义区委第四次人大工作会议召开。区委书记高朋主持，区领导孙军民、车克欣、周颖博等出席。各相关单位负责人，各镇街党（工）委书记、镇长、人大主席参加会议。

（区委办）

【中央和国家机关党校定点扶贫县贫困村党支部书记培训班调研】10月23日，接待中央和国家机关党校定点扶贫县贫困村党支部书记培训班调研，区委书记高朋参加。

（区委办）

【顺义区精神文明建设委员会第一次会议】11月7日，顺义区精神文明建设委员会第一次会议召开。区委书记高朋主持，区领导孙军民出席。区文明委相关单位主要负责人参加会议。

（区委办）

【顺义区创建全国文明城区工作推进会】11月15日，顺义区创建全国文明城区工作推进会召开。区委书记高朋主持，区领导孙军民、车克欣、周颖博等出席。各相关单位负责人，各镇党委书记、镇长、分管负责人，各街道工委书记、主任、分管负责人参加会议。

（区委办）

【全区安全生产工作会议】12月4日，全区安全生产工作会议召开。区委副书记张良主持，区领导高朋、孙军民、车克欣、周颖博等出席。各相关单位主要负责人，各镇街道党（工）委书记、镇长（办事处主任）、分管负责人、安全科科长参加会议。

（区委办）

【市委常委、统战部部长到顺义区调研检查工作】12月5日，市委常委、统战部部长齐静到顺义区调研检查潮白河流域“四乱”问题有关工作，区委书记高朋随行调研。

（区委办）

【中共北京市顺义区委第五次政协工作会议】12月11日，中共北京市顺义区委第五次政协工作会议召开。区委书记高朋主持，区领导孙军民、车克欣、周颖博等出席。各相关单位负责人、区政协常务委员及区政协机关其他副处级以上同志参加会议。

（区委办）

【区委议军会】12月31日，区委常委会召开议军会。区委书记高朋主持，区领导孙军民、车克欣、周颖博等出席。各相关单位主要负责人参加会议。会议听取区人民武装部2019年度工作开展情况及2020年工作计划的汇报。

（区委办）

组织工作

【概况】年内，深入学习习近平新时代中国特色社会主义思想和党的十九大，十九届二中、三中、四中全会精神，全面贯彻新时代党的建设总要求和新时代党的组织路线，认真落实全国、全市组织工作会议和组织部长会议及区委五届八次、九次、十次全会部署要求，紧紧围绕服务保障中华人民共和国成立70周年庆祝活动这条主线，树立“第一国门”意识，聚焦主责主业，强化责任担当，狠抓工作落实，统筹推进党建、干部、人才及自身建设等各方面工作，不断提升组织工作质量和水平，为推动建设“业强城优生活美”的首都重点平原新城提供坚强的组织保障与干部人才支撑。

（区委组织部）

【“不忘初心、牢记使命”主题教育】年内，对标中央和市委要求，出台“1+5”系列方案，分类指导、精准施策。坚持问题导向，围绕党的建设、重大任务中心工作落实、“8+2”专项整治等热点难点问题，开展实地调研11194次，现场解决问题6809个。坚持查改贯通，制定“4+16”调研方案，建立“一总九分”专项整治体系，确定整治任务93项、具体措施2000余条，推动主题教育取得实效。

（区委组织部）

【党建绩效考评体系持续优化】年内，发挥党建工作领导小组办公室职能作用，推进重点问题解决、任务落实。研究制定《顺义区2019年度党建工作考核实施方案》及考核内容，涵盖考核任务30项、考点147个。召开镇街、区直党（工）委书记抓基层党建工作述职考评会，深化基层党建述职评议考核，“抓好党建就是最大政绩”的意识进一步深入人心。

（区委组织部）

【重大活动服务保障】年内，用好党建引领“四步法”，教育引导党员干部厚植“第一国门”意识、践行“第一国门”标准、展现“第一国门”形象，在服务保障工作中立身为旗、争当先锋模范、努力担当作为，完成各项重大活动服务保障工作。在筹备和服务保障中华人民共和国成立70周年庆祝活动中，抽调236人组建专班，细致做好参与人员的资格联审工作，切实做到“精精益求精、万万无一失”。

（区委组织部）

【从严抓好村和社区“两委”换届选举】年内，选优配强“五好六型”村居“两委”班子，历时169天，对9245名候选人进行资格联审，筛掉“十不能”问题人员123人，实现“三个100%、两个最高、两个最优”（100%参选，100%一次选举成功，100%书记主任“一肩挑”；“两委”交叉任职比例历届最高，“两委”干部中党员数量历届最高；年龄历届最优，学历结构历届最优）目标。组织开展新一届村和社区“两委”干部培训，开办集中、专题、示范三大类8个班次，累计培训村和社区“两委”干部2968人、党组织书记594名，全面提升“两委”干部履职能力。

（区委组织部）

【各领域党建工作不断深化】年内，制定2019年全区基层党建工作重点任务清单，涵盖7个领域50项任务。建立“5+5+X”结对共建机制，提升整体功能。推进党建引领物业管理服务试点工作。开展“两新”组织和“小个专”两个覆盖专项摸排，全区非公企业和社会组织的党组织覆盖率分别达到90.84%和75.14%。启动红领计划，定向发展33名“两新”高管、骨干入党。指导完成15个一级企业党建入章程工作以及党支部星级评定和软弱涣散整顿工作。

（区委组织部）

【有序推进党支部规范化建设】年内，学习贯彻《中国共产党支部工作条例（试行）》，及时修订区级《党支部工作规范》和《党支部工作手册》。完成燕顺保障房党支部转隶工作，调研形成生态基地等4家单位组织设置调整方案。加强党群阵地规范化建设，指导建设中粮云空间、红领智谷等党群地标，32个党群阵地面向社会开放运行。深入推行“书记联抓、包村联户、挂账联动、多病联治、支部联建、多级联评”六联工作法，14个市级软弱涣散村党组织全部销账“摘帽”。

（区委组织部）

【国际人才社区建设】年内，成立顺义国际人才社区建设工作推进小组，将建设国际人才社区写入《顺义分区规划（国土空间规划）（2017年—2035年）》，编制《顺义国际人才社区发展规划》，涵盖“五镇一街两园区”，占地 89 平方千米。优化配套设施，持续改善全区国际人才社区的教育、医疗、住房等服务保障。注重宣传推介，举办“顺达五洲义聚贤才”顺义国际人才社区活动周等系列活动，不断提高国际人才社区影响力。

（区委组织部）

【着力加强干部队伍建设】年内，注重年轻干部选拔培养，2019 年新录用公务员 136 名、选调生 13 名；第二期“梧桐工程干部人才引进计划”引进应届硕博毕业生 248 名。选派 14 名干部到西藏、内蒙古等地对口支援。统筹开展培训班次 51 项，“国门讲坛”专题讲座 10 期。对 42 家单位 260 名新提拔科级干部开展“一报告两评议”。

（区委组织部）

【推进公务员职务与职级并行工作】年内，全区 90 家单位完成职级设置备案和职级套转，32 家单位开展职级晋升工作。修订《顺义区科级干部选拔任用工作暂行办法》，形成“内容科学、程序严密、配套完备、运行有效”的公务员管理机制，打破基层公务员晋升“天花板”，畅通公务员职业发展通道。

（区委组织部）

【聚焦机构改革配强干部队伍】年内，围绕“思想不乱、工作不断、队伍不散、干劲不减”目标，开展 8 轮干部调整推演，与涉改单位近百名干部谈心谈话，调整“一把手”41 人、副处级干部 220 人，在全市首轮完成 47 家处级单位调整、重组工作，进一步优化整合涉改单位职能，精准聚焦主责主业，打通服务群众“最后一公里”。

（区委组织部）

【强化人才机制体制改革创新】年内，组织召开各类人才会议 9 次。制定《顺义区实施“梧桐工程”促进高精尖产业引才聚才的若干举措》，认定“梧桐工程”外籍高层次人才 6 名。完成各类人才项目推荐申报和认定支持工作，新增北京市有突出贡献的农村实用人才 1 人、北京市有突出贡献的高技能人才 4 人、国务院政府特殊津贴专家 2 人。启动 380 平方米的“梧桐工程”人才服务专区建设，制定《顺义区区级领导联系服务专家名单》，健全各项服务保障。举办顺义区“人才京郊行”十周年总结暨第十一批动员部署会，吸引 5 名人才到顺义挂职服务。首座海高大厦完成落户，7 家新设博士后科研工作站挂牌。

（区委组织部）

宣传教育

【概况】2019 年，全区宣传思想文化工作坚持以习近平新时代中国特色社会主义思想为指导，贯彻落实党的十九大，十九届二中、三中、四中全会精神，紧紧围绕庆祝中华人民共和国成立 70 周年这条主线，牢牢把握“稳中求进、稳中有进”工作总基调，认真履行举旗帜、聚民心、育新人、兴文化、展形象的使命任务，思想政治建设不断夯实，意识形态工作平稳有序，主流宣传舆论正向昂扬，文化事业和文化产业稳步发展，社会主义核心价值观深入人心，宣传思想文化队伍力量不断壮大，为建设“业强城优生活美”的首都平原新城提供坚强思想保障。

（区委宣传部）

【理论工作】年内，一是区委理论中心组学习。坚持把学习宣传习近平新时代中国特色社会主义思想作为首要政治任务，《顺义区委理论学习中心组 2019 年学习计划》制定出台，结合区委“不忘初心、牢记使命”主题教育，组织集中学习 17 次。二是区属二级班子理论学习。《2019 年顺义区二级班子理论学习中心组学习指导意见》出台，对学习时间、内容、形式和频次提出明确要求。举办中心组学习秘书培训班，引导党员干部认真“读原著、学原文、悟原理”。开展“学习强国”App 推广使用工作，全区 6 万余名党员群众主动注册、认真学习，日活跃度达到 76%。三是发挥“三级”宣讲体系作用。加强专题教育培训，不断完善领导干部讲政策、专家学者讲理论、普通百姓讲故事“三级”宣讲体系，全年组织开展面对面宣讲 200 余场。结合主题教育开展“向身边榜样学习”专场宣讲活动。继续深化“评论员文章”品牌建设，全年刊发文章 13 篇。

（区委宣传部）

【庆祝中华人民共和国成立 70 周年筹备和服务保障】年内，一是中华人民共和国成立70周年顺义群众联欢活动筹备与服务保障工作。以全区宣传思想文化战线为主要班底，成立中华人民共和国成立70周年群众联欢活动第九分指挥部，完成集中训练、3次演练和2次合练任务。国庆节当晚，顺义近3000名联欢群众在天安门广场亮相。央视在直播中，展示顺义联欢群众画面16次。二是深入开展爱国主义教育活动。《顺义区“我和我的祖国”主题教育实践实施方案》制定下发，组织开展“我和我的祖国”主题宣传教育活动1500余场，直接参与干部群众50万人次。组织全区11500名党员干部参观学习“伟大历程 辉煌成就”庆祝中华人民共和国成立70周年大型成就展、主题彩车展，赴香山革命纪念馆、双清别墅以及爱国主义教育基地学习参观。三是社会宣传环境布置精彩纷呈。《国庆70周年社会宣传环境布置方案》制定实施。通过区级统筹及各镇街联动，在全区形成以通顺路为纵轴，白马路、府前街、顺平路、复兴街为横轴的“一纵四横”景观闭环回路。在光明文化广场、东大桥环岛、卧龙环岛及通顺路两侧设置具有顺义特色的景观小品；主要道路两侧布置彩旗、道旗5100余面，设置硬质横幅标语978条，悬挂灯笼320个，摆放立体花坛114个；在全区各级机关、政府、学校共升挂国旗355面；征用户外广告设施72处、公交站亭广告76处。

（区委宣传部）

【意识形态工作】年内，一是意识形态工作责任制进一步压实。区委书记旗帜鲜明地站在工作一线，区委常委根据职责分工，认真履行“一岗双责”，巩固和发展主流意识形态。高度重视市委巡视组对意识形态专项工作巡视巡察，在规定时间内完成四大类12项整改任务，补齐工作短板、提高工作水平。严格落实意识形态工作责任日常制度，用实际行动维护全区意识形态领域安全。二是意识形态工作防范措施进一步落实到位。在区委巡察中同步开展意识形态专项检查，对顺鑫控股等10家单位开展专项巡察，到20家需求单位进行面对面交流、指导，提升基层单位对意识形态工作的重视程度，发现整改一批现实问题。紧抓重点时间节点和关键领域，坚持对庆祝中华人民共和国成立70周年社会宣传、天竺镇人才社区LOGO柱设计主题、燕京啤酒节宣传、天竺镇北大文化园艺术展等进行专项意识形态风险审查，排除问题和隐患，确保意识形态阵地安全。三是网络意识形态安全水平进一步提升。《顺义区党委（党组）网络意识形态工作责任制实施细则》制定出台，首次将网络意识形态工作责任制纳入全区大党建绩效考核，压紧压实各级党委（党组）网络意识形态工作主体责任。联合区公安分局等多部门集中开展“净网”“清源”等专项行动10余次，对顺义在线、顺义人网等自媒体进行座谈提醒6次，旗帜鲜明地反对和抵制各种网络错误思潮，营造风清气正的网络空间。

（区委宣传部）

【新闻宣传】年内，重大主题新闻宣传提质增效。借助中央、市级主流新闻媒体资源，有高度、有深度、多角度地宣传顺义。把庆祝中华人民共和国成立70周年贯穿全年新闻宣传工作的始终，突出思想性和教育性，策划推出《70年！幸福指数节节高》等一批具有顺义特色、反映顺义重要发展成果的新闻报道，多篇报道在市级主流媒体刊发，新闻宣传隆重热烈。聚焦区委区政府中心工作，围绕第十届中国卫星导航年会、中国（北京）国际服务贸易交易会、2019世界智能网联汽车大会等重大活动，提前谋划策划、主动“喂料”媒体，先后组织召开主题新闻发布会10余场，在市级以上媒体刊播新闻4万余条（含转载）。其中，首届北京市龙舟冰上大赛、第十一届北京端午文化节暨国际龙舟邀请赛、中国（北京）国际服务贸易交易会顺义分会场、北京天竺综保区的服务业扩大开放工作成果、2019世界智能网联汽车大会、落实中央经济工作会议精神6项重要内容登上央视《新闻联播》。《北京顺义形成北斗产业创新发展链》《北京顺义形成“大临空”产业格局》《看南庄头村如何破解乡村整治难题》《北京顺义崛起国际汽车创新之城》被《经济日报》刊发，形成重要宣传影响力。双丰街道创《双丰视野》社区报刊，开设《我和我的祖国》

《文明成就双丰》《接诉即办》《平安双丰》等系列专栏，架起街道和群众之间密切沟通的桥梁。

（区委宣传部）

【舆论引导】年内，加强《促进顺义区新媒体规范发展的办法（试行）》等内控制度建设，进一步规范网信系统办事流程和工作机制。聚焦负面舆情的“管与督”，创建“三报一刊”网络舆情产品，建强网络发言人、网信员、网评员3支队伍，强化对传统媒体和网络媒体的舆情监测、跟踪、收集、处理、回应，形成闭环机制，有效处置非洲猪瘟、京日东大食品有限公司燃气事故等事件120余起，推动650余件群众反映问题的解决。

（区委宣传部）

【文化工作】年内，组织召开顺义区推进全国文化中心建设领导小组会2次、领导小组办公室例会4次、专题会4次，统筹协调大运河文化带建设、文化内涵挖掘、文化建设及产业发展4项专项工作。《顺义区推进全国文化中心建设重点任务清单》制定印发，明确工作重点，进一步推动工作项目化和具体化。全区各责任单位，以专项规划为龙头，以行动计划为抓手，紧盯清单任务落实，有效推进潮白河森林公园建设、潮白河通航项目等38项具体任务，达到年初预期目标。推进顺义区实体书店发展工作，有5家区内实体书店获得市级资金扶持。积极研究利用老旧厂房拓展文化空间等重点项目。

（区委宣传部）

【“四力”教育实践】年内，深入学习贯彻习近平总书记关于增强“脚力、眼力、脑力、笔力”（“四力”）的重要指示精神，制定出台《顺义区宣传思想文化战线开展增强“脚力、眼力、脑力、笔力”教育实践工作方案》和30项折子工程，压紧压实系统单位教育实践工作责任。开展“四力”专题培训，邀请领导、专家和学者为全区150名基层宣传思想文化工作者进行全国宣传思想工作会议精神、《中国共产党宣传工作条例》、舆情突发事件应对、讲好北京故事等重要内容的培训，通过集中授课、模拟演练等方式，显著提升宣传思想文化系统党员干部的“四力”水平。

（区委宣传部）

统一战线

【概况】区委统一战线工作部是区委主管统一战线工作的工作机关。按照全区党政机关机构改革统一部署，区民族宗教事务办公室、区人民政府侨务办公室并入区委统战部，区委台湾工作办公室（区台办）与区委统战部合署办公。2019年，区委统战部以“庆祝中华人民共和国成立70周年”为主线，坚持思想认识有深度、政治站位讲高度、贯彻落实求力度、凝心聚力重热度，总体谋划，统筹推动，确保中央和市委重要指示要求在平原新城建设中落地生根，形成生动实践。

（区委统战部）

【区台办双节走访慰问台胞台属】1月10日，在元旦、春节双节临近之际，区台办走访慰问台胞、台属及台资企业代表10余人，详细了解其工作、生活以及台湾亲人的情况，了解台资企业的生产经营状况和当前面临的困难，倾听他们对区台办工作的意见和建议，向他们转达党和政府的关心问候，并致以节日的祝福。

［区委统战部（区台办）］

【区台办举办台胞春节联谊会】1月24日，区台办举办2019年台胞春节联谊会，驻区台胞、台商、台生、台属共40余人参加。区台办主任皮志杰代表区委、区政府向台胞台属们致以节日的慰问，对台胞台属为顺义区经济发展做出的突出贡献表示感谢。

［区委统战部（区台办）］

【台湾基层社区交流团到顺义交流参访】2月18—23日，区台办邀请“台湾生产力促进协会”基层社区交流团一行20人到顺义，围绕基层社区治理、美丽乡村、传统文化等方面开展基层社区交流参访活动。此次交流正值中华传统节日——元宵节期间，交流团走进顺义区社区与当地居民共庆佳节。

［区委统战部（区台办）］

【高雄民俗舞亮相顺义民间花会大赛】2月19日，第十七届“赵全营杯”民间花会大赛展演活动在顺义区赵全营镇北京兴农天力农业园广场举办。来自“台湾高雄喜乐土风舞蹈社”和“台北陈氏太极拳协会”的台胞受区台办邀请参加展演活动，充分体现两岸文化同根同源、两岸一家亲的理念，促进顺义区与台湾地区多领域的文化交流与合作，也为顺义区“赵全营杯”民间花会大赛增添新的色彩。

［区委统战部（区台办）］

【优化营商环境政策宣讲会】2月28日，区委统战部、区工商联联合相关部门为全区500余家非公企业举办两场优化营商环境政策宣讲会，现场解读新出台的“9+N”政策2.0版内容，进一步提升政策措施的知晓度和应用度。

（区委统战部、区工商联）

【区台办组织开展庆“三八”妇女节活动】3月7日，为体现对区内女性台胞的关爱，丰富女性台胞的业余文化生活，区台办在“三八”妇女节来临之际，举办“巧手插花 魅力巾帼”庆“三八”妇女节花艺沙龙。区内重点台湾女企业家参加活动。

［区委统战部（区台办）］

【赴台教育交流活动】4月10—16日，区政府教育督导室副主任张长征率区优秀小学校长、幼儿园园长赴台交流，通过实地交流座谈，不断创新办学理念，拓宽办学思路，进一步提升全区基础教育的质量和水平。

［区委统战部（区台办）］

【区台办组织驻区台胞、台商踏青】4月11日，区台办组织驻区台胞、台商30余人到怀柔区星美今晨影视城开展春季踏青活动。此次活动搭建起区政府与台胞交流的平台，也为驻区台胞、台商间交流交往提供机会。

［区委统战部（区台办）］

【2019年统战工作会召开】5月7日，区委统战部2019年统战工作会召开，会上传达市委统战工作领导小组和北京市统战部部长会议精神，全面部署2019年全区统战工作。

（区委统战部）

【区台办与台胞共同举办端午节活动】6月6日，区台办与驻区台商、在顺台湾青年共同举办主题为“我们的节日——粽情过端午 同根两岸情”的端午节活动，弘扬同根同源的中华传统文化，促进两岸文化交流。大家一同包粽子，庆祝中华民族传统节日——端午节的到来。

［区委统战部（区台办）］

【街道干部及社区工作者赴台交流】7月7—13日，区台办、区民政局组织全区6个街道的15名街道干部及社区工作者赴台交流学习，推动两地基层社区建立稳固合作关系，服务顺义区基层社区建设，服务对台工作大局。

［区委统战部（区台办）］

【区台商举办慈善义卖活动】7月10日，区台商北京众爱社区艺术中心负责人林谓宜和北京瑞氏东方创始人黄瑞容共同举办名为“众艺同心 绿色同行”的慈善表演及拍卖活动。顺义区台商、台胞、台青及各界爱心人士共筹集善款112386元。善款现场全部捐赠给中华少年儿童慈善救助基金会众爱专项基金，用于救治白血病儿童。

［区委统战部（区台办）］

【民主党派和工商联（商会）代表人士座谈会召开】7月11日，区委统战部召开民主党派和工商联（商会）代表人士座谈会。区委常委、统战部部长张爱冬出席座谈会并讲话。区委统战部常务副部长王振林主持会议，各民主党派主委、工商联（商会）班子成员和区委统战部班子成员参会。

（区委统战部、区工商联）

【区台办组织中学生赴台参加夏令营】7月28日—8月3日，牛栏山一中10名中学生赴台参加夏令营活动，增强中华优秀传统文化的凝聚力和感召力，增进两岸学生的友谊和感情。

［区委统战部（区台办）］

【全区统一战线情况通报会召开】8月2日，区委统战部、区工商联共同组织召开全区统一战线情况通报会，向各民主党派、工商联（商会）领导班子成员和机关全体干部集中传达区委五届九次全会精神，明确近期重点工作。

（区委统战部、区工商联）

【区委统战部对非公企业开展政策培训】9月2日，区委统战部、区工商联联合区应急管理局、外事办组织开展非公企业政策培训会，帮助非公企业深入了解相关政策，引导企业进一步做好安全生产工作，为企业对外交往提供便利条件。

（区委统战部、区工商联）

【区台办举办台胞中秋联谊会】

9月10日，区台办在台资企业瑞氏东方举办2019年台胞中秋联谊会。驻区台胞、台商共40余人参加。区台办主任皮志杰代表区委、区政府向台胞、台属们致以节日的慰问，对台胞、台属为顺义区经济发展做出的贡献表示感谢。

［区委统战部（区台办）］

【涉台教育进校园赠书活动举办】 9月18日，区台办走进顺义区西辛教育集团仁和小学校区开展“诵读千古美文佳篇、争做幸福西辛少年”涉台教育进校园赠书活动，为该校捐赠图书1600余册，帮助中小学生加深对台湾历史的了解和对中华传统文化的认同。

［区委统战部（区台办）］

【第八届非公企业健身运动会】 11月15日，顺义区第八届非公企业健身运动会举办，进一步增进非公企业间的沟通交流，丰富职工业余生活，增强企业的向心力和凝聚力，展示非公企业风采，用实际行动助力北京2022冬奥会。

（区委统战部、区工商联）

【高雄市基层参访团到顺义交流参访】 12月24日，高雄市议员黄绍庭率基层参访团一行25人到顺义区胜利街道龙府花园社区交流参访。市台办联络处处长李岳震、区台办主任皮志杰、胜利街道工委书记张洁、街道办事处主任王洪涛陪同。参访团对基层社区服务水平给予高度赞赏。黄绍庭表示，社区网格化管理体系充分发挥社区居民参与社区建设及管理的积极性和主动性，两地应加强此方面的交流互鉴。

［区委统战部（区台办）］

【民主协商会召开】 12月25日，区委统战部邀请民主党派顺义区负责人和人民团体顺义区主管副职就区五届政协委员候选人建议人选进行民主协商。会议向与会人员介绍顺义区目前政协委员的任职情况和政协委员候选人建议人选的基本信息，并分别听取与会代表的意见，与会人员均表示同意。民革、民盟、民建、民进、农工党、致公党、九三学社等区民主党派（总）支部和总工会、团委（青联）、妇联、工商联、文联、科协等人民团体代表参会。

（区委统战部）

政策研究与改革

【概况】 年内，区委区政府研究室（区委改革办）围绕全区中心工作和重大任务，牢牢把握“以文辅政”“改革协调”职能定位，深度聚焦“文稿写作、调查研究、专家咨询、深化改革”四大主业，促进区委、区政府科学决策，助推全区改革发展。

（区委区政府研究室）

【扎实做好文稿起草工作】 年内，一是精心撰写重要报告。紧密结合全区实际，深刻分析发展形势，主动发挥职能优势，在认真学习中央、市委重要会议精神和政策理论的基础上，全程参与并完成本区五届九次、十次全会报告等文字材料和撰写十九届四中全会书记宣讲稿等重要文稿。按照“不忘初心、牢记使命”主题教育相关要求，撰写区委书记在主题教育领导小组会议上的主持词和讲话提纲、区委主题教育工作总结等材料。二是深入思考研究全区中心工作，完成2019年第46次至第67次区委常委会议题背景材料100余篇，涵盖经济发展、党建工作、社会民生、城市治理、生态环境等领域，为领导决策提供科学依据。三是围绕今年的重大活动和重点工作，撰写五届九次、十次全会解读，巡视整改，中华人民共和国成立70周年等主题的系列评论员文章12篇，并在《顺义时讯》刊发。

（区委区政府研究室）

【巩固提升大调研工作格局】 年内，一是突出抓好战略性、前瞻性课题研究。按照服务中心、服务决策的要求，发挥以文辅政职责，牵头负责并高质量完成书记、区长年度重点课题《顺义区强化国门意识，促进港城融合发展的实践与思考》《顺义区制造业高质量发展的路径研究》。按照区主要领导指示，完成当前宏观经济形势的研究、各区分区规划主要发展指标比较分析等研究报告10余篇；自主完成会展品牌特色化、吹哨报到、夜间经济、全面小康测算、地铁站点综合开发等课题10余篇，为领导决策提供研究支撑，其中《关于我区百万亩造林绿化工作推进情况的调研报告》相关建议被纳入五届九次全会报告。二是推进调研制度化、规范化，严格落实领导干部带头调研、带头研究重点课题等各项制度，加大看问题调研比例，提高调研工作的指导性、针对性、可操性。局级、处级领导全年围绕国庆70周年保障、基层治理、安全生产等中心工作和热点难点问题，合计调研8.3万余次、看问题调研近6万次、调研天数5.3万余天。三是加强调研统筹管理力度，实行课题分类管理，强化过程管控，实施全流程督促指导。年初征集局级、处级年度调研课题，制定年度调研计划，涉及中央、市委部署的重点工作，本区实际工作中的热点难点和基层反映强烈的突出问题等多个方面，有较强的客观性、针对性、可研性，全年收集调研成果127篇。四是召开全区调研大会暨调研培训会，区委副书记张良出席会议并讲话，137家单位分管调研工作的副职领导及具体工作人员参加会议，会议通报上年度优秀调研成果评选情况，公布优秀调研成果获奖名单，并对本年度调研课题计划进行部署。会议邀请市委研究室经济处处长冒小飞，中央党校经济学部周跃辉副教授分别就全市发展形势、全国两会精神进行解读。

（区委区政府研究室）

【强化调研成果转化及平台建设】年内，一是编制《顺义调研》刊物，严格执行审批制度。年内，全区近100家单位向《顺义调研》投稿127篇，其中，采纳90篇，编辑刊发《顺义调研》10期，涉及经济、政治、文化、社会、生态等各领域。二是加强宣传推广，聚焦调研过程中发现的突出问题、特色做法、典型案例等，及时总结提炼、宣传推广，推动调研文章在市级刊物上方面，累计在《北京调研》《北京农村经济》《京郊调研》《北京工作》等市级刊物上发表42篇调研文章。三是加强“顺义改革”公众号宣传阵地管理，2019年“顺义改革”公众号共完成图文编辑671篇，其中原创文章101篇，阅读总次数超12万次，覆盖总人数7万余人。

（区委区政府研究室）

【牵头推进“街乡吹哨、部门报到”】年内，一是强化吹哨报到工作的顶层设计，制定《顺义区2019年加强街道工作和深化“街乡吹哨、部门报到”改革实施方案》，梳理出改革任务53项，将改革的覆盖面由6个街道向19个镇和4个功能区延伸，形成“横到边、纵到底，全覆盖、无缝隙”的改革工作格局，成为本区改革工作的总依据。二是切实加强统筹调度，认真履行领导小组办公室“中枢”职能，强化对各单位的统筹调度、沟通协调、答疑解惑等作用。组织召开及参与改革方面工作推进会19次，包括“街乡吹哨、部门报到”改革工作专题会、推进会、协调会、汇报会等工作。三是强化改革督查督办，建立改革“月报”督查制度，实现对改革推进的全流程督促。采用主责部门+镇街属地的“双评”模式，将街道工作和“吹哨报到”改革的系统考核工作纳入党建闭环和“主题教育”督查，并与区纪委区监委进行重点对接，确保各项改革任务落地落实、抓出实效。针对双丰街道金宝花园南门断头路、鲁能溪园房屋质量等4个重难点“哨源”问题，通过深入研究、筹现场备调度会等方式促进问题解决。四是持续开展改革培训。通过主题教育活动学习、处级干部培训会议、科级联络员调度会议、农村和社区两委业务培训会议等方式，开展“吹哨报到”改革大培训工作。全年累计培训30余场次，4000余人次参加培训。

（区委区政府研究室）

【全面深化改革各项任务纵深推进】年内，一是强化区委全面深化改革委员会会议和制度建设。区委全面深化改革委员会年内（区委全面深化改革领导小组）召开会议4次，研究“街乡吹哨、部门报到”、功能区改革等重点改革问题；审议《顺义区2019年加强街道工作和深化“街乡吹哨、部门报到”改革实施方案》《区属国资国企改革的工作方案》等重要改革议题18个，全部通过会议审议，印发全区执行。二是完善制度体系建设。《区委全面深化改革领导小组2019年工作要点》制定实施，明确11个领域的改革任务和3项深入推进的专项改革任务，确定25项全区重点推进的改革要点；《区委全面深化改革委员会全体会议议题工作规范细则》制定实施，从各方面明确工作内容和注意事项，进一步规范和捋顺区委深改委的运行秩序，进一步提高区委深改委会议规范性和有效性，保障推进改革重要平台的日常运转。三是靶向发力，突出重点。《关于进一步深化功能区改革的意见》制定实施，按照“政企分开、优化管理”的原则，从明确职责定位、助力高质量发展、完善财政管理体制、优化机构人事管理、进一步完善考核机制5个方面，确定21项重点改革任务。此外，细化完善“智慧顺义”建设项目管理流程，梳理工作任务，跟进工作进度，撰写《“智慧顺义”现状分析报告》，明确清晰未来建设方向。

（区委区政府研究室）

【强化专家顾问智囊团作用】一是不断完善智库建设。为进一步凝聚专家智慧和力量促进顺义区各项事业的发展，根据《北京市顺义区专家咨询委员会工作办法》，启动专家咨询委员会换届工作。邀请专家参加新春团拜会，增进专家对顺义的感情。二是参与全区经济社会转型升级发展。专家利用自身社会影响、专业知识、行业地位等优势，助推全区各项事业发展。借助专家智库力量，提升科学决策水平，特别是在课题调研过程中积极听取专家意见，在新国展二、三期等重要工作推进过程中，专家结合本区实际提出建设性意见，助力本区城市优化升级；与专家顾问单位中国电子信息产业发展研究院（赛迪集团），开展深入合作，完成顺义区制造业高质量发展的路径研究。三是为本区发展提供重要决策咨询。围绕本区中心工作和实际发展需要开展专家咨询，领域专家在本区文化产业发展、全会报告起草、加强和改进人大工作等方面建言献策，收到各类意见和建议37条，为区领导科学决策提供智力支持。

（区委区政府研究室）

机构编制

【概况】年内，区委编制办坚持以习近平新时代中国特色社会主义思想为指引，全面贯彻落实党的十九大和十九届二中、三中、四中全会精神及市委、区委全会要求，结合《北京城市总体规划（2016年—2035年）》赋予顺义区的功能定位，进一步提高政治站位，突出党建引领，稳步推进顺义区机构改革等重点改革任务，加强重点领域机构编制保障，不断提高治理能力和公共服务水平，深入贯彻《中国共产党机构编制工作条例》，多措并举开展机构编制监督检查，较好地完成全年的工作任务。

（区委编办）

【机构改革任务完成】坚持把思想统一到中央和市委的决策部署上来，坚持上下对应，落实20项机构改革任务。通过改革重构性健全党的领导体系和政府的治理体系，改革后综合设置党政机构45个，区属议事协调机构精简至67个，党政机构主体框架建立。通过改革，系统性增强党的领导力，建立健全党对重大工作的领导体制机制，统筹设置党政机构，强化党的机构在同级机构中的领导地位。坚持优化协同高效原则，系统性增强政府部门执行力，聚焦城市治理、社会管理、公共服务、便民惠民等领域，新组建退役军人事务局、医疗保障局，整合成立市场监督管理局、农业农村局等，因地制宜成立创新办、大数据局。扎实推动部门“三定”规定落细落实，持续深化事业单位和相关配套改革，做好机构改革后续工作。

（区委编办）

【以街道乡镇机构改革巩固“街乡吹哨、部门报到”改革成果】落实全市街道工作会议精神，明确街道党工委和街道办事处的职能定位，推进街道大部制改革，构建简约高效的管理体制，按照“6+1+3”的组织架构，综合设置内设机构6个、综合执法机构1个和事业单位3个，变以前的“向上对口”为现在的“向下对应”。按照北京市乡镇改革试点精神，在天竺镇、北小营镇开展试点工作。深入推进党建引领“街乡吹哨、部门报到”改革。修订完善街道职责清单，推进区级部门向街道下放六权。推进区直部门设在街道乡镇的派出机构原则上实行属地管理。

（区委编办）

【综合行政执法改革统筹推进】按照北京市深化综合行政执法改革精神，研究制定《北京市顺义区综合行政执法改革实施方案》。围绕市场监管、生态环境保护、文化市场、交通运输、农业、住房城乡建设6个领域，调整组建区级综合行政执法机构和队伍。推进街道综合行政执法改革，整合组建街道综合执法队伍，推进执法重心下移。

（区委编办）

【推动经济功能区管理体制改革】 根据区委关于深化功能区改革的精神，优化部分功能区管委会工作职责和内设机构设置，完善园区综合执法协调机制，加强园区执法工作力量。创新功能区管委会用人机制，落实功能区管委会用人自主权，满足功能区发展对各类专业化人才的需求。

（区委编办）

【创新规范人员额度管理】 按照中央编办、市委市政府关于事业单位分类改革的相关精神，研究制定《北京市顺义区人员额度管理暂行办法》，将本区探索实行的人员额度管理的做法和经验制度化，不断提高公益服务水平和效率，更好地满足人民群众日益增长的公益服务需求。

（区委编办）

【加强重点领域机构编制保障】 围绕区域功能定位和全区中心工作，成立区制造业创新发展促进中心、区金融产业发展促进中心、区会展产业发展促进中心、区融媒体中心、区文化创意产业促进中心等多个处级事业单位，为构建高精尖经济结构、推动产业转型升级、服务首都“四个中心”建设提供保障。成立非紧急救助服务中心（区接诉即办受理中心），助力提升市民服务热线工作水平。在教育、医疗、人才、统战、网信等重点领域提供机构编制保障。

（区委编办）

【规范区属议事协调机构和临时机构设置】 修订完善《北京市顺义区区属议事协调机构和临时机构管理办法》，严格遵循审批从严、运行规范、监管到位的原则，精简规范区属议事协调机构和临时机构。建立区属议事协调机构和临时机构管理台账，加强议事协调机构和临时机构设立、运行、调整、撤销的全过程规范管理。

（区委编办）

【年度权力清单梳理公布】 按照市委编办统一部署及工作要求，为巩固深化机构改革成果，规范行政权力运行，组织全区34家相关单位，对照《北京市市、区政府部门权力清单（2019版）》中“市区两级权力清单”和“区级独有权力清单”，结合本区实际，梳理确认各单位的职权事项，经汇总编制，全区行政职权事项共计1217项。形成《顺义区政府部门权力清单（2019版）》，在区政府门户网站面向社会公布，接受社会监督。

（区委编办）

【事业单位法人年度报告及公示信息抽查】 全区事业单位法人的年度报告公示工作完成，同时随机抽取24家事业单位，采取实地核查、现场座谈、调查问卷及聘请第三方专业机构等方式，对登记事项和年度报告公示内容进行核实，对发现的问题，要求事业单位限期整改，同时将抽查结果进行公示，接受社会监督。

（区委编办）

【单位机构编制情况监督检查】 一是组织全区各单位开展机构编制问题自查，将自查中发现的问题分类别报区委编办。实行问题台账年度报告制度，将问题整改情况列入机构编制审批要件，整改不到位的，原则上暂停受理其机构编制事项的申请。二是在全区范围印发《关于严格落实“三定”规定严肃机构编制纪律的通知》，要求各单位深入贯彻落实党的十九届三中全会关于严肃机构编制纪律的要求，“三定”规定落实情况进行自查自纠，发现问题立即整改。三是结合区属二级班子“一把手”选人用人情况离任检查，以及区级巡察工作，对全区各单位的机构编制执行情况进行抽查。年内，共对区政务服务局、北务镇等17家单位进行抽查，未发现违反机构编制规定的现象。

（区委编办）

党史编研

【《顺义抗日战争口述史（一）》样书校修】 年内，《顺义抗日战争口述史（一）》样书校修工作完成，全书共7万余字，印刷300册。

（区史志办）

【口述史资料征集】 年内，深入

挖掘党的历史资料，多方征集党史口述史资料。完成北务镇、杨镇、南彩镇等地区的抗日口述史资料征集整理工作。

（区史志办）

【党史宣传月】年内，区史志办认真落实北京市《庆祝中华人民共和国成立70周年北京史志宣传月活动方案》，围绕中心建设，开展以“礼赞新北京　奋进新时代”为主题的一系列具有顺义特色的宣传活动。6月4日，区人大机关党支部由区人大常委会副主任带队，在区档案馆馆长柳亚辉、区史志办主任焦庆海陪同下，参观顺义革命史“潮白烽火”主题展，并举行座谈会。7月3日，区史志办机关党支部组织全体党员干部赴焦庄户地道战遗址纪念馆开展“我和我的祖国——忆初心、守初心”主题党日活动。8月中下旬，与区妇联等单位联合举办“兴正气家风 守清廉本色”廉洁家风主题作品展。9月中下旬，与区总工会举办“我和我的祖国——与共和国同成长与新时代齐奋进”主题展览。年内，与区档案馆、光明街道东兴一社区共同举办“爱祖国爱顺义·走近档案”主题活动。与区档案馆、北京农业银行顺义支行共同举办主题团日活动。

（区史志办）

【市级书目资料提供与审读】年内，按照市委党史研究室、市地方志办公有关党史类图书编辑工作的要求，提供有关顺义部分的文字材料。完成《中共北京市党史大事记》审读工作，及时撰写审读意见并上报。

（区史志办）

老干部工作

【概况】年内，区委老干部局聚焦“用心用情做好老干部工作”的总要求，深入学习贯彻习近平总书记关于老干部工作的重要论述，突出政治引领，聚焦首都中心工作；立足区域发展实际，有效聚合离退休干部资源，组织引导离退休干部为改革发展稳定贡献力量。以中华人民共和国成立70周年庆祝活动为统领，统筹抓好老干部工作各项重点任务推进，全面加强离退休干部党组织体系建设，压紧压实各级党组织党建工作主体责任；发挥离退休干部优势作用，加强老党员先锋队建设，形成示范效应；坚持问题导向，以改革创新精神推动破解老干部工作重点难点问题，持续改进工作作风，推动工作重心下移，创新基层工作方式方法，准确全面掌握离退休干部所思所盼，及时回应和解决其多样化需求，做到老有所呼、老干部工作部门有所应；加强组织领导，不断健全体制机制，服务社会经济发展大局，在推动区域经济高质量发展进程中发挥重要作用。

（区委老干部局）

【老干部工作成果】3月，区委老干部局在2018年全市离退休干部统计年报工作审核中被市委老干部局评定为优秀；区老干部三农研究会在中国美丽乡村百佳范例宣传推介活动中，被中国农村杂志社评为特别贡献奖；区老干部艺术团在区体育局等单位主办的京津冀户外运动嘉年华顺义区健身操舞比赛中获最佳表演奖。4月，市委老干部局在全市老干部工作者中开展学习贯彻全国老干部局长会议和全市老干部工作会议精神网络答题活动，本区专兼职老干部工作者有周小飞（马坡镇）、桑文强（李桥镇）、申葆莉（交通局）、张园园（老干部局）4人进入全市百名获奖名单，区老干部门球协会组织的2支球队在北京市农林系统老干部活动中心主办的2019市农工委系统和远郊区老干部“迎春杯”门球赛中分获第一名和第三名。5月，区委老干部局的调研报告《牢固树立党建先行工作理念　扎实推进区（县）级老干部党校建设的实践与思考》被市委老干部局评为2018年度全市老干部工作系统调研成果三等奖；在全国老龄办等单位主办的第六届《舞动北京》2019全国中老年文化艺术节暨公益健康万里行走进北京顺义暨顺义区第八届大型文化艺术决赛展演中获一等奖。10月，区委老干部局在市委老干部局举办的“我与老干部工作这些年”微故事征集展示活动（面向全市老干部工作者）中获“优秀组织奖”，区交通局李瑞玲、园林绿化局窦敏的作品获“优秀故事奖”，石园街道五里仓一社区单立霞的作品获“精彩故事奖”；区老干部大学太极拳班学员50人参加北京武术院等单位主办的市太极（八法五步）交流展示活动，获二等奖。11 月，区老干部合唱团在区委宣传部、区文化和旅游局、天竺镇政府联合举办的“壮丽七十年，唱响中国梦”顺义区第十三届“天竺杯”群众合唱大赛中获金奖；区老干部合唱团在区体育局举办的第五届“百年牛栏山杯”百队千人健身才艺大赛暨顺义区社会体育指导员技能展示大会中获一等奖，同时获“最佳编排奖”“最佳人气奖”。12 月，光明街道裕龙三社区老干部星火护河队被中央组织部评为“全国离退休干部先进集体”。

（区委老干部局）

【老干部书画协会“书春送福”活动】春节前夕，区委老干部局组织老干部书画协会的 100 余名书法爱好者，走进社区、深入农村，开展“书春送福”活动。春联作品形式多样，不少春联作品以“迈进新时代”“共筑中国梦”等为主题。

（区委老干部局）

【顺义老干部（老年）大学石园西区分校启用】4 月 17 日，顺义老干部（老年）大学石园西区分校举行开学典礼，标志着顺义区老干部（老年）大学石园西区分校启用。秉承“求知、求健、求乐、求新”的办学理念，坚持“勤学敏思、谦虚自律、团结互助、老有所学”的学习风气，不断满足老年人日益增长的精神文化需求。现场设有 5 个体验式展示区，为学员们展示学校开设的手工编织、传统文化、艺术设计、环境保护、心灵探索 5 门课程。

（区委老干部局）

【顺义区 2019 年老干部工作会议召开】5 月 8 日，顺义区 2019 年老干部工作会议召开，传达学习贯彻中央、市委相关会议精神，总结部署全区老干部工作。市委组织部副部长、市委老干部局局长张革，区委书记高朋出席会议并讲话，区委副书记张良主持会议。会上，观看《2018 年顺义区老干部工作纪实片》。学习传达全国老干部局长会议和北京市老干部工作会议精神。离退休干部代表进行交流发言。

（区委老干部局）

【离退休干部党建工作暨老干部工作培训班举办】5 月 7—9 日，区委组织部、区委老干部局、区委党校联合举办离退休干部党建工作暨老干部工作培训班。培训班坚持理论联系实际、讲求实效的原则，把学习理论知识、推进部署工作与分析研讨实际问题相结合，统筹指导做好老干部政治建设、思想建设、党组织建设和“四就近”工作规范化建设及队伍建设等相关业务。培训课程设置有通报国内国际形势、解读《中国共产党支部工作条例（试行）》、支部工作法经验交流等，在集中授课之外，还采用现场教学的方式。

（区委老干部局）

【向离退休干部通报区机构改革及近期重点工作情况】5 月 9 日，顺义老干部理论中心组在区委老干部局听取区机构改革及近期工作情况通报。区委副书记、区老干部工作领导小组组长张良，区委组织部部长禹学垠，区纪委书记、区监委副主任、代理主任刘国强参加。会议向老干部们通报近期本区纪检监察工作、机构改革工作和重点工作开展情况。区委副书记、区老干部工作领导小组组长张良从做好重大活动服务保障、打造创新产业集群示范区、建设北京重点平原新城、服务好中国第一国门、抓好党建发挥引领作用 5 个方面为老干部们通报近期顺义重点工作开展情况。

（区委老干部局）

【组织离退休干部参观世界园艺博览会】年内，区委老干部局组织 500 余名老干部分 3 批赴延庆区参观体验 2019 年中国北京世界园艺博览会。

（区委老干部局）

【向老干部传达区委五届九次全会精神】8 月 6 日，区委老干部局向离退休干部通报区委五届九次全会精神和全区经济社会发展情况，激励老干部在围绕全市“三大攻坚战”“三件大事”和全区中心工作、重点工作、重大活动中，更好地凝聚智慧力量，为党和人民的事业增添正能量。

（区委老干部局）

【区委老干部工作领导小组会议召开】9 月 11 日，本区老干部工作领导小组会议召开。区委副书记、区委老干部工作领导小组组长张良，区委常委、区委组织部部长、区委老干部工作领导小组副组长禹学垠参加。会议强调，要坚决对标看齐，增强做好老干部工作的政治自觉。要认真贯彻落实中央、市委有关做好老干部工作的部署要求，增强“四个意识”，坚定“四个自信”，坚决做到“两个维护”，以庆祝中华人民共和国成立70周年为纲，结合“不忘初心、牢记使命”主题教育，在首都大事中展现老干部工作的新气象新作为，展示首都老干部风采。要坚持精准服务，用心用情为老干部办实事解难题。要积极主动对接老干部实际需求，以老干部的口碑作为评价工作的标尺，不断改进工作作风，落实好本区今年为离退休干部办实事项目，努力做到让老干部在政治上有荣誉感、组织上有归属感、生活上有幸福感。要坚持首善标准，加强对老干部工作的组织领导。自觉把老干部工作纳入重要议事日程，落实好在职干部联系离退休干部制度，完善绩效考核制度，强化组织保障，各成员单位要充分履职尽责、通力协作，切实形成工作合力。会议审议《中共北京市顺义区委老干部工作领导小组工作规则》《中共北京市顺义区委老干部工作领导小组办公室工作细则》《顺义区2019年为离退休干部办实事项目》《顺义区在离退休干部中开展庆祝新中国成立70周年系列活动的实施方案》《顺义区加强离退休干部意识形态工作的实施方案》。

（区委老干部局）

【“同升国旗、共唱国歌”主题活动】9月29日，200余名离退休干部和全体机关干部在老干部活动中心1号楼前，举行升国旗仪式。升旗仪式结束后，老干部们齐唱《我和我的祖国》《今天是你的生日》，诵读诗歌《读中国》，祝愿祖国永远繁荣昌盛。随后，大家共同参观中华人民共和国成立70周年“老干部摄影图片展”，并集体观纪录片《顺义离退休干部为党和人民事业增添正能量纪实》。

（区委老干部局）

【老干部星火护河队入选全国离退休干部先进集体】12月16日上午，习近平总书记会见全国离退休干部先进集体和先进个人代表，北京市4个离退休干部先进集体、8位离退休干部先进个人受到表彰，其中顺义区老干部星火护河队入选全国离退休干部先进集体。

（区委老干部局）

【顺义区政府工作征求老干部意见座谈会】12月18日，区委常委、常务副区长霍光峰主持召开顺义区政府工作征求老干部意见座谈会，向老干部通报2019年本区全年经济发展情况，就《2020年政府工作报告（征求意见稿）》听取部分老干部的意见、建议。会上，老干部代表对《2020年政府工作报告（征求意见稿）》从区域经济转型、社会治理、城市文明建设等方面提出修改意见，并对全区经济社会发展提出工作建议。

（区委老干部局）

保密工作

【概况】年内，顺义区国家保密局深入学习贯彻习近平新时代中国特色社会主义思想和党的十九大精神，扎实贯彻落实市委、区委关于保密工作的决策部署，践行“党管保密、依法治密、强化创新、综合防范”的保密工作新理念新举措，围绕大事要事，以中华人民共和国成立70周年庆祝活动保密服务保障为主线，创新思路举措，全面提升区域保密工作水平。

（区国家保密局）

【加强组织领导】年内区委副书记、区委保密委主任张良组织召开区委保密委全体会议2次，根据机构改革调整情况，将区委保密委成员单位由16个增加至21个，修订《区委保密委工作规则》，印发《年度保密工作要点》，逐项明确牵头单位和责任部门。

（区国家保密局）

【强化体系建设】年内，制定印发相关文件，要求区内各单位明确保密工作责任科室，明确保密干部配备要求；将保密干部上岗资格考核与正式上岗进行拆分，制定在岗保密干部年度培训考核制度，提高保密干部入门门槛，努力提升在岗保密干部业务素质。

（区国家保密局）

【国庆70周年庆祝活动保密服务保障】年内，与各牵头部门进行工作对接，不断完善、理顺人员保密培训、定密管理、保密监督检查、专用计算机运维以及收尾善后等各项机制体制，确保保密体系有效运行。与各专班联合组织培训5场，深入各单位实施专题培训20余场；抽调专人对参与高校、训练场地和设计公司开展专项指导，提前会商涉密载体、涉密设备处置方案和流程，确保筹备保障保密工作有始有终。

（区国家保密局）

【保密教育培训深入开展】年内，完成132名新任保密干部培训和考核，确保各单位保密干部持证上岗，继续实施处级、科级等各类主体培训班中保密教育课程，培训处级干部160余名，处级以下400余名；结合基层单位实际工作重点，实施在岗保密干部年度培训考核，全区180余名保密干部通过考核。全年对基层单位500余名基层干部进行针对性保密教育，集中采购保密宣传教育书籍1500余册，为基层单位开展保密宣传教育提供资料保障。

（区国家保密局）

【重点工作保密督导】年内，跟进指导主题教育保密工作，对接区委“不忘初心、牢记使命”主题教育领导小组办公室保密工作，协助制定保密工作制度，认真指导做好规范定密、涉密文件收发登记等环节保密管理工作。制定专项工作方案，指定工作人员全面对接23家搬迁机关，帮助有关单位进一步完善保密措施，确保做到“人去屋空、片纸不留”、国家秘密万无一失。重新制定中考、高考、成人高考等保密服务保障计划，落实“四必查”要求，确保国家考试的保密安全。

（区国家保密局）

党　校

【概况】年内，中共北京市顺义区委党校以习近平新时代中国特色社会主义思想为指导，深入学习党的十九大和党的十九届二中、三中、四中全会精神，认真贯彻落实《中国共产党党校（行政学院）工作条例》，充分发挥主阵地主渠道作用，坚持党校姓党、从严治校、质量立校，不断提高办学质量。

（区委党校）

【领导干部上讲堂】区委高度重视党校工作，区委书记高朋在党校为全区党员领导干部和主题班学员讲党课，对领导干部开展警示教育，宣讲党的十九届四中全会精神。区委副书记、区长孙军民结合贯彻中央、市委精神，围绕全区重点工作做形势分析报告。区委副书记兼党校校长张良主持召开党校领导班子会，研究部署工作。参加市委组织部、市委党校组织的基层党校评估工作，针对提出的问题，提出工作要求。2019年，区委常委到党校开展教学12次，每名常委均到党校开展教学活动。区委组织部在教学基地开发与建设、课程设置方面做统筹协调工作，给予支持和帮助。

（区委党校）

【党校重要工作】年内，通过北京市基层党校、行政学院贯彻落实《中国共产党党校工作条例》《行政学院工作条例》督查评估验收，在此次评估中，党校软件和硬件设施得到肯定，党校的各项制度进一步完善。

（区委党校）

【教育培训】年内，党校举办处级领导干部理论进修班，农村青年干部培训班，公务员培训班，党员发展对象培训班，民主党派和统战干部培训班，基层人大代表培训班，梧桐工程和选调生培训班共计20期，4100名学员参加党校学习，培训16000人次。承担区内相关部门培训班15期，培训4500人次。教师深入各委办局、镇街居，围绕贯彻全国“两会”、庆祝中华人民共和国成立70周年、开展“不忘初心、牢记使命”主题教育活动、学习十九届四中全会精神以及民主与法治、基层党组织建设、社区治理等宣讲310余场次。区委党校举办各类培训班，坚持把党的理论教育和党性教育作为教学主要内容，突出主业主课地位。这两类课程在教学安排中达到75%。校内教师深入委办局及镇（街、区）宣讲300余场次。保证近8万人次参加的各类会议和活动顺利进行。

（区委党校）

【科研咨政】年内，参与市委党校科研协作课题3项，申请北京市思政研究会招标课题1项，与区人大合作课题2项。发表学术论文3篇。

（区委党校）

【党性教育】年内，专门设置“党性教育单元”。深入开展理想信念、党的宗旨、革命传统、反腐倡廉教育。组织学员学习《中国共产党章程》等党内法规，引导学员带头践行社会主义核心价值观。用焦裕禄、杨善洲等模范事迹教育干部。通过分析剖析反面典型案例，特别是区内违纪违法案例，加强警示教育。利用焦庄户地道战遗址、焦裕禄干部学院等教育资源开展现场情景教学。安排顺义区情、意识形态、安全生产等教育培训内容，发挥好党校在统一干部思想、明确工作目标、推动区委区政府重大决策部署方面的作用。

（区委党校）

侨务

【两节期间归侨侨眷代表慰问】2019年元旦、春节期间，实施“四个一”工程（一次走访、一笔慰问金、一封慰问信、一张体检表），共涉及37户97名归侨侨眷代表，有效团结联系海外侨胞和归侨侨眷，引导他们共同致力于顺义发展建设。

（区委统战部）

【2019年度侨务台账核实完成】年内，本区共有侨界人士812人，其中华侨5人、外籍华人223人、归侨19人、侨眷172人、香港同胞390人、澳门同胞3人。有侨商41人，涉及侨资企业及其他单位33家。

（区委统战部）

【首都侨界代表人士推荐】年内，按要求做好首都侨界代表人士推荐工作，推荐代表3人。

（区委统战部）

【市侨联换届代表推荐】年内，协助做好市侨联换届代表推荐工作。推荐吴洪武作为第十届市侨联代表。

（区委统战部）

【市侨联调研接待】6月4日，北京市归国华侨联合会副主席书记李冬娟带队，到本区开展基层组织建设调研工作。座谈了解相关情况，介绍工作经验。

（区委统战部）

【市委统战部侨企建设情况调研接待】7月3日，市委统战部副部长、市政府侨办主任刘春锋带队调研，参观后沙峪镇美驰低碳建筑科技产业园，实地查看顺义区侨资企业美驰集团的发展情况，并与本区侨商代表座谈，听取政策需求和意见建议，就侨务资源支持天竺综保区跨境电商产业工作给予引导和激励。

（区委统战部）

区直属机关党建

【概况】区直属机关工委是区委的派出机构。主要职责是领导所属机关党的工作，保证党的路线、方针、政策及区委的指示、决定和部署在区直机关的贯彻落实。负责制定所属机关党的基层组织建设规划，领导基层党组织搞好思想建设、组织建设、作风建设。负责宣传党的路线、方针、政策，对党员干部进行形势、任务教育及社会主义精神文明教育。负责所属机关党员干部理论学习与培训，做好所属机关干部队伍建设工作。负责所属基层党组织的建立、换届、任免等组织工作。领导区直属机关工委系统的机关党的纪律检查工作领导所属机关纪检监察工作。组织机关干部开展文化、体育活动，丰富机关的文化生活。完成区委、区政府交办的其他工作。

（区直属机关工委）

【思想理论武装】年内，一是着力强化机关党的政治建设。全面加强机关党的建设，把准政治方向。学习《习近平关于“不忘初心、牢记使命”重要论述选编》《关于加强和改进中央和国家机关党的建设的意见》、习近平总书记在中央和国家机关党的建设工作会上的讲话精神等关于机关党建的重要论述和最新讲话精神。全年中心组学习15次，学习理论书籍15本和文章、讲话精神35篇。二是落实意识形态工作责任制。加强意识形态阵地建设和管理，强化责任意识。加强监测研判预警，及时更新意识形态工作台账。开展身边榜样、典型事迹宣讲活动。加强对“学习强国”平台的日常管理。区直属机关工委学习强国平台下辖管理组74个，注册学员达5958人，其中党员注册率100%。三是抓住“核心群体”全面提升责任意识。认真组织党组织书记进行述职，强化机关党组织书记抓党建工作第一责任人的意识。用好干部的标准扎实做好换届人选考察工作，严把人选考察关，确保选优配强。将6家科级干部任机关党组织书记的单位，全部调整为本单位党组成员（政工副职），全面提升抓机关党建关键人作用。同时，新增《理论学习中心组学习制度》《文件批办制度》等15项制度。修订《工委职责》《“三重一大”决策制度》等12项制度。

（区直属机关工委）

【党建主体责任全面落实】年内，一是建立党建责任新机制。制定《中共北京市顺义区委区直属机关工委与各单位党组（党委、领导班子）沟通联系暂行办法》，进一步加强工委与系统各单位党组（党委、领导班子）的沟通，全面提升党建工作合力。二是强化业务指导和培训。以党组织书记培训班为主，日常专题培训为辅，针对不同时期的不同工作开展有针对性的培训。全年开展各类培训9次，参训人员累计1000余人次。三是强化调研督导新措施。紧紧抓住机关党建“围绕中心、建设队伍、服务群众”这一核心任务，开展机关党建问题调研。到市直机关工委和兄弟区县机关工委开展学习交流。不断加大对各党组、机关党组织经常性的指导督促。全年开展各类调研、督导47次。四是积极推动创城工作。下发《让党徽在创城第一线闪耀》倡议书，向系统74家单位321个党支部的5900多名党员发出倡议，争当创建文明城区的先行者、引领者、推动者，全年参与志愿服务活动党员约15000人次，为创建全国文明城区贡献“机关力量”。

（区直属机关工委）

【机关党建工作基础夯实】年内，一是突出标准规范，健全党建工作制度体系。建立《党组织按期换届督促提醒制度》，完善《基层党组织换届工作流程》等4个制度。通过建章立制，进一步加强机关党建制度体系建设。二是进一步规范机关党组织设置。以机构改革为契机，制定下发《关于进一步规范机关党组织设置的实施意见》，持续有序推进机构改革后各机关党组织建设工作。全年撤销党组织11家，更名11家，新成立8家，升建7家，换届19家，调整人选12家。三是强化党员教育管理。全面规范发展党员流程，制定下发发展党员必备材料清单和模板，做到入党材料统一规范；强化考察环节，严把发展党员入口关。及时做好党员数据库更新、调转及汇总工作，全年党组织关系转接700余人次。加强党内关怀，建党98周年慰问系统优秀党员33人，困难党员27人，优秀基层党组织34家。

（区直属机关工委）

【品牌文化活动展风采】年内，在“二月新春”文化活动中，区直属机关工委多次召开工作协调会，研究部署演出保障工作，确保演出无任何差错。完成机关工委系统“五月的鲜花”文艺会演。系统各单位党组织书记和党员代表300余人观看演出。本次文艺会演涉及朗诵、舞蹈、快板、乐器、京歌、合唱等多种形式，共14个节目，内容丰富、主题突出，得到系统单位的支持和参与。举办第二十六届“十月金秋”基层书法、美术、摄影作品展览。本次展览以“我和我的祖国”暨“我的中国梦 魅力新顺义”为主题，突出中华人民共和国成立70周年、歌颂党、歌颂祖国、歌颂顺义家乡和实现中国梦等内容。

（区直属机关工委）

【百姓宣讲活动】年内，周密筹划组织百姓宣讲活动，系统各单位机关党组织书记、党员代表计200余人聆听宣讲。此外，还与顺义人民广播电台合作，推出系列短音频《奋斗者说》，通过宣讲员的讲述，每天一个新时代奋斗者的故事，扩大宣讲影响力。

（区直属机关工委）

【“全民阅读·书香机关”阅读活动】6月起，在区直属机关工委系统党员干部中开展建设书香机关活动，按照“每月精读一书”的要求，开展荐书、评书活动，共收到系统单位“荐书单”700余篇，活动信息40余条，使多读书、读好书、好读书成为机关党员干部的自觉追求和生活乐趣，培养和提高机关党员干部的学习能力和实践能力。

（区直属机关工委）

【庆祝中华人民共和国成立70周年活动保障工作】年内，区直属机关工委负责组织系统22家单位的108名机关党员群众参加日常训练。克服人员来源单位数量多、统筹协调困难、沟通环节多等问题，认真组织日常训练27次，完成庆祝中华人民共和国成立70周年重大活动的组织保障工作。

（区直属机关工委）

【机关党风廉政建设多措并举】年内，一是坚持开展廉政教育，邀请区纪委区监委领导为区直属机关工委机关干部和系统单位党支部书记授课。二是坚持理论中心组学习和全体干部学习相结合，全年区直属工委共组织学习党纪法规、违纪违法查处通报、观看警示视频等各类学习30余次，组织党纪党规知识考试一次。三是做好系统单位廉政文化教育。在年初的机关党建述职评议考核大会上，基层党组织书记均就党风廉政建设工作进行述职；在8月举办的区直属机关工委系统“不忘初心、牢记使命”宣讲比赛活动中，融入党风廉政建设工作内容，以多种形式推进机关党风廉政建设工作。为配合全区反腐败的大趋势，持续加强机关单位党风廉政建设工作，及时将党风廉政观念、纪检监察新知识、新政策普及到广大党员干部中，区直属机关工委自2018年9月在行政中心D2餐厅播放廉政教育片的基础上，随着政务中心的投入使用，2019年6月，政务中心餐厅于每周三、周四正式开始播放警示教育片，每周播放时间不少于180分钟，两个餐厅累计播放电视新闻类节目中关于纪检监察的内容、各类警示教育片及专题片《红色通缉》共31部。

（区直属机关工委）

【“一助一”工作成果显著】一是到各村调研“一助一”工作开展情况，入村指导。认真听取各村工作情况汇报，具体了解各村村庄建设、村企帮扶等情况。二是春节前夕，“一助一”办公室开展“送福下乡”活动，为浅山五镇和区3个低收入村（南彩镇小营村、杨镇下营村和荆坨村）的低收入户送去米、面、油等价值214824元的慰问物资。三是精心编发简报，宣扬帮扶事例。

（区直属机关工委）

顺义区人民代表大会

2020
北京·顺义
Beijing·Shunyi
年鉴

▲ 年内，人大代表联络站开展活动

▲ 年内，区人大代表到空港街道吉祥花园社区“移动办公桌”接待选民

年内，顺义区 9 名市区人大代表完成中华人民共和国成立 70 周年庆祝大会游行任务

年内，空港街道满庭芳社区人大代表联络站就《北京市生活垃圾管理条例》广泛征求意见会

综 述

【概况】年内，区人大常委会组织召开常委会会议9次、主任会议24次；听取和审议“一府一委两院”专项工作报告28项，提出审议意见40余条；开展专题询问、执法检查、工作视察、专题调研16次，备案审查规范性文件12件；任免国家机关工作人员149人次；依法任命机构改革调整后区政府组成部门负责人18名；完成区五届人大第五次会议确定的各项工作任务，有效推动“一府一委两院”工作的开展。

（区人大）

【国庆70周年相关服务保障】年内，区人大常委会组织本区9名人大代表，参加中华人民共和国成立70周年庆祝大会“民主法治”方阵的游行活动，同时组织区人大常委会机关10名党员干部参加中华人民共和国成立70周年庆祝大会观礼活动。按照区委统一部署和区人大年度工作安排，9月5—12日，区人大常委会组织百名区、镇人大代表开展安全生产法执法检查，首次采用常委会领导全员参加、镇街功能区分组联动、工作部署与培训考试相结合的方式，为全区重大活动服务保障工作贡献力量。围绕中华人民共和国成立70周年服务保障，9月11—17日，区人大常委会领导分别带队到牛栏山镇、旺泉街道、空港街道、胜利街道和石园街道，现场督导重大活动筹备和服务保障工作，听取街道、乡镇针对服务保障工作的汇报，对重点区域和突出问题提出指导意见，督促街道、乡镇真正把各项保障措施落实到位，并对一线服务保障人员进行慰问。

（区人大）

【“万名代表下基层，全民参与修条例”活动】8月，全市启动“万名代表下基层，全民参与修条例”活动，旨在做好《北京市生活垃圾管理条例》修订工作。根据市、区人大常委会统一部署，区人大常委会以全区市、区、镇三级人大代表为主体，由区人大常委会各街道工作委员会和各镇人民代表大会主席团组织人大代表集中开展活动，广泛征求人大代表、市民、村和社区工作者、物业管理者以及有关单位的意见建议。8月7—31日，区人大常委会共组织1109名市、区、镇三级人大代表深入基层，到全区67个“人大代表之家”、52个“人大代表联络站”就条例修订与市民代表座谈讨论，共征求1093位人大代表和13010位市民、村和社区工作者、物业管理者及325个单位的意见，征集汇总意见建议近900条。

（区人大）

【顺义区人大预算联网监督系统正式投入使用】10月12日，区人大预算联网监督系统（一期）正式上线运行，系统从“财政预算监督、部门预算监督、专题监督、监督预警、代表服务、政策法规、文档资料、工作台”8个模块实现线上监督与线下监督相结合，进一步推进人大全口径全过程预算审查监督进程。区人大代表、财经委员可以使用系统审查预算执行情况、预算政策落实情况、重点项目和重大事项资金使用情况等全区预算支出事项，全区预算执行情况实时置于人大监督之下，强化人大监督的针对性和时效性，进一步提高人大预算监督质效，促进预算执行透明化、准确化。

（区人大）

【人大代表补选】11月30日，经区人大常委会第二十四次会议确定，开展第一次区人大代表补选工作。仁和镇、空港街道以及驻区部队等13个选区参选选民共计5.7万人，选举产生区人大代表14名。12月3日，经区人大常委会第二十五次会议研究确定，14名代表资格有效；12月27日，开展第二次区人大代表补选工作，22选区（木林镇）、49选区（北石槽镇）、62选区（后沙峪镇）分别组织选民进行投票选举，共选举产生区人大代表3名。12月31日，经区人大常委会第二十六次会议研究确定，3名代表资格有效。

（区人大）

【镇人大主席联席会】年内，根据年度工作安排，区人大常委会共组织召开镇人大主席联席会4次。3月21日，第一次镇人大主席联席会上，5个乡镇人大和2个区人大街道工委分别结合2018年浙江大学培训体会、贯彻落实区五届人大五次会议精神情况及人大代表之家建设和作用发挥情况进行交流发言；7月11日，第二次镇人大主席联席会上，4个乡镇人大和1个区人大街道工委分别介绍“红色小镇”“运动休闲特色小镇”“新市镇”“健康小镇”“中粮祥云小镇”建设情况及下一步工作设想，与会人员围绕特色小镇建设主题进行座谈交流；10月16日，第三次镇人大主席联席会上，与会人员结合“加快推进顺义区商业、服务业转型升级，提升人民群众生活品质”议案办理情况，考察大兴机场航站楼商业、服务业设施建设情况；11月14日，第四次镇人大主席联席会上，与会人员到区法院诉调对接中心，视察诉讼调解对接中心工作情况，参观安检区、立案诉讼服务大厅和人民调解室，详细了解诉讼调解对接中心工作开展情况，观看顺义法院多元化纠纷解决机制宣传片，并进行座谈。

（区人大）

【区人大街工委研讨会】年内，根据年度工作安排，区人大常委会组织召开3次区人大街工委研讨会。3月21日，第一次研讨会与第一次镇人大主席联席会一同召开，各镇、街分别结合2018年浙江大学培训体会、贯彻落实区第五届人大五次会议精神情况及人大代表之家建设和作用发挥情况，以及如何做好基层人大和代表工作进行交流发言。区人大常委会各室介绍2019年工作计划，并就相关工作与各镇街进行交流；4月19日，第二次研讨会上，对各街道“人大代表之家”和“人大代表联络站”的整体工作情况，“家、站”收集意见建议的五级闭环机制，以及对“家、站”宣传工作的内容、形式进行交流；10月30日，第三次研讨会上，与会人员首先赴胜利街道建新北三社区实地调研“人大开放式知识馆”，听取建新北三社区“人大代表联络站”负责人介绍相关情况。随后，与会人员赴旺泉街道西辛北社区“人大代表联络站”实地调研，并围绕街道人大工作开展情况召开座谈会。

（区人大）

【培训工作】年内，分别于3月19—21日、9月17—19日、10月15—17日、11月5—7日，举办基层代表履职培训班4期，培训人数558人，其中区级代表88人、镇级代表470人，实现区镇两级代表全覆盖。6月10—14日、6月17—21日，区人大常委会分两批次，组织区五届人大常委会组成人员、镇人大主席、街工委副主任及部分区人大代表共计68名党员干部，赴贵州省委党校开展专题培训。在为期5天的培训中，既安排有党性教育，还根据人大工作特点设置提高履职能力的专题教学。区人大各专委会积极探索小班制、专题化的代表培训方式，区人大财经委员会全年开展“小班课堂”专题培训10次，主要针对各级人大代表、相关职能单位，采取小范围、多次数的培训方式，进行政策解读说明、工作任务分解、流程详细介绍等培训。

（区人大）

重要会议

【区五届人大常委会第十八次会议】1月7日，区五届人大常委会第十八次会议在区委党校举行。会议表决通过区政府2018年预算调整方案的报告，并审查和批准区政府2018年预算调整方案。

（区人大）

【区五届人大第五次会议】1月8—10日，区五届人大第五次会议在区委党校举行。会议表决通过关于顺义区人民政府工作报告的决议、关于顺义区2018年国民经济和社会发展计划执行情况与2019年国民经济和社会发展计划的决议、关于顺义区2018年预算执行情况和2019年预算的决议、关于顺义区人大常委会工作报告的决议、关于顺义区人民法院工作报告的决议、关于顺义区人民检察院工作报告的决议。大会听取议案审查情况报告，决定将区人民代表大会财政经济委员会提出的加快推进顺义区商业、服务业转型升级，提升人民群众生活品质的议案列为大会议案。大会选举孙军民为顺义区人民政府区长，田晓丹、钱璿为顺义区第五届人民代表大会常务委员会委员，表决通过蔡春轶为顺义区第五届人民代表大会城市建设环境保护委员会主任委员。新当选人员进行宪法宣誓。

（区人大）

【区五届人大常委会第十九次会议】2月26日，区五届人大常委会第十九次会议在区行政中心0603会议室举行。会议传达学习市十五届人民代表大会第二次会议精神，以书面形式通报2018年顺义区人大常委会组成人员出席常委会议情况，听取和审议区政府关于2018年推进法治政府建设情况的报告，讨论通过区人大常委会2019年工作要点。会议安排会前学法活动，由中国人民公安大学副教授史全增就人大常委会监督的理念、制度与实践进行专题辅导。会议表决通过有关人事任免，接受周璇辞去区第五届人民代表大会代表职务，免去邢文生、高荣林区检察院检察员职务。

（区人大）

【区五届人大常委会第二十次会议】3月29日，区五届人大常委会第二十次会议在区行政中心0603会议室举行。本次会议是按照区委关于机构改革的统一部署，结合《北京市顺义区机构改革实施方案》相关要求，加开的一次区人大常委会会议。会议表决通过有关人事任免，免去：董杰昌区卫生和计划生育委员会主任职务，王辉区委区政府信访办公室主任职务，梁志刚区政府外事侨务办公室主任职务，张文生区民防局局长职务，胡小兵区经济和信息化委员会主任职务，申志红区旅游发展委员会主任职务，王英华区政府法制办公室主任职务，刘振河区农村工作委员会主任、区农业局局长职务，田庆江区文化委员会主任职务，袁日晨区商务委员会主任职务，周继武区金融服务办公室主任职务，马朝龙区社会建设工作办公室主任职务，张尚强区人力资源和社会保障局局长职务，管学文区司法局局长职务，单增友区安全生产监督管理局局长职务，聂燕山区民政局局长职务，赵桂清区动物卫生监督管理局局长职务，赵金荣区民族宗教事务局局长职务。任命：董杰昌为区卫生健康委员会主任、王辉为区信访办公室主任、梁志刚为区政府外事办公室主任、张文生为区人民防空办公室主任、王卿为区金融服务办公室主任、李宝东为区民政局局长、胡小兵为区市场监督管理局局长、王文荣为区人力资源和社会保障局局长、赵靖宇为区医疗保障局局长、张香东为区应急管理局局长、黄海鹏为区农业农村局局长、申志红为区文化和旅游局局长、杨登科为区商务局局长、姜惠琴为区政务服务管理局局长、王英华为区司法局局长、兰雄景为区经济和信息化局局长、李正义为区退役军人事务局局长、杜井龙为北京市规划和自然资源委员会顺义分局局长。新任命的人员进行宪法宣誓。

（区人大）

【区五届人大常委会第二十一次会议】4月25日，区五届人大常委会第二十一次会议在区行政中心0603会议室举行。会议听取和审议区政府关于顺义区2019年拟办重要实事的报告，书面审议区政府关于人大代表视察区生活垃圾处理中心焚烧二期工程运营情况及区市政重点工程所提建议办理情况报告，听取和审议区人民检察院关于司法体制改革下检察官队伍建设情况的报告。会议通报2018年常委会组成人员调研成果评审情况并对10篇优秀调研报告给予通报表扬。会议就本区学前教育资源建设情况开展专题询问。会议表决通过有关人事任免，接受张良辞去区监察委员会主任职务；撤销吴耀新区政府副区长职务；免去贾玉明区人民法院执行三庭副庭长、审判员职务；任命：刘国强为区监察委员会副主任并决定其代理主任，李在东为区人民政府副区长。新任命人员进行宪法宣誓。

（区人大）

【区五届人大常委会第二十二次会议】7月16日，区五届人大常委会第二十二次会议在区行政中心0603会议室举行。会议传达市委第五次人大工作会议精神，听取和审议区政府关于2018年推进法治政府建设情况报告审议意见办理情况的报告。会议安排会前学法，由中国人民公安大学法学与犯罪学学院讲师苏宇就《中华人民共和国道路交通安全法》进行专题辅导。会议表决通过有关人事任免，接受周璇辞去市十五届人民代表大会代表职务，张志海辞去区五届人大代表职务，郑晓博、岳艳美辞去区政府副区长职务；免去李卫东区检察院检察员职务；任命郝欣等256人为人民陪审员；通过区法院关于提请宋素娟等免职的议案。

（区人大）

【区五届人大常委会第二十三次

会议】8月22日，区五届人大常委会第二十三次会议在区行政中心0603会议室举行。会议听取和审议区政府关于顺义区2018年决算草案的报告、区政府关于顺义区2018年区级预算执行和其他财政收支的审计工作报告，审查批准顺义区2018年财政决算；听取和审议区政府关于顺义区2019年上半年预算执行情况的报告、区政府关于顺义区2019年国民经济和社会发展计划上半年执行情况的报告、区政府关于顺义区2019年预算调整方案的报告，审查批准顺义区2019年预算调整方案；书面审议区政府关于顺义区2019年度上半年政府债务管理情况的报告、北京市顺义区人民检察院关于司法体制改革背景下检察队伍建设情况报告审议意见办理情况报告；听取和审议区政府加快推进顺义区商业服务业转型升级，提升人民群众生活品质议案办理情况报告、区政府关于蓝天保卫战攻坚计划工作完成情况的报告。会议表决通过有关人事任免，免去：姜惠琴区人大常委会光明街道工作委员会主任职务，张乙铭区环保局局长职务，王汀区水务局局长职务，王晓磊杨镇人民法庭副庭长职务，高合山、杨立平、张霞、张海泉等区检察院检察员职务；任命：赵长青为区政府副区长，陈笛为区生态环境局局长，马卫国为区水务局局长，王晓磊为杨镇人民法庭庭长。新任命的人员进行宪法宣誓。

（区人大）

【区委第四次人大工作会议】10月21日，区委第四次人大工作会议在区行政中心D1会议室举行。会议印发《中共北京市顺义区委关于新时代加强和改进全区人大工作的若干意见》(简称《意见》)，共分为5个部分：总体要求，加强和改进党对人大工作的全面领导，支持和保障人大及其常委会依法充分行使各项职权，切实加强和改进人大代表工作，不断加强和夯实人大基础工作。区委副书记张良就《意见》做说明，区人大常委会主任车克欣就区人大常委会党组贯彻落实《意见》举措做说明。区委书记高朋做重要讲话，总结区委第三次人大工作会议以来本区人大工作取得的成绩，并指出，区委将积极发挥总揽全局、协调各方的作用，一如既往全力支持区人大及其常委会充分发挥国家权力机关作用、依法行使职权。同时强调：一是坚定政治站位，切实增强做好新时代人大工作的责任感、使命感；二是坚定首善标准，切实提升新时代人大工作水平；三是坚定党的领导，切实提高新时代人大履职能力。

（区人大）

【区五届人大常委会第二十四次会议】10月24日，区五届人大常委会第二十四次会议在区行政中心0603会议室举行。会议听取和审议区人大常委会执法检查组关于检查顺义区《中华人民共和国安全生产法》实施情况的报告，听取和审议区政府关于安全生产法落实情况及执法检查落实情况报告、区政府关于2018年预算执行和其他财政收支审计查出问题落实情况报告，书面审议并通过区政府关于顺义区落实厕所革命要求提升公厕服务品质方案（2018—2020年）落实情况的报告、区政府关于区人大常委会关于顺义区2019年国民经济和社会发展计划上半年执行情况报告所提审议意见落实情况报告、区政府关于区人大常委会关于顺义区2018年决算草案的报告所提审议意见办理情况报告、区政府关于区人大常委会关于“加快推进顺义区商业服务业转型升级，提升人民群众生活品质议案”所提审议意见办理落实情况报告，通过区人大常委会第五十九次主任会议关于许可北京市公安局顺义分局对顺义区第五届人民代表大会代表闫岩采取强制措施的决定，听取区第五届人大常委会代表资格审查委员会关于顺义区第五届人民代表大会代表闫岩暂时停止执行代表职务的报告，听取和审议顺义区第五届人大常委会代表资格审查委员会关于顺义区第五届人民代表大会代表资格的审查报告，审议通过区人大常委会关于补选顺义区第五届人大代表的决定、区人大常务委员会关于补选区第五届人大代表的工作方案、区人民代表大会代表履职守则，会议就“五年以上未竣工项目”开展专题询问。会议表决通过有关人事任免，接受马卫国、白雪军、李在东、李国庆、肖承继、庞爱清、赵志勇、郝蔚泉、姜惠琴、黄海鹏辞去区第五届人民代表大会代表职务；免去：李建区人民法院民事审判三庭副庭长职务，马维生、孟海峰区人民法院审判员职务；任命：李建为区人民法院民事审判三庭庭长，杜学禄、吕鑫为、胡小静、谢彩凤、刘蓉蓉为区人民法院审判员，林春艳、李德军为区人民检察院检察委员会委员，方玉霞、王晓雪、王珑瑛为区人民检察院检察员，孙蕊为区人大常委会代表联络室副主任。新任命的人员进行宪法宣誓。

（区人大）

【区五届人大常委会第二十五次会议】12月3日，区五届人大常委会第二十五次会议在区行政中心0603会议室举行。会议书面审议区政府关于落实蓝天保卫战攻坚计划工作完成情况报告的审议意见的落实情况报告、区政府关于全区加快推进美丽乡村建设工作情况的报告、区政府关于全区水污染防治工作开展情况的报告，表决通过关于召开区五届人大六次会议的有关事项，决定于2020年1月6—9日召开顺义区第五届人民代表大会第六次会议，听取和审议区五届人大常委会代表资格审查委员会关于区五届人大代表资格的审查报告，审议通过区人大常委会关于补选顺义区第五届人大代表的决定、区人大常委会关于补选顺义区第五届人民代表大会代表的工作方案。会议表决通过人事任免，免去：张文生区人民防空办公室主任职务，李长勇区园林绿化局局长职务，王英华区司法局局长职务，王文荣区监察委员会副主任职务，张建平区人民法院审判委员会委员、审判员职务，田法德区人大常委会办公室主任职务，朱立三区人大常委会城建环保办公室副主任职务；任命：刘海丰为区人民防空办公室主任，于宝鑫为区园林绿化局局长，许荣江为区人大常委会城建环保办公室副主任。新任命的人员进行宪法宣誓。

（区人大）

【区五届人大常委会第二十六次会议】12月31日，区五届人大常委会第二十六次会议在区行政中心0603会议室举行。会议传达区委书记高朋在区委常委会第六十六次会议上的讲话精神，讨论区人大常委会向区五届人大第六次会议所做的工作报告（讨论稿）；审查和批准区政府关于顺义区2019年预算调整方案的议案；书面审议区政府关于2018年度国有资产管理情况的综合报告、关于顺义区2019年度下半年政府债务管理情况的报告、关于顺义区医疗卫生服务水平提升三年行动计划（2018—2020年）落实情况的报告、关于顺义区第三期学前教育行动计划（2018—2020年）落实情况的报告、关于全区文化建设情况的报告、关于2019年平原造林工作情况的报告；听取和审议区政府关于2018年度行政事业性国有资产管理情况的报告，关于顺义区行政事业国有资产管理情况专项审计的报告，关于“强化基层社会治理，规范农村房屋租赁管理，消除安全隐患”议案办理情况报告，关于2019年行政机关负责人出庭应诉情况的报告，关于区五届人大第五次会议代表建议、批评和意见办理情况报告；讨论通过区五届人大常委会关于通报表扬优秀代表、优秀建议的决定。会议表决通过人事任免，接受赵殿江辞去区人大常委会副主任职务，接受田法德、孙书林、张洁、周振涛、高学通、董建华辞去顺义区第五届人民代表大会代表职务；免去：孙书林区人大常委会农村办公室主任职务，高学通区人大常委会教科文卫体办公室主任职务，周振涛区人大常委会财政经济（预算审查）办公室主任职务，张洁区人大常委会胜利街道工作委员会主任职务，芦超区监察委员会委员职务，刘国强区人民检察院检察员职务；任命：朱新生为区人大常委会办公室主任，李长勇为区人大常委会农村办公室主任，田庆江为区人大常委会教科文卫体办公室主任，范士永为区人大常委会财政经济（预算审查）办公室主任，李黎为区人大常委会光明街道工作委员会主任，衣晶为区人大常委会空港街道工作委员会主任。新任命的人员进行宪法宣誓。

（区人大）

议案办理和信访受理

【议案建议办理】区五届人大第五次会议和闭会期间，区人大代表围绕区委、区政府中心工作和人民群众关心的热点问题，提出议案1件（加快推进顺义区商业、服务业转型升级，提升人民群众生活品质的议案）、建议127件，主要涉及城乡建设管理、社会发展、综合经济、法制建设、行政管理等方面。通过区人大常委会领导牵头督办、各专委会分类督办、代表联络室综合协调的工作机制，集中开展代表建议办理情况“回头看”，健全完善代表建议督办工作台账等措施，推动“驻区企业申购共有产权房、设施农业整顿长效机制建立、老旧小区电梯更换、加强校园门口安全管理、增加老年服务设施”等代表建议的办理，打出建议督办工作的“组合拳”。截至年底，1件议案按计划推进，127件代表建议均办复完毕。

（区人大）

【信访受理】年内，接待群众各类来访634件807人次。按照类别划分，属法院判决、执行问题的86件86人次，占总访量的14%；属拆迁问题的31件74人次，占总访量的4%；属宅基地纠纷问题的60件61人次，占总访量的9%；属行政不作为问题的4件4人次，占总访量的1%；属干部违纪违法问题的23件26人次，占总访量的4%；属违法占地问题的53件97人次，占总访量的8%；属选举问题的4件104人次，占总访量的1%；其他问题333件258人次，占总访量的52%。其中，信件访12件120人次，电话访2件2人次，重信重访455件508人次。

（区人大）

专门委员会

【顺义区学前教育资源建设情况专题询问】4月25日，在区五届人大常委会第二十一次会议上，对本区学前教育资源建设情况专题询问。与会委员、人大代表围绕热点地区学位供需矛盾紧张、优质教育资源分布不均衡、幼儿教师工资差距大等问题进行现场询问、一事一问，政府相关部门负责人一一作答。针对专题询问会上政府及相关部门答复内容，按照办理时长将问题分为短期问题和长期问题。要求区政府及相关部门将“幼有所育”作为更精准更全面地补齐民生短板的重要任务，坚持幼儿园规划的“刚性”需求底线，加强统筹，严格把关，短期问题提出具体对策，长期问题设立阶段性目标。同时，坚持每个月与政府进行沟通交流，及时了解办理进展情况。

（区人大）

【5年以上未竣工项目情况专题询问】10月24日，在区五届人大常委会第二十四次会议上，就“5年以上未竣工项目”开展专题询问，与区政府一道分析问题成因、研究解决路径。区人大常委会针对“5年以上未竣工项目”拆迁征地、土地利用、预算追加、设计调整、手续办理等问题向区政府进行询问，区发展改革委、市规划自然资源委顺义分局等有关部门对所提问题进行应询。年内，城南体育中心、文化中心建设完成并完成五方验收，区政府成立专班推进剩余项目竣工，并表示要把“5年以上未竣工项目”一盯到底，逐步解决项目遗留问题；区人大常委会将继续加强对项目推进情况的跟踪监督，与区政府一道形成推动工作的合力。

（区人大）

代表活动

【调研工作】年内，将调研作为开展工作的必经环节和基础程序，按照区委统一部署，围绕抓好“三件大事”、打好“三大攻坚战”、服务保障中华人民共和国成立70周年庆祝活动、“疏解整治促提升”等中心工作，对人民群众关心的热点难点问题、人居环境、企业营商环境、安全生产和基层党建工作等方面开展调研。全年共开展调研188次，其中带问题调研177次，通过调研，真正把情况摸清楚，把症结分析透，研究提出解决问题、改进工作的思路和办法措施。同时，以地方人大设立常委会40周年为契机，围绕加强历史经验总结和人大制度理论研究等主题开展专项调研，并形成《顺义人大四十年的实践与思考》《顺义区人大工作制度建设研究》《顺义区区镇人大代表履职为人民问题研究》《多措并举深入开展预算审查监督工作》等调研报告，为进一步健全完善规范常委会工作奠定基础。区人大常委会组成人员坚持围绕区委中心工作、人大工作、经济社会发展、民生保障等开展广泛调研，充分发挥常委会组成人员行业专业优势，结合年度监督工作和代表工作提出意见建议，为区域经济社会发展建言献策，全年共完成调研报告30篇。为进一步促进调研成果转化，区人大常委会组织开展调研评审，评选出10篇优秀调研报告，并不断加大调研成果转化力度，发挥调研辅政作用。

（区人大）

【烟花爆竹燃放管理工作调研】2月2日，区人大常委会组织相关部门，赴张镇烟花爆竹临时销售点了解销售和管理情况，区烟花办、区安监局、区旅游委、区环保局、金潮玉玛酒店、张镇工作人员现场介绍烟花爆竹燃放管理相关工作情况。2019年，本区共设立烟花爆竹临时销售点2个，分别在张镇和龙湾屯镇，销售时间为1月30日—2月9日，实行凭身份证购买制度。为做好烟花爆竹燃放管理工作，有关部门公布举报电话以及奖励标准，区公安分局、区安监局等部门开展系列宣传活动，印制各类宣传品100余万份，各属地开展入户宣传、上街宣传等工作，将烟花爆竹禁放与创城工作相结合，确保烟花爆竹燃放管理工作深入人心。

（区人大）

【“提升农村人居环境，推进美丽乡村建设”推进情况视察】5月17日，区人大常委会组织部分市、区人大代表对本区美丽乡村建设情况进行工作视察。视察组围绕村庄环境治理、文化广场建设、坑塘沟渠整治、腾退土地再利用、村庄基础设施建设、乡村文化底蕴挖掘、乡村建设产业支撑等内容，分别到高丽营镇南郎中村，赵全营镇东绛州营村、西绛州营村和北郎中村实地察看美丽乡村建设工作情况，并听取情况介绍。视察结束后就“提升农村人居环境，推进美丽乡村建设”工作召开专题座谈会。会上听取区农业农村局就顺义区贯彻落实乡村振兴战略，统筹推进农村人居环境整治和美丽乡村建设工作情况汇报。与会委员和代表就进一步做好美丽乡村建设工作提出建议。

（区人大）

【道路清扫保洁体系建设情况视察】5月23日，区人大常委会组织部分区人大代表，对本区道路清扫保洁作业标准实施情况开展工作视察，实地查看复兴东街及站前北街延长线清扫作业情况，听取环卫中心的工作汇报，了解作业车辆和清扫标准落实情况。现场视察结束后，区人大城建环保委在区行政中心召开座谈会，听取区城市管理委员会就本区道路清扫保洁作业标准实施情况和本区“冲、扫、洗、收”保洁新工艺组合模式作业情况做汇报。区人大代表就加强和提升本区道路清扫保洁作业标准提出意见、建议。

（区人大）

【科技成果转化情况视察】5月23日，区人大常委会组织部分区人大代表，视察本区科技成果转化工作。视察组一行实地查看中科星图股份有限公司和北京中科睿芯智能计算产业研究有限公司，听取区科委关于本区加快推进科技成果转移转化工作情况的汇报，与会代表开展座谈交流，并提出意见建议。

（区人大）

【“两条例一决定”实施情况检查】5月29日，区人大常委会执法检查组对本区“两条例一决定”（即《北京市机动车停车条例》《北京市非机动车管理条例》以及《北京市人民代表大会常务委员会关于修改〈北京市实施中华人民共和国道路交通安全法办法〉的决定》）贯彻实施情况开展检查。在检查现场，区城管委、区交通支队汇报相关工作开展情况和自查、整改工作进展。实地检查结束后，执法检查组召开座谈会，听取区城管委汇报的路侧停车改革基本情况与进展，区交通支队汇报的全区违停执法情况。来自交通领域的2名专家代表和2名区人大常委会法律顾问分别从各自专业角度对“两条例一决定”贯彻实施工作建言献策，4名区人大代表结合建议件办理工作对本区贯彻实施“两条例一决定”工作提出建议。

（区人大）

【水污染防治工作开展情况调研】5—6月，在2018年人大代表视察调研本区河道、水环境治理工作的基础上，区人大农村委员会再次开展跟踪调研，督导有关工作，并撰写调研报告。

（区人大）

【“加快推进顺义区商业、服务业转型升级，提升人民群众生活品质”议案办理情况视察】7月22日，区人大常委会组织开展“加快推进顺义区商业、服务业转型升级，提升人民群众生活品质”议案办理情况专项视察。视察组先后视察马坡镇金宝天阶商业街、顺义区老城区商圈、城南回迁小区商业配套、北小营镇前鲁村供销益家、木林镇市场、龙湾屯镇民俗村商业配套等商业情况，并现场听取各镇、街道及顺商集团情况介绍；随后召开座谈会，听取区商务局代表区政府所做的“加快推进顺义区商业、服务业转型升级，提升人民群众生活品质”议案办理进展情况的汇报，并就议案办理中存在问题及解决措施提出相关意见，区人大财经委员会邀请物美集团、顺义华联、盒马鲜生、中粮祥云小镇、山姆会员店、顺鑫农业、顺商集团、仲量联行等企业代表为顺义区商业、服务业转型升级把脉支着，对本区营商环境提出意见建议。

（区人大财经委员会）

【老旧小区综合整治工作进展情况视察】年初，区人大常委会按照年度工作安排，多次组织开展老旧小区改造工作专题调研，实地查看胜利街道建新南北区、光明街道东兴一区、幸福东区等小区整治工作情况，与街道老旧小区改造办干部、居委会、人大代表、居民代表开展深入座谈交流。在前期调研基础上，7月23日，区人大常委会组织部分市、区人大代表实地查看石园街道仓上小区改造工作进展，之后城建环保委员会在区行政中心召开区人大座谈会，听取胜利街道、石园街道、区发改委、区委社工委和区住建委关于改造工作进展情况的汇报。来自街道、居委会的区人大代表对老旧小区改造工作提出意见建议。

（区人大城建环保委员会）

【医药分开综合改革情况调研】8月29日，区人大常委会组织部分区人大代表和相关部门，到区医院开展医药分开和医耗联动综合改革工作调研。随后召开座谈会，区卫健委、区医保局、顺义区医院就医药分开综合改革情况分别进行汇报，区医院医务工作者和部分区人大教科文卫体专门委员会成员针对医药分开和医耗联动综合改革实施情况提出意见和建议。

（区人大教科文卫体委员会）

【《中华人民共和国安全生产法》实施情况检查】9月5日，区人大常委会《中华人民共和国安全生产法》执法检查工作启动会召开，成立河东检查组、河西检查组、街道检查组、功能区检查组4个执法检查组，对生产安全、空间安全、建筑安全、商业服务业流通安全等领域进行区、镇、街开展联动执法检查。9月9日，区人大河西执法检查组前往南法信镇，检查百世物流科技有限公司、圆通速递（北京）有限公司，重点对机场周边空间安全进行专项执法检查，主要包括地下空间、库房、狭窄区域、易燃易爆领域等空间及机场禁空“低慢小”飞行器的执法检查。9月10日，区人大功能区执法检查组前往中关村顺义园进行安全生产执法检查，重点对工厂、企业安全生产法落实情况进行专项执法检查，检查组检查企业化学用品存放库房、生产线安全防范设备、危险品堆放仓库等企业安全生产设施。9月11日，区人大河东执法检查组前往杨镇进行安全生产执法检查，重点对河东地区拆迁与建筑领域安全生产法落实执行情况进行专项执法检查，并座谈杨镇地区拆迁村人居环境、拆迁安全隐患、社会稳定等相关情况，检查顺义区污泥处置一期工程等在建市政工程。9月12日，区人大街道执法检查组前往旺泉街道地区，对居然之家、盒马鲜生等商业服务业设施进行安全生产执法检查，现场检查旺泉街道商业设施内的消防设施、疏散通道、公共引导标识等公共区域安全设施配置，听取旺泉街道区域共治共建、居家安全宣传、人防技防手段、安全形象代言等方面创建“国际安全社区”的经验做法。

（区人大财经委员会）

【档案工作调研】9月17日，区人大常委会组织区人大教科文卫体委员会成员、人大代表和此次机构改革职能调整的部分政府部门，对本区机构改革后，新组建和职能调整单位的档案工作情况进行调研。区档案局、区档案馆结合自身职责，将本区档案工作尤其是此次机构改革后档案工作现状、存在问题及下一步工作思路做详细介绍，各政府部门分别汇报本单位的档案工作情况，与会人员围绕主题发表意见建议。

（区人大）

【少数民族村美丽乡村建设工作调研】 9月25日，区人大常委会组织部分区级人大代表到北石槽镇寺上村联合开展对少数民族村美丽乡村建设工作调研。实地调研寺上村文化广场、村民大舞台、聚心湖、老年驿站，听取北石槽镇对少数民族村美丽乡村建设落实情况的介绍。代表们对寺上村的村容村貌、环境治理、文化氛围、养老服务等工作给予充分肯定。随后，召开座谈会，北石槽镇、牛栏山镇、天竺镇、后沙峪镇、高丽营镇对本镇落实少数民族美丽乡村建设情况、存在的问题进行发言，与会代表和委员提出意见和建议。

（区人大）

【“强化基层社会治理，规范农村房屋租赁管理，消除安全隐患”议案的推进情况视察】 11月12日，区人大常委会组织相关专委会、议案领衔代表韩福军、李红梅，区政府办、区民政局、区委政法委、区公安分局、区消防支队，视察“强化基层社会治理，规范农村房屋租赁管理，消除安全隐患”议案的推进情况。议案领衔代表从丰富办理内容的角度，对议案办理工作提出增加“规自分局”“农业农村局”为协办单位的建设性意见，政府相关部门对其建议予以吸纳。

（区人大）

【住宅物业项目评比和问题小区进行公示机制运行情况调研】 11月13日，区人大常委会组织部分委员和区人大代表对全区物业服务项目履约考评体系建立情况进行专题调研，实地考察空港街道多个社区物业评比公示机制运行情况。随后召开座谈会，听取空港街道和区住建委的工作汇报，参与调研的区人大代表就调研中了解的情况，向空港街道和区住建委提出加强和改进工作的建议。

（区人大）

【诉讼调解对接中心工作情况视察】 11月14日，区人大常委会组织部分人大代表、各镇人大主席、人大街工委副主任和相关单位，到区法院诉讼调解对接中心，视察诉讼调解对接中心工作情况。与会人员参观安检区、立案诉讼服务大厅和人民调解室，详细了解诉讼调解对接中心工作开展情况，观看顺义区法院多元化纠纷解决机制宣传片。随后召开座谈会，区法院、区司法局和区信访办分别就区法院诉调对接中心工作、本区人民调解工作和区信访工作进行汇报。与会代表对区法院诉调对接中心建设成效，以及在多元化纠纷解决机制改革和案件繁简分流等方面取得的成绩表示充分肯定，并提出相关意见和建议。

（区人大）

【新一轮百万亩造林工作情况调研】 根据年内工作安排，区人大常委会组织开展新一轮百万亩造林工作情况的调研，结合年初拟定的工作方案，开展几项具体工作：一是与区园林绿化局对接，研究部署调研工作具体事宜。二是通过实地走访、电话了解、情况沟通、小型座谈等不同形式开展调研工作，全面了解本区新一轮造林工作状况，存在的问题以及想法举措。三是促成果转化，为下一步审议政府《关于全区新一轮百万亩造林工作情况的报告》奠定基础。

（区人大）

顺义区人民政府

▲ 3 月 25 日，顺义区文化和旅游局挂牌成立

▲ 3 月 25 日，顺义区生态环境局挂牌成立

▲ 4月4日，区政务服务管理局举办“优化营商主动服务政务开放日”活动

▲ 5月24日，区外事办接待使节团参观顺义国际人才社区跨境商品文化交流展示活动

5 月 25 日，驻华使节团走进顺义开展人才社区活动

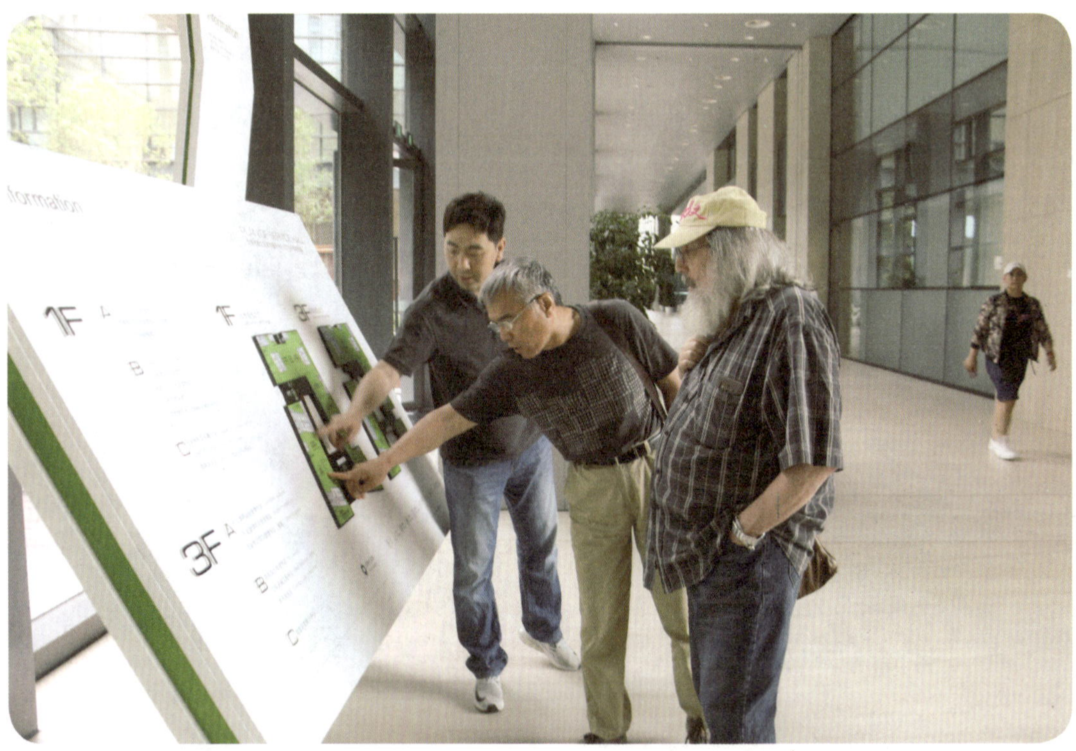

6 月 5 日，顺义区开展重点区域双语标识排查工作

综　述

【概况】年内，顺义区人民政府紧紧团结依靠全区人民，坚持把中华人民共和国成立70周年庆祝活动作为统领各项工作的纲，主动服务首都“四个中心”功能建设，着力提高“四个服务”水平，认真抓好“三件大事”，坚决打好“三大攻坚战”，加快提升顺义新城综合承载力，真抓实干推动高质量发展，多措并举增进民生福祉，全区经济社会继续保持良好发展态势。

（区政府办）

【经济社会发展总体情况】年内，地区生产总值同比增长6%；完成一般公共预算收入165.7亿元，同比增长4%；全区居民人均可支配收入同比增长9.2%；完成固定资产投资462.7亿元，保持规模总体稳定；完成社会消费品零售总额506.1亿元，同比增长5.7%；城镇登记失业率控制在1.5%左右。

（区政府办）

【机构改革】年内，区政府办将应急管理职责划至区应急管理局；信息和政务公开职责划至区政务服务管理局；政务信息化推进职责划至区委网信办，不再保留区政务信息化办公室牌子；便民电话工作职责划至区政务服务管理局。划入原区外事侨务办对外联络职责，加挂区政府外联办牌子。

（区政府办）

【重大活动服务保障任务】年内，坚持将服务保障重大活动作为首要政治任务，全身心投入、全方位参与中华人民共和国成立70周年庆祝活动，每日调度、一线督导，全区各部门、各属地密切配合、协调联动，广大党员干部群众坚守岗位、无私奉献，完成群众游行、群众观礼、群众联欢、环境质量、安全稳定等服务保障任务。坚持以最高标准、最强组织、最实举措、最佳状态接续奋战，完成党的十九届四中全会、第二届“一带一路”国际合作高峰论坛、世界园艺博览会、亚洲文明对话大会等一系列重大活动服务保障工作。

（区政府办）

【城市规划体系持续完善】年内，《北京城市总体规划（2016年—2035年）》深入落实。《顺义分区规划（国土空间规划）（2017年—2035年）》正式获得市政府批复，街区、镇域规划编制压茬启动，《杨镇国土空间规划》形成初步成果，115个《美丽乡村规划》编制完成。规划自然资源领域问题整改扎实开展，20宗浅山区一般违法建设、7宗“大棚房”项目全部整改到位。研究探索建设用地腾退补偿机制，完成年度减量任务。产业发展规划不断完善。国家级临空经济示范区正式获批，发展规划加快编制。《天竺综保区创新升级方案》起草完成，政策功能进一步完善。《北京国际合作产业园（中德园区）规划方案》编制完成，国际化运营管理机制加快形成。

（区政府办）

【经济运行稳中有进】年内，经济运行保持在合理区间、质量效益不断提升。第三产业增加值占GDP比重达到70.2%，“压舱石”作用进一步凸显；金融业增加值比重保持在14.5%；全区第三大支柱产业基础更加夯实，规模以上工业总产值降幅收窄至12.8%。创新动能不断积蓄。全区累计认定登记技术合同485项，同比增长105%，技术合同成交额41.8亿元，同比增长84%。国家级高新技术企业超过900家。

（区政府办）

【产业转型升级加快促进】年内，重大产业活动成果丰硕，7项研究成果在2019世界智能网联汽车大会上集中发布。第十届中国卫星导航年会吸引国内外3000余位专家代表参会，159家国内外单位参展。京交会顺义分会场实现签约额106亿美元，在10个分会场中排名第一；4个展区获评最佳展区。在中德隐形冠军创新发展高峰论坛上，与9家公司签订合作协议。市委常委会审议通过《北京创新产业集群示范区（顺义）发展规划》，创新产业发展蓝图加快落实。《智能制造三年行动计划》编制完成，全面实行“项目负责制”，新引进3000万元以上项目263个，57个高精尖项目加快落地建设，总数排名全市第二。新一轮服务业扩大开放52项试点任务完成49项，实现7项全国首创。新引进墨盛资产等优质金融企业30家，金融机构达到342家。

（区政府办）

【营商环境持续优化】年内，累计对接服务企业1000余次，区领导“一对一”深入走访服务，召开“早餐会”8场，量身定制“服务包”146个，全市入驻部门、综合窗口最多的区级政务服务中心投入使用。认真抓好“9+N”2.0版新政策落实，优化简易低风险工程建设项目审批服务，水气热“e家办”服务模式纳入全市典型并推广，服务企业信息平台上线运行。天竺综保区保税进、出口整体通关时间较去年分别压缩67%、79%，进出口规模同比增长30%。减税降费80.3亿元，全力为企业“加油”减负。

（区政府办）

【生态环境建设持续加强】年内，全区PM2.5年均浓度下降到41微克/米^3，达到市级任务要求，全面推进《打赢蓝天保卫战三年行动计划》，坚决抓好中央和市级环保督察问题整改，全力推进挥发性有机物减排，完成餐饮单位升级改造1800余家，淘汰高排放老旧柴油货车3593辆。全区污水处理率为93%，国家级和市级考核断面稳定达标，区级跨界断面补偿金同比下降39.9%，严格落实河长制，小微水体整治率95%。“疏解整治促提升”专项行动坚定有序，治理违法建设达到场清地净标准403万平方米、腾退土地511公顷，增设公园绿地7处、口袋公园5处、停车场57处，完成“补短板促提升”工作任务1.7万项。新一轮百万亩造林1553.33公顷（2.33万亩），超额完成市级任务。

（区政府办）

【城乡建设治理统筹推进】年内，河东河西地区协调发展持续推动，加快补齐河东地区基础设施和公共服务短板，百项工程完成立项79项，其中，竣工26项、在建27项。基础设施建设加快推进，120项重点工程全部完成立项，其中竣工25项、在建55项。城市精细化治理水平不断提升。探索为基层赋权增能，优化线性工程、公厕提升等领域工作机制。“多网融合”城市管理网全面启用，镇街网格化综合管理指挥中心全部建立，区级指挥中心大厅建设完成。严管严查安全生产工作，检查企业12万家次。全区常住人口保持在123万人以内。

（区政府办）

【民生福祉全面增进】年内，坚持“民有所呼、我有所应”，深化党建引领“吹哨报到”改革，组建“接诉即办”区级和镇街专班，全年诉求响应率达到100%，解决率和满意率分别从年初的45.7%、59.8%提升至年末的75.4%、88.4%。扎实开展精准帮扶工作。西藏自治区尼木县、河北省万全区正式脱贫摘帽，精准医疗帮助科内蒙古自治区科左中旗癫痫病人来京救治、尿毒症贫困户肾移植，全年助力2.8万名贫困人口脱贫，河北省沽源县、内蒙古自治区巴林左旗及科左中旗自评预估可实现脱贫摘帽。全区低收入农户人均可支配收入水平全部超过认定标准线。

（区政府办）

【政府自身建设着力加强】年内，主题教育深入开展。坚决贯彻中央、市委和区委部署要求，认真开展“不忘初心、牢记使命”主题教育，围绕11个专题深入开展集中学习研讨，主动下沉、深入基层调研检查点位1万余个，督促整改问题近8000项。法治政府建设基础更加夯实。自觉接受区人大、区政协监督，主动接受监察监督，按时办结人大代表建议126件、政协提案164件，满意率均达到100%。全面从严治党主体责任严格落实。进一步彻底肃清孙政才严重违纪违法腐败案件恶劣影响，坚决落实好中央扫黑除恶专项斗争督导、市委巡视反馈问题整改，认真履行“一岗双责”，持续强化党风廉政建设，深刻汲取案件教训，强化警示教育，及时约谈提醒。

（区政府办）

【调查研究】年内，在区委的统一领导下，全体区政府领导重点围绕顺义区城市功能定位落实、经济社会发展、党的建设和群众反映强烈的热点难点问题，聚焦中华人民共和国成立70周年庆祝活动服务保障、“不忘初心、牢记使命”主题教育、综合承载力提高、高精尖产业发展、城市精细化治理、“七有”“五性”水平提升等重大活动、工作，以及市区两级重点任务、重大工程，采取多种方式深入开展调查研究，累计下沉到一线督导协调440余次，并研究提出解决问题、改进工作的思路和办法措施，推动各项工作高质高效开展。

（区政府办）

【督查督办】年内，制发督查通知单241件，结合调研检查、实地走访等形式，形成报告120份；共立项督办市区两级折子、实事、会议议定事项、领导批示、领导调研等重点任务1068项，助推全区各项工作落实落地。

（区政府办）

【绩效管理】年内，《2019年度区政府绩效管理实施方案》《顺义区政府2019年度绩效管理考评实施细则》《2019年度绩效任务表》研究制定，共涉及市、区两级重点任务1077项；完成市政府满意度调查、年终察访核验等检查的迎检工作。

（区政府办）

【建议提案办理】年内，办理市十五届人大第二次会议代表建议7件、市政协十三届二次会议委员提案2件；办理区五届人大第五次会议代表建议126件、区政协五届三次会议委员提案164件、区党代表建议4件，全部建议、提案均按期办复，代表、委员满意率100%。

（区政府办）

【文件办理】年内，共接收国务院、市政府及市属各委办局来文3055件，接收处理区内各单位报送合格公文2927件，登记、办理区政府领导批示件7863件，催办市级单位征求意见需按时限反馈文件1400余件，传阅中央、市委涉密公文2400余件，销毁涉密文件4次，发送机要件230余次。

（区政府办）

【信息宣传】2019年，共编辑上报全区各领域政务信息8400条720余万字，获区领导批示580条。全年编发6类刊物，共721期，其中《顺义区情》普刊246期、专报371期、专刊43期、月报41期、调研专刊20期；《舆情快报》《民声回应》594期，涉及单位及属地70余个，回应反馈率100%；《领导决策参考》136期。全年累计向市政府办公厅信息处报送政务信息、舆情信息1500余条，被《昨日市情》《今日舆情》采用340条，其中《顺义区着力推动夜间经济发展见成效》等信息获得多位市领导肯定性批示。高质量完成市政府及国务院约稿信息68篇，其中《关于外贸转口基地和海外仓建设的情况》《顺义区社区养老基本情况》等7篇信息被国务院办公厅采用。

（区政府办）

重要会议

【概况】年内，组织召开区政府全体会议1次，区政府常务会34次，区政府专题会29次。

（区政府办）

【招商引资及财源建设管理相关工作会】1月5日，顺义区招商引资及财源建设管理相关工作会召开。区领导霍光峰、支现伟、郑晓博出席。

（区政府办）

【“温暖二号”行动部署会】1月15日，副区长、公安分局局长赵为民组织召开区预防煤气中毒“温暖二号”行动部署会。

（区政府办）

【2019年新一轮百万亩造林绿化工程会】1月15日，顺义区2019年新一轮百万亩造林绿化工程会召开。区领导孙军民、霍光峰出席。

（区政府办）

【“两会”期间全区城市运行服务保障工作调度会】1月17日，区委副书记、区长孙军民调度市“两会”期间全区城市运行服务保障工作。

（区政府办）

【2019年区安委会第一次会议暨全区安全生产大会】1月30日，顺义区2019年区安委会第一次会议暨全区安全生产大会召开，对2018年安全生产工作进行总结，并部署2019年安全生产工作。区委副书记、区长孙军民与区城市管理委、区教委、李桥镇签订《安全生产责任书》。区领导霍光峰、支现伟、李向英、郑晓博出席。

（区政府办）

【2019年顺义区人民政府全体会议】2月2日，2019年顺义区人民政府全体会议召开，部署

2019年区政府重点工作，区领导孙军民、霍光峰、支现伟、郑晓博等参加。

（区政府办）

【顺义区政府第三次全体会议暨区政府党风廉政工作会议】2月2日，顺义区政府第三次全体会议暨区政府党风廉政工作会议召开。区领导孙军民、张良、宋建明、霍光峰、支现伟、郑晓博出席。孙军民强调要提高政治站位，深入落实中央和市区各项决策部署，聚焦加强“四个中心”功能建设，做好“四个服务”，抓好“三件大事”，打好“三大攻坚战”，统筹做好改革发展稳定和改善民生各项工作。

（区政府办）

【除夕应急值守及烟花爆竹安全管理相关工作调度会】2月4日，区委书记高朋，区委副书记、区长孙军民在区应急指挥中心指挥调度除夕应急值守及烟花爆竹安全管理相关工作。区领导张良、支现伟、李向英，北京天竺综合保税区管委会领导宋鹏参加。

（区政府办）

【迎接世行营商环境评价工作调度会】2月23日，区委常委、常务副区长霍光峰组织召开迎接世行营商环境评价工作调度会，霍光峰做重要讲话。

（区政府办）

【全面从严治党主体责任检查考核集中汇报会】2月26日，顺义区2018年全面从严治党主体责任检查考核集中汇报会召开。区委副书记、区长孙军民参加并做重要讲话。

（区政府办）

【2019年违法建设整治工作推进会】3月2日，顺义区2019年违法建设整治工作推进会召开。区领导孙军民、霍光峰、李向英、郑晓博参加。

（区政府办）

【2019全国“两会”期间城市运行服务保障工作第二次调度会】3月4日，顺义区2019全国“两会”期间城市运行服务保障工作第二次调度会召开。区领导孙军民、郑晓博出席。

（区政府办）

【2019全国“两会”期间城市运行服务保障工作第四次调度会】3月6日，顺义区2019全国“两会”期间城市运行服务保障工作第四次调度会召开，区委副书记、区长孙军民参加。

（区政府办）

【迎接世行营商环境评价第三次工作调度会】3月17日，区委常委、常务副区长霍光峰组织召开迎接世界银行营商环境评价第三次工作调度会。

（区政府办）

【提高“四个服务”水平专题推进会】3月19日，顺义区委书记高朋，区委副书记、区长孙军民，区人大常委会主任车克欣，区政协主席周颖博等，围绕“提高‘四个服务’水平”进行专题调研，并召开现场推进会。区领导张良、宋建明、禹学垠、岳艳美，天竺综保区管委会副主任宋鹏参加。

（区政府办）

【优化营商环境迎评工作第四次调度会】3月23日，区委常委、常务副区长霍光峰组织召开优化营商环境迎评工作第四次调度会。

（区政府办）

【2019年就业再就业工作大会】4月16日，顺义区2019年就业再就业工作大会召开，区委常委、常务副区长霍光峰参加。

（区政府办）

【2019年重大活动期间应急服务保障工作第四次调度会】4月25日，顺义区2019年重大活动期间应急服务保障工作第四次调度会召开。区委副书记、区长孙军民参会并做出重要指示。

（区政府办）

【2019年度食品药品安全委员会第一次全体会议】5月24日，顺义区2019年度食品药品安全委员会第一次全体会议召开，深入学习贯彻习近平新时代中国特色社会主义思想，特别是关于食品药品安全的重要论述精神，贯彻落实市委市政府、区委区政府关于食品药品安全工作的部署和要求，总结2018年食品药品安全工作，并对2019年食品药品安全重点任务进行部署。区委常委、常务副区长霍光峰，区市场监管局局长、区食安委办主任胡小兵及区食品药品安全委员会各成员单位、镇政府、街道办事处、经济功能区主管副职出席

会议。

（区政府办）

【安全生产委员会第二次全体会议】5月30日，顺义区安全生产委员会第二次全体会议暨“防风险保平安迎大庆”消防安全执法检查专项行动部署会召开。会议传达学习市委书记蔡奇，市委副书记、市长陈吉宁关于安全生产工作和开展消防安全执法检查专项行动的工作要求，区应急管理局、区消防支队、区园林绿化局通报近期全区安全生产、消防安全、森林防火工作情况，并就顺义区“防风险保平安迎大庆”消防安全执法检查专项行动进行部署。后沙峪镇、李桥镇结合近期安全生产和消防工作开展情况以及下一步工作进行典型发言。区委副书记、区长孙军民做出重要指示。

（区政府办）

【2019年“三夏”及农村地区防汛抗旱工作部署会】6月13日，顺义区2019年“三夏”及农村地区防汛抗旱工作部署会召开。副区长李在东出席。

（区政府办）

【人才工作领导小组2019年第一次全体会议】6月26日，顺义区人才工作领导小组2019年第一次全体会议召开。区委书记、区人才工作领导小组组长高朋参加会议并讲话，区委副书记、区长、区人才工作领导小组副组长孙军民主持会议。会议传达学习2019年北京市人才工作领导小组第一次会议精神，审议《顺义区区级领导联系服务专家人才名单》《顺义区实施“梧桐工程”促进“高精尖”产业引才聚才的若干举措》相关配套实施细则，以及顺义国际人才社区建设工作推进小组机构设置、实施方案等事项，听取顺义国际人才社区选址及规划编制工作进展情况的汇报。

（区政府办）

【12345市民服务热线工作推进会】7月15日，顺义区12345市民服务热线工作推进会召开，对相关工作进行再调度、再部署、再落实。会议全面总结顺义区上半年12345市民服务热线工作，并就下一步工作进行部署。区领导高朋、霍光峰、禹学垠、支现伟、刘国强、李在东参加。

（区政府办）

【全区经济形势分析会】8月3日，顺义区全区经济形势分析会召开。区领导孙军民、霍光峰、支现伟出席。

（区政府办）

【推进依法行政工作领导小组（扩大）会议】8月7日，顺义区推进依法行政工作领导小组（扩大）会议召开。会议审议通过《顺义区推进法治政府建设工作要点》《区政府依法行政考核指标分解方案》《顺义区推进依法行政工作领导小组办公室设置和成员名单》。区领导孙军民、霍光峰、支现伟、李向英出席。

（区政府办）

【生态文明建设委员会生态环境保护督查工作小组、大气污染综合治理及应对气候变化工作小组、土壤污染综合防控工作小组第一次全体会议】8月7日，顺义区召开生态文明建设委员会生态环境保护督查工作小组、大气污染综合治理及应对气候变化工作小组、土壤污染综合防控工作小组第一次全体会议。区领导孙军民、李在东出席。

（区政府办）

【百万亩造林工作会议】8月9日，区委副书记、区长孙军民主持召开百万亩造林工作会议。区领导霍光峰、李在东参加。

（区政府办）

【安全生产委员会第三次全体会议暨百日安全大排查大整治动员部署会】8月15日，顺义区安全生产委员会第三次全体会议暨百日安全大排查大整治动员部署会召开。区领导孙军民、霍光峰、支现伟出席。

（区政府办）

【“百日安全大排查大整治”工作第八次调度会】9月14日晚，顺义区“百日安全大排查大整治”工作第八次调度会召开。区领导孙军民、张晓峰出席。

（区政府办）

【“无拖欠”工作服务保障暨欠薪隐患调度会】9月19日，顺义区“无拖欠”工作服务保障暨欠薪隐患调度会召开。区领导霍光峰、张晓峰出席会议。

（区政府办）

【2020年工作务虚会】10月6日，顺义区政府2020年工作务虚会召开。会议听取相关部门《关

于2019年工作存在问题、2020年改进提高工作思路》《体制机制改革创新建议》的工作汇报。区领导孙军民、霍光峰、支现伟、李向英、李在东参加。

（区政府办）

【2019年推进河东河西协调发展第三次全体会议暨第三季度会议】 10月10日，顺义区2019年推进河东河西协调发展第三次全体会议暨第三季度会议召开。区领导霍光峰、李向英、李在东参加。

（区政府办）

【2019年年终决算工作会议】 12月31日，顺义区2019年年终决算工作会议召开。会议确定各部门要认真贯彻落实区委五届十次全会精神，牢牢把握新形势下经济工作规律，坚持稳中求进的工作总基调，紧扣“七有”要求和“五性”需求，凝心聚力，攻坚克难，全力以赴稳增长，持之以恒惠民生。区领导孙军民、支现伟、李向英参加。

（区政府办）

主要工作和重大活动

【2019中国天使创投潮白论坛暨中国青年天使会第六届年度峰会】 1月12日，“开放共赢·拥抱未来”2019中国天使创投潮白论坛暨中国青年天使会第六届年度峰会举行，区领导孙军民、支现伟、郑晓博出席。著名专家学者、行业领军人物、知名企业家、中国顶级天使投资人、优秀创业者代表等各界嘉宾，围绕中国经济的热点话题，进行深入分析、对话交流和专业指导。本届论坛由区政府和中国青年天使会主办，区科委承办。论坛立足服务顺义打造“3+4+1”产业新格局，将进一步促进顺义区政府、企业与各类投资主体的沟通交流，大力优化区域营商环境，推动区域创新发展、高质量发展。

（区政府办）

【2018年度民主生活会征求意见座谈会】 1月18日，区委副书记、区长孙军民主持召开2018年度民主生活会征求意见座谈会。孙军民强调区政府应牢固树立“四个意识”，进一步提升政治站位，增强政治担当，落实“看北京首先从政治上看”要求，贯彻落实中央、市委市政府决策部署，坚持以人民为中心的发展理念，以对党、对人民高度负责的精神，推动区政府各项工作有效落实。

（区政府办）

【部署迎接世行营商环境评价工作】 2月19日，区委常委、常务副区长霍光峰部署迎接世界银行营商环境评价工作。

（区政府办）

【顺义区政府、天竺综保区管委会工作交流座谈会】 2月20日，顺义区政府、北京天竺综保区管委会工作交流座谈会召开。区领导孙军民、宋建明、霍光峰、支现伟、李向英、郑晓博等出席。

（区政府办）

【中国电子科技集团座谈会】 3月5日，顺义区领导与中国电子科技集团领导就双方进一步深化合作、共促发展进行座谈。顺义区委书记高朋，区委副书记、区长孙军民，区委常委、副区长支现伟，中国电子科技集团总经理、中国工程院院士吴曼青参加。座谈会上，双方分别介绍顺义经济社会发展情况和中电科集团在顺义的发展情况。中电科集团领导一行还前往中关村顺义园临空国际板块第三代半导体联合创新基地和中电科集团第十一所光电产业基地项目签约地块，现场察看基地建设情况，了解顺义区科技创新情况。

（区政府办）

【农村人居环境整治工作调度会】 3月8日，区委副书记、区长孙军民主持召开会议专题调度农村人居环境整治工作。区领导支现伟、郑晓博参加。

（区政府办）

【2018年度绩效考评述职述廉会议】 3月16日，顺义区政府2018年度绩效考评述职述廉会议召开，全区87家单位接受现场评议考核。

（区政府办）

【区市场监督管理局举行揭牌仪式】 3月22日，顺义区市场监督管理局揭牌仪式举行。区委副书记、区长孙军民参加并做重要讲话。

（区政府办）

【区卫生健康委员会正式挂牌成立】3月25日，顺义区卫生健康委员会正式挂牌成立。区委常委、副区长支现伟出席。

（区政府办）

【顺鑫控股集团牛栏山酒厂院士专家工作站揭牌成立】4月9日，顺鑫控股集团牛栏山酒厂院士专家工作站揭牌成立。区委常委、副区长支现伟出席。

（区政府办）

【北京畅融工程第一季暨2019北京5G产业与金融发展论坛】4月18日，“北京畅融工程第一季暨2019北京5G产业与金融发展论坛”在北京顺义召开，活动由北京市地方金融监督管理局、顺义区政府共同主办。本次论坛以“北京畅融工程”为依托，以顺义区“国家产融合作试点城市”为平台，聚焦“5G时代与金融赋能”，通过投资环境推介、金融产业政策发布、主题演讲、项目路演、高峰对话、投融资对接等环节，全面落实“北京畅融工程”建设，增强金融服务实体经济能力。北京市委常委、副市长殷勇出席。区委副书记、区长孙军民表示：顺义着力推动以5G为代表的新兴产业发展，研究制定《顺义区5G产业发展实施方案》，加快培育5G新应用、新商业模式，推进5G企业聚集。针对自动驾驶、车联网、工业互联网等功能需求，积极推动5G基础设施建设，率先开展5G典型场景的示范应用，并向民生服务、先进制造、城市管理延伸，为5G企业在顺义发展打造便利化、智能化应用平台。同时，制定出台《顺义区关于打造首都产业金融中心促进金融产业发展办法》《顺义区支持企业上市挂牌发展办法》等支持政策，引导金融产业更好地发挥对实体经济的支持作用。

（区政府办）

【副市长王红到顺义区检查优化营商环境工作】4月18日，副市长王红到顺义区检查优化营商环境工作。现场调研并检查政务服务中心服务窗口。区委常委、常务副区长霍光峰提出4点要求：一是各部门要增强服务意识，强化窗口人员培训，确保及时掌握和应用最新出台的政策，不断提高服务质量。二是相关部门要立即按照市级统一标准，改进企业开办环节，切实实现“一门、一次、一窗、一天”。三是要积极学习其他区先进经验，持续优化财产登记环节，继续做好智能化政务服务应用场景的研究工作。四是市政控股公司“水气热e家办”模式要尽快形成经验，报市级部门推广。

（区政府办）

【重大活动服务保障工作电视电话会议】4月21日，顺义区重大活动服务保障工作电视电话会议召开，深入贯彻第二届“一带一路”国际合作高峰论坛、2019年中国北京世界园艺博览会北京市服务保障工作电视电话会议精神，对全区服务保障工作进行再动员、再部署。区领导高朋、孙军民、周颖博、宋建明、禹学垠、支现伟、张晓峰、王子利、吴建国、李向英、郑晓博参加。

（区政府办）

【国务院安委会第十四考核巡视组到顺义区巡查】4月24日，国务院安委会第十四考核巡视组到顺义区巡查，听取顺义区安全生产和消防安全工作汇报。区领导高朋、孙军民、霍光峰、赵为民、李在东等参加会议。随后，副区长、公安分局局长赵为民陪同国务院安委会考核巡查组到临空皇冠假日酒店、南法信汽配城、华联商场实地检查消防安全工作。

（区政府办）

【顺义区代表团赴内蒙古推进对口帮扶工作】5月5日，顺义区代表团赴内蒙古自治区通辽市科左中旗深入推进对口帮扶工作。

（区政府办）

【顺义区就迎接世界银行和中国营商环境评价有关工作提出要求】5月5日，区委常委、常务副区长霍光峰对顺义区迎接世界银行和中国营商环境评价有关工作提出4点要求：一是要抓政策落地。各部门要按照市级出台的最新政策、最新流程，不折不扣地抓好政策落地，确保各项信息更新及时、准确无误。二是要抓培训到位。政务服务局要不等不靠，提前组织区内培训，为5月全市“千人千题”考试做好准备。同时，要对大厅人员的工作态度、服务质量等培训到位，确保时刻保持最佳状态。三是要抓案例积累。要继续积累案例，特别是按照新政策实施以来的最新案例，主动作为，积极报送，确保案例任务保质保量如期完成。四是要抓舆论宣传。各部门要在市政府5月“优化营商环境再行动”统一安排下，做好新一轮营商环境宣传，加强政策宣传普及度，切实提升市民获得感。

（区政府办）

【顺义区代表团赴河北省推进对口帮扶工作】 5月6日、7日，区委副书记、区长孙军民带队赴河北省万全区、沽源县深入推进对口帮扶工作。

（区政府办）

【全区文化产业发展工作座谈会】 5月11日，顺义区委书记高朋，区委副书记、区长孙军民调研全区文化产业发展工作，并召开全区文化产业发展工作座谈会。区领导宋建明、霍光峰、贺亚兰、李向英、杨凤辉参加。

（区政府办）

【副市长殷勇到宝马中国研发中心调研】 5月14日，副市长殷勇到宝马中国研发中心调研宝马集团在京开展自动驾驶业务有关工作。区领导高朋、孙军民、支现伟参加。

（区政府办）

【顺义区教育大会】 5月14日，顺义区教育大会召开，市委教工委委员、市教委副主任李奕，顺义区委书记高朋，区委副书记、区长孙军民，区政协主席周颖博参加。会上，区委常委、副区长支现伟做题为《立足新定位，履行新使命，再启新征程，奋力谱写顺义教育高质量发展新篇章》的教育工作报告。全面总结“十三五”以来顺义教育取得的新成绩，同时明确未来3年顺义教育的发展思路、改革方向。区领导禹学垠、贺亚兰、赵殿江、单成刚参加。各委办局、功能区、镇街及教育系统各单位负责、两代表一委员、教师代表参加。全区教育单位干部教师1.1万人通过微信公众号“顺义教委”在线直播观看大会。

（区政府办）

【第十届中国卫星导航年会服务保障工作调度会】 5月20日，区委副书记、区长孙军民现场调度第十届中国卫星导航年会服务保障工作。区领导霍光峰、支现伟参加。

（区政府办）

【顺义区第十一届全民健身体育节】 5月20日，顺义区第十一届全民健身体育节开幕式在区体育中心举行。北京市体育局副巡视员卢宏泽参加，区委副书记、区长孙军民宣布顺义区第十一届全民健身体育节开幕。开幕式以团体操展示形式进行，共分为《魅力顺义——龙腾狮跃鼓舞耀中华》《和谐顺义——携手迎冬奥共创文明城》《健康顺义——壮丽70年建功新时代》《聚焦顺义——万民同乐迎国庆全民健身展风采》4个章节。随后，举行南法信杯社区居民健身双扇、职工第九套广播体操比赛、李桥杯农民健身操舞比赛。

（区政府办）

【第十届中国卫星导航年会】 5月22日，第十届中国卫星导航年会在顺义开幕。市委副书记、市长陈吉宁出席开幕式并致辞，国家最高科学技术奖获得者孙家栋院士、中国工程院沈荣俊院士出席，中央军委装备发展部副部长、中国卫星导航系统委员会主席王兆耀，北斗系统总设计师杨长风在开幕式上致辞，市委常委、副市长殷勇为年会首次设立的“北斗奖”获得者颁奖，市政府秘书长靳伟出席。

（区政府办）

【2019京交会顺义分会场保障工作会】 5月27日，2019京交会顺义分会场保障工作会召开。区领导孙军民、霍光峰、李向英、李在东出席。

（区政府办）

【2019年中国国际服务贸易交易会开幕】 5月28日，2019年中国国际服务贸易交易会开幕。顺义区委副书记、区长孙军民察看顺义分会场布展情况。区委常委、天竺综保区管委会常务副主任宋建明，副区长李向英参加。

（区政府办）

【“开放顺义”北京市服务业扩大开放综合试点示范区政策发布会】 5月29日，“开放顺义”北京市服务业扩大开放综合试点示范区政策发布会在中国国际展览中心（新馆）举行。市商务局党组书记、局长闫立刚，区委副书记、区长孙军民参加。区委常委、天竺综保区管委会常务副主任宋建明，副区长李向英，天竺综保区管委会副主任满群杰及13名境外嘉宾参加。

（区政府办）

【市委常委、常务副市长林克庆到顺义区调研】6月3日，市委常委、常务副市长林克庆到顺义区调研减税降费政策落实情况及应对中美贸易摩擦有关工作。市政府副秘书长王文杰，区领导孙军民、霍光峰、李向英等参加。

（区政府办）

【2019年社会救助综合改革试点工作联席会】6月14日，顺义区2019年社会救助综合改革试点工作联席会召开。副区长李在东出席。

（区政府办）

【液氨重大危险源“一对一”生产安全事故应急救援综合演练】6月25日，顺义区开展液氨重大危险源“一对一”生产安全事故应急救援综合演练。副区长李在东出席。

（区政府办）

【第二十八届北京国际燕京啤酒文化节筹备工作检查】6月27日，顺义区委书记高朋，区委副书记、区长孙军民检查第二十八届北京国际燕京啤酒文化节筹备工作。区委副书记张良、副区长李向英参加。

（区政府办）

【副市长王红到顺义区调研服务业扩大开放综合试点相关工作】7月26日，副市长王红到顺义区调研服务业扩大开放综合试点相关工作。区领导孙军民、宋建明、李向英参加。

（区政府办）

【顺义区政府、天竺综保区管委会工作交流座谈会】8月19日，顺义区政府、北京天竺综保区管委会工作交流座谈会召开。区领导孙军民、宋建明、霍光峰、支现伟参加。孙军民强调：一是天竺综保区要进一步创新思路，深化转型升级路径研究，强调科技文化产业发展方向，对标对表先进经验，突出亮点和特色，打造全国领先标杆。二是要进一步细化天竺综保区拟引入项目具体情况，签订对赌协议，细化资金需求，研究分期拨付，力争实现项目效益最大化、损失最小化。三是区政府、天竺综保区管委会要强化沟通对接，密切合作，共享信息资源，推动货运等临空产业发展。要建立联席会议制度和人员联动小组，及时梳理政策集成、事权下放等需求，密切沟通、强化协作，推动天竺综保区、临空经济核心区及区域产业融合发展。

（区政府办）

【2019年国家东西部扶贫协作考核和北京市扶贫支援考核迎检工作部署会】11月29日，顺义区部署2019年国家东西部扶贫协作考核和北京市扶贫支援考核迎检工作，区委常委、常务副区长霍光峰做出重要指示。

（区政府办）

【党的十九届四中全会精神宣讲报告会举行】12月14日，顺义区政府举行党的十九届四中全会精神宣讲报告会。区委副书记、区长孙军民做宣讲报告。区委常委、常务副区长霍光峰，区委常委、副区长支现伟，副区长李在东参加。

（区政府办）

【北京市上市挂牌企业总部基地仁和分基地揭牌仪式举行】12月19日，北京市上市挂牌企业总部基地仁和分基地揭牌仪式在仁和镇高顺云港新能科技园举办。此次揭牌仪式，由仁和镇人民政府、区金融服务办公室主办，高顺云港新能科技园、北京启元资本市场发展集团有限公司承办，顺义区委常委、常务副区长霍光峰，顺义区金融办主任王卿，仁和地区党委书记刘洋，中关村顺义园管委会科技金融处处长李云飞，中关村发展集团副总经理曾林峰，北京启元资本市场发展集团有限公司董事长张书清等出席。

（区政府办）

政务服务

【概况】2019年是区政务服务管理局组建运行第一年，也是深化放管服改革、政务服务改革向纵深推进的起步之年。面临机构职能合并、营商环境优化、市民热线工作持续加压的新形势和新挑战，区政务服务管理局紧紧围绕目标任务，夯实基础，稳中求进，政务服务各项工作取得积极成效。

（区政务服务管理局）

【“顺手办”掌上办事大厅上线运行】1月，全市首个“顺手办”掌上办事大厅上线，依托“顺义政务”微信平台，推出“顺手办”掌上办事大厅，首批上线“我要办事、在线取号、预约取号、咨询建议、便民服务”五大功能。

（区政务服务管理局）

【区级政务服务中心投入使用】2月25日，全市入驻范围最广、事项办理最多的区级政务服务中心投入使用。通过“前台统一受理、后台线式操作”的模式，在全市率先实现工商、食药、商务、文化、统计等10个部门的311个事项无差别综合受理，实现涉企事项“一号一窗一专区”办理。

（区政务服务管理局）

【优化营商环境大讲堂】3月1日，顺义区第一期“优化营商环境大讲堂”开课，市工商局顺义分局宣讲人员针对近期出台的企业开办、注销相关新政策和疑难问题为参与人员答疑解惑，50余名企业工作人员、创业青年和市民自主报名参加。区政务服务办副主任李飞表示，在“大讲堂”的基础上，还要依托线上宣传平台、线下数据分析系统和智能终端，探索“微信＋宣讲”“点单式”等政策宣讲模式，多种渠道对优化营商新政进行系统、全面、深入的宣传讲解，提高新政新规普及率，进一步为企业群众提供便利。

（区政务服务管理局）

【新政务服务中心实现全面运行】3月11日，随着市公安局顺义分局出入境接待大厅的正式入驻，新政务服务中心实现全面运行。顺义新政务服务中心梳理全区政务服务事项，按照“同类型主题事项向‘一窗’集成，关联事项向‘一区’集成”的规划思路，实施“3+5+3”的空间格局。“‘3’是指企业服务、城市运行、社会事务3个‘无差别’综合受理服务专区，统一采用‘前台统一受理、后台线式操作’的工作模式，让涉及工商、食药、交通、环保、民政等40余个部门的1000余个政务服务事项实现专区内100%无差别综合受理。‘5’是指不动产登记、公积金、出入境管理、婚姻登记、税务五大专题受理服务区，新政务服务中心将原先分散分布在全区各处的专业大厅进行物理集中，最大限度地实现政务服务事项的‘一站式’办理，让企业和群众办事‘只进一扇门’。第二个‘3’开设商务休息区、自助服务区和智慧阅读区3个辅助功能区，让企业和群众在办理事项的同时，还可以享受休闲等待、电子书刊阅读等‘增值’服务。”此外新政务服务中心还建设统一服务评价系统、统一智能绩效考评系统、统一政务服务咨询答疑系统、统一电子监察系统、24小时自助管家系统、人性化工程系统等十大信息化系统，打造“现代、智能”的政务服务新平台，全面提升政务服务水平。

（区政务服务管理局）

【政务服务窗口大检查】3月中旬，聚焦窗口人员服务不主动，个别科室和基层单位不作为、乱作为等方面问题，采取自查自纠、体验式暗访、拦截式调查和电话调查4种方式，对全区31个区级政务服务中心、分中心大厅和镇（街道）政务服务中心大厅开展全面检查，发现并整改电话接听不及时、未落实首问负责制等问题46个。

（区政务服务管理局）

【顺义区政务服务管理局成立】3月25日，顺义区政务服务管理局成立。

（区政务服务管理局）

【12345便民服务热线培训会】4月19日，区政务服务管理局组织召开12345便民服务热线工作培训会，全区各乡镇（街道办事处）、相关委办局及重点单位的主管领导、科室负责人共计150余人参加。

（区政务服务管理局）

【“顺手提——找碴有礼”活动】4月底，依托“顺手提”小程序，实现前端线上快捷“找碴”，后端精细收集建议，有偿“找碴”，进一步激发企业、市民主动参与意识，建立“找碴—分析—整改—提高”闭环机制，共征集涉及13类政务服务内容的意见建议3万余条，回复率及回访率均达100%。

（区政务服务管理局）

【“双峰集团中试车间项目”建

设工程规划许可证发放】 5月14日，顺义区政务服务管理局组织区规自分局、区发改委、区住建委、区经信局等12家相关单位，在市政务服务管理局、市发改委、市规自委等市级部门现场指导下，建立“现场咨询、现场录入、现场审批”及时化现场办公调度机制，为大龙控股公司申报的“双峰集团中试车间项目”发放建设工程规划许可证，审批时长从137.5天缩减至21天。

（区政务服务管理局）

【政务服务礼仪讲座】 5月18日，区政务服务管理局特邀中国管理科学研究院公众印象管理研究中心主任陈郁教授，为150余名综合窗口工作人员和专业大厅窗口工作人员开展政务服务礼仪讲座。

（区政务服务管理局）

【新修订的《中华人民共和国政府信息公开条例培训》】 5月22日，区司法局、区政务服务管理局联合举办关于新修订的《中华人民共和国政府信息公开条例》（以下简称《政府信息公开条例》）培训，邀请市司法局专家，从《政府信息公开条例》修订背景、目的、主要内容、适用中的有关问题等方面，结合相关案例深入解读《政府信息公开条例》。39个区属单位、19个镇、6个街道的主管领导和业务骨干共180人参加。

（区政务服务管理局）

【6个高频事项全程“顺手可办”】 5月，新版道路运输从业人员资格证件换发、道路货物运输企业（含站场）注销申请（含减少企业道路货物运输经营范围）、道路货物运输车辆年度审验、道路货物运输企业车辆注销（含减少车辆道路货物运输经营范围）、道路货物运输从业人员上岗备案、道路运输从业资格有效期届满换证共6个高频事项实现全程“顺手可办”，办理环节由5个缩减至1个，时间由30分钟缩减为1分钟。截至年底，为企业和群众线上办理事项200余次。

（区政务服务管理局）

【“企业开办大礼包”再升级】 6月上旬，顺义区政务服务管理局对“企业开办大礼包”升级扩容，在“章、照、票”原有配置基础上，新增优化营商环境“口袋书”、税费政策宣传册、“梧桐工程”折页、单位公积金及社保办理流程图等企业开办事项内容，实现一站送服务、打包送政策。

（区政务服务管理局）

【网上公开政务服务事项标准化建设】 6月上旬，根据市级要求制定本区政务服务事项自查标准，组织25个镇街及40余家区级单位全面开展自查。成立排查小组，逐一排查网上公布的4500余个政务服务事项，对发现未整改到位的1000余个问题建立台账，协助整改问题500余个。

（区政务服务管理局）

【“顺手提”数据展示平台上线】 6月18日，区政务服务管理局上线“顺手提”数据展示平台，形成建议“展示—分析—运用”高效转化机制。

（区政务服务管理局）

【政务服务咨询答疑中心新功能上线试运行】 6月28日，区政务服务咨询答疑中心“一键呼转、三方通话”功能上线试运行，为办事群众提供便捷、高效的电话咨询答疑服务。根据回访统计，区政务服务中心整体满意度为98%，办事效率满意度96%，服务态度满意度99%，设施设备满意度97%。

（区政务服务管理局）

【6个社会救助事项“顺手可办”】 7月，在全市率先开通“社会救助”直通车，实现低保申请、特困申请、低收入申请、临时救助、供暖救助、高等入学6个社会救助事项“顺手可办”。

（区政务服务管理局）

【公安分局交通支队车辆管理站进驻政务服务中心】 8月1日，区公安分局交通支队车辆管理站正式进驻区政务服务中心一层B区，7个办事窗口17项服务事项全面实现对外开放，企业和群众可同步办理机动车、驾驶人等业务。同时，推出延时服务，星期六全天对外办公。

（区政务服务管理局）

【镇街政务服务事项标准化梳理培训会】 8月8日，区政务服务局镇街政务服务事项标准化梳理培训会召开，25个镇街政务服务工作主管领导、科室负责人及部分业务骨干共计50余人参加。

（区政务服务管理局）

【《操作指导书》编制工作】9月，区政务服务管理局会同三大综合受理专区32家进驻单位，系统化、针对性梳理已进驻及后续可进驻事项，确认高频事项范围，按照“责任到人、一事一本”要求，根据分区情况与具体内容分小组开展《操作指导书》编制工作，完成编制《企业服务专区操作指导书》46本，《城市运行专区操作指导书》33本，《社会事务专区操作指导书》55本。

（区政务服务管理局）

【“大综窗”建设工作】9月，区政务服务管理局打破综合窗口人员专区壁垒，采取“跨专区、分事项”交叉学习模式，结合134本《事项操作指导书》制定实习计划，组织100余名综合窗口人员开展交叉式实习，以案例分析为主要形式开展综合考察，检验学习成果，巩固实践成效，确保综合窗口人员精准掌握理论知识的同时具备实操业务能力。

（区政务服务管理局）

【“初心·同行”主题政务开放日】10月22日，区政务服务管理局以“不忘初心、牢记使命”主题教育为主线，举办“初心·同行”主题政务开放日活动。区营商服务监督顾问员、共和国同龄老干部代表、市民代表40余人参加，先后听取工作人员对区政务服务中心的简要介绍和新政务服务中心运行以来“一站式”集中办公成效，详细了解窗口受理、内部运行、窗口出件、“一站式”办理等业务的运行模式，现场体验智能化窗口业务办理流程，组织召开座谈会，听取各代表关于政务服务意见建议，征集意见建议20余条。

（区政务服务管理局）

【首批“办好一件事”主题事项实现政务服务中心现场办理】10月底，顺义区首批50个“办好一件事”主题事项实现政务服务中心现场办理，可办理事项数居全市首位。

（区政务服务管理局）

【推进“一网通办”改革】11月1日，本区首批实现306个事项镇街可办，236个事项“全区通办”。首批涵盖社会保障、建筑工程、电力、生态环境等领域306个政务服务事项下沉镇街，首批积分落户申报服务，再生育确认，残疾人证办理、变更、注销等236个与企业群众密切相关的政务服务事项实现“全区通办”。

（区政务服务管理局）

【24小时自助服务区开通】12月，顺义区政务服务中心24小时自助服务区开通，实现政务服务全年24小时“不打烊”，填补服务时间盲点，为企业、群众在非工作时间与节假日期间提供方便、快捷的办事渠道。

（区政务服务管理局）

【企业服务热线诉求实现100%解决】年内，自12345市民热线增加企业服务功能以来，共接到“企业服务热线”35件，其中咨询类19件，占比54.29%，主要涉及企业营业执照办理、变更等问题；诉求类15件，主要反映无法办理企业证照、增项等问题；建议类1件，建议相关部门优化工作流程。以上诉求均办理完毕，实现解决率100%。

（区政务服务管理局）

【获评“2019年人民网网民留言办理活力奋进单位”】年内，区政务服务管理局共承办人民网领导留言板留言415条，涉及交通管理、物业管理及咨询答疑等问题，均按期办结，满意率在全市名列前茅。

（区政务服务管理局）

【信息公开】年内，顺义区政务服务中心开设80平方米的政府信息公开区，共受理涉及征地、拆迁等政府信息公开申请1099件，同比增长45.37%。

（区政务服务管理局）

【“多网融合”综合信息平台】年内，汇聚城市基础部件数据42万条，形成全区统一的网格化平台。各单位应用该平台处置非法小广告、生活垃圾等相关事件7万余件。

（区政务服务管理局）

【“雪亮工程”项目建设】年内，“雪亮工程”主体建设任务完成，多项视频应用全部建设完成并通过预验收。（区政务服务管理局）

【政府门户网站建设强化】年内，严把信息发布关和网站安全关，2019年网站页面总访问量达610万次，访问IP数72万余个，连续11个季度通过国办、市办政府网站检查，合格率100%。

（区政务服务管理局）

应急管理

【概况】一是紧抓《北京市党政领导干部安全生产责任制实施细则》和《北京市生产经费单位安全生产主体责任规定》，下发学习宣传贯彻的通知，邀请市应急管理局相关领导在区委理论学习中心组、区镇两级专题讲座上详细解读，全区累计组织各类学习宣传贯彻活动150余次，1.5万余人次参加。执法检查时为企业发放285号令单行本，拍摄《法治顺义》285号令解读专题片，在全区深入推动政策法规的宣传贯彻。二是有序推进“六统一”区级督查。以区委区政府名义成立6个督查组，对全区19个镇、6个街道、5个经济功能区、18个行业部门、15个区属国有企业开展督查。将学习领会习近平总书记关于安全生产重要论述以及为期3个月的安全生产集中整治和瓶装液化石油气专项整治作为督查重点。三是强化安委会监督指导。重新修订安委会例会、约谈、考核、督查等10项工作规则，召开安委会全会4次和安委会办公室会议5次，约谈20次。提高责任制落实考核比重，《北京市党政领导干部安全生产责任制实施细则》《北京市生产经费单位安全生产主体责任规定》落实情况在对行业和属地百分制考核中提升到30%，并将考核成绩纳入政府绩效考核和平安建设考核范畴，发生重大及以上安全生产事故实行“一票否决”。四是建立安全生产督查检查闭环机制。将执法任务分解到每日和每夜，每周制定督查检查计划表，对各行业、属地开展督查检查877次，形成《周督查分析报告》19期和《月分析报告》4期，制定《专职安全员安全生产检查工作约谈办法（试行）》，开展约谈6次、属地17家、66人。健全专职安全员绩效管理机制，将执法检查质量、隐患排查情况与安全员考核挂钩。五是启动企业安全生产主体责任落实及评估融合试点工作。坚持党建引领、问需于民，从优化营商环境角度出发，促进企业安全管理工作减负、提质、增效。抓住企业主体责任落实的“牛鼻子”，实现“三融合三统一”，探索构建“企业履责、政府督责、综合评责”的主体责任落实闭环链条，运用“政府督责”倒逼“企业履责”，切实推动企业主体责任落到实处。六是发挥安责险的预防和风险转移作用。推进企业安全生产责任保险，全区参保企业4355家，同比增长66.16%，为参保企业提供超过583亿元的风险保障，在全市率先推出社区安全综合保险试点，政府通过购买救助保险，引入市场机制，解决政府的雇主责任、公众责任等风险问题。

（区应急管理局）

【机构改革】年内，根据区委、区政府关于印发《北京市顺义区机构改革实施方案》的通知（京顺发〔2019〕2号），将区安全生产监督管理局的职责，以及区政府办公室（区突发公共事件应急委员会办公室）的应急管理职责，市公安局消防局顺义支队的消防管理职责，区民政局的救灾职责，市规划和国土资源管理委员会顺义分局的地质灾害防治、区水务局的水旱灾害防治、区园林绿化局的森林防火、区地震局的震灾应急救援相关职责，相关机构的防汛抗旱、减灾、抗震救灾、森林防火等职责整合，组建区应急管理局，作为区政府工作部门，按中央及本市有关改革部署实施。区突发公共事件应急委员会办公室更名为区突发事件应急委员会办公室，设在区应急管理局。不再保留区安全生产监督管理局。区应急管理局为区政府组成部门，3月25日正式挂牌成立，不再保留原顺义区安全生产监督管理局。顺义区应急管理局“三定”方案（京顺办字〔2019〕24号）印发。

（区应急管理局）

【职能划转与新职责承接】年内，着眼机构改革实际，有序承接应急管理、防汛指挥职责，逐步过渡森林防火职能。一是高标准做好应急值守和应急处置。加派近20人，增强应急调度保障人员力量，重新梳理制定重大活动和重要节日期间应急保障调度会工作制度，加强应急调度，组织召开各类调度会、临时会议277次。加强应急值守，严格实行处级、科级、值班员三级24小时带班值班制度，对各镇、街道实行电话、800兆电台和视频调度系统相结合的形式进行查班点名172

次。强化应急预警联动，与区气象局、区卫健委等单位建立部门联动对接机制，及时发布预警信息与预警要求。二是完成防汛指挥工作。2019年汛期抽调40名专职安全员充实防汛应急指挥部力量，实现24小时防汛应急值守，实现夏季安全度汛。协调解决积水点，对108个积水点进行分类管理。三是主动配合森林防火工作。主动与区园林绿化局进行职能划转，针对3月、4月森林防火严峻形势，与园林绿化局密切配合，在北大沟林场联合开展森林防火应急演练，关键节点启动区级调度会，应对清明祭扫、杨柳飞絮等易发生森林火灾事故的问题，完成森林防火工作。四是强化应急救援演练。组织全区应急管理干部集中培训，区级层面完成2次重大风险源“一对一”事故应急预案演练，企业层面完成54次。

（区应急管理局）

【重大活动保障落实完成】年内，落实重大活动服务保障指挥部办公室职能，完成第二届“一带一路”高峰论坛、世园会、亚洲文明对话、中华人民共和国成立70周年庆祝活动等重大活动、节日服务保障任务。特别是在国庆保障期间，组织推进百日安全大排查大整治、液化石油气瓶专项治理、仓储库房火灾隐患排查等多个专项执法行动，牵头组织区级调度34次，每日汇总全区工作情况并形成《工作专刊》34期20余万字。同时承担国庆三分指应急处置任务，累计制定各类风险评估报告、工作方案、应急预案42份。组织9个方阵开展桌面推演、应急演练50余次，完成方阵验收、分指验收及市指合练、天安门预演工作。

（区应急管理局）

【严管细查消除安全生产隐患】年内，一是争取区委区政府鼎力支持。提请区委常委会、区委理论学习中心组、区政府常务会10次专题学习传达上级关于安全生产的重要论述和工作部署，重大活动、重要节日、重点时段，书记高朋、区长孙军民等区领导累计检查企业255家次。区人大常委会主任车克欣牵头开展《中华人民共和国安全生产法》落实情况执法检查，专门听取区政府汇报，各级领导以上率下带动安全生产工作责任落实。二是组织多轮全覆盖隐患排查。先后组织开展全覆盖隐患排查3轮。分别为：1月—8月的全区安全生产大排查、9月—10月的百日安全大排查大整治，12月起开展的百日安全大排查大整治，全区累计检查企业13万家次，发现并消除隐患6.4万余项。三是牵头推进重点行业领域专项整治。组织开展“护航70”、危险化学品、瓶装液化石油气、工业企业涉爆粉尘、涉危使用、有限空间、娱乐场所娱乐设施、游泳场馆、文物建筑、图书和报刊存储经营等单位安全专项治理，特别是针对瓶装液化石油气专项整治，先后组织召开专题会议12次，通过领导重视、安办统筹，行业负责、严格执法，专家助力、属地检查等一系列监管举措，有力推进瓶装液化石油气专项整治。四是推动执法数量和质量双提升。本局累计检查企业1621家，下达文书2869份，同比增长38.8%；办理行政处罚案件299件，同比增长67.98%。专职安全员累计检查7.75万家次，同比上升22%，检查覆盖率100%，责改文书2.28万份。五是发挥专家专业指导作用。区财政50万元建立专家库，针对燃气安全、有限空间安全、涉爆粉尘安全等专业性强的行业领域，聘请相关业务专家辅助检查。

（区应急管理局）

【清明祭扫保障】区应急管理局在成立后首个清明祭扫应急服务保障工作中，建立清明祭扫期间应急服务保障调度会机制，3月31日—4月7日，共组织参加市级调度会3次，组织区级调度会8次，查班点名6次，检查单位52家次，及时协调解决各类问题，各项应急服务保障工作稳步推进。

（区应急管理局）

【属地应急值守情况检查】区应急事务管理中心采取“四不两直”方式对属地应急值守情况进行检查：8月3日，检查仁和镇政府、南彩镇政府；8月11日，检查马坡镇政府、双丰街道办事处；8月18日，现场检查牛栏山镇政府、北小营镇政府；8月24日，检查杨镇政府、木林镇政府；9月1日，检查旺泉街道、光明街道；9月8日，检查南法信镇政府、李桥镇政府；9月13日10时35分，区应急管理局局长张香东在区应急指挥中心进行节日期间查班点名，抽查龙湾屯镇、李桥镇、高丽营镇、后沙峪镇、南彩镇、天竺镇、临空经济核心区管委会7家单位；9月15日，检查石园街道办事处、胜利街道办事处，传达区领导关于重点时期顺义区应急值守工作的指示精神，现场对视频调度会议室及800兆电台进行测试，并进一步对街道社区应急保障及突发事件处置工作进行安排；9月21日，检查北石槽镇、赵全营镇、高丽营镇。

（区应急管理局）

【市应急管理局调研首都机场安全监管和应急保障工作】8月20日，市应急管理局、大兴区应急管理局、中国民用航空华北地区管理局一行9人到顺义区进行专题调研，研究机场地区安全生产、应急管理以及防灾减灾有关工作职责情况。区应急管理局副局长李妍，区城管委等单位主管副职随行调研。调研中，中国民用航空华北地区管理局、北京安全监督管理局介绍首都机场地区安全生产、应急管理以及防灾减灾有关工作情况；区应急管理局介绍首都机场地区安全生产、应急管理以及防灾减灾有关工作情况；顺义区行业部门及机场周边属地相关负责同志介绍首都机场周边安全监管工作情况。

（区应急管理局）

【强化制度建设 健全依法行政机制】年内，区应急管理局印发《顺义区应急管理行政执法公示办法》《顺义区应急管理行政执法全过程记录办法》《顺义区应急管理重大行政执法决定法制审核办法》，修订《北京市顺义区应急管理局行政执法监督工作办法》《北京市顺义区应急管理局行政处罚集体讨论办法》。年内，区应急局下达检查文书2908件，办理行政处罚案件316起，共处罚款400.119万元，人均检查量223.6件，人均处罚量24.3件，职权履行14.89%，岗位人员关联率100%、执法资格考试总体通过率100%。

（区应急管理局）

【强化行政行为监督 化解社会矛盾纠纷】年内，涉及区应急管理局的2起行政诉讼案件，一审均已裁定。其中北京圣梦服装贸易有限公司对行政处罚纠纷被法院裁定驳回原告诉讼要求。刘春先诉区防汛抗旱指挥部一案一审判对原告赔偿诉讼请求不支持。自业务科室接到法院应诉通知书，会同律师和相关执法人员认真研究分析案情，按时提交答辩材料。区应急局严格落实《顺义区人大常委会开展行政机关负责人出庭应诉工作专项监督方案》，副局长王云志代表机关负责人出庭应诉。

（区应急管理局）

【机构改革中的职责划转】年内新组建的区应急管理局，在执法衔接过程中与职权划转相关单位进行沟通协调和对接，划出至卫健委职权77项，接收水务职权3项，民政职权12项，园林绿化1项。划转后共计职权366项，其中行政处罚329项，行政强制3项，行政检查6项，行政许可9项，行政征收1项，行政给付4项，其他职权14项。划出执法人员2人至卫健委，并对北京市行政执法信息服务平台中顺义区应急管理局的行政执法主体和执法人员进行梳理和调整，确保改革过程中执法工作不出现断档。

（区应急管理局）

【法制宣传教育】年内，结合“法律十进、以案释法”活动、第三届“我与宪法”微视频征集活动、“12•4”国家宪法日活动，宣传《中华人民共和国宪法》《中华人民共和国安全生产法》《北京市生产经营单位安全生产主体责任规定》等法律、法规。通过网络、自媒体等方式开展的应急管理系统第三届“我与宪法”微视频征集活动，区应急管理局选送出2份作品报至北京市应急管理局，同时被市应急管理局选为优秀作品放在“我与宪法”专题中进行展播。

（区应急管理局）

【第一期行政执法规范化建设专项培训】9月11日，区应急管理局组织开展行政执法规范化建设第一期专项培训。全局41名具备执法资格人员和重点地区安全生产检查队业务骨干参加培训。此次培训采取理论讲解与现场教学相结合的方式，对执法人员开展专项培训。培训先由顺义区安全生产执法监察大队负责人张帅讲解《应急局行政执法规范化制度汇编》，重点针对执法工作统一管理、执法人员礼仪与规范、执法工作培训和考核等制度内容进行培训，明确推进当前区应急管理局行政执法规范化建设的重要性和紧迫性。市劳保所专家重点讲解燃气使用、储存相关标准规范，并剖析当前燃气安全检查常见问题。全体执法人员前往北京京莲体育管理有限公司开展现场教学，专家针对燃气储罐区选址、建筑布局、锅炉房设备设施安全操作和管理等方面以及执法检查要点进行现场指导，并与执法人员开展互动。

（区应急管理局）

【专职安全生产检查员副队长第一期法制培训】9月11日，区应急管理局对专职安全员副队长进行培训，来自全区乡镇、街道（经济功能区）相关职能部门共93名专职副队长参加培训。此次培训围绕增强法纪意识，提高能力素质制定培训计划，涵盖《中华人民共和国安全生产法》《公职人员处分暂行规定》《北京市生产经营单位安全生产主体责任规定》，增强6种理念塑造6种形象，北京市安全生产专家俞胜章老师讲授安全监管人员现场检查指导重点等课程。

（区应急管理局）

【国庆70周年服务保障工作部署会】9月27日上午9时，区应急指挥中心全体人员在区应急指挥大厅召开国庆70周年服务保障工作部署会。会议传达区委书记高朋在国庆70周年筹备和服务保障工作及国庆期间城市运行保障工作部署会上的讲话精神和区应急管理局局长张香东在党组扩大会上的讲话精神，并对国庆期间应急指挥中心的各项工作进行细致分析，明确分工和责任人，细化工作步骤，确保各项保障工作落实到位。

（区应急管理局）

【2019年危化企业应急演练】10月24日上午，区应急管理局组织区消防支队、牛栏山镇政府、牛栏山油库开展顺义区2019年危化企业应急演练。区应急管理局张香东，二级调研员王明金以及北石化公司总经理晏永，区消防支队工程师张继光等领导参加。各危险化学品使用主管行业部门主管副职、各属地主管副职和科长及重大危险源单位相关负责人到演练现场观摩。演练模拟牛栏山油库出现冒罐事故，造成外溢，引发火灾，牛栏山油库、牛栏山镇政府及区消防支队三级联动，及时进行应急处置，扑灭火灾。

（区应急管理局）

【全区应急管理工作处级干部培训班】11月21日—22日，区应急管理局组织召开全区应急管理工作处级干部培训班，区应急委成员单位及各镇、街道办、经济功能区主管副职领导参加。培训主要围绕突发事件处置、信息报告、安全生产法规等内容开展业务培训。区应急事务中心着重对《北京市顺义区突发事件应急指挥与处置管理办法》进行解读，并部署下一步宣传培训演练等工作。

（区应急管理局）

【岁末年初安全防范部署】12月20日，区安委会办公室组织相关成员单位参加国务院安委会办公室、应急管理部召开的全国安全防范暨专项督查工作视频会议。区安委会办公室在区应急管理局801会议室设立分会场，组织相关成员单位参加会议。视频会后，区安委会办公室主任、区应急局局长张香东就落实会议精神和岁末年初安全生产工作提出要求。

（区应急管理局）

【圣诞安全保障】12月24日晚，区应急管理局按照区委、区政府工作部署，带队开展城市运行保障、安全生产检查，先后到南法信镇、后沙峪镇政府、空港街道办事处和区供电公司实地检查安全生产、应急值守及供电运行保障工作。检查人员重点检查人员密集场所人员集散情况和周边交通状况以及区供电公司城市运行保障情况。12月25日晚，区应急指挥中心先后实地到南彩镇政府、马坡镇政府、双丰街道、绿色生态管委会、瑞麟湾度假酒店检查应急值守情况。区应急管理局值班人员联合仁和镇安全科、属地派出所对北京鸿泰发杂鱼馆、北京美味人生餐饮有限公司、北京流水人家餐厅开展圣诞节人员密集场所安全生产夜查，其中北京美味人生餐饮有限公司停业装修。针对排查出的隐患，执法人员下达执法文书，责令企业立即整改。

（区应急管理局）

【区安全生产协会年终培训】12月30日，区安全生产协会组织召开的“共筑平安·北京市顺义区安全生产协会2019年度年终培训会”举办。区应急管理局局长张香东，区安全生产协会会长单增友，中国拥军优属基金会关爱消防管委会秘书长熊俐娜等出席会议。区安全生产协会成员单位150名企业负责人、安全管理人员参加本次培训。张香东、熊俐娜致辞；单增友宣读协会优秀会员单位表彰决定，并为北京燕京啤酒股份有限公司等8家优秀会员单位颁发奖牌；理事长王金良做《2019年工作总结及2020工作计划》汇报。本次培训重点对《北京市生产经营单位安全生产主体责任规定》进行解读，并就《如何开展消防安全检查》《有限空间相关知识》《燃气、石油液化气使用常识》进行授课。

（区应急管理局）

外　事

【概况】年内，区政府外事办紧紧围绕顺义区“港城融合的国际航空中心核心区、创新引领的区域经济创新提升先行区、城乡协调的首都和谐宜居示范区”的功能定位，全面落实“十三五”时期提升国际交往功能的各项举措，充分发挥外事工作的积极作用，推动顺义区经济社会转型和区域国际化发展。

（区政府外事办）

【“牵手冬奥”系列讲座——窗口人员英语培训】3月16日，为迎接2022年北京冬奥会、冬残奥会等大型国际活动，进一步优化本区营商环境和国际语言环境，提升窗口工作人员英语交流能力，区政府外事办和区政务服务局共同举办顺义区政务服务窗口常用英语主题讲座。活动邀请市外办市民讲外语公益讲师团老师围绕行政服务行业常用英语进行授课，来自本区政务服务中心和各镇、街道共50余名窗口工作人员参加培训。

（区政府外事办）

【拉美中国政治经济研究中心代表团参观访问】4月12日，拉美中国政治经济研究中心执行主任马可为率团到顺义区参观访问。参访团一行实地考察北京天竺综合保税区口岸物流服务中心，就综保区功能定位、运行模式、政策扶持及口岸物流服务中心入驻企业运营情况等方面进行详细了解。座谈会上，双方就中国和拉美企业贸易交流合作进行深入探讨，并表示今后发展合作空间巨大，希望以综保区为平台，深化合作、整合资源，利用良好的营商环境、优惠政策和功能平台，开展中拉对外贸易相关业务。

（区政府外事办）

【顺义区第一届英文歌曲大赛】4月27日，顺义区2019外语喜乐会暨“闪耀第一国门　唱响世界旋律”英文歌曲大赛落幕。本次活动由区政府外事办、区总工会、区教委、国际人才社区办共同举办，从700余名参赛选手中选拔而出的11名选手在决赛现场同台竞唱英文歌曲。活动的举办旨在搭建市民学外语、讲外语、用外语的交流和展示平台，鼓励市民提高外语交往能力，用外国人听得懂、易接受的方式传播好中国声音、顺义声音。

（区政府外事办）

【“汇聚精品　共享生活”跨境商品文化交流展示】5月24日，为展现顺义区良好的国际化形象，促进各国跨境商品交流，深化多领域交流合作，增强对国际人才的吸引力，推动营造一流的和谐宜居、共建共享的国际人才社区，由天竺综保区管委会、区委组织部、区政府外事办、国际人才社区办共同主办的“汇聚精品　共享生活”跨境商品文化交流展示在顺义区空港街道中粮祥云小镇举办。来自智利、南非、西班牙等国驻华使馆官员到现场参观。

（区政府外事办）

【驻华使节团携手走进顺义国际人才社区】5月25日，驻华使节团携手走进顺义国际人才社区活动在顺义区举办。驻华使节团一行参观考察北京天竺综合保税区“一带一路”重点项目展览、空港街道中粮祥云小镇、顺义福尼亚国际文创园、罗红摄影艺术馆，从国际商贸、临空经济、国际化生活环境、文创旅游等方面，详细了解顺义国际人才社区建设与发展的举措和优势。驻华使节团成员对顺义国际人才社区丰富的人才和产业政策，以及完善的服务环境给予高度评价。

（区政府外事办）

【市外办外语标识专家顾问团指导双语标识规范工作】6月5日，市外办外语标识专家顾问团到顺义国际人才社区周边重点领域指导双语标识规范工作。顾问团一行到罗红摄影艺术馆、空港街道中粮祥云小镇、顺义区政务服务中心等重点区域，对公共场所外语标识进行排查。专家顾问对顺义区双语标识规范工作给予肯定，并对重点区域近30处双语标识提出修改完善意见、建议。

（区政府外事办）

【市人大常委会调研公共服务领域外语标识规范工作】6月21日，市人大常委会民宗侨委员会主任孙杰率市人大常委会一行前往首都国际机场T3航站楼、地铁15号线顺义站、顺义区政务服务中心等地进行实地调研，了解公共服务领域外语标识使用与管理工作情况。座谈会上，市交通委、市交通委轨道处、顺义区政府就外语标识工作情况进行汇报。

（区政府外事办）

【第七期顺义区公共场所双语标识纠错】第七期顺义区公共场所双语标识纠错工作范围包括天竺镇、后沙峪镇、空港街道、天竺综合保税区、临空经济核心区等顺义国际人才社区重点区域，涉及酒店、体育场馆、商场超市、道路、小区别墅区、展馆、艺术馆、经济功能区、医院9类场所，涉及点位80余个双语标识约3000条。纠错工作开展期间，本办对以上区域内所有公共场所以及相关机构内部的双语标识进行采集、录入、纠错，协助区内属地、行业主管部门规范外语标识，强化全民规范外语标识意识，持续优化国际语言环境，增强区域国际交往功能。

（区政府外事办）

【毛里求斯社会服务理事会代表团考察国际人才社区】9月12日，毛里求斯社会服务理事会代表团到顺义区考察国际人才社区建设，代表团一行考察罗红摄影艺术馆、空港街道中粮祥云小镇，从文创旅游、国际化生活环境等方面，详细了解顺义国际人才社区建设举措、发展优势、人文环境等情况。

（区政府外事办）

【因公出国境政策解读和培训】9月17日，顺义区因公临时出国（境）工作培训会召开，全区118家单位的主管领导和外事专办员参加。邀请区委组织部、区财政局、区国家安全局，分别从因公出国（境）相关纪律政策、规范领导干部因公出国（境）备案、因公出国（境）经费管理、国家安全等方面，进行专题培训。

（区政府外事办）

【“2019国际语言环境建设宣传月”活动】9—10月，为进一步优化顺义区国际语言环境、提高市民整体外语水平，根据《顺义区关于推进国际语言环境建设的实施意见》文件精神，举办“国际语言环境建设宣传月”系列活动。本次系列活动主要面向区内窗口单位工作人员和广大市民，具体活动包含“涉外礼仪之国际形象”“国际礼仪之言谈举止”“国际接待拜访馈赠”“国际位次排序”“涉外交往中的民族宗教习俗”“国际餐饮与酒水礼仪”6场。

（区政府外事办）

【德中友协联合会代表团参观访问】11月26日，德中友协联合会主席库尔特·卡斯特一行到顺义区参观访问。代表团观看国家地理信息产业园沙盘，详细了解中德产业园起步区发展情况，实地考察产业园配套区中粮祥云小镇国际化社区建设情况。座谈会上，代表团一同观看《行进顺义》宣传片。区经信局、区投资促进中心分别就区高精尖产业发展情况、区产业项目发展情况做详细介绍。代表团对顺义坚实的产业基础、完备的配套服务、多领域的产业政策、优美的生活环境给予高度评价，并希望以此次参访为契机，深挖合作潜能，携手共谋发展。

（区政府外事办）

【做好领事保护宣传工作】年内，一是将领事保护的理念深入心中。加强与市外办沟通联系和信息共享，大力开展领事保护进企业、进社区、进旅行社、进机关、进校园“五进”活动，通过设置展板、发放《领事保护与协助手册》等宣传材料，宣传和普及领事保护知识。二是将领事保护的责任扛在肩上。发挥牵头单位职能，联合区委宣传部、区文旅局、区教委、区住建委、区商务局等单位，形成合力，全面梳理排查风险隐患，针对到国外旅游、游学、承接项目、开展商务活动等目标人群，从源头加强预防宣传和风险预警，引导本区公民在国外守法自律。三是将领事保护的信息推到眼前。

根据假期热门出境游目的地及气候特点，联合文旅部门持续加大出境旅游安全宣传力度。通过“顺义旅游”微信公众号及“顺义文旅”官方微博发布、转发旅游安全提示；及时转发文化和旅游部及外交部发布的出境游安全提示；加大对旅行社境外游产品的安全督导检查，切实提高公民境外旅游风险防范意识。

（区政府外事办）

【APEC 商旅卡宣传推广】年内，共为全区 19 家企业 40 人办理 APEC 商旅卡卡申请，顺义区累计申办 499 张。

（区政府外事办）

信访工作

【概况】年内，全区重点时期信访服务保障工作完成全国及市“两会”、“一带一路”国际合作高峰论坛、北京世界园艺博览会开幕式、亚洲文明对话大会、中华人民共和国成立 70 周年庆祝活动等重点活动服务保障任务。信访服务保障工作取得明显实效，经区安全保卫和社会治安指挥部推荐，被市委市政府评为“建国 70 周年服务保障先进集体”。

（区信访办）

【北京市顺义区信访办公室正式揭牌】3 月 25 日，北京市顺义区信访办公室正式揭牌。按照顺义区机构改革方案，原中共北京市顺义区委员会顺义区人民政府信访办公室更名为北京市顺义区信访办公室，为顺义区人民政府工作部门。

（区信访办）

【2019 年信访系统业务培训会】5 月 30—31 日，区信访办举办“2019 年上半年信访系统业务培训会”。围绕如何做好当前接访处访工作、网上信访件的办理、信访答复意见撰写等重要内容开展业务培训。

（区信访办）

机关事务管理与服务

【概况】年内，区机关事务中心贯彻落实区委区政府各项工作指示精神，开展区政务中心相关区域建设、办公用房调配、人才租赁型住房配租、规范公务用车管理、集中办公区资产专项清查等工作。以强化基础管理，提高服务满意率为目标，稳步推进集中办公区物业、餐饮会务保障等各项工作，扎实履行管理服务保障职责。

（区机关事务中心）

【区政务服务中心相关区域建设完工投入使用】2 月，区政务服务中心地下停车场、会议室、餐厨区建设及设备设施安装等工作完工，楼内设置会议室 36 个、餐位 920 个、安装开水器 125 台、标识牌 7626 块、地下停车位 1154 个。为进一步推进集中办公、统一管理，区机关事务中心研究制定集中办公区安全管理、物业、餐饮、会务等方面多项管理措施及内控制度，为 19 家入驻单位 2660 余名办公人员提供服务保障。

（区机关事务中心）

【党政机关办公用房管理】年内，按照《党政机关办公用房管理办法》规范配置、有效利用的原则，区机关事务中心全年累计对 39 家行政事业单位办公用房进行调配，总使用面积约 4 万平方米，累计节约财政资金 2206 万元。机构改革期间，为集中办公区涉改单位补充办公用房 91 间，总使用面积 2668 平方米（其中行政中心 38 间，面积 1129 平方米；政务中心 53 间，面积 1539 平方米）；为非集中办公区涉改单位调剂办公用房 7 处，总使用面积 9521 平方米。联合区发改委等部门对全区 112 家单位办公用房使用情况进行专项检查，并建立办公用房管理台账，进一步推进党政机关办公用房资源合理配置，确保办公用房规范使用、依法合规。

（区机关事务中心）

【人才租赁型住房配租服务】年内，第二批“梧桐工程”人才租赁型住房需求申请工作启动，面向全区开展人才租赁型住房需求情况统计，截至 12 月，149 名符合条件人员入住手续办理工作完成。

（区机关事务中心）

【集中办公区资产专项清查】年内，对集中办公区内固定资产开展集中盘点和清查统计工作，建立资产分类管理台账，实现资产信息数据动态监管。截至12月，共盘点资产1.51万项，总金额约为1.08亿元。

（区机关事务中心）

【区级保留公务用车及行政执法车辆管理】 年内，对全区参加机构改革的112家单位在公务用车管理、规范化使用方面开展检查，制定问题清单，协助相关单位进行整改；全年共发放保留公车标识537张、车载定位终端SIM卡65张，公车信息变更备案回函68份。年内，区机关事务中心与33家区级行政执法单位签订《顺义区行政执法车辆使用协议书》《顺义区行政执法车辆安全用车责任书》，对外调拨车辆168辆。

（区机关事务中心）

政协北京市顺义区委员会

▲ 1 月 7 日，中国人民政治协商会议北京市顺义区第五届委员会第三次会议开幕

▲ 3 月 5 日，区政协委员在国家大剧院开展调研

9月19日，区政协委员、民主党派医疗界专家到大孙各庄镇卫生院义诊

顺义区政协五届三次会议协商议政座谈会召开

年内，组织区内政协委员到李大钊纪念馆参观学习

年内，区政协委员开展多元化纠纷解决机制视察活动

综 述

【概况】年内，区政协以庆祝中华人民共和国和人民政协成立70周年为工作主线，举办“壮丽70年，奋斗新时代——人民政协光辉历程展”，编纂27万余字的《顺义政协志》，召开全体委员会议1次、常务委员会会议5次，组织常委、委员开展工作视察16次，通过座谈协商、提交提案、反映社情民意、专题调研、特约监督等多种形式就全区重点工作和人民群众关心关注的问题建言献策，全年共协调有关部门办理委员提案156件，向区委区政府有关部门报送《协商意见》3期，提出意见建议97条，有效履行政治协商、民主监督、参政议政的职能；向区委、区政府有关部门报送《关于新时代基层政协践行初心使命的思考》《关于顺义区畜牧业疏解整治促提升的现状、问题和对策措施》《推动顺义冰雪运动发展有关问题的思考》《关于大气清洁行动计划成果巩固与提升的思考》等专题调研报告，深入开展人民政协理论和推动区域经济社会发展的研究。充分发挥人民政协包容各界、联系广泛、人才聚集的独特优势，坚持围绕中心，服务大局，组织委员针对全区热点重点难点问题开展视察活动，形成多项富有建设性的意见建议；深入基层，体察民情，反映民意，积极开展义诊、慰问等多种形式的连民心、办实事、送温暖活动，助推全区各项工作取得新进展，展现新时代基层政协的新面貌新气象。

（政协北京市顺义区委员会）

重要会议

【区政协五届三次会议】1月6—9日，区政协五届三次会议在顺义区委党校举行。会议审议区政协副主席单成刚代表常务委员会做的工作报告，审议区政协副主席郭振江代表常务委员会做的关于提案工作情况的报告；列席顺义区第五届人民代表大会第六次会议，听取并讨论政府工作报告，讨论其他报告；召开区领导与部分政协委员协商议政座谈会，形成75项协商意见；区政协副主席刘静做提案审查报告；审议通过政治决议。补选王学武、单晓梅为政协北京市顺义区第五届委员会常务委员会委员。会议期间共收到委员提案166件，经提案委员会审查予以立案160件。北京市政协副主席、工商联主席燕瑛，区委书记高朋，区委副书记、代区长、北京天竺综合保税区管委会主任孙军民，区人大常委会主任车克欣参加开幕式。高朋在开幕式上讲话。区政协主席周颖博主持开幕式。区委副书记张良出席闭幕式并讲话。

（政协北京市顺义区委员会）

【区政协常务委员会第十一次会议】1月9日，区政协常务委员会第十一次会议召开。审议通过《政协北京市顺义区第五届委员会常务委员会2019年工作要点（讨论稿）》。区政协副主席就下一步如何贯彻好《常务委员会2019年工作要点》强调三点意见：一要始终坚持党对政协工作的全面领导，聚焦区委区政府中心工作，围绕团结和民主两大主题，积极履行政协职能。二要进一步完善工作机制，切实为委员履职创造条件。三要全面加强政协系统党的建设，以高质量的党建工作助推政协事业高质量发展，让党的旗帜在人民政协高高飘扬。

（政协北京市顺义区委员会）

【区政协常务委员会第十二次会议（扩大）】3月28日，区政协常务委员会第十二次会议（扩大）召开。视察区文化中心、福尼亚剧院建设情况。听取区旅游委关于顺义区文化建设工作情况的通报。副区长岳艳美围绕全国文化中心和公共文化服务体系示范区创建工作与委员做深入交流，并强调：一要按照体制改革提出的新要求定义顺义文化建设的新方向；二要正视本区公共文化服务体系示范区建设面临的严峻挑战，加大文化建设的力度；三要推进文化旅游事业与文化产业同步发展。区政协主席周颖博从提高政治站位，切实增强推进文化建设的思想认识；坚持首善标准，切实提升顺义城市的文化软实力；发挥政协优势，积极为顺义文化事业发展献计出力3个方面对本区文化建设和区政协下一步工作提出要求，并号召常委、委员要在区委的坚强领导下，聚焦难点，守正笃行，切实履好职、尽好责，努力为顺义文化繁荣发展、实现文化强区做出应有的贡献。

（政协北京市顺义区委员会）

【区政协常务委员会第十三次会议（扩大）】 5月29—31日，区政协常务委员会第十三次会议（扩大）召开。考察河北省正定县塔元庄村美丽乡村建设情况、正定新区规划建设情况和“荣国府”建设发展状况。考察雄安新区市民服务中心、政务服务中心、会议培训中心、行政管理中心、企业办公区、企业办公商业配套区、规划展示中心、综合管廊、周转用房及生活服务区等设施，实地察看生态环境综合治理情况、雄安新区规划及起步区建设情况；参观“千年秀林”9号地块植树造林地，察看雄安新区万亩造林工程，了解雄安新区构建蓝绿空间有关情况。

（政协北京市顺义区委员会）

【区政协常务委员会第十四次会议（扩大）】 7月10日，区政协常务委员会第十四次会议（扩大）召开。审议通过区政协有关制度文件，视察美丽乡村建设情况。区委常委、区政府常务副区长霍光峰从调结构、促转型，经济发展提质增效；强担当、保稳定，服务保障滴水不漏；抓重点、破难题，三大攻坚战坚定有序；强基础、促落实，三件大事持续推进；重投入、抓进展，城乡建设统筹推进；惠民生、增福祉，社会事业全面发展；转职能、优服务，政府自身建设不断加强7个方面通报全区上半年经济社会发展情况，还就下半年重点工作安排及政协提案办理情况进行通报。区政协主席周颖博讲话，从统一思想，振奋精神，坚定做好经济工作的信心；找准定位，双向发力，积极发挥专门协商机构作用；坚持学习，以学促干，用实际行动验证初心、践行使命3个方面对政协下一步工作提出要求。

（政协北京市顺义区委员会）

【区政协常务委员会第十五次会议（扩大）】 在区政协常务委员会第十五次会议（扩大）上，区纪委副书记、区监委副主任史卫东就顺义区全面从严治党工作情况进行通报。讨论通过《常务委员会工作报告（讨论稿）》、《常务委员会关于提案工作情况的报告（讨论稿）》、《关于表彰五届三次会议以来优秀提案的决定（草案）》和《区政协五届四次会议补选常委选举办法（草案）》等文件。协商决定召开区政协五届四次会议的有关事项。协商讨论相关人事事项。审议通过《政协北京市顺义区委员会 中共北京市顺义区委组织部 中共北京市顺义区委统战部关于加强区政协委员履职管理的实施意见》（征求意见稿）。区政协主席周颖博就开好五届四次会议强调三点意见：一要树立牢固的政治意识，坚决做到“两个维护”；二要强化履职的责任担当，积极投身服务顺义高质量发展；三要牢记时代的使命重托，努力以模范行动展现委员风采。

（政协北京市顺义区委员会）

【第五次政协工作会议】 12月11日，第五次政协工作会议在顺义区行政中心召开。区委副书记张良就《中共北京市顺义区委关于新时代加强和改进全区政协工作的实施意见》做说明。区政协主席周颖博代表区政协党组就关于《中共北京市顺义区委关于新时代加强和改进全区政协工作的实施意见》贯彻落实举措做说明。区委书记高朋主持会议并强调，要深入学习贯彻党的十九届四中全会精神，深入学习贯彻习近平总书记关于加强和改进人民政协工作的重要思想，全面贯彻落实中央政协工作会议和市委第五次政协工作会议部署要求，更好发挥人民政协制度优势，奋力开创新时代全区政协事业新局面。

（政协北京市顺义区委员会）

委员活动

【镇（街道）文化建设视察】 1月25日，区政协委员视察区镇（街道）文化建设情况，召开座谈会。到北小营镇文化活动中心，实地察看文化活动大厅、书画展和文艺演出情况。到旺泉街道文化活动中心，听取旺泉街道廉政文化墙建设的情况介绍。听取区文委就顺义区文化设施建设情况、文化内涵挖掘情况和文化活动开展情况的详细通报。委员们围绕如何加大文化惠民工作的力度，全力提高顺义区的公共文化建设水平，持续提升广大群众的幸福指数建言献策。

（政协北京市顺义区委员会）

【国家大剧院文化建设调研】3月5日，组织部分委员调研国家大剧院文化建设情况，参观《回眸经典——国家大剧院原创与制作剧目展》和《靳尚谊、钟涵油画作品展》，并对歌剧院、戏剧场、音乐厅、第五空间等进行实地参观。参观结束后召开座谈会，听取国家大剧院副院长赵佳琛就剧院文化建设主要做法、文化建设成效、经验教训和下一步工作展望做介绍。委员们围绕顺义区文化中心应如何定位、如何打造地区艺术品牌、怎样吸引和培养艺术人才等，开展研讨交流。

（政协北京市顺义区委员会）

【通州区政协来访调研国际教育发展】3月29日，接待通州区政协国际教育专题调研组调研本区国际教育先进经验，推进北京城市副中心国际教育发展。

（政协北京市顺义区委员会）

【乡村发展调研】4月12日，组织农业界委员参加市政协“提升产业发展质量，培育乡村发展新动能”主题调研活动，到木林镇北京绿富农果蔬产销合作社和南彩镇小营村现场查看果蔬种植、销售、新产品新技术推广、员工结构和管理情况以及低收入村产业建设和收益分配情况，听取区农业农村局、区发改委、市规划自然资源委顺义分局等单位关于促进乡村产业发展的专题报告。

（政协北京市顺义区委员会）

【深圳市、珠海市文化企业发展调研】4月15日—19日，区政协经济界、工商联界以及部分文化企业委员代表28人赴深圳市、珠海市，先后深入深圳雅昌文化公司、华为公司总部、星巴克创意文化园、华侨城创意文化园及珠海市横琴开发区，实地考察调研文化企业、园区发展模式、思路，并与当地政府主要部门开展多方位的座谈交流，形成考察报告。

（政协北京市顺义区委员会）

【美丽乡村建设考察】4月22日—26日，组织部分政协委员到河南郑州、山东临沂、山东枣庄考察调研美丽乡村建设情况。考察期间召开调研总结交流会，对调研活动进行总结分析，对顺义区如何学习借鉴美丽乡村建设典型经验进行深入交流，围绕进一步明确村庄规划和发展定位，完善土地政策，壮大主导产业，挖掘和提升文化特色等方面提出意见建议。

（政协北京市顺义区委员会）

【环境保护监察视察】5月22日，组织部分政协委员先后视察顺义区宏城花园PM2.5监测小微站、大气污染监管综合指挥平台、北小营空气质量考核站，听取区生态环境局《顺义区蓝天保卫战2018年行动计划完成情况通报》，委员们围绕大气污染防治工作的现状和存在问题做专题发言，提出相关意见建议。

（政协北京市顺义区委员会）

【“开斋节”慰问】6月5日，区政协会同区委统战部、后沙峪镇党委、政府的有关领导组成联合慰问组，到回民营清真寺看望慰问穆斯林群众。

（政协北京市顺义区委员会）

【视察多元化纠纷解决机制改革和人民调解工作】6月5日，区政协组织部分政协委员到顺义法院诉调对接中心，实地视察多元化纠纷解决机制改革和人民调解工作情况。实地考察顺义法院诉调对接中心，参观诉调大厅、特色人民调解室、互联网法庭，听取工作人员的现场介绍。随后召开座谈会，委员们观看顺义法院宣传片和多元化纠纷解决机制视频片，听取顺义法院党组成员、副院长郭立军所做的工作通报。委员们展开讨论，从多元化纠纷调解创新发展、特色调解室建设以及法律知识普及等不同角度提出一系列具有代表性、针对性的意见与建议。顺义法院党组书记、院长李旭辉和委员们进行现场交流并对顺义法院一个时期的工作进行全面通报。

（政协北京市顺义区委员会）

【美丽乡村建设调研】6月6日，组织部分政协委员到通州区调研美丽乡村建设情况，实地考察通州区潞城镇前疃村和兴各庄村，学习了解北京最美乡村的通州经验。

（政协北京市顺义区委员会）

【优化营商环境工作调研】6月12日，组织近30名政协委员走进区政务服务中心、赵全营镇工业区企业便民中心以及力达康企业，严格对标北京市进一步优化营商环境三年行动计划，面对面与区发改委、区市场监督管理局、区规自委顺义分局、区经信局、区人力社保局等部门领导交流，听取5部门的“9+N”2.0版政策相关情况，提出切实可行的意见建议。

（政协北京市顺义区委员会）

【美丽乡村建设座谈会】 6月19日，组织部分政协委员召开美丽乡村建设座谈会，邀请区美丽乡村办、区水务局、区园林绿化局主要领导参加，就本区美丽乡村建设的各项问题进行深入交流。结合前期调研工作，撰写形成《顺义区政协关于推进顺义区美丽乡村建设的调研报告》，提出6方面22点建议，并在区政协五届十四次常委会会议上进行发言。

（政协北京市顺义区委员会）

【学前教育调研】 6月28日，组织部分政协委员到港馨幼儿园、裕龙双语幼儿园，实地察看教育教学环境、办学特色以及教育教学开展情况。区教委就顺义区学前教育情况分别从学前教育资源总量、各性质幼儿园级类情况、队伍建设、幼儿园管理和保障机制5个方面进行通报。委员们结合自身工作及前期调研对本区学前教育及幼小衔接工作的发展开展研讨交流。

（政协北京市顺义区委员会）

【本区集体土地建设租赁住房项目视察】 8月30日，组织部分政协委员视察牛栏山镇官志卷村集体租赁住房项目开工建设情况，详细了解该项目的建设背景、规划设计、工程进展等情况，听取区住房保障事务中心关于顺义区集体土地建设租赁住房项目整体情况的通报，参会委员结合视察情况和通报内容对本区集体土地建设租赁住房项目建言献策，提出意见建议。

（政协北京市顺义区委员会）

【义诊活动】 9月19日，联合区卫健委组织医疗界政协委员和民主党派医疗专家到大孙各庄镇卫生院开展义诊活动。

（政协北京市顺义区委员会）

【庆祝中华人民共和国和人民政协成立70周年座谈会】 9月20日，区政协庆祝中华人民共和国和人民政协成立70周年座谈会召开，部分区政协老干部、委员、工作人员围绕“庆祝新中国和人民政协成立70周年，展望新时代新作为”主题展开交流。区政协主席周颖博为历届政协委员和工作人员代表颁发《顺义政协志》及学习书籍，并发表总结讲话。

（政协北京市顺义区委员会）

【多层次资本市场顺义板块建设情况调研】 10月16日，组织政协委员围绕“多层次资本市场建设情况”，考察拟上市企业——华泰诺安公司，走进上市挂牌企业总部基地——仁和镇高顺产业园，了解物理承载空间建设情况，听取区金融办关于全区经济社会和金融产业发展整体情况，并围绕金融支持实体经济、资本市场发展形势和企业融资等方面进行交流发言。

（政协北京市顺义区委员会）

纪检监察

4月28日，全体人员赴高丽营监督检查污水治理责任落实情况

6月5日，在大鸭梨饭店进行端午“四风”问题专项监督检查

10月1日，在红菜坊石园店进行国庆“四风”问题监督检查

年内，在市政控股集团举办《中华人民共和国监察法》颁布一周年主题巡展

【概况】年内，全区纪检监察机关立案244件，党纪政务处分144人次，移送司法机关9人，采取留置措施5人。突出政治监督，着重加强对国庆70周年庆祝活动、扶贫救助、打伞破网、吹哨报到、接诉即办、换届选举、惠民惠农资金、形式主义官僚主义等重点任务，人防、规自、医疗、民生等重点领域的监督检查，下发《纪检监察建议书》49份。压紧压实全面从严治党主体责任，对考核排名靠后和“线索多、查办少”的9家单位开展“双约谈”。针对市委巡视反馈问题，建立《问题清单》《任务清单》《责任清单》，牵头的26项任务全部对账销号。严把党风廉政意见“关口”，回复224批次4271人次。加强纪律作风建设，发送廉洁过节通知和短信提醒1万余条，查处违反中央八项规定精神问题19人。突出区委巡察监督，共巡察区属二级单位党组织37个，村（社区）党组织172个，发现问题2588个，提出意见建议1180条，移交问题线索80件，立案29人。开展“不忘初心、牢记使命”主题教育，班子成员开展交流研讨7次，组织专题教育14次，实地调研27次，检视发现问题25个。

（区纪委区监委）

【区委第七轮巡察】3月12日，区委第七轮巡察工作动员部署会召开。区委常委、区委组织部部长、区委巡察工作领导小组副组长禹学垠通报《五届区委第七轮巡察工作方案》，宣布第七轮区委巡察组组长、副组长的授权任职决定及任务分工。本轮巡察共派出巡察组6个，于3月中旬至5月中旬，对区委党校，区委老干部局，区财政局党组，区委社会工委、区民政局，区经济和信息化局党组，区政府招待所党委，区市场经营管理中心党委，北京顺鑫控股集团有限公司党委，北京燕京啤酒集团公司党委，北京大龙控股有限公司党委10个党组织开展常规巡察。巡察组于3月18日陆续进驻，5月17日全部撤出。本轮巡察共发现问题383个，提出意见建议126条，移交问题线索24个。

（区纪委区监委）

【《监察法》实施一周年主题纪念展】3月21日，区纪委区监委在顺义区行政中心举办《监察法》颁布实施一周年主题展览。本次展览以图文并茂的形式，介绍《监察法》制定意义、监察对象、监察权限等内容。此外，展览设置“阅读角”，提供《监察法》单行本、宣传折页等材料，供参观者进行学习。

（区纪委区监委）

【纪检监察干部监督室成立】3月，为健全完善党内监督体系，全面加强纪检监察机构和干部队伍内部监督，按照北京市纪委市监委统一部署，顺义区纪委区监委正式单独设立纪检监察干部监督室，不再与区纪委区监委组织部合署办公，在区纪委区监委主要领导直接领导下开展工作，一体履行对本区纪检监察系统干部的监督检查和审查调查双重职责。

（区纪委区监委）

【区纪委五届五次全会】5月13—14日，中国共产党北京市顺义区第五届纪律检查委员会第五次全体会议召开。会上，传达学习十九届中央纪委三次全会和市纪委十二届四次全会精神，审议通过区委常委、区纪委书记、区监委代理主任刘国强代表区纪委常委会所做的《旗帜鲜明讲政治 聚焦主责勇担当 推动新时代纪检监察工作高质量发展》的工作报告和会议决议。全会组织部分派驻纪检监察组组长现场述责述廉，并接受质询及测评。区委书记高朋出席会议并讲话。

（区纪委区监委）

【区委第八轮巡察】5月15日，区委第八轮常规巡察暨市委第一巡视组与顺义区委巡察组上下联动工作动员会召开。按照市委统一安排，在本轮巡察中开展巡视巡察上下联动，派出巡察组3个，采取“一托二”的形式，于5月中旬至6月下旬，对高丽营镇党委、李遂镇党委、天竺地区党委、张镇党委、仁和地区党委和大孙各庄镇党委开展政治巡察。各巡察组于5月15日陆续进驻，6月28日全部撤出。本轮巡察共发现问题1373个，提出整改意见建议873条，移交问题线索37件。

（区纪委区监委）

【党纪政务处分执行专项检查】6月，区纪委区监委开展党纪政务处分执行专项检查暨对2017

年、2018年专项检查问题整改情况“回头看”。本次检查中，对2017年6月至2019年4月全区各级党政机关、区属国有企事业单位等组织办理的各类党纪政务案件的处分决定执行情况开展检查，对重点案件党纪政务处分执行情况进行专项抽查。对2017年、2018年全区党纪政务处分案件执行情况存在的主要问题进行“回头看”。

（区纪委区监委）

【走访慰问老党员】7月1日，区委常委、区纪委书记、区监委副主任、代理主任刘国强带队到马坡镇中晟馨苑社区，看望慰问93岁的中华人民共和国成立前入党的老党员王密林，询问老人的身体状况、家庭成员及生活等情况，并为老人送上节日问候和组织关怀。

（区纪委区监委）

【“一助一”联合党日活动】7月18日，区纪委区监委与“一助一”共建单位杨镇李辛庄村开展联合党日活动，向李辛庄村“两委”干部赠送《习近平新时代中国特色社会主义思想学习纲要》《中国共产党历史》《组织工作规范化》《中华人民共和国监察法》《中国共产党纪律处分条例》等书籍，并与村“两委”干部进行交流座谈。

（区纪委区监委）

【新任干部履职前廉政谈话】7月24日，区纪委区监委集体廉政谈话会议召开，对5名新任处级纪检监察干部进行廉政谈话，8名新任科级纪检监察干部列席会议。区委常委、区纪委书记、区监委副主任、代理主任刘国强向新任干部表示祝贺，并提出“讲党性、讲学习、讲责任、讲团结、讲自律”5点要求。

（区纪委区监委）

【区委第九轮巡察】8月7日，区委第九轮巡察工作动员部署会召开。区委常委、区委组织部部长、区委巡察工作领导小组副组长禹学垠通报《五届区委第九轮巡察工作方案》，宣布第九轮区委巡察组组长、副组长的授权任职决定及任务分工。第九轮巡察共派出巡察组4个，采取“一托N”方式，对马坡镇党委及其下辖村（社区）党组织、区委区政府研究室、区司法局党组、区科协、区直机关工委、区委编办、区人力社保局党组、区应急局党组、区政务服务局党组、区机关事务中心党组等10个区属二级班子党组织和24个村（社区）党组织开展形式主义、官僚主义专项巡察或“回头看”。本次巡察共发现问题510个，提出意见建议73条。

（区纪委区监委）

【规划自然资源领域专项巡视巡察】8月9日，市委规划自然资源领域专项巡视巡察工作动员部署会议召开。根据市委统一部署和区委巡察工作安排，8月16日—9月30日，顺义区委派出2个巡察组（由通州区委巡察干部组成）对高丽营镇党委、南法信地区党委、市规划自然资源委顺义分局党组、区委农工委（区农业农村局）4个党组织开展规划自然资源领域专项巡察。本次巡察共发现问题92个，提出意见建议27条。

（区纪委区监委）

【受处分党员干部（监察对象）教育帮扶办法出台】8月29日，区纪委区监委《在全区范围内对受处分党员干部（监察对象）实行教育帮扶的实施办法》出台，着力加强对受处分党员、监察对象在处分影响期的教育管理、关心关爱，进一步巩固全面从严治党的综合成效，以教育帮扶做好纪律处分“后半篇文章”。该办法实施以来，教育帮扶132人，受处分党员干部和监察对象积极认错改错“不掉队”，推动政治、纪法、社会效果统一。

（区纪委区监委）

【2018年度全面从严治党检查考核“双约谈”】9月18日，顺义区2018年度全面从严治党检查考核“双约谈”会议召开。会议通报区城管委、区卫健委、北小营镇、杨镇、张镇、大孙各庄镇、空港街道、顺建工程有限公司、顺义建设投资服务有限公司9家被约谈单位2018年全面从严治党主体责任检查考核中存在的问题及2018年以来区纪委区监委在日常监督中发现的问题，被约谈单位相关负责针对通报情况进行表态发言。

（区纪委区监委）

【国庆70周年活动服务保障工作专项督导】9月27日、28日，区委常委、区纪委书记、区监委副主任、代理主任刘国强围绕“不忘初心、牢记使命，全力做好中华人民共和国成立70周年庆祝活动服务保障工作”到马坡镇督导调研，看望慰问一线工作人员。刘国强一行先后走访马坡镇15个村（居），详细了解各村（居）党组织建设、安全稳定、民生保障、群众诉求、人居环境建设等情况，重点督导中华人民共和国成立70周年庆祝活动的服务保障工作。

（区纪委区监委）

【国庆安保工作专项督导】10月7日，区委常委、区纪委书记、区监委副主任、代理主任刘国强带队到马坡镇督导国庆安保工作，调研基层党建工作开展情况，看望慰问一线工作人员。刘国强一行先后走访姚店、毛家营、良正卷3个村，详细了解基层党建工作开展情况以及国庆安保维稳、化解信访问题、“12345接诉即办”等情况，对节假日期间值班值守在基层一线的广大党员干部和志愿服务工作者表示慰问，对大家在国庆节期间维护安全稳定、和谐有序的社会环境所做出的辛勤付出表示感谢。马坡镇党委就落实全面从严治党主体责任、基层党组织建设情况以及采取有效措施整顿软弱涣散党组织等问题进行汇报，镇纪委就落实全面从严治党监督责任的有效做法、存在的问题与困难进行汇报，就如何做好村级权力监督工作进行介绍。泥河、荆卷、向前、秦武姚、西丰乐、石家营6个村党支部书记依次就村级党组织建设及各项工作开展情况进行汇报。

（区纪委区监委）

【“以考促学，以学促用”常态化模式】10月8日，区纪委区监委制定“以考促学，以学促用”常态化机制，组织全区230余名纪检监察系统干部进行集中应知应会知识测试。此次测试采取闭卷答题方式，重点检验纪检监察干部对《中国共产党章程》《中国共产党纪律处分条例》《中国共产党廉洁自律准则》等党内制度法规的学习掌握运用情况。

（区纪委区监委）

【“不忘初心、牢记使命”主题教育专题党课】10月16日，区委常委、区纪委书记、区监委副主任、代理主任刘国强围绕“不忘初心、牢记使命 做新时代忠诚干净担当的纪检监察干部”主题为全区纪检监察干部讲专题党课。区委“不忘初心、牢记使命”主题教育第五巡回指导组成员，区纪委委员，区纪委区监委机关、派驻纪检监察机构全体干部，区委巡察办全体干部、巡察组组长、副组长，区属国有一级企业纪检监察机构，各镇（街）纪（工）委，区直机关纪检监察工委，各双管单位纪委（纪检组）全体干部350余人参加。

（区纪委区监委）

【《规则》《规定》专题培训班】10月16日，区纪委区监委举办学习贯彻《中国共产党纪律检查机关监督执纪工作规则》《监察机关监督执法工作规定》（简称《规则》《规定》），推动纪检监察工作高质量发展专题培训班。区纪委区监委4位领导干部结合自身工作经验，就《规则》《规定》的总体要求和纪法贯通、法法衔接规定的适用，就线索处置、谈话函询、初步核实及自我监督管理规定的运用，就审查调查规定的运用，就案件审理工作规定的运用等主题，为全区纪检监察干部进行授课。全区纪检监察干部参加本次培训。

（区纪委区监委）

【木林镇“不忘初心、牢记使命”主题调研】10月18日，区委常委、区纪委书记、区监委副主任、代理主任刘国强到木林镇开展“不忘初心、牢记使命”主题调研。刘国强一行先后到舞彩浅山（木林段）峪子沟、长林庄村、孝德村沙坑等地，详细了解浅山开发、农村人居环境整治、户厕改造、廉政文化建设、软弱涣散党组织整顿、沙坑修复和“12345接诉即办”等工作开展情况。木林镇党委就落实全面从严治党主体责任、基层党组织建设情况以及镇域各项重点工作开展情况进行汇报。镇纪委就落实全面从严治党监督责任、存在的问题与困难进行汇报。

（区纪委区监委）

【农村人居环境整治工作督查】10月22日，区委常委、区纪委书记、区监委副主任、代理主任刘国强带队，以“四不两直”方式到马坡镇荆卷村检查农村人居环境整治工作开展情况。通过检查，发现村容村貌整体情况良好，能够按照区委要求有序推进农村人居环境整治相关工作。但同时也发现个别点位还存在乱堆乱放、污水直排、垃圾清运不及时等现象。检查组当场向相关负责人进行反馈，并要求及时采取有效措施，认真抓好整改落实，持续推进农村人居环境向善、向好。

（区纪委区监委）

【“以案为鉴、以案促改”领导干部警示教育大会】10月24日，区委“以案为鉴、以案促改”领导干部警示教育大会召开。会议由区委副书记张良主持。会上，区委书记高朋深刻剖析自去年警示教育大会后，区纪委区监委查处的一些典型案例和区委巡察中发现的问题，深入剖析10方面突出问题，通报2018年警示教育大会以来受处分的处级干部名单以及村干部名单，播放《以案为鉴、警钟长鸣——党的十九大以来顺义区违纪违法典型案例警示录》和《“京”人的小目标——原顺义区城管委李京案件警示录》警示片。2000余名党员干部以现场和视频会议的形式受教育、受警醒。

（区纪委区监委）

【北小营镇“不忘初心、牢记使命”主题调研】10月27日，区委常委、区纪委书记、区监委副主任、代理主任刘国强到北小营镇开展“不忘初心、牢记使命”主题调研，刘国强一行先后来到大胡营村沙坑和榆林村，详细了解沙坑修复、农村人居环境整治、户厕改造、廉政文化建设、“12345接诉即办”等工作开展情况；在智能网联汽车测试场，刘国强察看测试场建设进展情况，详细了解测试场场景建设、运营设备、5G应用等情况。北小营镇党委从压紧压实主体责任、推进作风建设和廉政文化建设等方面汇报落实全面从严治党主体责任情况。镇纪委就落实全面从严治党监督责任的主要做法进行汇报，并就如何加强日常监督进行介绍。

（区纪委区监委）

【巡察整改工作“约谈”会】11月5日，顺义区委巡察整改工作“约谈”会召开。会议通报区水务局和杨镇2家被约谈单位在“市委巡视办配合市委第一巡视组对顺义区委巡察工作开展专项检查”中发现的问题，被约谈单位党组织、纪检监察组织主要负责人针对通报情况进行表态发言。

（区纪委区监委）

【党的十九届四中全会精神宣讲会】12月12日，区委常委、区纪委书记、区监委副主任、代理主任刘国强到马坡镇宣讲党的十九届四中全会精神。宣讲会上，刘国强结合全区重点工作和纪检监察工作实际，从“把握时代特征，深刻领会党的十九届四中全会的重大意义”“牢牢把握关于坚持和完善党和国家监督体系的部署要求，切实增强做好全面从严治党工作的责任感和使命感”“以党的十九届四中全会精神为指导，推动全面从严治党要求向纵深发展”“深入落实中央八项规定精神，驰而不息纠治‘四风’”4个方面进行宣讲。宣讲结束后，刘国强一行查看镇纪委办案场所建设情况，要求镇纪委进一步提升安全意识，全面做好办案安全相关工作。随后，刘国强一行来到马坡镇工业区内的北京朗姿服饰有限公司、北京华美丽服装有限公司和北京中卓时代有限公司，就燃气管线运行、燃气安全使用及消防车装配车间安全生产情况进行督导检查。

（区纪委区监委）

【深化纪检监察体制机制改革调研】12月17日，区委常委、区纪委书记、区监委副主任、代理主任刘国强到区委编办就全面从严治党和保障纪检监察体制改革工作开展情况进行调研。座谈会上，区委编办主要负责从抓好责任落实、思想建设、作风建设和问题整改4个方面汇报全面从严治党工作开展情况，并就服务保障纪检监察体制改革工作情况进行介绍。

（区纪委区监委）

【节日期间“四风”问题专项监督检查】年内，区纪委区监委紧盯重要时间节点，分别于元旦、春节、清明、五一、端午、中秋、国庆等节假日期间，开展落实中央八项规定精神情况及“四风”问题专项监督检查。采取随机抽查、实地检查、现场查验等方式，走访各大商场、超市、饭店及机关单位等，就节日期间各单位公车管理、公款消费、机关值班值守安排部署、食堂接待等情况开展监督检查，持续营造风清气正的节日氛围。

（区纪委区监委）

【扫黑除恶专项斗争监督执纪问责】年内，区纪委区监委扫黑除恶专项斗争监督执纪问责工作纵深推进。成立扫黑除恶专项斗争攻坚专班，明确职责分工，做好迎接中央督导检查工作，中央督导组反馈涉及区纪委区监委的4项问题，全部整改完成，完成中央扫黑督导迎检工作。完善与政法机关协作配合机制，主动与公、检、法机关开展调研座谈，推动在工作联动、线索移送、信息共享、同步上案等方面的沟通协作。建立分级分类管理台账，按照“五个督导重点”开展自查，对2018年以来受理的涉黑涉恶腐败和“保护伞”问题线索入账督办。立案7起7人，“破网打伞”取得阶段性成果。

（区纪委区监委）

【人防系统腐败问题专项治理】 年内，区纪委区监委开展人防系统腐败问题专项治理工作，对人防工程易地建设费收缴情况等13方面进行重点检查，要求区民防局就审计报告中提出的13方面问题整改落实到位，共发现问题线索5条。督促区民防局对公益教育类、公共服务类项目欠缴易地建设费等7个问题，完成立行立改工作。本次专项治理共处置区民防局有关问题线索11条，立案5人，其中给予党纪政务处分4人。

（区纪委区监委）

【绿地认建认养和公园配套出租用房专项清理整治】 年内，区纪委区监委开展绿地认建认养和公园配套出租用房专项清理整治工作，实地监督检查顺义公园、减河公园、仁平公园3处清理整治效果，进一步确保专项清理整治工作落到实处。绿地认建认养整治工作共涉及问题7个，包括《认建认养协议》签署不规范问题1个，临时设施没有临建报批手续问题6个，全部整改完毕；公园配套用房清理整治工作涉及5个公园37户租户，出租总面积12957平方米，全部整改完毕。

（区纪委区监委）

【名贵特产类特殊资源谋取私利问题专项整治】 年内，区纪委区监委开展名贵特产类特殊资源谋取私利问题专项整治，在全区范围内开展自查自纠，经过综合研判共摸排出名贵特产类特殊资源11项。2019年配合市纪委对本市名贵特产类特殊资源情况开展监督检查，并结合重要节点开展本区的专项监督检查。

（区纪委区监委）

【换届风气专项监督检查】 年内，区纪委区监委开展村和社区“两委”换届选举风气专项监督检查，按照“十不能”工作要求，把好换届选举参选人员“第一关”。通过实地调研、走访入户等形式对选举程序是否合规开展检查，重点监督选举中拉票贿选、破坏选举等行为，开展专项监督检查7次，参与2348人次，审核10004人，其中村和社区党组织3679人，村委会和社区居委会4433人，村（居）务监督委员会1892人，发现问题人员131人。同时针对问题线索坚持快速核查，办理相关问题线索5件。其中拉票问题线索4件8人，2件查实，6人被取消参选资格；违反中央八项规定精神问题线索1件1人，查实后立即取消当事人参选资格。

（区纪委区监委）

【形式主义官僚主义集中整治】 年内，区纪委区监委开展形式主义、官僚主义集中整治，对照中央纪委提出的形式主义、官僚主义12种表现，对全区130余家处级单位开展实地检查，共梳理4个方面18个典型问题，要求各单位对照典型问题及时开展日常监督，确保集中整治工作落实到位。

（区纪委区监委）

【市民服务热线专项整治】 年内，区纪委区监委针对“12345”市民服务热线“三率”（有效回访件的“响应率”、“解决率”和“满意率”）排名靠后的单位，通过调取资料、与相关人员谈话等方式，开展专项监督检查，共核查马坡镇、北小营镇、杨镇、北石槽镇等7个单位共计219个群众诉求办理情况，深挖其存在的不作为、慢作为等履职不力问题，对发现的慢作为问题，立案问责1人，下发纪检监察建议书5份。

（区纪委区监委）

【市委巡视整改落实情况监督检查】 年内，区纪委区监委开展市委巡视整改落实情况监督检查，对照14个监督要点和各单位整改措施开展监督工作，确保全区巡视整改工作落实到位。根据工作安排，向市委巡视组提供全面从严治党主体责任考核工作材料、形式主义官僚主义专项监督材料、节假日监督检查材料、案件材料等相关资料10批次。

（区纪委区监委）

民主党派

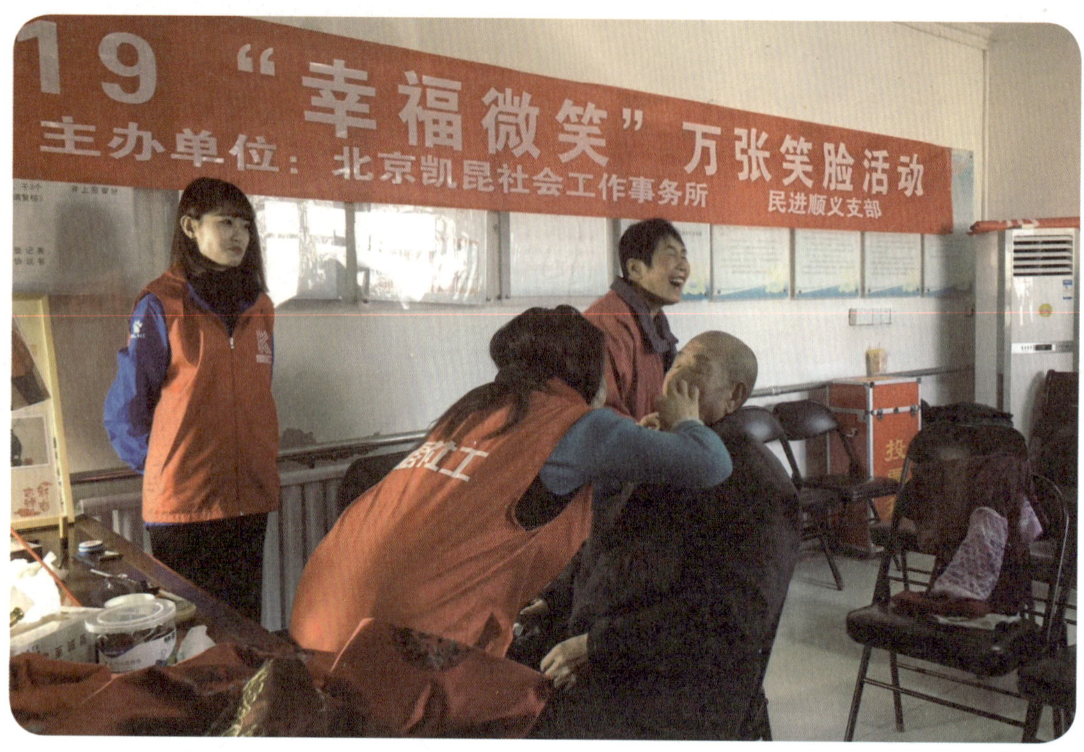

1 月 28 日，民进顺义支部举办“幸福微笑”万张笑脸活动

3 月 16 日，农工党顺义总支部 12 名党员代表到顺义舞彩浅山开展“为舞彩浅山添绿”义务植树活动

▲ 4月24日，民建顺义总支部举行中华思源基金公益书屋及无障碍影院揭牌仪式

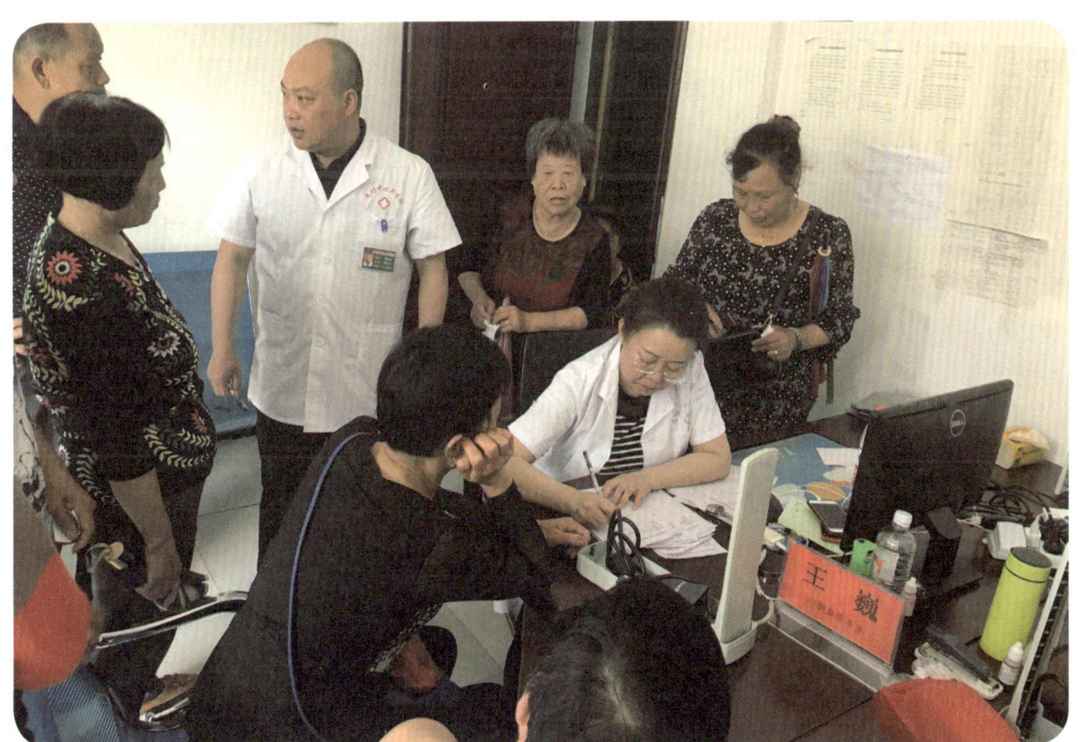

▲ 5月17—19日，农工党顺义总支部开展“助力脱贫　携手前行”义诊活动

综 述

【概况】民主党派是接受中国共产党领导、同中国共产党通力合作的亲密友党，是中国特色社会主义参政党。顺义区共有民主党派7个，人数504人。全区民主党派成员团结一致，为全区经济社会发展贡献力量。

（区委统战部）

民革顺义总支部

【民革顺义总支参加旺泉街道点赞礼】1月11日，民革顺义总支部应邀参加旺泉街道“旺泉力量”身边榜样点赞礼，体验送文化下乡深入社区实践活动。

（区委统战部）

【民革顺义总支开展送文化下乡活动】1月30日，民革顺义总支部协同民革市委部分书法家，共同开展“新春送福到基层”送文化下乡实践活动，为村民们书写春联，送上祝福。

（区委统战部）

【民革顺义总支年终总结会】1月30日，民革顺义总支部2018年年终总结大会暨2019年新春茶话会在顺义宾馆第二会议室召开。总支部主委张涌森，副主委张启惠、王磊，委员林金开、李红、金郑健和近30名党员参加会议。

（区委统战部）

【民革顺义总支开展主题教育活动】11月8日，民革顺义区总支部依托主题教育，召开学习中共十九届四中全会文件精神暨品牌企业食品安全调研座谈会，系统学习《习近平总书记系列讲话》《党的十九届四中全会公告》，实地走访北京顺鑫农业股份有限公司鹏程食品分公司。总支部副主委张启惠，委员林金开、李红、金郑建等参加活动。

（区委统战部）

民盟顺义支部

【民盟顺义支部工作交流会】7月14日，民盟顺义支部工作交流会在北京笔克展览展示有限公司召开。区委统战部常务副部长王振林，副部长于会婧，区委老干部局副局长、局机关党总支书记庞洪杰，民盟市委组织委员姚颖应邀出席会议，民盟顺义支部20余名盟员参会。

（区委统战部）

民建顺义总支部

【公益书屋及无障碍影院揭牌仪式】4月24日，民建顺义总支部举行中华思源基金公益书屋及无障碍影院揭牌仪式。民建市委副主任委员任学良，区委统战部常务副部长王振林，区残联党组书记、理事长王晓东，北小营镇党委书记欧阳华洲，顺义区工商联主席王庆国出席。书屋配有纸质书、平板电脑和电子书等，供广大群众阅读学习。无障碍影院为群众提供免费服务，满足残障人士观影需求。

（区委统战部）

【忻州营村书屋揭牌仪式】12月25日，民建顺义总支部举行中华思源基金公益书屋忻州营村书屋揭牌仪式。区委统战部常务副部长王振林、副部长于会婧出席并讲话。

（区委统战部）

民进顺义支部

【“幸福微笑”活动】1月28日，民进顺义支部举办“幸福微笑”万张笑脸第四站活动，免费为农村老人拍摄艺术照，留住老人的幸福笑容，提高老人的精神生活质量。

（区委统战部）

【民进顺义支部换届大会】9月24日，民进顺义支部换届大会召开，选举产生第四届委员会班子成员。区政协委员、区第一中学高级语文教师、北京市特级教师马玉梅当选支部主任委员。

（区委统战部）

农工党顺义总支部

【2019年工作会】2月23日，农工党顺义总支部2019年工作会召开，会议总结2018年支部工作开展情况，部署2019年工

作。区委统战部常务副部长王振林出席会议并讲话。

（区委统战部）

【义务植树活动】3月16日，农工党顺义总支部12名党员代表到顺义舞彩浅山开展“为舞彩浅山添绿”义务植树活动，栽种松树20余株。

（区委统战部）

【京顺中医文化节】5月1日，农工党顺义总支部首届中国“互联网+中医”发展论坛暨第六届京顺中医文化节举办。活动分为论坛和中医文化节两个现场，以“传承·创新·发展”为主题，从多个角度对“互联网+中医”进行主题分享，并通过坐诊、中药材展示、中草药培植、养生八段锦学习等活动传播中医药文化。本次活动服务患者2400余人，累计接待百姓9000余人。

（区委统战部）

【义诊活动】5月17日—19日，农工党顺义总支部开展“助力脱贫　携手前行”义诊活动。来自北京中医医院顺义医院、顺义区空港医院的专家为文坊镇、画桥镇百姓提供健康咨询及义诊服务，接诊患者300余人次。

（区委统战部）

【“不忘合作初心　继续携手前进”主题教育活动】8月10日，农工党顺义总支部联合农工党石景山工委共同举办“不忘合作初心　继续携手前进”主题教育活动暨2019年中青年骨干培训班，引导广大党员深入学习习近平新时代中国特色社会主义思想，增强政治能力，增进政治共识。9月27日，农工党顺义总支部深入开展“不忘合作初心　继续携手前进”主题教育活动部署会召开，按照党中央精神部署主题教育活动相关工作。总支支委、各支部主委及副主委等22人参会。10月12日，农工党顺义总支部组织全体党员观看电影《我和我的祖国》，增强党员爱国热情。10月25日，农工党顺义总支部深入开展“不忘合作初心　继续携手前进”主题教育活动专题座谈会召开。农工党北京市委专职副主委李亚兰、农工党北京市委参政议政处处长王小燕、宣传处副处长郑文萱、监督委员会委员刘野、顺义总支班子成员、支委及实职干部参会。

（区委统战部）

【健康扶贫活动】9月1日，农工党顺义总支部联合中共凉城县委、凉城县人民政府、北京商报社、鸿茅药业在乌兰察布市凉城县厂汉营乡开展健康扶贫活动。此次活动以健康讲座、健康义诊、物资捐赠为主要活动形式，为当地贫困群体献力献爱心，助推凉城县脱贫攻坚。

（区委统战部）

【平北抗日战争纪念馆参观活动】9月7日，农工党顺义总支部第一、第四支部组织本支部党员赴延庆参观平北抗日战争纪念馆，进一步激发党员爱国热情，坚定理想信念。

（区委统战部）

【“农工党党员之家”揭牌仪式】10月25日，农工党顺义总支部“农工党党员之家”揭牌仪式在京顺医院多功能厅举办。农工党北京市委专职副主委李亚兰、顺义总支主委于宝鑫共同为“农工党党员之家”揭牌，市委参政议政处处长王小燕、宣传处副处长郑文萱、监督委员会委员刘野参加揭牌仪式。

（区委统战部）

致公党顺义支部

【扶贫调研】8月16日—18日，致公党顺义支部携手北京顺鑫控股集团有限公司赴内蒙古自治区锡林郭勒盟正蓝旗开展扶贫调研，实地参观顺鑫鑫源牧业有限责任公司，与公司负责人等进行座谈，了解扶贫措施和扶贫经验。

（区委统战部）

【携手朝阳支部开展主题教育活动】11月10日，致公党顺义支部携手致公党朝阳支部共同开展“不忘合作初心　继续携手前进”主题教育活动，专题学习有关精神。致公党北京市委宣传处处长何铁梅，致公党朝阳第三支部主委李艳莉、副主委李翔，致公党顺义区支部主委吴宏武及顺义区部分党员参加活动。

（区委统战部）

【年终座谈会】12月1日，致公党顺义支部年终座谈会召开，会议总结2019年工作、部署2020年工作。

（区委统战部）

九三学社顺义支社

【换届大会】1月26日，九三学社顺义支社换届大会在顺鑫大学举行。九三学社北京市委理论研究会主任方炎、顺义区委统战部常务副部长王振林、社市委组织部黄琳等出席会议，顺义支社25名社员和7名积极分子参会。会议选举产生由崔世锋、侯秀荣（女）、马兆峰、姚宏程、张亚娟（女）、袁丽欧（女）、王耘7位同志组成的顺义支社第三届委员会，并在会上推选崔世锋为新一届委员会主委，侯秀荣和马兆峰为副主委。

（区委统战部）

【国画鉴赏讲座】3月30日，九三学社顺义支社举办“中国传统绘画鉴赏”讲座，特邀国家一级美术师李天旭普及国画知识，交流书画经验，为提升顺义的文化氛围贡献民主党派力量。

（区委统战部）

【九三学社市委课题组到顺义区调研】7月18日，由九三学社北京市委人口资源环境委员会副主任王晓燕等一行10余人组成的课题组到顺义区调研农村生活污水治理工作。区水务局、区农业农村局、区生态环境局、北小营镇政府以及相关企业配合调研，区委统战部副部长于会婧随行。

（区委统战部）

【2019年总结会】12月14日，九三学社顺义支社2019年总结会暨参政议政座谈会在顺义宾馆召开。会议由主委崔世锋主持，区委统战部副部长于会婧出席会议并讲话，30余名社员和积极分子参会。会上，社员就热点问题建言献策，总结顺义支社2019年工作、部署2020年工作。

（区委统战部）

人民团体

4月，顺义区“首都巾帼现代农业科技示范基地”和重点项目接受市级专家现场评估

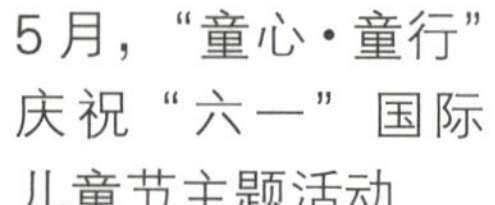

5月，“童心·童行”庆祝“六一”国际儿童节主题活动

6月5日，科普资源顺义行活动在顺义科普数字展示馆举办

6月27日，区总工会全面启动2019年“送清凉”活动

7月23日，区总工会开展安全生产宣传进工地活动

顺义区总工会

【概况】年内，顺义区总工会带领全区各级工会组织深入学习贯彻习近平新时代中国特色社会主义思想，特别是习近平总书记关于工人阶级和工会工作的重要论述、对北京重要讲话精神，认真落实区委五届八次、九次全会和北京工会十四大的安排部署，围绕全区中心工作，旗帜鲜明讲政治、思想引领凝共识、真抓实干强担当、联系联动构和谐、攻坚克难促改革、从严从实抓党建，推动工会工作取得新进展。

（区总工会）

【坚定工会工作正确政治方向】年内，把学习宣传贯彻习近平新时代中国特色社会主义思想和党的十九大及十九届二中、三中、四中全会精神作为首要政治任务，用好“学习强国”平台，全面系统掌握党的创新理论的科学体系和精神实质，提升工会干部的政治意识和服务能力。组织200余名工会干部参加“以职工为中心 强化政治担当 扎实推动顺义区工会工作高质量发展”基层工会干部专题培训班，通过学习教育引导工会干部和广大职工树牢“四个意识”、坚定“四个自信”、做到“两个维护”，切实在思想上政治上行动上同以习近平同志为核心的党中央保持高度一致。充分发挥微信公众号、网站等网上阵地，工会服务站、职工之家、暖心驿站等实体阵地宣传教育作用，教育引导广大职工当好主力军，建功新时代。

（区总工会）

【弘扬劳模精神、劳动精神、工匠精神】年内，全区有7个集体和11名个人获评2019年全国和首都劳动奖项，区总工会充分运用各级融媒体和工会自媒体平台，通过电视台新闻栏目、户外显示屏等载体，播放宣传视频，加大宣传力度，在全区职工中营造“学习劳模、尊重劳模、崇尚劳模、争当劳模”的浓郁氛围。注重以思想引领带动职工文化建设，举办第五届“最美劳动者”职工文化艺术节，用合唱、摄影、书画比赛等形式，吸引数万名职工参与，引领广大职工争做新时代的见证者、开创者、建设者，使“最美劳动者”成为一张叫得响的工会名片。

（区总工会）

【国庆70周年主题征文、宣讲等活动】年内，以“中国梦·劳动美”为主题，营造共庆祖国华诞、共享伟大荣光、共铸复兴伟业的浓厚氛围。在各级工会组织和广大职工中开展庆祝中华人民共和国成立70周年主题征文、宣讲等活动。先后举办“劳动光荣——与共和国同成长与新时代齐奋进”“不忘初心 牢记使命 弘扬劳模精神”主题展览，邀请不同时期劳模代表现场讲述与共和国共同成长的故事，描述时代变迁，展现顺义区各行各业劳动者的风采。走访慰问20世纪五六十年代和长期在艰苦一线工作的劳模，组织劳模代表参加国庆观礼等活动，为符合条件的全国劳模发放“庆祝中华人民共和国成立70周年纪念章”。

（区总工会）

【劳动竞赛和职业技能大赛】年内，举办不同行业、不同工种的劳动和技能竞赛174场，110名职工在区级以上技能竞赛中获奖。

（区总工会）

【区级创新工作室及职工自主创新成果评审】年内，引导职工开展科技攻坚和技术革新，推动高技能人才培养及科技成果推广转化，涌现出区级以上创新工作室12个、创新成果24个，投入资金106.8万元助推经济技术创新。

（区总工会）

【产业工人队伍调研】年内，在前期调研的基础上，与区委组织部、区人力社保局等相关部门就全区产业工人队伍建设状况进行研讨，全面掌握基本情况，结合本区构建“3+4+1”产业格局的新形势，探索研究产业工人培养、激励发展等方面改革举措。与北京城市学院合作，开展平面设计师、CAD、电子商务师、三维设计师4个工种的技能培训，416名职工参与提升。

（区总工会）

【职工志愿服务】年内，参与国庆70周年庆祝大会服务保障和群众游行工作，高质量完成各项紧急任务。全区101个职工志愿服务队、劳模志愿服务队发挥各自优势，服务保障重点工作和中心任务。依托“五型”暖心驿站创建特色服务岗，扩大服务范围，缩短求助距离，开展职工沟通会、暖心伴考、普法宣传等志愿服务活动。通过宣传发动、购买消费、工作观摩等方式，加强与内蒙古、河北等地的扶贫协作和对口支援力度，助力打赢脱贫攻坚战。

（区总工会）

【关爱服务项目更加多元】年内，先后以“助力迎冬奥”“温情三月、呵护心灵”“知顺义、爱家乡”等为主题，面向全区工会会员开展193个特色服务项目，94565人次参与。其中，投入45万元用于为一线职工“送清凉”；81家心灵驿站累计服务职工5.8万人次；围绕家庭子女教育、女性职场减压两大主题，为1752名女职工普及心理健康知识；同时，发动各级工会组织参与心理体验示范，释放工作压力，开阔视野和思路，为做好职工心理服务奠定良好基础。在中粮祥云小镇、供销益家、税务局办税服务厅等公共服务场所延伸职工之家的服务功能和范围，全区新建职工之家47个，新建贴心相伴型、精准便捷型、全面补给型、素质提升型、创新特色型暖心驿站408个，同比增长79.7%。

（区总工会）

【困难帮扶水平不断提升】年内，以工会帮扶管理系统为载体，严格落实“精准识别、一户一档、分级负责、动态管理”的要求，推动帮扶工作落细落实，助力困难职工家庭解困脱困，年内，本区现有在档困难职工脱困率达97%。一是在经济上有援助，除“两节送温暖”外，每月向在档困难职工发放300元/人的生活补助。二是在就业上有扶持，联合区人力社保局举办“春风行动”等各类专项招聘会，帮助困难职工家庭实现稳定就业，增加收入；大力推进职工小额贷项目，为促进职工就业创业开拓新路径。三是在医疗上有保障，加大推广和落实温暖基金项目，为41名大病职工提供29.9万元帮扶救助；职工互助保障帮助2012人次得到保险赔付233万元。

（区总工会）

【集体协商工作深入开展】年内，充分发挥协调劳动关系三方委员会作用，持续开展“4+N”协商，坚持做到单独指导规范化企业，参加协商会议，相关资料统一备案。2019年，完成100人以上企业规范化建设20家，50人以上企业7家。

（区总工会）

【民主管理制度严格落实】年内，以非公企业为重点，强化企事业单位民主管理。《顺义区总工会深入推进百人非公企业职代会规范化建设三年行动计划（2019—2021）》制定实施，在非公百人建会企业中开展职代会规范化建设。2019年，非公百人企业职代会规范化建设完成10家，全区国有企业、事业单位建制率为100%，非公企业建制率为80%。

（区总工会）

【群众性安全生产工作深入开展】年内，关心关注劳动保护，维护职工安全健康权。结合普法宣传，组织万名职工开展“安康杯”知识答题系列活动。开展以“落实全员安全责任，促进企业安全发展”为主题的安全生产普法宣传活动，发放《常见事故应急与救护知识口袋书》等法律法规千余册。举办劳动保护和安全生产培训班，全区260名工会干部、390名企业班组长接受培训。联合区应急管理局开展安全技能比赛，提升危化行业职工的技能水平和安全意识。

（区总工会）

【劳动争议调解和法律援助不断深化】年内，共接待职工法律咨询821人次；受理和调解案件41件，涉及职工、农民工1392人，资金3202万元，职工满意率达100%；为进入司法程序的职工提供无偿法律援助104件。开展农民工公益法律服务行动7场，服务农民工1200余人次；现场受理劳动争议案件15件，全部结案，帮助614名农民工挽回经济损失1650.9万元。进一步建立劳动争议案件报送制度、劳动争议易发企业日常监管制度，妥善处理28起群体劳动争议案件，通过工会指定的公益账户为1379位被拖欠工资的农民工发放补偿金2155.8万元，在多部门联合处理全区群体劳动争议案件中发挥作用。

（区总工会）

【工会政策宣传】年内，利用20个公交站台、120个社区电子屏作为职工群众了解工会的有力载体；建立“双沟通”常态化机制，将每月第二个星期五定为区级职工沟通日，建立工会政策宣讲员队伍，发放宣传折页3万余份，全面、系统加强政策宣传；与北京银行建立沟通协调长效机制，充分发挥各自领域的资源和优势，做好精准服务。各单位结合实际量身制定“一企一策”沟通方案，综合运用“一对一”沟通、集体沟通、混合沟通等多种形式，争取企业支持建会。2019年，开展职工沟通会272场，企业沟通会129场，职工咨询人数9379人，新建非公企业单独工会55家，其中百人以上非公企业新建会28家，新发展会员12300人。机构改革单位工会工作平稳过渡，会员关系无缝衔接，办理相关单位会籍转接1433人次，新发展会员2068人。

（区总工会）

共青团顺义区委员会

【概况】年内，顺义共青团以习近平新时代中国特色社会主义思想为指导，围绕区委区政府各项部署要求，坚持政治建团、思想立团、固本兴团、改革强团、从严治团，统筹推动各项工作，完成年度各项任务。

（团区委）

【新兴职业青年群体发展权益维护】1月29日，顺义团区委联合马坡镇团委、美团外卖燕赵劲旅马坡站团支部，举办“用心美颜扮靓顺义”、“小巷管家”美团志愿服务队成立仪式。顺义团区委为120名外卖小哥准备保温杯、手套和充电宝等新春慰问品，并为快递小哥们送上团组织的关怀和温暖。

（团区委）

【“青春顺义　为爱起航”环保公益捐赠活动】3月29日，顺义团区委联合北京农商银行顺义支行、顺义京顺医院、80后义工社开展“青春顺义　为爱起航”环保公益健步走活动，为全区百名困境青少年圆梦微心愿，募捐爱心善款10万元。按照一个季度一个主题的活动方式，通过举办集体生日会，开展假期观影、拍摄全家福、国学体验、现场烘焙DIY等主题活动，全年参加“阳光生日PA”项目的家庭共计61组，覆盖困境青少年97人。

（团区委）

【社区、村团组织换届】5—7月，全区187个社区、村团组织换届工作完成，由社区、村党组织班子成员兼任团支部书记；369个社区、村团组织类型为团支部筹（团员不足3人），均确定青年工作负责人。

（团区委）

【青年交友联谊活动】5月、8月，为落实《中长期青年发展规划》，服务青年婚恋交友，分别在北小营镇、南法信镇和空港街道，举办“活力初夏　青春团缘”“爱满京城　相约幸福”等3场青年交友活动，服务区域内适龄青年超过300人次。

（团区委）

【“青春心向党，建功新时代”暨纪念五四运动100周年宣讲活动】6月18日，顺义团区委在马坡镇石家营文体中心举行“青春心向党，建功新时代”暨纪念五四运动100周年宣讲活动。顺义青年讲师团的成员围绕优化营商环境、加强生态文明建设、助力创城工作和青年追梦圆梦，实现自身价值等方面进行宣讲。宣讲在“青春顺义”微信公众号上进行现场直播。

（团区委）

【国际青年交流活动】7月13日、10月21日，分别开展2次国际青年人才交流活动。接待第九届中德青年交流营代表团青年20余名，接待“青年·全球共享——2019北京友好城市国际青年交流营”青年80余名，营员来自亚洲、欧洲、南美洲多个国家和地区。带领外国青年深入社区，参与社区志愿服务，体验扎染、京剧脸谱绘制、活字印刷等中国传统文化，参观罗红摄影艺术馆，感受现代艺术氛围。

（团区委）

【社区青年汇应急小分队成立】7月，结合顺义区“吹哨报到”改革任务，依托全区29家社区青年汇，成立社区青年汇应急小分队。青年汇全体社工作为小分队成员定期参与社区巡逻、志愿站岗等工作，同时开展青少年防护、防火、应急知识宣传、应急处置培训等活动，年内，累计开展活动70余场，1100余名青年参与。

（团区委）

【国庆70周年城市志愿服务】 自9月1日起，本区共招募1210名城市志愿者，立足6个志愿服务站点和7个重点社区，组织开展城市志愿服务。志愿服务站点志愿者累计上岗1566班次，累计服务时长6264小时，服务群众15000余名，发放各种宣传材料4000余份；重点社区志愿者共组织志愿服务活动56场，累计服务时长1120小时，服务群众5000余名。

（团区委）

【国庆70周年群众游行工作筹备和服务保障】 年内，作为国庆70周年群众游行的组织者和参与者，班子成员和机关干部全部加入工作专班，带领全区超过400名团干部直接参与筹备和服务保障工作。参与完成“伟大复兴”篇章第18～第26共9个方阵超过2.5万名群众的游行任务，涉及成员单位22家、来源单位超过700家。2019年10月，顺义团区委被北京市委、市政府评选为“北京市筹备和服务保障中华人民共和国成立70周年庆祝活动先进集体”。

（团区委）

【党团课进校园暨青年榜样宣讲活动】 年内，为进一步推动中华人民共和国成立70周年庆祝活动筹备和服务保障工作经验成果转化，顺义团区委联合区委宣传部、顺义教工委，邀请中央民族大学、清华大学参与重大活动服务保障的学生代表分别到杨镇一中、北京市牛栏山第一中学开展党团课进校园暨青年榜样宣讲活动，覆盖团员青年1800余人。

（团区委）

【“推优入党”持续开展】 年内，《共青团顺义区委员会2019年团员青年“推优入党”实施方案》制定实施，推优入党10人，并督导各级团组织将“推优入党”作为重要职责，为党输送新鲜血液。

（团区委）

【政治理论培训班】 年内，理论学习武装青年头脑，思想政治理论培训班举办2期，直属团组织负责人和新任社区、村团组织负责人等240余人参加。

（团区委）

【宣传工作】 年内，共向“顺义网城”“顺义信息”等区级媒体报送信息33条，顺广传媒对相关活动宣传17次。微信粉丝21635人，累计推送微信1301条，累计阅读达151万人次。微博方面，根据重点工作安排、时间节点，设置不同话题，提高阅读量，截至年底，微博粉丝共41864人，本年度推送微博2034条，阅读76.3万人次。

（团区委）

【制作MV《我和我的祖国》】 年内，MV《我和我的祖国》由北京市五星志愿者、顺义区青联委员、北京市青年文明号集体和“柠檬黄”等顺义区各领域优秀代表参演，通过穿插顺义70年来经济和民生领域发展的代表性图片，展现顺义70年来的发展和成就。《我和我的祖国》MV在“青春顺义”官方微信观看量为20308人次。

（团区委）

【“我与祖国共奋进——国旗下的演讲”特别主题团日活动】 年内，围绕庆祝中华人民共和国成立70周年，与耿丹学院联合开展“我与祖国共奋进——国旗下的演讲”特别主题团日活动，组织团员青年开展参观瞻仰、团旗下的演讲、齐唱团歌等活动，激励和引导广大团员青年大力弘扬以爱国主义为核心的伟大民族精神，进一步坚定“四个自信”。

（团区委）

【网络文明志愿者发挥作用】 年内，稳定250余人的志愿者队伍，每日动员志愿者转发团中央、团市委及“青春顺义”微信公众号相关文章，倡导鼓励青年网络文明志愿者在网上发起和参加弘扬正能量的网络活动。

（团区委）

【重要活动志愿服务保障】 年内，组织广大青年参与区域大项任务，为区域工作贡献青春力量。先后完成第十届中国卫星导航年会、全国政协机关奥林匹克水上公园健步走活动、北京世园会、2019世界网联汽车大会等重要活动志愿服务保障任务，志愿者累计上岗5516人次，服务时长40640余小时。

（团区委）

【文明城区创建工作大力开展】年内，按照测评体系指标任务，向各相关单位发送《关于协助做好创建文明城区网上申报工作的函》，征集创城材料，对照标准逐条修改完善，并按照时间节点完成上报工作。按照实地考察点位表，建设完成志愿服务站点210个，并为每个站点配备统一标识、药箱、海报和志愿服务记录手册。

（团区委）

【青少年法治教育】年内，结合开学季、“4·15”国家安全日、“6·26”国际禁毒日、“12·4”国家宪法日以及“防艾日”等重要时间节点，顺义团区委依托驻区高校、中小学校、社区青年汇、区级青少年法治教育基地等阵地，开展“送法入校园”系列活动71场次，覆盖青少年及家长万余人次。

（团区委）

【“青少年零犯罪零受害社区（村）”创建】年内，按照团市委创建“青少年零犯罪零受害社区（村）”工作安排，顺义团区委推荐天竺镇南竺园社区、马坡镇佳和宜园社区、后沙峪镇蓝尚家园社区、李桥镇苏活社区作为顺义“双零社区（村）”创建单位。各创建单位根据自身特点，组建队伍，结合团员注册志愿者回社区报到工作，逐步形成一支“团干部＋社工＋社区工作者＋志愿者”的专业化服务队伍，深入社区、学校开展创建活动45场次，覆盖学校社区青少年及家长1250人次。

（团区委）

【困境青少年关爱帮扶】年内，根据全区困境青少年实际需求，顺义团区委持续推广“青春顺义·阳光伴我行”品牌项目，相继开展“青春暖心　两节送温暖”“争做爱国励志好少年”“向祖国70周年献礼”“激情冰雪　相约冬奥”等入户慰问、主题参观、亲子体验类区级活动6场次，覆盖困境青少年及家长750人次。

（团区委）

【阳光地带青少年维权阵地建设】年内，团区委充分发挥阳光地带社区青年汇阵地作用，设计符合各类青少年需求的特色活动48场次，覆盖青少年及家长2099人次。全年跟踪服务个案帮扶对象53人，实地入户走访309次。通过绘画学习、实地拓展、诗歌朗诵等形式，开展“小小星辰”勇气与力量小组支持活动6组次，总计36小节，覆盖青少年共332人次。

（团区委）

【助力脱贫攻坚】年内，顺义团区委与沽源县团委进行项目结对帮扶，通过开展“圆梦微心愿”、援建“爱心图书角”“青年中心”等项目，关爱帮助沽源地区448名建档立卡户青少年健康成长。凝聚青联委员、青年企业家力量，开展“青力扶贫　联创梦想”深度对接，带动受援地区青年脱贫致富。邀请巴林左旗、科左中旗、万全区、沽源县等受援地基层团干部代表参加顺义共青团思想理论培训班，增进两地团干部的交流。

（团区委）

【夯实预青未保工作】年内，为推进未成年人司法保护体系制度建设，顺义团区委联合区预青组相关成员单位研究制定《关于进一步加强合适成年人队伍建设的意见（试行）》，及时更新调整合适成年人队伍，举办合适成年人培训班，提升合适成年人履职能力。在侦查、起诉、审判、刑事执行涉及未成年人案件中，落实社会调查、合适成年人参与、附条件不起诉、违法犯罪封存等特殊保护制度。顺义团区委与首都师范大学北京青少年社会工作研究员联合形成《顺义区涉罪未成年人现状和典型风险因素分析报告》，就近5年顺义区涉罪未成年人群体特征进行梳理，并对涉罪未成年人群体的家庭情况、社会交往进行分析，探求本区涉罪青少年的群体特征，为今后未成年人预防犯罪和矫正工作提供理论基础。

（团区委）

【楼宇商圈建团试点开展】年内，拓展基层团建工作新思路，选取南法信镇、空港街道两家试点，开展楼宇商圈建团工作。为两家试点分别配备专职团务工作者1名，年内，指导新建楼宇商圈团支部7家，开展团建活动和青年活动近20次，联系楼宇商圈青年超过500人。

（团区委）

【青年创新创业服务】年内，连续开展青年创新创业特训营8期、创青春创业沙龙8期，围绕本区“3＋4＋1”产业新布局，科学设计培训方案，打造精品课程，带领青年深入中关村创业大街、神州数码集团等地学习实践，服务青年超过400人次。

（团区委）

【优化营商环境巡讲】年内，参与“送政策集成服务礼包 筑亲清和谐营商环境”顺义区人才产业政策巡讲活动。作为10家宣讲单位之一，聚焦营商环境，服务企业青年，参与中关村顺义园、临空经济核心区、天竺综保区、河东地区专场、河西地区专场5场宣讲，吸引1500余名企业人员参加。

（团区委）

【服务青年金融风险防范】年内，发挥“团银合作”优势，通过进高校、进社区，广泛开展金融知识宣讲，帮助在校学生和广大青年提高金融风险防范意识，增强金融风险识别能力。年内，开展金融知识校园行活动2场、金融知识社区行活动6场、金融知识青年大讲堂8场，吸引近2000名青年参与。

（团区委）

【社区青年汇】年内，全区29家社区青年汇围绕思想引导、城市融入、学习培训、交友联谊、志愿公益、文体健康、创业就业、普法维权八大类主题，结合青年实际需求，开展各类青年活动超过1000场、开展社会服务项目37个、扶持培育青少年自组织59个、走访基层青年和社区商户1400余次，累计服务青年2万余人次。

（团区委）

顺义区妇女联合会

【概况】年内，区妇联始终坚持党的领导，全面贯彻落实中央决策、市委部署和区委要求，始终把习近平新时代中国特色社会主义思想贯穿于妇女工作全过程，以服务大局、服务妇女、服务发展为宗旨，团结带领全区广大妇女旗帜鲜明讲政治、围绕大局建新功、服务家庭传美德、用心用情惠民生、固本强基促改革、从严从实抓党建，为区域发展贡献巾帼力量。

（区妇联）

【“三八”国际妇女节庆祝活动】3月8日，区妇联“风雨兼程70载 巾帼建功新顺义”“三八”国际妇女节庆祝大会召开。大会由“重拾她记忆”“感受家温馨”“畅聊新变化”“讲述她故事”“献礼新顺义”5个篇章组成。全区处级女干部，北京市“三八”红旗奖章及集体代表，区级巾帼文明岗、巾帼建功标兵代表，区妇联常委、党外代表人士，各镇街妇联干部，各区直单位妇委会主任以及镇街居民代表等480余人参加活动。

（区妇联）

【巾帼亲情服务队综合素质提升】3月初，顺义区巾帼志愿服务队在组织动员农村妇女参与“大气污染防治”“农村煤改气煤改电”等工作中的做法，受到联合国环境署相关评估报告的肯定。6月15日，区妇联举办“巾帼亲情服务队素质提升暨心理疏导技能培训班”。培训内容涉及心理健康基础、心理问题识别和转介、婚姻家庭及亲子关系辅导等内容。

（区妇联）

【北京市第十四次妇女代表大会代表选举】4月29日，区妇联二届五次执委会召开，选举顺义区出席北京市第十四次妇女代表大会代表。会议审议通过《北京市顺义区妇女联合会第二届执行委员会第五次会议选举办法》，并采取无记名差额选举的方式，选举产生顺义区出席北京市第十四次妇女代表大会正式代表19人。

（区妇联）

【助力美丽乡村建设】5月11日，顺义区“共情陪伴 与爱同行”国际家庭日亲子游园会暨2019年“美丽农家”创建活动启动仪式在北京国际鲜花港举办，旨在号召广大妇女、万千家庭投身美丽农家创建活动中。5月27日，区妇联举办“助力美丽乡村 创建美丽农家——‘顺意姑娘’在行动”活动，表达“美丽乡村 巾帼先行”的愿望和决心。区妇联制定《顺义区“美丽农家”创建工作实施方案》，创建区级“美丽农家”695户。

（区妇联）

【“六一”国际儿童节主题活动】5月26日，由北京市妇联主办，顺义区妇联、高丽营镇党委协办的“童心·童行”庆祝2019年“六一”国际儿童节主题活动在顺义区高丽营一村举办。市妇联党组书记张雅君、区委副书记张良、家长儿童代表等200人参加活动。活动展示环节，在全市开展“绿色·童行”“书香·童行”“健康·童行”“安全·童行”“科普·童行”5项儿童教育实践活动，并为儿童代表赠送图书。张雅君参观高丽营一村妇女之家、儿童之家和村史展览馆等基层工作阵地，并与在阵地参加服务项目的妇女儿童进行交流。

（区妇联）

【社会化服务项目启动实施】5月，“共享·家”“童·成长”系列社会化服务项目正式启动。全年为基层输送环保、健康、安全、文化、亲子活动、体能锻炼、科普知识、巧手技能等各类服务课程千余场。公益童书馆全年开展社会化家庭教育活动800余场。

（区妇联）

【妇联社工队伍建设加强】5月，组织全体社工参与“共情陪伴 与爱同行”国际家庭日亲子游园活动保障，加强实践能力锻炼。7月，《区妇联专职社工管理办法》《区妇联专职社工补录办法》制定实施，社工管理逐步规范。组织社工开展调研活动，征集《调研报告》28份。鼓励社工参加国家职业资格考试，3人获得初级社工职业资格。

（区妇联）

【顺意姑娘巾帼宣讲活动】6月，区妇联面向全区征集优秀巾帼宣讲员，并对投递稿件进行初筛。8月8日，“顺意姑娘”巾帼宣讲团选拔赛举办，评选出一等奖3人、二等奖4人、三等奖7人、优秀奖13人。11月5日，专业教师对“顺意姑娘”巾帼宣讲团成员进行演讲技巧指导。宣讲团深入基层一线，共开展宣讲11场，覆盖党员干部群众2000余名。

（区妇联）

【村居妇联换届选举】6月20日，全区村居妇联换届选举工作完成。共选举产生村居妇联干部8296人，其中专职妇联主席558人，兼职副主席1116人，执委6622人，换届后党员占比达89%。7月12日，区妇联举行全区新任基层妇联干部培训班，市妇联副巡视员孙凤兰对北京市第十四次妇女代表大会精神进行宣讲和解读，各部室负责人进行业务讲解，部分妇联干部交流发言，最后开展素质提升课程讲解——服饰搭配。

（区妇联）

【廉政家风系列活动】8月6日上午，顺义区“兴正气家风，守清廉本色”展示活动在仁和中学礼堂举办。活动由“培育好家风、筑清廉之基”“弘扬好民风、固清廉之本”“传承好社风、塑清廉之魂”3个篇章组成。系列活动共开展主题诵读、倡廉作品征集、廉洁家风家训征集等各类活动2000余场，参与人数超过5万人；征集倡廉作品2000余件，213件优秀作品在区档案馆展览。

（区妇联）

【国庆70周年服务保障】区妇联推荐并组织区级巾帼建功标兵、区级相关家庭10人参加国庆观礼活动。为市妇联群众游行“六分指”提供支持，全体干部参与“致敬”方阵前期筹备和驻地协调工作，为364名高龄礼宾人员提供全程服务。

（区妇联）

【助力对口帮扶】10月16—18日，区妇联赴巴林左旗开展对口帮扶工作，捐赠10万元，同时启动“顺义妇联捐赠妇女居家灵活就业培训项目”。11月6—8日，区妇联在北京开展妇女民宿专题培训，进行观摩体验、授课讲解和座谈交流，受援地民俗户、女致富带头人代表34人参加培训。

（区妇联）

【创城工作推进落实】结合区妇联在顺义区创建全国文明城区活动中的主要职责和指标任务，联动区、镇街、村居三级妇联组织和660支巾帼亲情服务队队员开展群众性宣教活动。发放《妇联组织致广大家庭的一封感谢信》11.2万封。区妇联党支部走进“双报到”社区开展“创文明城区 做优雅女性”形象礼仪培训课程。加强家长学校标准化建设指导，在社区100%建立家长学校。

（区妇联）

【助力京郊妇女发展】12月2日，区妇联“妇”字号基地负责人向市绩效评审专家组提交相关材料，接受现场绩效考评。区妇联落实各项扶持政策，全年为9个“妇”字号基地、2个协会组织申报2020年京郊妇女发展项目，涉及资金170万元。

（区妇联）

【最美家庭创建活动】12月2日—6日，区妇联组织各镇街、区直单位召开寻找“最美家庭”座谈会。全区1319户家庭参与区级家庭创建活动，最终推选出区级各类特色家庭共1163户。申报并获评“全国五好家庭”2户，“全国最美家庭”1户，“首都最美家庭标兵户”2户，“首都最美家庭”20户。

（区妇联）

【妇女儿童权益保护】12月4日，开展“宪法宣传进万家、巾帼学法谱新篇”国家宪法日法治宣传系列活动。全区妇联系统宣传妇女权益保护法律法规，发放《知识手册》、宣传折页等宣传材料8000余份，网上答题覆盖受众万余人。做好妇女儿童权益保护，坚持开展公益律师咨询，12338妇女服务热线接待群众来电来访329件，做到接诉即办，办结率100%。

（区妇联）

【妇女儿童帮扶救助】12月，区妇联启动“农村三癌女性”“城镇三癌女性”和“五类贫困”妇女、女童情况信息采集。全年累计投入救助资金77万元、争取救助物资义乳文胸159件，帮扶救助妇女359人。

（区妇联）

【夯实基层阵地建设】年内，全区村居有“儿童之家”464个，建设覆盖率93%，提前一年完成“十三五”规划目标，年底获评区级示范“儿童之家”26个。12月初，区级示范“妇女之家”示范点选树活动启动，最终获评区级示范“妇女之家”25个，其中12个同时被纳入市级示范“妇女之家”评选范围。

（区妇联）

顺义区科学技术协会

【概况】年内，区科协围绕“创城”这一靶心画同心圆，认真履行“科协四服务”的职责定位，在“提升区域公民科学素质和助力区域创新驱动发展双轮驱动”上，成效显著。利用“科普之春”“科普之夏”“全国科普日”“全国科技工作者日”等品牌活动平台，开展科普活动192场，举办培训、讲座52场。辑印《顺义区公民科学素质知识读本》6万册。利用微信公众号“顺义科协”“顺义科普365”，全年组织参与“顺义提素”竞答和“北京市公民科学素质大赛”超过100万人次。区科协荣获“全国科普日优秀组织单位”称号。围绕“助力企业科技创新和区域高质量发展”这一新课题，区科协开展企业科协、“创新簇”、院士专家工作站三级服务体系建设。新增开放型企业科协组织13家，建设“创新簇”试点企业15家，与50家科研院所建立合作关系，开展科研合作项目36个。2019年，10家企业被市科协认定为“创新簇”试点企业，11家院士专家工作站通过市科协复审。

（区科协）

【第十九届北京市青少年机器人竞赛】1月27—29日，由市科协和顺义区政府共同主办，区科协和北京市青少年科技中心联合承办的第十九届北京青少年机器人竞赛在牛栏山一中举办。来自北京市16个区、中国儿童中心、天津市、河北省的共283支参赛队797名学生参赛。竞赛内容包括6个项目。顺义区获得一等奖5个，二等奖8个，三等奖6个；“十佳教练员奖”1个；牛栏山第一中学获评“北京青少年机器人教育基地”。

（区科协）

【园区科协工作会召开】2月22日，区科协2019年园区科协工作会在北京临空经济核心区召开。中国科协企业创新服务中心处长舒志彪、北京科技咨询中心副主任许炜向参会企业讲解中国科协，市、区科协在服务企业、人才方面的相关政策和2019年重点工作。

（区科协）

【2019年科协系统工作会】3月6日，区科协组织召开2019年科协系统工作会暨科普专（兼）职干部能力提升培训会议。市科协副巡视员科普部部长陈维成、顺义区委副书记张良出席会议并讲话。顺义区纲要办成员单位负责人和各镇、街道、经济功能区科协主席、秘书长，科技类社会组织负责人及各镇、街道下属村（社区）的专（兼）职科普工作

者480余人参加会议。会议由区科协主席鲍晓芹主持。会上，中国科普研究所副所长王玉平与北京科技报社副总编辑孙凤新分别以《关于“公民科学素质”相关问题的解读》和《全媒体时代的科普信息化实践与探讨》为题，开展专题培训。

（区科协）

【“全国科技工作者日”活动】 5月31日，区科协以“礼赞共和国、追梦新时代”为主题，在顺义仁和中学礼堂举办顺义区2019年“全国科技工作者日”庆祝活动，为近1000名科技工作者及家人奉上《飞跃中轴线》大型科普剧。

（区科协）

【区科协成为首家区级“科学通讯社”总分社】 7月6日，科学通讯社顺义总分社成立，5所科技示范校成立科学小记者校级分社。以顺义科学通讯社为平台，全年共组织小记者活动6期，培养科学小记者75名，撰写稿件107篇，优秀作品在《北京科技报》《全民科学素质行动纲要》、科学加App和“顺义科普365”等媒介上刊登发表。

（区科协）

【“2019年北京科学中心科普资源顺义行”活动】 5—7月，区科协在顺义数字科普展示馆开展“2019年北京科学中心科普资源顺义行”活动。活动期间，共展出“力、热、声、光、电、磁”6项科学元素的30件产品，共接待20余所学校3000余名师生前来互动体验。展示活动结束后，区科协又将所有展品送进北务中小和木林中小2所偏远小学，让孩子们在家门口享受一场科学盛宴。

（区科协）

【“2019科学教育北京行”活动】 8月6—10日，区科协带领顺义区4所科技示范校（首师大附小、空港小学、高丽营学校和杨镇小学）的36名中小学生参加“2019科学教育北京行”活动。在为期5天的活动中，学生们前往中科院基因所、中国古动物馆、中国科技馆等多家科学教育场馆开展科普研学活动。

（区科协）

【2019年“科普之夏”活动启动仪式】 8月16日，区科协在东江公园举办主题为“礼赞共和国、智慧新生活”的2019年顺义区科普之夏启动仪式——“小手拉大手，科普进家庭”活动。区科协、区家教协会、祥瑞国际教育相关领导出席启动仪式，全区各镇、街的科普专（兼）职工作者和60组家庭200余人参加活动。

（区科协）

【顺义区乡村振兴战略基层科技人才培养项目】 10月11日，由区科协和区农业农村局共同主办，北京市北郎中农工贸集团和北京市农林科学院农业信息与经济研究所共同承办的“顺义区乡村振兴战略基层科技人才培养项目”启动仪式在赵全营镇北郎中科技文化活动中心举行。区科协主席鲍晓芹，区委农工委委员、区农业农村局副局长张振勇等出席，来自全区19个镇经管科负责人，农业乡土专家和涉农企业、合作社等从业技术人员200余人参加启动仪式。该项目一是在“顺义科协”公众号上搭建起“农业科普”平台，推送158部技能培训线上课程。二是开展线下讲座和专家现场指导6场。通过以线上、线下课程推送，线上答疑，现场精准指导等形式为农民解决生产生活中的实际问题。

（区科协）

【“全国科普日”活动】 9月19日，以“礼赞共和国、智慧新生活”为主题的“顺义区2019年‘全国科普日’科学嘉年华暨第三十七届学生科技节”活动在顺义仁和中学启动。北京市科协副巡视员兼科普部部长陈维成，区教委副主任高山等出席启动仪式。各中小学校主管科技的领导和科技教师、科通社校园分社30余名小记者以及仁和中学师生代表共计300余人参加启动仪式。活动由区科协主席鲍晓芹主持。启动仪式后，上演以重庆大足石刻研学为背景的科普剧表演《千年石刻、千年传承》。科普日活动主场设在体育馆内，由10家资源单位共计200多项展教具组成“智慧生活体验区”，共接待1800余名师生参观体验。

（区科协）

【反邪教广场舞展演活动】 10月11日，顺义区空港街道万科城花舞蹈队代表顺义区参加在海淀公园举行的北京市第五届“广场科普舞起来”反邪教广场舞展演活动中，以一曲《咱们的大北京》获三等奖；顺义区获得市“反邪教宣传季”科学新生活网上竞答比赛第三名。

（区科协）

【顺义区科技成果项目路演对接洽谈会】11月12日，由区科协、北京临空经济核心区管委会主办的“顺义区科技成果项目路演对接洽谈会”在北京临空创新创业示范基地举行。区科协、区科委、区经信局、临空经济核心区、中关村顺义园等相关单位领导，科技成果项目专家以及相关企业负责人百余人参加。会上，29个航空航天、先进制造、新型材料等领域的国内外优秀科技成果项目进行发布和路演，达成初步合作意向10余项。

（区科协）

【2019年顺义区公民科学素质大赛】11月23日，2019年顺义区公民科学素质大赛在顺义区数字科普展示馆举办。顺义区22组家庭从线上答题来到线下实战比拼，现场选出6组家庭参加决赛。最终空港街道宋晓良家庭、牛山镇李红燕家庭和南彩镇孙学丰家庭获三等奖，双丰街道孙连娣家庭和天竺镇王爱华家庭获二等奖，李遂镇刘鹏家庭获一等奖。顺义区纲要办各成员单位的主管领导和25个镇、街的科协秘书长以及近百名居民代表观摩。获得一等奖的家庭代表顺义区参加“2019年北京市公民科学素质大赛”。顺义区石园街道、后沙峪镇、仁和镇、牛山镇、马坡镇、李桥镇获得顺义区公民科学素质大赛的优秀组织奖。

（区科协）

【2019年科普专（兼）职工作者能力提升培训会】12月12日上午，区科协组织召开2019年科普专（兼）职工作者能力提升培训会。区纲要办成员单位负责人，各镇、街道科协秘书长、科普专职工作者和村（社区）的科普工作者490余人参会。培训会上，中国科普研究所科普理论研究室主任高宏斌研究员为大家做《科普新时代、新规律》专题讲座。

（区科协）

【区科协二届四次全会】12月13日，顺义区科协第二届委员会第四次全体会议在顺义宾馆召开。区科协第二届委员会主席鲍晓芹代表区科协常委会做工作报告。会议由第二届委员会秘书长赵国栋主持，区科协第二届委员会全体委员参加。全会听取并审议通过题为《不忘初心谋改革　砥砺前行促发展》的工作报告。

（区科协）

【顺义区“科普中国”资源推广落地项目】11月，顺义区获得中国科协科学技术普及部“‘科普中国’资源推广落地项目”10万元资助，用于将中国科协“科普中国”资源在25个镇和街道应用落地，扩大“科普中国”品牌的影响力。截至12月底，顺义区注册“科普中国”信息员数量860人，位居全市榜首；仅12月一个月的时间，就为顺义公众传播科普资讯11000余次。

（区科协）

【“顺义提素行动”】年内，区科协继续打造“顺义提素行动”品牌。一是利用“顺义科协”“顺义科普365”微信公众号等信息平台进行科普资源、科普资讯、科普活动信息推送。二是在微信公众号上开设“互动竞答”栏目，2019年累计参与答题人次100余万。三是在顺义电视台黄金段位《顺义新闻》后全年每天5次轮换播放“顺义提素”公益广告宣传片。四是在顺义广播电台开设《科普之声》栏目，每周一期。五是利用社区宣传彩屏播放“科普中国”平台资源，全年累计播放1600条次。

（区科协）

【“科技创新大讲堂”服务全区中心工作】年内，区科协发挥科协人才资源优势，一是围绕“第十届卫星导航年会”“世界智能网联汽车大会”等区委、区政府中心工作，邀请中国工程院院士谭述森、曹冲等到顺义做“科普讲座”。二是依托区委组织部举办的“国门讲坛”，邀请清华大学智能技术与系统国家实验室教授、博士生导师邓志东教授，为全区相关领域领导干部和工作骨干做主题为《无人驾驶技术与产业的最新进展》的专题讲座。

（区科协）

【基层科普行动计划】年内，在市科协、市财政局实施的“基层科普行动计划”中，顺义区共有4个集体获得项目支持，奖补资金80万元。

（区科协）

【区级科普经费项目】年内，顺义区科普经费项目资助单位37家，资助金额为352万元，用于加强基层科普设施建设，支持基层高质量开展科普活动。

（区科协）

【青少年科技活动】年内，区科协牵头组织顺义区中小学师生参加国家级、市级竞赛10余项，获得全国奖励3项、市级奖励85项。

（区科协）

【“枢纽型”社会组织建设】年内，区科协管理指导的科技类社会组织共计17家，其中新增科技类社会组织1家，其余16家科技类社会组织全部通过民政局年检。区科协以“理顺管理体制、扩大组织覆盖、充分发挥作用”为工作目标，坚持以党建引领社会组织业务工作，坚持组织体系与工作体系双加强、双促进，引导科技类社会组织参与社会服务，全年组织公益活动259项。

（区科协）

【企业科协组织、“创新簇”建设】年内，新增开放型企业科协组织13家，建立“创新簇”试点企业15家，与50家科研院所建立合作关系，开展科研合作项目36个。

（区科协）

【为科技人才服务工作】年内，推选“2019年百千万人才工程国家级和市级人选”和全国最美科技工作者候选人各1名；组织、推荐优秀青年工程师和优秀青年科技工作者主持开展的项目获得“2019年北京优秀青年工程师创新工作室种子资金”2项；2019年金桥工程种子资金资助3项。

（区科协）

【国庆70周年保障】在庆祝中华人民共和国成立70周年期间，区科协推荐李继勇为国庆专班教练，成为第25方阵教练组组长。

（区科协）

顺义区青年联合会

【概况】年内，顺义区青年联合会团结凝聚全区各族各界青年，围绕中心、服务大局，开拓创新，拼搏进取，为落实北京城市总规赋予顺义的功能定位、助推顺义高质量发展作出应有的贡献。

（区青联）

【区青联第三届委员会第一次全体会议】4月28日下午，顺义区青年联合会第三届委员会第一次全体会议在顺义宾馆召开。全区各族各界、各行各业近200名青年代表参会。团市委副书记、市青联主席郭文杰，区委副书记张良出席开幕式。区委组织部、区委统战部、区总工会、区妇联、区科协、区残联、区工商联、区文联、区红十字会有关领导，各区青联代表共同出席参会。团区委书记刘琳代表区青联第二届常务委员会做工作报告，团市委副书记、市青联主席郭文杰进行会议讲话，区委副书记张良向青联委员和广大青年提出三点希望，并向顺义区青联提出三点要求。会议同时选举产生顺义青联第三届常委会，刘琳当选主席，王小节、张哲、赵一田、姚宏旭、郭文韬当选副主席，王洋等26人当选常委。

（区青联）

【区青联三届一次常委会】4月29日，顺义区青年联合会第三届委员会第一次常委会在顺义宾馆召开，青联全体常委参会。会议审议并通过第三届委员会秘书长、副秘书长人选名单，审议并通过第三届委员会界别组组长、副组长、秘书长人选名单，审议并通过《顺义区青年联合会各界别委员履职制度》等青联工作制度。

（区青联）

【带头践行绿色环保理念】5月21日，区青联秘书处带领青联委员到朝阳区高安屯循环经济产业园垃圾填埋区和焚烧发电区参观学习，了解垃圾减量化、资源化、无害化处理的实际效果，号召区青联委员带头践行绿色环保理念，带动身边更多人参与垃圾分类，为顺义打造绿色环保、和谐宜居城市，创建文明城区贡献委员力量。

（区青联）

【“青力扶贫　联创梦想”走进沽源活动】6月13—14日，区青联秘书处带领8名委员赴河北沽源，开展“青力扶贫　联创梦想”青联委员走进沽源活动。沽源县政府副县长李大如、团县委书记李佳等共同参加。区青联委员到沽源县小河子乡后房子村，走访慰问贫困户并进行结对。到沽源县小河子乡寄宿制小学，向学校捐赠2.1万元助学金，向贫困学生发放前期征集的课外读物、书包、文体用品等微心愿礼物，并为全校学生带去一场励志公开课。

（区青联）

【委员志愿服务】8月2日，区青联秘书处带领区青联委员参与大兴新机场第二次演练志愿服务，通过不断引导委员提升服务意识，投身志愿服务，带动更多社会青年，参与公益活动。

（区青联）

【区青联三届二次常委会】12月6日，顺义区青年联合会第三届委员会第二次常委会在金潮玉玛酒店召开，区青联全体常委参会。会议学习传达党的十九届四中全会、团十八届三中全会精神，顺义区青联主席、团区委书记刘琳就学习贯彻党的十九届四中全会精神，提升青联对推进国家治理体系和治理能力现代化的贡献度，提出具体落实要求。会议审议通过《顺义青联2019年工作报告》，明确顺义青联2020年工作思路。

（区青联）

【开展系列学习实践活动】年内，区青联秘书处先后组织区青联委员开展“五四百年新气象 领略农业新风采”“庆祝中国共产党成立98周年”主题党日、“不忘初心勇担当 青联委员体验行”等活动，不断提高委员政治站位和理论水平，带领委员进一步增强“四个意识”，坚定“四个自信”，做到“两个维护”。

（区青联）

顺义区工商业联合会

【概况】年内，区工商联强化思想政治引领，召开主席会、常委会和执委会，传达学习党的十九届四中全会精神、习近平总书记在民营企业座谈会上的重要讲话精神、蔡奇调研顺义讲话精神、区委全会精神和区两会精神、全区统战工作会议精神。组织非公经济代表人士出席庆祝中华人民共和国成立70周年大会观礼活动，进一步激发非公经济人士的爱国热情。

（区工商联）

【深化理想信念教育】年内，组织“顺义区非公经济人士理想信念”教育培训班。通过专题教学、现场教学，参观革命旧址等方式，带领非公经济人士感受老一辈革命家的光辉革命历程。组织非公经济人士观看电影《决胜时刻》《我和我的祖国》等影片，进一步坚定理想信念。

（区工商联）

【新型政商关系构建】年内，联合北京城市学院（北京市工商联智库基地）共同开展民营企业优化营商关系专题调研，通过实地走访、座谈交流等形式，深入了解民营企业需求及意见建议，共有90余家民营企业及商协会组织参与调研。形成《关于进一步优化营商环境 促进民营经济健康发展的调研报告》提交市工商联和区委。组织139家会员企业参与市委统战部和北京市工商联共同举办的民营企业百强调研活动，最终有9家企业入围2019年北京民营企业百强榜单、6家企业入围2019年北京民营企业科技创新百强榜单、7家企业入围2019年北京民营企业文化产业百强榜单、10家企业入围2019年北京民营企业社会责任百强榜单。

（区工商联）

【引导民营企业党建发展】年内，通过开展“七·一”党日活动，引导非公企业成立党组织，发挥党员示范作用，促进企业健康发展。组织非公企业党支部书记，党务工作者和入党积极分子参观《望郡吉安》展览，观看电影《决胜时刻》，重温党的发展历程。参加市工商联系统非公企业党建示范点、党员驿站评选活动，共有3家会员企业获评市工商联系统非公党建示范单位称号、3家会员企业获评市工商联系统党员驿站示范点称号、6位非公企业党支部负责人获评市工商联系统优秀党务工作者称号。

（区工商联）

【政策服务平台】年内，组织“顺义区优化营商环境政策宣讲会”3场，邀请区住建委、区税务局等10个部门，现场解读新出台的顺义区优化营商环境“9+N”政策2.0版内容，全区19个镇、3个功能区和顺义区工商联会员400余家非公企业参加。邀请非公企业代表走进区政务服务大厅，了解政务服务中心业务办理流程。召开座谈会，搭建非公企业与区职能部门面对面交流平台。

（区工商联）

【融资服务平台】年内，联合区金融办、区经信局、区企业发展促进会在京交会现场共同举办“小微企业融资对接会”，遴选7家小微企业代表进行路演推介。对小微会员企业融资需求和区内金融机构特色融资产品进行充分调研，牵线搭桥。联合区税务局、区国资中心、北京农商行顺义支行等部门，共同举办银企对接交流座谈会。针对企业需求，推广“普税保”和“普税贷”等融资产品。

（区工商联）

【司法服务平台】年内，联合区检察院组织非公经济人士走进检察院参与“开放日”活动，帮助非公经济人士了解相关法律知识。联合区司法局、区律师协会成立顺义区民营企业商事调解中心，为非公企业特别是小微企业提供多元化、便捷化、公益化的法律服务。

（区工商联）

【培训服务平台】年内，邀请区应急管理局对非公企业负责人和安全生产负责人进行培训。邀请区外办开展APEC旅行卡政策培训。联合区红十字会面向非公企业员工开展应急救护培训4期。

（区工商联）

【交流服务平台】年内，组织区工商联女企业家开展“庆三八”交流活动。组织非公企业乒乓球、羽毛球比赛，首届非公企业足球赛，第八届非公企业职工趣味运动会等活动，提升企业员工的凝聚力、对自身企业的认知度和荣誉感。

（区工商联）

【商协会服务平台】年内，加大对顺义区企业发展促进会党建和日常工作指导，使其成为工商联工作的有力补充和人才基地。吸收龙湾屯农品协会加入工商联组织，考察顺义区餐饮协会和石门市场商会，协助筹建顺义区女企业家协会和青年企业家商会，加强与综合保税区企业联合会联系共同推进相关活动。

（区工商联）

【引导民企献力精准扶贫工作】年内，赴巴林左旗开展帮扶活动，在“精准扶贫捐助大会”上，组织非公企业为巴林左旗每个村捐赠1台激光打印机用于基层组织建设，13家会员企业累计捐款、捐物约117万余元。6家签村企业帮扶资金和项目全部落实到位。继续推进南彩镇小营村帮扶工作，2家新入会企业向小营村捐赠2万元；副主席企业北京晓东顺安防有限公司向小营村捐赠电子信息屏1面。

（区工商联）

法治

▲ 5 月 31 日，顺义公安分局举行第一届警体运动会

▲ 6 月 25 日，区政法系统举办“五月的鲜花”暨庆祝建党 98 周年文艺汇演

6 月 28 日，区委全面依法治区委员会守法普法协调小组第一次全体会议和 2019 年顺义区普法依法治理工作会召开

6 月 28 日，顺义区法院与北京现代汽车有限公司建立京法巡回讲堂“北京现代普法基地”

▲ 7 月，区委政法委开展铁路护路联防工作宣传

▲ 8 月 21 日，区司法局在顺义骏马客运总站开展“宪法进公共交通场所”普法活动

▲ 9 月 26 日，区委政法委在大孙各庄镇开展群防群治

▲ 9 月 29 日，区法院举行“颂华诞 · 共前行”中华人民共和国成立 70 周年系列庆祝活动

年内，顺义公安分局开展“110”主题宣传日活动

年内，顺义公安分局开展反恐处突演练

政法工作

【概况】年内，全区政法系统深入学习贯彻党的十九大和十九届二中、三中、四中全会及中央经济工作会议精神，坚持以习近平新时代中国特色社会主义思想为指导，落实中央、市委政法会议部署，增强“四个意识”，坚定“四个自信”，做到“两个维护”，坚持党对政法工作的绝对领导，坚持以人民为中心的发展思想，以确保中华人民共和国成立70周年庆祝活动为主线，以建立健全平安建设体制机制为龙头，增强预测预警预防各类风险能力，推进平安顺义、法治顺义建设，推动政法领域全面深化改革，加强过硬队伍建设，深化智能化建设，严格执法、公正司法，履行维护国家政治安全、确保社会大局稳定、促进社会公平正义、保障人民安居乐业。

（区委政法委）

【机构改革稳步推进】年内，紧紧围绕新时代政法委的职责任务，依据市级部门职责及本区实际，开展机构改革工作。制定本单位“三定”方案，根据工作需要对相关科室工作职责和工作人员进行合理调整。完成“中共北京市顺义区委平安顺义建设领导小组”的组建工作，完成“中共北京市顺义区委国家安全委员会”及“北京市顺义区扫黑除恶专项斗争领导小组”的调整工作。

（区委政法委）

【政法系统党的建设】年内，推动政法系统扎实开展“不忘初心、牢记使命”主题教育，深入宣讲十九届四中全会精神，突出抓政治建设，推动党员干部立本固根。通过开展基层党组织书记述职评议、基层党组织书记轮训、党员社区民警兼任社区（村）党组织副书记等工作，建立日常指导、定期督导机制，推动党建引领下的基层党组织精治、共治、法治一体化建设。以突出重点时期安全服务保障工作为主线，结合中华人民共和国成立70周年庆祝活动等五大安全服务保障任务，强化党建引领，充分发挥党组织战斗堡垒和党员先锋模范作用。

（区委政法委）

【立体化治安防控】年内，完善专群结合、点线面结合、打防管控结合、网上网下结合、人防物防技防结合的治安防控体系。以群众满意度为导向，重点围绕违法建设、违法犯罪、违法生产、违法经营、违法出租、环境脏乱等突出问题，尤其是小区入室盗窃、诈骗等影响群众安全感的多发侵财案件，坚持专群结合、打防结合，动员社会各方力量，共同织密织严社会治安网。

（区委政法委）

【矛盾纠纷排查化解】年内，围绕重大活动安保期间开展全区性矛盾纠纷大排查工作，控增量、减存量，把矛盾化解在基层，消化在萌芽状态。强化涉法涉诉信访终结制度建设，以“息诉罢访、群众满意、案结事了”为工作目标，统筹协调区法院、区司法局、区信访办及相关属地政府开展案件移交工作，对涉法涉诉信访人加大关注力度，做好重大活动安保期间信访人的稳控工作。

（区委政法委）

【扫黑除恶专项斗争】年内，强力扫黑、铁腕治恶、全面治乱，公安机关累计抓获涉恶犯罪嫌疑人员319人，打掉团伙15个，侦破涉及农村两委班子成员的重点案件14起。检察机关提起公诉涉恶案件8件（29人）。审判机关依法审结12起涉恶案件，判处罚金960余万元，追缴、没收违法所得417万元。结合中央扫黑除恶第11督导组督导及“回头看”反馈的问题，逐条制定整改措施，明确整改责任单位及时限，形成整改方案，压实整改责任。

（区委政法委）

【创新基层社会治理】年内，落实市委政法委《关于进一步加强综治中心建设的意见》的通知要求，推动区、镇（街）、村（居）综治中心实体化运行，切实履行好治安防范、矛盾化解、基层平安创建等工作职责。结合深入推进党建引领“街乡吹哨、部门报到”改革，推进“平安街道”“平安社区”建设。以首都国际机场周边地区安全发展综合提升三年行动为契机，研究制定专项工作方案，增强首都国际机场周边地区安全保障能力。

（区委政法委）

【社会稳定风险评估】年内，强化源头管控，不断完善风险评估机制，实现社会稳定风险评估工作全覆盖，为全区100余家单位出具332份审查意见，做到应评尽评。

（区委政法委）

【深化司法体制改革】年内，推进以审判为中心的诉讼制度改革，统筹推进公安和司法行政改革，完善司法权监督制约机制。充分发挥区委全面依法治区委员会办公室和司法协调小组作用，制定下发工作要点及工作细则，全面推进依法治区工作。充分发挥法治建设领域改革专项小组办公室职能作用，全面推进依法治区、深入推进司法体制综合配套改革等要点折子工程和推动执法办案管理中心建设、基层所（队）案管组规范运行等重点改革任务有序开展。

（区委政法委）

【法治建设】年内，深入开展多层次多形式的法治创建活动，全面提高全区依法行政、依法管理、依法办事的能力和水平，进一步加快全区法治政府建设。打造区镇两级公共法律咨询平台，及时为辖区内的企业和群众提供一站式法律服务。推进法律援助“绿色通道”和12348热线服务，及时向符合条件的困难企业员工提供精准服务。

（区委政法委）

【法制宣传教育】年内，深入推进普法工作，全区举办宪法宣传活动百余场，发放宪法主题宣传资料和宣传品万余份，惠及群众10余万人。开展以“不上路、不摆障、不拆盗、不石击”为主题的爱路护路宣传月活动。充分发挥村（居）规民约、“八型”社区创建作用，开展宣传活动，营造人人参与、人人共享的良好氛围。

（区委政法委）

【社会面防控】年内，围绕全国“两会”、第二届“一带一路”国际合作高峰论坛、亚洲文明对话大会、2019中国北京世界园艺博览会、中华人民共和国成立70周年庆祝活动等重大活动及相关重要敏感节点，分时段、分区域启动社会面等级防控5次，每次安排防控点位4359个，部署各类防控力量近5万人。规范“护城河”治安检查站和乡村道路卡点勤务工作，聘请专业保安于一级勤务启动期间参与卡口执勤工作，充实卡口值守力量，提高查验专业性。开展涉恐风险基础摸排和预警监测，严密防范和打击各种敌对势力的渗透破坏活动，做好邪教人员教育转化和解脱验收工作。

（区委政法委）

【城乡接合部地区重点村整治】年内，重点围绕拆除侵街占道违法建设、消除重大安全隐患、强化治安秩序、规范安全生产经营秩序、提高公共安全基层基础建设以及缓解人口倒挂等问题，对44个市区镇挂账整治地区开展集中整治，疏解流动人口3.4万人。按照市委政法委《关于推广“回天利剑”专项行动模式，加强重点街道（乡镇）安全隐患综合整治工作的实施方案》精神，同步推进全区“回天利剑”试点镇高丽营镇整治行动。

（区委政法委）

【治安重点地区整治】年内，组织公安分局治安支队、刑侦支队、人口大队、城管以及属地和属地派出所召开专题会议，研究解决措施。及时将每月市委政法委通报情况反馈至相关部门，对未达标的地区进行督促整改，确保市级挂账治安重点地区天竺镇和牛栏山镇整治任务达标。

（区委政法委）

【科技信息智能化建设】年内，全力推进“雪亮工程”建设工作，坚持“以用促建、以用促联、以用促管”，加快推进区镇两级高清视频联网与交换共享平台建设，大力整合各部门视频图像资源。全力推进“智慧社区”试点建设，共建设100个智慧社区试点，81个社区（村）完成前端设备安装，初步建设社区数据平台。

（区委政法委）

【铁路护路联防】年内，加强铁路护路联防工作，将京承铁路、大秦铁路顺义段视频图像建设工作纳入全区“雪亮工程”统筹建设，完成176个监控点位540个视频监控安装工作，完成178处通光、138处通电，300个视频图像回传至顺义区政法综治指挥中心，通过社区LED显示屏循环滚动播放宣传标语、绘制“爱路护路”文化墙、制作动画宣传片等方式，增强群众的防范意识及爱路护路意识。

（区委政法委）

【安全监管】年内，强化公共区域电子屏安全管理，《国庆70周年庆祝活动期间顺义区公共区域电子屏网络安全管理专项工作方案》《关于2019年顺义区重大活动期间加强低慢小航空器和空飘物管理工作方案》印发，落实“五大”安保活动期间全面禁飞措施，依托禁飞通告，加大对禁飞工作的宣传力度。开展校园及周边安全专项整治工作。

（区委政法委）

【平安顺义体制机制建设】成立由区委书记任组长、区委副书记任副组长、59家成员单位主要领导为成员的区委平安顺义建设领导小组及办公室，印发《中共北京市顺义区委关于组建中共北京市顺义区委平安顺义建设领导小组的通知》（顺委【2019】30号）。充分结合全区机构改革实际情况，将考核指标体系和项目稍做调整，为各单位开展平安建设工作指明方向，同时保障年底的考核工作顺利进行。

（区委政法委）

公　安

【概况】年内，区公安分局面对国庆安保等多项重大安保任务，面对反恐维稳等多重风险挑战，忠诚履职、严格落实，确保全区政治安全和社会安定。严厉打击刑事违法犯罪，累计破案4589起，同比上升43.4%；刑事拘留2749人，抓逃同比上升40%；命案、绑架、抢劫案件破案率100%，8类重大恶性案件破案率93.6%。综合治理治安突出问题，全力整治突出治安问题，打掉黄赌窝点32个，行政拘留涉黄涉赌人员206人；行政拘留黑车、散发小广告等扰序人员470人。收缴各类枪支42支、子弹3147发，烟花爆竹2.3万余千克，管制器具13把。有效监管公共领域安全，启动安全隐患大排查大整治专项工作，消防查封463处，三停222家，罚款1238.7万元，拘留333人。建成消防水池252座、水鹤286座。开展库房专项清理，排查上账各类仓库2234个，查封1110个，拆除269个。紧紧围绕“疏堵保畅”重点，严密早晚高峰勤务，严格街面交通综合治理，依法查纠各类交通违法行为19.5万余起；行政拘留280人，同比上升20%；查获危险驾驶432人，同比上升12.8%；派出所查处违停行为2.29万笔，同比上升9.7%。强化内部单位安全管理和大型活动监管，确保66项426场大型活动安全。扎实做好基础防范工作，加强视频巡控、街面阵控、社区防控工作，检查出租房屋7.7万余间，登记流动人口10.8万余人；投入街面警力7.3万余人次，接报街头类刑事警情同比下降18.8%。年内，全面完善社会治安防控体系建设，做实勤务指挥体系，全年处警11.3万件，处置各类突发敏感案事件107起。着力发挥平安办统筹牵动作用，服务保障中心工作，督办重点、专项工作。加强综合调研、机要保密、枪支管理、文秘档案等工作，切实提升服务保障水平。保持高度敏感，启动“7+X”工作机制24次，线上线下共同工作，实现舆情整体平稳。做实科技信息化建设，依托“雪亮工程”，调整高清图像布局，建设完成2644个高清视频监控点位；在全市率先推出网吧人证核验一体机建设，提升网吧防范水平。加强环京“乡村卡口智慧管控系统”建设，建成“联合创新实验室”，深化移动警务应用，开展智慧社区建设，提升智慧警务水平。做实公安放管服工作，将车管、出入境等业务融入区政务服务中心，努力提升窗口服务水平；全年审批、受理各类户籍证件18万余件，办理各类车管业务20.1万件。年内，提升执法能力和水平，突出重点案件执法保障，在专案、重点案件和重大活动安保中法制前置，协调监察、检察机关介入指导，审核拘留2147人，同比上升18.4%；介入重点案件30余次。突出执法工作基础建设，推进基层所队办案区智能化改造工作，强化执法常态化培训，加强涉案财物管理。主动做好信访工作，受理率、办结率均达到100%。12345接诉即办工作，回复率、响应率达100%。深化“五型监所”建设，确保监所绝对安全。落实常态化督察，对73件领导交办件进行倒查，对74名违纪违规领导干部和民警追责处理；启动维权机制135次，全力保障民警依法履职。做好新建看守所配套工作，推进旺泉派出所新建筹备，提升基层建设水平。

（区公安分局）

【“五大安保”任务完成】年内，区公安分局完成以国庆安保为主的“五大安保”任务。成立国庆安保领导小组，先后召开党委会32次、局长办公会51次、专题会39次，深入部署发动。按照“一体化谋划、常态化推动、精细化落实”思路，分局以“三室、十六组”组织架构为牵引，制定各类工作方案预案118个，拉列重点任务账单217条。全区未发生有重大影响的案事件，未形成大规模上访和非法聚集，刑事类警情环比下降24%，治安类警情环比下降26.9%，秩序类警情环比下降44.6%。

（区公安分局）

【国庆70周年安保】国庆70周年期间，担负支援制高点看控等11项勤务任务，最大化抽调民警1577名，用警数量达历史最高，4名分局领导带领750名民警支援东城区制高点管控。牵头成立群众游行第三分指安保处，完成政审、背景审查以及训练秩序维护任务。完成群众联欢第九分指安全保障工作，确保联欢人员绝对安全。部署警力24小时驻勤，完成彩车制作、食品特供、和平鸽放飞、烟花燃放等专项安全保障任务。对警卫路线周边全面清理整治，对新增制高点严密看控，确保警卫工作万无一失。加强“低慢小”航空器管理，严格“四禁、两查”要求，未发生一起“黑飞”事件。

（区公安分局）

【推进扫黑除恶斗争】年内，坚持“有黑必扫、有恶必除、有伞必打、有腐必反、有乱必治、除恶务尽”，打掉9类涉恶因素团伙19个，刑事拘留319人，接收市局督转线索结办率86%，9类涉恶案件破案率90.3%。以“使命•2019平安行动”为牵动，发挥打击主业优势，保持严打严整高压态势，深入开展扫黑除恶斗争，突出“打伞破网、打财断血”，通过严打“保护伞”、转递公安提示函、专项清理整治等工作，巩固基层政权基础。承担全市重点督导3件专案中的2件，抽调精干警力，组织开展“5.15”“6.19”两项专案，抓获犯罪嫌疑人165名，涉案资金20余亿元，涉案公职人员40余人。

（区公安分局）

【“平安行动”专项工作】年内，依托“雷霆行动”“打整控”“并肩治乱”“治安洼地”等专项工作，严打各类突出违法犯罪。累计立案11186起，同比上升18.2%；破案4589起，同比上升43.4%。刑拘2749人，超额完成既定任务，抓逃同比上升40%。全力整治突出治安隐患、净化社会治安秩序，确保社会治安环境干净有序，累计行政拘留6178人，同比上升20%。其中打掉黄赌窝点32个、拘留涉黄赌人员206人；拘留黑车、散发小广告等扰序人员494人，救助流浪乞讨213人。

（区公安分局）

【筑牢首都外围防线】年内，顺义、三河两地警方共同开展环京防线设卡工作116天，累计盘查检查车辆429.4万余辆、人员481.5万余人，抓获各类违法人员226人，查获烟花爆竹4822.63公斤、散装油841.3升、猪肉20公斤、小型飞行器1架、盗抢车2辆。

（区公安分局）

【“雪亮工程”建设】年内，顺义公安分局完成22个派出所辖区内前端点位踏勘工作，形成《派出所前端点位深化设计报告》，配合设计公司编制完成《2019年“雪亮工程”建设方案》《2019—2020年两年规划方案》。依托“雪亮工程”开展高清视频监控补点建设，新装监控摄像机6701个，实现5110路图像回传派出所三级图像平台。同时整合镇街、市场、医院、网吧、居民区等二类和三类视频资源3619路。建设完成分局新一代模块化机房、视图库、视综平台、图上作战、解析中心、社会资源整合平台等系统。

（区公安分局）

【分局联合创新实验室建设完成】年内，为全面做好顺义公安分局“智慧警务”建设与发展工作，依托区“雪亮工程”，分局“联合创新实验室”建设完成。

（区公安分局）

【“110”主题宣传日活动】年内，顺义分局在宏城居委会举办“警民牵手110，共创平安迎大庆”主题宣传日活动。宣讲防范电信诈骗，预防煤气中毒，冬季用火、用电、用气等安全知识。发放宣传资料25000余份，发放购物袋等宣传品10余种，摆放宣传展板24块。

（区公安分局）

【民警兼任副书记政治轮训】年内，为全面推广“枫桥经验”，落实市委、市政府和市局党委“街乡吹哨、部门报到”工作要求，分局250名兼任社区（村）党组织副书记的社区党员民警在顺义区党校开展为期3天的脱产政治轮训。

（区公安分局）

【旺泉派出所机构编制增设完成】年内，根据旺泉街道辖区实际，在前期围绕可行性、必要性广泛调研的基础上，经区公安分局研究，报请市公安局批复同意新建旺泉派出所，警力编制35人，编制从胜利、仁和派出所核减。

（区公安分局）

【做好执法办案中心工作】年内，以“硬件建设标准化、组织管理精细化、案件办理集约化、执法行为规范化”为目标，执法办案中心坚持高标准、严要求，稳步推进各项工作，确保办案安全。累计收押1510人，接待560个办案单位入所，为2908人次办案人员提供人身检查、候问看管、信息采集等服务保障工作。

（区公安分局）

【信访接待】年内，区公安分局共办理信访问题6086件次，同比下降19%；市公安局转办、交办5633件次，区公安分局自接453件次，办结率均在95%以上；区公安分局领导接访28批次，办理涉法涉诉信访案件15件；完善接诉即办工作机制，制定《分局12345服务热线办理工作实施细则》，累计办结群众投诉1881件，回复率、响应率达100%，解决率和满意率明显提升。

（区公安分局）

【物流寄递管理】年内，区公安分局协调交通、工商、消防、属地政府等部门，对寄递企业开展联合执法检查，对违反交通管理、消防监督、无证照经营以及存在其他安全隐患问题开展集中整治工作。全年共出动力量2624人，检查单位2356家，其中货运企业1089家、快递企业1267家，发现并整改问题96件，函告主管部门24件。

（区公安分局）

【保安服务管理】年内，区公安分局全面落实《保安服务管理条例》，全年共检查驻勤点4568个，检查保安员持证上岗13724人次，处罚违反保安管理条例的保安服务公司29起，共计罚款39万元；辞退不符合从事保安职业人员376人。保安员入职比对人298次，办理保安证18328人，初级保安员培训1667人，规范保安服务公司管理，保安员办证率和持证率明显提高。

（区公安分局）

【烟花爆竹管理】年内，在除夕、正月初五、正月十五3个重要时间节点，每天组织各种力量28227人上街开展禁放看护和秩序维护工作，其中区公安分局投入民警和消防力量1646人参与此项工作，未发生因燃放烟花爆竹发生的伤人及火灾事故，基本实现“禁放区禁住、限放区安全、社会面平稳”的工作目标。

（区公安分局）

【重大安保食品供应安全】年内，区公安分局共出动警力50余人次，加强对北京顺鑫农业股份有限公司鹏程食品分公司和北京燕京啤酒股份有限公司矿泉水厂2家承担全国“两会”和国庆70周年活动的食品供应单位的监督检查，认真落实与会服务保障人员的政审工作。共对1010名服务保障人员进行审核，对配送押运人员逐人进行谈话，掌控食品供应人员思想状态情况，并严格落实“十专”等措施。

（区公安分局）

【黑开场所打击查处力度加大】年内，为进一步净化行业场所治安环境，有效打击违法违规经营行为，区公安分局结合暑期清理整治行动，重点对辖区黑开场所进行打击查处。全年取缔黑开旅店58家，治安拘留违法经营人55人，罚款4400元。

（区公安分局）

【废旧金属收购业专项整治】年内，为进一步推动开展废旧金属收购业专项整治，区公安分局组织召开专项整治工作推进会，并组织派出所全面加强与相关部门密切协作，开展联合执法，集中清理取缔一批异地经营、无照经营的废旧金属回收场所，有效净化辖区社会治安环境。全年治安拘留66人，刑事拘留6人，罚款397500元。

（区公安分局）

【校园安全防范基础培训】年内，反恐怖和特巡警支队会同仁和镇及仁和派出所，组织仁和辖区中小幼学校安保负责人100余人，在成教中心开展校园安全防范反恐处突实战演练活动。反恐怖和特巡警支队实战教官为与会人员现场演示反恐装备器材的使用、自我防护基本要领，现场教授钢叉、警棍、盾牌等反恐装备的使用技巧，以及应对处置恐怖活动和个人极端行为的基本技能。

（区公安分局）

【“4.15”反恐宣传活动】年内，区公安分局参加由区反恐办、区国安委联合组织，在后沙峪镇祥云小镇喷泉广场举行的“4.15”全民国家安全教育日宣传活动。活动中，发放反恐宣传手册10000余册、反恐折页宣传单30000余张以及反恐宣传手提袋、帽子、水杯、扇子等物品2000余件，参加宣传群众3000余人。

（区公安分局）

【春运交通安全宣传】年内，区公安分局以“细节关乎生命、安全文明出行”为主题，组织民警深入辖区客运企业、检查站、公交站、各乡镇开展“平安春运、交警护航”“情满旅途”等一系列交通安全宣传活动，全力做好春运期间道路交通安全管理工作。共开展交通安全课4场，挂图巡展4场；播放宣传光盘4场；展出宣传展板32块，悬挂横幅8条；发放宣传材料12000余份。

（区公安分局）

【电动车临时标识申领核发完成】年内，区公安分局通过全区5个线上、1个线下核发点共发放电动车临时标识120756副，完成电动车临时标识申领核发工作。

（区公安分局）

【电动车物联网技防工作】4—6月，区公安分局按照分局党委科技强警的总体部署，牵动各派出所，继续在全区开展电动车物联网技术防范工作，共在全区登记备案电动车、安装防盗标志3.3万余辆，超额完成登记备案任务。

（区公安分局）

【智慧社区建设持续推进】年内，顺义区100个智慧安防建设社区（村）中，有81个社区（村）的前端设备安装完成、社区的数据平台（包括20个市级试点社区）初步建立。总计投资4300余万元，用于安装智能门禁613套、车辆道闸95套、高清探头645个、人脸识别622套、车牌识别228套，WiFi探针10套。

（区公安分局）

检　察

【概况】年内，区检察院共受理审查逮捕案件1060件1423人，审查起诉案件1574件1978人，其中批准逮捕683件825人，提起公诉1348件1654人。全年追捕漏犯43人，追诉漏犯41人，其中33人获法院有罪判决。对经审查认为不构成犯罪的依法不批准逮捕12人、不起诉13人，对证据不足的依法不批准逮捕357人、不起诉89人。审查区监察委员会移送的贪污贿赂犯罪案件7件11人，依法提起公诉。向纪检监察机关通报党员、公职人员涉嫌犯罪案件39件，移送涉嫌违法违纪线索7件。深入开展扫黑除恶专项斗争。受理涉恶审查逮捕案件20件51人，审查起诉案件9件54人，其中已批准逮捕37人，提起公诉26人。办理市委政法委扫黑除恶专项斗争督办案件2件13人。对2016年以来办理的几类重点案件进行全面梳理，排查出涉恶案件线索15件，涉“保护伞”线索15件，依法分别向区监察委员会、顺义公安分局移送。不断推进认罪认罚从宽制度实施。全年认罪认罚案件适用率达到71.35%，提出量刑建议被法院判决采纳率95.26%。坚决打击破坏金融管理秩序、金融诈骗、传销等涉众型经济犯罪，批准逮捕29人，提起公诉39人，为持续优化区域营商环境贡献检察力量。坚决打击扰乱市场秩序、侵犯知识产权等犯罪，批准逮捕30人，提起公诉46人。开展涉民营企业案件羁押必要性审查专项活动，依法对3名被羁押的犯罪嫌疑人变更强制措施为取保候审，最大限度降低办案活动对企业正常经营带来的负面影响。开展经济犯罪领域撤案监督专项活动，共排查案件167件，监督公安机关撤案6件7人，防止用刑事手段插手民事经济纠纷情形发生。开展校园周边商户向未成年人出售烟草专项监督活动，与行政机关形成合力，净化学校周边环境，保障未成年人合法权益。立足检察职能参与社会治理。落实中华人民共和国最高检察院“群众来信件件有回复”和市检察院“检察业务信访接诉即办”工作要求，对群众诉求及时审查分流，做到7日内程序性回复，3个月内办案结果告知。全年受理群众来信294件，来访416批1369人，电话、网络信访22件。立足检察职能开展“十进百家、千人普法”活动，30余名检察干部带着案例，走进乡村、学校、企业等开展普法宣传38次，受众6000余人。针对办案中发现的村镇基层组织管理漏洞等社会治理问题，向有关单位发出检察建议13份，为推动提升社会治理水平贡献力量。3月，在市检察院的统一部署下，区检察院完成内设机构改革任务。年内，区检察院获“全国检察宣传先进单位”称号，1个部门获“北京市工人先锋号”，1人获“首都市民学习之星”，1人获第四届“顺义区优秀青年人才”。

（区检察院）

【检察监督】年内，受理立案监督案件78件86人，其中监督公安机关立案32件35人，监督撤案32件40人。建议行政执法机关向公安机关移送涉嫌犯罪案件9件12人，公安机关立案9件12人。受理侦查活动监督案件32件，对存在违法行为的，提出口头纠正16件，发出《纠正违法通知书》3份、检察建议1份，相关问题均得到整改；对不存在违法行为的，及时向办案部门反馈，支持公安机关依法履行职责。加强刑事审判监督。全年审查一审裁判文书1340份，按照二审程序提出抗诉案件3件8人。强化刑事执行监督。开展驻看守所检察273天次，与在押人员谈话教育286人次。办理在押人员控告、举报、申诉案件13件，办理的邓某某就个人非涉案财物被暂扣未及时发还提出控告案，被评为全市检察机关刑事执行检察优秀案件。开展社区矫正监督检察31次，与社区矫正对象谈话教育17人次。办理羁押必要性审查案件188件，对不需要继续羁押的犯罪嫌疑人建议变更强制措施84人。开展判处实刑罪犯未执行刑罚专项监督等3个专项检察监督活动，发现被判处拘役罪犯未收监执行、财产刑执行违反法律规定等问题并提出纠正意见，相关问题得到及时整改。加强民事诉讼监督。受理民事诉讼监督案件61件。开展虚假诉讼专项监督活动，发现一件标的额1800余万元、在区域内有较大社会影响的建设工程施工合同纠纷案涉嫌虚假诉讼，依法提出再审检察建议，法院采纳建议并裁定再审。向市检三分院提请抗诉案件3件。针对审判过程中的司法不规范等行为，发出检察建议2份，相关问题得到及时纠正。注重释法说理，有效化解矛盾，当事人撤回监督申请37件，促成当事人和解1件，依法维护正确裁判权威。推进行政诉讼监督。受理行政诉讼监督案件7件，协助市检察院办理行政诉讼监督案件18件。加强行政非诉执行检察监督。针对部分行政机关存在超期申请强制执行、询问笔录不规范等问题，提出监督意见，相关问题得到及时整改。

（区检察院）

【公益诉讼检察】年内，审查公益诉讼案件线索22件，其中行政公益诉讼立案16件，发出诉前检察建议10份；民事公益诉讼立案调查3件，移送北京市人民检察院第四分院立案审查1件。围绕区域重点工作抓办案实效。开展小微黑臭水体污染公益诉讼专项监督活动，督促属地政府做好河湖管理保护、河道清淤及周边垃圾清理工作。针对社会公众广泛关注的“牛奶河”案件中的行政机关履职问题进行立案调查，依法发出诉前检察建议，督促行政机关严格履行监管职责。以饮用水水源地保护为重点，排查水源井20余个，针对一级水源保护区范围内存在建筑垃圾、渣土和畜禽粪便堆积等问题，依法向区生态环境局和属地政府发出诉前检察建议，督促治理存在污染隐患的水源地面积1300余平方米，清理渣土1800余吨。开展医疗机构、保健品经营者虚假宣传专项监督活动，依法发出诉前检察建议。相关行政机关收到检察建议后，进行专项排查整治，取得良好效果。

（区检察院）

【自觉接受人民监督】年内，主

动接受人大、政协和社会各界监督。就“检察队伍建设工作情况”向区人大常委会作专项报告，并对人大常委会的审议意见逐条研究，认真落实。邀请部分人大代表、政协委员和相关领域代表参加检察护航民营企业发展等3个主题开放日活动，并听取意见和建议。保障律师合法执业权利，全年接待律师882人次。依托检察管理监督平台，将案件办理进程等程序性信息及时发送给辩护律师。

（区检察院）

【检察工作情况通报会】1月4日，北京市检察机关工作情况通报会在顺义区召开。区人大常委会党组书记、主任车克欣等14名市人大代表，市检察院副检察长赵志刚，区检察院党组书记、检察长张豫参加座谈。

（区检察院）

【工作报告获全票通过】1月9日，张豫代表区检察院向区五届人大第五次会议报告检察工作。经各代表团讨论、大会审议表决，工作报告获得全票通过。

（区检察院）

【为从检30年干警颁发荣誉章】1月29日，区检察院召开检察荣誉章颁发仪式暨从检满30周年人员座谈会，向从事检察工作累计满30周年的优秀检察人员颁发“检察荣誉章”。顺义院党组成员、内设机构负责人以及从检满30周年的在职检察人员、离退休干部参加座谈。

（区检察院）

【保密知识考试】2月25—28日，根据市检察院保密委统一部署，区检察院采用网上答题的方式，对本院符合考试条件的139名检察人员进行培训及考试。

（区检察院）

【检察长列席审委会】3月21日，区检察院张豫依法列席顺义区法院审判委员会。对2016年司法体制改革以来至2018年底的刑事、民事、行政审判和执行活动监督情况进行通报。

（区检察院）

【拟不起诉案件公开审查】4月29日，区检察院邀请区人大代表、政协委员、律协代表及公安机关承办人对王某某过失致人重伤案开展不起诉公开审查。

（区检察院）

【联合银行到社区开展普法宣传活动】5月22日，区检察院联合中国银行顺义支行共同走进万科城市花园社区开展“携手筑网、共同防治”防范非法集资和金融领域扫黑除恶主题法治宣传活动。中国银行顺义支行部分员工以及社区居民100余人参加。

（区检察院）

【扫黑除恶督导组来院督导】6月14日，中央扫黑除恶第11督导组第3下沉小组成员李占州、倪弋一行到区检察院开展扫黑除恶专项斗争工作督导。市委政法委张进博、区委政法委张峰、区检察院扫黑除恶专项斗争领导小组及领导小组办公室全体成员参加会议。

（区检察院）

【检企结对共建】7月25日，区检察院与中国银行顺义支行签订《廉洁伙伴协议》和《党建共建协议》，探索建立“机关党委+企业党总支”“党务+业务”的党建工作“双+”新模式。

（区检察院）

【就“牛奶河”事件制发诉前检察建议】7月，区检察院就温榆河污染问题（媒体报道为顺义天竺“牛奶河”事件），向区生态环境局发出行政公益诉讼诉前检察建议，督促其严格履行监管职责，强化日常监管。

（区检察院）

【行政事务管理工作调研座谈会在院召开】8月29日，北京市检察机关行政事务管理工作调研座谈会在区检察院召开，市检察院党组成员、副检察长黄宝跃参加会议，市检察院行政事务管理部负责人，东城、朝阳、通州、顺义、大兴、平谷、怀柔、密云等各区检察院等基层院行政事务管理工作分管检察长和内设机构负责人参会。

（区检察院）

【就虚假诉讼案件制发再审检察建议】9月6日，区检察院对一起涉案标的额1800余万元的虚假诉讼案向区法院发出再审检察建议。后区法院作出民事裁定，对本案进行再审。

（区检察院）

【区“两法衔接”工作联席会】9月23日，区检察院与区司法局联合组织召开顺义区2019年度“两法衔接”工作联席会，顺义院、区司法局相关负责人及区32家有行政执法权的行政机关主管领导参加会议。

（区检察院）

【公益诉讼工作推进会】11月7日，市检察院第八检察部主任于静一行5人来顺义检察院召开第三片区公益诉讼检察工作推进会。朝阳区检察院、顺义区检察院、平谷区检察院、密云区检察院负责公益诉讼检察工作的主管领导、内设机构负责人参会。

（区检察院）

【检察官轮值参与接访制度】11月25日，区检察院制发《顺义区人民检察院检察官轮值参与接访工作规定（试行）》，要求全体检察官在工作日按照排班表轮流参与信访接待工作，提升检察官群众工作能力，预防和减少涉检信访。

（区检察院）

【检察长赠送普法图书】12月4日，检察长张豫前往后沙峪第一幼儿园、北京江河幕墙股份有限公司2个联系点走访调研，并向联系点赠送普法图书。

（区检察院）

【报告获区领导批示】年内，顺义区检察院报送的《未成年人检察工作情况报告》《关于办理非法集资类犯罪案件情况的报告》获区委书记高朋肯定性批示。

（区检察院）

【系列主题公众开放日活动】年内，根据市检察院的统一部署，顺义检察院先后举办“‘我将无我’奋斗，不负人民重托——共和国建设者走进检察机关”“携手关爱，共护明天”“检察护航民企发展”主题公众开放日活动，邀请社会各界代表走进检察机关，了解检察工作。

（区检察院）

【获评优秀案件】年内，区检察院办理的“捕后判处拘役的盗窃类案件备案审查案”和“邓某某控告案”案件分别获评刑事强制措施检察优秀案件和刑事执行检察优秀案件；办理的“北京世纪陈氏红菜坊餐饮有限公司逃避追缴欠税案”在“北京市检察机关立案和侦查活动监督优秀案例评选活动”中获评“行刑衔接”类优秀案件。

（区检察院）

【受邀为顺义公安分局授课】年内，区检察院2次受邀到区公安分局，为公安民警进行非法集资案件的办理中存在的问题及应对策略、常见侦查活动违法情形等方面的培训。

（区检察院）

法 院

【概况】年内，区法院坚持以习近平新时代中国特色社会主义思想为指导，紧紧围绕庆祝中华人民共和国成立70周年这条主线，推进司法为民，开展扫黑除恶专项斗争工作，着力巩固基本解决执行难攻坚成果，坚决维护社会稳定，精准服务区域发展，自觉主动接受人大监督，确保依法公正高效行使审判权。全年新收案件46294件，办结46335件，收结比100.09%，同比提高0.06个百分点；未结案件2442件，同比下降1.65%，在北京市高级人民法院开展的2019年度基层法院目标责任制考核中，被评为“一档”法院。本院获得北京法院新闻宣传优秀组织单位和北京市法院第三十届学术讨论会组织工作先进奖，本院执行局被评为全国维护妇女儿童权益先进集体，1人被评为全国法院办案标兵，1人荣获首都劳动奖章，1人被评为顺义区优秀青年人才。

（区法院）

【党建工作与审判工作融合开展】年内，坚持问题导向，班子成员围绕扫黑除恶、诉源治理、优化营商环境等8个专题，深入调研，查找问题，提出对策，把主题教育成效转化为公正为民司法的生动实践。实施“党小组红细胞”工程，将245名党员编入56个党小组，推进法院党的建设和审判执行、司法改革融合，北京市高院院长对此做法批示予以肯定，3个党小组荣获北京市法院优秀党小组称号。

（区法院）

【促进法治政府建设】年内，区法院新收行政案件815件，同比上升83.2%。全年共有1名副区长、5名镇长在内的45名行政机关负责人出庭应诉，推动行政行为的进一步规范。建立行政争议化解中心，实行案前调解，因成果显著，此做法被评为北京法院司法改革微创新优秀案例。召开行政审判白皮书新闻发布会，邀请败诉率较高的行政机关参加，发布典型案例，提出具体建议，规范行政执法行为。以“发挥行政审判职能助推法治政府建设”为主题，举办代表委员进法院活动，邀请部分全国政协委员、市人大代表参加新闻通报会和征求意见座谈会，促进依法科学决策。

（区法院）

【扫黑除恶专项斗争】年内，区法院推动扫黑除恶专项斗争纵深发展，成立扫黑除恶工作专班，出台《涉黑恶案件办理规程》。全年共审结涉恶案件13件49人，依法从严惩处程海明恶势力团伙对企业事实敲诈勒索等违法犯罪，此案入选北京法院扫黑除恶典型案例。本院坚持“打财断血”，依法铲除黑恶犯罪经济基础，追缴、罚没财产1400余万元，受到中央扫黑除恶督导组充分肯定。坚持开展涉黑恶线索排查工作，向公安机关移送线索22条，向纪检监察机关移送“保护伞”线索6条。

（区法院）

【依法打击刑事犯罪】年内，区法院依法严惩发生在人民群众身边的腐败案件，审结村干部职务犯罪案件4件。严厉打击涉众型经济犯罪，审结非法吸收公共存款案件5件，涉案金额1.07亿元，尽最大可能保护人民群众财产不受损失。成立刑事速裁审判团队，对被告人认罪认罚的案件，依法从快从简从宽处理。年内共审结认罪认罚案件1019件，平均用时5天。主动研判法律风险，针对审理过程中出现的问题精准发送司法建议，关于严厉打击非法采矿犯罪行为的司法建议获评北京法院优秀司法建议。

（区法院）

【民商事纠纷妥善化解】年内，区法院依法平等保护不同所有制市场主体的合法权益，全年审结买卖、租赁等合同纠纷19401件。建立类案辩论制度、将类似案例引入庭审，组织原、被告围绕争议焦点和是否参考类案生效判决进行法庭辩论，保证同类案件得到同样处理，商事案件一审服判息诉率同比提高5个百分点。组建专业化破产审判团队，审结破产清算案件17件，涉及职工债权1.7亿余元。依法妥善审理“长租公寓”涉众型案件，总结在审理过程中出现的问题和经验做法，撰写案件信息简报，此信息被最高人民法院、北京市高级人民法院、北京市委采用。在临空经济核心区走访调研，与金融企业交流座谈，了解企业司法需求。与重点企业合作建立普法基地，提供点对点的司法服务，促进企业合规、健康发展。

（区法院）

【巩固基本解决执行难攻坚成果】年内，区法院全面贯彻落实中央全面依法治国委员会《关于加强综合治理从源头切实解决执行难问题的意见》，建立长效机制，巩固基本解决执行难攻坚成果。受理执行案件12783件，同比增长19.9%。在一起执行标的为飞机的案件中，经过与中国民用航空局单位协调，在5天内完成查封扣押、异地保管、维护保养等工作，在一个月内完成变卖。加大强制执行力度，公布失信被执行人信息6468条，限制高消费7045人，罚款拘留180人，以拒不执行判决、裁定罪追究刑事责任1人。全面推行网络司法拍卖，成交额2.65亿元，为申请执行人节省佣金976.4万元。年内，依法开展大型司法强制腾退5次，腾退面积1.5万余平方米，服务保障新国展二期、三期等重点项目建设。成立快速执行团队，主要负责保险理赔、车辆过户等类案件集中统一办理，提高效率，自团队成立以来，集中办理案件1169件。在市高院开展的中基层法院目标责任制考核中，执行工作专项考核位列全市第一。

（区法院）

【司法改革深化】年内，区法院内设机构改革完成，内设机构数量由24个精简到12个，增加一线审判力量41人，实现审判资源优化配置。与内设机构改革相配合，建立目标责任制考核管理体系，调动全体法官干警的积极性，法官人均结案445.5件，位于全市法院前列。年内，打造以诉讼对接中心为龙头，以人民法庭为支点，以法官工作站为网点的全网式立体化诉源治理新模式。最高院周强院长在本院调研时，听取基层法庭服务乡村振兴战略实施情况和“多元调解+速裁”机制改革情况汇报，对此予以高度肯定。

（区法院）

【民生司法保障强化】年内，区法院依法保障妇女、儿童、老年人、残疾人合法权益。审结婚姻家庭、继承纠纷4010件，促进家庭关系和谐稳定。在一起交通事故致残赔偿案中，邀请心理专家对年仅7岁的申请执行人进行心理疏导，本案被评为全国“推动法治进程十大案件”。区法院对被执行人确无财产可供执行的案件，实施司法救助，向21起案件中42位无法获得有效赔偿且生活极端困难的申请执行人，发放救助金300余万元。其中，吴某申请司法救助案件作为北京法院唯一一起案例，入选首届人民法院国家司法救助典型案例。

（区法院）

【主动接受人大及社会各界监督】年内，区法院主动接受人大及其常委会监督和政协民主监督，开展代表委员联络工作，邀请旁听案件、监督执行、调研该院多元调解工作、参加新闻通报会等。提请区委任命256名人民陪审员，充分发挥陪审员监督审判职能。依法接受检察机关法律监督，召开法检联席会议，邀请检察长列席审判委员会会议。

（区法院）

【示范性裁判机制】年内，区法院针对“疏整促”专项行动、违法建设治理产生的群体性纠纷和其他易发多发纠纷，选取典型个案进行示范开庭、示范裁判，引导其他同类案件的当事人形成合理诉讼预期。发布典型案例，引导人民群众参照裁判规则协商解决纠纷。“微信群发表不当言论构成侵权”一案入选北京法院“树立社会规则、维护社会秩序”十大典型案例。

（区法院）

【法制宣传教育加强】年内，区法院严格落实中共中央办公厅、国务院办公厅印发的《关于实行国家机关“谁执法谁普法”普法责任制的意见》，做好普法宣传工作。落实中央政法委工作部署，开展“今天我当班”法院开放日活动。组织普法宣传活动40余次，召开专题新闻通报会4次。根据网友关心的法律问题，开展定制式精准普法制作“顺法一分钟”系列普法微视频，累计点击量超过5000万次。以执行工作为题材拍摄的公益广告《纽扣》，被评为全国法院十佳微视频。

（区法院）

司法行政

【概况】根据市委、市政府批准的《北京市顺义区机构改革方案》要求，按照顺义区的统一安排部署，区司法局和区政府法制办于3月25日完成重组。重组后区司法局行政科室共计13个，事业单位5个，基层司法所25个，形成“一个统筹、三大职能”的工作布局。即区委依法治区办统筹协调法治工作，贯通执法、司法、守法普法各环节，汇聚法治国家、法治政府、法治社会建设于一体，重点发挥好行政执法、刑事执行、公共法律服务3个方面职能作用。年内，区司法局工作重点一是公共法律服务实体平台建设。顺义区公共法律服务中心、25个镇（街道）公共法律服务站、551个村（社区）公共法律服务室全部建设完成并投入使用。二是完成国庆70周年维稳安保任务及指挥中心建设。三是持续深化司法保障，打造法治化营商环境，全面落实优化营商环境三年行动计划。四是落实“谁执法谁普法”普法责任制，构建全区媒体全联动、舆论广覆盖的媒体普法宣传新格局。五是深入开展全面依法治区各项工作，加快法治政府建设。年内，全区有律师事务所48家，社会执业律师208人、实习律师27人、公职公司律师21人，完成律师类行政许可、备案服务事项67件；公职公司律师备案服务审批10件，现场检查律所47家，律师执业情况检查311人次，办理行政处罚3件。全区共开展矛盾纠纷排查43486次，调解纠纷3696件，成功3690件，调解成功率99.8%。

（区司法局）

【依法治区】区委依法治区办按照市委依法治市办的组织架构，确定由区司法局内设机构法治调研科和行政执法协调监督科具体承担依法治区相关具体工作。对标中共北京市委全面依法治市办各协调小组的组成，确定全区各协调小组的组成单位，并明确各组成单位的主管领导、联络员，为全面依法治区工作的开展提供组织保证。召开区委依法治区办第一次、第二次会议，先后研究起草协调小组工作细则、委员会请示报告制度、专家决策咨询工作机制、联络员工作联系机制等文件，并以委员会名义印发实施，保障组织机构规范运转。

（区司法局）

【法治政府建设】年内，制定《顺义区2019年学法计划》，组织区政府常务会会前学法4次，专题法治讲座2次，依法行政专题研讨班2期。举办镇政府查处违法建设操作规程培训会，进一步规范违建查处程序。宣传贯彻《北京市城乡规划条例》，配合开展《北京市机动车停车条例》、违建强拆费用追缴等政策的宣传工作。办理区人大常委会就整体推进法治政府建设工作提出的审议意见及区政协委员关于行政执法的工作提案，聘请中国政法大学协助开展对全区相关单位法治政府建设评估工作。

（区司法局）

【行政执法监督管理】年内，开展机构改革期间执法衔接工作，组织48家原执法部门和新组建执法部门，转移职权5509项，转隶持证执法人员957人，新设立执法岗位46个。《2019年顺义区行政执法监测考核工作方案》出台，对各执法机关的执法效能建设提出具体要求。大力推进行政执法三项制度，开展“漠视侵害群众利益问题”专项整治工作，推进严格规范公正文明执法。参加“街乡吹哨部门报到”专题协调会共60余次，为属地提供意见建议60余条。审核区城管执法局强拆责成案件共25件。

（区司法局）

【社区矫正管理】年内，全区在管社区矫正对象294人，电子监管245人，排查确定区级重点人1人、司法所级重点人1人；刑满释放人员1465人，排查确定重点人3人。年内，累计接收社区矫正对象228人，解除212人；累计接收刑满释放人员284人，解除292人。组织7批次206名新接收社区矫正对象到北京市社区矫正教育中心参加市司法局集中初始教育活动，教育合格率达到100%。给予社区矫正警告10人次，办理撤销缓刑收监执行1人，发现余漏罪情况4人。为全区30名特困“两类”人员申请发放救助金7500元、发放米面油等生活必需品19份。完成25个镇街554个评议小组1662名社区评议员的重新推荐选聘工作，累计发放社区评议补贴经费102万余元。

（区司法局）

【普法与依法治理】年内，在全市率先召开区委全面依法治区委员会守法普法协调小组第一次全体会议，会议审议通过《协调小组工作规则》《2019年顺义区普法依法治理工作要点》《顺义区国家机关“谁执法谁普法”普法责任制实施办法》《顺义区普法责任制清单（第一批）》等文件，明确守法普法工作事权范围、职权界限及全年守法普法工作重点任务。全年逐次部署全区开展村民委员会换届、禁毒日、新中国成立70周年、基层民主法治建设、“12.4”国家宪法日宪法宣传周等专项法治宣传活动。以“顺义普法”微信公众号为基础，全方位搭建顺义电视台、顺义广播电视台、《顺义时讯》全媒体宣传体系，构建全区媒体全联动、舆论广覆盖的媒体普法宣传新格局。

（区司法局）

【人民参与促进法治】年内，全区人民调解组织共调处纠纷4501件，调解成功4381件，调解成功率97.3%。完成“一带一路”高峰论坛、世园会、亚洲文明对话大会、国庆70周年庆祝活动等重大活动、重要会议矛盾纠纷排查化解工作；持续开展“扫黑除恶”专项矛盾纠纷排查7020次，未发现涉黑涉恶矛盾纠纷线索；会同区法院、区公安分局完成人民陪审员选任工作，选任人民陪审员256名；完成人民调解组织和人民调解员备案工作，全区参与备案的人民调解组织577个，人民调解员3749人。其中村（居）人民调解委员会552个，调解员3438人；镇（街）级人民调解委员会25个，调解员311人。

（区司法局）

【公共法律服务】年内，顺义区公共法律服务中心、25个镇（街道）公共法律服务站、551个村（社区）公共法律服务室全部建成并投入使用。制定《顺义区公共法律服务中心窗口设置应急管理预案》《窗口工作规范》《领导干部公共法律服务接待日》等制度，扎实推进三级公共法律服务实体平台规范化建设。开展北京市公共法律服务网络协同调度平台应用培训，配备公共法律服务终端，提升公共法律服务信息化水平。

（区司法局）

【法律援助】年内，以《北京市法律援助条例》颁布实施十周年为宣传契机，利用三八妇女节、全国助残日、六一儿童节、九九重阳节等重要节点，开展针对农民工、妇女、残疾人、未成年人、军人军属、老年人等的法律援助专项维权宣传活动。全区各法援工作站点共开展专项服务活动321场次，现场提供法律援助咨询服务1886人次，发放各种宣传材料69880份，开展讲座咨询96场。全年对法律援助案件开展案件质量评估2次，随机抽取援助案件进行电话回访100件，回访满意率达98%以上。对中标的律师事务所代表和相关律师及相关工作人员进行法援岗前培训2次。全年，协助办理认罪认罚案件数量1416件，为2000余名犯罪嫌疑人、被告人提供法律帮助。接待法律咨询12234人次，其中窗口咨询1588件，热线咨询10646件。受理法律援助案件1245件，其中民事案件645件，刑事案件600件。

（区司法局）

【司法鉴定】年内，共接待投诉人来访40件70余人次；接听电话咨询及投诉等120余个；收到来访投诉和来信投诉共计40余件，其中化解投诉6件，受理17件，未受理1件，10件已回复投诉人；办理行政复议案件2件（市局维持2件）；协助办理信息公开2件；回复12345便民服务热线及政法热线4件；办理市委第一巡视组信访批办单1件；办理行政许可初审14件次；开展行政约谈2次；向案件相关单位发送委托函16件、协查函共计5件，前往北京市司法鉴定业协会进行案件论证15次；因案件需要到相关单位调查取证4次。召开行政复议研讨案件2件，举报案件研讨1件，投诉案件研讨1件，全年无违法违纪案件发生。

（区司法局）

【律师工作】年内，全区村（居）法律顾问累计服务6704天，开展现场普法活动2857场，法治讲座2127场，发放宣传资料231707件，提供法律咨询9620人次，代写法律文书457件，提供法律援助440件，参与纠纷调解1864件，参加解决信访突发事件139件，举办调解人员培训2172场，村（居）工作人员培训1596场，修订村规民约146件，提供法律意见和建议1347件。录入市法制执法信息平台执法信息238件，市律师管理平台执法信息42件。成立律所党支部1家，3名入党积极分子转为预备党员。全区557个村（居）委会127名律师签订结对服务协议，实现区内村（居）法律顾问配备率100%。

（区司法局）

【公证工作】年内，共办理公证4867件，其中，国内民事2130件，国内经济455件，涉外民事2075件，涉外经济178件，涉港澳29件。为1460人次办理劳动力转非自谋职业协议书公证约5840余件。共收取公证费3839032.88元，其中日常办证收费3261832.88元，拆迁收费577200元。办理经济案件涉及标的额约587亿元，接待来访人数11000余人，电话咨询14510余个。

（区司法局）

【规范性文件和合同审查】年内，对300余件区政府文件和上会审议的决策事项进行合法性审查，提出意见建议260余条。在区政府依申请公开答复的法律审核工作中对222件答复进行法律审核。参与本市地方立法活动，按时完成《北京市机动车和非道路移动机械排放污染防治条例（草案送审稿）》《北京市街道办事处条例》等13个法规、规章征求意见工作，提出修改意见21条。重大合同审核备案工作进展顺利，共事前审核各类政府合同5895件，提出意见建议7798条，并对报送备案的1658件合同进行备案审查。完成《顺义行政法制研究》编辑工作任务，本年度出版刊物5期。

（区司法局）

【行政复议及接待工作】年内，区政府受理行政复议案件350件，同比增长14.8%。其中，审结310件，通过调解、双方和解后终止审理145件、维持66件、撤销具体行政行为63件、确认违法16件、驳回复议申请16件、不予受理4件。通过撤销、确认违法等方式直接纠错的案件比例达24.5%。接待咨询526批次、600余人次，其中当面咨询428批次、电话咨询98批次。咨询事项涉及镇政府及城管拆除违法建设150件，公安交通管理类282件，信息公开54件，治安处罚15件，其他25件。接收行政复议材料345件，送达行政复议决定等文书300余件。

（区司法局）

【行政调解】年内，区行政调解委员会参与拆除违法建设、信息公开、工伤死亡、治安处罚、交通处罚等与民生息息相关纠纷的调解，调解成功182件。各行政调解工作室共调解2800余件行政纠纷，调解成功1100余件。

（区司法局）

【行政应诉】年内，以区政府为被告的诉讼案件共143件，涉及拆迁补偿安置、信息公开、拆除违法建设、环保行政处罚、交通处罚等行政管理领域，全部在法定时间内准备完答辩状及相关手续。2次组织全区19家镇政府负责拆违工作人员旁听区法院审理的行政应诉案件；举办行政应诉专题培训，就行政应诉注意事项、典型案例、相关热点难点问题邀请顺义法院法官进行授课。区长孙军民等两位区领导作为区政府负责人出庭应诉2起行政诉讼案件。全区负责人出庭应诉工作实现常态化，出庭应诉率比上年明显提升。

（区司法局）

【2019零点报告行动】年内，按市司法局关于“2019零点报告行动”的统一要求，做好社区矫正指挥中心会场布置工作，并于2019年1月1日0:50，通过视频系统，由局长管学文完成向市司法局社区矫正管理总队报告工作。

（区司法局）

【全国“两会”维稳安保】2月14日，区司法局局长管学文带队，局领导班子成员及相关科室负责人员一行，到顺义区城区人员密集、管理复杂的旺泉、石园、光明3个司法所，就全国“两会”前期维稳安保工作开展情况进行实地督查，确保全国“两会”召开期间全区社会安全稳定。3月11日，区司法局组织召开全国“两会”维稳安保工作视频会商会，区司法局局长管学文、副局长周海英、副局长周建伟、副局长王雪岩、工会主席曹秀伶、四级调研员李新、干警领队谢建明等出席会议。区司法局局机关各科室负责人、各镇（街道）司法所所长、司法助理员、矫正干警90余人参会。

（区司法局）

【扫黑除恶专项斗争工作部署会】2月28日，区司法局组织召开扫黑除恶专项斗争暨2019年维稳安保工作部署会议，局党组书记董国林，副局长王雪岩，工会主席曹秀伶，四级调研员胡银全、李新，干警领队谢建明等领导出席。区司法局局机关各科室负责人、各镇（街道）司法所所长、矫正干警70余人参会。会上对扫黑除恶专项斗争向纵深开展及2019年重大活动、重要敏感节点维稳安保工作提出新要求。

（区司法局）

【社区矫正安全隐患大排查专项活动】3月1日—4月30日，区司法局在全区范围内组织开展社区矫正安全隐患大排查专项活动。围绕社区矫正工作人员执法情况、日常监管措施落实情况、考核奖惩工作情况3项排查重点，对所管社区矫正对象开展“拉网式”“地毯式”的全面排查走访。

（区司法局）

【“珍惜民主权利　共建法治乡村”有奖竞答活动】3月18—22日，围绕“五星红旗下”这一主题，结合“农村选举”这一基层法治建设内容，在顺义普法微信公众号平台开展“珍惜民主权利共建法治乡村”有奖竞答活动，活动为期5天，共有8750人参与答题，答题人次42600人次，答题平均正确率61.4%。

（区司法局）

【反恐防恐教育主题宣传活动】4月15日，区公安分局、国安分局、区司法局等单位联合开展“加强反恐防恐教育　增强民众安全意识”区级主题宣传活动。全区共举办法律宣传活动30余场，发放国家安全法律宣传资料和宣传品数量万余份，惠及群众10余万人，实现镇街、村居全覆盖。

（区司法局）

【拟任命人民陪审员随机抽选】4月17日，本区开展拟任命人民陪审员的随机抽取仪式，通过全国统一的选任系统从333名正式候选人中随机抽选出256名拟任命人民陪审员。区公安分局法制支队政委郭建杰、区法院政治处副主任田刚、区法院政治处干部王新民、区司法局副局长周建伟、区司法局基层科科长苏力和人民陪审员代表参加随机抽取仪式。

（区司法局）

【区司法局指挥中心建设经验交流】5月10日，市司法局全市司法行政系统指挥中心建设推进会召开，区司法局作为第一个建设完成指挥中心的区县司法局在会上做经验介绍。5月16日，时任区委常委、区委组织部部长禹学垠等到顺义区司法局调研查看指挥中心运行情况。7月19日市局副局长徐明江、8月14日市司法局党委书记苗林分别到区司法局调研指导指挥中心建设工作。8月26日，市司法局组织海淀、密云、大兴、房山、怀柔等区司法局负责同志，到顺义区司法局召开现场会，实地参观指挥中心。

（区司法局）

【区委全面依法治区委员会第一次会议召开】5月13日，区委书记、区委全面依法治区委员会主任高朋主持召开区委全面依法治区委员会第一次会议。会议重点传达习近平总书记在中央全面依法治国委员会第一次、第二次会议上的讲话精神和蔡奇在市委全面依法治市委员会第一次会议精神，并审议通过委员会相关工作规则。《区委全面依法治区委员会近期重点工作》《区委全面依法治区委员会2019年工作要点》制定下发，对全面依法治区工作做出统筹安排和总体部署。

（区司法局）

【区委全面依法治区委员会办公室召开第一次会议】5月31日，区委常委、区政法委书记、区委全面依法治区委员会办公室主任张晓峰主持召开顺义区委全面依法治区委员会办公室第一次会议。会议传达学习区委全面依法治区委员会第一次会议精神，研究审议依法治区工作相关规则和《区委全面依法治区委员会2019年工作要点》。

（区司法局）

【区长孙军民出庭应诉】6月10日，区长孙军民作为区政府负责人，在北京市第四中级人民法院出庭应诉一起行政诉讼案。区司法局党组书记董国林、副局长马卫冬，部分区人大代表及相关部门主要负责人旁听案件审理。

（区司法局）

【2019年顺义区普法依法治理工作会】6月28日，区委全面依法治区委员会守法普法协调小组第一次全体会议和2019年顺义区普法依法治理工作会召开，审议通过守法普法工作相关的4个文件，明确守法普法工作事权范围、职权界限及全年守法普法工作重点任务，区委宣传部副部长刘金燕出席会议并讲话。

（区司法局）

【“唱响国歌　守护国旗　致敬国徽”法治宣传活动】8月1日，在顺义普法微信公众号上分别推出3个普法微视频，介绍国旗、国徽、国歌基本知识，累计观看播放次数千余次。深入开展《国歌法》《中华人民共和国国旗法》《中华人民共和国国徽法》宣传教育，累计在全区中小学开展主题普法活动10余次。

（区司法局）

【庆祝中华人民共和国成立70周年普法活动】8月1日—10月30日，司法局联合网信办、统战部、区人大法制委、区总工会、区妇联开展“与国同庆　与法同行”“聚法治之力　谋区域发展”等六大主题普法活动。9月24日，国庆普法工作被《法制日报》专题报道。

（区司法局）

【顺义区推进依法行政工作领导小组（扩大）会议】8月7日，区司法局组织召开顺义区推进依法行政工作领导小组（扩大）会议。领导小组副组长霍光峰主持会议，领导小组组长孙军民做总结发言。会议审议《2019年顺义区推进法治政府建设工作要点》《2019年度区政府依法行政考核指标分解方案》《顺义区推进依法行政领导小组办公室设置和成员名单》，对全年法治政府建设工作做出部署。

（区司法局）

【区委全面依法治区委员会执法协调小组第一次会议】9月17日，区司法局组织召开2019年区委全面依法治区委员会执法协调小组第一次会议暨2019年顺义区行政执法工作会议。会议传达区委全面依法治区委员会第一次会议和办公室第一次会议精神，审议通过执法协调小组工作规则和2019年工作要点。区纪委副书记、区监察委副主任史卫东副组长主持会议。区委常委、常务副区长霍光峰组长对本次会议进行总结。

（区司法局）

【宪法主题手抄报评选活动】9月23—27日，在顺义普法微信公众号平台开展“成长在五星红旗下　我与宪法的故事”主题手抄报评选活动，本次活动覆盖全区40余个中小学校，征集作品500份。

（区司法局）

【顺义区商事调解中心成立】11月12日，在东竹园宾馆二层会议室，区司法局、区工商业联合会与区律师协会共同揭牌成立顺义区商事调解中心。区司法局党组书记董国林、区司法局副局长周海英和区民营企业家代表、律师代表共50余人参加会议。

（区司法局）

【《每周普法播报》普法节目】11月20日，在顺义广播电台打造《每周普法播报》节目，本节目采取“以案释法”的形式普及法律知识，时间为每周三18：35，频率为FM92.9。

（区司法局）

【常务副区长霍光峰出庭应诉】11月21日，常务副区长霍光峰作为区政府负责人，在区法院出庭应诉一起行政诉讼案。区司法局党组书记董国林、副局长马卫冬旁听案件审理。

（区司法局）

【“12•4”国家宪法日宪法宣传周系列活动】11月22日，在全区打造“法治文明号”公交普法专线，以10辆公交车、月均客流量10余万人、途经17个重要站点的受众量和覆盖面成为全区流动的普法阵地。组织开展宪法宣誓、宪法发展历程主题展览、宪法诵读、宪法知识竞答、宪法进企业、宪法进公交等十大宪法宣传主题活动。

（区司法局）

【“牢记宪法知识　培塑信仰于心”有奖竞答活动】12月1—7日，在顺义普法微信公众号平台开展“牢记宪法知识　培塑信仰于心”有奖竞答活动，活动参与人数14395人，答题量61509次。

（区司法局）

【“司法行政在身边”主题开放日活动】12月3日，区司法局在顺义区公共法律服务中心举办主题为“弘扬宪法精神　推进国家治理体系和治理能力现代化——司法行政70年”暨“司法行政在身边”的开放日活动。区司法局党组书记董国林为开放日致辞，与会领导为群众代表发放法律宣传资料10000余份，群众观看宪法宣传片并进行免费法律咨询1000余次。

（区司法局）

军事

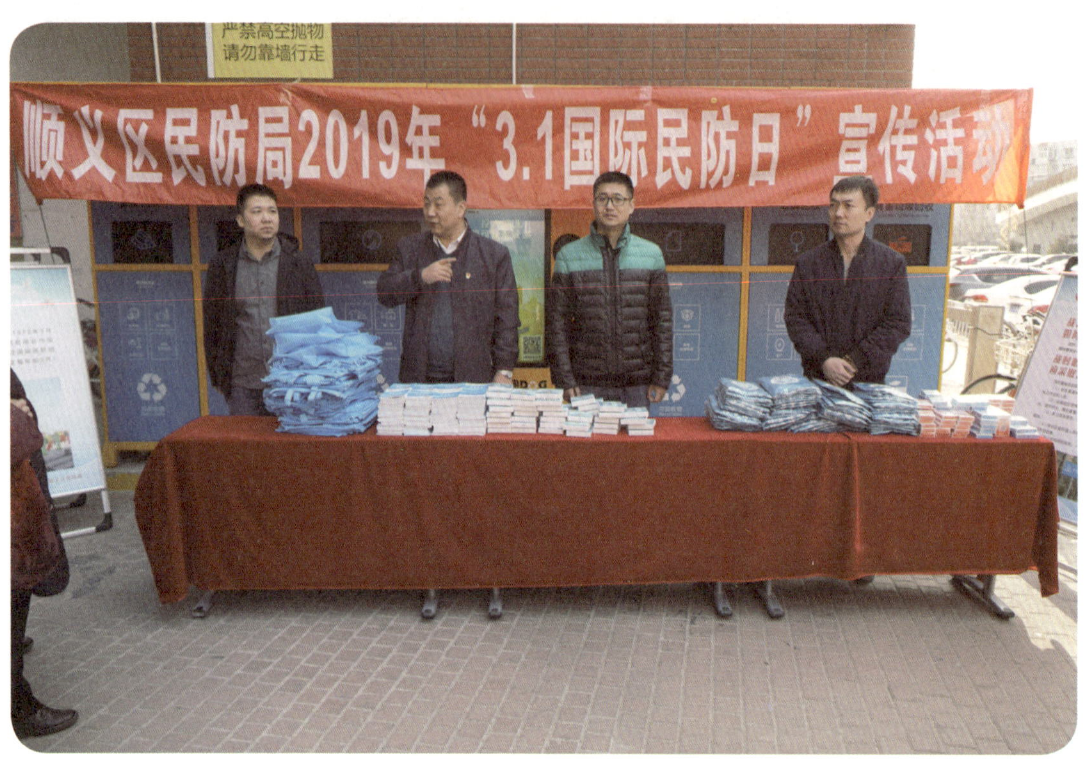

3月1日，区人防办联合光明街道金汉绿港社区在金汉商业街开展“3·1国际民防日”宣传活动

5月12日，区人防办与胜利街道办事处一同在怡馨家园第一社区开展宣传活动

▲ 6月5日，区人防办在区牛栏山镇龙湖香醍溪岸社区开展汛期人防工程防汛应急演练

▲ 9月6日，区人防办在区沿河中心小学校开展防空防灾、自救互救知识与技能培训活动

10月9日，区人防办开展人防工程施工质量检查

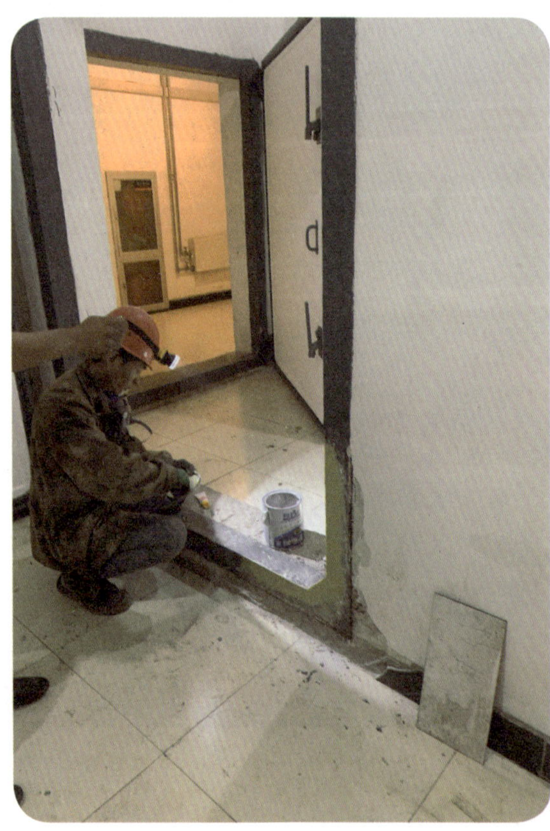

11月，施工人员进行人防门框平整度施工

人民武装

【概况】年内，区人民武装部坚持以习近平新时代中国特色社会主义思想为指导，坚决贯彻党的十九届四中全会和军委基层建设会议精神，以实际行动落实习主席视察重要讲话精神，持续推进“不忘初心、牢记使命”主题教育深入开展，及时把主题教育成果转化为抓建基层的思路、举措和实效。民兵队伍应急能力显著提升，双拥共建工作取得新的成果，国防后备力量建设呈现提质增效的良好态势。区征兵工作被北京市评为先进，区人民武装部被卫戍区评为先进人武部，区人民武装部党委被卫戍区评为先进党委。

（区人民武装部）

【征兵宣传进校园系列活动】5月29、30日，分别在北京城市学院和北京工业大学耿丹学院组织征兵宣传进校园系列宣传活动。组织退役大学生士兵风采展示和先进事迹交流，在教学楼、学生宿舍楼附近开设征兵宣传站，现场解答学生的咨询。区教委、区人民武装部征兵工作人员、学校负责征兵工作的教师、优秀退役大学生士兵代表及适龄青年大学生近2000人参加。

（区人民武装部）

【社会面征兵宣传】7—9月，深入开展社会面征兵宣传暨国防教育活动。顺义电视台跟踪报道高校征兵宣传、体检情况，并在顺义新闻播出期间滚动播发征兵相关政策；《顺义时讯》开设政策解读版面，专版刊发征兵政策；精神文明办部署区属LED屏100余块，循环播放征兵政策；区人民武装部制作下发征兵宣传画600套、《致全区适龄青年一封信》和征兵宣传单40000份，组织光明街道、胜利街道、石园街道、旺泉街道在城区公交车站、地铁站口、公园和广场等地设置征兵宣传站，向社会群众发放宣传单10000余份。组织各镇、街道、企业抓好思想发动，采取进门入户的方式做好重点对象的宣传动员工作。通过中国移动公司利用大数据平台，筛选18～24岁适龄青年及其家长群定向群发征兵短信7万余条，增强宣传的针对性。在顺15路、16路、29路、31路、36路5条公交线路上喷涂征兵宣传广告；在区内繁华路段的公交车站设立征兵宣传栏12块；在光明南北大街、府前街、拥军路、顺平路悬挂道旗，提高征兵宣传覆盖面。

（区人民武装部）

【征兵工作动员部署会】7月31日，“顺义区2019年征兵工作电视电话会”召开，总结去年征兵工作情况，部署年度征兵任务，区委副书记、区长、区征兵领导小组组长孙军民，区委常委、区人民武装部部长王子利，区政府副区长李在东，区征兵工作领导小组全体成员和北京城市学院、北京工业大学耿丹学院分管校领导、各镇、街道办党（工）委书记、武装部部长及干事、派出所所长、民政科长等60余人参会。会议对2018年夏秋季征兵工作进行总结，对2019年夏秋季征兵工作进行部署。

（区人民武装部）

【新兵入伍欢送会】9月5日，新兵入伍欢送会召开。区委、区政府、区人大、区政协主要领导出席会议，区征兵工作领导小组成员，各镇、街道办事处党委书记、武装部长、干事，高校征兵工作主管领导和具体负责人，领兵部队代表，优秀现役军人家属，入伍新兵及家长参加会议。会上对数十名优秀现役军人进行表彰，顺义区领导高朋、周颖博、王子利、吴建国、李在东等为受表彰的优秀现役军人家庭代表和入伍新兵代表佩戴光荣花。区委书记高朋指出，国无防不立，民无军不安，全体新兵要学习理论、提高素质、严守军纪、听从指挥、练好本领、报效祖国、心系故里、勿忘家乡。他强调，顺义素有拥军优属的光荣传统，区委、区政府和各相关部门将继承和发扬顺义拥军优属优良传统，一定会关心好军人家庭的生产生活，一定会保证好各项优抚政策及时到位，一定会维护好军属合法权益，为新兵安心服役、建功立业创造良好条件。

（区人民武装部）

【加强理论武装】年内，坚持不懈用习近平新时代中国特色社会主义思想特别是强军思想武装头脑，统一意志、凝聚力量。严格落实理论学习“五项制度”，以习主席重要指示、党中央和中央军委重大决策、重要法规、重要会议精神等为主要内容，每周安排集中学习教育1次，每月安排2天时间进行党委中心组带机关专题学习，认真组织参加“北卫大讲堂”，推动习近平强军思想在武装部落地生根。狠抓“维护核心、听从指挥”和“两学一做”学习教育制度化常态化，广泛开展“不忘初心、牢记使命”主题党团活动，引导部队强化“四个意识”、践行“三个维护”。

（区人民武装部）

【各类教育聚力开展】年内，深入开展“不忘初心、牢记使命”和“传承红色基因、担当强军重任”两项主题教育，“初心”“使命”成为全部官兵、职工的思想共识和行动指南。围绕党对军队绝对领导，坚持在基层抓好“首都民兵忠于党”系列教育；紧跟形势任务发展变化，扎实抓好形势政策和经常性思想教育；着眼严守政治纪律、政治规矩，强化党史军史和光荣传统教育，确保全部人员思想纯洁可靠。

（区人民武装部）

【民兵应急分队训练】年内，按照“第一季度抓人员装备编组定位，第二季度抓应急维稳和防汛抢险训练，第三、第四季度抓山林灭火训练”的思路，及时调整民兵应急力量，有针对性进行拉动演练，提高民兵应急分队遂行任务能力。4月，2次组织全区民兵应急分队1100余人进行防火拉动演练；7月、8月，多次组织防汛演练；11月、12月，先后2次会同区园林绿化局开展森林灭火救援演练。

（区人民武装部）

【民兵遂行安保任务】年内，在用兵中练兵强兵，按照“建在身边、抓在手中、用在关键”要求，注重任务牵引、岗位练兵，通过大项任务锤炼，有效提升民兵遂行非战争军事行动任务能力。先后出动3000余人次担负“两会”、国庆70周年庆典等重大活动安保执勤任务，共查获涉嫌违法、网上在逃等人员19名，管制刀具13把。

（区人民武装部）

【廉洁征兵】年内，设立区廉洁征兵监督举报电话，重新统计区和镇（街）廉洁征兵监督员信息，在向每一名上站体检青年发放廉洁征兵监督卡的基础上，进一步健全廉洁征兵“零报告”制度，严防违规违纪问题发生。

（区人民武装部）

【军事日活动】年内，组织协调区领导在66055部队和武警八支队过好军事日，开展慰问活动，军政军民关系更加融洽。

（区人民武装部）

【双拥共建工作稳步推进】年内，发挥桥梁纽带作用，春节、八一建军节前，2次协调区主要领导到驻区部队走访慰问，密切军政军民关系；协调区委区政府落实议军会制度，过好军事日活动，每年区设立专项资金用于驻地部队建设。共协调安置复转军人311名、子女入托入学67名。为66055部队办实事9件。坚持对区籍优秀现役军人进行表彰，给予每人5000元奖励，既鼓励现役军人在部队建功立业，又营造关心支持国防和军队建设的社会氛围。本着“地方所需、群众所盼、部队所能”的原则，协调驻区部队采取“一助一”“一助多”和“多助一”的形式，参加扶贫帮困、植树造林、无偿献血、环境整治、爱心捐赠等活动，为顺义区经济社会发展与社会和谐稳定作出应有贡献。

（区人民武装部）

【基层建设持续推进】年内，依据有关规定，规范建设标准，下拨经费专门用于民兵营（连）部及“青年民兵之家”建设，并督导抓好落实，促进民兵基础设施改进提升。11月22日，组织召开顺义区“不忘初心、牢记使命”主题教育暨深化民兵调整改革工作推进会，既观摩现场又交流经验，既总结工作又部署任务，既认清差距又明确目标，达到预期效果，分别受到卫戍区两位主要首长的批示表扬，并要求参谋部适时推广经验做法。12月20日，《中国国防报》头版以《北京市顺义区借主题教育成果推动民兵调整改革》为题，报道顺义人武部抓建基层的做法。12月26日，卫戍区司令员率工作组到区人民武装部调研指导。

（区人民武装部）

【严密组织各类人员政治考核】年内，先后组织核心涉密人员、密码工作人员、重要岗位人员、民兵执勤人员进行专项考核和定期考核共计150人次。完成青年学生报考军队国防院校及新兵征集的政治考核任务。

（区人民武装部）

人防建设

【概况】年内，区人防办深入贯彻落实党的十九大及十九届二中、三中、四中全会精神和习近平总书记系列重要讲话精神，坚持以党建为引领，严格按照“不忘初心、牢记使命”主题教育目标要求，勇挑重担，主动担当，践行“以人为本、人防为民”的宗旨，不断改革创新，着力提升应急保障体系建设，加大优化营商环境、整治地下空间重点工作力度，持续开展以人防宣传教育为重心的宣传服务，切实以人防腐败专项治理工作为契机，严格落实从严治党主体责任，推进人防建设取得新突破。

（区人防办）

【应急保障】年内，新区级基本指挥所正式启用。龙湾屯镇、张镇、南彩镇3个镇级指挥平台建设完成。区应急移动指挥车全年备勤120天，其中“70年大庆”保障备勤60天，参与全市应急指挥车联调5次。参与市人防办组织的“京、津、冀”通信协同演练3次，野外跨区驻训演练7天，2人获2019年北京市人防系统通信专业短波岗位技能竞赛第二名。参加市人防办文电传输、卫星、短波、北斗通信等日常训练105次。全年保障指挥所视频会议10次。

（区人防办）

【全市“国防教育日”防空袭警报试鸣】9月21日，“国防教育日”当天，全区警报器鸣响率100%，统控率100%。演习现场向市人防办主会场传输机场周边高点监控图像，图像清晰、传输顺畅。

（区人防办）

【地下空间整治专项行动】年内，深入贯彻区委、区政府关于“疏解整治促提升”地下空间整治专项行动的决策部署，会同区住建委组织召开顺义区地下空间综合整治联席会议，分析研判专项行动重点难点问题，部署各阶段工作，形成多部门齐抓共管的良好局面。截至5月底，锦悦嘉苑、棕榈湾花园、绿地启航3处区级挂账任务完成清退整治，提前完成全年任务。

（区人防办）

【人防工程安全管理】年内，一是组织全区各人防工程使用管理单位签订《人防工程安全使用维护管理责任书》《人防工程汛期安全责任书》3500份，全面落实人防工程安全管理责任制。二是城市安全隐患治理三年行动（首都机场周边地区安全发展综合提升三年行动）稳步推进。区人防办及所辖安全生产督查检查队严格履职，结合区人防工程安全生产工作实际，全面落实《2019年人防工程安全监督检查工作计划》，开展安全生产督查检查和安全隐患排查工作。2019年，会同相关职能部门对属地开展联合督导检查，实现全区人防工程安全检查“全覆盖”，挂账隐患工程4处全部销账，销账率达到100%。三是做好人防工程平时利用方面的行政许可工作。以“疏整促”为契机，以公益化为抓手，充分结合本区区域特点、百姓生活、文化事业，2019年为社会提供人防停车位5958个，缓解城市停车难问题。四是扎实开展宣传教育培训工作。组织全区150位人防工程管理人员开展隐患排查治理、风险防控、有限空间、消防安全等方面的业务培训，提升人防工程科学管理水平，普及安全生产知识。五是做好人防工程防火、防汛工作。结合人防工程安全管理实际制定各项火灾防控工作方案，有针对性地组织人防工程使用单位开展各类火灾防范工作，全面开展人防工程火灾隐患排查整治。通过落实防汛责任制、开展汛前隐患排查、汛期检查、雨中巡查，完善防汛抢险救援队伍物资准备，以及落实领导带班值守制度等方面工作，成功应对强降雨天气，确保区人防工程汛期安全。

（区人防办）

【人防工程应急保障】年内，一是完成庆祝中华人民共和国成立70周年、2019年“一带一路”国际合作高峰论坛、北京世界园艺博览会、亚洲文明对话大会等重大活动期间全区人防工程风险管控和安全服务保障任务，实现活动期间区人防工程零事故的目标。二是完成区人防工程应急物资库改造建设工程1处，形成以防汛抢险物资设备为主、规模适度、结构合理的应急物资储备库。三是建设人防工程兼作应急避难场所工程2处，均达到市应急委工程结构完好、疏散通道设置合理、内部设施完善，地面指示标志齐全的标准，能够实现兼作应急避难场所功能。

（区人防办）

【社区人防建设】年内，在6个街道，重点选取26个社区开展社区人防建设工作。市人防办配发安装人防应急亭7个；区人防办为10个社区建设人防宣传栏，尺寸为10米和6米两种。在8个社区开展防空防灾公共安全知识培训活动，受教641人次。

（区人防办）

【人防知识进校园】年内，组织北京城市学院教师、学生93人开展“走进安全教育体验馆”的安全技能体验。采用模拟演练和现场实际操作等方式，使师生们体验防空警报识别、火灾逃生、消防工具包认知、结绳训练、应急疏散、地震躲避、心肺复苏等项目，从而培养师生在紧急情况下的组织管理、应对处置和自救互救意识。组织成立50人的北京城市学院大学生人防志愿者队伍，为开展防空防灾知识宣传教育志愿服务提供队伍保障。为沿河中心小学校6年级三个班106名学生开展防空防灾、自救互救知识与技能培训活动。

（区人防办）

【人防宣传教育活动】年内，以重要时间节点宣教活动为契机，利用人防及社会资源，开展人防知识的宣传工作。在金汉绿港社区组织开展“3.1国际民防日”宣教活动、在怡馨家园第一社区组织开展“5.12防灾减灾日”宣传活动、在裕龙三区组织开展“全民国防教育日顺义区防空警报试鸣宣传教育活动”、在绿港家园社区组织开展“10.31新中国人民防空创立日”宣教活动。指导各镇、街道、社区充分利用人防宣教场所、人防宣传橱窗、广播、电视等多种形式，推送活动内容，宣传普及知识，开展技能培训。展出展板340块、发放宣传材料50000余份。

（区人防办）

【法制工作】年内，完成56份合同的合法性审查及备案工作，组织专题法制培训2次。全年进行行政执法492次，产生行政处罚案卷5份。完成市、区两级行政执法案卷评查工作，成绩良好。

（王超）

【人防工程规划审批】年内，坚持依法审批，着重体现人防工程的战略效益、社会效益和经济效益。战时功能按照区域统筹、功能配套、补齐短板的原则进行规划；平时功能定位，综合考虑社会公益性的需求，主要规划汽车库、文体活动等便民设施，全面体现人防工程战时防空，平时服务社会的总体方针。

（区人防办）

【结建工程监督检查】年内，认真做好人防工程建设项目的质量监督管理。按照市人防工程监督管理工作的总体安排，加强人防工程施工过程的事中、事后监管，制定监督计划，对重点部位、重要节点的钢筋绑扎、预留、预埋等工序进行监督检查，确保顺义区人防工程依法、依规建设。

（区人防办）

【人防工程维护维修】年内，根据《顺义区2018—2020年人防工程维护维修计划》，建立顺义区人防工程维护、维修台账，分阶段对工程内防护和防化设备设施进行维护、维修。按照规定，对维修项目进行财政预算评审，并通过公开招标选定监理和施工单位。年内，施工任务按时完成，确保人防工程完好率达标，实现人防工程的战备效益。

（区人防办）

【行政审批制度改革】年内，按照市、区两级的工作部署，顺义区全面开展“多规合一”协同平台建设项目修建人民防空防护工程标准审查工作。

（区人防办）

经济管理

3月22日，北京市顺义区市场监督管理局正式挂牌成立

4月10日，区税务局走进首都机场T3航站楼开展税收宣传月主题活动，宣传减税降费最新政策

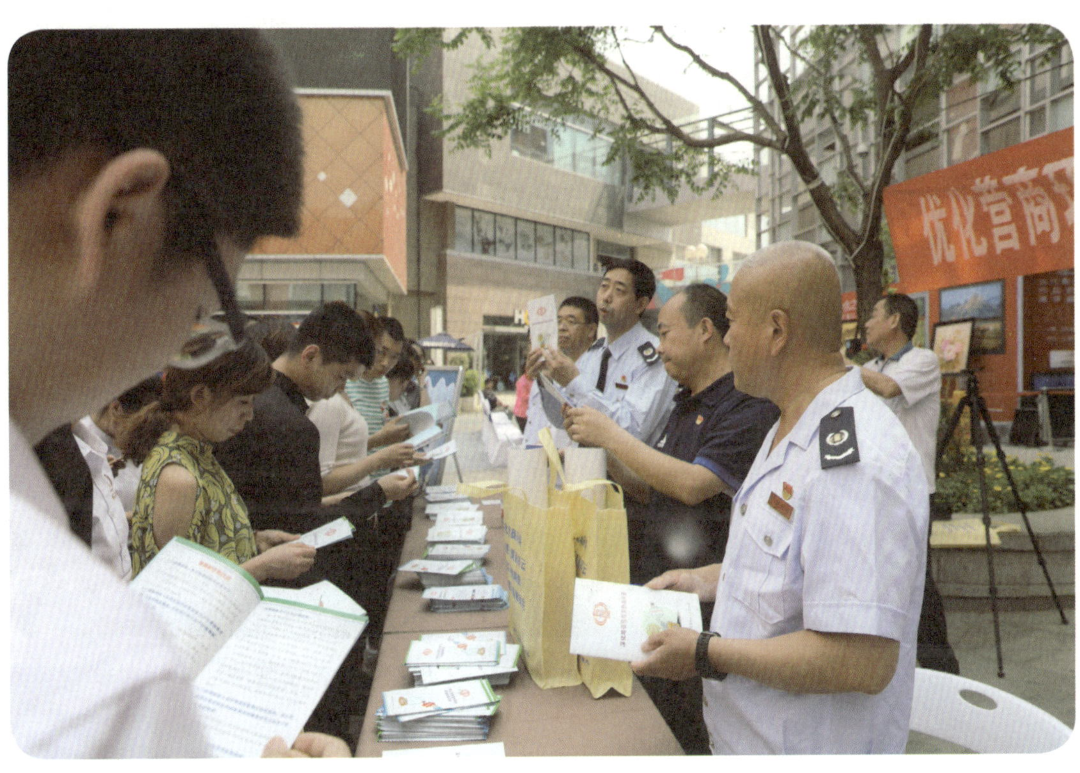

▲5 月 10 日，区税务局联合空港街道办事处在中粮祥云小镇开展“优化营商环境 建设美丽祥云 落实减税降费 推进普惠民生”主题宣传活动

▲8 月 6 日，区审计局开展新一轮百万亩造林工程现场审计

9月3日，区财政局组织召开促进政府采购公平竞争优化营商环境培训会

9月12日，区市场监督管理局开展中秋节前综合检查

11 月，区统计局将统计普法与人口抽样工作相结合，加强《中华人民共和国统计法》宣传。

年内，区财政局搭建采购业务“一张网”

经济社会发展与经济调控

【概况】年内，顺义区坚持以习近平新时代中国特色社会主义思想为指导，深入贯彻党的十九大和十九届二中、三中、四中全会精神，深入贯彻习近平总书记对北京重要讲话精神，坚持稳中求进的工作总基调，坚持新发展理念，深入践行高质量发展要求，坚持把中华人民共和国成立70周年庆祝活动作为统领各项工作的纲，主动服务首都“四个中心”功能建设，着力提高“四个服务”水平，坚决打好“三大攻坚战”，认真抓好“三件大事”，疏功能、稳增长、促改革、调结构、惠民生、防风险、保稳定各项工作扎实推进，着力稳就业、稳金融、稳外贸、稳外资、稳投资、稳预期，较好地完成区五届人大五次会议确定的目标任务。

（区发展改革委）

【经济发展】年内，地区生产总值增长6%，第三产业增加值比重达到65%以上，金融业保持高速增长；质量优势继续巩固增强，一般公共预算收入完成165.7亿元、增长4%，单位地区生产总值能耗和水耗分别下降4.9%和10%。

（区发展改革委）

【城市发展环境持续优化】年内，经过精准施策、综合治理，全年细颗粒物平均浓度下降到41微克/立方米，氮氧化物、化学需氧量、氨氮等主要污染物排放总量持续削减。营商环境进一步优化，助力北京在国内评价中继续保持第一。

（区发展改革委）

【人民生活水平不断改善】年内，民生实事工程完成30项。个税改革与社会保障待遇标准调整有效带动居民增收，全区居民人均可支配收入增长8%，快于经济增速。促进城乡劳动力就业16006人，全年任务超额完成。城镇登记失业率保持在1.5%左右。

（区发展改革委）

【风险防控】年内，持续开展非法集资、互联网金融风险等专项整治，“线上+线下”累计开展风险排查50余次。切实加大对财政资金和国有资产的监管力度，持续规范国有资产管理行为。严格落实政府债务限额管理，债务率在全市处于较低水平，总体风险可控。牢牢守住城市安全底线，维护好和谐稳定的良好局面。持续开展百日安全大排查大整治工作、安全生产“护航·70”等专项行动，严防安全死角，实现隐患动态清零。

（区发展改革委）

【内需结构优化】年内，加快消费转型升级步伐，社会消费品零售总额增长5.5%左右。《促消费稳增长工作方案》出台，《商业服务业专项提升三年行动计划》起草。中粮祥云小镇“深夜食街”成为全市首批“夜京城”商圈之一，夜间经济成为消费新动力；全市最大的沃尔玛山姆店正式开业，基本便民服务城市社区覆盖率达到97.7%。加大补短板有效投资力度，全区固定资产投资完成455亿元，其中建安投资完成210亿元。《进一步加强政府投资项目超投资管理意见》出台，政府投资资金使用效益提高。30亿元区政府固定资产投资分三批全部下达，120项重点工程全部完成立项，其中竣工25项、正在建设55项。

（区发展改革委）

【外资外贸保持稳定】年内，鼓励和引导企业多元化发展，举办提升国际化经营能力政策宣讲会，为参加2018年海外展会的49家企业争取市级资金715万元。推动口岸提效降费，天竺综保区保税货物进、出口整体通关时间较2018年分别压缩67%、79%。“一企一策”服务重点外贸企业，全年进、出口额完成1050亿元，实际利用外资9.2亿美元。

（区发展改革委）

【《北京城市总体规划》落实】年内，《顺义分区规划国土空间规划（2017年—2035年）》正式获批，镇域、街区规划编制有序推进，《杨镇国土空间规划》初步成果形成，115个《美丽乡村规划》编制完成。研究探索建设用地腾退补偿机制，全年减量任务完成。全国第三次土地调查数据通过国家第一轮核查，首次年度城市体检成果纳入北京城市体检报告。《加快顺义新城建设提高综合承载力三年行动计划》印发，《首都机场周边地区安全发展综合提升三年行动计划》出台。

（区发展改革委）

【“疏解整治促提升”持续深化】在全市率先完成“疏整促”全年任务，治理违法建设达到“场清地净”标准403万平方米，疏解退出一般性制造业企业82家。更加注重腾退空间和优化提升的衔接，新建或规范130家便民商业网点，完成“留白增绿”158.81公顷，增设公园绿地7处、口袋公园5处、停车场57处。《疏解腾退空间管理和使用方案》出台，老旧厂房试点利用加快推进，北大资源双创园天竺园区等12个项目纳入首批试点稳步实施。坚持将专项行动与人口调控工作紧密挂钩，依托手机信号动态监测项目，及时掌握重点地区人口变化情况，全区常住人口规模保持在123万人以内。

（区发展改革委）

【城乡区域协调发展】年内，通怀路、木孙路、天北路北延等道路工程加快推进。承接项目顺利实施，东城区定向安置房实现封顶，北师大附属实验中学顺义分校正式开工，北京友谊医院顺义院区实现复工，北京城市学院顺义校区、阜外医院顺义院区等项目加快推进。《与昌平区结对协作工作方案》印发实施，生态、产业、人才等全方位结对协作深入开展。乡村振兴战略深入实施，开展农村人居环境整治，626个农村公厕达标改造全部完成立项，农村户厕改造年度任务提前超额完成、覆盖率达到95%。河东“百项工程”79项完成立项，其中，27项建设施工中、26项完工，杨镇中心区棚改项目2700余户住宅拆迁基本完成。南彩第一幼儿园、乔智幼儿园建设完成，新增学前教育学位720个。顺平辅线提级改造工程实现通车。新增供水管网12.4千米，木林镇等燃气管网提升工程完成手续办理，郝家疃变电站扩建、东府站110千伏切改工程完工。

（区发展改革委）

【冬奥会冬残奥会服务保障】年内，顺义区新增全国冰雪运动特色学校6所，奥林匹克教育示范校7所。举办第四届冰雪温泉欢乐季，组织冰雪赛事和活动29次，70家中小学开设冰雪体验课。国家残疾人冰上运动比赛训练馆项目完成基础施工。1800平方米冰场市级建设任务提前超额完成，顺鑫农业、燕京啤酒等冬奥赞助商品牌深入人心。

（区发展改革委）

【“高精尖”经济结构高水平构建】年内，《北京创新产业集群示范区（顺义）发展规划》完成，《智能制造三年行动计划》制定，《北京国际合作产业园区（中德园区）规划方案》编制完成。57个高精尖项目加快落地建设，总数位列全市第二。北京奔驰新能源汽车项目总装车间全面建成，滴滴出行与丰田合资公司、中融雷科等项目签约落地，车和家等项目进展顺利，北小营镇首期20公顷自动驾驶封闭测试场建成运营。第三代半导体创新基地竣工在即，中航复材二期项目竣工，中国兵器导航与控制产业基地等项目签约落地。促进金融产业发展、支持企业上市挂牌政策，全市首个融资租赁、外资金融机构专项扶持政策相继出台，引进墨盛资产等优质金融机构30家，全区金融机构总数达342家；新增上市挂牌企业20家，上市挂牌企业总数近100家，直接融资1725亿元。文物修复中心正式运营，国家对外文物交流平台落地。农业增加值稳居全市第一，“国家农产品质量安全县”创建完成。

（区发展改革委）

【创新创业】年内，《顺义区国家高新技术企业倍增三年行动计划》制定，全区国家级高新技术企业超过900家。累计认定登记技术合同485项，同比增长105%；技术合同成交额41.8亿元，同比增长84%。主动对接三大科学城，探索建立科技成果转化收益共享机制，利用北京市科技成果转化统筹协调与服务平台，促成多家高校与企业达成合作。国际第三代半导体联合创新孵化中心获评“国家级众创空间”，众绘虚拟现实研究院获评年度中国产学研合作创新奖。首都科技条件平台顺义工作站新增成员单位28家，聚集科技需求45项，协助14家企业申请创新券356.3万元。

（区发展改革委）

【以会兴业】年内，以会兴业效应凸显，2019世界智能网联汽车大会举办，7项研究成果集中发布；第十届中国卫星导航年会吸引国内外3000余位专家代表参会，159家国内外单位参展；京交会顺义分会场实现签约额106亿美元，10个分会场中排名第一。通过中德隐形冠军创新发展高峰论坛，顺义区与9家公司签订合作协议。通过北京5G产业与金融发展论坛、北京产融合作与创新发展论坛、北京融资租赁产业国际论坛，累计签约金额1200余亿元。结合燕京啤酒文化节、中国农民丰收节、舞彩浅山旅游登山文化节，中秋、国庆等假日文旅市场繁荣有序。

（区发展改革委）

【减税降费】年内，顶格实施国家减税降费政策，切实降低企业负担，全年减免各项税费80.3亿元，折合区级一般公共预算收入15.5亿元。其中个人所得税减税42.2亿元，增值税减税21.8亿元，企业所得税减税4亿元，小微企业普惠性税费减免4.1亿元，降低残疾人安置比例、降低养老保险单位缴费比例等措施降费5亿元，其他减免3.2亿元。

（区发展改革委）

【营商环境改革】年内，抓好全市“9+N”系列政策2.0版落实。企业开办“一站式服务”“水气热e家办”服务模式纳入全市典型并推广。全市入驻部门、综合窗口最多的区级政务服务中心投入使用，上线全市首个掌上办事大厅。累计对接服务企业1000余次，区领导“一对一”深入企业走访服务，早餐会累计召开8场，量身定制服务包146个，制定专项服务措施298条。“顺义区服务企业信息化平台”正式上线，手机App“掌中包”试运行。拖欠民营企业中小企业账款清理工作扎实推进，全年清欠任务完成。

（区发展改革委）

【重点领域改革】年内，机构改革各项任务高标准完成，政府部门机构设置更加科学，职能更加优化，履职更加顺畅高效。“街乡吹哨、部门报到”引领基层治理，街道机构改革和试点镇机构改革工作完成，街道乡镇职责清单制定，简约高效的基层管理体制逐步构建。《进一步深化区属国资国企改革工作方案》制定，治理“僵尸企业”6家。农村土地承包经营权确权登记颁证工作基本完成，累计打印确权证书7.27万份。医耗联动综合改革稳步实施，全区医疗费用增幅仅8.8%，卫生材料费下降10%以上。

（区发展改革委）

【开放新优势】年内，新一轮服务业扩大开放52项试点任务完成49项，实现航材共享、跨境电商线下自提等7项全国首创。国家级临空经济示范区获批，《新国展二、三期项目功能定位和产业规划》研究完成，面向国际社会征集设计方案。《天竺综保区创新升级方案》起草完成，跨境电商“1210”保税备货业务累计完成450余万票。国际人才社区建设纳入全市试点，建成全市首座海高大厦，搭建国际创新创业协调发展平台和科技创新服务平台。设立人才服务专区，为国际人才提供一站式服务。

（区发展改革委）

【污染防治】年内，坚决抓好中央和市级环保督察问题整改，大力实施大气污染防治“一微克”行动。“河长制”深入落实，“清河行动”和“清四乱”工作扎实推进，国家和市级考核断面稳定达标。全区小微水体治理上账555处，整治率达到95%。农村治污工程完工42个村，区污泥处置工程完工，牛栏山再生水厂通水运行，张镇再生水厂设备安装中，新建污水管线、雨污合流管线改造完成率均排名全市第一，全区污水处理率达到93%。扎实开展土壤污染防治，辖区受污染耕地、污染地块安全利用率达90%以上。舞彩浅山郊野公园一期、新城生态休闲公园一期、海航城市森林公园主体完工，马坡城市森林公园开工建设，完成新一轮百万亩造林1553.33公顷（2.33万亩）。

（区发展改革委）

【精准扶贫脱低】年内，坚持把脱贫攻坚作为重大政治任务和“一把手”工程，形成顺义特色的“5+5+N”扶贫工作格局。实现内蒙古、河北、西藏3省区5地走访对接全覆盖。尼木县、万全区正式脱贫摘帽。跨省联动保障的精准医疗扶贫成功救治科左中旗癫痫病人、帮助尿毒症贫困户完成肾移植手术。年内助力2.8万名贫困人口脱贫，沽源县、巴林左旗、科左中旗自评预估可实现脱贫摘帽。扎实开展低收入农户“六个一批”精准帮扶，全区低收入农户人均可支配收入水平全部超过认定标准线。

（区发展改革委）

【公共服务短板精准补齐】年内，聚焦“七有”要求和“五性”需求，制定“七有”“五性”水平提升工作方案。连续8年获评北京市充分就业区，城乡最低生活保障认定标准由家庭月人均1000元调整为1100元。持续扩充教育资源，新增学前教育学位2414个，北京教科院附属顺义实验小学投入使用、增加学位1200个。深化健康顺义建设，全区甲乙类传染病发病率控制在100/10万。区妇幼保健院改扩建工程稳步推进，区中医院迁建主体完工，疾病预防控制中心工程竣工验收积极推进。新建养老服务驿站15家。棚户区改造积极推进，500户棚改任务提前超额完成。新开工政策性住房1.54万套、竣工8122套，官志卷村、张各庄村等集租房项目开工，企业人才公租房配租3040套，平各庄村、望泉寺村回迁安置完成。顺义文化中心、区电子政务中心和顺义劳动力实训基地完成五方验收。落实公共文化服务体系示范区建设任务，开展文化惠民工程。切实做好猪肉保供稳价和生活困难群体补助，价格总体水平保持基本稳定。

（区发展改革委）

【社会治理创新】年内，坚持党建引领、到基层一线解决问题，持续完善“街乡吹哨、部门报到”和12345市民服务热线“接诉即办”工作机制。12345市民服务热线共办理10万余件群众的操心事、烦心事、揪心事，响应率100%，解决率从年初的45.7%上升到75.4%，群众满意率从年初的59.8%上升到88.4%。改革街道社区管理体制，街巷长制、小巷管家等全面推开。“扫黑除恶”专项斗争深入开展，群众安全感不断提升。推进食品安全示范区建设，重点食品安全监测抽检合格率、药品抽检合格率均达到99%以上。

（区发展改革委）

【城市治理】年内，智慧顺义加快建设，“雪亮工程”主体建设完成，“多网融合”城市管理网全面启用，镇街网格化综合管理指挥中心全部建立，区级指挥中心大厅建设完成。交通治理积极推进，六环路南环路出入口收费站外道路改造、顺沙路交通综合治理实现通车，新建停车位420个、电动汽车公共充电场站9处。2741基“有灯不亮”路灯治理、40千米“有路无灯”补建完成。121条背街小巷整治完成、125部老旧电梯更新改造和31座城市公厕、17座旅游厕所改造。餐厨垃圾处理厂、首条大件垃圾处理线和生活垃圾焚烧二期投入使用，垃圾焚烧三期加快手续办理，全区生活垃圾无害化处理率达100%，生活垃圾分类示范片区覆盖率达到60%。已并网发电的分布式光伏发电项目超3000个，并网项目个数及规模均居全市第一。

（区发展改革委）

财　政

【概况】年内，区财政局坚持以习近平新时代中国特色社会主义思想为指引，全面落实中央、北京市和区委区政府的各项决策部署。面对严峻复杂的经济形势，全局干部职工始终坚持“稳中求进”的工作总基调，保持定力沉着应对、迎难而上主动作为，奋力开创新时代财政发展新局面，工作成效体现出“五个更加”：一是扛起财政担当，融入全区发展大局更加紧密。二是确保稳中有进，财政收支任务完成更加不易。三是树牢底线思维，财政监管职责履行更加深入。四是建立长效机制，财政管理服务水平更加优化。五是强化党建引领，财政干部队伍建设更加有力。

（区财政局）

【一般公共预算收入】年内，全区一般公共预算收入完成165.7亿元，同比增加6.4亿元，增长4%，完成年初预算的100%，总量位列全市第五，完成顺义区第五届人民代表大会第五次会议审议确定的“一般公共预算收入同比增长4%”的目标任务，连续4年完成市对区绩效考核中关于财政收入的考核任务。

（区财政局）

【一般公共预算支出】年内，全区一般公共预算支出完成305.87亿元，其中区本级一般公共预算支出完成218.26亿元，完成年初预算的100.2%，连续4年完成市对区绩效考核中关于财政支出的考核任务。

（区财政局）

【盘活财政存量资金】年内，全区盘活存量资金173.54亿元，盘活存量进度达到91.8%，连续4年完成市对区绩效考核中关于盘活财政存量资金的考核任务。

（区财政局）

【大型活动资金保障】在确保安全合规的基础上开辟资金拨付、政府采购及财政评审“绿色通道”，强化协调配合，做到无缝衔接，以强烈的历史责任感和神圣使命感保证国庆各项活动保障经费及时足额拨付到位。同时争取资金加快“国家北京顺义体育训练基地”筹备建设，为2022年冬奥会和冬残奥会助力。

（区财政局）

【机构改革有序推进】2019年，《顺义区财政局关于做好机构改革经费和资产管理工作的通知》印发，成立专项服务组主动上门为各涉改单位加快解决关于资产划转与接收、银行账户变更等事项，将对各涉改单位资金使用的影响降到最低，确保区级机构改革有序推进。

（区财政局）

【功能疏解纵深推进】坚持以疏解非首都功能的减法谋取高质量发展的加法，投入资金9.89亿元助力本区在全市率先完成“疏整促”全年任务，为区域转型发展留足空间。《关于建立属地社会管理与财政奖惩挂钩机制的意见》《顺义区治理违法建设工作补助资金管理办法》《顺义区建筑垃圾资源化处置补贴资金管理办法》研究制定，在环境治理、安全生产、违法建设等方面实施财政奖惩，着力强化属地管理职责。

（区财政局）

【产业支持力度加大】协助各职能部门做好本区“高精尖”产业发展配套政策的研究制定，力求突出重点、精准发力，并本着“有诺必践、应扶必扶”的原则，全年兑现各类政策扶持资金26.85亿元，同比增长7.3%，惠及企业超过100家。

（区财政局）

【基本民生保障不断强化】坚持把增进民生福祉作为把控财政资金投向的出发点，民生领域支出达到全区支出的83%。

（区财政局）

【生态文明建设得到全力扶持】《顺义区人居环境考核财政奖惩办法》印发实施，根据市级农村人居环境整治考核验收评分结果对全区19个镇及其下辖的363个人居环境整治村庄进行奖惩。牵头制定《关于对各镇土地整理地块用于平原造林和复垦的奖励办法》，对能够按时完成平原造林和土地复垦任务的镇给予资金奖励。投入资金61.51亿元，主要用于城乡基础设施和节能环保领域建设，本区城市宜居水平大幅提升。

（区财政局）

【财源建设建立健全机制加强】《顺义区财源建设和收入管理工作方案》印发实施，在全区范围内建立起财源建设与收入管理协同工作机制。《关于建立属地招商引资奖励及利益分享机制的意见》印发实施，创造良好的招商引资氛围，促进属地间和谐、健康发展。

（区财政局）

【争取重点项目支持】主动对接市级部门，争取到北汽奔驰项目补助资金10亿元，国家北京顺义体育训练基地项目支持资金2.1177亿元。

（区财政局）

【一般性支出压减】全年压减一般性支出2.19亿元，压减率12.03%，超额完成目标任务。

（区财政局）

【争取债券资金保重点支出】用好用足政府债务工具，争取专项债券70亿元，再融资债券21亿元，保障棚改等重点项目的实施。

（区财政局）

【资产监管强化】持续完善本区国有资产管理制度体系，《北京市顺义区财政局关于区政府审批区级行政事业单位国有资产处置和使用事项的通知》印发，明确报请区政府的审批事项和流程，并对局内审批权限进行梳理，全面理顺国有资产处置流程。《顺义区区级行政事业单位举办大型活动召开重大会议及临时机构国有资产管理办法》制定，对教委、区卫健委、区动监局3个系统开展资产清查，全面摸清国有资产家底。

（区财政局）

【财政处罚力度加大】深入开展

会计信息质量检查和代理记账检查,年内,作出行政处罚决定20件。

(区财政局)

【绩效管理强化】进一步提升预算管理的科学化、精细化水平。2019年,完成财政评审项目1518项,审减资金25.33亿元,平均审减率17.90%。对26个项目进行事前绩效评估,30个项目进行事后绩效评价,部门自评和绩效跟踪工作实现“全覆盖”。

(区财政局)

【隐性债务化解】年内,应化解隐性债务39.11亿元,实际化解隐性债务43.39亿元,完成化解计划的110.97%。

(区财政局)

【企业清理规范化】年内,《顺义区区属机关事业单位所办企业清理规范工作的实施方案》印发实施,通过关停注销、出售转让、无偿划转及规范保留4种方式进行分类清理,依法理顺区属机关事业单位与所办企业的出资关系,推进经营性国有资产统一监管。

(区财政局)

【压实账款清欠责任】年内,《顺义区财政局关于推进清理拖欠民营企业中小企业账款工作的实施方案》制定,对各区级预算单位拖欠民营企业中小企业账款情况进行逐项排查,全年协调140余家单位共计清偿欠款2.54亿元,完成2019年度工作任务。分批分类清理财政性资金借款,全年发放催款通知书114份,收回和核销资金1.29亿元。

(区财政局)

【财政服务效能得到新提升】年内,《顺义区财政局全面深化服务实施方案》印发实施,在全局范围内建立起“12个1”全面深化服务“长效机制”,在领导决策、管户单位、驻区企业等不同层面提供财政服务。通过每月“一分析”、每月“一调研”向区委区政府报送专报近40篇,多次获得区领导批示。上门领哨近600次,培训6000余人;《顺义区财政局对外办理业务流程“一张图”》印制400余册;推进网上办公,搭建财政业务“一张网”。

(区财政局)

【夯实服务助力会计人员】年内,持续做好全区初级、中级会计职称考试报名、审核及监考等相关工作。进一步履行好财政“会计服务”职能,通过专题培训、主动对接等多种形式切实提升服务效能,梳理服务清单35项,进行上门服务84次。组织全区410家行政事业单位和19个镇的会计人员参加新政府会计制度培训,惠及全区1200余名会计人员。

(区财政局)

税　务

【概况】年内,国家税务总局北京市顺义区税务局,主要负责顺义区税收、社会保险费和有关非税收入的征收管理工作。2019年,区税务局认真落实党的十九届四中全会和区委五届八次、九次全会精神,坚持稳中求进总基调,加强党对税收工作的全面领导,巩固扩大国税地税征管体制改革成果,着力推进从严治党、深化改革、组织收入、减税降费、税源管理、营商环境、队伍建设高质量发展,为稳定区域经济发挥重要作用。

(区税务局)

【组织收入】截至2019年底,共管理税源户82212户,其中私营企业61198户,个体工商户21014户。应对组织收入压力,通过及时协调足额下拨免抵调库、全面开展土地增值税清算、加强风险防控等手段,不断挖潜增收。2019年,完成各项税费收入565.6亿元,同比下降3%。其中,完成税收收入537.2亿元,同比下降4.7%;完成区级一般公共预算收入126.8亿元,同比下降3%。如扣除减税降费因素影响,区级一般公共预算收入同比增长9%,完成收入目标。

(区税务局)

【减税降费】年内,发挥减税降费工作领导小组及办公室统筹协调作用,编撰《减税降费政策汇编》并实时更新,累计组织各类培训2000余场,上门服务440余次,辅导人员3.6万人次。开展“第三方借减税降费服务巧立名目乱收费行为”等减税降费专项排查整治活动4次,确保问题立查立改。主动向区委、区政府和纪委监委汇报减税降费落实情况,争取地方支持。中央电视台《新闻联播》栏目专门就区税务局减税降费团队服务北汽集团、助力企业发展情况做详细报道。全年减免各项税费80.3亿元,折合区级一般公共预算收入15.5亿元。

（区税务局）

【税务法制建设】年内，加强依法行政工作领导体制机制建设，成立全面依法行政领导小组，制定《国家税务总局北京市顺义区税务局全面依法行政领导小组办公室工作规则（试行）》《国家税务总局北京市顺义区税务局全面依法行政领导小组议事规则（试行）》。扎实推进行政执法公示制度、全过程记录制度、重大执法决定法制审核制度落实，实现执法全过程留痕和可回溯管理。加大税法宣传力度，利用“互联网+税务”手段打造微视频、微直播、电子问卷等多合一宣传模式；借助区局“深化增值税改革政策培训小教员团队”“青年团员志愿服务队”“巾帼服务岗”等团队力量，化身义务宣传员和政策辅导员延伸服务触角；依托税收宣传月组织税务干部进公园、进机场、进商场、进校园、进企业，“点对点”“面对面”答疑解惑，推进税法宣传辖区“全覆盖”。

（区税务局）

【税源管理】年内，加大增值税发票管理和电子发票推行力度，增值税发票管理系统2.0版上线运行。实现机关事业单位社会保险费和职业年金征管职责平稳划转，累计入库费款16.54亿元，划转后征期申报率、入库率均达100%。全力做好金税三期系统并库，核实疑点数据13批次4743户次，组织627名税务干部分2次参与涉及14113笔业务的人海压力测试，夯实基础数据质量。备战个人所得税综合所得首次汇算清缴，核实疑点数据28.9万条。研提针对性举措推进房地产开发企业土地增值税项目清算，组织入库税款15.9亿元。研发升级上百个数据分析模型，信息化更加深刻融入税收工作，税源管理质效不断提升。

（区税务局）

【税务风险防控】年内，围绕税收重点工作，全力打造风险预警扎口管理、风险任务统一派发、风险应对分级分类、绩效考核成效反馈的风险防控闭环管理模式，推进风险核查提质增效；全年完成各级次风险防控任务7483户次，查补入库税款18.3亿元，组收贡献率居全市前列。严厉打击虚开发票违法犯罪行为，利用9个数据模型定期进行发票扫描，筛查涉嫌虚开发票企业142户并采取管控措施；联合区公安分局整治发票违法活动，抓获8名发放虚开发票“小广告”人员，有效遏制虚开虚抵发票行为。加强跨境税源风险核查，组织非居民企业入库税款25.8亿元，同比增长1.1%。

（区税务局）

【纳税服务】年内，打造政务服务新格局，办税服务厅、政务服务中心办税专区运行顺畅，分流效果明显；大力拓展自助办税，建设19个自助网点覆盖全区，纳税人就近办税更加便利。推进房屋交易涉税业务委托代征，实现不动产登记领域“一门一次一窗”全事项办理。深化开展“银税互动”，为726户企业提供信用贷款58亿元。作为试点区域率先向出口企业推广国际贸易“单一窗口”申报平台，推动出口退税减负增效。整合资源创新搭建“诉求问需服务平台”，针对性解决414户次纳税人难点痛点问题。落实12345“接诉即办”事项，办理市区两级诉求工单366件，问题响应率、解决率、满意率居全区各委办局前列，为区域营商环境优化提升持续贡献税务力量。

（区税务局）

【创新创优】年内，围绕“组织、制度、平台、设施、宣传”等环节，大力开展节能创建工作，通过验收并获国家级“节约型公共机构示范单位”称号。充分发挥税收大数据优势，深入剖析区域经济运行情况，先后撰写《经济分析报告》5篇，服务各级领导决策。完善安全生产各项制度，制定相关工作方案3项，全面提高安全生产监督管理水平。全年获得区主要领导肯定性批示15次，荣获“全国巾帼建功标兵”“北京市工人先锋号”“北京市交通安全先进单位”等称号。

（区税务局）

统　计

【概况】年内，区统计局紧紧围绕区委区政府中心工作及市统计局重点工作任务，以完善制度为基础，以督查督办为抓手，以强化执行为重点，用敢做善为的闯劲、时不我待的干劲和一抓到底的韧劲全力推动统计工作发展，确保在提升整体工作水平上求创新、出实招、见成效。

（区统计局）

【第四次全国经济普查】年内，通过1800余名经济普查工作者“地毯式”踏查，全区共登记第二、第三产业法人单位、产业活动单位4.2万余家，个体抽样单位1700余家。获国务院第四次全国经济普查领导小组颁发的“第四次全国经济普查先进集体”称号。

（区统计局）

【信息分析写作常态化工作机制】年内，定期开展工业、投资、服务业等各行业统计监测，建立月度信息分析写作常态化工作机制，及时提供预警信息。全年共有502篇信息分析被国家、市、区各级媒体采用，获得区领导肯定性批示60次，对外提供统计数据39.6万余笔。结合区域发展特点，开展低收入农户帮扶效果、创建文明城区现状等14项专项调查，全面了解重点热点民生等领域发展状况，5篇调查报告获得区领导批示。建立统计微信公众号，自主设计推出北京顺义统计形象代言人“顺小统”，10月份在全国统计系统微信公众号影响力排名第六，在全市统计系统排名第一。

（区统计局）

【统计法制建设】年内，深入贯彻落实中央文件精神，开展防范统计造假专项整治工作。全年完成执法检查257家，提高企业依法统计意识。

（区统计局）

【人口抽样调查】年内，顺义区共抽中除马坡镇、大孙各庄镇和旺泉街道以外的17个镇、5个街道的63个村和社区，共118个调查样本小区。通过调查全面掌握本区人口变动情况。

（区统计局）

【“七有”“五性”着力解读】年内，区统计局会同区政府办将顺义区“七有”“五性”指标分解到16个部门。同时，加强与市统计局研究所联系对接，面对面详细了解学习监测指标体系的研究背景和构建原则，并对本区总指数情况进行深入细致分析，对涉及此项工作的16个部门进行测算方法培训，将各项要求落实落细。

（区统计局）

【“点菜”“随叫随到”式统计服务】年内，围绕全区经济稳增长目标，加强对重点企业和重点项目的调研走访力度，及时掌握单位（项目）的最新动态，跟进政策的进展情况和实施效果。同时，深入落实“点对点”“一对一”服务企业工作机制，为区经信局、区住建委、区农业农村局、区国资委、区商务局等多个部门及企业做好统计业务指导。与区民政局、区商务局、区金融办、区市场监管局、区税务局等部门密切配合，为企业解决实际问题。为准确掌握临空经济示范区经济发展情况，根据四至范围筛选辖区企业名单，按季度进行统计监测，统计服务水平更加优质高效。

（李岩松）

审计

【区委审计委员会组建】4月，完成筹备组建区委审计委员会，加强党对审计工作的全面领导。全年召开会议2次，审议通过《2019年度审计项目计划》《2018年度预算执行和其他财政支出情况审计报告》，强化审计成果运用和审计问题整改，督促全区各单位健全问题整改长效机制。

（区审计局）

【审计机关机构改革】7月，审计机关机构改革工作完成，落实新“三定”方案，与发展改革委、区财政局、区国资委相关职能划转和人员转隶工作完成，行政执法事项交接完成，实现审计职能的优化整合。

（区审计局）

【审计概况】年内，区审计局完成审计项目156项，出具审计（结果）报告200篇，移送问题线索11个，作出行政处罚决定3项，查出违规金额13731万元，管理不规范金额217844万元，非金额计量问题147个，提出审计建议106条，上报信息225篇，被采用147篇次，向社会公布审计结果26篇。

（区审计局）

【预算执行审计】年内，2018年度本级预算执行和其他财政收支情况审计、部门预算执行审计以及大数据审计完成。在区本级预算执行审计中对“四本预算”进行全覆盖，运用大数据审计的方式，对94家一级预算单位进行全覆盖，并选取24家单位进行现场审计。同时对2018年全部20个“双重”项目和国有资本经营预算支出进行重点延伸审计，实现预算执行审计全覆盖。共查出违规问题金额10116万元，管理不规范问题金额7836万元，非金额计量问题38个。

（区审计局）

【经济责任审计】年内，为推进权力规范运行，促进领导干部履职尽责，完成处级领导干部的经济责任审计23项。重点关注领导干部贯彻执行党和国家、市委市政府、区委区政府重大经济方针政策及决策部署、遵守有关法律法规、重大改革任务推进、有关目标责任制完成、预算执行和财务管理等情况，查出违规问题金额2092万元，管理不规范问题金额206378万元，非金额计量问题58个。

（区审计局）

【领导干部自然资源资产离任审计】年内，为推动领导干部履行自然资源资产管理和生态环境保护责任，推动绿色低碳发展，促进生态文明建设，根据《领导干部自然资源资产离任审计规定（试行）》，完成区园林绿化局、杨镇、李桥镇自然资源资产离任（任中）审计，重点关注自然资源资产管理和开发利用过程中贯彻执行中央和市委、市政府重大决策部署、遵守法律法规、目标任务完成、履行监督责任等情况，查出非金额计量问题11个。

（区审计局）

【重大政策落实跟踪审计】年内，为促进重大政策落实，根据审计署统一安排部署，按季度开展重大政策落实跟踪审计，重点关注疏解整治促提升专项行动、减税降费、支持民营经济发展有关政策措施落实等情况。

（区审计局）

【重点工程、重点资金审计】年内，为确保工程顺利完成、促进资金资产使用真实、合法和效益，完成原涤纶厂及维尼纶厂生活区棚户区改造土地开发项目审计、顺义区非洲猪瘟防控资金专项审计、煤改电、煤改气、养殖业退出、顺义区2018年新一轮百万亩造林绿化工程跟踪审计、牛栏山一中综合楼、礼堂工程专项审计调查、木孙路（山丁路—麻张路）道路工程及市政配套工程专项审计调查。查出违规问题金额37万元，管理不规范问题金额2038万元，非金额计量问题17个。

（区审计局）

【专项审计】年内，完成北京市顺义区交通安全委员会财务收支审计、2016—2018年顺义区促进低收入农户增收和低收入村发展专项资金审计、顺义区行政事业性国有资产专项审计，协助市审计局做好北京市扶贫协作和支援合作项目专项审计。查出违规问题金额1487万元，管理不规范问题金额1593万元，非金额计量问题23个。

（区审计局）

【内部审计工作】4月17日，《关于加强内部审计工作的指导意见》出台。5月5日，组织区属20个单位参加北京市内部审计协会内部审计理论研讨，其中2篇调研文章分别获得二等奖和三等奖。注重内部审计人员职业能力建设，全年开展各类培训班6期，培训人员230余名。8月13日，对15家区属国有企业内部审计工作质量进行检查。11月4日，组织区属镇、街道和群团组织22个单位30余名内部审计人员开展内部审计工作座谈会。开展《内部审计人员网络后续教育平台》注册学员网络学习工作，截至12月底，全区488名人员登录内部审计人员网络后续教育平台系统，进行有针对性的学习，累计完成有效学时12106个。

（区审计局）

市场监督管理

综　述

【概况】2019年是顺义区市场监督管理局组建的第一年。一年来，区市场监管局将组建机构、完善机制与加强监管同步推进，高质量完成重大活动服务保障任务，实现机构改革和市场监管各项工作稳步推进、有序衔接和平稳过渡，做到思想不乱、队伍不散、工作不断、干劲不减，市场秩序总体平稳有序。拥有驰名商标27

件。开展免予办理强制性产品认证工作，全年发放3C免办证明93个。

（区市场监管局）

【机构改革稳妥推进】年内，按照精简、统一、高效的原则，对原市工商局顺义分局、原区质监局、原区食药监局职责以及价格监督检查职责、商务执法、知识产权管理职责进行整合。3月22日，区市场监督管理局挂牌成立，同时加挂区食品药品安全委员会办公室和区知识产权局牌子；6月13日，区市场监管综合执法大队挂牌成立。在全市率先推动机构改革落实落地，率先完成机关部门岗位调整，梳理明确科室岗位说明书。强化办公用房调配调整，率先实现局领导、局机关科室合署办公。

（区市场监管局）

【市场主体情况概述】年内，本区共有各类市场主体107305户，其中，内资企业68472户，注册资本13124.2亿元，同比分别增长12.4%和8.1%；外资企业1600户，同比增加2.11%，注册资本189.88亿元，同比增长4.14%；农民专业合作社252户，同比减少3.45%，注册资本3.72亿元，同比减少3.82 %；个体工商户36912户，同比减少1.81 %，资金数额27.07亿元，同比减少3.48%；代表机构38户。

（区市场监管局）

【市场主体发展情况】年内，新设立市场主体10885户，同比增长11.28%。新设市场主体中内资企业10084户，同比增长16.69%，注册资本867.28亿元，同比增长11.4%；个体工商户677户，同比减少32.57%，资金数额0.95亿元，同比减少26%；外资企业117户，同比减少6.4%，注册资本10.04亿元，同比增加50.14%。

（区市场监管局）

【注册资本改革实施以来市场主体发展情况】2014年3月1日—2019年10月31日，顺义区共新增各类市场主体59542户，同比增长13.24%，注册资本9535.49亿元，同比增长10.26%。其中内资企业48007户，同比增长22.1%，注册资本9438.93亿元，同比增长10.2 %；外资企业656户，同比增长7.19%；注册资本46.97亿元，同比增长15.95%；个体工商户10778户，同比减少13.98%，资金数额14.37亿元，同比减少7.71%。

（区市场监管局）

【网上登记及全程电子化】年内，有序开展全程电子化及实名认证工作，截至10月31日，共受理全程电子化登记业务11054件；通过“E窗通”平台新设立企业7197户。个体网上登记涉及区市场监管局全部12个所，共核准各类登记8261件。

（区市场监管局）

【“蓝天保卫战”】年内，结合无证无照经营和“开墙打洞”专项整治行动，加强固定场所内无照经营燃煤违法行为的查处，防止无证无照经营燃煤行为复开和反弹。全区范围内没有固定场所内无照销售燃煤经营行为。配合区经信局和区环保局推进“散乱污”整治工作，认真开展制造业企业全覆盖抽查工作，做好依法依规促进一般性制造业企业疏解退出工作。

（区市场监管局）

【个转企和外商企业备案】年内，继续为“个转企”开辟绿色通道并提供优惠政策，引导支持具有一定规模的个体工商户转型升级为企业，区财政出资对具备条件成功转型为企业者予以2000元政策补贴。为100户个体工商户转型升级的企业提供政策补贴，共计20万元。辖区现有外资企业1600户，其中分公司626户，港澳台个体户5户。2019年初至10月31日，新设立外资企业117户（均属备案管理类企业），其中新设立分公司48户。

（区市场监管局）

【营商环境优化】年内，优化营商环境变更业务再提速。9月以来，不但将企业变更预约时长压缩至一工作日内，还实现变更登记一工作日领照，备案注销即来即办。年内，企业注销2434户，与去年同期企业注销955户相比增长154.87%。协助法院完成股权冻结219件，限制登记80件。主动屏蔽不符合《北京市新增产业的禁止和限制目录》的企业申请300余户。处理12345、12315热线、政府便民电话交办单各类咨询、投诉、建议共计105件。

（区市场监管局）

【消保维权基础数据】 年内，共接收12315、12331、12358、12365、12345市、区两级政府交办件等投诉举报信息15319件，其中市政府12345直派和区政府12345转派单共7616件。6月，市市场监督管理局12315热线并入12345热线，对外公示投诉举报电话统一为12345，政府12345转办单数量直线上升，该渠道的接收量占总接收量的49.72%，相比去年同期增长303.17%。共接收各类价格举报投诉728件。共接收商务监督举报投诉21件。

（区市场监管局）

【市场疏解】 年内，共计疏解有形市场3家，疏解经营面积42000平方米。其中，注销1家，即北京顺欣春峰大卖场市场有限公司；停业2家，即北京集美益源家居广场市场有限公司、北京裕喜发双裕农贸市场中心。完成动产抵押登记34件，融资金额894774623.8元，完成变更登记3件、注销登记3件；解答动产抵押申请人电话咨询27人次。

（区市场监管局）

【规范档案交接　实现资源共享】 年内，全局累计完成数字化企业档案101288户（含注、吊销企业档案）、533597卷、9708906页，同比分别增长22.3%、17.1%和21.8%。累计完成个体开业、注销、吊销登记档案归档分别为36787户、34404户和33696户，同比分别增长8.9%、4.0%和1.5%。累计接收文书档案1602卷、案件档案16571卷、会计档案4233卷、动产抵押档案1613卷、实物档案810件，同比分别增长43.5%、20.5%、23.2%、11.8%和7.5%。档案查询平台共接待办事人员17272人次，咨询27660余人次，共打印企业登记档案480595页，同比分别下降29.1%、25.1%和27.6%。企业自主网上查询登记档案56340户次，同比增长161.6%。

（区市场监管局）

【行政处罚案件】 年内，共查办各类行政处罚案件3623件，罚没款合计1943.55万元。

（区市场监管局）

工商管理

【企业年报】 年内，2018年度年报，企业年报率95.18%，个体工商户年报率93.40%，农民专业合作社年报率98.40%。

（区市场监管局）

【经营异常名录】 年内，共将3898户企业列入经营异常名录，异常名录移出2525户，共将2469户个体工商户标记为经营异常状态，个体异常状态恢复290户；依据《严重违法失信企业名单管理暂行办法》的规定，对被列入经营异常名录届满3年仍未履行相关义务的383户企业列入严重违法失信企业名单。

（区市场监管局）

【查无治理】 年内，无证无照经营累计挂账197户，整治销账186户，销账率94.42%，96户市级无证无照经营计划点位于7月初全部整治销账。“开墙打洞”累计挂账11户，整治销账11户，销账率100%；9户市级“开墙打洞”计划点位全部整治销账。5个市级挂账重点村共上账无证无照经营12户，全部整治销账，销账率100%；14个区级挂账重点村共上账无证无照经营32户，整治销账32户，销账率100%。

（区市场监管局）

【广告监管】 年内，全区有传统媒体广告发布者5家（2019年新增广告发布者1家，已办理广告发布登记），分别为顺义区电视台、顺义区广播电台、中国航空传媒有限公司、《中国汽车报》社有限公司、中国航空发动机研究院，共涉及传统媒体14个，其中电视频道2个、广播频率1个、报刊媒体11份。另监测广告信息16138条。处理涉嫌违法广告线索184条。办结违法广告案件70件，罚没款59.38万元。

（区市场监管局）

【红盾护农】 年内，市局抽检农膜3组，分局自行抽检农用地膜14组、农肥11组，检测结果均合格。

（区市场监管局）

【网络监管】 年内，网上检查网络经营主体2600余户次，实地检查网站1080户次，督促网络交易平台删除违法商品信息17条，行政指导8户次，列入经营异常名录1户次。全局各办案单位查处各类涉网案件共计105件，罚没款128.15万元。

（区市场监管局）

【双随机抽查工作】年内，开展预付式消费定向抽查（5批次）、直销企业抽查、重点区域抽查（2批次）、企业年报抽查、个体年报抽查、制造业全覆盖抽查等13批次双随机抽查工作，共抽查市场主体8439户。

（区市场监管局）

【数据质量管理】年内，全局个体登记数据问题点98个，修改处理率100%；企业登记数据问题点129个，修改处理率100%，同比分别增长11.2%和10.3%。

（区市场监管局）

知识产权

【知识产权工作】年内，全区专利申请量为6623件，全市排名第八，其中发明1406件，实用新型3207件，外观设计769件；专利授权量为3753件，全市排名第八，其中发明581件，实用新型2651件，外观设计521件；PCT专利申请量为44件，全市排名第九。全区有效发明专利拥有量为2999件，全市排名第九。共办结商标案件24件，罚款30.59万元。

（区市场监管局）

食品药品安全监管

【食品市场工作】年内，全区共有食品集中交易市场36个，其中批发市场1个、零售市场28个、集期市场7个。全区共发放食品集中交易市场内食品经营许可证89个，同期下降69.1%；发放含网络经营食品经营许可证97个，同期上升5.4%；发放食品自动售货设备销售商食品经营许可证11个，同期上升266.7%；完成区级监督抽检1006件，其中检测完成885件，合格样本883件，不合格样本2件，抽检合格率99.78%，区级监督抽检样本数同期上升10.1%；完成区级917件样品的快速检测工作任务，发现不合格样品2件，快检合格率99.78%，快速检测样品数同期下降35.8%；立案查处违法案件8起，罚没款192301.14元，立案数同期下降100%；受理庙会、游园会、展销会等“三会”材料7件，现场督查指导7次。对市场内食品经营者和市场主办方开展培训3次，培训人数260人次。发放社区监测点管理制度14套，发放试剂22种，数量826盒，发放耗材11种；为石门市场联络站发放快检试剂16种，数量111盒。

（区市场监管局）

【食品药品抽检】年内，共抽检药品910件，全部合格；共抽检医疗器械23件，全部合格；共抽检化妆品12件，出报告2件，全部合格。共抽检食品9747个，检出不合格的样本31个，合格率为99.43%。年内，强制检定计量器具 22039台件。

（区市场监管局）

【国庆70周年食品安全保障】年内，为确保中华人民共和国成立70周年庆祝活动期间，顺义区食品集中交易市场监管领域社会面安全有序，共出动793人次，检查市场内食品经营者995户次，查处违法案件4起，罚没款金额74990元，进行食品抽检监测241件；监督庆祝游行活动人员训练期间冷餐供应123715份。

（区市场监管局）

【食品安全专项治理工作】年内，共出动执法人员458人次，集中力量检查各类批发、集贸市场46个次，检查市场内商户419户次。查处标签含有虚假内容的食品案1件，货值金额1700元，罚没金额2.33万元。为解决蔬菜、禽蛋、猪肉、水产品质量安全和农药、兽药添加禁用成分问题，共监督检查市场内经营主体619家次，责令整改3起。开展食品集中交易市场豆制品专项整治，对批发市场内18家豆制品供货企业和市场内18家豆制品商户进行检查，共抽检样品57样（其中豆制品36样），检测结果全部合格。开展食品集中交易市场牛羊肉、淡水鱼风险监测抽检，共抽取牛肉样品49件、羊肉样品18件、淡水鱼样品46件，养鱼水样品41件，经检测发现牛肉问题样本2件、淡水鱼问题样本6件，针对发现的不合格样本严格按照核查要求进行追根溯源和监督抽检。开展文明城区创建活动，督促市场主办单位落实主体责任，落实市场内商户不销售腐败变质食品、假冒伪劣食品和过期食品。结合自身业务工作针对网络订餐、优化营商环境等重点工作开展立项督查9次，实行问题隐患销账式管理。

（区市场监管局）

【非洲猪瘟疫情防控】年内，继续开展非洲猪瘟疫情防控工作，严格落实进货查验和记录制度；加强对采购生猪产品的过程控制和溯源管理，确保购进的生猪产品来自定点屠宰场；把好生猪产品及制品进货关，在采购生猪产品时批批查验“两证一结果”。开展非洲猪瘟疫情防控专项整治期间，共检查食品集中交易市场1706个次、检查市场内商户6890户次，送检批发市场猪肉样本906批次，送检样本全部合格，未发现非洲猪瘟样本。

（区市场监管局）

【餐饮服务基础数据】年内，辖区内共计持证餐饮服务单位7104家，正常经营单位6128家。其中普通餐饮单位4655家，单位食堂1439家，中央厨房16家，集体用餐配送单位18家，学生（含托幼机构）食堂190家。“阳光餐饮”工程建设完成6087家，建成品质餐饮示范店388家，“阳光餐饮”示范街12条。

（区市场监管局）

【餐饮企业抽检】年内，餐饮环节区级监督抽检涉及餐饮单位180家810件，占全年任务量102.5%。其中：社会餐饮抽检169家748件，占比92%；学校及托幼机构食堂抽检5家26件，占比3%；其他食堂抽检5家32件；中央厨房抽检1家4件。接到3件不合格报告。快速检测1297件。完成市级监督抽检380件，占全年274件任务量的136%。其中包括火锅底料15件，学校食堂食品原料20件，水产品30件，牛羊肉20件，针对8月学生团旅游旺季，诺如病毒抽检29家普通餐饮和11家集体用餐配送单位。

（区市场监管局）

【食品安全监管】年内，全区共有食品生产企业138家（包括食品添加剂生产企业），占北京市食品生产企业总数的14.5%，居全市第二位，覆盖28大类食品生产许可种类。全区流通环节共完成抽检食品样本1569个，其中，市抽494个，不合格2个，合格率为99.60%；区抽1075个，流通科抽检134个，不合格3个，合格率为99.72%，抽检任务全部完成。销毁过期等问题肉制品54.8吨。全年完成区级监督抽检任务471件，已出报告346件，不合格样品3件，合格率99.13%；快速检测样品578件，合格率100%。

（区市场监管局）

【药品安全监管】年内，全区共有药品零售企业393家，其中零售连锁总部及门店159家，单体零售药店234家。从数量统计：数量同比增幅0.5%，其中零售连锁较同类型增加6%。从经营方式统计：零售连锁门店占零售药店的40.5%。去年同期占比为38.4%，零售药店的连锁化率进一步提升。从经营范围统计：具有中药饮片范围的为69家，其中零售连锁门店50家，单体药店19家。整体数量较去年持平。药品零售环节完成248件许可工作，同比增加24%；组织开展药品零售企业GSP认证51件，同比增加360%。选派GSP检查员参与市药品认证中心对本区药品批发企业的现场检查3次。

（区市场监管局）

【食品药品安全监测】年内，累计抽检食品样本6295个，不合格样本27个，合格率99.6%；完成药品的监测抽检样本671批次（含医疗器械、化妆品），合格率为100%。其中食品监督抽检4190个，不合格14个，合格率为99.7%；食品风险监测475个，不合格样本12个，合格率97.5%；食品快速检测1630个，不合格样本1个，合格率99.9%。

（区市场监管局）

【特殊食品安全监管】年内，共有特殊食品经营企业2194家，其中2019年新增特殊食品经营企业中含保健食品经营的有147家、含婴幼儿配方乳粉经营的有67家、含特殊医学配方食品经营的有2家。完成保健食品区级抽检10件，完成婴幼儿配方乳粉区抽10件，完成保健食品快检100件。全年各单位共办结保健食品简易程序案件11件、特殊医学用途配方食品简易案件1件；保健食品一般程序案件1件、婴幼儿配方乳粉一般程序案件1件，共计罚没款94686元。

（区市场监管局）

【医疗器械监督】年内，全区有医疗器械生产企业64家，较2018年增加7家。其中一类企业14家，二类企业34家，三类企业16家。有无菌和植入性医疗器械生产企业19家，体外诊断试剂生产企业6家。共办理许可和备案事项75件，区医疗器械生产企业数量呈逐年较快增长趋势，安全形势总体平稳有序，未发生质量安全事故。有医疗器械经营企业963家，较2018年增加202家。其中仅经营三类53家，仅经营二类备案629家，二类、三类兼营企业281家。2019年1—10月，医疗器械经营许可证新办56家、延续17家、变更91家，二类备案146家、备案变更263家。对辖区无菌植入和体外诊断试剂生产企业监督检查38家次，对25家生产企业，提出整改意见85项。通过跟踪检查，完成整改23家，关闭整改问题64项。立案辖区医疗机构10家，罚没款11.6万元。

（区市场监管局）

质量技术监督

【商品抽检与质量监管】年内，完成流通领域商品、生产领域产品质量抽样检验合计425组。其中，市市场监管局下达的流通领域商品质量抽检任务358组，涉及47个人类商品，经抽检判定29组商品质量不合格，合格率92%；区市场监管局自主安排的生产领域产品质量抽检任务67组，涉及成品油、煤炭、配电设备、学生校服、防火门5大类产品，经抽检判定抽检合格率100%。针对抽检判定质量不合格商品（产品）的违法销售（生产）行为，立案处罚39件，罚没款合计29.53万元。共检验电梯9589台，厂内机动车1613辆，起重机械534台，锅炉347台，压力容器537台。

（区市场监管局）

【特种设备的发展】年内，全区特种设备总量25411台，其中在用设备19468台。新增特种设备1598台，新增设备数占在用特种设备总数的8.2%。新增设备中，电梯以728台的增量占46%。特设科办理停用注销特种设备1790台，其中停用注销容器552台，停用注销叉车503台。特设科累计出动执法人员546人次，检查企业273家；办理投诉举报85件，对8家企业进行立案处罚，罚款金38万元。

（区市场监管局）

【特种设备安全生产监管】年内，累计排查危险化学品相关高风险承压特种设备72台，发现7处安全隐患均已消除。启动集中供暖单位特种设备现场监督检查，完成3家使用单位、11台锅炉、7台容器、3条管道现场检查。开展液化石油气充装单位现场监督检查90余次，出动执法人员218人次。全年对10家充装站完成3轮全面检查，对1家未按照充装安全技术规范要求开展充装活动的单位进行立案调查。

（区市场监管局）

【燃油叉车大排查大整治行动】年内，累计出动检查人员48人次，检查24家使用单位52台燃油叉车，办理停用注销燃油叉车265台。上半年办理使用登记的328台叉车中，电动叉车233台，叉车新能化替换效应显著。

（区市场监管局）

【大型游乐设施整治】年内，为落实《市场监管总局办公厅关于开展大型游乐设施乘客束缚装置安全隐患专项排查治理的通知》（市监特〔2018〕42号）和《市场监管总局办公厅关于开展客运架空索道安全隐患专项排查治理的通知》（市监特〔2018〕68号）相关要求，本局开展大型游乐设施乘客束缚装置和客运架空索道整治活动，对莲花山滑雪场、乔波室内滑雪场、顺义公园、仁和公园开展现场监督检查，督促相关单位落实市场监管总局办公厅2个文件精神，完善落实特种设备安全管理制度，落实《特种设备使用管理规则》，开展隐患自查自纠，确保在用特种设备检验合格，禁止无证作业及特种设备带病运行。

（区市场监管局）

【高风险治理】年内，共完成检验电梯9589台，厂内机动车1613辆，起重机械534台，锅炉347台，压力容器537台。完成非税收入576万元。

（区市场监管局）

【特种设备隐患治理】年内，协调北京市特种设备检测中心，完成石园北区、裕龙五区等社区125部高风险老旧住宅电梯的隐患治理工作，截至年底，全部改造更新完毕，居民出行更加安全可靠。

（区市场监管局）

【有机认证检测治理】年内，现

场检查116家企业，立案35件，结案35件，罚没款17.83万元。通过每月“双随机一公开”方式共检查30家企业。全年受理免予办理强制性产品认证94件，发证93个，共涉及50家企业，按照总局153号文件工作要求，对符合中国强制性产品认证免办条件的五类情形的营业执照、提单、进口合同、后续管理承诺书等材料进行规范性审核，自受理申请之日起3个工作日内，完成审核并出具中国强制性产品认证免办证明，确保中国强制性产品认证免办证明的受理、审核实现全程电子化申请和管理，所有申请人无须到现场提交材料。

（区市场监管局）

【计量器具首检】年内，共强制检定计量器具22039台件，同比18867台件增长16%。条码使用率为100%，2018年同期为99.49%；统一信用代码使用率为100%，2018年为99.94%。

（区市场监管局）

【相关产品监督抽样】年内，配合计量院等部门开展定量包装商品、能效标识产品、计量器具监督抽样工作。依据监督抽样相关规则，对化妆品、合成洗涤剂两类定量包装商品9个批次、电磁炉一类能效标识产品2个批次、水表一类计量器具1个批次进行抽样。定量包装商品净含量抽样合格率100%，水表抽样合格率100%，电磁炉抽样合格率待查。执法人员要求检验结果不符合定量包装商品净含量字符高度要求的生产单位立即整改，并对整改结果进行复查。

（区市场监管局）

【计量监督执法】年内，计量领域重点围绕商场超市、集贸市场、加油站、餐饮店、眼镜制配场所等重点场所，开展监督执法检查。先后开展元旦、春节、中秋、国庆四节计量专项监督检查、眼镜制配行业、加油站、能效标识专项双随机监督检查，对用于贸易结算、医疗卫生的强检计量器具检定情况、预包装商品符合规范情况、能效标识张贴规范情况等进行全面检查，同时要求管理及生产单位切实落实计量主体责任，保障消费者合法权益。共出动执法人员352人次，检查企业163家次，共检查计量器具981台件，抽查预包装商品8家次，核查能效标识产品10批次。对计量器具未按规定申请检定的单位及个体经营者，全部责令整改，立案7起、当场处罚11起。

（区市场监管局）

【缺陷产品召回】年内，缺陷产品召回作为本局职责之一，一方面和产品科做好交接，加强学习交流，确保对工作内容认识清楚、掌握到位。另一方面实际督促指导生产者开展缺陷产品调查分析1起。

（区市场监管局）

【汽车三包争议调解】年内，共接到三包争议23件，不在受理范围内4件，终止调解10件，成功调解8件，办理中1件，调解成功率76%。

（区市场监管局）

【物价检查】年内，共办理各类价格举报投诉728件，比2018年同期的821件减少11%。举报内容主要涉及商超、停车场、电价、供暖、医疗等行业。案件办结率为100%。行政处罚3件（其中一般案件1件，简易案件2件），处罚金额3000元，协调退赔款10万余元。

（区市场监管局）

【价格收费秩序整治】年内，针对市场价格违法行为，组织开展物业、医疗、转供电、保健品市场、教育、停车场、清明节市场、宽带收费等8个重点领域的专项检查，有效规范行业价格行为。

（区市场监管局）

【商务监督检查】年内，共计检查377家次，出动执法人员926人次，作出行政处罚决定69件，全部为简易案件。处理举报投诉21件，均做到快速响应，满意解决。

（区市场监管局）

安全生产监督管理

【顺义区安全生产专项执法行动】1月，顺义区根据北京市应急管理局关于在全市集中开展专项执法检查行动会议的要求，召开专项行动部署会，制定下发《关于开展安全生产专项执法检查行动工作方案》（顺安办〔2019〕1号），并成立以区安委会办公室主任为组长的专项执法检查行动领导小组，小组下设4个督查组。要求全区各行业、各属地成立以主要领导为组长的专项行动领导小组，迅速开展专项执法检查行动，并要求各单位主要领导亲自挂帅，统筹调度所有安全生产执法力量及专职安全员队伍，全力打赢此次专项执法检查行动攻坚战。

（区应急管理局）

【烟花爆竹销售安全管理】 1月23日，区安监局联合区消防支队组织烟花爆竹零售网点人员召开烟花爆竹工作部署及培训会。会议对《烟花爆竹零售经营安全生产承诺书》进行详细的解读，要求集中组织零售网点投保安责险，并部署下一步重点工作。1月29日上午，区安监局对张镇、龙湾屯镇两处烟花爆竹零售网点进行安全检查。2月4日夜，区安监局对区内烟花爆竹零售网点进行安全检查。

（区应急管理局）

【第十九届北京青少年机器人竞赛安全保障】 1月27—29日，由北京青少年科技中心主办的第十九届北京青少年机器人竞赛在顺义区举办。来自北京、河北、天津等地700名青少年和教练员代表，以及裁判员、评审专家、志愿者共900余人参加此次赛事。区安监局开展为期14天的安全生产保障工作。截至1月30日，区安监局出动执法人员14人次，执法车辆7次，下达责令限期整改指令书3份，消除隐患12处。

（区应急管理局）

【春节前后人密场所检查】 1月28日，区安委会办公室主任、区安监局局长单增友带领区旅游委、区体育局、区质监局等相关部门负责人和执法人员，深入北京京莲体育管理有限公司、奥林匹克水上公园滑雪场2家人员密集型重点企业开展节前安全生产联合检查。同日，区安监局联合区商务委对北京永辉超市有限公司顺义后沙峪空港分公司、北京枫尚世纪奥特莱斯购物广场有限公司、北京燕和楼餐饮有限公司等7家重点商业餐饮等人员密集场所开展联合检查。2月9日，区安监局执法人员对北京新世界千姿百货、北京河北村民俗文化有限公司等人员密集场所及旅游景点进行专项检查。

（区应急管理局）

【工业重大危险源企业安全生产检查】 1月30日，区安监局局长单增友带队对北京顺鑫农业股份有限公司牛栏山酒厂、北京顺鑫农业股份有限公司鹏程食品分公司、北京燕京啤酒股份有限公司3家工业重大危险源企业进行检查。针对发现的隐患，下达执法文书，责令被检查企业立即进行整改。

（区应急管理局）

【安全社区建设】 2月14日，区安监局组织召开2019年安全社区推进部署暨培训会。区安监局党组书记、局长单增友出席会议并进行工作部署，13个属地的主管领导、安全科科长及安全社区创建骨干等共计42人参加。2月20日，国际安全社区建设启动交流会召开，天竺镇、双丰街道办事处主管副职、安全科长参加。会议邀请到中国职业安全健康协会（国际安全社区支持中心）副秘书长陈文涛，中国职业安全健康协会职业安全部副主任葛世友，华东理工大学教授、国际安全社区专家董大旻，对国际安全社区建设进行指导。

（区应急管理局）

【“煤改清洁能源”安全运行联合检查】 2月18日，区安监局联合区城管委、区农委对南法信镇焦各庄村、大江洼村以及后沙峪镇西田各庄村、古城村4个“煤改气”村“煤改清洁能源”安全运行情况进行联合执法检查，对镇政府执行《顺义区农村地区“煤改气”设施安全运行管理工作实施细则》（145号）文件的落实情况进行督查。

（区应急管理局）

【全国“两会”期间安全生产保障】 2月19日，区安委会办公室2019年全国“两会”安全生产保障工作部署会召开。各镇、街道办事处、经济功能区和相关行业部门等共计54人参加会议。2月20日晚，安全生产夜查机制启动，保障“两会”期间安全生产。区安监局执法人员先后对北京住海石油销售有限公司、中国石化销售有限公司北京顺义住海加油站进行夜间安全检查。2月21日晚，对顺腾信加油站、北京顺义海洪加油站及北京顺规加油站3家加油站进行执法检查。2月27日，区应急局联合高丽营镇政府对重点保障单位的安全生产工作开展执法检查。通过前期排查，区安监局将高丽营镇重点区域内的14家企业纳入重点检查企业台账，并在检查开始前向台账内企业发放《2019年致全区生产经营单位的一封信》。3月6日上午，对顺义区唯一一家危险化学品生产企业——北京首钢气体有限公司安全履职及“两会”安全生产保障工作进行检查。3月11日起，区安监局牵头，组织区住建委、区消防支队及属地政府对顺义区“两会”驻地及机场周边重点区域内建筑施工工地开展为期一周的建筑施工领域开复工专项执法行动，主要针对建筑施工单位安全生产各项规章制度的建立及落实、安全管理机构及人员设置、一线作业人员的教育培训及考核、特种作业人员持证上岗、施工机械安全防护、用电安全、劳动防护用品配备和使用、危险作业安全措施、有限空间安全管理、隐患排查治理、动火作业、应急预案及演练、重点时段安全管控等内容进行执法检查。

（区应急管理局）

【工业企业非经营性加油站专项整治工作推进会】3月4日，区安监局根据《顺义区安全生产委员会办公室关于开展非经营性加油站安全专项整治工作的通知》要求，组织区环保局、区消防支队、区规土委和相关属地安全科长及13家企业主要负责人召开工业企业非经营性加油站专项整治工作推进会。会上，13家企业负责人提出本单位非经营性加油站隐患整改过程中出现的问题及难点。相关部门根据自身职责，结合整治标准对企业提出的问题进行解答，并结合下一步整治工作任务提出了明确要求。

（区应急管理局）

【危化品重点企业负责人述责述安】3月20日，区应急管理局组织北京顺鑫农业股份有限公司牛栏山酒厂、北京北方中油石油销售有限公司、中国航油集团北京石油有限公司、北京顺鑫农业股份有限公司鹏程食品分公司4家危险化学品重点企业开展主要负责人述责述安工作。企业主要负责人按照《述责述安制度实施细则》要求，对安全生产投入、教育培训、隐患排查治理、应急救援等10项内容进行汇报，区安监局负责人就全面落实“五项制度”、风险辨识与管控等内容与企业进行提问和交流。

（区应急管理局）

【顺义区应急管理局挂牌成立】3月25日，北京市顺义区应急管理局挂牌成立。根据《北京市顺义区机构改革方案》，将区安全生产监督管理局的职责，区政府办公室（区突发公共事件应急委员会办公室）的应急管理职责，市公安局消防局顺义支队的消防管理职责，区民政局的救灾职责，市规划和国土资源管理委员会顺义分局的地质灾害防治职责，区水务局的水旱灾害防治职责，区园林绿化局的森林防火职责，区地震局的震灾应急救援相关职责，相关机构的防汛抗旱、减灾、抗震救灾、森林防火等职责整合，组建区应急管理局，作为区政府工作部门。区突发公共事件应急委员会办公室更名为区突发事件应急委员会办公室，设在区应急管理局，不再保留顺义区安全生产监督管理局。

（区应急管理局）

【清明祭扫保障】3月26日—4月30日，区应急管理局开展安全生产大排查工作。全区各行业部门、各镇街共出动执法检查人员1124人次，检查生产经营单位922家，发现安全生产隐患问题1067项，消除隐患867项，隐患整改率81.2%。区消防支队前24小时，共检查单位713家，督促整改火灾隐患234处，查封1家，三停2家，罚款6.5万元。3月30日，顺义区清明节祭扫服务工作指挥部副总指挥、区应急管理局局长张香东带队到区潮白陵园检查清明祭扫服务保障工作，区民政局等相关负责人随行检查。全局领导干部全部下沉一线，开展安全生产和清明祭扫应急服务保障工作检查。4月5—7日，区应急管理局9名处级领导分别带队，在19个镇、6个街道、5个经济功能区督查检查各属地清明期间安全生产和防火安全工作要求落实情况，现场查处并督促企业整改安全隐患。

（区应急管理局）

【职工劳动保护和安全生产工作培训】4月8—12日，区总工会和区应急管理局在顺义安全培训体验基地联合举办650人的职工劳动保护和安全生产工作培训班。4月8日上午，培训班开班仪式举行。

（区应急管理局）

【工业涉危企业隐患治理专项行

动】4月19日，区应急管理局组织22个属地安全科长及相关涉危企业负责人召开2019年工业涉危企业隐患治理专项行动动员部署及培训会，邀请中国石化北京燕山石化分公司方文林教授对工业涉危隐患治理工作进行详细讲解。会上，区应急管理局对全区工业涉危隐患治理工作进行动员部署，方文林教授对相关工业涉危隐患治理的重点难点进行解读及培训，培训结束后对参会工业涉危企业安全负责人进行考试。

（区应急管理局）

【第十届中国卫星导航年会临建设施安全生产保障】5月22—25日，第十届中国卫星导航年会在顺义区举办。自4月17日起，区应急管理局在重要时间节点共召开工作部署会5次，通过桌面推演等方式协调各单位解决相关重点、难点问题。制定《第十届中国卫星导航年会安全生产保障工作方案》，明确各单位在相应时间节点的工作任务和职责分工。4月25日，区应急管理局组织区城市管理委、区经信局、区文旅局等相关单位以及涉及临建设施搭建的承办方、设计方、监理方、施工方、场地方等相关企业负责人召开第十届中国卫星导航年会临建设施安全生产保障工作部署会。会议听取各相关企业汇报年会临建设施的具体搭建方案，由各相关行业、属地针对临建设施搭建对各企业提出明确的要求，区应急局重点就临建设施搭建安全监管的准备阶段、进场施工阶段、拆除阶段3个环节，对临建设施搭建涉及的6个主体单位（承办单位、设计单位、施工单位、监理单位、安全评价机构、场地提供方）提出60项安全要求。5月10日，区应急管理局副局长王云志带队对导航年会场地进行现场检查，对现场隐患进行立即整改。5月17日，区应急管理局组织召开应急保障工作调度会。同日进场搭建，区应急管理局牵头协调临空核心区、科创集团、国测集团等相关单位成立3个安全保障组，共出动90人次，在搭展、会期、撤展3个阶段对场地、临建设施开展不间断的安全生产巡查，共发现42项安全隐患。年会期间未发生一起安全生产事故。

（区应急管理局）

【工业企业非经营性加油站专项整治工作约谈会】5月17日，区应急管理局副局长李妍组织相关属地安全科长及6家非经营性加油站主要负责人召开专项整治工作约谈会。会议听取6家企业负责人隐患整改进度、改造难点、发现问题的汇报。李妍对相关问题逐一进行解答，对改造较慢的企业负责人进行约谈，提出具体要求。

（区应急管理局）

【安全生产标准化三级拟达标企业现场确认工作部署】5月24日，区应急管理局组织召开2019年安全生产标准化三级拟达标企业现场确认工作部署会。各属地安全监管干部及205家企业主要负责人共计233人参会。会上，技术服务机构详细介绍此次现场确认工作的具体安排，同时提出企业需提前准备的资料清单，讲解涉及风险评估违法行为和安全隐患、涉及有限空间、涉危使用、涉爆粉尘、燃气锅炉、应急预案等项目的检查要求等。

（区应急管理局）

【2019年京交会顺义分会场临建设施安全监管】5月28—6月1日，2019年中国国际服务贸易交易会（简称京交会）在顺义开展。按照京交会“一主多辅”的工作安排，区中国国际展览中心（新馆）承办4万平方米全市最大的具有展览展示功能的分会场。5月23日，区应急管理局牵头组织安全生产组各责任部门以及涉及临建设施搭建的承办方、搭建方、安全评价机构等六方主体单位召开2019年京交会顺义分会场临建设施安全监管工作部署会。区应急管理局向各参会单位下发《2019年京交会顺义分会场临建设施搭建安全监管工作方案》《重大活动服务保障临建设施安全监管规范》。在为期7天的展会保障期间，区应急管理局作为安全生产组牵头单位，统筹组织区市场监督管理局、城管执法监察局、区消防支队、空港街道等成员单位以及涉及临建设施搭建的6家主体企业共召开工作调度会3次，明确临建设施安全监管60项安全要求，完善“应急部门牵头、职能部门协同、主体单位落实”的临建设施保障安全监管工作机制。区应急管理局联合相关单位对搭建现场进行“全方位、无死角、不间断”的

安全生产检查，保障期间共查处雷亚架缺少配重、吊装物缺少防护、金属架无接地保护、部分展位消防设施配备不足等49项隐患，现场制止严重安全生产隐患和违法行为80项。保障期间，保障组共出动执法人员90人次，发现隐患178项，查处无照经营3起，整治散发小广告3起。

（区应急管理局）

【文物建筑安全隐患排查治理】区应急管理局联合区消防支队、区文旅局在全区范围内开展文物建筑隐患排查治理。区应急管理局组成7个督查组，结合全区正在开展的护航70、安全隐患大排查等专项整治工作，对全区32处文物建筑责任单位的安全、消防情况进行督查检查。后沙峪镇、李桥镇等13个涉及文物建筑的镇对属地范围内的文物建筑进行安全检查，并督促责任单位进行整改，消除隐患。截至5月24日，全区32处文化建筑共发现安全隐患22项，全部整改完毕。

（区应急管理局）

【行政村、社区专兼职安全生产巡查员教育培训】6月10—14日，区应急管理局分5批次组织全区巡查员进行教育培训。此次培训共涉及全区19个镇、6个街道的414个行政村、131个社区的1172名巡查员，根据市应急管理局总体培训部署，分别从危险作业（有限空间、高处作业、动火作业）、电气安全、燃气安全、消防安全巡查等培训要点开展。培训的讲师为历届各区专职安全员领军人才中选拔。

（区应急管理局）

【工业涉危企业隐患治理专项行动推进会】6月11—12日，区应急管理局结合《北京市危险化学品安全综合治理三年行动计划》及《顺义区2019年工业涉危企业隐患治理专项行动实施方案》工作要求，采取分片区、分规模、分步骤的形式分3批次召开工业涉危企业隐患治理专项行动推进会。区应急管理局副局长李妍、北京市危险化学品专家、20个相关属地的主管科室负责人及全区100余家重点工业涉危使用企业安全负责人参会。会议听取重点工业涉危使用企业关于危险化学品使用种类、数量、储存方式及隐患排查情况、危险化学品库改造的相关问题的汇报。区应急管理局工作人员及专家针对各企业提出的问题进行解答，并带领参会人员进入企业危险化学品库房进行现场指导教学。

（区应急管理局）

【2019年“安全宣传咨询日”活动】6月16日，以“防风险、除隐患、遏事故”为主题的2019年“安全宣传咨询日”活动在汉石桥湿地公园举办。顺义区副区长李在东，北京市安科院办公室主任王博，顺义区安委会办公室主任、应急局局长张香东，汉石桥湿地管理办公室主任蔡春轶等领导出席活动，各行业属地主管副职、各属地安全科科长、各属地专职安全员代表参加此次宣传咨询活动。

（区应急管理局）

【水务行业及农村污水改造工程专项督查执法】6月20日起，区应急管理局结合当前重点时期重点领域事故易发的特点，对全区水务行业及农村污水改造工程开展为期一周的专项督查执法行动。此次专项督查执法行动针对生产经营单位主体责任落实、安全生产主要负责人法定职责履行、组织机构的建立、规章制度的建立及执行、隐患排查治理、有限空间安全管理和应急管理、危险作业安全风险管控等情况进行专项督查执法。

（区应急管理局）

【有限空间宣传周活动】6月，区安委会办公室制定下发《顺义区有限空间安全宣传周活动方案》，要求各行业、属地及涉及有限空间的企业利用6月24日至30日开展有限空间安全宣传教育“五个一”和“三到位”活动（“五个一”：开展一次有限空间作业事故案例分析警示教育活动、开展一次有限空间作业安全知识培训活动、开展一次有限空间安全自查活动、开展一次有限空间作业应急救援演练活动、开展一次本行业领域、本地区企业间有限空间安全管理示范交流活动；“三到位”：要督促生产经营单位确保有限空间安全宣传海报张贴到位、有限空间作业安全警示标志喷涂到位、有限空间作业安全宣传条幅悬挂到位）。区应急管理局发放宣传材料15000余册（张），并启动督查检查工作机制，由处级领导带队对全区50个行业、属地及其涉及有限空间的生产经营单位有限空间宣传周活动开展情况进行督查检查。

（区应急管理局）

【“护航70”专项行动】6月，区应急管理局在4月完成第一阶段电焊工作业执法检查行动基础上，开展安全生产大培训专项执法检查，重点打击应该参加安全生产大培训却不参加、不按时参加或者不按规定对从业人员开展教育培训的生产经营单位。全月专项执法检查行动中，共出动执法人员2198人次，检查生产经营单位4620家次，领导带队检查524次，查出隐患996项，行政处罚31.55万元。8月，组织开展有限空间专项执法检查，重点打击有限空间作业无台账、无审批、无检测、无监护等违法违规行为。共出动执法人员885人次，检查生产经营单位379家次，下达责令限期整改指令书163份，发现隐患314项，消除隐患314项，隐患消除率100%。

（区应急管理局）

【生产经营单位主要负责人和安全生产管理人员培训考核】7月2日，顺义区2019年生产经营单位主要负责人和安全生产管理人员培训考核的第一期培训班开班仪式举行。市应急管理局救援队伍建设处调研员孙建军，顺义区应急管理局局长张香东、副局长李建军，区国资委副主任杨志明出席开班仪式。本次安全生产培训共20期，每期2天，共有全区1000家企业的2000名负责人及安全管理人员参训，课程涉及生产经营单位安全生产主体责任、安全生产标准化、危险源辨识与安全预防控制体系、生产安全事故隐患排查治理及企业消防安全5个方面。第一期为国有企业专班，全区52家重点国有企业主要负责人和安全生产管理人员共104人参加培训。

（区应急管理局）

【第二十八届北京国际燕京啤酒文化节安全保障】7月8日晚，第28届北京国际燕京啤酒文化节在顺义奥林匹克水上公园闭幕。区应急管理局作为安全保障组牵头单位，制定《第二十八届燕京啤酒节安全生产保障工作方案》，成立以局党组书记、局长张香东为组长的“啤酒节”安全保障工作组，并组织绿色生态、文旅集团和“六主体”单位召开协调会，明确各成员单位的工作任务和安全管理职责。从6月21日场地搭建至“啤酒节”活动结束，区应急局管理执法人员按照《重大活动服务保障临建设施安全监管规范》“六十要点”规定，对排查发现的安全隐患，执法人员当场下达文书，要求责任单位立即落实整改。区应急管理局共出动执法人员90余人次，消除隐患150余项，下达执法文书29份；牵头召开安全保障协调会6次。截至7月9日下午，场地临建设施全部安全拆除，区应急管理局“啤酒节”安全保障任务完成。

（区应急管理局）

【2019年北京市安责险工作第二片区座谈会】7月11日，安责险工作第二片区座谈会在区应急管理局召开，市应急局副巡视员贾秋霞，规划发展处处长车广杰，区应急管理局局长张香东以及平谷区、怀柔区、密云区应急管理局各主管副职参加座谈会。截至6月30日，顺义区有投保企业1723家，保险费699.06万元，累计责任限额（提供风险保障金）93.04亿元，完成北京市应急管理局制定目标的70%，参保企业数位居全市第四。

（区应急管理局）

【安全生产宣传进工地活动】7月，区总工会、区应急管理局与区住建委到顺义区林河定向安置房项目建筑工地，联合开展以“落实全员安全责任，促进企业安全发展”为主题的安全生产知识宣传咨询活动。区应急管理局副局长李建军、区总工会副主席姚竞宏、区发包承包交易中心主任张希、区住建委工会主席王继红一同出席活动为职工发放常见事故应急与救护知识口袋书和建筑施工安全宣传文化衫，并向在高温环境下工作的一线职工表示慰问。

（区应急管理局）

【重点危险化学品使用单位风险评估培训】7月24—25日，顺义区应急管理局聘请专家，组织74家重点危险化学品使用单位开展风险评估培训，指导企业根据相关工作要求，结合本单位实际情况，分析及辨识安全风险源、上报应急资源及应急能力，并制定相应的安全风险管控措施。此次培训对危险化学品使用单位的安全风险进行深入辨识与评估，查清安全风险源的数量、种类和分布情况，建立安全风险管控机制，完善顺义区安全风险“一张图一张表”（一张图一张表：企业分布图与企业信息表）。

（区应急管理局）

【夏季建筑施工企业安全生产专项检查】8月，区应急管理局联合区住建委启动夏季建筑施工企业安全生产专项检查。此次专项检查主要针对企业安全管理资料、人员培训、领导值班带班、特种作业人员持证上岗、防汛应急救援预案制定及演练、夏季防暑降温措施落实、安全用电、劳动防护用品配备、临边防护、施工机械安全等内容。8月1日，专项检查组对天津润东嘉成建筑工程有限责任公司6#厂房工程施工现场进行安全检查。

（区应急管理局）

【生产经营单位安全生产情况检查】8月3日，区应急管理局局长张香东受副区长李在东委托带队对顺义区污泥处置工程（一期）、杨镇地区液化石油气罐使用场所、北京顺规加油站3家生产经营单位的安全生产情况采取“四不两直”方式进行检查。8月10日，张香东带队对张辛加油站及金刚化工2家生产经营单位的安全生产情况进行检查，同时对镇级专职安全员安全生产检查工作进行督查。8月17日，张香东带队检查仁和镇餐饮企业科尔沁涮肉坊。9月18日，张香东带队结合顺义区开展的百日安全大排查大整治“回头看”工作，对北京东方仙玛企业管理有限公司顺义库房开展安全检查。

（区应急管理局）

【游泳场馆安全隐患专项治理工作】8月3日，区安全生产委员会办公室制定下发顺义区《关于开展游泳场馆安全隐患专项治理的通知》（顺安办〔2019〕63号）。部署在全区范围内以“街乡吹哨，部门报到”形式从8月3日至9日对49家游泳场馆开展为期一周安全隐患专项治理。区安委会办公室负责统筹、协调、指导全区游泳场馆安全隐患排查工作，区长孙军民带队，其他分管副区长也分别于8月3日至6日采取“四不两直”方式带队检查工作。各相关属地按照重点排查检查内容，对辖区内的游泳场馆进行执法检查，能立即整改的隐患要督促立即整改，对不能立即整改的隐患挂牌督办，限时整改。相关行业部门要按照各自职责，开展专业执法行动。对发现的重大事故隐患和问题严重的单位，采取多部门联合执法的工作模式，形成工作合力。各属地、各相关行业部门对专项治理行动进展情况及时进行汇总，由区安委会办公室将推进情况汇总上报至区政府。

（区应急管理局）

【2019年顺义区安全生产大培训】4月27日，《顺义区2019年生产经营单位主要负责人和安全生产管理人员安全生产大培训工作方案》（顺安办〔2019〕36号）制定。5月27日，顺义区应急管理局开始委托北京鑫中招标代理有限公司通过公开招投标方式选取区内1家培训机构；6月25日，招标工作结束，确定顺义区安全生产协会承办顺义区安全生产大培训工作。5月29日，顺义区安全生产企业大培训动员部署会召开，全区19个镇6个街道5个经济功能区的安全科长、企业大培训的专职工作人员参加动员部署会。区安全生产协会按照文件相关要求制定相应培训工作方案，开展20期培训每期50家企业100人。7月2日，区安全生产大培训正式开班，第一、第二、第三期均为区属国有企业专班。安全生产大培训期间，培训机构高度重视培训现场的组织工作，严把“培训报名、考勤签到、培训内容、课堂秩序、授课评价、考核质量”6个关口。区应急管理局安排专人到培训机构，对培训进行全程监督指导，及时与市应急管理局进行沟通，解决培训过程中出现的各项问题。截至8月13日，区安全生产协会（培训机构）共举办培训20期次，共1007家单位2018人参加培训，其中通过市局系统统计20期次平均出勤率为100%，考试及格率为100%。

（区应急管理局）

【维修电工职业技能竞赛初赛开赛】8月29日，2019年北京市“职工技协杯”职业技能竞赛之维修电工比赛初赛在顺义区鼎晟昊冉技术服务中心开赛。本次竞赛以提高一线从业人员安全意识和操作技能为主题，90名参赛选手分别来自顺义、平谷、怀柔、通州、密云5个区。区安全生产服务中心对此次初赛的理论赛场进行巡视。

（区应急管理局）

【专项核查消除隐患启动】8月23日—9月10日，区安委会办公室顺义区城市安全隐患三年行动核查工作启动，对已上账的2007家隐患，按照顺义区城市安全隐患三年行动工作核查比例不低于20%的要求，至少核查450家生产经营单位。核查组深入实地现场核查，查看隐患整改前后对比情况，询问整改措施，同时督促企业落实安全生产主体责任，及时消除企业安全隐患。

（区应急管理局）

【“应急进万家”巡回宣讲活动】8月，区应急管理局委托区安全生产协会按照2019年“安全生产月”活动整体部署，在全区各镇、街道、经济功能区开展“应急进万家”　安监之星、我是安全宣讲员、北京市安责险金牌宣讲员、《北京市生产经营单位安全生产主体责任制规定》宣贯巡回宣讲活动。此次“应急进万家”巡回宣讲活动采用现场演讲和专家授课两种形式进行，覆盖全区各镇、街道、经济功能区3000余家企业主要负责人，每场活动不少于100人。活动采取组织参会人员观看《安全生产主体责任制系列宣传片》，顺义区安监之星、我是安全宣讲员、北京市安责险金牌宣讲员代表进行宣讲，区应急管理局专家对《北京市生产经营单位安全生产主体责任规定》进行解读，使企业进一步了解全面落实安全主体责任的重要性。

（区应急管理局）

【百日安全大排查大整治督查】9月3日，区应急管理局局长张香东带队分4组对天竺综保区、仁和镇、天竺镇、后沙峪镇、南法信镇、南彩镇、杨镇、北小营镇、空港街道和临空经济核心区针对安全生产隐患排查治理工作开展督查检查，听取各单位百日安全大排查大整治工作情况汇报，对重点危险化学品从业单位、人员密集场所、仓储物流等企业的隐患排查情况，隐患挂销账情况，排查整治“回头看”情况进行实地核查。9月16日，副局长王云志带队开展消隐工作“回头看”行动。检查组先后对北京市顺义木林时装厂、北京天赐园食品有限责任公司进行执法检查。9月17日，张香东带队对后沙峪镇重大活动服务保障暨百日大排查大整治工作开展督查，并延伸抽查检查2家生产经营单位——北京沃尔玛山姆会员商店有限公司和北京金盛顺鑫置业投资有限公司。9月20日，四级调研员梅明勇带领第四督察组对顺义区木林镇重大活动服务保障暨百日安全生产大排查大整治工作开展督查检查。督察组先后到中国石化销售有限公司北京顺义双利加油站、北京市继强汽车配件厂等5家企业进行现场检查，发现安全隐患，要求企业立即整改，确保隐患消除。9月21日上午，副局长李妍带领第二督察组成员对北小营镇域内北京京东拓帆贸易有限公司、新华联合发行有限公司、蓝色梦幻（北京）儿童游艺有限公司等7家生产经营单位进行现场检查。9月23日，抽查检查北京现代摩比斯汽车配件有限公司、业之峰诺通物流、北京易游汽车租赁服务部、北京大鹏物流服务中心的隐患消除情况，下午检查顺沙路沿线仓储企业。同日，王云志带队督察教委重大活动服务保障暨百日大排查大整治工作开展情况，并延伸抽查检查顺义区第一中学和石园小学。李妍带队督察组对大孙各庄镇域北京华御商务管理有限公司、北京东源宏盛公路工程材料有限责任公司、北京京照福饭庄3家企业进行现场检查。针对发现的问题，督察组要求企业立即定方案、定人员、定措施、定时限积极组织整改。9月24日，实地检查北京华北快运分公司。同日下午，突击检查京东顺义分拣中心和北京众萃冷链物流有限公司。9月24日晚，刘发奇带队对珂斯曼（北京）餐饮管理有限公司、北京坦坦大炉餐饮管理有限公司顺义空港店进行人员密集场所夜查。9月25日，突击检查新华联合物流中心内的京东物流和中图物流公司。9月26日晚，突击复查京东顺义分拣库。

（区应急管理局）

【人员密集场所专项执法】9月，区应急管理局联合区文旅局、区商务局和属地部门成立专项执法检查组，对全区重点地区开展为期一个月的人员密集场所专项执法日夜联查行动。专项行动主要针对全部商场、超市、饭店、宾馆等人员密集场所的安全管理机构设置、安全生产规章制度建立及落实、特种作业管理、有限空间承发包管理、教育培训及考核、用电安全管理、安全警示标志设置等内容进行检查。截至9月13日，执法检查组检查金色时光第五分公司、金紫银餐饮、永辉超市等5家人员密集场所。检查中发现部分企业经营场所安全出口被货物堵塞、安全出口警示标志设置不规范、后厨烟道清理不及时、灭火毯配备不足、燃气管道悬挂杂物、隔油池缺少有限空间安全警示标志、部分消防器材损坏等隐患。执法检查组对责任企业下达限期整改指令书，对企业负责人进行约谈，要求企业提高安全意识，抓紧整改，全方位落实企业安全生产主体责任。专项检查组要求各相关企业在重大节日期间做好领导带班检查，做好员工安全教育培训，加大隐患自查自改力度，确保经营场所安全有序。

（区应急管理局）

【《安全风险评估暨隐患清单》编制工作启动】9月17日，区安委会办公室组织召开安全风险评估暨隐患排查治理“一企一标准、一岗一清单”编制工作部署会。区应急管理局副局长李妍、相关属地和行业主管部门安全科长、重点企业负责人等350余人参加会议。会上，区应急管理局总结过去3年安全风险评估及隐患清单编制工作开展情况，并针对下一步工作进行动员部署。同时，针对安全风险评估及隐患清单编制具体工作内容、方式方法等进行培训讲解。

（区应急管理局）

【社会福利机构安全生产检查】9月17—19日，由区民政局牵头组织以区卫健委、区应急管理局、区市场监督管理局、区消防救援支队相关职能部门组成的联合检查组对全区社会福利机构进行安全检查。区应急管理局按照职能分工对社会福利机构的安全生产规章制度制定和职责分工，应急预案制定及演练情况和隐患排查治理记录情况，特种作业人员持证上岗情况，劳动防护用品发放和使用与设备设施用电及餐饮后厨燃气使用和储存，从业人员安全生产培训教育考核等情况进行检查，共检查社会福利机构20家，涉及李桥镇、天竺地区和后沙峪地区等14家乡镇属地，共查出安全隐患81项，执法人员针对所检查出来的安全隐患问题与社会福利机构负责人进行交谈和沟通，督促落实整改。

（区应急管理局）

【图书仓储场所联合执法行动】9月20日，区新闻出版局联合区应急管理局、区文化综合执法大队，对读库文化交流（北京）有限公司、云货仓（北京）供应链管理有限公司等5家图书仓储场所开展联合执法检查。各部门根据职责对发现的安全隐患责令相关单位立即整改，对其中2家单位进行处罚，依法取缔3家单位。

（区应急管理局）

【游乐场所专项联合检查】9月，区安全生产委员会办公室制定并印发《关于加强游乐场所和游乐设施安全监管工作要求的通知》，部署各属地、各相关行业部门结合当前游乐场所的安全形势和特点，按照职责分工抓好游乐场所的安全监管。9月27日，区应急管理局副局长李妍带队，联合区市场监督局、区园林中心、光明街道办事处对顺义区人民公园进行安全检查。检查组详细听取公园负责人对各项安全措施、安全管理情况的介绍，并重点对人民公园内游乐设备设施、配电室及安全管理制度的建立等情况进行重点排查。通过检查，顺义公园内所有游乐设施均已停止运营，顺义区公园管理处制定专项应急预案。检查组督促公园负责人要认真落实安全生产主体责任，强化责任担当，并认真开展隐患排查工作，确保国庆期间安全稳定。

（区应急管理局）

【检查重点行业领域有限空间企业国庆安保工作】9月27日，区应急管理局党组成员、副局长李妍带领执法检查人员，到马坡再生水厂、马坡小中河超磁污水处理站、南彩镇六眼涵沟污水处理站进行有限空间安全管理及作业情况进行检查。检查组听取企业负责人国庆期间安全保障工作汇报，并重点就上述单位的有限空间安全生产责任制、安全生产管理制度、作业审批、作业设备设施配备及安全隐患排查辨识管控等方面进行检查。

（区应急管理局）

【民营加油站突击检查】国庆节前，区应急管理局执法人员对民营加油站开展突击检查工作。检查组重点对北京市泉溢加油站、北京市利农加油站等11家民营加油站的渗漏在线监测系统、液位仪、管线跨接、应急救援器材、隐患排查治理、应急值守等情况进行检查，针对检查中发现的隐患，检查组要求企业立即落实整改。

（区应急管理局）

【国庆期间保障执法】10月1日，区应急管理局执法人员对顺义公园内部重点区域、临建设施和临时用电情况进行全面排查；副局长李妍检查北京顺鑫农业股份有限公司牛栏山酒厂、北京燕京啤酒集团一分公司等8家企业；执法人员对北京北方中油石油销售有限公司和中石化销售有限公司北京顺义石油分公司2家重大危险源企业进行检查；执法人员响应“街乡吹哨、部门报到”工作机制，联合李遂镇政府及相关部门对3家生产经营单位开展安全检查，协助属地政府对不具备生产经营条件的企业进行查封，并对中国航油集团北京石油有限公司和中国航油集团北京石油有限公司首都机场一号加油站开展安全检查工作。10月2日，执法人员对北京光明健能乳业有限公司、中国石化销售有限公司北京顺义长青加油站等企业进行检查，并对国庆70周年游园活动的4家区属重点公园开展安全服务保障工作。10月3日晚，执法人员对中航空港（怡莱酒店）、北京石园红菜坊餐饮有限公司和北京大瑞盛鹏餐饮有限公司进行夜查。10月4日晚，执法人员对北京巴味堂酒楼和北京燕发香源海鲜火锅店进行夜查。10月5日上午，执法人员对北京鹏远电器设备有限公司、北京首钢MA金属有限责任公司两家生产经营单位进行检查。10月5日晚，执法人员联合南法信镇安全科、食药所对北京南法信陈氏红菜坊餐饮有限公司和北京石门大红人餐饮有限公司等5家企业进行夜查。10月6日，执法人员对北京顺景明轩酒店管理有限公司、北京京客隆商业集团股份有限公司府前东街店2家人员密集场所进行安全生产检查。

（区应急管理局）

【世界智能网联汽车大会安全生产保障】10月25日，世界智能网联汽车大会在中国国际展览中心闭幕。10月8日起，区应急管理局组织相关单位多次召开安全生产保障工作会，协调各单位解决相关重点、难点问题。制定《2019世界智能网联汽车大会安全生产保障工作方案》，明确各单位在相应时间节点的工作任务和职责分工。10月16日，区应急管理局牵头组织相关属地成立3个安全生产保障工作组，共出动128人次，对北小营300亩测试场、新国展和临空皇冠假日酒店3块场地开展驻场保障。其间，共发现配电箱周边存放可燃物、从业人员高处作业未佩戴劳动防护用品、舞台配重不足等42项安全隐患，至10月25日晚，各会场临建设施全部拆除完毕，区应急管理局保障人员完成本次大会安全生产服务保障工作。

（区应急管理局）

【为企业排忧解难】10月29日，北京金室博佳木业有限公司将写有“心系企业安危、助力企业发展”的锦旗送到区应急管理局，对本单位涉爆粉尘专项整治工作中发挥职能作用，尽职尽责指导工作，为企业排忧解难表示感谢。自涉爆粉尘整治工作开展以来，区应急管理局开展涉爆粉尘专业培训会6次，解决企业安全管理人员专业知识匮乏的问题；协同专家逐家、逐个部位进行隐患辨识，摸清企业存在的风险；指导企业准确整改隐患。

（区应急管理局）

【工业涉爆粉尘企业安全管理专项培训会】11月1日，区应急管理局针对全区涉爆粉尘专项治理工作督查检查中发现的除尘系统安全运行管理不严格、检查维护不到位、清扫制度落实不及时、防爆应急演练针对性不强等问题，组织相关19个镇、街道、经济功能区科室负责人及56家工业涉爆粉尘企业负责人及安全管理人员召开工业涉爆粉尘企业安全管理专项培训会，帮助企业解决问题，增强管理水平。基础科科长李剑峰介绍顺义区工业涉爆粉尘企业专项治理工作总体情况并部署下一步涉爆粉尘专项治理“回头看”工作。涉爆粉尘专家李刚教授现场授课，并对涉爆粉尘设备后期运行遇到的问题进行逐一解答。

（区应急管理局）

【区应急局、区建委联合约谈建筑企业】11月11日，区应急管理局联合区住建委召开建筑企业约谈会，对10余家安全生产工作不利的建筑企业进行约谈，听取各建筑企业主要负责人的工作汇报并提出工作要求。会上，区应急管理局副局长李妍通报建筑领域事故情况，分析当前建筑工地存在抢赶工期、员工安全意识不强、教育培训流于形式、安全生产投入不足等问题。结合当前建筑工地安全生产严峻形势，区住建委副主任郑捷对参会企业提出5点要求，局长张香东作总结发言。

（区应急管理局）

【启动安全生产督察助力创城】11月，区委、区政府成立2019年安全生产督察组，对全区30个镇、街道、经济功能区开展安全生产专项督察，对18个行业部门和15个区属国有企业开展安全生产综合督察。11月14日，区安委会办公室组织召开全区2019年安全生产督察动员培训会暨安全生产领域创城工作部署会。会上，区安委会办公室主任、区应急管理局局长张香东结合督察工作和创城工作要求，对安全生产督察进行总体安排部署，重点分析今年督察工作的主要特点，并提出工作要求。会上，区应急管理局围绕《北京市生产经营单位安全生产主体责任规定》文件精神以及督察要点对各单位负责同志开展培训。

（区应急管理局）

【瓶装液化气专项联合执法行动】自10月16日起，区应急管理局贯彻落实区安委会办公室《关于开展瓶装液化石油气安全专项治理“回头看”的通知》要求，联合区城市管理委、区住建委、区商务局、区文旅局、区教委等重点行业部门，在全区开展瓶装液化气专项执法行动，深入排查治理本区重点行业领域瓶装液化气充装、使用等环节存在的安全生产隐患和问题，严厉打击各类违法违规行为。区应急管理局组织执法人员及安全生产专职安全员检查（督查检查）队召开瓶装液化气安全专项培训3次，重点讲解燃气安全相关法规标准、安全生产执法检查内容和应急处置方法等内容。区应急局根据专项联合行动开展情况，加强检查标准顶层设计，结合现行标准梳理制定《瓶装液化气使用单位（场所）安全生产检查标准》，为瓶装液化气使用单位（场所）强化隐患排查治理、提升安全管理水平和各行业、属地提供有力技术支撑及标准依据。本次专项联合执法行动共计对85家生产经营单位进行执法检查，发现并督促整改安全生产隐患和问题286项，行政处罚13家，罚款金额91400元，其中针对汽车一条街、铁东路沿线7家问题严重的餐饮企业下达现场处理措施决定书，责令相关企业立即停止使用相关设备或设施，经验收合格后方可恢复使用。

（区应急管理局）

【安全管理专项培训会】11月26日，区应急管理局组织相关30个镇、街道、经济功能区安全科科长及300余家企业的650余名企业负责人及安全管理人员召开安全管理专项培训会。培训的主要内容为企业用电安全及企业如何落实安全生产主体责任。

（区应急管理局）

【危险化学品重大危险源企业述职会】12月4日，区应急管理局组织危险化学品重大危险源企业召开“落实企业主体责任，反思相关事故教训”专题述职会。区应急管理局，危化科相关人员，危险化学品重大危险源企业市级公司领导、主管副职和安全部门负责人参加此次会议。会上，一是传达市、区两级安全生产工作要求及相关领导指示精神。二是组织学习江苏响水“3·21”特别重大爆炸事故、河北张家口“11·28”重大爆燃事故调查报告。三是部署危险化学品企业安全生产集中整治工作。四是听取各企业对落实安全生产主体责任、开展隐患排查情况、工作计划、存在问题等工作情况汇报。

（区应急管理局）

【全市首家区级推荐“北京市安全文化建设示范企业集团”通过评审】 年内，区应急管理局动员并推荐7家企业（集团）参加安全文化示范企业评审，共3家企业（集团）参加并通过评审。其中，“北京顺义市政控股有限责任公司”作为全市首家由区级推荐的集团单位，通过现场评审被命名为“北京市安全文化建设示范企业集团”；北京康仁堂药业有限公司、北京七星华创集成电路装备有限公司被命名为“北京市安全文化建设示范企业”；北京艾莱发喜食品有限公司、北京雅昌艺术印刷有限公司、北京市恒锋市政工程有限公司通过复评。12月，1家企业获评北京市安全文化建设示范企业集团，13家企业获评北京市安全文化建设示范企业。

（区应急管理局）

【接诉即办查处违法行为】12月10日，区应急管理局接到市民举报高丽营羊房村旺顺达喜超市后的棚房内非法储存液化石油气钢瓶，并给周围群众私自分装，存在安全隐患。区应急管理局高度重视，第一时间联合区城管执法局、高丽营镇政府及属地派出所对举报内容进行核实。通过现场检查发现，该超市共私自储存7个50千克和1个15千克的液化石油气钢瓶，并未存在充装、经营行为。全部钢瓶由高丽营镇政府依法查封，最终将由专业第三方公司进行处理，确保安全万无一失。执法人员现场发现该单位还存在缺少安全警示标志、疏散通道堆放杂物、缺少燃气报警设备等安全隐患。针对上述隐患，区应急管理局现场下达执法文书，要求该单位立即进行整改，并依法依规开展立案调查，进行高限处罚。

（区应急管理局）

【工业涉爆粉尘企业隐患治理专项工作约谈会】12月17日，区应急管理局联合杨镇政府组织召开新增涉爆粉尘企业专项工作约谈会，针对钱江弹簧北京有限公司进一步推进涉爆粉尘隐患整改进行单独约谈。会上，企业主要负责人汇报涉爆粉尘专项整治工作进展情况，专家对现场排查的隐患进行通报，属地领导提出隐患整改意见，李妍提出具体要求。

（区应急管理局）

【住海油库发油区改造工程验收】12月20日，区应急管理局组织开展北京住海石油销售有限公司油库发油区改造工程验收工作。施工单位、评价单位及相关专家参加改造工程安全设施竣工验收。建设单位、施工单位和评价单位进行汇报，本局现场核对运行设备是否与设计一致，设备选型是否选用合理、安装是否规范，运转是否正常等内容，经过认真研究讨论，对评价报告和现场施工提出整改意见。对北京住海石油销售有限公司提出4点要求。

（区应急管理局）

【国务院安委会来顺督查】12月25日，国务院安委会第12督查组对顺义区开展安全生产和消防安全专项督查工作。区委书记高朋，区委常委、常务副区长霍光峰，副区长李在东参加汇报会。副区长李在东代表顺义区政府向督查组汇报安全生产工作，书记高朋作表态发言。督查组与区政府领导就顺义区安全生产、消防安全等工作进行座谈，重点询问区委区政府贯彻落实安全生产领域发展改革意见和地方党政领导干部安全生产责任制规定等情况，并对照督查细则，逐一查阅顺义区安全生产和消防相关材料，对相关工作落实情况进行核查考核。督查组对顺义区安全生产工作给予充分肯定。督查组分为2个检查小组分别对本区4家企业进行现场检查。

（区应急管理局）

国有资产监管

【概况】年内，区国资委始终坚持改革创新，不断提升监管水平，真抓实干促进高质量发展。面对严峻复杂的国内外经济环境、艰巨繁重的服务保障任务，持续加大的改革攻坚难度，全系统广大干部职工不忘初心、牢记使命，在落实区委区政府各项决策部署上行动坚决、措施有力，在服务区域经济社会发展上勇于担当、主动作为，完成好各项工作。

（区国资委）

【国有资产总量与结构运行分析】截至2019年底，区国资委系统监管企业资产总额1410.0亿元，同比下降2.8%；负债总额809.3亿元，同比下降1.4%；所有者权益总额600.7亿元，同比下降4.7%；资产负债率57.4%，同比增加0.8%；营业收入612.9亿元，同比提高2.7%；利润总额23.2亿元，同比上升4.1%；上缴税金67.2亿元，同比增长13.2%；完成一般公共预算收入8.5亿元，同比下降6.5%。总体来看，受经济下行影响和部分行业政策调整，区属国有企业资产总额规模略有下降，营业收入、利润总额同期有所增长，上缴税金增幅明显。

（区国资委）

【重大任务服务保障】年内，按照“万万无一失、精精益求精”的活动要求，区国资委系统3000余名国企干部职工以高度的政治责任感和强烈的使命感，完成中华人民共和国成立70周年群众游行及联欢活动，高标准完成食品、饮用水供应等保障任务。做好“一带一路”国际合作高峰论坛、北京世园会、亚洲文明对话大会等一系列重大活动服务保障工作。

（区国资委）

【创新驱动】年内，坚持科技引领进步，创新驱动发展。顺鑫控股深化科研院所合作模式，成立研究院。牛栏山酒厂双院士专家工作站等科技创新平台，培育新动能、拓展新空间。燕京集团聚焦产品创新，深挖市场需求，推出燕京U8、“燕京八景”，扩大个性化高端产品供给。顺义科创集团11万平方米智能网联汽车项目测试道路全部竣工，实现5G信号全覆盖，“封闭场地＋模拟仿真”双赛道特色模式有效带动京津冀无人驾驶汽车产业发展。

（区国资委）

【重大风险防控】年内，坚决筑牢重大风险防控底线。清理规范区属国有企业高风险投资业务，区属国有企业境（京）外投资监管加强，《顺义区国有企业投资项目负面清单（2020版）》出台，制定投资红线，切实降低投资风险。《国有企业做好资产负债约束工作的通知》印发，大力推进企业负债规模和资产负债率双下降，着力防范经营风险。清理拖欠民营企业中小企业账款工作扎实推进，提前完成工作任务，有效化解信用风险。

（区国资委）

【对口帮扶】年内，顺鑫控股、区供销社、顺义商业集团等6家区属企业贯彻“5+5+N”结对协作模式，累计赴对口帮扶地区考察对接29次，接待受援地区来京考察6次，向受援地区派遣党政干部2人次，派遣短期专业技术人才3人次，拨付帮扶资金550余万元。强化与昌平区结对协作工作，利用燕京啤酒节、鲜花港菊花展等产业项目推介昌平区文化旅游资源。

（区国资委）

【服务区域高质量发展】年内，持续深化“疏整促”专项行动，梳理摸排企业老旧厂房资源38处，顺义商业集团完成复兴街南侧原顺天服装厂拆迁工作。坚定不移提升生态环境水平，大龙控股舞彩浅山郊野公园竣工验收，区供销社建立本区第一个大件废弃物处理中心，空港开发建筑垃圾处置与资源化项目全区率先投产运营。提高服务优化企业营商环境，综保区开发精简业务工作流程，减免部分快件操作费用，市政控股推行“水气热e家办”模式，综合收费和热线项目入选住建部科技示范类项目。

（区国资委）

【规范高效回应民生诉求】年内，坚持民有所呼、我有所应，健全“接诉即办”工作机制，将“三率”纳入企业负责人年度综合考核指标。主动“领哨报到”，联合属地围绕区属国企公共服务、产品质量开展群众满意度调查。快速响应人大代表意见建议，跟踪落实后沙峪部分村庄安饮工程建设；高效完成区级民生实事工程4项。

（区国资委）

【重点领域改革】年内，围绕区域发展实际，起草本区国资国企改革指导性文件，《关于进一步深化区属国资国企改革的意见》印发，在加强国企党的建设、界定区属国企功能类别等七方面研提出24项改革具体措施，为推动区属国有企业加快实现转型升级，发挥区属国有企业在服务区域经济社会发展中的作用，完成重点改革任务落地提供方向指引。研提《关于改组顺义区国有资本投资运营公司方案》，改革国有资本授权经营体制，通过股权运作、基金融资等市场化手段，盘活企业资产存量，推动产业园区资源整合，促进科技创新成果产业化和战略性新兴产业集聚，助力本区创新产业集群示范区建设，服务北京“三城一区”和科技创新中心发展。

（区国资委）

【企业发展活力不断释放】年内，顺鑫控股、市政控股引入行业优质资本，3家子企业完成混合所有制改革，进一步扩大产业优势，有效提高运营效率。《顺义区区属国有企业职工家属区“三供一业”分离移交工作方案》印发，统筹推进企业职工家属区4000余户供水、供电、供热（供气）及物业管理分离移交；《顺义区区属国有企业退休人员社会化管理工作方案》印发，有序开展区属国企退休人员社会化管理第一批试点工作，加快剥离企业办社会职能。

（区国资委）

【国有资本布局调整优化】年内，组织北京空港经济有限公司开发及4家二级企业完成公司制改制工作。在现有板块整合基础上，按照资产同质、经营同类、产业关联原则，研提传统商业板块转型升级、组建物业服务集团、生活性服务业集团等改革建议，推进建筑、物业和房地产领域资源进一步整合集中。下大力气推动瘦身健体、提质增效，推进3家子企业调整管理层级，“一企一策”清理退出“僵尸企业”25家。

（区国资委）

【企业投资全过程管理加强】年内，以管资本为主，强化企业投资“事前、事中、事后”管理。对年度投资项目，严格审核备案材料、依法履行决策程序。对项目执行情况，坚持投资计划季度报告制度，2019年首次对7家企业投资项目入户开展投资后评价检查，对发现的问题要求企业限期整改，并将整改落实情况作为年度大党建考核及企业负责人综合考核的重要依据，与企业绩效挂钩。

（国资委）

【国有企业分类考核严格开展】年内，完成企业负责人2018年度综合考核及2016—2018年度任期考核工作。《顺义区区属国有企业负责人综合考核暂行办法》印发，确定差异化考核标准，实施分类考核。对公共服务类企业坚持把社会效益放在首位，重点考核公共产品和服务水平；对产业促进类企业强化追求经济和社会的综合效果，侧重考核资产质量、成本控制完成情况；对市场竞争类企业鼓励承担社会责任，偏向考核经济效益、国有资本保值增值。

（区国资委）

【推动企业收入分配市场化改革】年内，《监管企业工资总额管理办法》印发，建立健全企业职工工资与效益同向联动，深化企业内部收入分配制度改革。完成2019年度企业工资总额清算工作，对企业2020年工资总额预算执行情况进行动态监控，企业以上年度工资总额清算额为基础，根据工资效益联动指标，结合发展战略，薪酬策略，年度生产经营目标，不同职级、岗位职工工资水平市场对标情况、职工增减计划，合理确定年度工资总额。

（区国资委）

【企业全面预算管理】年内，《关于推动企业全面预算管理工作指导意见》印发，加强对企业预算执行情况跟踪了解，通过对预算数据和决算结果的差异进行分析，结合国资监管重点关注领域，有效提高预决算对企业生产经营活动和国资监管工作的指导和决策作用。扎实做好企业户数核查，实现企业预决算全级次覆盖。

（区国资委）

投资促进

【区投资促进局更名】3月30日，依据《北京市顺义区机构改革实施方案》，经区委编办审批，北京市顺义区投资促进局更名为北京市顺义区投资促进中心，机构规格相当于正处级，其他机构编制事宜不变。11月27日，依据市委编办《关于同意调整顺义区部分涉及改革处级事业单位机构设置批复》（京编办事[2019]122号）精神，经区委编办2019第二次会议研究，北京市顺义区投资促进局更名为北京市顺义区投资促进服务中心。其他机构编制事宜不变。办公地址不变。

（区投资促进服务中心）

【区投资促进中心迁址】4月15日，区投资促进中心办公地址迁至顺义区政务服务中心，位于顺义区复兴东街3号院1号楼C区9层。

（区投资促进服务中心）

【“顺义区高精尖产业政策”解读宣讲培训活动】3月26日，区投资促进局梳理各相关优惠政策，联合区科委、区经信局、区总部人才中心在顺义宾馆举办“顺义区高精尖产业政策”解读宣讲培训活动。分别对《顺义区高精尖企业高级管理人员支持实施细则》《北京市服务业扩大开放综合试点示范区外籍人才认定标准》《顺义区加快科技创新促进科技成果转化实施细则》等政策进行详细讲解，本次培训活动共有全区各委办局、镇、功能区36家单位近100人参加。

（区投资促进服务中心）

【北斗产业园发展论坛】 5月23日下午，“北斗产业园发展论坛”在北京国测国际会议会展中心召开。“北斗产业园发展论坛”旨在为全国的北斗产业园区打造一个交流、沟通、分享、协同发展的平台。北斗业界知名专家以及10余位来自北京、海南、南京、广州等地的北斗产业联盟代表、北斗产业园区负责人分别就北斗产业创新协同发展、园区运营、产业政策、项目落地等不同主题发表演讲，多家领军企业现场分享北斗技术最新应用成果，近百位与会者充分交流讨论。

（区投资促进服务中心）

【第十届中国卫星导航年展览展示工作】 5月22—25日，第十届中国卫星导航年会期间，区投资促进中心负责顺义展区展示工作。顺义地方展区位于北京国测国际会议会展中心一层东南展示大厅，展区面积1000平方米，共有区内外25家领军企业参展。展区分为顺义区形象展区、5G应用体验、航天航空展区、信息导航展区、智能智造展区和都市产业展区六大部分。区投资促进中心全天接待参会人员300余人，发放顺义区宣传册3000余份。

（区投资促进服务中心）

【“国福商学企业顺义行”活动】 6月21日，顺义区政府联合国福商学在皇冠假日酒店共同组织“国福商学企业顺义行”活动，会上，区政协副主席、区投资促进中心主任杨凤辉向参会代表介绍本区良好营商和投资环境，区发改委、区经信局、区商务局、区金融办、区科委、综保区、临空经济核心区、中关村顺义园相关负责人与企业家们就金融产业、文化创意产业及科技领域进行座谈交流。座谈结束后组织企业家分别参观天竺综合保税区、中科星图股份有限公司和罗红摄影艺术馆，并与意向代表进行对接交流。

（区投资促进服务中心）

【创新中国行智能制造产业发展研讨会】 8月16日，创新中国行智能制造产业发展研讨会举办。本次活动以“‘智能+’引领产业发展未来”为主题，在中关村管委会、中关村发展集团支持下，由北京市顺义区投资促进中心、顺义区南法信镇人民政府、北京中关村信息谷资产管理有限责任公司联合主办，来自科技部、顺义区、中关村发展集团、中关村信息谷等相关领导，协同相关创业企业、创业服务机构、知名企业家代表等200余人出席本次活动。围绕智能制造等高精尖产业发展主题，汇聚众多龙头企业、科研院所等高端创新要素，共同探讨“智能+”行业变革，构建新型制造体系，实现制造强国目标，为具有内生动力的高精尖产业集群在顺义集聚吹响“集结号”。

（区投资促进服务中心）

【中关村信息谷机器人创新生态研讨会】 9月6日，“中关村信息谷机器人创新生态研讨会”在顺义·中关村信息谷创新中心举办。本次会议以“智能新生态，共享新时代”为主题，由顺义区人民政府、中关村发展集团主办，顺义区投资促进中心、顺义区南法信镇人民政府、北京中关村信息谷资产管理有限责任公司、北京立德共创智能机器人科技有限公司共同承办。来自科技部、顺义区人民政府、中关村发展集团、中关村信息谷等相关领导，协同机器人领域企业、科研机构、高校学者、创业服务机构、知名企业家代表等200余人出席本次活动。

（区投资促进服务中心）

【2019世界智能网联汽车大会项目签约】 10月25日，在世界智能网联汽车大会闭幕式上，顺义区与北京嘀嘀无限科技发展有限公司、北京星河亮点智行科技有限公司等7家企业签约，覆盖临空经济核心区、中关村顺义园、北小营镇及赵全营镇，签约金额29.4亿元人民币。

（区投资促进服务中心）

【2019第二期招商引资培训班】 11月21日，顺义区招商引资培训班（第二期）在怀柔科学城创新小镇举办。培训人员参观怀柔科学城、雨林空间孵化器、海创产业研究院展厅。培训课上，中关村信息谷公司北京区域总经理史玉珠、中关村信息谷公司总经理

石七林分别介绍各自招商引资中工作思路。顺义区政协副主席、投资促进中心主任杨凤辉做总结发言。

（区投资促进服务中心）

【中德隐形冠军创新发展高峰论坛企业参观座谈】12月12日，区投资促进服务中心组织“中德隐形冠军创新发展高峰论坛”，30余家中德企业机构代表参观考察本区重点产业并座谈交流。企业代表先后参观北汽越野车厂区生产线及越野性能测试、天地玛珂智能制造车间、正元地理智慧城市体验及应用。

（区投资促进服务中心）

烟草专卖与管理

【概况】区烟草专卖局（公司）隶属市烟草专卖局（公司），实行“统一领导、垂直管理、专卖专营”的经营管理体制，主要负责顺义区的卷烟经营和市场管理工作。年内，共计销售卷烟5.8万箱，同比增长1.91%；实现利税3.76亿元，同比增长4.53%。

（区烟草专卖局）

【市场监管与行政许可】年内，查处各类违法案件197起；查获各类违法卷烟373.99万支，其中假私卷烟122.50万支；协办国家局标准网络案件3起；全年市场净化率100%；截至12月底，全区许可证数量3162个。

（区烟草专卖局）

【联合查获百万大案】1月15日，市烟草专卖局专卖处（稽查总队）航空监管组与区烟草专卖局联合首都机场工商分局展开联合执法行动，在北京市顺义区北京空港航空地面服务有限公司内查获涉嫌无烟草专卖品准运证运输的卷烟钻石（荷花）、中华（双中支）、钓鱼台（中支）等11个品种共计84.92万支，案值110余万元。

（区烟草专卖局）

【卷烟营销在基层活动】年内，组织“卷烟营销在基层”活动，开展“走一遍”“查一遍”“考一遍”“讲一遍”主题活动，3月，完成“走一遍”“查一遍”工作，涉及零售客户共计1894户。6月，参加市烟草专卖局“考一遍”活动，顺义烟草成绩全市第四名。区烟草专卖局选取内部营销内训师参加“讲一遍”主题活动并进行经验交流。

（区烟草专卖局）

【零售终端形象提升工作扎实推进】年内，区烟草专卖局筛选出以食杂店、便利店为重点的150户终端，着力帮扶改进店容店貌，重点升级店内地柜、背柜、收银台等经营设施200套，打造一批中小客户形象展示的“名片”。

（区烟草专卖局）

【文明吸烟环境建设】年内，按照《北京烟草文明吸烟环境建设实施方案》的有关要求，协调区文明办等职能部门，结合辖区特点，在顺义区新国展安装符合当地特色的文明吸烟环境设施26套，进一步打造辖区吸烟者与非吸烟者和谐共处的良好环境。

（区烟草专卖局）

【新办证户宣传教育培训】年内，区烟草专卖局开展新办证户法制宣传教育培训197次，全年印发普法材料200余份。重点宣传烟草相关法律法规、行业相关政策规定、典型执法案例等，并将《关于禁止向未成年人出售电子烟的通告》《关于进一步保护未成年人免受电子烟侵害的通告》列入宣传范围，切实增强新办零售户“知法、懂法、守法”意识。

（区烟草专卖局）

【“两会”期间寄递环节联合夜查】3月初，专卖执法人员深入贯彻落实两会期间寄递渠道安全服务保障工作会议精神，联合天竺邮政管理局、区公安分局，利用错时突击夜查、人员多点布控等方式，对辖区内顺丰、圆通、优速等8家大型物流分拨中心开展错时夜查行动，并配合安检员对卷烟多角度进行过机试验，提高识别包裹精准度，确保“两会”期间辖区卷烟市场秩序平稳运行。

（区烟草专卖局）

【与区检察院召开行刑衔接工作座谈会】5月，区烟草专卖局执法人员与区检察院召开行刑衔接工作座谈会。对加热不燃烧卷烟案件的卷烟定性、证据采集、法律适用等具体问题进行深入交流探讨。区检察院、区烟草专卖局主管领导，区检察院第六检察部、第二检察部负责人，区烟草专卖局专卖、法制部门负责人，以及有关人员参加会议。

（区烟草专卖局）

【联合区检察院开展校园周边售烟点专项治理行动】 7月，专卖执法人员联合区检察院开展对校园周边零售点专项治理行动，抽调执法人员与区检察院工作人员组成5支联合检查组，共出动检查人员66人次，检查车辆18车次，对29所幼儿园、中小学校周边67个售烟点开展集中检查。结合在校学生作息规律，有针对性实施错峰检查，重点检查向未成年人出售烟草制品行为和“吸烟有害健康与不向未成年人销售烟草制品”警示标语张贴的情况。

（区烟草专卖局）

【推进“一网通办”落地】 12月，深入落实市烟草专卖局“一网通办”精神，要求行政许可人员强化理论学习，熟悉和操作线上业务流程. 依托“互联网+政务服务”建设，向零售客户宣传行政许可业务已从实体政务大厅向网上办事大厅推进，实现全流程电子化操作。

（区烟草专卖局）

【冬季控烟检查工作】 12月，根据市烟草专卖局和区爱卫会的统一部署，区烟草专卖局开展冬季控烟行动，加强与区检察院、区教委、区市场监管局的沟通联系，为零售户张贴“吸烟有害健康和不向未成年售烟”的标语及发放控烟宣传海报等材料，增强控烟宣传力度。

（区烟草专卖局）

临空经济

北京·顺义
Beijing·Shunyi

4月，中科星图获评全国工人先锋号

5月28日，临空经济核心区亮相2019京交会

▲ 10 月 1 日，北京空港经济开发公司职工参加国庆 70 周年游行队伍

▲ 年内，空港建设管理服务中心赴大兴新机场调研工作

北京天竺综合保税区

【概况】年内，北京天竺综合保税区（简称天竺综保区）园区企业实现进出口总值616.3亿元，同比增长30.8%，其中，进口577.5亿元，同比增长36.7%；出口38.9亿元，同比下降20.0%。实现营业收入484.6亿元，同比增长61.3%；实现利润总额90.4亿元，同比增长94.3%；完成属地税收20.1亿元，同比增长25.8%。保税货物进、出口整体通关时间较2018年分别压缩68％、79.0％，效率居全国领先行列。2019年首都机场货邮吞吐量195.8万吨，全国民航货邮吞吐量1710万吨，首都机场货邮吞吐量占全国总量的11.5%，居全国第2位，仅次于上海浦东机场，在全球机场货邮吞吐量排名第16位。

（天竺综保区/市商务局航空港处）

【推动改革创新升级发展】1月，为贯彻落实国务院《关于促进综合保税区高水平开放高质量发展的若干意见》，市商务局组织起草《关于加快北京天竺综合保税区改革创新升级的实施方案》。提出到2022年，天竺综保区国际市场影响力、竞争力和首都开放型经济引领带动作用全面增强。对外贸易规模突破1000亿元；医药、文化艺术品进口达到全国1/3、1/2；形成2～3个具有全国领先优势的高端服务产业。5月9日，市长陈吉宁进行专题研究，要求努力打造全国综保区高水平开放、高质量发展示范区和首都对外开放新高地。

（天竺综保区）

【规划范围调整】4月3日，国务院办公厅批复同意天竺综保区调整后总面积为5.47平方千米，批准文号为国办函〔2019〕31号。分为3个区块，区块一（南区）规划面积2.401平方千米，四至范围：东至规划拟围网边界、南至天纬二街北边界、西至竺园西路、北至规划金仓一街南边界。区块二（北一区）规划面积2.162平方千米，四至范围：东至金岸中路、金岸东路（延长线）、金穗路，南至首都机场用地货机坪北边界、货机坪东西两侧航空货运站设施区南边界，西至金岸西路，北至顺平路辅路。区块三（北二区）规划面积0.903平方千米，四至范围：东至金航东路、南至保联五街、西至金航西路、北至顺平路辅路。（具体以界址点坐标控制）

（天竺综保区）

【中国国际服务贸易交易会（京交会）专场活动】5月28日—6月1日，中国国际服务贸易交易会期间，设置专场政策推介会，组织默克雪兰诺、科园信海、迈迪顶峰等多家园区企业共签订10份重大项目合作协议，涉及资金总额超77亿元；邀请医药、航空、文化、科技、金融等行业100余家重点企业负责人参加推介会，大力推介天竺综保区政策功能优势。京交会顺义分会场上，选取包括文投国际、SMC、迈迪顶峰、科园信海、美威参等代表性企业在内的五大行业、13家企业参展，全方位、多角度推介天竺综保区产业特色，丰富招商项目资源储备。

（天竺综保区）

【国际文物交流中心启动运营】12月18日，国际文物交流平台项目发布活动暨揭牌仪式举行，活动由北京天竺综合保税区管理委员会、中国文物交流中心、北京市文化投资发展集团有限责任公司在国家对外文化贸易基地（北京）联合主办。作为全市服务业扩大开放的重要成果，国际文物交流平台项目落户天竺综保区国家对外文化贸易基地，同时基地文物保护与修复中心、文物保护与修复大国工匠园启动运营。国家文物局副局长关强、博物馆与社会文物司司长罗静、中国文物交流中心主任谭平、北京市商务局局长闫立刚、北京市国有文化资产管理中心副主任董殿毅、北京海关副关长高瑞峰、北京市文旅局副局长关宇、北京市文物局副局长向德春、顺义区委书记高朋、天竺综保区管委会常务副主任宋建明、顺义区副区长李向英、北京市文投集团董事长周茂非等领导出席活动。

（天竺综保区）

【国际检验检测创新中心项目落地】年内，由中国检科院下属中检国控集团运营，引进中检院、药检所、北检所等药械检测机构，搭建医疗器械成果3C转化平台，重点关注医工融合和精准医疗，着力开展高精尖医疗器械特别是医疗诊断产品和技术研发，探索远程医疗和智慧医疗技术。引入钓鱼台生物检测、埃彼咨能源科技、华夏力鸿等检测领域领军企业，推动中国检测标准转化为国际通用标准。该项目还将聚集食品快速检测、石油管线检测、医学特检中心等检测检验项目，并吸引上下游企业在区内聚集发展，打造国内最高水平的检验检测产业集群，有效提升首都科技创新产业核心竞争力。

（天竺综保区）

【整车进口及药品进口检测实验业务项目】年内，为完善天竺综保区口岸功能，提升首都机场周边配套设施服务水平，促进天竺综保区经济产业发展，北京天竺综保区管委会建设整车进口及药品进口检测实验业务用房项目，项目总建筑面积为37380平方米，6月，正式开始施工。本项目是北京市优化营商环境行动计划清单中的重要任务，也是顺义区年度重点工程。

（天竺综保区）

【政策功能实现“七项”全国首创】年内，为落实市区服务业扩大开放的总体部署，推进政策突破、功能完善、平台打造、产业聚集，实现七项首创：一是公务机按照包修协议备案报关，2019年园区企业共运营公务机30架，营收增长43.2%。二是五类进口商品企业进行食品生产加工许可证（SC证）试点，联合市场监管部门推动4家企业制定建设方案，组织申报审批材料。三是保税加工项号级监管，SMC月报关量压缩率99.3%。四是跨境电商线下自提，可降低成本10%。五是发行全国首只知识产权证券化产品， 51项知识产权融资8亿元。六是实现医药固废出区处理，一家企业减少占用库房面积300平方米。七是允许外籍高层次人才作为股东注册内资科技公司，首家试点企业落户开展运营。

（天竺综保区）

【“四高一强”发展】一是高速度增长。年内，保税进出口总值616.3亿元，同比增长30.8%，位居全市各区（功能区）首位；完成属地税收20.1亿元，同比增长25.8%；园区企业营业收入、利润分别实现484.6亿元、90.4亿元，同比分别增长61.3%、94.3%。二是高质量发展。服务业占园区经济总量95%，医药、文化艺术品进口规模分别占全国1/5、1/3，疫苗、文物进口占全国95%、48%，国家文物交流中心、国家检科院、医疗器械3C转化等一批平台项目落户。三是高水平开放。完成所承担的服务业扩大开放13项市级任务、25项区级任务；实现外籍高层次科技人才开办公司享受国民待遇、进口生鲜切割加工等7项全国政策首创，知识产权证券化创新在深圳社会主义先行示范区复制。四是高效率通关。保税货物进、出口整体通关时间较2018年分别压缩68%、79.0%。简化疫苗等冷链特殊物品核销手续，由5天变为即到即放；创新飞机境外定检修理操作流程，促进航空维修便利化缴税；实现保税加工项号级监管，企业报关量压缩9%以上；实现非保税货物入区自动风险监控、即时审批，分类监管试点优化为按货位灵活管理。五是强辐射带动作用。压时降费成效惠及空港口岸近300家物流公司、货代公司、报关公司，口岸通关模式、产业功能平台向大兴机场复制延伸。进口生鲜产品实体终端店拓展到城市生活区运营。

（天竺综保区）

北京临空经济核心区

【概况】北京临空经济核心区（简称临空核心区）毗邻首都国际机场、天竺综保区，紧邻中国国际展览中心（新馆），是北京六大高端产业功能区之一。吸引20多个国家和地区的2600余家中外企业入驻，总部企业63家，33家世界500强企业投资项目87个。央企、国企分支机构127家，外资企业230余家，高新技术企业数量100余家，形成以航空服务业为主导，临空指向性的现代物流、新兴金融和高技术产业等为补充的“大临空”产业发展格局，成为引领全区经济发展的重要增长极。

（临空核心区）

【主要经济指标】年内，实现属地税收197.9亿元，同比增长5.1%，占顺义区经济总量的1/4以上；实现一般公共预算收入

49.2亿元，同比增长12.7%，占顺义区一般公共预算收入总额的29.7%。

（临空核心区）

【招商引资】年内，共引入企业313家，其中亿元以上企业22家，3000万元至亿元企业35家。新引入企业累计注册资本156.36亿元，实现属地税收1.32亿元，一般公共预算2642万元。

（临空核心区）

【首都机场临空经济示范区获批】2月27日，国家发展改革委、民航局共同批复支持首都机场临空经济示范区建设。首都机场临空经济示范区规划面积115.7平方千米，四至范围为：北至机场北线、六环路，东至六环路，南至京平高速，西至榆阳路、高白路。根据区域功能、资源禀赋、产业基础等因素，示范区主要分为"一港一带三组团"空间布局。重点发展航空服务、口岸贸易、商务会展、科技服务、新兴金融和文化旅游六大产业，全面构建高端临空产业体系。

（临空核心区）

【华欧航空模拟器启动仪式】4月4日，空中客车公司与中国航空器材集团有限公司合资成立的华欧航空培训有限公司在中国引进的第一台空客A350全自动模拟机（S59）正式投入使用。

（临空核心区）

【编制成果专家评审会】5月17日，临空核心区组织专家对《北京临空核心区产城融合规划、交通规划与城市设计规划》《北京临空经济核心区产业发展规划》编制成果进行评审，并取得专家评审意见，正式结题。

（临空核心区）

【第十届中国卫星导航年会】5月25日，第十届中国卫星导航年会经过4天的学术交流、科学普及、成就博览在北京临空经济核心区内国测国际会议会展中心落幕。本届年会吸引来自卫星导航领域国内外3000余位代表参与，年会举办卫星导航行业应用等11个专业学术分会，应用产业化论坛、政策法规标准及知识产权等10个高端论坛，其中首次专设北斗+智能网联汽车、北斗+数字农业、北斗+高分融合、北斗+智慧冬奥等具有特色的论坛，围绕北斗系统建设发展相关领域展开深度研讨。年会期间同时开展CSNC-ION JOINT PANEL等多场国际交流。年会颁发"年会最佳论文奖""青年优秀论文奖"和第十届"北斗杯"全国青少年科技创新大赛奖等奖项，还颁发"宣传贡献奖""北斗卫星导航应用推进奖""学术论文组织奖"等相关奖项。年会同期举办中国卫星导航成就博览会，159家单位参展。

（临空核心区）

【亮相2019年京交会】5月28日—6月1日，2019中国国际服务贸易交易会（简称京交会）在顺义新国展召开，首都机场临空经济示范区展区内有17家重点企业出展，在京交会"北京主题日"、顺义区智能制造高峰论坛、"开放顺义"北京市服务业扩大开放综合试点示范区政策发布会等活动中，临空经济核心区与中国民航机场建设集团、金鹰国际货运代理有限公司等企业签署《民航设计研究总院项目》《高新数字供应链产业示范基地项目》等12项《框架合作协议》，临空核心区企业间签署合作项目16个，累计涉及金额720亿元。

（临空核心区）

【首届"空中丝绸之路"国际合作峰会】5月31日，以"构建新时代'空中丝路'打造经济发展新引擎"为主题的首届"空中丝绸之路"国际合作峰会举办。峰会由中国国际经济技术交流中心、北京临空经济核心区管委会、中国航空学会、中国口岸协会和中国城市临空经济研究中心联合主办，北京临空国际技术研究院独家承办，中国航空器材集团有限公司协办。峰会设置3个演讲单元，2场高端对话。与会代表围绕"空中丝绸之路"顶层构建与思考、"空中丝绸之路"高端技术服务与国际双向合作研讨，深入交流航空产业如何融入"一带一路"的国家战略当中。峰会还单独设立研讨单元："首都机场临空经济示范区"在"空中丝绸之路"建设中的责任与担当，将国际合作与区域发展落实到位。通过"空中丝绸之路"国际合作相关项目签约仪式（北京临空经济核心区管委会—赞比亚中国经贸合作区、北京临空经济核心区管委会—中国白俄罗斯工业园），与"一带一路”沿线国家重要节点城市的临空经济区签署战略合作协议，是我国首个与国外航空城签订的战略协议。

（临空核心区）

【第十八届北京国际航空展】9月18—20日，以“智慧、科技、融合、共赢”为主题的第十八届北京国际航空展在北京举办，来自11个国家和地区的近300家展商参展。以“搭建航空航天高新技术和装备发布、转化与合作平台”为宗旨，聚焦航空航天产业链的纵向延伸和横向互联，重点展示中国制造在航空发动机及燃气轮机、民机材料、高温合金、材料表面处理技术与装备等专业领域的重要成果。首都机场临空经济示范区展台设计以“领航未来”为主题，采用飞机元素设计，引用飞机的运动形态，凸显航空服务业在区域领航发展的寓意，显现出顺义在当前高速发展环境下，航空服务业在区域发展中的领航前沿性与领航位置。首都机场临空经济示范区充分展示示范区的地理优势及未来规划、一港一带三组团和六大产业，多家媒体进行报道。同时，园区内中航材、空中客车等6家企业也充分展示各自重点项目，通过展示自身企业的新技术、新产品，寻求国际合作新市场、新机遇。

（临空核心区）

【“海高大厦创新产业平台项目”启动】9月20日，全市首座“海高大厦创新产业平台”项目在北京临空创新创业示范基地启动。“海高大厦创新产业平台”定位为海外高层次人才落地平台，是顺义区实施人才发展战略打造的人才发展平台和高精尖项目孵化平台。

（临空核心区）

【第七届北京全球友好机场总裁论坛】11月5日，主题为“开放融合 赢领未来”的第七届北京全球友好机场总裁论坛在首都机场召开，来自市政府、中国民用航空局、5家国际行业组织、22家国际机场、19家国内和地区机场、17家中外航空公司等近300名代表共聚一堂，围绕平安、绿色、智慧、人文4个机场建设维度进行沟通和交流。临空经济核心区搭建展台，宣传园区投资环境及产业政策，发放临空经济核心区中英文宣传册200本。同时重点对接英国航空公司、全日航空公司及黑龙江机场集团、广东机场集团等单位。

（临空核心区）

【中国国际进口博览会】11月5—10日，第二届中国国际进口博览会在上海国家会展中心举行。7日，临空核心区代表参观第二届中国国际进口博览会，重点对接泰雷兹亚太总部、德勤咨询公司、普华永道中天会计师事务所、广东卓志供应链服务集团有限公司等企业，向企业介绍园区投资环境及产业政策。

（临空核心区）

【临港奉贤园区交流活动】11月7日，与临港奉贤园区开发公司及临港管委会开展调研座谈，学习交流活动。园区推动产业转型升级以及低效用地“腾笼换鸟”的经验和做法，了解低效工业用地的梳理认定和分类处置工作；了解园区产业用地及楼宇的亩均投入产出情况以及项目准入标准；学习园区科技服务业的发展经验以及科技服务平台的搭建情况。

（临空核心区）

【上海虹桥临空经济示范区及上海虹桥商务区交流】11月8日，走访上海虹桥临空经济示范区及上海虹桥商务区，并就上海临空经济示范区及商务区的区域发展、管理、开发运营模式及招商引资等情况进行探讨与交流。并与申虹集团座谈，就上海虹桥机场综合交通枢纽建设进行交流。

（临空核心区）

【中德产业合作高峰论坛项目签约】12月13日，临空核心区在“2019中德（北京）产业合作高峰论坛”上，分别与北京德可达科技有限公司、北京嘉程益港供应链管理有限公司签订《项目合作协议》。北京德可达科技有限公司引进国际上性能最强的车载激光雷达系统StreetMapper360，并自主研发配套硬件和软件系统。无人机系统产品具有高安全性和稳定性，可搭载多种传感器系统的监测平台。北京嘉程益港供应链管理有限公司注册资本2亿元，主要经营金融服务、仓储服务、物流配送、供应链管理服务、管理信息系统等。

（临空核心区）

【国家地理信息产业园建设】国家地理信息产业园已建成约

262.4万平方米的办公及配套楼宇，出售面积约86.9万平方米。一期、二期手续办理有序推进中。

（临空核心区）

【助力创建全国文明城区】年内，临空核心区助力顺义区创建全国文明城区，增建社会主义核心价值观城市小品，涉及天柱路、裕安路等7条道路，58个点位的布置工作；更换建筑工地围挡5处、搭建落地公益广告牌3处。

（临空核心区）

【突破“‘两头在外’航空器材包修转包区域流转”举措】2019年初，北京市海关和北京市税务局联合下发《关于北京飞机维修工程有限公司借助天竺综保区通关实行增值税免抵退税办法的实施意见》，明确北京临空经济核心区内企业北京飞机维修工程有限公司受国外企业委托修理修配国内航空公司飞机发动机业务可经天竺综保区实行增值税免抵退税办法。北京临空经济核心区管委会服务业扩大开放工作实现“‘两头在外’航空器材包修转包区域流转”举措突破。

（临空核心区）

【“航材共享保税监管模式创新试点”获得突破】年内，海关总署同意北京海关开展“以企业集团为单元”改革试点，对北京临空经济核心区园区企业中国航空器材有限责任公司“共享项目”在北京、上海、厦门、广州、成都、昆明、西安、乌鲁木齐8个口岸开展“以保税物流供应链为单元”的保税监管模式改革创新试点。北京临空经济核心区管委会服务业扩大开放工作“航材共享保税监管模式创新试点”举措获得突破。

（临空核心区）

【企业诉求办理工作】年内，涉及58家企业158项诉求事项，办结99项，办结率62%。协助40家企业150余人完成工作居住证的办理工作。

（临空核心区）

【优化营商环境】年内，为强化经济运行监测分析，推进数据共享和业务协同，提升园区整体营商服务环境建设，促进经济持续健康发展，2019年管委会“临企通”智慧数据平台建设完成。

（临空核心区）

【重大活动期间安全保障工作】年内，完成“元旦春节”“全国两会”“一带一路峰会”“北斗导航大会”“中华人民共和国成立70周年庆典”等一系列的重大活动的安全服务保障工作。辖区未发生重大安全生产事故。

（临空核心区）

【空气质量“成绩单”——临空蓝338天】年内，蓝天保卫战实现PM2.5年均浓度42微克／米^3，低于任务指标年均浓度46微克／米^3，全年空气质量优良天数338天。

（临空核心区）

【12345市民热线接诉即办】年内，临空核心区妥善处理艾迪城三期、环普厂房及国门职工宿舍等施工工地噪声及扬尘扰民等问题便民件142件。

（临空核心区）

【档案信息化建设】年内，临空核心区数字档案馆建成。档案信息服务方式由传统的档案管理系统辅助检索调用档案原件的方式发展为档案管理系统检索并调用数字档案的方式，提高服务效率，最大限度地保护档案原件。

（临空核心区）

【档案盘点】年内，临空核心区对档案室的所有档案进行全面盘点，共盘点4个全宗74578件档案。涵盖文书档案、会计档案、科技档案、实物档案、声像档案5个类目。全面摸清所管理的档案数质量情况，及时发现并解决相关问题，确保档案信息化管理工作顺利实施。

（临空核心区）

空港建设管理服务

【概况】年内，北京空港建设管理服务中心坚持以习近平新时代中国特色社会主义思想为指导，紧紧围绕北京市“四个中心”功能建设，不断提高“四个服务”水平，落实各项决策部署，完成全年各项工作任务。

（北京空港建设管理服务中心）

【首都机场服务保障】年内，北京空港建设管理服务中心落实首都机场集团公司多项诉求。在协调推进西跑道安全隐患整治工作中，通过成立专班、多次协调组织召开专题会议等方式方法，确保该项任务在短时间内高效完成。同时协调机场及区相关部门，妥善解决首都机场东污水处理厂及周边土地相关问题，完成首都机场集团巴士洗车场选址、首都机场违建清除、城际铁路联络线二期工程、机场环保及垃圾清运等多项工作。

（北京空港建设管理服务中心）

【樱花园小区房产置换项目推进】年内，区长孙军民、副区长支现伟等领导多次组织召开关于樱花园小区房产置换项目的政府专题会、项目专题会和调度会，对总体工作进行研究和部署，在此过程中，北京空港建设服务管理服务中心充分发挥基础作用，为区领导决策调度此项工作提供科学依据。通过组织区领导、各职能部门、项目实施主体与樱花园小区居民代表召开见面会等工作，使樱花园小区产权置换项目稳步推进。

（北京空港建设管理服务中心）

【“接诉即办”民生服务】年内，按照区委、区政府“接诉即办”工作部署要求，北京空港建设服务管理服务中心党组高度重视，通过成立专班、建立“三次和四级反馈”机制等措施，对收到的便民服务交办单迅速处理、及时反馈，接诉即办。同时，强化日常跟踪。利用每周党组会议，党组书记亲自调度近期12345“接诉即办”工作情况，确保问题得到有效解决。

（北京空港建设管理服务中心）

【机场外围防汛保障】年内，作为机场外围排水保障分指挥部牵头部门，空港中心开展汛前准备工作，组织成员单位数次对机场周边排水沟渠重点区位进行巡查，形成《顺义区2019年隐患排查整改台账》。面对“7.22”“8.2”“8.5”等多次强降雨天气，空港中心加强与首都机场沟通联系，密切关注雨情，及时协调指挥部成员单位做好联动，应急值守人员在岗，信息报送及时，确保首都机场安全度汛。

（北京空港建设管理服务中心）

【塔河村土地监管工作】年内，空港中心落实塔河村117.33公顷（1760亩）土地的监管工作。以每周、每月巡查的方式对该块土地进行监管，对巡查中发现的问题，及时联系属地政府进行处置，保障首都机场东侧净空安全。2019年，该地块租赁协议到期，空港中心坚持以人民为中心的思想，充分考虑群众利益，及时组织塔河村委班子、首都机场集团公司规划部多次召开座谈会，商讨上调土地租赁资金及续签租赁协议事宜。截至年底，塔河村与首都机场集团公司就该地块租赁协议续签完毕。

（北京空港建设管理服务中心）

北京空港经济开发有限公司

【概况】北京空港经济开发有限公司由北京天竺空港工业开发公司、北京空港物流基地开发有限公司、北京国门空港经济技术开发中心3家公司整合而成，注册资本18800万元，是顺义区国资委一级监管企业。承担着北京临空经济核心区178平方千米范围内土地开发建设和企业生态环境培育的重要职能，是临空服务板块建设的重要力量。共有所属控股、分、子公司45家，业务领域涵盖土地开发、市政建设、物业服务、进出口贸易、园林绿化、资产运营等多行业。随着公司改革的深入，公司重点发展产业投资、资产运营、再生资源、智慧物业等新兴业务，逐步形成传统主业稳固发展、新兴产业多点支撑的多元化产业经营模式。年内，启动第二期启航人才培养培训，共计招录系统内优秀学员31人。公司获区体育局举办的第十一届全民健身体育节系列赛事暨第九届“马坡杯”乒乓球比赛团体二等奖。所属物馨公司获天竺镇人民政府授予的“2019年四次国家重大活动城市服务先进集体”荣誉称号；荣获顺义区天竺地区党委及天竺镇人民政府授予的“参与国庆70周年庆祝活动服务保障先进集体”荣誉称号。所属空港股份跻身中国产业地产三十强。所属天利供热公司获得区人力资源和社会保障局、区总工会、区政府国有资产监督管理委员会、区工商业联合会联合授予的“顺义区和谐劳动关系单位”荣誉称号；获区城市管理委员会举办的2019年有限空间大比武活动二等奖。空港物业分公司荣获顺义区机关事务管理服务中心举办的消防技能竞赛活动第一名。

（北京空港经济开发有限公司）

【公司更名】年内，完成公司营业执照变更手续，公司名称由原“北京天竺空港经济开发公司”变更为“北京空港经济开发有限公司”。

（北京空港经济开发有限公司）

【国庆70周年服务保障】 年内，公司按照国庆群众游行活动领导小组安排，组织部分员工加入“中华文化”方阵。公司共有300名职工参加，其中正式队员298人，集散工作人员2人。

（北京空港经济开发有限公司）

【安全体系不断完善】 年内，扎实推进企业安全生产主体责任的落实，逐级签订安全生产责任书，明确责任主体，层层传导压力，有效防范各类责任事故发生；为进一步普及消防安全知识，提高全员处置突发事件的能力，组织蓝天大厦及附属楼全体人员开展“应急疏散演练”活动，共计110余人参加。

（北京空港经济开发有限公司）

【对口帮扶一助一工作】 年内，党委班子成员分别前往高丽营、北小营、南彩、杨镇、大孙各庄、龙湾屯、北石槽、李桥8个镇16个村开展“一助一”走访慰问活动，给帮扶村送去帮扶资金，并看望困难户，给他们送去温暖和新春佳节的祝福。全年拨付对口帮扶款310万元。

（北京空港经济开发有限公司）

【精准脱贫工作】 年内，公司党委全面贯彻落实顺义区精准脱贫工作，对接顺义区对口扶贫村西藏尼木县塔荣镇（乡镇）林岗村和内蒙古科左中旗门达镇（苏木乡镇）四合村，拨付帮扶款共42万元。

（北京空港经济开发有限公司）

【爱心送温暖】 年内，为响应区区民政局2019年“爱心暖阳之春风送暖”主题社会捐助活动，公司及所属公司组织捐助活动，共收集捐款8361元，捐赠衣物769件。

（北京空港经济开发有限公司）

【土地一级开发项目】 年内，所属亿兆地产公司负责开发的赵全营镇SY04-0100-6006-4工业研发用地完成挂牌交易，摘牌企业为北京连山科技股份有限公司，成交金额为2593.3万元；赵全营SY04-0100-6006-3工业研发用地完成挂牌交易，摘牌企业为北京吉源医药科技有限公司，成交金额为4977.11万元。

（北京空港经济开发有限公司）

【土地二级开发项目】 年内，顺义区大孙各庄镇域总体规划范围内工业用地B01、B02、B03、B04、B05和B06地块土地一级开发项目一期、二期取得《建设项目规划条件（土地储备前期整理）》。

（北京空港经济开发有限公司）

【业务创新】 年内，所属天源建筑公司投资、建设、运营的北小营镇、南彩镇2个建筑垃圾处置与资源化项目全面建成并正式投产运营，2个项目年处理能力约100万吨，年可生产成再生骨料约60万吨，年可减少二氧化碳排放约20万吨。

（北京空港经济开发有限公司）

【业务拓展】 年内，航济公司为中国国际机床展参展商提供进口保税物流通关服务，承接20批次参展机床及配件货物通关手续办理业务，并为展览机床提供综保区内货物存储、包装存储，7×24小时货物通关，货物暂时展览进口，货物港口查验及大件运输等服务。

（北京空港经济开发有限公司）

【电力隐患消除】 年内，自筹资金150万元，为莲竹小区配电室更换全部供电设备，彻底解决因设备老旧引发的频繁停电问题，全面提升小区供电质量及安全性，保障小区居民、周边学校及企业安全、放心用电。

（北京空港经济开发有限公司）

【党员献爱心】 年内，公司组织开展“不忘初心，与爱同行——共产党员献爱心”捐献活动。共计536人参加捐献活动。本次捐献活动共募集资金55360元，募集资金全部捐至区慈善协会。

（北京空港经济开发有限公司）

工业　建筑业

▲ 4 月 9 日，北京顺鑫农业股份有限公司牛栏山酒厂院士专家工作站揭牌启动仪式举办

▲ 4 月 17 日，上海市长宁区课题调研组考察顺义区中医医院项目部

▲ 5 月 23 日，顺鑫控股福通互联举办“北斗 + 数字农业”高端论坛

▲ 5 月 24 日，燕京啤酒“燕京八景”文创精酿产品发布会在中关村召开

10 月 12 日，北京师范大学附属实验中学顺义分校新建项目工程正式开工

10 月 22 日，顺义智能网联汽车封闭测试场亮相 2019 年世界智能网联汽车大会

➤10 月 22—25 日，世界智能网联汽车大会在中国国际展览中心（新馆）举办

▲12 月 30 日，区住建委协调消防救援总队顺义支队消防车对北京银行工程开展消防验收工作

年内，奔驰新能源总装车间

年内，顺义新城发展有限公司“一助一”帮扶工作组到杨镇杜庄村开展帮扶工作

年内，市政控股推行水气热 e 家办，综合服务窗口进驻顺义政务服务中心

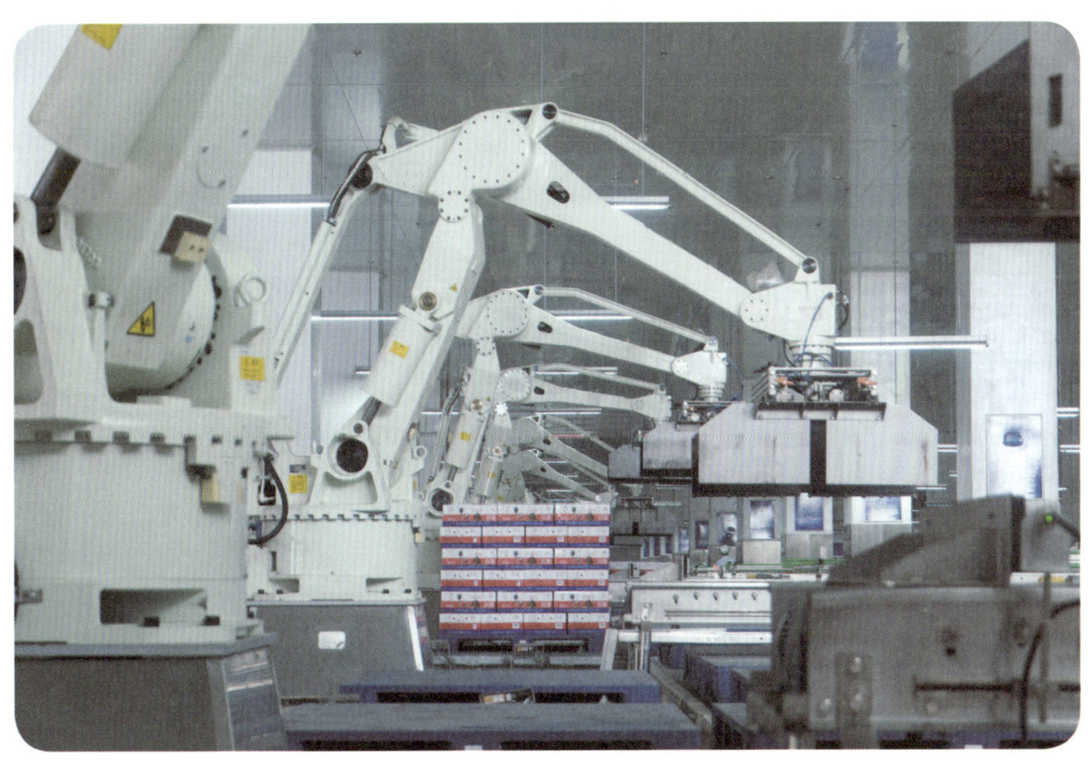

顺鑫控股牛栏山酒厂生产线

经济和信息化

【概况】年内，顺义区经济和信息化局紧紧围绕稳增长、调结构、促转型、谋创新的中心工作，加快北京创新产业集群示范区（顺义）建设，举办第十届北斗导航年会和世界智能网联汽车大会，加快推进北京奔驰、万集科技、车和家等高精尖项目建设，加快推进智慧城市建设，稳步推进一般性制造业企业疏解，不断优化工业和信息化领域营商环境。

（区经信局）

【工业经济指标逐渐回暖】年内，规模以上工业企业完成工业总产值1587.8亿元，同比下降12.8%。实现销售产值1595.3亿元，同比下降12.9%。实现出口交货值89.7亿元，同比下降18.0%。

（区经信局）

【六大产业产值增速一升五降】年内，生物医药同比上升10.4%，都市、装备、基础与新材料、汽车与交通设备、电子信息产业分别同比下降5.3%、0.7%、6.2%、19.5%和39.6%。生物医药企业17家，完成总产值65.7亿元，同比增长10.4%，产值占全区规模工业总产值的4.1%，同比提高0.9个百分点；完成销售产值60.1亿元，同比增长9.3%；完成出口交货值1107万元，同比增长2.7%。都市企业101家，完成工业总产值249.3亿元，同比下降5.3%，产值占全区规模工业总产值的15.7%，同比提高1.3个百分点；完成销售产值257.4亿元，同比下降1.4%；完成出口交货值7.6亿元，同比下降13.4%。装备企业107家，完成工业总产值270.7亿元，同比下降0.7%，产值占全区规模工业总产值的17.1%；完成销售产值273.0亿元，同比增长0.3%；实现出口交货值57.2亿元，同比增长5.0%；基础与新材料产业企业53家，完成工业总产值213.8亿元，同比下降6.2%，产值占全区规模工业总产值的13.5%，同比增加1个百分点；完成销售产值212.7亿元，同比下降6.6%；完成出口交货值4.8亿元，同比下降48.5%。汽车与交通设备企业55家，累计完成工业总产值743.9亿元，同比下降19.5%，产值占全区规模工业总产值的46.9%，同比减少3.9个百分点；完成销售产值748.2亿元，同比下降20.6%。完成出口交货值7.7亿元，同比增长351.3%。电子信息产业15家，完成工业总产值44.2亿元，同比减少39.6%，产值占全区规模工业总产值的2.8%，同比减少1.2个百分点；完成销售产值43.8亿元，同比下降39.9%；完成出口交货值12.3亿元，同比下降64.8%。

（区经信局）

【工业固定资产投资实现较快增长】年内，实现工业重点企业固定资产投资31.85亿元，同比增长156%；建安投资完成18.33亿元，同比增长69.7%，完成市级任务（15亿元）的122%，完成率在主要投资承载区排名第一。

（区经信局）

【高精尖项目稳步推进】年内，全区57个高精尖产业项目加快落地建设，项目总数位列全市第二（其中，纳入2020年市级重点项目平台21个）。北京奔驰新能源车顺义工厂总装车间全面建成、即将投产，其他三大工艺车间完成改造工程的70%；车和家、第三代半导体联合创新基地等12个项目主体竣工；万集科技等10个项目开工建设；滴滴出行与丰田合资公司、软银出行、中融雷科、华创新动力汽车等15个在谈项目注册落地；孚能科技、星际荣耀等18个在谈项目取得新进展。全区高精尖项目调度平台的112个项目深入推进，严格落实五级调度责任制，全年组织企业调度会168次。

（区经信局）

【重点园区规划建设稳步推进】年内，入选国家新型工业化（工业互联网）产业示范基地。《北京创新产业集群示范区（顺义）发展规划（2017—2035年）》通过市委常委会审议。北京国际合作产业园（中德园区）加快建设，形成20平方千米中德产业园规划方案2.0版；初步确定地理信息产业园一期5万平方米楼宇，作为中德产业园挂牌和第一批入驻企业选址；与中德科技园股份公司、德国工商会、德国汽车工业协会等机构形成合作对接机制。

（区经信局）

【重点政策文件制定实施】年内，《顺义区促进高精尖产业发展政策实施细则》《顺义区创业摇篮计划支持政策实施办法》《顺义区产业项目全要素综合评价办法》相继出台实施。《智能制造三年行动计划》《支持智能制造加快发展的若干措施》《顺义区数据中心管理办法》《顺义区智能网联汽车创新发展规划》《顺义区军民融合发展实施方案》编制完成。

（区经信局）

【一般性制造业企业疏解】年内，疏解退出一般性制造业企业82家，完成全年市级60家任务的137%，疏解任务完成量及完成率均居全市第二。截至年底，本区累计疏解退出一般性制造业企业293家（2017年81家、2018年130家、2019年82家），连续3年提前完成市级任务。疏解腾退减量空间424.4公顷（6366亩）、建筑面积185万平方米，实现再利用86.67公顷（1300亩），厂房13万平方米，吸引无人车测试场等高精尖项目落地15家。

（区经信局）

【创新生态持续优化】年内，主导产业专家座谈会举行13次，智能制造专家委员会和产业联盟、新能源智能汽车专家委员会和产业联盟筹建方案完成，首批40位专家全部对接确认。“双创”工作稳步推进，24个创业基地吸引初创型科技企业935家，基地企业累计取得知识产权1635项，实现融资额9.4亿元，获得国家高新技术企业称号93家，全年实现税收5亿元。工业设计发展良好，全区2家企业（曲美家具、江河幕墙）获中国设计金奖，1家企业（曲美家具）获银奖，24家企业（北汽研究院等）获红星奖。会同人力社保局开展制造业工人培训调研3000余人次，梳理全区规模以上制造业企业工人发展现状和培训需求，围绕产业升级和智能制造提出8大类20小类高技术工人培训升级领域。

（区经信局）

【营商环境不断优化】年内，全区共完成31880.89万元市级拖欠民营中小企业账款的清欠任务。加快推进社会信用体系建设，严格落实行政许可和行政处罚“双公示”，共归集“双公示”数据26769条，其中行政许可数据10957条，行政处罚数据15812条，信用监测指标全市排名第五。为本区70家企业制定“早餐会”企业服务包，制定专项服务措施解决企业诉求180个。

（区经信局）

【智慧城市加快建设】年内，配合区委区政府政策研究室制定完成《顺义区“智慧顺义”信息化项目管理办法》，会同科创集团制定《智慧顺义管理公司组建方案》，开展“智慧顺义”信息化基础资源调查，着手启动顺义区大数据平台建设，《“智慧顺义”大数据平台建设项目可行性研究报告》编制完成。无线网络全覆盖加快推进，2019年，累计完成1500个场所和5600个无我方向接入点的建设，注册人数逾10万人，提供服务近9000万人次。启动雪亮工程二期勘察设计，《5G站址规划方案》《5G产业发展实施方案》编制完成，新建5G基站12座，改造515座。

（区经信局）

【重点平台持续发力】年内，工业互联网标识解析国家顶级节点（北京）项目上线运行。北斗导航年会、世界智能网联汽车大会、“5G-50”技术与应用专家论坛、中德隐形冠军创新发展论坛等活动举办，总计28个项目签约落地。北小营镇首期20公顷（300亩）自动驾驶封闭测试场建成；开放145千米自动驾驶测试道路，滴滴、美团、百度等8家自动驾驶车企开展全天候测试；车联网一期建成，蘑菇车行等一批项目开始试运营。

（区经信局）

【第十届中国卫星导航年会】5月22—25日，第十届中国卫星导航年会在顺义国测国际会议会展中心举办。年会吸引包括“两弹一星”功勋科学家孙家栋等15位院士，美国、俄罗斯、欧洲等导航领域先进国家和地区的100余位外籍专家，国内外3000余位卫星导航领域重点嘉宾代表参会，159家国内外单位参展，展位面积1.5万平方米，吸引观众近3万人。年会发布《顺义区北斗导航与位置服务产业创新发展规划》；对接洽谈北斗导航产业应用及成果转移转化平台、北控集团北斗国家级创新中心等项目。对接洽谈国家信息产业基地建设、国交空间信息技术（北京）有限公司迁址及北京中交创新投资发展有限公司迁址等事项。

（区经信局）

【世界智能网联大会】10月22—25日，由北京市人民政府、工业和信息化部、公安部、交通运输部、中国科学技术协会联合主办，中国电子信息产业发展研究院（赛迪研究院）、顺义区人民政府等机构承办的2019世界智能网联汽车大会在中国国际展览中心（新馆）举行，本次大会以“共建生态 智领未来——开启汽车新时代”为主题，呈现组织机构广、参与国家广、论坛内容广、5G场景新、跨界融合新五大亮点。闭幕式上集中发布7项研究成果，分别为：《北京市智能网联汽车白皮书（2019）》《世界智能网联汽车产业发展指数(顺义指数)》《C-V2X 产业化路径和时间表研究白皮书》《电动汽车安全指南（2019版）》《智能网联汽车操作系统标准体系》《智能网联汽车信息物理系统参考架构1.0》《北京市自动驾驶车辆模拟仿真测试平台技术要求》。

（区经信局）

北京顺义科技创新集团有限公司

【概况】年内，北京顺义科技创新集团公司（简称科创集团）围绕落实顺义区产业发展目标，坚持以党建为引领，以管控提升为抓手，以重大产业项目建设为重点，强改革、拓空间、补短板、促转型，各方面工作展现新气象，取得新成绩。截至年底，科创集团资产总额102.86亿元，净资产67.32亿元；实现营业收入14.95亿元，同比增长32%；上缴税金9524万元，同比增长71%；国有资产保值增值率101%，相比去年提高1.07%。

（科创集团）

【基础管理加强，集团管控水平提升】年内，一是按照国资监管要求并结合公司经营实际，先后制定完善《国有资产交易实施办法》《所属企业合同管理工作指引》《集团境外投资管理办法》等9项规章制度，相关工作的审批流程进一步明确、规范，为重点工作的科学决策与实施提供制度保障。二是为提升内部管控水平，全年完成北京新辉印刷基地有限公司、北京临空国际技术开发有限公司、北京板桥创意天承管理有限公司3家企业的改制，将管理层级压缩至三级，进一步降低集团运营成本。三是充分发挥财务、法务、审计的职能作用，全年共开展审计工作45项，涉及资产总额162.29亿元，提出审计建议169项，并聘请第三方审计机构，借助专业力量，增强审计实效；不断加强合同审查力度，全年提出修改意见400余次，有效地防范经营风险的发生

（科创集团）

【区域战略部署成效显著】年内，按照区委区政府工作部署，推进各项重点项目建设，高效承接各项工作任务。一是高效推进智能网联汽车测试场项目建设。年初选调骨干人员，配齐顺创智联公司团队，明确工作职责，理顺工作流程，制订详细的工作计划；3月，工程建设正式启动。年内，11万平方米测试道路铺装完成，并作为2019年世界智能网联汽车大会分会场，向外界展示测试场的功能特点及优势。二是筹建第三代半导体标准化厂房一期工程。按照区第三代半导体标准化厂房建设实施方案，将碳基产业园作为该方案一期工程，列入政府投资计划，项目前期手续办理顺利，取得立项批复及《建筑工程规划许可证》。三是高效承办产业促进类会议。按照区政府工作要求，科创集团共出资4095万元，先后承办第十届北斗导航年会、世界智能网联汽车大会等4次重要会议。四是推进临河安置房项目建设。按照区政府工作要求加快推进，完成各项前期手续办理工作，建设资金来源基本落实。

（科创集团）

【园区招商引资工作稳步推进】年内，科创集团围绕本区“3+4+1”产业定位，利用自身楼宇资源及天作创造中心、北京智能计算产业研究院等孵化载体，加大招商引资力度，全年共引进创新项目98家，协议引资9.5亿元。引入中国电子科技集团有限公司、中国兵器工业集团有限公司等一批第三代半导体、航空航天领域龙头项目及紫星科技、中科智芯等一批人工智能领域的优质项目入驻，推动园区产业的发展。同时加强与高校、科研院所的联系，

与光子芯片、超晶科技、毫米波雷达等34家具有核心技术的项目初步达成战略合作意向。为提高使用效率，集团制定《楼宇准入管理办法》，完善项目准入条件和退出机制，有效规范楼宇运营。开展低质低效租赁企业清退工作，全年共腾退使用空间1万平方米，为培育更多的优质项目提供空间支撑。

（科创集团）

【园区建设管理水平巩固提升】 年内，一是以改善园区发展环境为目标，持续加大投入。全年投入9740万元用于园区运营维护及基础设施更新改造。二是始终绷紧安全生产这根弦，通过逐级签订“一岗双责”安全责任书，层层压实主体责任，有效促进各项工作的落实；开展百日安全大检查工作，全年开展540余次检查，组织宣传培训活动252次，整改隐患889项，有效杜绝安全生产事故的发生，形成良好的安全生产工作机制。

（科创集团）

北京顺鑫控股集团有限公司

【概况】 北京顺鑫控股集团有限公司（简称顺鑫控股集团）成立于1994年9月7日，是集生物酿造、营养肉食、安全农品、健康地产、生态建筑、科技种植、综合等产业于一体的综合性大型企业集团，拥有6件中国驰名商标（顺鑫、牛栏山、鹏程、牵手、宁诚、小店）、9件省级著名商标（顺鑫农业、牛栏山、鹏程、牵手、宁诚、小店、华灯、鑫大禹、佳宇）、1件国家级非物质文化遗产（北京二锅头酒传统酿造技艺），其中，顺鑫控股集团发起设立的北京顺鑫农业股份有限公司（简称顺鑫农业）于1998年11月4日在深圳证券交易所挂牌上市，是北京市第一家农业类上市公司。截至年底，顺鑫控股集团完成各项生产经营及第二届“一带一路”国际合作高峰论坛、亚洲文明对话大会、非洲论坛等重大活动服务保障任务，各产业板块资产总额340亿元，销售收入314亿元，利润总额10亿元，上缴税金32亿元，先后获“农业产业化国家重点龙头企业”“2019中国品牌影响力100强”“2019中国品牌影响力十大消费者满意品牌”“中国500强”“中国制造业企业500强”和“中资食品上市公司50强”等荣誉称号。

（顺鑫控股集团）

【党组织换届工作】 1月23日，中国共产党北京顺鑫控股集团有限公司第 次代表大会在顺鑫大学（党校）召开，选举产生新一届党委委员和纪委委员。16家区属国企党组织书记、主管党建工作副职现场观摩，大会4个分会场，800余名职工代表参加。严密组织对44个基层党组织进行换届选举，严格审核把关预备人选，保证选举程序依法、结果合法。

（顺鑫控股集团）

【集团成立25周年】 2019年是顺鑫控股集团成立25周年，顺鑫控股集团实现从一个区属国资骨干企业到中国企业500强的成功跨越。企业规模不断扩大，经济效益大幅提高，在保障民生、带动就业、增加税收等方面都较好地履行国有企业的责任担当。

（顺鑫控股集团）

【全国“两会”食品及食品原材料供应保障】 年内，顺鑫控股集团完成第十三届全国人民代表大会第二次会议和全国政协第十三届二次会议期间食品及食品原材料供应保障，分别供应生鲜产品48个品种28844千克；供应熟食制品9个品种1517.5千克。

（顺鑫控股集团）

【北京世园会服务保障】 年内，顺鑫控股集团完成2019年北京世园会基础设施建设、农产品供应、场馆运营等服务保障工作。按期完成主责承建的顺鑫控股企业展园、援助非洲展园项目、世园会植物馆景观绿化工程、世园会配套设施项目工程，项目建设金额近亿元，其中顺鑫企业展园占地面积2800平方米，建筑面积480平方米，接待游客达16万人次，并荣获“2019北京世园会组委会特等奖”。截至闭园，顺鑫控股集团为北京世园会赞助矿泉水、果蔬汁及酒类产品7万箱，为30万人次提供餐饮服务。

（顺鑫控股集团）

【国庆70周年活动供应保障】 国庆70周年活动期间，顺鑫控股集团所属鹏程食品分公司组织

1480名企业员工，为55个驻地伙食单位生产配送猪肉及肉制品180.53吨，完成活动服务保障工作，并荣获由阅兵联勤保障兵站颁发的“纪念新中国成立70周年阅兵服务保障单位”称号，以及“聚力阅兵，共铸辉煌”荣誉锦旗。323名职工也参与到首都国庆联欢活动中，用自己的方式送上对祖国的祝福。

（顺鑫控股集团）

【推进冬奥会、冬残奥会各项服务保障工作对接】年内，鹏程食品规划冬奥备选猪场，提前部署产品技术检测周期等工作；鑫源食品对冬奥保障供应屠宰加工生产线升级改造，有序推进冷库及冷链物流等相关工作；顺鑫农品按照国际标准，筹备升级改造并扩建创新食品生鲜加工车间，完善石门市场检测中心软硬件条件，确保满足奥运要求。

（顺鑫控股集团）

【非洲猪瘟疫情防控】年内，顺鑫控股集团所属鹏程食品分公司是非洲猪瘟疫情暴发后北京市内唯一保持生产的屠宰企业，年内承担北京市储备冻肉总量的70%，切实加强疫情防控的督导以及市场供应的调度，保障首都猪肉价格稳定和重大活动猪肉供应，并荣获“2019年全国生猪屠宰标准化示范厂”称号。

（顺鑫控股集团）

【精准脱贫】年内，顺鑫控股集团先后为扶贫扶低地区投入或代销帮扶资金1.1亿元。其中包括，对顺义区低收入村提供产业帮扶，助力下营村美丽乡村建设；对内蒙古科左中旗及巴林左旗、河北沽源及万全、西藏尼木等地进行“立体式”产业帮扶。获北京市扶贫协作和支援合作工作领导小组办公室、北京市人力资源和社会保障局颁发的“北京市扶贫协作社会责任奖”。

（顺鑫控股集团）

【鑫梦想·冬奥行】年内，顺鑫控股集团启动“鑫梦想·冬奥行”品牌公益活动，与科左中旗人民政府共同签署《“鑫梦想·冬奥行”品牌公益活动合作协议》，于2019年起至2022年组织相关主题冬令营，遵循《“冰雪‘鑫’力量”评选方案》的标准评选学员参与其中，并在当地中小学设立“冬奥‘鑫’起点”扶贫站，捐赠冰雪运动教具等物资，让冰雪运动走进千家万户。

（顺鑫控股集团）

【牛栏山酒业营收破百亿】年内，牛栏山酒业营收突破百亿元，跻身全国白酒百亿俱乐部行列，年内主要经济指标全面超额完成。营销层面，在“深分销、调结构、树样板”营销目标的指引下，年内进一步布局山西吕梁基地，开拓西北市场，实现北京销售占比23.63%，外埠销售占比76.37%，全国化市场格局基本形成，为牛栏山后百亿时代转型发展夯实基础。品牌层面，牛栏山品牌价值达到434.1亿元，同比增长132.27亿元，助力顺义区荣获“世界美酒特色产区”称号。

（顺鑫控股集团）

【顺鑫石门市场设立鸡蛋期货车板交割场所】3月14日，顺鑫石门市场响应金融工具服务实体企业的国家政策号召，签约大连商品交易所，成为全国农批市场首家鸡蛋期货车板交割场所。8月12日，进行首次鸡蛋期货车板交割，为帮助蛋鸡养殖场和鸡蛋批发商规避价格风险，推广行业标准，促进和提高商品蛋鸡养殖在生态农业经济中的发展起到积极作用。

（顺鑫控股集团）

【牛栏山酒厂院士专家科研工作站成立】4月9日，牛栏山酒厂院士专家工作站揭牌成立，2位科研领域专家院士入驻，是继2013年牛栏山酒厂设立博士后科研工作站后又一国家级科研平台，也是白酒企业首次成立双院士专家工作站。

（顺鑫控股集团）

【“北斗+数字农业”高端论坛】5月23日，福通互联举办“北斗+数字农业”高端论坛，持续发力智慧三农领域。该论坛架设大数据可视化、智慧畜牧电子沙盘、区块链溯源互动体验等高科技设备，并组织学术领域现场演讲和圆桌会议，全面呈现福通互联项目成果和数字农业未来价值，使与会人员直观了解“智慧顺鑫数据中心”操作系统，并深入了解“畜牧养殖数字化”“水利灌溉数字化”等带来的优势。北京福通互联科技集团有限公司党支部书记、董事长王立友进行《智慧顺鑫引领“智能+”农业变革》主题演讲。在演讲中，王立友介绍福通互联集团为顺鑫控股集团智慧科技板块做出的重要成绩；同时在演讲时展示北斗应用领域养殖、农田水利建设、物流管理等智能+的实际应用，表现出福通互联集团致力于成为农业行业领先的数据运营服务商以及“科技+农业”融合创新平台的发展方向。中国科学院院士杨元喜、中国工程院院士赵春江、农业农村部市场与市场经济司司长唐珂、北京市农业农村局副局长马荣才、顺义区副区长李在东、北京顺鑫控股集团党委书记（董事长）王泽、北京福通互联科技集团有限公司党支部书记（董事长）王立友、中国畜牧业协会副秘书长刘强德、太平洋证券研究院院长黄付生等300余人参加论坛。

（顺鑫控股集团）

【顺鑫控股集团吉祥物发布】5月28日，以“美丽世界，美好顺鑫”为主题的顺鑫控股集团企业主题日暨顺鑫吉祥物发布仪式活动在北京世园会举办，首次揭晓寓意“源自顺鑫，一诺千金”的顺鑫吉祥物“小鑫”。

（顺鑫控股集团）

【校企签署战略合作协议】7月10日，顺鑫控股集团与北京工商大学签署战略合作协议，旨在围绕国家科技创新规划和顺鑫控股集团战略目标，通过项目合作、科技人员培养、科技人才建设等方式进行全方位、多领域、深层次的合作，充分共享优质资源，共同提升产业人才培养、科技平台建设的专业化水平，以实现“以高新科技引领，提升民生服务能力”的目标。

（顺鑫控股集团）

【资本运营合作】 9月3日，顺鑫控股集团与嘉实资本管理有限公司签署《战略合作协议》。本次签约是顺鑫控股集团探索提升资本运营能力、促进产业做大做强的标志性事件。双方将在农产品等诸多领域积极寻求合作契合点，通过建立紧密的合作关系，实现优势互补、互利共赢。

（顺鑫控股集团）

【签约方智远院士专家团队】10月25日，顺鑫与方智远院士专家团队在第二十二届中国北京国际科技产业博览会上签署《战略合作框架协议》。双方将从加强科研合作和项目开发、联合打造协同创新平台、建立高端智库三方面开展深度合作。

（顺鑫控股集团）

【“5G联合开放实验室”成立】11月，顺鑫控股集团、福通互联集团、北京联通3家企业联合成立“5G联合开放实验室”，共同探索5G、大数据、物联网等技术在冬奥合作、智慧农业、智慧社区等领域中的应用。

（顺鑫控股集团）

【顺鑫鑫源种牛研究院有限公司成立】12月19日，鑫源食品联合中国农业大学成立种牛研究院，建立产、学、研紧密结合的发展创新模式，充分结合高校科研团队繁殖技术以及顺鑫鑫源牛羊肉板块市场优势，发力前端育种环节、完善全产业链布局、带动畜牧区农牧民产业发展、推进种牛新品种培育选育项目，满足国内肉牛种质资源需求，切实打造国家肉牛新品种培育基地，成为国内顶级纯种安格斯牛繁育基地及肉牛养殖技术输出单位。

（顺鑫控股集团）

【鼎鑫、鑫鸿城产业集团挂牌成立】年内，组建鼎鑫、鑫鸿城产业集团，设立供应链公司，力求集中资源助推主业高质量发展，不断推进专业化运营、整合营销工作、集团化发展。

（顺鑫控股集团）

首安工业消防有限公司

【概况】首安工业消防有限公司（简称首安消防）是中国首家专业从事工业消防安全的高新技术企业，总部位于北京，在全国20多个省份及海外设有分支机构或子公司，主要技术与管理人员均拥有博士、硕士学位。首安消防基于自有核心技术产品、以工程总承包为主要服务形式，为钢铁冶金、电力工业、核能核电、航空航天、市政设施、隧道交通、石油化工、洁净厂房、数据中心、物流仓储、军工、酿酒等众多领域的工业企业及特种建筑提供消防安全解决方案。首安消防自主创新的三大核心系统产品——工业火灾探测报警系统、消防安全网络化监控指挥系统、自动灭火系统获得多项国际发明专利和近百项国内发明专利；公司荣获国家企事业知识产权试点单位、北京市专利示范单位等荣誉称号。首安消防连续5届蝉联“中国消防行业十大民族企业”首位。首安秉承“竞争促进发展，合作成就事业”的发展观，以“倡导安全为首，创建首强品牌”为核心理念，持续满足并不断超越客户需求，努力成为工业消防安全领域的世界领先企业。

（首安消防）

【工程业绩】年内，首安消防签订并实施徐州城市轨道交通2号线、郑州轨道交通3号线、太原地铁2号线、济南地铁R2号线等轨道交通重点项目；苏宁浙江电子商务运营中心（三期）消防工程、当当网全国第二总部项目消防工程、大同云中e谷大数据中心园区消防系统工程；威海滨海新城地下管廊消防系统；申能安徽平山电厂二期工程特殊消防及火灾报警系统工程、新疆生产建设兵团第七师五五工业园区2×350兆瓦热电联产工程；首钢京唐高强钢酸洗生产线及高强度钢热基镀锌生产线消防工程、山东莱钢永锋钢铁炼钢产能置换方案建设项目消防系统、营口京华钢铁有限公司3800毫米中厚板生产线消防工程、马钢重型H型钢轧钢生产线消防系统、河钢产业升级及宣钢产能转移项目消防系统工程、广西钢铁集团防城港钢铁基地炼钢连铸及线棒材系统消防工程等。7月，绵阳京东方第6代“AMOLED”生产线项目量产，首安被BOE（京东方）授予“卓越承包商”荣誉。海外市场方面，6月，马来西亚关丹联合钢铁集团公司全厂消防EPC总承包项目完成全面验收，该项目为一带一路重点建设工程，是首安海外工程总承包的示范性项目；实施柬埔寨200兆瓦重油/天然气双燃料电厂火灾自动报警控制系统及消防灭火系统工程、巴基斯坦巴阿炼油有限公司（PARCO）中部炼油厂（MCR）升级改造项目火灾报警系统、菲律宾廷巴班（Timbaban）水电站项目消防系统服务、斯里兰卡科伦坡CWTEP 2×350T/D 垃圾焚烧发电总包项目火灾自动报警系统、埃塞俄比亚贝雷斯1号糖厂项目消防系统等。

（首安消防）

【产品研发】年内，电子产品研发方面，完成SL-M6800火灾报警控制器多语言升级工作以及SL-M6700图形显示装置的技术升级，完成SL-M6000火灾报警控制器组网研究。完成工业场所智慧消防系统开发工作，开始测距式不可恢复缆式线型感温火灾探测器的研制与认证工作。在灭火产品方面完成ZSTW B40/90（SS）、ZSTW B35/90（SS）、ZSTW B40/120（SS）、ZSTW B35/120（SS）、ZSTW B40/90、ZSTW B35/90、ZSTW B40/120、ZSTW B35/120型水雾喷头的型式试验与强制性认证，开展ZSFS65-2.5JSL、ZSFS80-2.5JSL、ZSFS100-2.5JSL型雨淋报警阀的性能升级工作；开展雨淋报警阀误动作问题的整体解决方案的开发工作。知识产权方面，继续做好国际、国内专利的维护工作，按国家知识产权局和北京市知识产权局的要求提供复核资料，继续保有“国家知识产权优势企业”和“北京市知识产权示范企业”称号，配合国家、北京和顺义区知识产权局的相关工作。

（首安消防）

【标准规范】年内，首安消防作为参编单位，参与完成国家标准《城市地下综合管廊运行维护及安全技术标准》的制定工作、参与完成《火力发电厂与变电站设计防火标准》的修订工作，标准于2019年颁布、实施。作为参编单位，参与完成国家标准《火灾自动报警系统施工及验收规范》的修订工作，标准于2019年颁布，2020年实施。作为参编单位，参与国家标准《火灾自动报警系统设计规范》和《细水雾灭火系统技术规范》的局部修订工作以及深圳市地方标准《市政电缆 隧道消防与安全防范系统施工及验收规范》《城市综合管廊消防系统技术规范》的编制工作。完成河北省重点研发计划项目之民生领域系统技术集成专项《雄安新区地下综合管廊规划设计、绿色建造及安全运维关键技术研究》各项工作，通过验收。

（首安消防）

【创新转型】年内，首安消防明确创新转型战略，加大科技创新投入，加强与高等院校、科研机构、科技企业等外部技术协作，基于物联网、云计算、大数据等信息技术，推进首安智慧消防软硬件产品及解决方案、消防综合服务在线平台等各项开发工作。10月，首安一站式消防安全服务平台完成功能开发。

（首安消防）

【产学研合作】6月，中国科学院院士、武汉科技大学人工智能学院院长吴宏鑫到访首安，与董事长李伟刚就人工智能＋智慧消防领域的全方位合作展开深度交流；8月，武汉科技大学党委书记孔建益、校长倪红卫一行访问首安北京总部，就校企战略合作全面升级、设立消防安全科研机构及重点实验室、人才及教育基金设置等各事项进行研讨并达成一致。

（首安消防）

【第十八届中国国际消防设备技术交流展览会】10月16—19日，第十八届中国国际消防设备技术交流展览会（CHINAFIRE 2019）在北京举行。来自亚洲、欧洲及北美洲等地区的800 余家企业或科研机构参展，展商覆盖整个消防行业产业链。首安展出消防安全服务平台、智慧消防安全管理平台、消防无人机及工业消防系统产品、消防安全整体解决方案实施案例等。

（首安消防）

【资质与荣誉】年内，在拥有“消防设施工程设计专项甲级”“消防设施工程专业承包壹级”“电子与智能化工程专业承包贰级”等企业资质基础上，首安消防在知识产权、科技成果转化、产品开发等方面不断创新，连续通过高新复审。12月，获评2019年度全国政府采购“智慧消防解决方案首选服务商”。

（首安消防）

北京燕京啤酒集团公司

【概况】年内，北京燕京啤酒集团公司有啤酒酿造基地41家、原料基地2家和相关附属企业8家，遍布全国18个省市，拥有职工3万余名，是中国大型啤酒企业集团中没有外资背景的民族企业代表，始终保持中国啤酒行业第一集团军的位置。年内，完成啤酒总产销量381万千升，销售收入118亿元，实现经营性利润5亿元，“燕京”驰名商标品牌价值1216.97亿元。

（北京燕京啤酒集团公司）

【科研项目通过科技成果鉴定】4月3日，中国酒业协会技术委员会组织专家在燕京啤酒科技大厦对“啤酒酿造酵母絮凝机理研究及精准调控技术体系的开发与应用”，及与中国食品发酵研究院、国家酒类品质与安全国际联合研究中心合作完成的“基于SNP-KASP技术的啤酒花品种快速坚定及纯度检测关键技术的研究与应用”项目进行科技成果鉴定。鉴定专家委员会一致认定，2个项目均达到国际领先水平，建议继续扩大应用规模。

（北京燕京啤酒集团公司）

【“燕京八景”文创新品上市】5月24日，燕京啤酒“燕京八景”文创精酿产品发布会在中关村召开。此次发布会由燕京啤酒、创业博物馆、中关村创业大街联合主办。中国酒业协会常务副秘书长兼啤酒分会秘书长何勇，及来自社会各界的200多名嘉宾受邀出席。产品在京东平台销售。

（北京燕京啤酒集团公司）

【燕京啤酒品牌价值1216.97亿元】6月26日，由世界品牌实验室主办的第16届世界品牌大会在北京中国大饭店举行，2019年度《中国500最具价值品牌排行榜》发布。燕京啤酒品牌价值1216.97亿元，位列榜单第41位。旗下漓泉啤酒品牌价值181.62亿元，惠泉啤酒品牌价值136.52亿元，雪鹿啤酒品牌价值75.36亿元，九龙斋品牌价值135.39亿元。

（北京燕京啤酒集团公司）

【北京国际燕京啤酒文化节】6月28日—7月8日，第28届北京国际燕京啤酒文化节在顺义奥林匹克水上公园举办。区委、区人大、区政府、区政协领导出席开幕仪式。区委副书记、区长孙军民致辞，区委书记高朋开启本届啤酒节第一杯啤酒。本届啤酒节延续以“啤酒＋”理念，加入美食、音乐、旅游、体育、文化、扶贫等元素。燕京U8新品发布亮相。啤酒文化节期间，主会场及祥云小镇、国门一号等4个分会场共接待游客40余万人次，消费啤酒20余万升。

（北京燕京啤酒集团公司）

【多款产品斩获国际大奖】燕京10度鲜啤在8月举办的世界啤酒大奖赛获"中国最佳";燕京原浆白啤在9月举办的亚洲啤酒锦标赛中获金奖;燕京U8在10月举办的国际啤酒杯、11月举办的比利时布鲁塞尔啤酒挑战赛中喜获银奖;燕京10度白啤在10月份举办的国际啤酒杯、11月举办的欧洲啤酒之星中获得银奖;"燕京八景"文创精酿产品在世界啤酒大奖赛、2019CBC中国国际啤酒挑战赛、亚洲啤酒锦标赛、世界啤酒锦标赛4项赛事中获得8个单项大奖;燕京日日鲜在2019CBC中国国际啤酒挑战赛中获得银奖。

(北京燕京啤酒集团公司)

【参演国庆70周年群众游行方阵】6月中旬,公司接到参演国庆70周年群众游行方阵任务;7月22日,在顺义马坡赛马场正式开始训练,后初战良乡、转战阅兵村,时间跨度3个月。10月1日,650名员工代表参加十一国庆群众游行第25方阵——"中华文化"方阵,其中有中共党员149名。

(北京燕京啤酒集团公司)

【全力服务保障系列重大活动】作为纪念中华人民共和国成立70周年阅兵服务保障单位,北京燕京啤酒股份有限公司为2次阅兵演练及庆典当日提供保障用水27万瓶,分装观礼台服务包7万个。年内,完成全国"两会"、第二届"一带一路"国际合作高峰论坛、北京市"两会"、世界园艺博览会、亚洲文明对话等重大活动用水服务保障任务。

(北京燕京啤酒集团公司)

【国家扶贫政策落实】年内,继续与内蒙古自治区赤峰市巴林左旗的2个贫困村——十三敖包镇的五星村、花加拉嘎乡的石旅村签订《对口帮扶协议》;与顺义区大孙各庄镇西辛庄村结对,年提供帮扶资金60万元;实施产业帮扶、技术帮扶、特色帮扶,资助贫困大学生和留守儿童为残疾人提供购买轮椅、适配助听器所需资金,保证食品安全的前提下职工食堂优先采购来自左旗的农牧产品。燕京啤酒节期间,为左旗农产品设立专门的展销柜台。

(北京燕京啤酒集团公司)

区域住房管理和城乡建设

【概况】年内,全区房地产领域建安投资完成80.2亿元,与2018年基本持平。建筑业总产值完成145.1亿元,完成区内在建工程新开工面积185.42万平方米,同比下降63.77%;签约合同价款累计98亿元,同比下降18.36%。李遂镇柳各庄村棚改项目、杨镇中心区ABCD片区棚改项目列入北京市棚改实施计划,全年完成棚改任务1215户,完成市级500户年度任务243%。全区政策性住房新开工16023套,竣工8122套。其中产权类住房新开工8125套,租赁型住房新开工7898套。年内监督建筑工程1809.65万平方米,同比增加24.92%。其中在施工程1537.78万平方米,同比增加40.10%;新开工程556.64万平方米,同比减少6.98%;竣工备案271.87万平方米,同比减少22.56%。下发工程安全质量《检查记录单》1765份,下发《限期整改通知书》12份;安全质量行政处罚决定172份,罚款金额427.85万元;与城管执法监察局、市政市容委等单位开展联合执法32次。

(区住建委)

【建筑行业发展】年内,共核发《建筑工程施工许可证》242项,施工登记意见函2项,施工准备函6项,总建筑面积633.4万平方米,同比上涨21.6%,合同价款200.9亿元。共办理总承包、专业分包及劳务分包招投标87项,总建筑面积479.57万平方米。

(区住建委)

【房地产业发展】年内,商品房销售方面,共新增可销售商品房23034套,建筑面积162.16万平方米;共办理现房销售备案11384套,建筑面积92.34万平方米。共销售新建商品住宅10960套,同比增加60.26%,销售面积103.73万平方米,同比增加66.98%,销售金额315.37亿元,同比增加86.9%。存量房方面,共办理存量房业务18461件,同比增加3.26%,其中购房资格审核11094件,同比增加4.21%;网上签约6854件,同比增加1.66%;签约注销513件,同比增加4.27%。商业办公房屋方面，共销售商业办公房屋2359套，同比增加102.32%，销售面积15.67万平方米，同比增加53.93%，销售金额35.44亿元，同比增加35.06%。保障性住房方面，完成博裕雅苑二次申购、蓝境佳园、水映兰苑项目3个共有产权住房项目的网申、摇号及选房工作，配售房源3583套，其中认购房源2221套，剩余房源1362套。

（区住建委）

【保障性安居工程建设】截至12月底，本区政策性住房新开工16023套，竣工8122套。其中产权类住房新开工8125套，租赁型住房新开工7898套。在施公租房项目中，天竺苗圃配建公租房项目（1300套）完成主体结构封顶，北汽集团自建公租房项目（1722套）部分封顶，2个项目预计2021年可投入使用；国门商务区公租房项目（4705套）一标段开工，二、三标段取得施工许可。7个共有产权房项目中，晟品景园、金成雅苑二期竣工交房；金港嘉园、雅筑佳苑、博裕雅苑3个项目2021年前可基本建成；水映兰苑、蓝境佳园2个项目2019年年底开工，预计2022年基本建成。集租房建设进展明显，牛栏山镇官志卷村项目、张镇张各庄村项目、木林镇东沿头村项目南侧地块和西侧地块2个项目、杨镇一街项目及仁和镇临河村河南村项目实现开工。

（区住建委）

【住房保障审核分配】年内，共完成2019户资格复核家庭、1123户新申请公租房家庭、15户新申请市场租房补贴家庭、73户新申请公租补贴家庭，419户资格终止家庭、740户资格变更家庭的审核工作；完成回迁房购房人信息审核8个项目、4419套房，其中完成下坡屯村、西白辛庄村、平各庄村回迁家庭购房人信息审核工作，南法信镇马家营村、泰和宜园、仁和镇塔河村、后沙峪回民营、枯柳树回迁房项目剩余回迁家庭购房人信息审核工作；5月、11月，完成2次双裕南小街1号院等5个公共租赁住房项目剩余房源递补选房工作，共提供152套房源；3月、8月、12月，完成3次面向具有保障房资格的城镇低保（含分散供养的特困家庭）、低收入及计划生育特殊困难家庭的专项配租工作，共提供66套房源，解决22户困难家庭的住房问题；顺义区累计面向社会低收入家庭配租公租房2272套，尚有轮候家庭4176户。2019年，向空中客车（中国）企业管理服务有限公司配租企业人才公租房30套，向中国核工业二三建设有限公司配租5套。

（区住建委）

【棚改工作有序推进】年内，全区陆续启动实施棚改项目9个，全部实现住宅100%签约，惠及危旧房屋家庭4930户，其中沙坨项目、临河项目、夏县营项目实现安置房开工，其余项目均在加紧编制报审《规划综合实施方案》。2019年，顺义区规模最大棚改项目——杨镇中心区ABCD片区棚改项目纳入北京市棚改实施计划，年内实现立项，年内实现拆迁，《顺义区财政直接投资棚改项目管理费计提及拨付指导意见》制定印发，年内实现70亿元棚改专项债券全部支付使用。

（区住建委）

【城建重点工程建设基本完成】年内，劳动力实训基地、电子政务中心和文化中心完成五方验收，文化中心移交使用单位。

（区住建委）

【京沈客专顺义段正线征地拆迁工作基本完成】年内，组织协调完成西泗上村新建制梁场工作，新建制梁场已投入使用；组织完成京沈客专“四电”工程全线16处的征拆施工工作；组织协调京承高速土沟服务区养护工区还建工程，地上物的评估清登工作、林地勘察工作完成；组织京沈高铁沿线相交道路节点工程及顺义西站周边配套市政方案研究工作。

（区住建委）

【物业服务改革】年内，全区有物业企业197家，物业备案项目298个，涉及192个居住项目、106个非居住项目，管理面积3500余万平方米。全年共对127个项目进行执法检查，发现各类隐患193项，针对检查出的问题约谈34家物业公司负责人，开具《责令改正告知书》7份，进行行政处罚5项，移交涉黑涉恶线索2条，于物业信用公示平台曝光违规企业5家，不断加大对物业企业的监管力度。配合相关部门开展8次物业服务培训大会，对全区所有物业企业进行业务授课和现场交流，不断提高物业企业日常管理和处理突发应急事件的能力。同时着力解决全区重点难点问题，一是为10个政府直管小区配备统一物业公司进行服务管理；二是结合即将出台的物业条例精神，逐步将各项执法处罚及监督管理内容全面落实到基层，确保社区治理扎实有效开展。2019年，启动老旧小区救助工作，7个小区125部电梯维修改造全部完成。

（区住建委）

【老旧小区综合整治】年内，推进21个老旧小区的综合整治，总建筑面积185万平方米，涉及居民18908户。于2018年列入整治计划的10个小区完成方案设计、预算编制、预算评审等相关工作，施工单位和监理单位的招标工作启动。经与相关属地共同摸排研究，2019年，将11个老旧小区列入整治计划，按照自下而上的原则，与相关属地共同完成居民意向调查工作。

（区住建委）

【老旧小区加装电梯】年内，区住建委召开工作会议，要求各属地推进老旧小区加装电梯工作。推荐10家企业作为加装电梯工作实施主体，负责加装电梯的政策宣传、项目报建、资金筹集、设计、施工、维护等工作。2019年，完成50个小区加装电梯的宣讲推广工作。全年开工2部电梯，完工1部电梯。

（区住建委）

【装配式建筑大力发展】年内，全区新开工装配式项目33项，面积223万平方米，在全市占15.6%。全年竣工装配式项目3项，面积24.5万平方米，在全市占8.2%。截至年底，共有在施装配式项目52项，面积400.1万平方米，在全市占12.8%。

（区住建委）

【消防验收职责平稳承接】7月，本委通过组织成立消防验收组，建立验收工作制度，明确岗位职责和工作要求等一系列举措，平稳承接顺义区消防验收工作。全年累计办结建设工程消防验收62项，竣工验收消防备案109项。

（区住建委）

【拆迁腾退】年内，在属地政府等相关单位的配合下，对2户滞留民宅进行司法强制腾退，签订补偿安置协议15户，并对8个拆迁项目的房屋拆迁许可证进行延期。同时为加快土地入市利用，维护区域和谐稳定，对全区拆迁项目未搬迁民宅进行全面摸底，将22户民宅申请列入司法强制腾退范围，对16户民宅开展拆迁裁决工作。

（区住建委）

【优化营商环境改革持续推进】年内，有14个项目通过竣工联合验收，平均办理时限3.5个工作日。对区内6个简易低风险项目开展安全质量联合抽查。其中“双峰建材中试车间项目（一期）A1号楼”项目于12月28日完成竣工联合验收，成为本区第一个完成全流程的简易低风险项目。推进住宅工程质量潜在缺陷保险政策落地，年内有7个住宅项目签发保单，投保项目总建筑面积33.46万平方米。

（区住建委）

【疏解整治促提升】一是建筑垃圾资源化工作。制定强制应用政策，要求区内政府投资项目强制应用建筑垃圾再生产品。全年累计处理建筑垃圾204.7万吨，生产再生产品140.4万吨，累计利用再生产品85.5万吨。二是违法群租房屋专项整治工作。本区建立健全滚动挂账、督导检查、信息反馈、清理整治、预防反弹5项机制。以15号线沿线住宅小区为切入点，将日常发现的违法群租房屋及时纳入群租房工作台账并开展相关工作。全年“疏整促”专项行动管理系统销账111处，疏解人口198人，完成整改的房屋并无反弹情况。三是地下空间整治任务。仁和镇锦悦嘉苑、后沙峪镇绿地启航、空港街道棕榈滩花园3项市、区两级地下空间重点整治折子工程全部整改完毕。

（区住建委）

【建筑领域劳务管理】年内，对全区在施工程开展行政检查432次，双随机检查144次，对发现存在拖欠劳务费隐患的单位约谈32次；对存在违法行为的单位行政处理6次，行政处罚82起，共处罚金33.83万元。同时为保障社会稳定，深入开展劳务管理专项检查暨劳务费结算支付隐患排查工作，共协调处理讨薪问题17项，涉及工人1039人，涉及金额1993万元，提前化解拖欠隐患。

（区住建委）

【汛期保障】年内，区住建委成立防汛抢险应急指挥部，上汛前召开住房城乡建设领域防汛动员部署会，要求各建筑工程、物业管理区域和办公区域深入开展自查，排除安全隐患，保证物资储备。上汛后抢修抢险队随时待命，汛期共出动检查车辆158次，出动人员909人次，检查在建工地266项次、物业小区55家次，对工程重点区域、低洼地带和无物业管理的老旧小区进行重点巡查，汛期内未发生重大安全事故。同时，成立7支由821人、119台大型机械组成的建筑行业区级防汛应急抢险大队，不断提升建筑工程依法行政和应急保障能力。

（区住建委）

【国庆70周年安保维稳】成立专项安保维稳工作领导小组，按照“统一部署，分级负责，强化巡查，确保稳定”的原则，坚持矛盾化解和隐患治理两手抓，组织开展“百日安全大排查、大整治”活动等专项行动。“70周年大庆”期间335项建筑施工全部停工，有限空间作业全部停止，扬尘治理工作强度全面提升，共出动检查人员1079人次，抽查房建工程304项次、物业项目76家次，共发现各类隐患247项全部处理完毕，完成国庆70周年安全维稳保障任务。

（区住建委）

北京顺义市政控股集团有限公司

综　述

【概况】顺义市政控股集团有限公司（简称市政控股）始终以“让城市和生活更美好”为使命，以提升城市服务品质为目标，以产业经营和资本运作为驱动，推动产业资本、技术资本、人力资本协同发展，沿着“集团化、市场化、一体化、信息化”的发展方向，坚持“责任市政、民生市政、生态市政、智慧市政、共享市政”5种理念，构建城市基础服务（水、气、热、污、垃圾）、工程建设施工、汽车服务、新能源、投融资和智慧产业六大板块，将市政控股发展成为智慧城市投资建设运营典范。年内，市政控股拥有二级公司13家，有各类从业人员3592人。注重优化人才建设，全年公开招聘161人；轮岗交流23人次，“人才库”动态调整46人；举办现代企业制度、专业技能提升等专题培训180余期；专项开展“立足本职岗位，提高履职基本功”主题实践活动，达到强学练技、实践促改、固本提效的人才培育效果。

（市政控股）

【党建引领职工志愿活动】年内，持续推进“双报到”工作，全年累计参加志愿活动6626人次，党建共建活动40余次，主动服务基层治理。恒锋市政“五队”建设、大龙供热“暖心驿站”、排水公司“青年志愿先锋队”等党建特色工作效能凸显，基层党组织战斗堡垒作用得到有效激发。

（市政控股）

【文化建设】年内，完成企业文化理念体系框架。举办“二月新春”“五月鲜花”“十月金秋”文艺活动。完成59个社区“市政文化进社区　服务百姓零距离”宣传服务。以助力顺义创建全国文明城区为抓手，建立“学雷锋志愿服务岗”10个，在全系统开展文明单位创建活动，规范职工文明礼仪言行。开展“顺义市政之路调研”，总结市政建设路径，完成25个调研课题的采编整理。

（市政控股）

【意识形态工作】年内，把意识形态工作纳入党委重要议事日程，专题研究部署3次，逐级签订《意识形态责任书》127份；对智能远传表更换、农村治污等重点工程开展会商研判和风险排查，全面落实意识形态工作责任制，牢牢把握主动权。围绕区域基础设施建设、优化营商环境、城区防汛抢险等重要任务开展宣传报道，共刊登1057条。建立上下协同监测机制，持续关注百姓诉求，妥善处理突发情况，共处理舆情12起。

（市政控股）

【精准帮扶】年内，采用“党建引领+产业带动”的帮扶模式，累计向对口帮扶的4个村拨付帮扶资金120万元，通过帮助党组织发挥引领作用，推进河北万全区北新屯村中药种植及购销项目、何家屯村恒温库项目建设。

（市政控股）

【服务保障】年内，市政控股秉承公共服务企业功能定位，保障城市平稳运行，围绕中华人民共和国成立70周年、全国“两会”、“一带一路”国际高峰论坛、亚洲文明对话大会等重大活动，高标准做好安全服务保障。公司300余名干部职工参加中华人民共和国成立70周年群众游行，按照“精精益求精、万万无一失”的要求保质完成。全面完成2018—2019年度采暖季城市供暖工作。成功应对412万立方米日高峰用气、23万立方米日高峰用水。千人参与责任区域防汛，确保城区安全度汛。

（市政控股）

【市政基础设施稳定运行】年内，销售天然气5.8亿立方米，同比增长1%；销售液化气10035吨，同比增长14%；供水6241万吨，同比增长5.2%；供热1462万平方米，同比增长4.4%；处理污水8210万吨，同比增长21.5%；维护雨污水管网382千米；处理生活垃圾54.1万吨，餐厨垃圾10448吨；焚烧发电总量9226万度；检测机动车29.3万辆。

（市政控股）

【市场开发】年内，天然气新增用户12020户，其中，居民用户11787户、用气量167万立方米，公服用户233户、用气量420万立方米；供水新增用户9397户，其中，居民用户8872户、用水量67.8万吨，非居民用户525户、用水量132.3万吨；增加供水面积2平方千米；新增并网供热面积35万平方米，实现并网收入1600万元。恒锋市政公司中标工程9项，合同金额5.28亿元。

（市政控股）

【战略管控】年内，强化党建引领，着力推动党建战略规划与经营业务有机融合，组织全公司经营层开展战略规划研讨，严格对标对表，凝聚发展共识。启动管控制度修编，完善规范运行体制框架，充分发挥集团管控优势。启动智慧市政顶层设计，自来水公司和排水公司建立安全生产管控平台；金蝶EAS系统财务、供应链等模块完成验收；云之家发文、合同审核等线上审批运转顺畅。聚焦主责主业，压缩管理层级，通达公司停车管理中心和顺交机动车停车业务整合至静态交通顺义公司，鑫浩供热无偿划转至大龙供热，5家小微亏企业完成清理。逐步实施通达公司及所属3家企业改制。稳步推进自来水公司西辛家属院供电管理和能源科技公司家属楼物业管理等“三供一业”分离移交。完善顺天顺水公司“三会一层”治理结构，水气基础设施施工、报装、维修等业务逐步做实。充分发挥资产效能，煤改气工程资产划转至燃气公司，温榆河一期改造工程资产划转至排水公司。资金中心正式上线运行，全年归集资金27亿元，实现利息收入2408万元。单元成本核算稳步推进，自来水公司水源地每吨供水成本减少0.05元；大龙供热2018—2019年度供暖季用气、用电每平方米成本分别降低0.68元、0.08元；恒锋市政公司、燃气公司、自来水公司严控加班，加班费分别降低232万元、182万元、54万元，分别降低75%，18.3%、26.7%。建立法律顾问服务、办公用品、公车加油、食堂原材料、工程机械租赁、保洁保安及绿化服务、工程监理7项集中采购供应商名录，办公费用降低12%，汽车费用降低16%。

（市政控股）

【基础设施供应】年内，随顺平辅线道路大修铺设中压燃气管线2.7千米、给水管线0.8千米，为沿线住宅小区和用户提供气源、水源保障；杨镇水厂扩建工程累计完成管线14.1千米、开凿水源井12座，整体进度达到50%；龙湾屯等4座水厂新建工程前期工作扎实推进，项目选址取得进展；木孙路供水、供气管线分别铺设3.8千米、7.9千米，自来水水厂升级改造项目施工进度达到67%，天竺28街区供水能力提升工程整体进度达到20%，龙塘路次高压、后沙峪安富街中压等燃气管线工程具备开工条件；对接57个具备接通市政自来水条件的村庄，实施后沙峪董各庄等4村市政自来水接入工作，解决城乡居民用水差异，强化用水源头规范管理。

（市政控股）

【碧水蓝天保卫措施落实】年内，生活垃圾焚烧发电三期项目获得立项批复；完成城东、城西热源厂8座燃气锅炉低氮改造任务，氮氧化物排放量由80毫克/立方米降至30毫克/立方米以下；加强水源地保护，每天对水质进行检测确保达标，加大对水源井周边环境日常巡检、实行24小时全天候监控；汉石桥、杨镇污水处理厂升级改造工程试运行水质合格；完成城区污水分流至马坡再生水厂应急工程，有效缓解城区截污管线污水超负荷压力；西部片区28个村的农村污水治理PPP项目，24个村进场施工，10个村完工。

（市政控股）

【盘活土地资源】年内，完成177宗土地性质核验工作，91宗排水设施用地在村庄规划中得到落实。恒锋路桥工程技术研发用房一期工程进入地上施工阶段。

（市政控股）

【扎实优化营商环境】年内，主动对接用户服务需求，深度整合报装业务，推行的“水气热e家办”模式纳入全市典型并推广，平均报装时长由26天压缩至10天，实现用户只跑“一地”、只对“一窗”；综合收费和热线项目获选住建部科技示范类项目。“水气小微”工程实现“零审批、零上门、零投资”服务，主动提供用水用气接入服务，全过程指导协助用户，提供接入具体方案，对接报装工程33项，为用户节省49.3万元。通过大范围推行“网格化”管理，缩短服务半径，深入社区建立“供热联系驿站”，驿站网格负责人第一时间上门提供维修、室温测量等服务。取消城镇小区居民用户室内支管拆改图纸设计环节，改变煤改气村民用户管道拆改报装模式，由燃气公司委托专业单位设计并承担费用，切实为百姓降低资金和时间成本。液化气公司实现“配送—安检—维修”一站式服务。

（市政控股）

【12345市民服务热线工作】年内，坚持民有所呼、我有所应，组建12345市民服务专班工作组，制定《关于进一步加强“闻风而动、接诉即办”落实“12345市民热线”工作的实施方案》，严格执行24小时值守制度，确保全流程专人负责、闭环管理。全公司形成领导统筹调度、全体员工上下联动、齐心协力、积极参与的服务氛围，结合市政控股综合服务热线52133333，全力解决群众诉求。2019年，共处理热线交办单1288件，响应率100%、解决率77%、满意率86%，三率综合指标87%。52133333市政综合服务热线接听咨询、报装、报修电话25万个（天然气14万个、自来水7万个、供暖4万个），办理报修6万余件、报装527件。

（市政控股）

【群众需求回应】年内，完成35个小区4.8万块智能水表更换和50个小区3.8万块智能气表更换工作，为仙泽园、农行家属院、莲竹花园3个小区1383户居民接通天然气。为安乐小区、张庄小区1386户居民接通市政自来水，马坡花园一区1100户居民供水改造进入施工阶段，樱花园社区给水消隐改造工程的实施解决6478户居民供水水质问题。石园南区等4个小区燃气管网改造完成，消除老旧管网运行隐患。

（市政控股）

【安全生产平稳有序】年内，严格落实安全生产“党政同责、一岗双责”，《关于实施安全生产、消防“四严”的工作意见》等6项制度及规定的出台，进一步加强安全管理体系建设。坚决落实区安全生产督查问题整改，借助第三方机构，深入所属企业一线明察暗访，排查消除安全隐患。严肃安全调查处理，对“12·22顺白路燃气管网破坏”等7起事故启动内部调查程序。开展“安全在我心中”系列活动，强化安全生产基层班组建设，打造市政控股特色安全文化。2019年，安全生产局面总体良好，未发生安全生产事故和人员伤亡事故，获评“北京市安全文化建设示范企业集团”。

（市政控股）

【文化体育及职工技能培养】年内，组织职工参加区级各类文体活动。参加“后沙峪杯”春季长跑比赛（市政设施王瑞金取得中年男子组第19名）、“2019年顺义区第十一届全民健身体育节垂钓大赛”。参加第四届“巾帼杯”女职工硬笔书法比赛，杨秀棠、王岚、范娜获“佳作奖”。组织职工参加“高丽营杯”篮球比赛、“天竺杯”羽毛球比赛，组织24

名职工参加区体育局举办的2019全国重阳登高健身大会北京会场暨“九九重阳”北京市第十届登山大会。在区总工会开展的“最美劳动者职工文化艺术节”中，有2名职工（排水公司高鸿韬、市政设施许文龙）获银奖。开展劳动竞赛。恒锋市政开展机械技能、工程测量竞赛，通达公司开展汽车检测、汽车修理比赛，市政控股公司举办有限空间作业技能竞赛，承接顺义区总工会举办的顺义区电工技能竞赛，1名职工（自来水公司王永刚）获一等奖，2名职工获二等奖（自来水公司肖雄宇、排水公司黄占奇），1名职工（燃气公司许东）获三等奖。燃气公司金涛参加“燃气杯”第四届全国技能竞赛，获得第十九名。

（市政控股）

北京顺义燃气控股有限责任公司

【燃气运行安全平稳】年内，北京顺义燃气控股有限责任公司（简称顺燃控股）安全生产形势总体平稳，实现全年“零事故、零伤亡”的工作目标。重视重大活动、重要节日期间安全服务保障工作，围绕国庆70周年、全国“两会”、“一带一路”高峰论坛等重大政治保障活动，组织制定专项工作保障方案，对公司重点设备设施严格落实《燃气管线看护管理办法》，确保燃气管网安全平稳运行。严格贯彻落实安全生产法律法规。根据《安全生产法》《北京市生产经营单位安全生产主体责任规定》及市政控股安全生产消防“四严”相关规定，健全和完善公司安全生产管理体系，形成层层落实安全环保目标、级级强化安全生产措施、人人落实安全生产责任，确保“横向到边、纵向到底”的安全生产格局。加强隐患排查治理力度。通过聘请第三方专业机构对顺燃控股公司燃气设备设施及消防安全管理进行评估评价，及时掌握公司安全管理现状，进一步提高公司风险防控整体水平。查出隐患问题35处，均及时整改，同时消除南环路汽车城次高压燃气管道泄漏重大安全隐患。加强燃气运行安全，保障冬季民生用气供应安全。全年第三方施工监护14284余次，签订燃气保护通知单及燃气保护协议900余份。供暖前完成全年安检计划，民用户安检入户率77%，同比提高4%；公服用户安检入户率为100%，发现隐患709处，全部整改完毕；“煤改气”用户巡检入户率为93%，消除安全隐患2000余处。

（顺燃控股）

【河东基础设施建设管网布局完善】年内，顺平辅线（河北村—李魏路）燃气工程完工，全长2.7千米，周边南彩镇有需求的企事业单位具备接入条件。北汽奔驰扩建厂区燃气工程按计划完工，及时恢复供气，年用气量417万立方米。木林、张镇、龙湾屯、大孙各庄、北务5镇燃气工程完成立项、规划条件等前期手续，基本具备开工条件。安富街西段（榆阳路—天北路）规划手续办理中。龙塘路（右堤路—通顺路）完成立项、规划条件等前期手续，控制价编制进行中。木孙路，山丁路—麻张路段完成工程量的70%、共10.5千米；麻张路—京平高速段完成工程量的30%、3.42千米。

（顺燃控股）

【智能远传燃气表更换工程】年内，38138块智能燃气远传表更换工程全部完工。截至年底，全区更换、安装智能远传燃气表150069块，占全区民用燃气表总量的60%。

（顺燃控股）

【老旧小区燃气管网改造工程】年内，农行家属院、仙泽园、莲竹花园通气改造工程完工，22栋楼1383户居民用上管道天然气。

（顺燃控股）

【市场开发成效初显】年内，以市政控股提出的“提升公共服务品质”“优化用户服务体验”为目标，领导班子成员分片负责，部门协同联动，通过主动走进用户、属地“问需求”“听建议”，实地走访管线周边企业，建立区、镇级市场开发台账，摸清潜在用户底数。深入走访金马工业区、聚源工业区、杨镇工业区等周边公服用户，以顺平辅线大修为契机，同时对所有现状管线周边100余家企业及餐饮用户进行走访调研，其中接通20家；另7家有意向接气。为空港A区华燊燃气CNG场站接通管道天然气，本场站可辐射空港A区、B区及天竺综保区内公服用户66家，居民5778户，年用气量约660万立方米。

（顺燃控股）

【着力提升便民服务水平】年内，全年处理便民电话交办单475件，响应率100%，办结率73%，满意率为87%，“三率”综合指标86.6%。接办市政综合服务热线52133333燃气报修、报装27305单，响应率、解决率、满意率均为100%。液化气公司实现“配送—安检—维修”一站式服务，营业时间延长到21点，配送时间扩大至周末休息日。

（顺燃控股）

【营商环境进一步优化】年内，取消城镇小区居民用户室内支管拆改图纸设计环节，改变“煤改气”村民用户管道拆改报装模式，由本公司委托专业单位设计并承担费用，切实为百姓降低资金和时间成本。年内，受理小微工程32个，其中26个完成验收通气，累计为用户降低接入成本47.53万元。

（顺燃控股）

【提升群团影响力、凝聚力，激发党建强大活力】年内，一是激发青年团员力量。联合80后义工社，共建青年团员志愿服务队，全年举办针对各社区弱势群体的志愿服务活动3次。二是发挥榜样引领作用。公司焊工申泽岳获得区国资委系统“道德模范”称号；技术部预算室因催讨陈欠工程款成效显著而荣获顺义区“巾帼文明岗”称号，职工高佳林获得顺义区“巾帼建功标兵”荣誉称号。

（顺燃控股）

【重大活动安全保障工作】年内，充分发挥党组织政治引领作用，将保障国庆70周年、中非论坛、第二届“一带一路”国际合作高峰论坛等重大活动作为重要的政治任务，采取完善应急工作体系、加大管网巡查力度、开展煤改气村消隐、更换老旧小区调压器、加密人员密集场所排查，多措并举完成各项保障任务。

（顺燃控股）

【落实“两个责任”，强化监督执纪问责力度】年内，对违纪违规的党员干部职工，常态化执纪问责。对不遵守公司管控制度、对工作敷衍失职人员进行通报批评和经济处罚、及时进行约谈提醒。对受到区纪委给予党内严重警告处分的党员干部召开支部党员大会和公司警示教育大会，深刻汲取教训。共对14名违规违纪党员干部职工进行约谈教育、通报批评，在公司内逐步形成遵规守纪工作氛围。

（顺燃控股）

北京顺义自来水有限责任公司

【供水】年内，完成供水6200万吨，增长309万吨，同比增长5.24%，日供水量超20万吨以上21天，高峰日供水达22.8万吨。供水面积增长2平方千米，共计88平方千米。

（自来水公司）

【产水】年内，水源地产水64027619立方米，同比增长4.7%。

（自来水公司）

【电费开支】年内，全年电费2224万元，同比下降4.27%，减少99万元，其中水厂水源地支出2100万元，同比下降3.54%，减少77万元。

（自来水公司）

【固定资产投资和工程收入】年内，纳入国资委考核的9项工程累计投资6937万元，投资完成率达到73%；承揽市政工程128项，实现工程收款1.07亿元，同比增加1330万元。铺设DN75以上管线45千米，杨镇水厂扩建工程铺设直径DN800毫米的输水管线14.5千米。

（自来水公司）

【智能水表】年内，计划完成217万元，截至12月20日，完成290.2万元，完成任务的133.73%。

（自来水公司）

【光伏发电】年内，光伏发电约280万千瓦时、同比增加21%，其中，自发自用184万千瓦时、节约电费约157.5万元，上网创收28.6万元，国家补贴创收约190万元。

（自来水公司）

【管网维护任务完成】年内，快速办理12345便民服务热线244件，挂账督办6件。完成报修工单4725个，办结率、满意率均为100%。以后沙峪为试点推行网格化管理，强化服务功能，提高工作效率。为全区11个老旧小区更换单元节门1440个、维修消防栓105个、有限空间双审双批239次；重要节点对管线实现“死盯死守”，有效保障全区供水安全。

（自来水公司）

【市场开发稳步推进】年内，新增居民用户7871户，非居民用户475户，分别完成全年指标的98%和96%；增加供水327万吨，市场占有率达到63%，同比增加2%；牛栏山水厂用户接收接近尾声，顺安路以东用户实现全覆盖；农村供水普及率不断提高，北郎中和董各庄村先后接入市政水。

（自来水公司）

【重点工作全部完成】年内，水厂升级改造工程完成19台水泵及电气控制柜的更换，4座清水池并网蓄水，完成工程量的67%；杨镇水厂扩建工程累计铺设直径800毫米输水管线13.8千米，开凿水源井12眼，完成工程量的50%；樱花园社区5个小区全部置换市政自来水，管网老化问题得到根本解决，居民实现网上缴费；4.8万块IC卡水表实事工程基本完成。

（自来水公司）

【营商环境持续向好】年内，践行市政控股推出的“水气热e家办”便民举措，工程技术部完善工程报装、施工、验收、移交、收费、维修等工作流程，小微工程实行“三零”服务；聘请专业教师对窗口、维修、外包人员进行礼仪等相关培训，强化服务意识，从细节上规范服务用语和服务行为。

（自来水公司）

北京顺政大龙供热有限公司

【国庆70周年游行】年内，大龙供热87名职工参加国庆70周年群众游行活动。

（大龙供热）

【民生供暖】年内，2018—2019年采暖季供暖任务完成，自2018年11月7日至2019年3月15日，提前8天开始供暖，共129天，供热面积为1468平方米。

（大龙供热）

【指挥调度平台开发】年内，整合企业既有相关生产系统，以“四温联动”为控制理念，实现数据共享，完成能耗统计系统、客服报修信息、收费信息、室温可视数据的全面对接开发，引入室温可视系统，打通集中供热“最后一公里”，实现对“源—网—站-户”生产数据全面监控和管理分析。

（大龙供热）

【搭建供热联系驿站】年内，以“供热服务到社区”为主题，以“政企合作”模式创建“供热驿站”，挂牌社区65个，社区对接率100%。

（大龙供热）

【锅炉低氮改造】年内，投入资金4500万元对城东、城西热源厂8台100蒸吨锅炉进行低氮改造，于2019—2020年采暖季投入运行，氮氧化物排放由80毫克/立方米降至30毫克/立方米，可削减排放量达56.5吨/采暖季。

（大龙供热）

【鑫浩供热划转】6月4日，顺义区人民政府国有资产监督管理委员会批复同意北京鑫浩供热服务有限责任公司无偿划转至北京顺政大龙供热有限公司。年内，鑫浩供热公司制改制、股东变更等工作完成，鑫浩供热成为大龙供热子公司。

（大龙供热）

【市场开发】年内，采用托管运行模式接管隶属于牛栏山镇政府的牛栏山康乐小区供暖项目，供暖面积23万平方米，调配10名职工组建牛栏山班组，保证供暖运行。

（大龙供热）

【物资管理体系改革】年内，完成物资管理体系改革，撤销小型库房19个，成立城北大库，建立统一的物资配送基地，通过科学化设计物资采购、仓储、配送流程，实现公司库房统一采购、集中仓储、高效配送的管理模式。

（大龙供热）

【有限空间比武】年内，大龙供热在区应急管理局举办的顺义区有限空间作业大比武中获三等奖。

（大龙供热）

北京恒锋市政工程有限公司

【木林镇沙坑生态修复治理工程】年内，木林镇沙坑生态修复治理工程治理范围为木林镇镇域内的9个沙坑（M11、M15、M16、M26、M27、M33、M24-1、M28-2、M30-2），其中护坡加固类沙坑4个、喷播绿化类沙坑5个，涉及行政村6个，合计修复治理面积29.34公顷，治理需方量59.61万立方米。其中，M26沙坑施工完毕；M11、M15、M27、M16、M24-1、M28-2、M30-2等沙坑均处于客土回填阶段，共计回填客土69万余立方米。

（恒锋市政）

【顺义区农村污水治理工程（西部片区）】 西田各庄村项目新建污水管网总长7595米，化粪池350座。管道部分完成工程量的90%。新建给水管道设计总长10874米，管材材质包括球墨铸铁给水管、聚乙烯PE管，2019年累计完成4715米。牛栏山镇项目包括牛栏山镇的蓝家营、前晏子、后晏子、官志卷、相各庄、芦正卷、富各庄、北军营、范各庄、姚各庄10个村。工程设计管线总长度50000米，管径D200-D300聚乙烯承插口双壁波纹管，检查井3000座，恢复路面120000平方米。完成总工程量的80%。南法信镇项目包括北法信、东海洪、西海洪、大江洼4个村，其中大江洼村已完工，北法信：新建管道8740米，检查井668座，化粪池480座；东海洪新建管道11772米，检查井701座，泵站1座，化粪池766座；西海洪：新建管道5065米，检查井357座，化粪池190座。三村合计管道25577米，检查井1726座，泵站1座，化粪池1436座。2019年，完成工程总量45.5%。北石槽镇项目包括北石槽村、南石槽村、寺上村、西范各庄、营尔村、武各庄、大柳树村、二张营、李家史山、下西市、中滩营、刘各庄、西赵各庄13个村，2019年除西赵各庄、大柳树营村、二张营村、刘各庄村、李家史山村、中滩营村、下西市村7个村外均已完工，剩余7个村工程总量为管道32445.1米，检查井1092座，化粪池991个，完成工程总量的30%。

（恒锋市政）

【顺平南辅线（京密路—西环路）道路工程】 顺平南辅线（京密路—西环路）道路工程，主要包含道路3500平方米，人行步道约820平方米，雨水管道120米。顺平南辅线（京密路—西环路）道路工程的外环路-南法信汽配城段，主要包含道路18500平方米，人行步道6000平方米，雨水管道580米。

（恒锋市政）

【机场北线南路（火寺路—高白路）— 中水工程—雨水工程】 中水工程项目位于后沙峪镇，西起高白路，东至火寺路。沿机场北线南路道路规划路中南侧14米新建一条中水管道，中水管道总长度为6139米，其中，主管线长度为5141米，预留支管长度为998米。雨水工程项目位于后沙峪镇，西起高白路，东至火寺路。项目的建成将解决友谊医院（顺义院区）周边没有完善的配套市政管线问题，完善项目区域的基础设施。工程规划沿机场北线南路规划路中北侧3.0米，新建一条雨水管道，主管线上的各式检查井140座，路边雨水口310座。

（恒锋市政）

【裕泰路（机场北线南路—安富街）— 道路工程—排水工程】 道路工程项目设计起点与规划机场北线南路相交，设计终点与现况安富街相交，路线全长920米，道路红线40米，全线道路设计标准为城市次干路。主路路面28000平方米、填方9800立方米、挖方5500立方米、换填沙砾43000立方米。排水工程的排水系统采用分流制，规划沿裕泰路道路永中新建一条雨水管道，雨水管道总长度1107米，其中主管线长度883米，预留支管总长度224米。沿裕泰路道路永中东侧2.5米新建一条污水管道，污水管道总长度818米，其中主管线长度为587米，预留支管总长度231米。

（恒锋市政）

【顺义区木孙路（通怀路—山丁路）道路工程—道路、交通工程（二标段）】 工程位于顺义区北起通怀路，南至山丁路，本标段贯穿木林、龙湾屯两镇，隶属浅山区公路环线。本工程标段全长5144.24米，按二级公路标准建设，路基宽15米，路面宽12米。

（恒锋市政）

【国庆70周年活动】 年内，恒锋市政28名职工参加庆祝中华人民共和国成立70周年表演活动。

（恒锋市政）

【三位一体监督审核】 5月17—19日，公司通过质量、环境、职业健康三位一体国际管理体系的监督审核。此次审核对照国家标准GB/T19001—2016、GB/T50430—2017、GB/T24001—2016、GB/T28001—2011，对公司日常运营和工程管理做出全过程审核，确保公司的体系运行达到新标准、符合新要求。

（恒锋市政）

北京通达实业总公司

【停车管理业务整合】年内，为盘活顺义区停车资源，拓展静态交通领域关联业态，构建“互联网+停车”智能化体系，北京通达实业总公司停车管理中心与北京静态交通顺义投资运营有限公司完成业务整合工作，通达公司所属停车管理中心、顺交停车场全部停车管理业务(9个停车场，2491个停车位)移交至静态公司。

（通达公司）

【供给侧改革全面落实】年内，完成北京通达家政服务中心、北京创安达科贸有限公司、北京金深商贸有限公司3家企业的注销工作。

（通达公司）

【引领修理业务新模式】年内，北京顺利通汽车修理厂与北京鑫悦翔汽车维修有限公司开展业务合作,共同打造修理行业应用示范。

（通达公司）

【推行智慧市政车辆检验平台】年内，为推动机动车检测业发展，提高整体工作效率，降低工资成本，加强监督管控。北京市京顺机动车检测场与北京顺政金服科技有限责任公司共同开发智慧市政（车辆检验）项目。

（通达公司）

【检测业务水平提升】年内，北京市京顺机动车检测场加大检测设备设施投入力度，投入797.14万元用于车辆检测设备的升级改造和场地修缮，检测线升级改造15条，全年检测机动车辆25.71万辆，其中，年检车12.31万辆、新车检测13.39万辆。

（通达公司）

【检测行业环境净化】年内，北京市京顺机动车检测场与辖区派出所联合开展“车虫”整治工作，清查违规代办车检业务70余次，处理违规代办车检业务人员8人。

（通达公司）

【精简流程便民服务】年内，北京市京顺机动车检测场优化工作流程，提升车主验车感受，对新车检验业务办理窗口进行整合，受检车主只需前往1个窗口即可完成业务办理。

（通达公司）

【检测业务拓展】年内，北京市京顺机动车检测场投入资金38.65万元开发顺潮东二手车交易市场检测业务，1月正式投入使用。

（通达公司）

【落实“三检合一”】5月，北京顺交综合性能检测站完成检测车间3条尾气检测线的升级改造，形成检测一站式服务，成为北京市综检行业单位首家完成“三检合一”单位。

（通达公司）

【中国卫星导航年会交通出行保障】5月21—25日，北京通达实业总公司所属北京金顺出租汽车公司、北京深顺出租汽车公司为第十届中国卫星导航年会提供接送服务，其间，出车905车次，接送与会人员1822人次。

（通达公司）

【国庆停车保障】国庆阅兵及训练活动期间，北京通达实业总公司完成国庆阅兵指挥部第三分指停车保障任务，规划并建设顺义马坡乡村赛马场国庆保障停车场，完成顺义马坡乡村赛马场交通集散点及13个远端集结点的停车保障服务，选派保障人员30人，保障车辆1万余车次。

（通达公司）

【国庆70周年群众游行】北京通达实业总公司45名职工参与国庆70周年群众游行活动。

（通达公司）

【获得顺义区公车政府采购资质】年内，北京顺利通汽车修理厂中标北京市顺义区行政事业单位2019—2020年度公务用车指定维修政府采购项目，12月正式受理相关业务。

（通达公司）

北京顺政能源科技有限公司

【经营指标完成情况】年内，累计实现收入2570万元，完成全年预算2200万元的116.8%；累计实现营业收入2050万元，完成全年预算1900万元的107.9%；

累计实现利润总额23.85万元，完成年度预算-302万元的192.1%；累计上缴税金639万元，完成年度预算511万元的125%。

（能源科技）

【维修工作】年内，能源科技公司接到居民维修电话26次，报修问题均得到解决。

（能源科技）

【《物业管理移交框架协议》签订】12月，能源科技公司与北京顺义市政控股有限责任公司、北京市大龙物业管理有限责任公司签订《煤炭家属院三供一业物业管理移交框架协议》。

（能源科技）

【光伏项目建设推进】年内，能源科技公司深入区内外开展市场调研，拓展汉石桥、燃气公司等30个光伏项目并进行现场踏勘测量。完成北京顺政大龙供热有限公司、北京顺政排水有限公司、北京市顺义区税务局等5个光伏发电项目，总装机容量6.95兆瓦。

（能源科技）

【节能技术改造项目】年内，能源科技公司完成北京顺政大龙供热有限公司售配电项目和北京顺政排水有限公司鼓风机改造项目。

（能源科技）

【路灯改造项目与维护】4月，能源科技公司下属企业北京鑫顺京华煤炭销售有限公司职能由煤炭应急储备向光伏施工安装及巡视巡检转化，专门成立鑫顺京华改革实施小组，组建集路灯养护、光伏安装施工、巡视巡检为一体的专业队伍。年内，完成马坡镇南陈路、毛洼路320盏路灯改造项目；协助完成大龙城东、城西屋顶光伏项目的安装；负责马坡镇域内的12个村2000盏路灯的维护保养工作。

（能源科技）

【储备煤炭流转】年内，为进一步减缓资金占用压力，回收流动资金，年内能源科技公司流转储备煤炭2.6万吨。

（能源科技）

北京顺政排水有限公司

【生产指标】年内，公司累计完成污水处理量约8210万立方米，同比增长1453万立方米，超年度生产计划1010万立方米，较去年增加产量21.5%。

（排水公司）

【43+50污水处理厂站改造项目】43+50污水处理厂（站）改造项目于2018年5月10日陆续开工建设，2019年2月14日正式复工，全部工程完成建设，通过调试运行，水质排放稳定达标。

（排水公司）

【片区整合完成】排水公司下辖污水处理厂（站）和临时设施共119座。4月24日，排水公司优化生产管理体系，对片区重新整合，将原有3个片区整合为东区和西区2个片区。

（排水公司）

【温榆河水资源利用二期工程污堤进水工程改造】4月25日，温榆河水资源利用二期工程污堤进水工程改造进场施工，改造内容为格栅改造、泵池改造、自动化改造等，12月5日，项目改造完成，日处理能力由改造前的每日2万吨提高到每日5万吨。

（排水公司）

【东水泉村污水处理站建设】为解决赵全营镇东水泉村农村污水处理问题，排水公司编制技术方案，采用CWT一体化智能污水处理系统建设东水泉村污水处理站。年内，污水处理站建设完成，运行稳定，出水水质合格。

（排水公司）

【农村污水治理工程（二期）项目前期调研工作】年内，排水公司配合区水务局完成对农村污水治理工程的前期调研工作，农村污水治理工程（二期）项目共涉及72个村，主要对农村生活污水进行治理。

（排水公司）

【水站在线监测实现全覆盖】年内，排水公司水站在线监测实现全覆盖，并完成数据上传工作，对全公司出水水质进行全面监控。

（排水公司）

【通过安全生产二级标准化终审】年内，排水公司通过北京市水务局组织的安全生产二级标准化终审工作。

（排水公司）

【顺义新城温榆河水质改善二期鼓风机节能改造项目】年内，排水公司与北京顺政能源科技有限公司合作开发顺义新城温榆河水质改善二期鼓风机节能改造项目，项目主要针对原有二期生化池和膜池老旧低效率多级低速离心鼓风机设备进行替换，采用高效单级高速离心鼓风机，满足风量和压力需求。预计2020年5月完工。

（排水公司）

【污水处理药剂综合运用及检测服务实验室项目】年内，为提高排水公司污水处理厂（站）水处理药剂综合应用效果，实现降本增效的目的，排水公司与神美科技有限公司、北京工业大学共建水处理药剂综合应用“共建实验室”项目。

（排水公司）

【与大龙供热中心签订中水销售协议】12月25日，排水公司与大龙供热中心签订中水销售协议。

（排水公司）

北京顺政市政设施管理有限公司

【市政设施重点工程】年内，承接望泉公租房停车位设施完善工程，工程估算投资139万元。完成窑坡村村口及京顺医院西门交通工程施工工作，工程预算投资156万元，项目经过市场投标获得。承接胡各庄小学排水接驳工程，工程预算投资95万元，工程通过邀标获得。完成2019年北小营污水清运项目，项目由公司面对市场开发取得，项目预计收入140万元。完成原五里仓家具城排水接驳工程，项目由公司面对市场开发取得，项目收入98万元。完成市政接驳费用－研发A楼等5项（中信银行信息技术研发基地项目）室外管网及道路分包工程的洽商及合同签订，项目预算投资300万元。完成顺平辅线（顺密路—顺平路）10个路口的交通设施改造项目的施工任务，项目由公司市场开发取得，项目预算投资110万元。按区水务局要求，从6月初至11月初，牵头完成城区污水分流至马坡再生水厂应急工程建设工作，工程估算总投资约2500万元。按项目服务时间、项目服务要求，完成顺义区部分市政设施运维项目任务（项目服务费估算1200万元）。全力配合区应急局、区水务局推进顺义区积水点及雨污分流治理项目前期资料收集整理工作。

（市政设施）

【安全生产体系建设】年内，全年职工签订各类《安全生产责任书》《安全生产承诺书》445份，并推行每周安全承诺和会前安全宣誓工作制度，全年公司制定安全生产规章制度40项，完成安全生产岗位操作规程及生产安全事故应急救援预案的汇编；加大对公司安全生产的培训、演练及检查力度，全年组织安委会会议12次，交通安全会议12次，组织安全生产类培训8次、演练4次，对施工地进行风险点梳理，制定防范措施，按“日查日报”要求上报相关信息，全年组织安全隐患检查100余次，发现并及时纠正违章作业行为5次，发现并及时整改其他安全隐患22次，落实安全用电整改工作，对公司不符合新国标的120个插线板完成更换；严格落实市政控股各项安全工作部署，组织职工参加“安全在我心中”系列活动、做好消防“四严”工作、开展“安全生产月”等主题活动。

（市政设施）

【新技术推广和应用】年内，针对老旧道路井盖易振响、挪位问题，更换“五防”井盖120余套；采用插管修复、微型顶管等技术，完成顺平路北侧顺和路、仓上街等路段污水管线破损引发路面塌陷抢修5次。针对现状交通信号机单点式控制模式，不可多时段配时控制的问题，将42台交通信号机升级改造为多点联网控制模式，实现自动巡检，并及时将故障问题及报警信号传输到区交通指挥中心中控平台。

（市政设施）

【有限空间作业管理】年内，组建有限空间专业化作业队伍，队伍由10名持有双证（有限空间特种操作证和专职安全员证）的职工组建，先后完成顺和路污水抢修、城西供热中心污水改造工程、顺丰大街污水抢修等10次有限空间作业的“双审双监”手续办理及施工作业。

（市政设施）

【汛期防汛】年内，汛期值守29次，出动防汛值守人员1300人次，皮卡等保障车辆440车次，临时应急封路4次，并按照区防办要求按时完成各类信息上报工作。成功应对

“7.5”“7.22”“7.29”“8.4”“8.9”等强降雨天气，实现城区责任区域内安全度汛的工作目标。

（市政设施）

【接诉即办】年内，12345便民服务热线处理实行专班工作机制，全年接单78件、受理78件，响应、办结、满意三率均为100%。

（市政设施）

北京顺政金服科技有限责任公司

【“水气热e家办”服务模式纳入全市典型并推广】年内，大力提升智能化服务水平，实现线上“水气热e家办”智能互动服务，以及线下水气热“一家办”的“一站式”服务，为百姓生活增便利。

（金服科技）

【智慧城市优秀奖】年内，北京顺义市政控股综合营收系统和综合呼叫系统在第十三届中国智慧城市大会上，获得2019中国智慧城市优秀应用成果（案例）优秀奖。

（金服科技）

北京顺政环保科技有限公司

【垃圾处理】全年无害化处理进厂生活垃圾54.1万吨，较上年增加6.7万吨，增长比率为14.1%。焚烧发电量9225.76万千瓦时，上网电量6488.93万千瓦时。

（环保科技）

【粪便处理】全年处理进厂粪便4.35万吨，较上年增加2.64万吨，增长153%。

（环保科技）

【焚烧二期工程】10月，完成顺义区生活垃圾处理中心—焚烧二期工程竣工环保验收。

（环保科技）

【焚烧三期工程】12月，完成顺义区生活垃圾处理中心—焚烧三期工程项目核准批复和项目环评报告批复。

（环保科技）

北京大龙控股有限公司

【概况】北京大龙控股有限公司（简称大龙控股）成立于2015年11月，由原北京市顺义大龙城乡建设开发总公司与原北京天竺房地产开发公司重组整合而成，为顺义区国资委一级监管企业。年内，资产总额150亿元，在职职工2800名，有开发项目26个。重组整合后设立所属二级企业15家，构建起土地一级开发、建筑工程、生态园林、服务、金融、科技、文化传媒七大业务板块，形成综合性产业集团。大龙控股以重组整合为契机，围绕“创新、协调、绿色、开放、共享”五大发展理念，建立现代企业管理制度，转型升级发展模式，创新投融资体制，构建“一体两翼，三大驱动、多点支撑”的业务格局，积极对接京津冀一体化、非首都功能疏解和全区“十三五”规划，不断开拓市场，逐步发展为集土地一级开发和房地产开发等多领域开发建设为一体的区域性龙头企业。

（大龙控股）

【舞彩浅山郊野公园一期建设工程完成竣工验收】舞彩浅山郊野公园一期建设工程是2017年市政府重点工程，项目位于顺义舞彩浅山核心区木林镇、龙湾屯镇木孙路以北镇域，建设规模约1289公顷，全部为集体山地，不涉及拆迁征地。项目由公司所属北京天房绿茵园林绿化工程有限公司施工完成，2019年底完成竣工验收。项目依托125千米浅山登山步道，对浅山区进行整体绿化景观提升，重点打造月明涧沟、丁甲庄沟、杏花沟、木邵路沟、酸枣岭沟5条生态景观沟谷。

（大龙控股）

【裕龙君悦项目竣工】裕龙君悦项目位于广东省中山市火炬开发区同乐东路5号，是火炬区的正中心，该区域定位为中山主城区的副中心。裕龙君悦项目总占地约4万平方米，建筑面积约17万平方米，由10栋30～32层高层住宅和1栋幼儿园组成，项目定位为高端居住社区，部分户型拥有入户花园。

（大龙控股）

【法院审判用房项目竣工】顺义新城第3街区审判业务用房等5项顺义区人民法院审判业务用房改扩建工程项目位于顺义区人民法院内。工程位于原有建筑物北侧，从中部自原有建筑物向东西两侧水平延伸，形成双翼齐展的对称布局形态。地下一层扩建部分工程为汽车库及设备机房，新建工程为地上3层审判用房。东侧新增大门处1号、2号法警值班室，地上一层。新增高压分界室地上一层，下设夹层。新增面积9496.2平方米，其中地下4919.5平方米、地上4576.7平方米。地下一层为地下停车库，首层设档案室、小法庭、立案登记室、银行收费室及辅助用房、楼梯间等，二层、三层为中、小法庭审判室。屋面为不上人屋面和简易种植屋面。项目采用建筑构件产业化和预制化技术，项目管理融入BIM技术应用。项目于2017年8月开工，2019年10月竣工。

（大龙控股）

【大龙控股智慧社区服务平台全部功能上线试运行】年内，大龙控股所属二级企业龙之家科技公司依托智慧社区综合服务平台App，为业主提供物业报事报修、物业缴费、投诉建议、物业管家等基础物业服务以及社区商城功能。整合社区物业服务、社区商圈等资源，让用户享受安全、优质、便捷、顺畅的智能化高品质社区生活。凭借全新线下服务商业模式+B2C，打造“社区一公里商圈”，供应商无缝对接社区，节省多个利润环节。年内，龙之家App平台覆盖大龙物业管辖范围的37个社区，平台App安装14000余户，辐射人口超30万。

（大龙控股）

【安全生产月宣传演练活动】6月，北京大龙控股在裕龙五区开展主题为“防风险，除隐患，遏事故”的有限空间作业应急演练活动，共吸引社区群众300余人参加。此次演练情景模拟有限空间井下取物作业，大龙物业公司6名工作人员按照有限空间作业安全操作规程，完成每一项作业步骤。活动累计发放安全知识宣传资料2600余份。

（大龙控股）

【积极应对强降雨，全力服务小区安全】8月5日凌晨，顺义区突降大雨，为确保所辖36个物业服务小区居民的生命财产安全，保障居民正常生活秩序，大龙控股所属大龙物业公司强化多项措施推进防汛工作高效有序开展。防汛抢险过程中，大龙物业共出动防汛队伍14支、巡查车辆12台、雨中巡查近270人次，清理雨箅子1056个、排查雨水井913处、疏通单元门排水管229次、清理雨落管314处，未发生一起防汛险情。

（大龙控股）

【百人团队完成国庆七十周年群众联欢参演任务】10月1日晚，通过严格的选拔和艰苦的训练，大龙控股100余名职工完成国庆群众联欢活动各项参演任务。参训队员均为从各单位挑选的青年骨干，训练期间参训人员始终保持98%以上的出勤率，道具零丢失，统一进场，统一着装，统一就餐，训练结束后清理场地。参训人员中有8人自身受伤、3人亲属卧病在床、4人孩子出生、1人母亲去世，他们始终坚守点位从未缺勤。

（大龙控股）

【世界智能网联汽车大会服务保障完成】10月19—25日，世界智能网联汽车大会在北京开幕，大龙控股多措并举做好展会期间服务保障工作。展会期间，公司专门设立服务保障办公室，65名党员干部率领的服务保障团队为此次世界智能网联汽车大会保驾护航，累计出动人员1900余人次，车辆260余车次。各成员单位按照职责分工要求，全力做好新国展周边环境维护、道路保洁、垃圾清运、停车场管理、大市政设施检查维护等重点服务保障工作。

（大龙控股）

北京市顺建工程有限公司

【概况】2016年，按照区委、区政府“板块战略”要求，区属3家建筑公司（北京市顺义建筑工程公司、北京鲁班建筑工程公司、北京顺义建筑企业集团公司）合并重组为建筑板块，即北京市顺建工程有限公司。2017年4月，改制为国有独资公司，注册资金3亿元，拥有房屋建筑工程施工总承包、装修装饰工程专业承包双一级资质，房地产开发、钢结构及市政二级资质。2019年，获得“北京建设行业诚信企业、北京市重质量守信用企业”荣誉称号。重视企业人才培养规划，通过线上、线下培训，优化人才结构，组织各岗位开展知识学习和技能培训，鼓励员工更新知识，提高人才整体素质，为公司持续、健康发展提供人才保障。同时，全力做好顺义区“梧桐工程”一期、二期引入人才的培养工作，在党建、安全、财务、审计等重点岗位大胆起用年轻人才。

（北京顺建工程）

【重点工程情况】后沙峪金隅大成保障性住房工程，建筑面积88994平方米，2019年竣工验收，本工程获得北京市结构“长城杯”金杯。顺义区老旧小区治理二期工程（10个标段）于12月完成竣工验收。区文化中心“三馆一院”工程竣工验收。中医院迁建工程。综合楼、中医院制剂楼、液氧站、污水处理站等工程进入装修工程，计划2020年6月竣工验收。本工程取得“2019—2020年度第一批北京市建筑结构长城杯金质奖”、中国国图学学会第八届“龙图杯”全国BIM大赛三等奖、中国勘察设计协会第十届“创新杯”建筑信息模型（BIM）应用大赛第三名。北京师范大学附属实验中学顺义分校新建项目，总建筑面积123120平方米。其中，地上103441平方米、地下19679平方米，10月12日开始进行基础工程施工。顺义区行政中心配套业务用房建设工程（行政中心配套业务用房），总建筑面积13614平方米，共六层，其中地上五层，建筑面积8854平方米；地下一层，建筑面积4760方米。10月25日开始进行基础工程施工。顺义区仁和镇临河村棚户区改造土地开发C片区项目（临河村棚改安置房），工程总建筑面积67173.74平方米，年内，浇剪力墙和预制混凝土墙板之间通过竖向及水平后浇段连接为整体，上下层预制混凝土墙板的竖向钢筋采用套筒灌浆连接，地下车库及2#、5#住宅基础筏板施工完成。

（北京顺建工程）

【安全体系建设】年内，安全管理体系建设第二阶段工作启动，集中力量重点实现第一阶段提出的九大体系的具体落实工作，同时将各项内容下沉至项目部层级，通过编制项目部的风险库、制度库、应急库，实现项目安全管理规范化。根据施工工序流程编制形成2804项危险源的项目部风险库、71项高度危险的重大危险源、45项制度的项目部层级制度库。12月6—10日，顺义区委、区政府安全生产第六督察组对本公司及分子公司进行安全生产督察。根据督察内容及督察要点，认真准备材料，充分做好迎检工作，在各基层单位的积极准备和主动配合下，安全生产督察工作完成。全年未发生重大安全生产事故，获得“北京市安全生产先进单位”称号，马坡综合执法业务用房、金宝花园等4项工程获“北京市绿色安全工地”称号。

（北京顺建工程）

【重大活动期间安全保障工作】年内，“一带一路”论坛、北京世园会、亚洲文明对话大会、中华人民共和国成立70周年国庆等重大活动期间，严格按市、区两级要求做好服务保障工作，编制并发布实施多项服务保障工作方案，各级管理人员全面落实安全生产责任，认真做好维稳、应急保障等各项措施。

（北京顺建工程）

【对口帮扶】一是加强对接交流。4月1—2日，党委副书记王雪仑参加由天竺镇牵头组织的赴受援地沽源县集中考察，并到结对帮扶村进行对接交流。二是帮扶资金到位。3月29日，帮扶资金20万元拨付至受援地。三是组织党员开展献爱心、扶贫网注册、爱心卡办理工作。7月初，组织全体党员进行献爱心捐款活动，320名党员共计捐款39400元；按照区发改委、国资委相关工作要求，动员广大职工进行扶贫网注册和爱心卡办理，1000余名职工完成注册并办理爱心卡。

（北京顺建工程）

【上海市长宁区课题调研组考察中医医院项目部】4月17日，上海市长宁区课题调研组到中医医院迁建工程项目部考察。调研组在施工现场，就现场绿色文明施工、节能环保、先进施工工艺等方面与项目部相关人员开展交流。

（北京顺建工程）

【群团工作】6月25日，职工合唱队参加顺义区第五届“最美劳动者”职工文化艺术节“五月鲜花”职工歌咏合唱比赛决赛，获得大赛优胜奖。7月18日，顺义区总工会安全生产宣传活动走进中医院迁建项目部，为项目部一线工人发放《建筑施工安全常识应知应会》《常见事故应急与救护知识应知应会》等海报、手册及文化衫。

（北京顺建工程）

北京顺义建设投资服务有限公司

【概况】根据《中共北京市顺义区委专题会议会议纪要》（京顺专纪要【2014】第11期），2015年9月30日区政府常务会议议定事项及区委、区政府相关会议精神和区委、区政府的决策指示，通过整合重组区住建委、区市政市容委、区规划分局所属的部分建设投资服务类企业和原北京鑫浩投资中心，成立北京顺义建设投资服务有限公司（简称顺建投公司）。顺建投公司自2015年下半年开始筹建，2016年1月正式挂牌成立，注册资金1亿元，子公司14家。2019年，先后完成测绘所改制、市政设计所划转和博识乐业接收工作，并累计向鑫科、顺金盛、鑫中、顺政通增加注册资本金4150万元。公司资金结算中心正式运行，实现对下属子公司资金的集中管理，有效盘活内部闲置资金，银行利息收益较集中管理前提高近20%。

（顺建投公司）

【2019年主要经济指标】年内，新签合同2.57亿元，同比增长5.42%；实现营业收入2.23亿元，同比增长7.4%；实现净利润2787万元，同比增长9.3%；区内监理市场占有率达到48.3%，同比提升13个百分点。

（顺建投公司）

【对口帮扶一助一工作】年内，共投入帮扶资金70万元，用于河南西峡、巴林左旗统一调剂以及巴林左旗胜利村陈蓉大地安装变压器及配电设施项目。完工的陈蓉大地项目将惠及5个村民小组480人（包括3户8名建档立卡人口）和33.33公顷（500亩）土地，通过实现电力抽水浇地结束贫困地区灌溉靠天的历史。投入87万元开展一助一帮扶，用于村内环境治理、设施建设以及修建党员活动室、组织慰问军属，惠及杨镇东焦各庄村、南彩镇后薛各庄村等7个村。

（顺建投公司）

【所属企业名称变更】4月3日，天仪检测所更名为“北京阳光诚意工程技术服务中心”。开展建筑材料检测、工程咨询管理、工程质量风险管理（TIS）等业务。

（顺建投公司）

【北京博识乐业人力资源有限公司】12月11日起，经区国有资产监督管理委员会正式批复，将北京博识乐业人力资源有限公司资产、人员及业务整体划归北京顺义建设投资服务有限公司管理，正式成为北京顺义建设投资服务有限公司子公司。公司经营范围包括人才供求信息的收集、整理、储存、发布和咨询服务，人才推荐，人才招聘，人才培训，人才测评，人才派遣和劳务服务。主要为党政机关、事业单位、驻区企业及个人提供更优质的人力资源服务。

（顺建投公司）

【顺建投（天津）国际融资租赁有限公司】顺建投（天津）国际融资租赁有限公司成立于2017年11月21日，是北京鑫浩投资中心的全资子公司。年内，本着“看得透，能化解，收得回”的风控理念，聚焦顺义区内优质项目，注重专业化经营，拓展居间业务，实现收入1500余万元，利润总额1300余万元。

（顺建投公司）

【顺金盛监理公司】年内，组织团队参加市监理协会组织的BIM高级培训班。承揽大兴区西红门镇集体租赁住房、空气动力综合科研楼和“218工程”三期等区外项目，区外项目合同产值占总产值约13%，比2018年上升4个百分点。取得电力工程监理乙级资质，入围北京市“2019—2021年预拌混凝土驻厂监理单位”。

（顺建投公司）

【顺政通监理公司】年内，依托总公司与各乡镇、大型国有企业达成的战略合作关系，深耕细作区内市场，深度挖掘潜在客户，邀请区园林局专家进行造林项目业务培训，实现合同产值6506万元，同比增长68.55%。

（顺建投公司）

【市政设计所】年内，通过打造品牌，做强服务，成功进入平谷、怀柔、房山的设计市场，有效拓展区外市场空间，为可持续发展奠定良好基础。

（顺建投公司）

【鑫科公司】年内，鑫科公司取得市政公用工程和建筑双专业乙级资信。同时，应对行业准入门槛标准，加大对服务类、调查普测类项目投入，拓展非固定资产投资项目。

（顺建投公司）

【企业维稳】年内，顺义建投公司坚持把贯彻落实质量安全管理一系列法规制度贯穿始终，严格落实“党政同责、一岗双责”的责任要求，确保质量安全工作处于坚强有力的领导之下。通过召开党委会、安委会、经营例会和专题会等形式，组织学习《建设工程质量管理条例》《安全生产责任制实施细则》《生产经营单位安全生产主体责任规定》等法律法规，深入分析研判汛期施工、工作流程和今冬明春等重要节点的质量安全形势，明确质量安全防控重点。着眼完成第二届“一带一路”国际合作高峰论坛、亚洲文明对话大会、国庆70周年等一系列重大活动服务保障任务，做好重大活动期间的安全稳定工作。加强质量安全督导检查。全年领导班子成员带队深入一线检查30余次，对容易发生坍塌、高坠等严重事故的工程进行重点关键部位检查，发现排除各类隐患80余项；对两家招标公司6个项目的抽检和服务质量回访，强化招标人员的风险防范意识。

（顺建投公司）

北京顺义新城发展有限公司

【概况】年内，北京顺义新城发展有限公司（简称顺义城发）实现收入77070万元，净利润423万元，上缴税金2133.50万元，成本费用利润率0.74%，国有资产保值增值率102.94%，资产总额495291万元。获评“2016—2018年度北京市构建和谐劳动关系先进单位”称号，取得顺义区《安全生产标准化（三级）证书》。重视人才队伍建设，落实“梧桐工程”一期6位入职人员“梧桐工程——干部人才引进计划”户口进京，参与第三期“梧桐工程”上海复旦大学站和北京四大高校站校园招聘，设招聘岗位3个，收到简历100余份，筛选来京参加区复试人员12人，分别来自中央财经大学、北京交通大学、中国地质大学、中南财经大学等院校。

（顺义城发）

【土地一级开发项目】年内，推进顺义新城风情小镇（12号地）纳储工作，纳储面积13.8公顷；推动马坡组团11号地即顺义新城第13街区SY00-0013-6027至6046地块入市工作，总用地面积33.1公顷，此地块水评、交评等前期手续和规划综合实施方案编制、完善、上报等工作完成；推动赵全营镇工业用地B1、B2地块土地一级开发项目落地，根据区委区政府工作安排，在土地资源整理新模式下，12月底与区土储分中心签订《项目委托协议书》，赵全营镇工业用地项目土地一级开发工作正式启动。

（顺义城发）

【履行土地资源整理实施模式新职能】年内，为确保全区年度和规划期内土地开发及供应指标、减量任务指标和耕地占补平衡指标完成，根据区规自分局《关于进一步完善土地资源整理实施模式的方案》（京规自顺发〔2019〕18号）及《区政府专题会议纪要》（2019年第9号）有关文件批示，负责具体实施土地一级开发、建设用地增减挂钩、建设用地供应减量挂钩、土地整治、耕地耕作层土壤剥离等工作。在遵循“目标导向，精准对接，试点先行，缓释起效”的总体思路下，与区规自分局、项目属地机关北小营镇政府及大孙各庄镇政府全方位对接，启动北小营镇57家水泥构件厂及少量一般制造业闲置厂房腾退复垦及大孙各庄镇智慧物流园区增减挂钩项目土地腾退复垦工作。年内，先后完成选定北小营镇拟腾退集体建设用地31块，约60.4公顷，用于获取耕地占补平衡指标；大孙各庄镇拟腾退地块17块，61.17公顷（917.62亩），用于解决大孙各庄镇智慧物流园区耕地占补平衡指标54.89公顷和大孙各庄镇再生水厂耕地占补平衡指标1公顷。

（顺义城发）

【宗地管护】年内，顺义城发经公开招标程序，确定所属地块第三方管护单位，并与其签订《2019

年至2022年度宗地管护协议》。

（顺义城发）

【土地使用权证及房屋所有权证注销】年内，所属地块范围内国有土地使用权证、集体土地使用权证及房屋所有权证注销工作完成，注销土地使用权证16件，房屋所有权证1件。

（顺义城发）

【安全维稳】年内，顺义城发与公司全体车辆驾驶员签订《2019年交通安全责任书》；围绕国庆安保工作任务要求，制定《顺义城发“防风险保平安迎大庆”安全隐患检查治理专项行动方案》，成立顺义城发安保维稳工作领导小组，切实加强国庆期间安全保障、部署协调、督促检查、信息报送工作，维护国庆70周年安全稳定大局；迎接区委、区政府安全生产第六督察组现场督察，达到安全责任、管理、投入、培训、救援“五到位”；顺义城发12345市民服务热线“接拆即办”工作被《顺义时讯》刊登报道。

（顺义城发）

【对口帮扶一助一】年内，顺义城发领导赴帮扶地内蒙古科左中旗实地调研，拨付帮扶资金40万元；协助建立科左中旗“因病致贫”贫困户大病帮扶基金，向该基金捐赠1万元；参与落实区对口帮扶产业合作项目三项：科左中旗2个专业苗圃基地建设项目、科左中旗成峰牲畜交易市场资金收益项目和“爱心超市”项目；实现腰林毛都镇六家子嘎查8户31人脱贫，白兴吐苏木二龙山嘎查61户185人脱贫；参与扶贫需求对接，实现职工北京消费扶贫爱心卡办理和中国社会扶贫网爱心人士注册100%全覆盖；对接杨镇杜庄村，开展“一助一”帮扶工作，拨付帮扶资金10万元，用于该村文化广场建设工作。

（顺义城发）

商务服务业　金融业

4 月 25 日，顺义沃尔玛山姆会员商店开业

5 月 1 日，顺义区中粮祥云小镇“深夜食街”正式开街

5月28日—6月1日，区金融办牵头举办中国国际服务贸易交易会顺义分会场活动

9月6日，区商务局（区粮食和物资储备局）组织召开全区粮食应急供应培训会暨粮食应急体系建设工作会

▲ 年内，区金融办组织承办“2019 北京融资租赁产业国际论坛”

▲ 年内，区金融办组织承办“2019 北京产融合作与创新发展论坛”

综 述

【概况】年内，区商务局党组围绕“不忘初心、牢记使命”主题教育，深入学习习近平新时代中国特色社会主义思想、党的十九大报告和党的十九届四中全会精神，坚持党建引领，强化“四个意识”，统筹抓好政治建设、思想建设、组织建设、制度建设、纪律建设、作风建设，高标准推进市、区巡视巡察整改工作，加强全面从严治党，全面落实意识形态工作责任制，努力推动商务工作高质量发展。完成京交会顺义分会场、第十届中国卫星导航年会、世界智能网联汽车大会等重大展会保障工作，提升区域影响力。全区实现社会消费品零售额506.1亿元，同比增长5.7%，高于全年任务0.2个百分点。总量位于全市第六位，城市发展新区首位。完成实际利用外资9.1亿美元，全市排名第三位；累计吸引合同外资25.5亿美元，同比增长135.4%。完成进出口额1163亿元，同比增长7.6%。其中：出口257.1亿元、进口905.9亿元。

（区商务局）

商业流通

【机构改革完成】3月，依据印发的《北京市顺义区机构改革实施方案》文件通知，将区商务委员会（区粮食局）的职责，区发展和改革委的指导监督重要商品收储、轮换和日常管理职责，区民政局的组织实施应急储备物资收储、轮换和日常管理职责等整合，组建区商务局，加挂区粮食和物资储备局的牌子，作为区政府工作部门。不再保留区商务委员会（区粮食局）。将区商务局（区粮食和储备局）所属区商务监督所承担的商务监督执法职责划入区市场监管综合执法大队。

（区商务局）

【牵头办理议案，加快推进商业服务业转型升级】年内，通过区人大《加快推进顺义区商业服务业转型升级，提升人民群众生活品质》议案的办理，推进本区商业服务业转型升级。成立议案办理工作领导小组，由主管副区长任组长，成立区商务局牵头、57家单位配合的工作专班，共召开议案办理工作会议12次，组织人大代表、政协委员专题调研7次，工作专班对全区58家大型商业企业进行走访调研。区政府先后出台《〈加快推进顺义区商业服务业转型升级，提升人民群众生活品质〉议案办理工作方案》《推进顺义区商业服务业转型升级任务分工方案》，并同步制定《顺义区商业服务业专项提升三年行动计划（2020—2022年）》。

（区商务局）

【电子商务政策出台 促进产业发展】年内，结合本区实际，区商务局制定《顺义区促进电子商务暨五类进口商品指定口岸业务发展办法》，由区政府印发实施。旨在持续加强对本区电子商务产业发展扶持力度，进一步推进线上线下融合发展，实现稳增长、扩消费、强优势、补短板，完善口岸服务功能，推进国家五类口岸发展建设，打造服务贸易示范区。2019年，累计奖励电子商务发展项目6个，奖励金额676.95万元。

（区商务局）

【在建重点商业项目加快推进】年内，通过月统计、季调度的工作机制，跟踪在建项目进展及存在的问题，召开项目调度会6次。4月25日，后沙峪沃尔玛山姆会员商店投入运行，营业面积2万平方米，当年营业额3.27亿元；12月27日，马坡金宝天阶首家店铺正式营业；同时有序推进空港街道澳金园等重点商业项目尽快投入运营。

（区商务局）

【老城区商圈升级改造】年内，组织专业商业研究机构对老城区大型商业企业展开地毯式调研，与商业企业负责人深入探讨商圈改造提升的方向、途径，初步确定以“一店一策”的形式有针对性地对老城区进行逐步改造提升，制定《顺义区传统商场“一店一策”升级改造工作方案》，旨在做好本区传统商场提质增效升级改造工作。年内，国泰大厦纳入市级“一店一策”升级改造台账。

（区商务局）

【商业规划编制完成】自2018年起，为夯实规划基础，与《顺义分区规划国土空间规划（2017年—2035年）》同步在全区范围内采取座谈、调查问卷等形式进行调研，同时经过与市商务局、区规自分局及市区两级相关专家的多轮座谈沟通，3月，《顺义区商业发展及策略研究》《顺义区商业设施专项规划》最终完成，相关成果文件与区规自分局进行对接。

（区商务局）

【“疏整促”专项行动纵深推进】年内，北京通顺京桥汽配市场的市级疏解提升任务提前完成，涉及建筑面积13534平方米，清退摊位63户，疏解人口137人。

（区商务局）

【“街乡吹哨、部门报到”“接诉即办”成效明显】年内，深入镇、街，主动服务，在天裕昕园小区设置顺家临时菜站，为天竺镇天竺村和后沙峪镇白辛庄村、燕王庄村回迁居民解决买菜难问题；解决仁和花园、港馨家园附近居民购物难问题，自主筹建鑫绿都23号店，满足周边居民日常生活需求，努力让百姓在“街乡吹哨、部门报到”“接诉即办”工作中得到实惠。

（区商务局）

【蔬菜零售网点增添新模式】年内，为及时填补疏解后便民网点，切实解决百姓买菜难问题，经过与相关部门及属地沟通协调，在金宝城、中晟家园、鲁能润园等小区设置顺家社区移动菜站，同时按照《顺义区居住小区公共服务设施建设和管理工作规定（暂行）》（顺政发〔2011〕35号）相关要求，做好新建小区配套菜市场移交工作，年内，累计投入运营18个。

（区商务局）

【多措并举促消费】年内，中粮祥云小镇“深夜食街”作为全区首个深夜食堂特色街区，全年销售同比增长11.3%，客流同比增长19.3%，成为全市首批“夜京城”商圈之一。围绕顺义区燕京国际啤酒文化节开展促消费活动，推出啤酒节分会场4处，并与口碑网、饿了么合作推出网上分会场，共接待客流量48.9万人次，同比增长25.8%，针对重点企业开展节假日销售情况日监测工作，元旦、春节、端午等重大节日期间，区内重点商超市场共实现消费12.6亿元，同比增长5.02%。

（区商务局）

【便民商业网点建设】年内，将便民商业网点建设工作细化分解到各镇和街道，建立便民连锁企业、镇街和商务局三方沟通协调机制，挖掘新增网点，并严格执行“一报两审”制度，做好疏解整治促提升专项行动台账管理。全区累计新建或规范基本便民商业网点130个，其中，便利店53个、蔬菜零售10个、早餐15个、家政服务1个、洗染4个、美容美发9个、末端配送36个、便民维修2个。市、区两级任务提前完成。

（区商务局）

【组织申请创建“北京市生活性服务业示范街区”】年内，发挥指导中粮祥云小镇创建全市首个生活性服务业示范街区的经验优势，在全区范围内筛选符合创建条件的便民商业街区项目，联合属地共同进行指导和初审，配合市商务局完成项目复审工作，最终空港街道荣祥广场、天竺镇府前二街和赵全营首创公园城3个项目获得创建资格，占全市当年获得创建资格街区总数的27%。

（区商务局）

【顺义区生活性服务业公共服务平台建设】年内，为确保全区便民商业网点各项配置标准按进度分业态、分街道、分社区落实到位，将“顺义区商务领域电子地图”和“北京市生活性服务业公共服务平台”进行整合升级，更新完善全区各社区8类便民商业网点信息，进一步加强本区基本便民商业网点精准补建和动态管理力度。

（区商务局）

【连锁便利店、连锁超市发展加快】年内，贯彻落实《关于进一步促进便利店发展的若干措施》《关于进一步促进便民早餐发展的若干措施》等政策，起草制定《生活性服务业发展项目申报指南》《顺义区提高乡村流通现代化水平实施方案》等政策，建立与市级错位的政策支撑体系，大力发展连锁便利店、连锁超市。截至年底，全区共有盒马鲜生1家、全家便利店11家、7-11便利店1家、便利蜂16家、苏宁小店24家、供销益家超市13家、鑫绿都便民连锁菜店19家。

（区商务局）

【消费扶贫助力对口帮扶】年内，加强与对口帮扶受援地区商务部门的联系，畅通受帮扶地区特色农产品进京销售渠道，全方位推动当地商贸流通业发展。结合实际制定《2019年顺义区商务局开展对口帮扶工作方案》，通过组织农超对接活动、鼓励特色地区农产品专柜建设等措施，带动受援地区贫困人口增产增收，助力脱贫。指导顺商集团、区供销社等企业设立受援地特色农产品销售专柜19个，完成3家市、区对口帮扶双创中心建设工作，累计实现销售额684万元。

（区商务局）

【确保生活必需品市场运行平稳】年内，发挥主管部门的督促引导作用，不断增加可追溯体系覆盖面，强化对追溯经营企业在信息报送、追溯制度建立等方面的监督检查，推动大型连锁超市和团体消费单位等优先采购可追溯产品，增强消费者主动选购可追溯产品的意识，营造有利于可追溯产品消费的市场环境。

（区商务局）

【会展重大问题研究】年内，为进一步落实市领导指示精神，按照区委专题会对会展工作的部署，聘请麦肯锡咨询公司完成新国展二三期项目顶层设计。《重大展会活动流程调研分析报告》《推动全区会展业高质量发展工作方案》撰写完成。《新国展二三期项目运营模式分析报告》得到区领导肯定性批示。

（区商务局）

【2019年京交会顺义分会场活动】年内，完成2019年中国国际服务贸易交易会（京交会）顺义分会场整体筹备工作。经第三方评估，京交会组委会从全市120个展区中评出20个最佳展区，其中顺义分会场有4个展区获评（顺义服务业扩大开放专题、智能制造专题、会展服务专题、电子竞技专题），数量在10个分会场中排名第一。此外，“顺义区服务业扩大开放政策发布会”被评为最佳会议。经组委会核定，顺义分会场共实现签约额105.86亿美元，在全市10个分会场中排名第一。顺义区政府与会展经济研究会、会展杂志社共同主办2019中国国际会展业大会，区商务局代表顺义区进行主题演讲，向参会的400余名国内外会展业专家、部门和机构负责人推介顺义区优势资源和会展产业前景。组织全区6家重点会展企业在顺义区服务业扩大开放专题板块进行展览展示。

（区商务局）

【会展业发展环境进一步优化】年内，与市级相关部门、会展领域专家对接，赴上海、深圳等国内领先城市开展调研，通过交流了解会展业发展经验。建立全区197家会展企业发展台账，做好全区会展业发展统计分析。2019年，北京市首次对会展企业开展扶持，区商务局向会展企业宣传相关政策，帮助符合申报条件的会展企业获得市级政策资金支持。

（区商务局）

【智慧物流体系建设加快】年内，按照《北京物流专项规划》，顺义区共规划物流基地1个、日常综合型物流中心1个、专业类物流中心2个、配送中心2个，其中，京北（大孙各庄）智慧物流园区作为专业类物流中心项目落地进展顺利。协调各镇、街道及功能区对全区物流企业再次摸排，完善顺义区440家物流企业台账。向物流企业宣传相关政策，帮助11个物流项目申请市级专项资金支持。

（区商务局）

【2019年度粮油供需平衡调查完成】年内，按照市粮食局统一部署开展2019年度粮油供需平衡情况调查，进一步掌握区内粮食生产、消费、流通和库存情况，提高粮油市场保供稳价能力。共调查全区转化用粮企业6家，其中国有企业2家，非国有企业4家，餐饮企业和食堂50家；抽样调查记账城镇居民住户60户，乡村农民住户60户；发放台账718份；完成《2019年度供需平衡调查报告》撰写工作。

（区商务局）

【粮食储备】年内，完成储备期满的区储备原粮轮换工作，原区储备稻谷、小麦由顺义粮食收储有限公司轮出，通过竞价交易方式采购当季收货小麦、稻谷轮入杨镇粮食收储有限公司，储备规模达到市级核定标准。粮食储备吞吐调节和轮换运行机制更加健全。粮食安全区长责任制考核经市局评定，本区为优秀等次。

（区商务局）

【2019年政策性粮食库存数量和质量大清查工作】年内，按照党中央、国务院作出的重大决策部署开展粮食库存大清查工作，逐一对区域内纳入本次大清查范围的17家实际存储库点（519个货位）进行自查督导检查。组织顺义普查组人员到区内重点承储企业开展政策性粮食大清查普查工作实战练兵，印制普查培训相关材料3000份。对房山区政策性粮食库存数量和质量开展普查工作，共检查粮食储粮点8个，货位269个。检查过程中实行“一账一督查”，做到逐项核查、逐项反馈、逐项销账解决。

（区商务局）

【龙盛众望早餐便利店升级改造项目】年内，落实顺义区便民早餐工程，主动对接企业，推进龙盛众望早餐便利店升级改造项目，帮助解决影响项目进度的难点问题，坚持实行每周督查，加速推进早餐便利店及早投入运营。截至年底，落地早餐便利店60个。完成接电38个，其中29个已营业；已落地未开业31个，其中5个待设备进店后开业。

（区商务局）

【救灾物资储备库划转交接工作】8月14日，根据顺义区机构改革工作部署，救灾物资储备库完成划转交接，救灾物资储备库、库内物资及库房运营管理由区民政局划转到区商务局。目前储备帐篷、被服、装具三大类物资共36个品种56000余件（套），物资账面金额1020余万元，另有设备、货架等固定资产240余万元。建立“1+3+10”的管理制度体系，在较短时间内取得重要阶段性成果。

（区商务局）

【商务系统社会组织党组织实现全覆盖】2019年，新成立社会组织党支部1家和联合党支部2个，5家社会组织与发起单位党支部进行对接。截至年底，12家社会组织党组织实现全覆盖。

（区商务局）

【参加北京市第九届商业服务业技能大赛】年内，组织家政、餐饮协会参加北京市第九届商业服务业技能大赛，参赛项目包括育婴员、中式烹调师、中式面点师、餐厅服务员4个项目，参赛选手共计389人。其中13人进入市级总决赛，1人获得“北京市育婴员大赛技术能手”称号、2人取得高级育婴师资格证书、1人获得中式烹调师决赛第七名。

（区商务局）

【助力创建文明城区】年内，号召大型商场和大型超市设置分类垃圾桶和母婴室，年内，10家大型商场设置分类垃圾桶；5家大型商场设置7个母婴室，4家大型商场母婴室建设中。督促本区17家大型商场、大型超市的显著位置展示公益广告、行业规范；向商务领域重点餐饮企业转发“光盘行动”标识图片，号召在进门处和显著位置张贴“光盘行动”温馨提示。本区17家大型商场和大型超市建立学雷锋志愿服务岗，热情服务广大顾客。

（区商务局）

【商务行业安全有序运行】年内，修订区商务局落实“党政同责、一岗双责”实施细则，组织从局长到副职至科室负责人，并延伸至区内重点餐饮、商超等企业负责人，层层签订《安全生产责任书》，进一步压实安全生产责任。主动履行安全督导职责，完成国庆70周年等服务保障工作，组织安全知识培训会、反恐、消防应急演练62场，发放普法宣传材料4000余份；督导企业600余家次，在区内100块社区LED屏和隆华大屏投放安全生产和反恐知识视频，制作并安装展板100块，全年未出现安全生产事件。

（区商务局）

对外经贸

【外向型经济稳中向好】年内，实现进出口额1163亿元，同比增长7.6%，其中出口257.1亿元，进口905.9亿元。完成实际利用外资9.1亿美元，全市排名第三。累计吸引合同外资25.5亿美元，同比增长135.4%，其中新设立企业吸引合同外资13亿美元，服务业占比99.71%。

（区商务局）

【服务业扩大开放综合试点成果显著】《顺义区第三轮服务业扩大开放工作方案》制定，确定试点任务52项。年内，新一轮服务业扩大开放完成试点任务49项，占全部任务总数的94%，其中15项市级任务全部完成；共实现航材共享、知识产权证券化、跨境电商线下自提等9项全国首创；37项服务业扩大开放重点项目，落地25项，其中6项市级统筹项目全部完成；在临空经济、科技服务、金融服务、商务会展、文化贸易、国际人才服务等重点领域，着力促进服务业扩大开放试点政策落实和示范项目落地。全国首创航材共享平台，推动中航材实现在保税状态下航材自由流动的海关监管新模式；公务机按照包修协议报关模式在天竺综保区首先实施，吸引华龙、汉能、汉宇等国内外知名公务机公司入驻天竺综保区；实现保税加工项号级监管新模式，由原来的按具体型号监管变为按品类监管，监管总量压缩率达到99.3%；天竺综保区首试跨境电商线下自提模式，“零距离”体验国外商品并降低10%的购物成本；文科租赁推出国内首单知识产权证券化标准化产品，总规模达7.33亿元，实现中国知识产权证券化零的突破；设立全市首家投行背景、注册资本金10亿元以上的外商独资资产管理公司——北京墨盛资产管理公司；在全国率先开展跨境电商药品销售的试点，阿里巴巴、京东等6家企业参与试点筹备工作；引入诺德安达学校、中德国际学校等国际化特色学校；允许外籍人才作为股东注册内资科技公司，首家试点企业北京无极芯动科技有限公司落户天竺综保区，为引进全球高端人才开创新模式。

（区商务局）

【调结构促转型，进军“进博会”】11月5—10日，第二届进口博览会在国家会展中心（上海）举办，区商务局组织区内部门和企业注册报名参加，赴会参展企业和机构合计87家，与第一届相比，企业数量增长55.36%，办证人员达到265人。顺义区赴会企业成交签约7单，意向签约额740万美元，同比增长15.1%。展会期间与36家参展企业对接，及时了解企业投资需求，共发放（送）纸质版及电子版《顺义区产业政策汇编》《顺义区宣传册》约200份。起草《北京市顺义区人民政府关于第二届中国国际进口博览会招商工作情况的报告》。

（区商务局）

【助力企业开拓国际市场】年内，鼓励外贸企业参与境外市场竞争，扩展产品销售渠道，上半年，共有27家企业的48个项目获得提升国际化经营能力资金192万元。下半年，共有38家企业的112个项目申报通过初审，上报市商务局。

（区商务局）

【外贸稳增长工作深入开展】年内，摸排走访重点企业，召开外贸企业座谈会3场，对30余家外贸企业进行实地走访，通过电话、微信等渠道与外贸企业沟通150家次，及时了解企业进出口情况及诉求，协调相关部门解决企业遇到的问题。加强政策宣传培训，召开外贸发展政策、国家出口信用保险、提升国际化经营能力等政策宣讲会和培训5场，努力促进外贸企业用足、用好政策。协调顺义海关实地验厂，为3家企业申请减免风险保证金，减轻企业资金负担。

（区商务局）

【外商投资企业服务力度加大】年内，工商商务联动系统共推送外资企业设立、变更信息323条，利用电话、走访等方式全部进行备案提示，企业备案率达到95%以上。完成2018年度外商投资企业联合年报工作，共审核外商投资企业781家，上报率95%以上。

（区商务局）

【开展区内营商环境第三方评价工作】年内，完成区内第三方营商环境评价工作2次。组织超过2250家企业和办事机构填写问卷，与14家企业进行访谈，整理2套调研结果报告。按照区领导批示跟踪各单位整改措施94项。

（区商务局）

【迎接北京市营商环境评价工作】年内，按照区领导指示精神，牵头组建营商环境评价工作专班，制定本区《迎接评价工作方案》，组织区内31家相关单位召开多次工作调度会，牵头梳理区内企业信息库2700家企业。提前召集指标各相关单位进行材料预审，验证各类材料1421条，组织“网上填报”80道问卷题目。统筹全区相关单位收集全国、全市推广经验做法13项和“先行先试”做法14项。

（区商务局）

【牵头跨境贸易指标迎接世界银行评价】年内，落实迎接世界银行营商环境评价任务，牵头跨境贸易指标，提高企业跨境贸易便利化。加强政策宣传，建立与各功能区、各镇街的联动机制，组织、参加跨境贸易政策宣讲8场，扩大贸易便利化政策、措施的覆盖面和知晓度。挖掘典型案例，与顺义海关、天竺综保区和重点外贸企业密切沟通，挖掘、收集跨境贸易案例129个，其中海运20个。

（区商务局）

【企业服务包诉求办理工作】维护市、区双平台系统，加强走访“企业服务”，做好头部企业服务工作。作为服务管家负责企业95家，对接属地服务生及相关承办部门，累计办理诉求47项。同时，组织落实《顺义区落实本市进一步优化营商环境行动计划（2018—2020年）工作方案》中11项任务及《顺义区落实北京市新一轮深化“放管服”改革优化营商环境重点任务清单任务分工》5项任务，按要求推进各项任务。

（区商务局）

【政务服务水平全面优化】服务窗口受理并办结2019年备案外商投资企业404家，其中，新设立项目78家、增资36家、股权转让41家、经营范围变更84家、其他变更165家。新备案对外贸易经营者备案登记360家、变更277家。共初审宝洁、空客等7家企业的软件出口的接包合同和接包执行20份。

（区商务局）

北京顺义商业集团有限公司

【概况】北京顺义商业集团有限公司（简称顺商集团），为顺义区国资委一级监管企业。集团以零售为主，拥有精品百货、电器家具、大卖场3种经营业态，在顺义、密云及平谷地区设有10家分店，资产总额10.56亿元。2019年，实现销售32.40亿元，利润5119万元，累计上缴税金5535万元。

（顺商集团）

【店面构成】有精品百货店4家：顺义百货店、国泰大厦店、密云百货店、青春馆店，汇集中高档商品，突出环境幽雅、高档次购物体验的诉求。有超市大卖场店5家：石园店、谊宾店、宏城店、双兴店、平谷店，是集现代化设施、经营管理、服务理念于一体的大型超市，满足居民需求，体现便利、快捷的服务特色。有电器家具店1家：顺义电器店，专营家电类、家具类商品。

（顺商集团）

【深入市场调研　了解行业动态】对北京市中心城区、天津、石家庄、济南、重庆、成都、武汉、上海、南京等10余个城市的重点商圈进行调研60余次。通过调研分析，进一步认识零售市场状况及行业动态，为转型升级提供思路与借鉴。

（顺商集团）

【统筹规划　明确市场定位】公司制定《2019—2021年发展战略与规划》，百货业态打造集健身、娱乐、文化为一体的综合购物中心；大卖场业态以超市为依托，增加餐饮、娱乐、教育等项目，打造以大众消费为主的社区生活休闲中心；电器业态推动经营模式标准化，确定核心品牌发展规划，提高市场占有率。

（顺商集团）

【“一店一策”　推进商场转型升级】结合各店面实际情况，制定公司《传统商业转型升级方案》，转型升级工作有序开展。年内，国泰大厦店完成闭店、改造方案确定、结构拆除、加固等工作，进入装修阶段；顺义百货店完成前期方案设计工作，进入实施阶段；石园店完成客梯、货梯增建等基础设施完善工作；顺义电器店完成餐饮引进工作。

（顺商集团）

【节能降耗　降本增效】推动完成顺义百货店、石园店、双兴店高能耗中央空调主机更换工作，公司系统每月对能耗进行同期对比，分析能耗原因，制定节能方案。2019年，同比节约能耗费用843.6万元，能耗费用同比下降15.3%。

（顺商集团）

【“僵尸企业”清理】一是对“僵尸企业”清理工作进行台账式管理，结合历史遗留问题和企业债权债务等问题，制订清理计划。二是依据法律法规，清理北京市博聚商贸公司1家“僵尸企业”。

三是根据托管企业北京亿汇洋进出口公司实际情况，制定《关于北京亿汇洋进出口公司的处置方案》。

（顺商集团）

【创新营销思路　强化经营管理】 一是结合业态发展趋势，适度调整经营方式，优化经销、代销、联营、出租比例，提高获利能力。二是优化业态结构，通过区域面积压缩释放、大类移位、楼层经营定位、品牌汰换等手段有效推动布局、品牌调整工作，共计完成布局品牌调整工作263项，毛利平效较同期增长1.6%。三是创新营销思路，强化厂商合作，拓宽宣传渠道，有效稳固、提升客流量。四是规范经营合同管理，强化企业内部控制机制，加强相关业务部门责任，避免潜在经济纠纷，提高各店规范化管理水平。五是制定激励方案，奖优罚劣，调动职工工作积极性和主动性，提振职工精神状态，形成真抓实干、争创一流业绩的工作氛围。

（顺商集团）

【“接诉即办”工作落地落实】 一是强化组织领导，成立公司12345市民热线工作领导小组，明确工作职责，主要领导抓“三率”（响应率、解决率、满意率），对重点难点问题，自己批办件、自己盯解决。二是建立工作机制，制定公司《关于加强12345市民服务热线工作的规定》。按照“统一接收、分类处置、限时办理、及时反馈”和“谁主管、谁负责，谁办理、谁答复”的原则，做到及时交办、及时调查、及时处理、及时回复，形成涵盖“受理—转办—办理—回复—回访”环节的“闭环式”工作机制。三是压紧压实责任，主动担当作为。聚焦市民反映强烈的问题，总结梳理出共性问题，举一反三、定期编制“接诉即办”《简报》，加强分析研判，努力把问题解决在苗头和萌芽状态。四是强化监督管理、提升执行效能。加强对“接诉即办”办理情况的督查力度，对各店、各部室办理情况进行及时通报，并纳入月度工作考核，确保“接诉即办”工作落地落实。2019年，公司接收《交办单》33件，其中涉及服务类26件、设施类6件、其他类1件，做到简单问题1天之内办结回复，复杂问题3天之内办结回复，公司整体“接诉即办”事项的“响应率”“解决率”“满意率”均达到100%。

（顺商集团）

【区市政重点工作推进落实】 年内，公司严格按照顺义区市政重点工程环境整治工作要求，完成区政府复兴街南侧公司原顺天服装厂拆迁工作。一是配合区政府工作部署，结合被拆迁区域顺天服装厂实际情况，制定《解除顺天服装厂与东亚油封公司签订的房屋租赁合同方案》。二是统筹协调，提前解除顺天服装厂与北京东亚油封有限公司租赁合同协议，与区市政市容委拆迁办完成房屋土地管理权的交接工作，保障区政府复兴街南侧环境整治工作如期完成。

（顺商集团）

【企业优势助力对口帮扶】 年内，公司与对口帮扶的沽源县多次组织对接活动，发挥自身平台优势，扶贫工作取得显著成效。一是创新对接帮扶，形成“种、收、供、销”一条龙的产销对接帮扶模式，丰富上柜沽源蔬菜种类。二是建立消费扶贫分中心，甄选优质民需的商品上柜销售，扶贫商品的品类包括蔬菜、酒、杂粮、油、休闲食品等多个品类。三是加强扶贫商品的促销宣传力度，同时开发团购客户，多渠道提升扶贫商品销量，全年销售较去年增长151%。四是动员社会力量伸出援助之手献爱心，为对口帮扶村建档立卡户送去价值12万余元的慰问品，向沽源县小长镇寄宿制学校捐赠图书3600余册，向2个对口帮扶村分别捐赠5万元。

（顺商集团）

【做好国庆70周年服务保障】 一是组织货源，完善物资储备，保证粮、油、肉、蛋、禽、菜、奶等群众主要生活必需品供应充足。二是深入开展事故隐患排查治理和安全生产监督，确保节日安全。三是全体干部职工坚守工作岗位，严格落实值班工作各项规定，保证24小时专人值班，完成70周年大庆服务保障任务。

（顺商集团）

顺义区供销合作联合社

【概况】 年内，北京市顺义区供销合作联合社（简称区供销社）紧紧围绕落实首都城市战略定位，加强“四个中心”功能建设，提升“四个服务”水平，抓好“三件大事”，打好“三大攻坚战”。形成以百货商业、便民服务、再生资源、家居建材、农资农贸、物业管理、资产运营八大板块为主的经营体系。全系统实现净利润4712万元，完成计划的146.6%。成本费用占营业收入比重完成96.1%。总资产周转率23.4%，高于全年16.8%的预算数6.6个百分点。

（区供销社）

【便民综合服务体系全面向镇村拓展】 1月初，融家政维修、洗染、美发、早餐、蔬菜零售等多种便民服务功能于一体，北石槽便民综合体正式开业，是顺义区19个镇首个开业的便民服务综合体。便民服务综合体位于北石槽市场25号，总建筑面积4520平方米，共聚集九洑地、老石幢等商户49个。

（区供销社）

【供销益家参与2019年“中国农民丰收节”】 2019年“中国农民丰收节”在顺义区赵全营镇兴农天力农业园举办。区供销社与帮扶地区的企业进行沟通，并与活动组织方协商，共确定扶贫地区参与企业（包括北京双创扶贫中心地区展馆）11家。其中有5个对口帮扶地区的企业9家，双创中心参与展馆2家。共选出13类63种参展扶贫产品，包括土豆、藜麦、燕麦、燕麦烧酒、亚麻籽油、工艺手编、毛毛谷小米、鲜食玉米、新疆干果等。

（区供销社）

【北京盈兆鑫再生资源回收市场有限公司大件废弃物处理线正式投入使用】 9月19日，顺义区首个大件废弃物处理设备——北京盈兆鑫再生资源回收市场有限公司大件废弃物处理线正式投入使用。处理线设有2台大件废弃物处理设备，对预约回收街道、社区、乡镇居民产生的大件废弃物进行破拆和分选，按照木材、织物、金属制品进行分类外运处理，日处理量达50吨。

（区供销社）

【供销益家连锁便利店入选北京生活性服务业品牌连锁企业资源库】 10月8日，市商务局公示《北京生活性服务业品牌连锁企业资源库（2019年度）》入选结果，顺义区供销社所属北京供销益家连锁便利店有限公司入选。

（区供销社）

【北京益麒麟家居建材总经理吴克强获“背篓精神传承人”荣誉称号】 11月29日，北京市供销合作社成立70周年庆典大会召开，会上，为“背篓精神”传承人颁奖，区供销社益麒麟家居建材广场市场中心总经理吴克强获“背篓精神传承人”荣誉称号。

（区供销社）

北京市顺义粮油有限公司

【概况】 年内，公司拥有粮食仓储企业8家，自有粮源基地2个（分别位于山东巨野和内蒙古兴安盟），早餐公司1个，驾校1家和教练场1家。龙盛众望早餐作为顺义粮油的品牌企业，是顺义区一项便民工程、民生工程。驾校教练场取得北京市一级普通机动车驾驶员培训经营资质。2019年，顺义粮油公司实现营业收入37亿元，利润总额3700万元。

（顺义粮油）

【储备粮管理】 储备粮存储是顺义粮油公司基础性主营业务。截至2019年底，公司共存储各级储备粮47.2万吨，库存总量基本稳定。顺义粮油公司严格规范化管理，持续推进包仓制，全力落地储粮智能化，探索实施6S管理，实施科学保粮，通过全国粮食大清查，公司所属市储备粮存储企业“一符四无”达标合格率实现100%，实现储备粮管理“两个确保”和“三个维护”的目标。2019年，顺义粮油公司累计完成各级储备粮出入库35.6万吨，其中出库15.6万吨、入库20万吨，出入库总量同比增加9.8万吨。在储粮方面，绿色储粮数量占储备粮库存的70%，科学保粮率达到100%。在确保储粮安全的基础上，公司探索和实践科学保粮、绿色储粮新技术、新方法，努力降低储粮成本，节约保粮费用。

（顺义粮油）

【军粮保障】 年内，子弟兵军供站严格执行军粮政策，高标准完成驻京部队和各兵种的保障任务，完成部分国庆阅兵部队和应急演练部队保障任务。同时，不断丰富军队贸易粮供应品种，成为实现盈利的军供站。

（顺义粮油）

【粮食贸易经营】年内，贸易公司坚持“规模与效益并重、速度与质量兼顾”的原则，坚持在“变与不变”的经营理念中寻求发展机遇，聚焦关键节点和重点环节，坚持大客户战略，强化港口布局，畅通“北粮南运”。

（顺义粮油）

【驾驶员培训】年内，玉马教练场在属地政府要求驾校教练场搬迁移址和非本地注册驾校迁出的形势下，立足企业发展实际，加强内部制度建设，强化制度执行，加强软硬件设施建设，推进场校合一，注重提升服务，强化品牌宣传，提高考练满意度。3月底，取得北京市一级普通机动车驾驶员培训经营资质，为实现场校合一和企业持续经营奠定基础。

（顺义粮油）

【餐饮服务】8月，众望早餐重张开业。众望早餐结合“优化提升”，依托发展机遇，利用政策，争取政府支持，将原有早餐亭转为微便利店，一改以往早餐亭的营业时间和模式，可售商品种类更加丰富，营业时间可自由延长，着力打造民生精品。截至年底，将76个便利店中的64个落地，完成接电38家，完成设备入店34家，正常营业29家。

（顺义粮油）

【国庆群众游行方阵保障工作】8月，顺义粮油公司组成一支17人的志愿者队伍参加国庆70周年群众游行方阵的筹备工作，其中4人参与到群众游行队伍，13人参与到游行队伍的供餐保障工作。

（顺义粮油）

金融业综述

【概况】年内，顺义区新增金融机构30家，区内金融机构总数达342家；全区实现存款余额2453.8亿元，贷款余额1504.9亿元，信贷规模平稳运行；新增上市挂牌企业30家，累计达到97家；全区金融业实现增加值288亿元，同比增长63%，占全区GDP的14.5%，对全区GDP贡献率96%，经济贡献再创历史新高。

（区金融办）

【顺义金融新政制定出台】按照市地方金融监管局《关于加快培育发展现代金融服务业的若干意见》（京金融〔2018〕110号）文件精神，充分借鉴各省份、地区最新金融政策，进一步修订完善顺义区金融扶持政策，提高奖励额度、扩大奖励范畴、创新奖励方式，制定出台《顺义区打造首都产业金融中心促进金融产业发展办法》（顺政发〔2019〕18号），并于4月16日以区政府名义印发执行，持续增强政策比较优势，发挥政策磁石效应。

（区金融办）

【支持企业上市政策制定出台】4月，结合资本市场最新形势变化，把握科创板推出的有利契机，制定出台《顺义区支持企业上市挂牌发展办法》，全面扩容覆盖范围，大幅提升支持额度，形成上市前培育孵化、上市中引导激励、上市后融资发展的立体化政策体系。企业上市最高可获得1000万元区级资金支持，并可与市级政策叠加享受。

（区金融办）

【北京5G产业与金融发展论坛】4月28日，顺义区与北京市地方金融监管局举办北京畅融工程第一季暨2019首届北京5G产业与金融发展论坛，北京市副市长殷勇，北京市金融局局长霍学文，顺义区副书记、区长孙军民及一部两局相关领导出席。220余家金融机构和280余家5G相关企业参加论坛，国信数字产业母基金等9个项目签约落地，签约金额逾500亿元，授信额度11.34亿元。

（区金融办）

【成功亮相2019京交会】5月28日—6月1日，区金融办以“首都产业金融中心、北京新兴金融聚集区、首都离岸金融发展先行区”为主题，参展京交会最大分会场金融服务板块，展台面积1800平方米，以“1+1+N”的形式（1个金融服务成果展、1场高端主题论坛、N场金融沙龙活动），搭建“展示、交流、合作、宣传”四大平台，全方位、多维度展示金融产业的蓬勃发展和美好未来，现场发放政策折页1100余份，吸引近万名观众驻足参观，人民网等近百家知名媒体竞相宣传，累计相关报道70余篇、浏览量400余万次、微博点赞量近万次。

（区金融办）

【组织承办“2019北京产融合作与创新发展论坛”】5月28日，在京交会顺义分会场举办“2019北京产融合作与创新发展论坛”。论坛以“创新驱动发展，产融助力腾飞”为主题，设置主题演讲、高峰对话、研究成果发布、项目签约等活动环节。联合国前副秘书长沙祖康、土耳其中央银行高级经济学家尤科赛尔·戈迈兹、中国政法大学商学院院长刘纪鹏等境内外金融领域专家、业界精英300余人出席，共同推动顺义区首都产业金融中心、北京新兴金融聚集区和首都离岸金融发展先行区建设。论坛成功签约项目12个，实现京交会期间累计签约额近1200亿元。论坛现场举行“首都产业金融创新发展与研究中心”揭牌仪式，全国政协委员、中央财经大学教授贺强，国开金融投委会副主席修军，平安银行总行行长鞠维萍以及经济学家管清友、刘纪鹏等9人受聘为研究中心顾问。

（区金融办）

【创新出台特色扶持政策】11月，率先分别出台全市首个融资（金融）租赁、外资金融机构的专项政策，吸引优质金融机构入驻。《关于加快北京市融资（金融）租赁聚集区建设的办法》奖励资金基本100%覆盖机构前5年经营成本。《顺义区支持外资金融机构发展办法》对落户顺义的外资金融机构最高奖励6000万元；对属于落实国家金融开放政策全国、全市首例的，分别一次性奖励1000万元、800万元；对成功获批合格境内有限合伙人资质和募集规模的，最高奖励1000万元。两个政策对标全国最高标准，政策支持力度大，磁石效应凸显。

（区金融办）

【组织承办“2019北京融资租赁产业国际论坛”】12月2日，“2019北京融资租赁产业国际论坛”在顺义区举办。论坛以“转型与创新—开启首都融资租赁高质量发展新征程”为主题，聚焦融资租赁“供给侧改革”与创新发展。现场发布《关于加快北京市融资（金融）租赁聚集区建设的办法》和《顺义区支持外资金融机构发展办法》，并有10个项目签约。

（区金融办）

【后沙峪金融商务区建设】《顺义区后沙峪金融商务区建设实施方案》研究制定，科学确定目标任务，明确招商数量和金融机构纳税占属地税收比重双重目标，数量与质量并重。年内，《顺义区后沙峪金融商务区建设实施方案》经区政府常务会议讨论通过。新引进晨壹基金、中金资本等11家金融机构落户后沙峪金融商务区，先后聚集北京人寿、墨盛资产管理公司等大型金融机构60家。

（区金融办）

【优质金融项目加速聚集顺义】年内，灵活运用“金融+”引领模式，持续引进各业态金融机构，全力打造首都产业金融中心、新兴金融聚集区。中建银背景的北京建广资产管理公司及相关基金（总规模近50亿元）、华泰证券背景的晨壹基金管理公司及并购基金（总规模50亿元）、高盛集团背景的北京墨盛资产管理公司（注册资本2亿美元）、中远海运集团背景的远海投资公司（注册资本5亿元）、中金资本北京分公司等30个优质项目落户顺义，金融招商引资成果显著。

（区金融办）

【多层次资本市场顺义板块再结硕果】年内，通过政策引领，服务支撑，聚焦新三板挂牌企业，着力吸引区外优质资源聚集，全区上市挂牌企业实现量质齐升。全年新增科玛先锋、第一人居等区外优质新三板挂牌企业30家，总数97家。拥有100余家拟上市企业，其中IPO再审企业1家、辅导阶段5家、股改完成4家、启动上市程序3家，企业上市工作持续发力，资本市场对实体经济的支持带动作用持续显现。

（区金融办）

【应急打非】年内，《2019年顺义区防范非法集资宣传教育暨宣传月活动工作方案》制发；建立健全应急预案体系，《顺义区金融突发事件应急预案》制定，为防范化解金融风险提供有力保障；利用大数据监测系统开展线上监测，筛除风险企业24家，加强线下日常排查50余次，发现风险企业4家，对风险企业实行台账管理；加强部门协调联动、综合治理，转办线索转办单23件，约谈企业高管10余次，组织召开风险企业会商研判会8次，同区公安局、市场监管局、税务局等部门和属地联合检查10余次，采取有效手段防控企业风险；结合“4.15国家安全日”“5.15打击和防范经济犯罪宣传日”“京交会”等主题活动开展集中宣传，利用处级干部培训班、深入镇街、棚改现场进行精准宣传；利用农村、社区200块LED屏面向基层群众持续开展宣传，累计开展防范和打击非法集资宣传活动157场。

（区金融办）

【扫黑除恶】年内，区金融办主要领导多次召开党组会议，对扫黑除恶工作进行部署，传达中央扫黑除恶会议精神，将扫黑除恶工作与防范和打击非法集资工作同部署、同落实、同宣传，形成制度化、常态化、规范化，有效防范金融领域涉黑涉恶问题。每季度对辖区内企业进行排查，梳理冒烟指数在40分以上的风险企业，集中进行风险研判、转办处置；对重点楼宇进行排查，实行楼宇和属地联络员双报告制度，及时掌握商务楼宇高风险企业的动态；通过市金融局转办、12345便民电话、群众来访、电话投诉等渠道，将风险企业涉黑涉恶线索收集纳入日常监管；对重点风险企业，联合相关部门进行约谈，在约谈过程中收集风险企业线索，防止企业有涉黑涉恶行为；结合重大活动宣传、宣传月集中宣传、深入基层宣传扫黑除恶相关知识，共开展宣传活动近百场，发放宣传材料近万份，提高群众防范意识，保护自身生命和财产安全。

（区金融办）

【安全生产检查】年内，按照安全生产“党政同责、一岗双责”要求，将安全生产工作列入重要议事日程，明确主要领导是安全生产第一责任人，领导班子其他成员负责分管范围内的安全生产工作，责任科室负责安全生产日常工作。积极开展安全隐患大排查、有限空间、燃气液化气、集中整治等专项整治工作，先后深入重点金融机构117家次，出动276余人次，集中解决多处安全生产隐患，营造安全稳定的金融发展环境。6月，借助区“安全生产月”活动的有利契机，通过在显著位置悬挂横幅、张贴宣传海报等形式，传播安全知识。与区公安局、消防局、区内金融机构在后沙峪祥云小镇组织宣传打击非法集资活动，提高群众安全意识；11月26日，参与浦发银行顺义支行消防应急演练活动，提高自救互救能力以及处置突发事件应急能力。

（区金融办）

国有资本经营管理

【概况】顺义区国有资本经营管理中心（简称区国资中心）成立于2009年6月，注册资本金131.65亿元，企业性质为全民所有制。区国资中心以“至诚演绎非凡、致信服务社会、至爱构建和谐”为企业宗旨，以“促进区域经济发展，实现国有资产保值增值”为企业目标，主营业务涵盖投资、融资、担保、基金管理四大板块。区国资中心牢固树立人才是企业发展第一资源意识，2019年通过“梧桐工程”引进高素质人才4名充实到中心队伍。建立助理、初级、中级、高级、特高级的“五层职级评价体系”，取得《法律执业资格证》《注册会计师资格证》共10人。年内，区国资中心实现归母净利润2.79亿元，同比增长16.7%；完成营业收入6.15亿元，同比增长73.24%；上缴各项税金3119万元。

（区国资中心）

【投融资业务】为更好地服务区域经济发展，区国资中心坚持立足顺义、突出主业的原则，有效缓解区属国有经济主体发展过程中的资金短缺问题，重点投向完善城市功能、做好民生保障、提升城市承载力等领域。年内，委托贷款投放金额55.81亿元，与去年相比增长11.62%。为更好发挥自身职能，区国资中心坚持“以投定融”原则，做好融资管理工作。5月8日，以集中簿记建档的方式发行30亿元中期票据，期限为5年，票面年利率为4.81%（基准年利率为4.9%），发行利率为近期同级别同品种同期限最低。与现阶段同期国有大中型企业平均融资成本相比，融资成本显著降低26.29%。

（区国资中心）

【担保业务】区国资中心所属2家担保公司以服务区内中小微民营企业和“三农”作为发展本源，研发“创业贷”“普税保”等多个担保业务产品，着力解决中小微企业和创新创业的融资难融资贵问题。年内，关注走访小微企业122户，在保户数59户，在保余额3.27亿元。走访创业贷户数54户，开展创业担保贷款24笔，担保金额777万元。

（区国资中心）

【基金管理业务】金融控股公司是顺义区落实产融合作，推动金融改革的重要抓手。年内，金融控股公司实际代持财政资金15.4亿元，投出金额12.8亿元，吸引各类资本金额338.6亿元，财政杠杆放大27倍，显著发挥政策磁石效用，推动资本与产业融合发展，落实顺义区“3+4+1”产业布局。同时推进子基金招引工作，年内，经区政府常务会过会子基金2支，分别为北京碳基和先进半导体制造原始创新基金、国同洪泰科技智能创新基金。完成向洪泰基金首期出资4000万元，通过增资科创集团完成向国投创合基金缴纳三期出资款2亿元。

（区国资中心）

【帮扶工作】区国资中心同张镇麻林山村建立一助一帮扶关系、同木林镇长林庄村建立支部共建关系，每年每村拨付10万元帮扶资金。在此基础上，拨付30万元为长林庄村建设电子监控系统，解决当地安全防控问题。年内，为2个村累计拨付帮扶资金60余万元。同巴林左旗富河镇乌尔吉村、万全区北沙城乡周家河村、沽源县长梁乡工农村、兴隆堡村四地建立对口帮扶关系，每年每地拨付20万元帮扶资金，用于当地扶贫产业发展。在此基础上，累计捐献金额100余万元，为当地建设“国资书苑”及党建活动室，国资中心为四地累计捐献金额260余万元。

（区国资中心）

银行

中国银行股份有限公司北京顺义支行

【概况】中国银行股份有限公司北京顺义支行（简称中行顺义支行）1988年7月成立，隶属于中国银行股份有限公司北京市分行。支行下辖8个经营性支行（马坡支行、光明街支行、东兴支行、林河开发区支行、汽车城支行、天竺支行、裕翔路支行、空港万科支行），共有员工206人。

（中行顺义支行）

【支持区域经济发展】年内，中行顺义支行围绕“激发活力 敏捷反应 重点突破 加快建设新时代全球一流银行”的战略目标，深化价值创造和内涵式发展，紧跟国家大政方针和总分行战略部署，提高政治站位，大力发展民营贷款和普惠金融业务，为顺义区多个重点项目提供信贷支持，进一步加强与区内重点企业合作，打造在顺义区市场上有口碑的银行，为地区经济建设提供优质的金融服务。

（中行顺义支行）

【客户服务】以“最高的服务标准、最好的服务质量”确实做好客户服务工作。通过制定服务措施和应急预案，明确各自的工作职责。抓好落实“大服务、无边界、一体化、全覆盖”管理理念，形成支行服务网点，员工服务客户的格局。

（中行顺义支行）

中国工商银行股份有限公司北京顺义支行

【概况】中国工商银行股份有限公司北京顺义支行（简称工行顺义支行）成立于1984年，下辖营业网点16家，员工450余名。本行多年来始终秉持“工于至诚行以致远”的价值观，致力于为全区人民提供卓越的金融服务。本行始终坚持履行企业的经济责任与社会责任的有机统一，近年来不断深化改革创新，优化资源配置，以更加优质的金融产品和全方位的金融服务，全力支持区域经济发展，多次获“区域经济百强企业”称号，2017年获评“第五届全国文明单位”。

（工行顺义支行）

【服务区域发展】工行顺义支行根植于地区建设和民生服务，高度重视区域经济发展。年内，本行主动为政府重大项目提供全方位的金融保障，全力支持顺义区民生工程快速推进，为顺义区多项政策的落地实施和城乡面貌的改善优化贡献力量。

（工行顺义支行）

【服务实体经济】工行顺义支行把为实体经济服务作为各项工作的出发点和落脚点，成立集团客户金融服务团队，为客户提供高水平、专业化的“全融资”金融服务，除在传统信贷业务及日常结算领域为客户提供服务外，还在投行业务、债券承销、现金管理、国际业务等多方面为企业提供专业、系统的一揽子金融服务方案。2019年，响应国家号召，发挥小企业金融业务中心的渠道和专业性优势，加快服务小微企业步伐，通过创新业务模式、提升服务效率、优化营商环境，助力顺义地区小微企业繁荣发展。

（工行顺义支行）

【服务广大百姓】年内，工行顺义支银创造性提出“大服务”理念，持续打造37℃恒温厅堂，以更新思维、更强韧劲、更多精力和更实措施，切实做好广大居民客户的服务工作。推广智能化银行转型工作，通过高科技的智能机具、便捷的手机应用程序为广大客户提供更加高效快捷的金融服务。着力加强对特殊客户群体的服务和关爱，制定特殊天气和重大节日时点的服务统筹计划，将优质服务口碑深入人心，向顺义人民展现工行负责任的大行形象。

（工行顺义支行）

【公益活动】年内，工行顺义支行始终以“普及金融知识、提升金融素养、构建和谐金融”为己任，主动履行社会责任，定期开展“学雷锋”志愿服务、“金融知识万里行”活动。每年学雷锋月期间，制定详细的活动方案，广泛号召员工参与到志愿服务、义务劳动等活动中。开展“金融知识进社区”活动，指导客户识别非法集资、电信诈骗风险，帮助客户及时挽回经济损失，为维护区域金融安全贡献力量。

（工行顺义支行）

北京农村商业银行股份有限公司顺义支行

【概况】北京农村商业银行股份有限公司顺义支行（简称北京农商银行顺义支行）下辖经营网点35家，员工500余人，覆盖全区19个镇和6个街道，是顺义区唯一一家金融服务覆盖辖区所有镇街及办事处的金融机构。北京农商银行顺义支行坚持稳中求进的工作总基调，秉承“稳健可持续全面发展”经营理念，以“服从服务首都战略定位，协同区域转型升级发展”为重点，深化民政项目合作，做好民生金融服务，加大产品创新力度，提高区域金融覆盖率，为区域经济发展及全区人民提供全方面、安全便利的金融服务。

（北京农商银行顺义支行）

【智能化银行】年内，北京农商银行顺义支行持续开展智能化服务转型，不断提升服务品质。通过智能化网点、金融便利店建设，以及智能化机具布放，开展客户分流、识别与引导，为客户带来“自助、智能、智慧”的全新感受和体验，着力打造交易处理离柜化、业务流程精简化、产品营销协同化、客户体验人性化的精品银行。

（北京农商银行顺义支行）

【服务新农村建设】年内，北京农商银行顺义支行支持顺义区各项新农村建设、重点基础设施建设和区属重点企业，为企业提供强有力的资金支持。以集体产业建设贷款、资产量化贷款、“重点村”改造贷款、旧村改造贷款、保障性农民回迁安置房建设贷款、集体土地租赁住房建设贷款等多款产品，形成支持区域乡村振兴的特色服务优势。持续优化金融服务渠道建设，采取“以网点为中心、以乡村便利店、ATM/POS布放为辅助”的蜂窝式建设方式，从不同层面满足京郊地区百姓金融服务需求。

（北京农商银行顺义支行）

【创新金融服务体系】年内，北京农商银行顺义支行紧紧围绕顺义地区经济工作重点，不断深化银政、银企、银银合作，全面开展养老助残卡、民政资金统发等重点业务，提升区域内重点企事业单位服务专业化水平，充分发挥本行深耕区域金融市场优势，创新金融服务模式，持续为区域重点企业提供综合化、高附加值、高技术含量的专业化金融解决方案，为区域经济稳健发展持续助力。

（北京农商银行顺义支行）

北京顺义银座村镇银行

【概况】北京顺义银座村镇银行由浙江省台州银行、顺义区大型企业顺鑫农业等共同发起设立，于2011年1月正式开业，注册资本2.5亿元，注册地为北京市顺义区，为顺义区唯一一家本地注册的法人银行机构。9年来，累计向顺义区财税部门纳税3.53亿元，其中，2019年纳税额6507.04万元。截至年底，本行在顺义当地开设西门总行营业部、马坡支行等11家网点，共有员工260人。

（北京顺义银座村镇银行）

【业务发展】 年内，北京顺义银座村镇银行与顺义区当地其他银行机构开展错位竞争，秉承服务小微的初心，为小微企业、“三农”客户、广大市民提供金融服务。北京顺义银座村镇银行响应政府号召，继续推出“免费银行”政策，主动减免市民、企业汇款手续费、ATM跨行手续费等72项费用。截至年底，北京顺义银座村镇银行各项存款余额90.28亿元，各项贷款余额49.34亿元，存贷款总额139.62亿元。

（北京顺义银座村镇银行）

中国农业银行股份有限公司北京顺义支行

【概况】 中国农业银行股份有限公司北京顺义支行（简称农行顺义支行）辖内17家网点，400余名从业人员为全区人民提供优质、高效的金融服务。本行始终坚持履行商业银行的社会责任，参与顺义地区经济建设，坚持稳中求进，坚持创新驱动，坚持立足区域，以服务区域经济为重点，同时将“三农”金融服务工作做精、做细、做出成效，多次荣获“顺义区百强企业”“顺义区十大金融机构”等荣誉称号。

（农行顺义支行）

【支持区域基础设施建设】 年内，农行顺义支行新增棚改贷款11.83亿元，累计支持顺义区棚户区改造项目贷款42.08亿元；作为杨镇地区棚户区改造项目资金发放参与行之一，累计发放10.16亿元；作为临河村棚改C片区项目、夏县营村棚改项目、东石槽村棚改项目银团牵头及代理行，切实履行银团职责，保障棚改各项工作推进，支持区内基础设施建设。

（农行顺义支行）

【服务小微企业】 年内，农行顺义支行响应和落实国家普惠金融工作政策和要求，支持区内小微企业发展。持续落实小微企业绿色通道，加快业务办理时效；严格践行小微企业优惠利率以及收费减免政策，解决小微企业融资难问题；推广“微捷贷”“智动贷”“税银E贷”“抵押E贷”等小微金融产品，满足客户多层面融资需求。2019年，累计准入人行口径小微企业153户，累计发放贷款219笔，金额合计24953万元，较上年度实现翻倍增长。

（农行顺义支行）

【助力金融扶贫】 年内，农行顺义支行紧紧围绕打赢脱贫攻坚战，创新扶贫思路，依托互联网技术，面向个人客户和企业客户拓展扶贫工作，通过“线上搭建扶贫商城专区、线下采购贫困地区特色产品”相结合的方式，助力消费扶贫，践行脱贫攻坚的社会责任。

（农行顺义支行）

【服务“三农”】 年内，农行顺义支行在服务“三农”工作中，始终秉承贴近政府、服务地方的经营理念，建立新型信贷合作模式，线上线下齐发力。大力支持区属“三农”企业发展，2019年，为顺鑫农业累计发放贷款3亿元。

（农行顺义支行）

【推进互联网金融业务】 年内，农行顺义支行充分发挥互联网金融不受时空限制优势，持续大力发展个人掌上银行业务，通过指纹登录、语音转账、刷脸认证等前沿功能，进一步提升客户体验，提高基础金融服务水平。同时大力发展电子商务业务，助力企业线上化转型，将传统结算与互联网相结合，优化企业结算能力。

（农行顺义支行）

【客户满意度提升】 年内，农行顺义支行在产品、营销、服务、流程、机制等方面所进行一系列创新，实施新产品带动、服务带动，宣传个人掌上银行、网捷贷、聚合码、电子商务等产品的使用和管理，有效提高区域居民生活便利度，进一步满足客户个性化金融需求。同时多次堵截电信诈骗。

（农行顺义支行）

【热心公益活动】 年内，农行顺义支行参与社会公益活动，多次开展金融消费者权益日宣传、“金融知识普及月”暨“金融知识进万家”联合宣传、金融知识万里行、知识产权宣传、守住“钱袋子”等宣传活动，通过进社区、进市场、进学校等方式，为公众普及征信知识，梳理信用意识，提升辨别真伪人民币能力，切实保护公民合法权益。同时我行积极开展“温暖衣冬”捐衣、“小积分·大梦想”捐赠等公益志愿活动，履行社会责任。

（农行顺义支行）

中国建设银行股份有限公司北京顺义支行

【概况】中国建设银行股份有限公司北京顺义支行（简称建行顺义支行）中长期劳动合同人员257人，平均年龄38岁。其中，本科及以上学历人员179人，党员96人；下设10个部室（含营业部），营业网点14个。党建统领，合规为先，以“三大战略”为指引，结合政府工作报告（区域发展热点），因地制宜开展工作，通过“稳、准、实”，确保完成全年目标任务。

（建行顺义支行）

【主要业绩指标】年内，实现本外币账面利润2.28亿元。中间业务收入1.4亿元。本外币全口径存款时点余额199.7亿元；一般性存款日均余额199.54亿元。本外币各项贷款时点余额87.08亿元；五级分类不良贷款余额1.86亿元，不良率2.14%。

（建行顺义支行）

【支持区域经济发展】年内，深入实施“三大战略”，加快转型发展，住房租赁，重点营销集中式存房，实现存房121套、上线房源121套；普惠金融，完成分行普惠金融8+1口径贷款新增必保任务，上线E信通网络供应链业务平台，实现银保监统计口径“村口银行”426个，涉及全区19个镇和6个街道办事处，覆盖区乡村振兴发展总要求的114个美丽乡村；金融科技，推进建融智合、党群、养老等金融科技平台。

（建行顺义支行）

【业务发展】年内，建设顺义支行业务“多轮驱动”，实现跨越式发展，存款日均力争计划完成率169%；机构业务开创新局面，相继中标区财政直接支付、授权支付和统发工资三项代理资格，打造业务新的增长点；重点项目实现新突破，争创分行首个第一，营销区杨镇“棚改债”专项资金11.98亿元，并办理“棚改债”+“监管易”产品；用好分行“三张图”，拓展朗姿股份、国联万众等目标客户；加大大中型企业走访，紧盯贷款需求，实现康仁堂药业等6家新客户贷款投放4.29亿元；新兴业务运用更全面，创新引领转型发展，承销顺鑫集团（3+2年）2亿元非公开发行公司债，新型财务顾问中收任务完成率分行第一。个人业务稳健发展，存款日均新增排名分行第9名；密集型业务强攻坚，溢出效应明显，与区政府、乡镇街道、国有企业对接工作，上门集中办理扶贫卡，完成全年任务目标；同时完成顺商集团、顺鑫集团、区供销社3家扶贫双创分中心金融结算平台搭建工作，为扶贫卡激活使用搭建消费场景。

（建行顺义支行）

中国光大银行北京顺义支行

【概况】中国光大银行北京顺义支行（简称光大银行顺义支行）成立于2010年1月22日，自建行以来始终坚持以客户为尊的营销服务文化，以制度为本的经营管理理念，致力于打造顺义区最有内涵的银行。经过近9年的发展，先后在马坡与后沙峪地区设立社区银行1家和二级支行1家，员工49人。共服务全区对公企业1000余户，对私客户5万余户，践行以客户为中心的服务理念。

（光大银行顺义支行）

【工作重点】年内，顺义区举办中国国际服务贸易交易会，37个境外国家和地区设立国际展区，31个省区市及设立省区市展区，科技创新、文化贸易、电子商务、金融服务、中医药服务等25个专题设立行业专题展区。光大银行顺义支行积极参与，并为参会企业提供多元化金融服务。

（光大银行顺义支行）

保　险

君康人寿保险股份有限公司

【卓越贡献荣誉】4月2日，中国扶贫基金会30周年纪念活动暨2018年度捐赠人大会在北京举行，君康人寿保险股份有限公司（简称君康人寿）获颁“2018年作出卓越贡献”荣誉。君康人寿于2018年5月参与由国务院扶贫开发领导小组办公室、教育部等部门联合指导部署的“学前学会普通话”行动，捐赠5000万元支持四川省凉山州学前儿童的教育脱贫事业。

（君康人寿）

【大健康战略发布】 8月22日，君康人寿大健康战略暨“幸福·里”产品发布会在北京举行，专家学者、社会名流、媒体记者等200余人参与活动。君康年华幸福时光体验中心也于当日开业。发布会上，君康人寿宣布与日本介护机构日医学馆旗下日医北京、日本养老机构爱志株式会社以及上海交大医学院附属仁济医院南院、上海嘉会国际医院等机构建立战略合作。

（君康人寿）

【品牌传播案例奖】 9月10日，由中国银行保险报主办的“金诺盛典 品牌力量——第三届中国保险品牌影响力论坛”在北京举行。君康人寿独家冠名央视《中国经济大讲堂》项目荣获“2018—2019年度影响力品牌传播案例奖”。

（君康人寿）

【2019年全国脱贫攻坚奖】 9月20日，全国脱贫攻坚奖评选表彰工作办公室对外发布《2019年全国脱贫攻坚奖获奖先进个人和先进单位公告》。“学前学会普通话”凉山试点项目组荣获2019年全国脱贫攻坚奖“组织创新奖”。2018年5月，君康人寿捐赠5000万元支持“学前学会普通话”行动，受到社会各界赞誉。

（君康人寿）

【参展第八届中国老博会】 10月11—13日，2019第八届中国（北京）国际老龄产业博览会在北京举行。君康人寿旗下康养品牌“君康年华”参展，全面展示健康养老服务及CPSS（信息－物理－社交空间）的融合理念。

（君康人寿）

【获“年度卓越人寿保险公司”奖】 11月22日，由《每日经济新闻》主办的2019金融发展论坛暨第十届金鼎奖颁奖礼在北京举行，君康人寿凭借业务表现、市场份额以及资产规模等方面的综合表现，在此次评选中荣获“年度卓越人寿保险公司”奖。

（君康人寿）

【获北京金融业十大品牌创新服务奖】 11月29日，2019年度（第五届）北京金融论坛在京举办，同时年度北京金融业十大品牌隆重揭晓，君康人寿凭借在战略转型、客户服务品质、服务系统升级等方面的表现，荣获“2019年度北京金融业十大品牌创新服务奖”。

（君康人寿）

【获“2019卓越竞争力寿险公司”奖】 12月17日，由中国社会科学院等联合主办的“金融生长力”金融高峰论坛在京举办。论坛发布“2019卓越竞争力金融机构评选”结果，君康人寿获得“2019卓越竞争力寿险公司”奖项。

（君康人寿）

北京人寿保险股份有限公司

【概况】 北京人寿保险股份有限公司（简称北京人寿）是在北京市委、市政府的支持下，2018年2月14日成立的全国性人寿保险公司。公司注册资本人民币28.6亿元。公司注册地为北京市顺义区。公司业务范围包括普通型保险（包括人寿保险和年金保险）、健康保险、意外伤害保险、分红型保险、万能型保险；上述业务的再保险业务；国家法律、法规允许的保险资金运用业务；中国银保监会批准的其他业务。北京人寿的股东单位包括北京顺鑫控股集团有限公司、北京供销社投资管理中心、北京韩建集团有限公司、华新世纪投资集团有限公司等9家知名企业。

（北京人寿）

【机构建制沿革】 11月6日，北京人寿保险股份有限公司北京分公司获得在天津市开展跨区域经营备案许可。12月9日，北京人寿保险股份有限公司营业部获得在河北省开展跨区域经营备案许可。

（北京人寿）

【支持区域经济发展】 北京人寿一直致力通过金融手段，协助顺义区各级政府，提供保险保障，助力区域发展，为赵全营全镇居民提供包含意外伤害、意外医疗、一年定期寿险等多险种组合的“全家福”保险保障服务，服务人数约为2.7万人。与顺义区环卫服务中心合作，为顺义城区1000余名环卫工人提供意外伤害、补充门急诊和住院医疗保障，保额约为1亿元。为部分区委办局以及马坡镇、北小营镇等镇政府合计600名工作人员，提供约8000万元的意外伤害和意外伤害医疗保险福利保障。充分发挥保险资金投资期限长的特点，支持顺义区企业发展，截至年底，持有北汽发行的债券410万元；投资顺义区马坡镇西丰乐村棚户区改造项目1亿元。

（北京人寿）

【业务发展】北京人寿立足北京市场，大力推进保障型业务发展，多元化渠道布局为公司长远发展。年内，实现规模保费收入16.6亿元，同比增长近8倍；年末委托健康管理基金达4.06亿元；客户总数达43.5万人，共计承担风险保额3290亿元。北京人寿与90家合作单位达成多层次、多领域的战略合作。与金手杖养老社区合作，开发京福传家系列产品，打造“养老+社区”服务新模式；与乐普医疗合作，完成特定心脑血管疾病保险系列产品开发，集预防、治疗、康复各阶段全流程的心脑血管健康管理服务与保障于一身；与一洲国际质子肿瘤医院合作，为客户提供国际领先、国内一流的肿瘤质子重离子治疗；与思派健康合作，开发癌症特药产品，为客户提供癌症特药、疾病管理、药品配送系列贴心服务。通过建立长期的战略合作关系，公司充分依托战略合作单位的医养产业优势、金融资源优势和科技创新优势，通过“布点连线”的方式，探索北京人寿“保险+服务+科技”的实施新路径。

（北京人寿）

【业务创新】年内，为北京市“暖心计划”提供专项保险保障，该计划为全市15940名“失独”老人提供保险保障，帮助“失独”家庭抵御风险，实现“老有所养，病有所医”，成为“失独”特别扶助金的重要补充。北京人寿致力普惠养老，提供全面保障，建立覆盖全市的紧急联系人呼叫及意外伤害保险服务平台，打造由救命手环、呼叫平台、救护车、老年人意外险构成的“救扶我”老年人意外险保障体系。平台注册用户和投保人数均已超万人。

（北京人寿）

【服务青少年】年内，北京人寿联合北京青少年发展基金会共同展开建立青少年儿童商业保险普惠体系的战略合作，并联合发起“首善之约贫困青少年大病保险项目”，为对口支援的贫困地区0～16周岁的儿童提供全病种报销、无等待期、可带病参保、可跨区域就医的30万元保额的普惠化健康保障。与青海玉树、新疆和田、河北张家口、河北承德等9个北京对口支援扶贫地区达成战略协议，免费为6052名建档立卡贫困青少年提供大病保险，携手多家战略合作企业完成价值18.156亿元保额的捐赠。北京人寿开拓“保险+公益扶贫”新模式，搭建贫困地区青少年医疗救助新通道，“首善之约贫困青少年大病保险项目”入选国务院扶贫办社会扶贫司“企业精准扶贫专项50佳案例”。

（北京人寿）

【国庆70周年庆典保障】为国庆联欢活动演职人员和指挥部专家提供140亿元的意外伤害、急性病身故等保障全面、适用度高的专属保险保障。由于保障人数多、保障时间长，公司专门成立“70周年国庆保险保障项目小组”，提供全天候线上线下待岗服务。

（北京人寿）

【助力扶贫攻坚】在北京市委组织部及北京市扶贫协助和支援合作工作领导小组办公室的指导下，北京人寿成立专项小组，建立“北京对口支援干部人才保险保障计划”，为700家北京市政府及事业单位派出的1594位援派干部人才提供保险保障服务，为打赢“扶贫攻坚战”保驾护航。

（北京人寿）

【服务环卫职工】北京人寿为环卫集团7万余名京内及外埠员工赠送为期一年的意外伤害保险，保额总计逾70亿元，为首都环卫工人提供“专心、专业、专家”式的一站式、高品质的保险服务，力争为推动和实现北京市打造国际一流的和谐宜居之都做出贡献。

（北京人寿）

【品牌建设】北京人寿先后荣登中国保险行业协会“保险扶贫好事迹”爱心榜，荣获2019年度杰出品牌形象奖、北京民营企业社会责任百强称号，《北京商报》“服务升级示范奖”，《北京青年报》“年度最佳保险公益扶贫奖”，人民网“年度品牌形象奖”，新华网“年度社会责任保险公司”奖、年度优选雇主等8项综合奖项和2项公益奖项。产品方面，北京人寿京福传家终身寿险（尊享版）、北京人寿京富瑞年年金保险分别荣获《中国银行保险报》“年度终身寿险产品”及“年度创新保险产品”，北京人寿京富一生B款年金保险荣获今日保“年度最具影响力产品”。

（北京人寿）

证　券

湘财证券股份有限公司北京顺义营业部

【助力金融扶贫】年内，湘财证券股份有限公司北京顺义营业部（简称湘财证券）在定点扶贫工作中取得显著成绩。湘财证券顺义营业部主要对接河南省卢氏县的扶贫工作，营业部全体团员在总经理带领下多次往返卢氏县，从医疗、产业、消费和生态扶贫4个方面扎实推进扶贫工作：一是医疗扶贫方面，公司的医疗扶贫资金及时到位、当地县委县政府高度重视、基层医院认真落实。认真筛选受资助对象、督促扶贫资金用在指定范围，持续跟踪扶贫资金的使用情况、治愈情况和治愈后情况。截至年底，此项医疗扶贫项目实施近3年来，累计治愈人数600余人，帮助“因病致贫、因病返贫”的贫困患者恢复劳动能力，改善经济状况、提升生活质量，实现“治愈一人、救助一家”的目的。二是产业扶贫方面，第一期0.33公顷（5亩）欧李种植项目成活率80%以上，2020年可以挂果；新增1.33公顷（20亩）扩展农地也准备就绪。三是消费扶贫方面，通过特色农产品的精选与采购，通过员工口口相传，帮助当地特色产品营销推广。四是生态扶贫中的林业碳汇项目签署战略协议，并在持续推进中。2017—2019年，湘财证券股份有限公司分4批次向卢氏县捐赠健康扶贫、产业扶贫、消费扶贫资金共计219万元，用于支持卢氏县的脱贫攻坚工作。2018年和2019年，卢氏县委、县人民政府连续两年授予湘财证券“脱贫攻坚奉献奖”，以表彰湘财证券在卢氏县扶贫工作中的突出贡献。另外，因在卢氏县的医疗健康扶贫工作中的突出表现，还获得中国证券业协会评选的医疗健康扶贫奖。

（湘财证券）

招商证券股份有限公司北京顺义仓上街证券营业部

【概况】招商证券股份有限公司北京顺义仓上街证券营业部（简称招商证券顺义营业部）于2011年在顺义成立，是招商证券股份有限公司在北京设立的第13家A类营业部。自成立以来，以优质、专业的服务，迅速成长为顺义当地集投资、理财、融资、机构服务等为一体的综合性金融服务提供者。同时，招商证券顺义营业部积极配合顺义金融办、北京证监局、北京证券业协会等部门，长期致力于投资者教育、防范金融风险等宣传工作，为顺义地区金融发展做着不懈的努力。

（招商证券）

【支持区域发展】招商证券顺义营业部作为顺义当地规模最大的证券公司营业部，配合顺义金融办开展各项活动，紧紧围绕区域经济发展重点，履行社会责任，为广大投资者和企业建立起了解和参与证券市场的桥梁。自营业部成立以来，每年都会举办多场帮助投资者了解市场的宣传普及活动。每个月都会针对防范金融风险等主题举行小型投资者教育活动。同时，顺义营业部每年都会面对顺义当地投资者举办大型投资策略报告会，邀请专业研究员进行市场解读和投资策略分析。顺义营业部在企业服务上发扬公司平台优势，为企业打造投融资个性化解决方案。顺义营业部成立以来，成为顺义当地多家上市公司的战略合作伙伴，同时也是顺义当地多家私募基金的主券商服务提供商。

（招商证券）

旅游业

4月，第十届北京郁金香文化节——大地花海

4月，“鲜花港杯”北京花园设计展暨国际造园邀请赛成品

4 月，紫藤风车季活动在顺义奥林匹克水上公园举办

6 月，第十一届端午文化节暨 2019 年全国龙舟邀请赛在顺义奥林匹克水上公园举办

9 月 13 日—10 月 21 日，第十一届北京菊花文化节在北京国际鲜花港举办

年内，暮色中的鲜花港

旅游业综述

【概况】年内，区文化和旅游局聚焦供给侧结构性改革，以文旅融合为最大机遇找准文化和旅游工作的最大公约数、最佳连接点，在资源、产品、市场、服务、宣传、融合方面发力。2019年，全区有星级酒店15家、等级旅游景区（点）8家、旅行社59家、星级民俗旅游村36个、乡村民俗旅游户167户、乡村旅游特色业态34家、工业旅游示范点6家。

（区文化和旅游局）

【“厕所革命”取得实效】年内，等级旅游景区旅游景观厕所提升改造项目完成，实现融厕入景、智能体验、环保节能；使用市级资金改造旅游厕所13座，增加移动卫生间50个，补齐旅游基础服务设施短板。将区内39座旅游厕所上线百度地图，涉及区内5个景区和2个民俗村，解决广大游客“找厕难”“如厕难”的问题。

（区文化和旅游局）

【乡村旅游单位新增28家】年内，经市、区两级乡村旅游评定委员会评定，顺义区新增乡村旅游特色业态5家，四星级民俗旅游户6户，星级民俗旅游村17个。此次评定，本区乡村旅游特色业态增长数量在全市位列第三，星级民俗旅游村同比增长率为80%。乡村旅游精品化、高端化产业体系逐渐成形。

（区文化和旅游局）

【五星级酒店新增1家】年内，新华联丽景温泉酒店获评五星级酒店。本区星级酒店四星级以上占比50%，标志着住宿产业进入规范化、国际化、现代化管理新阶段。

（区文化和旅游局）

【推进产业项目落地】年内，《顺义区全国文化中心产业发展组五年行动计划》编制完成，聚焦产业发展核心问题，拟定2019年折子工程和重点任务。

（区文化和旅游局）

【龙湾屯镇柳庄户村入选首批全国乡村旅游重点村】年内，龙湾屯镇柳庄户村入选文化和旅游部公布的首批全国乡村旅游重点村名单。龙湾屯镇以柳庄户村为试点，发展文化旅游产业，引进北京葫芦艺术庄园、中粮名庄荟世界葡萄酒博物馆以及乡村民宿项目，形成集观光采摘、农耕体验、国际交流、艺术传承于一体的产业体系，促进乡村旅游提质增效，带动村民增收致富。

（区文化和旅游局）

【焦庄户地道战遗址纪念馆基础设施提升改造项目】年内，项目获得资金批复176.33万元，改造包括展馆、地道、民居区域共3座独立卫生间289.6平方米，游客服务中心93.94平方米，增设休息座椅20个、草坪灯77个、庭院灯72个、垃圾桶20个、大型冷热直饮水处理设备3套和中英双语指示。

（区文化和旅游局）

【接诉即办满意率100%】年内，按照“集中受理、分类处置、统一协调、部门联动、限时办理”的原则，明确专人负责，建立“7×24”、约谈、闭环管理、分类处理等工作机制，解决市民投诉66件，“三率”满意度100%。

（区文化和旅游局）

【第十届中国卫星导航年会接待工作】年内，区文化和旅游局通过制定预案明确责任分工、督导两类酒店做好入住保障、做好车辆人员路线准备确保行车安全、优化服务水平4项措施，全力保障北斗年会接待工作。出动31组107人次对酒店接待服务、安全及设备设施开展检查，接待代表2162人次。

（区文化和旅游局）

【2019年京交会顺义分会场接待工作】一是为京交会提供协议酒店13家。二是文旅展台通过高精尖科技手段展示顺义文旅发展成就、投资环境和未来发展走向，提振投资商信心。

（区文化和旅游局）

【顺义区文化和旅游局挂牌成立】3月25日，顺义区文化和旅游局挂牌成立，整合原顺义区文化委员会和原顺义区旅游发展委员会的职责，努力推进文化和旅游的深度融合，发挥文旅优势，研究拟订全区文化和旅游政策措施，统筹规划文化事业和旅游业发展。

（区文化和旅游局）

【“5·19中国旅游日”系列惠民活动】年内，区文化和旅游局紧紧围绕“文旅融合、美好生活”的活动主题，在“5·19中国旅游日”期间开展系列惠民活动。在中国旅游日当天，一是开展免费和优惠游园活动。河北村民俗文化体验园对公众免费开放，北京国际鲜花港、奥林匹克水上公园、顺义影剧院向劳模、先进工作者、军人、老年人、未成年人、残疾人等开展免费游园和观影活动。二是营造浓厚文明旅游氛围。区旅游咨询中心联动2家AAAA级景区和4家AAA级景区，开展文明旅游、安全旅游、诚信经营活动宣传，现场发放宣传资料、文明出游宣传手册，推介京津冀红色旅游、顺义区旅游资源及游览线路。三是旅游资源走出去宣传。区文化和旅游局参加市文化和旅游局在北京韩美林艺术馆举办的主题宣传活动；以展台咨询、现场讲解、主题推荐等形式宣传“品质顺义、乐享生活”的地区形象，为第五届北京顺义舞彩浅山旅游登山文化节和第四届北京顺义樱桃采摘旅游文化节造势。

（区文化和旅游局）

【第五届舞彩浅山旅游登山文化节】5月25日，由市文化和旅游局、区政府、区委组织部、区委宣传部、区文化和旅游局、区体育局主办的主题为“舞动精彩 跑进未来”的第五届舞彩浅山旅游登山文化节在舞彩浅山木林段开幕。顺义区副区长李在东，区委宣传部副部长卢海珀，区文化和旅游局党组书记、局长申志红，木林镇党委书记李刚，木林镇党委副书记、镇长李浩，区体育局党组成员、副局长杨金萌等领导和800名来自世界各国的专业越野运动员，100名知名企业家，41名来自法国、俄罗斯、西班牙、尼泊尔、丹麦等10个国家的运动越野跑爱好者，80多家中央及北京媒体共同出席开幕式。

（区文化和旅游局）

【第四届北京顺义樱桃采摘旅游文化节】6月2日，“顺义樱桃，初夏食光”第四届北京顺义樱桃采摘旅游文化节在龙湾屯镇西坡山庄开幕。本届文化节由区委组织部、区委宣传部、区文化和旅游局、区农业农村局、区园林绿化局主办。本届樱桃采摘旅游文化节，共吸引13家樱桃园参与。经过专家点评、观众品尝、投票等，评选出金奖、银奖。吉祥苑采摘园、双河果园的樱桃获得“顺义樱桃”金奖，安利隆生态农业有限责任公司、顺丽鑫生态观光农业园有限公司、山里辛庄樱桃采摘园、绿光仙境爱农庄园的樱桃获得银奖。最佳环境奖由北京喜邦生态农业有限公司获得。借助本届樱桃采摘旅游文化节，区文化和旅游局召开招商推荐会，宣传顺义旅游、农业、商业资源，推介顺义企业，树立顺义樱桃品牌，让企业家了解顺义区营商环境及招商引资政策，搭建顺义优质产品与市民对接的桥梁，发挥文旅产业富民惠民效益，促进旅游与文化、农业、商业深度融合。有效宣传宣传顺义文旅资源、打造“顺义樱桃”品牌，促进文化、旅游、农业的深度融合。同时与阿里巴巴口碑平台、中国政法大学商学院、首都文化和旅游发展研究院签订《战略合作协议》，帮助本土樱桃园“寻商机，实现高校人才供给与地方发展需求精准对接”，推动双方合作共赢；深入探讨文旅产业融合创新的新路径、新模式，带动顺义区文旅产业创新发展。本届樱桃采摘旅游文化节还推出“顺义文旅创意集市”和“进口商品超级展示区”两个特别活动。

（区文化和旅游局）

【2019 CTCIS中国文旅大消费创新峰会】6月19日，由执惠主办的2019 CTCIS第四届中国文旅大消费创新峰会在北京顺义区开幕，本次会议主题是“守正·匠心·开物”，聚合国家相关部委和地方文旅主管部门人士、行业指导机构同人、国内外文旅产业专家学者、文旅国企与民企代表高层、投资者、项目操盘手等1000余人。对接招商引资项目42个。

（区文化和旅游局）

【2019年“安全生产月”主题活动】6月26日，区委宣传部、区文化和旅游局主办“防风险、除隐患、遏事故”2019年“安全生产月”活动，活动期间，开展“安全月”系列宣传展示、《北京市生产经营单位安全生产主体责任规定》宣贯等活动，开展有限空间安全作业等培训10次，发放《安全生产法》《生产经营单位安全管理人员的法定职责》等文件资

料300份，宣传手册5000余册，提高行业人员安全生产意识。

（区文化和旅游局）

【“顺意好礼”提升品牌磁性】 年内，“顺意好礼”增加运营商4家，研发新品33件，约195款产品实现量化生产销售。12月5日，由区文化和旅游局主办、区融媒体中心协办、北京华彩创佳文化传播有限公司承办的2019北京市顺义区“顺意好礼”首届特色文化旅游商品设计征集大赛新闻发布会在北京市顺义区奥林匹克水上公园民族特色文化版权保护与展示交易中心召开。赛事承办方发布大赛组织实施方案、奖励办法并开通大赛官方网站。“顺意好礼”品牌运营方等多家企业分别签署《顺义区文化和旅游特色衍生品设计开发战略协议》，《创意中国》全国肖像展巡展活动也在本次发布会上同期启动，来自区文化和旅游局以及文化与旅游领域专家、学者、文旅届知名设计师、优质旅游企业代表及媒体记者约100人出席大赛发布会。本届大赛以“顺意新文旅·好礼惠生活”为主题，于12月5日正式启动，历时40天。参赛作品以推进“全国文化中心建设”为目标主体，以大运河文化带为背景，以顺义元素为基础定位，以创新设计为创意核心，紧扣大赛主题的精神内核，以市场需求为导向，以创意服务生活为标准，在挖掘传统文化内涵的同时，注重传统与现代科技、文化、时尚相结合。

（区文化和旅游局）

【老旧厂房改造示范项目“尺木文创”】 老旧厂房改造示范项目“尺木文创”位于后沙峪镇裕东路3号，总占地面积14146平方米，原为印刷厂老旧厂房，通过“腾笼换鸟”升级打造“尺木文创”文旅融合综合体。项目总投资2000万元，将原厂房按功能分为生态儿童探险乐园、多功能餐厅及音乐酒吧等区域，并配有文化空间、商务办公区等。

（区文化和旅游局）

【2019文化旅游行业技能大赛】 10月18日，由区文化和旅游局主办、区旅游行业协会承办、北京顺义文化旅游投资集团协办的2019文化旅游行业技能大赛开幕，区内21家文旅企业的160名参赛选手参加本次大赛，经过“服务技能”和“安全技能”两个板块的角逐，最终决出服务技能奖、安全技能奖和最佳组织奖。

（区文化和旅游局）

【2019中国——东盟博览会旅游展】 10月18—20日，2019中国——东盟博览会旅游展在广西桂林市举行。共有71个境外国家和地区，国内24个省（区、市）组团参展参会；参展商约800家，专业观众2022名；吸引300名境内外专业买家参会，其中境外买家200名。区文化和旅游局设立“顺意好礼”特色旅游商品展示区，共展销商品10余种，结合图片展示、宣传资料、现场咨询等方式向旅游业者、媒体和公众展示多元素融合的“顺义文旅”新形象，参展3天，顺义展台共接待咨询2830余人，发放图书和各类宣传资料1500余册。

（区文化和旅游局）

【北京国际旅游商品及旅游装备博览会】 10月20日，区文化和旅游局参加北京国际旅游商品及旅游装备博览会，以“顺意好礼”特色旅游商品展示为核心，共展销商品102种。灶王爷系列白酒、徽章、钥匙扣、冰箱贴等产品，以“萌”系路线和亲民价格受到市民的追捧；传统工艺系列的珐琅瓶、火绘葫芦、大漆螺钿屏风等产品，以精良工艺受到关注；区域特色食品顺鑫鑫源牛羊肉、牛栏山白酒、牵手果蔬汁、马大姐糖果等也参加本次展会。现场举办的第十五届“北京礼物”旅游商品大赛颁奖仪式上，“顺意好礼”的灶王爷系列灶福贴、福字斗方获得优秀奖，“顺意好礼”灶王白酒获得铜奖。

（区文化和旅游局）

【世界智能网联汽车大会展示顺义文旅资源】 10月22日，区文化和旅游局参加世界智能网联汽车大会暨第七届中国国际新能源和智能网联汽车展览会，推介区内优质景区资源、红色文化、大型文旅品牌、文旅名片“顺意好礼”等顺义特色旅游信息和产品，发放各类旅游宣传图册1000余份，接待旅游咨询300余人次。

（区文化和旅游局）

【“2019首届金秋文化旅游季”活动】 10月初至11月中旬，区文化和旅游局与文旅企业共同举办主题为“七彩秋色、美好顺义”的“2019首届金秋文化旅游季”活动，通过深挖秋季特色文旅资源，融合红色旅游、传统民俗、非遗、休闲健身等资源，实现文化的“软滋润”和旅游的“硬吸引”。

（区文化和旅游局）

【2019第二届北京顺义文旅发展高峰论坛】12月19日，由顺义区委宣传部、顺义区文化和旅游局主办的“融合·新生态”2019第二届北京顺义文旅发展高峰论坛在顺义新华联丽景温泉酒店开幕。共举办10场嘉宾主题演讲、2场圆桌论坛。

（区文化和旅游局）

【“激情冰雪、慢享温泉”第五届北京顺义冰雪温泉欢乐季】12月20日，由区委宣传部、区文化和旅游局主办的“激情冰雪、慢享温泉”第五届北京顺义冰雪温泉欢乐季开幕，通过开展“周游顺义”线上大型情景互动游戏、“寻找非洲火烈鸟”事件营销活动、“万人接力猜灯谜”传统文化体验以及顺义区首张“全域文旅平台·惠民金卡”四大主题活动，全方位推介顺义冬季文旅资源，展示顺义冬季城市魅力。

（区文化和旅游局）

文旅集团

【概况】北京顺义文化旅游投资集团有限公司（简称文旅集团），为区属国有企业，注册资金6.05亿元。公司下辖北京顺旅水上公园投资发展有限公司、北京鲜花港投资发展中心、北京顺旅三高文化发展有限公司等二级企业16家，三级企业8家。年内，文旅集团按照做顺义区文化旅游产业的传动器、助推器和孵化器的企业定位，致力于文化旅游全产业链投资运营，打造具有市场竞争力的文化旅游投资集团。明确“建设精品项目，引领精致生活”的服务理念，更好地满足人民对美好旅行生活的向往。

（文旅集团）

【产业布局】年内，以三大园区为依托，深化平台建设，全面整合顺义区文化旅游资源，从公共服务和市场运营两大方面激发文化、旅游、体育、商业的经济社会效益，打造“文旅体”全产业链，形成多业态融合发展。在文化板块，致力于会展经济、文化教育、广告策划、演出运营、项目投融资等多业态开发。在旅游板块，以文化旅游融合为核心，探索构建旅游目的地消费、住宿餐饮消费、文旅活动体验、旅行社服务全产业链运营，旗下顺义奥林匹克水上公园景区获“2019首都景区融合创新发展典范”称号。在体育板块，聚焦水上专业赛事承接和体育活动运营，大力发展体育训练、体育教育、体育旅游、体育文化传播、体育健康等各个门类。

（文旅集团）

【北京顺义国家农业科技园区获评优秀园区】年内，科技部农村科技司对118个国家农业科技园区开展综合评估，北京顺义国家农业科技园区在此次评估中获评优秀园区。北京顺义国家农业科技园区于2010年12月获批成立，按照“一园两区”建设格局，主体为文旅集团所属的北京国际鲜花港和三高示范区两大园区，重点突出科技活动、产业融合、组合交易、综合交流、研发服务、低碳生态六大功能定位。

（文旅集团）

【春畅旅行社】1月，文旅集团下属北京顺旅旅游文化产业发展有限公司全资收购北京春畅旅行社有限责任公司。春畅旅行社作为顺义区第一家旅行社，业务范围广泛，初步形成品牌并积累大量客源，此次收购旨在整合区域旅游资源、挖掘市场消费潜力、有效衔接产业主体和客户资源，打造文化旅游全产业链运营。

（文旅集团）

【第十届北京郁金香文化节】4月5日—5月6日，历时32天的第十届北京郁金香文化节在北京国际鲜花港举办。以“丝路花语·春满京城”为主题，展示130余种400余万株优质郁金香，布展面积9万余平方米，累计接待游客逾27万人次。其间，“鲜花港杯”北京花园设计展暨国际造园邀请赛开幕，吸引来自中国、英国、匈牙利3个国家16支队伍参赛。

（文旅集团）

【紫藤风车季】4月5日—5月5日，历时31天的紫藤风车季活动在顺义奥林匹克水上公园举办。开展玩风车、赏紫藤花海、放风筝、观大型稻草人展、看萌宠表演等系列活动，共接待游客22万人次。

（文旅集团）

【国家北京顺义体育训练基地】 5月，文旅集团所属顺义奥林匹克水上公园被国家体育总局正式命名为“国家北京顺义体育训练基地”。国家赛艇队、国家皮划艇队及水上中心跨界队进驻训练。基地内体能康复训练中心和运动员休息区等设施，可满足300名运动员的体能训练、康复治疗、科研测试、实战模拟和餐饮住宿等需求。9月，文旅集团下属北京顺旅酒店管理有限公司正式接管运动员餐厅。

（文旅集团）

【花港蝶园】 5月，文旅集团立足北京国际鲜花港花卉资源优势，引入蝴蝶园项目，打造蝶舞花海盛景。花港蝶园的建设，一是填补鲜花港两季大型花展间的空档期，带动园区经济效益增长，解决鲜花港单一业态运营的现状；二是履行国企责任，在拆违工作中为保护顺义旅游品牌做出贡献，有利于持续扩大顺义文化旅游产业的影响力。11月，花港蝶园建设项目完成公开招标，12月底，项目施工完毕。

（文旅集团）

【端午文化节】 端午节期间，文旅集团组织承办第十一届端午文化节暨2019年全国龙舟邀请赛、2019北京国际龙舟邀请赛、第九届“牛栏山杯”龙舟大赛等系列赛事，吸引800余名龙舟爱好者参赛。在顺义奥林匹克水上公园举办民俗市集、包粽子比赛、旱地龙舟赛和非遗文化展示体验等活动，营造浓郁的端午文化氛围，共接待游客近2万人次。

（文旅集团）

【第二十八届北京国际燕京啤酒文化节】 6月28日，历时11天的第28届北京国际燕京啤酒文化节在顺义奥林匹克水上公园开幕。本届啤酒节围绕“啤酒+”理念，融入美食、音乐、旅游、体育、文化、扶贫等元素，为庆祝中华人民共和国成立70周年特设“伟大的道路”主题展，设立怀旧经典场、冬奥冰雪体验区、对口帮扶展示区、音乐人种子计划赛区、盱眙国际龙虾节等特色主题展区，为游客带去视、味、听、嗅、触觉五位一体的浸没式体验。啤酒节设置140余个摊位，提供200多种中西美食，共接待游客40多万人次，有效带动夜间经济消费。文化节期间，专设直达顺义奥林匹克水上公园的便民公交专线2条，方便市民出行。

（文旅集团）

【北京国际燕京啤酒文化节走进盘山】 7月12—21日，第二届盘山国际燕京啤酒音乐节在天津市蓟州区盘山风景区举办，场地面积8000平方米，分为酒水售卖区、美食售卖区、休闲区、文艺演出区和娱乐区等区域。本次燕京啤酒音乐节是燕京啤酒文化节“走出北京”，输出品牌的关键一步，让更多市民不到顺义就能感受燕京啤酒文化节的魅力与氛围。

（文旅集团）

【飞盘项目基地】 9月，中国极限运动协会飞盘项目基地、世奥（北京）飞盘学院落户顺义奥林匹克水上公园。充分发挥场地优势，组织承办飞盘国际国内赛事，并在全区开展“飞盘运动进校园”活动，推广普及飞盘运动文化。

（文旅集团）

【第十一届北京菊花文化节】 9月13日—10月21日，历时39天的第十一届北京菊花文化节在北京国际鲜花港举办。以“菊蕴花港·盛美中华”为主题，展示以菊科和亚菊科为主的秋季露地花卉34种，精品大菊200余种，布展面积10万平方米以上，接待游客逾12万人次。围绕中华人民共和国成立70周年，打造中国传统文化和书画艺术创作相结合的主题书画展，展现繁荣和谐的社会风貌。9月18日，由中国农民丰收节组织指导委员会办公室指导、农民日报社组织开展的2019年“中国农民丰收节”100个乡村文化活动推选结果公示，北京菊花文化节成功入选。

（文旅集团）

【奥林匹克文化】 11月，东京奥运会赛艇国家队选拔赛（顺义站）在顺义奥林匹克水上公园开赛。本次选拔赛由中国赛艇协会主办，顺义奥林匹克水上公园承办。比赛设置男子单人艇、女子单人艇、男子双人单桨、女子双人单桨4个项目，60余名国家队运动员同场竞技，根据最终排名获得奥运积分。同月，国际奥委会考察团赴顺义奥林匹克水上公园，就奥运城市“奥林匹克”标识的赛后利用和品牌保护工作，进一步传承好奥林匹克精神展开调研。

（文旅集团）

【柳庄户村民宿项目】年内，文旅集团旗下首个精品民宿项目——柳庄户民宿项目，总投资约2547万元，其中，财政资金800万元、公司自投资金1747万元。项目包含民宿院落22间，其中，一期院落14个、二期院落8个，总建筑面积约5000平方米。施工内容主要包括22间民宿院落的拆除改造、建筑装饰、基础设施建设等工程。截至12月底，所有院落租赁合同签订、可研报告编制、设计方案会审完成，部分院落拆除、建筑结构和基础设施改造工作完工。

（文旅集团）

【斯巴达活动】年内，文旅集团与英菲尼迪斯巴达品牌合作，在顺义奥林匹克水上公园举行2019英菲尼迪斯巴达勇士赛/勇士儿童赛（北京站），吸引近8000名勇士和12000名小勇士参赛。其中，勇士儿童赛新增挑战障碍“奥林匹斯之巅”，参赛人数创历史新高。

（文旅集团）

农业与农村建设

4月9日，顺义区西甜瓜综合试验站在北京顺沿特种蔬菜基地应用现代农业新技术，实现日光温室"伊丽莎白"甜瓜提早上市

5月28日，种植中心农科所所长杨殿伶带队查看农膜回收利用试点项目木林镇农膜回收情况

10月30日，区种植中心蔬菜服务中心指导木林镇贾山村农户种植的榆黄蘑长势喜人

10月8日，区种植中心荆垡工作站工作人员组织农户到春大棚茄子示范点观摩茄子换头后田间长势及果实品质

年内，区经管站工作人员前往农民合作社开展调研

12月20日，种植中心蔬菜服务中心技术人员在杨镇新庄子村指导平菇生产

年内，农机技术人员到田间检查小麦成熟情况

年内，农机技术人员到农机合作社检查小麦收割机检修情况

农村工作综述

【概况】年内，本区紧跟国家战略，着力构建体现首都核心功能、突出顺义特色的农业产业体系，不断推动顺义农业高质量发展。加快补齐短板，激发发展活力，巩固美丽乡村建设成效。聚力精准帮扶，发展集体经济，提升农民获得感。农林牧渔业总产值43.37亿元，同比下降6.3%；全区居民人均可支配收入39948元，增长9.4%。

（区农业农村局）

【农地保护水平不断提高】年内，持续对疑似“大棚房”问题的图斑全面清查核查。建立“大棚房”长效监管机制，实现“一棚一码”。通过加强土地平整、灌溉节水、农田防护等措施，对农田、水利设施、道路进行综合整治，优化土地利用结构与布局，完善田间基础设施。完成2019年耕地地力保护补贴，补贴面积5666.67公顷（8.5万亩），补贴金额2559万元。

（区农业农村局）

【农业绿色发展成效良好】作为北京市唯一一个第一批列为农业部国家农业可持续发展试验示范区暨国家农业绿色发展先行区。年风，顺义区通过强化顶层设计、强化源头治理、强化循环利用等措施，不断提升农业绿色发展动能。打造出政府支持、市场主导、社会参与的“顺义模式”，实现全域菜田废弃物循环利用，并在全市推广。

（区农业农村局）

【农业科技含量不断提高】一是通过强化科技人才储备、搭建人才对接平台，不断推动农业科技进步。年内，本区农村实用人才总量突破2000名。二是全面提高农业机械装备水平，主要农作物（玉米、小麦）耕种收综合机械化率达到98%以上。三是推动农业高质量发展。打造5个“龙头企业+中小企业+合作社”农业产业化联合体试点、实施“一村一品+休闲农业”试点工程。深化农业品牌建设，本区有“北京农业好品牌”7个、“北京农业好基地”13家、市级以上农业产业化龙头企业18家。2019年“中国农民丰收节”北京市顺义区庆祝活动的举办，获得国务院副总理的高度评价。创建国家农产品质量安全县，2019年度农产品样本检测合格率100%。

（区农业农村局）

【农村人居环境整治】年内，将美丽乡村建设工作纳入到大党建绩效考核体系，强化管理。累计完成《村庄规划》编制356个，其中204个获得区政府批复。全区性专项整治行动开展4次，共发现、整改各类问题8万余处。在104个村实施污水治理工程，42个村污水设施投入使用。改造农村公厕112座，户厕5692户。清除私搭乱建、侵街占道1.9万余处84万平方米。完成绿化面积33.69公顷（505.34亩），栽植乔灌木5.1万余株，地被植物5.37万平方米。全区粪污无害化处理率和资源化利用率达到85%以上。

（区农业农村局）

【农村地区村庄冬季清洁取暖】年内，仁和镇庄头村325户“煤改电”工程改造完成。实施优质燃煤替代工程，共配送优质燃煤3.2万吨。健全清洁取暖设备的长效运行管护机制。通过制定管护方案、加强政策宣传、分批会议部署、建立日报机制、专项约谈督促、入镇走访调研等措施，做好村民供暖保障工作。

（区农业农村局）

【农村基础设施建设】年内，投资1695万元，在全区17个镇新建连村路灯3000盏，最大限度解决村民夜间出行难题。投资935万元，新建太阳能公共浴室11座，解决村民冬季洗澡难的问题。对村庄内未硬化的街坊路进行新建和已硬化的街坊路中破损处进行修缮，由各镇按照区级实施方案中的标准和要求逐年组织实施，改善村民出行条件。

（区农业农村局）

【基层党组织建设】年内，全区426个村“两委”换届完成，共选出村党组织班子成员1420人。《顺义区各镇党政领导班子和领导干部推进乡村振兴战略实绩考核办法》研究通过，党对农业农村工作的领导进一步强化。《“村规民约”推进协同治理》入选首批全国乡村治理典型案例。“顺义农工”微信公众号影响力持续扩大，累计刊发文章1065篇，总浏览量近25万次。

（区农业农村局）

【低收入农户精准帮扶】 充分发挥顺义区推进低收入农户增收及低收入村发展工作领导小组的作用，按照分类施策、因人施策、长效巩固相结合的原则，“六个一批”精准帮扶措施扎实落实，通过就业帮扶、教育救助、社保兜底、危房改造等方式，促进低收入农户增收及低收入村发展取得阶段性成果。安排专项资金3941.94万元，在3个低收入村建设蔬菜标准化基地产业发展项目并投入生产，号召区属企业开展对接帮扶，形成“一企一村”帮扶模式。开展339户低收入农户危房改造工作，持续改善农户居住条件。2019年，本区低收入农户人均可支配收入16018元，同比增长17.0%，绝对值位居全市首位，全部低收入农户收入水平超过认定标准线。

（区农业农村局）

【农村集体经济规范化发展】 年内，445个集体经济组织和94个所属企业“清产核资”工作完成，进一步摸清集体家底、理清产权权属、管好集体资产；加强农村集体资源管理，依托北京市产权交易平台，累计成交农村产权交易项目91宗，成交金额20086.05万元，为集体资产保值增值发挥重要作用。

（区农业农村局）

【农村土地管理】 年内，稳定农村土地承包关系，农村土地承包经营权确权登记颁证工作基本完成，累计打印确权证书7.27万份；完成全区农村宅基地情况调研和闲置农宅利用统计工作，编制《宅基地管理指导意见（征求意见稿）》，为做好宅基地管理工作提供基础数据和政策支撑。

（区农业农村局）

【美丽乡村建设】 年内，先后启动春季、夏季、秋季、冬季4次农村人居环境整治专项行动，建立问题台账，共整改上账问题8万余处。多部门联合形成督导检查组、美丽办形成日常检查组深入全部现状村庄进行多轮检查指导。为保证各项工作顺利推进，围绕污水治理、户厕改造、绿化美化、私搭乱建、资金支持等重点工作和人居环境整治进展，召开会议40余次，撰写工作简报130期。联合起草印发方案、办法、意见等多个政策性文件。

（区实施乡村振兴战略推进美丽乡村建设专项行动领导小组办公室）

【农业生态建设】 年内，实施化肥减量增效和化学农药减量控害，化肥利用率达到41.2%，测土配方施肥技术物化落地率达到98%；农药利用率达到44.21%，统防统治覆盖率达44.5%，绿色防控覆盖率达到60%。通过配备“收集—贮存—清运”设施，实现畜禽养殖场粪污生态消纳，现有规模畜禽场粪污处理设施装备率达到100%，粪污资源化利用率达到85%以上，完成市级年初目标任务。

（区农业农村局）

【培育宜居宜业特色村】 经本局推荐，北小营镇前鲁各庄村获评第九批全国一村一品示范村和第三批北京市特色专业示范村和中国美丽休闲乡村荣誉称号，特色产品为张堪水稻。北郎中村和柳庄户村开展“一村一品+休闲农业”试点建设项目，发展各具特色的乡村产业。

（区农业农村局）

【“菜篮子”区长负责制】 年内，完善组织制度建设和工作机制，设立由区长任组长，主管副区长为副组长，区农业农村局等19个单位及19个镇政府为成员的顺义区“菜篮子”工作领导小组，联合区发改委等6家单位制定《顺义区“菜篮子”区长负责制实施方案》。

（区农业农村局）

【“百名专家兴顺工程”持续推进】 年内，“百名专家兴顺工程”持续推进，鼓励科研机构和专家，深入生产一线，探索长期稳定的对接模式，有效推进农业科技进步，促进农民增收起。有效引导专家资源和支持农业科技创新要素集中向农业科技示范园区、农业科技示范基地倾斜，加快农业科技创新成果向现实生产力转化。

（区农业农村局）

农村经济管理

【概况】 年内，区经管站认真贯彻落实党的十九大，十九届二中、三中、四中全会精神和中央农村工作会议及北京市农村工作会议精神，深入学习贯彻习近平总书记系列重要讲话，以“四个全面”战略布局为引领，以创新、协调、绿色、开放、共享的发展理念为指导，坚持依法履职，做好本区农村经济管理各项工作。

（区经管站）

【土地确权登记颁证】在全区15个乡镇开展农村土地承包经营权确权颁证工作，截至2019年底，打印完成72707本证书。

（区经管站）

【涉农仲裁调解】年内，完成农村土地承包经营纠纷调解仲裁培训工作，组织开展镇村两级农村土地承包经营纠纷仲裁员、调解员培训，共计400余人。2019年，接到电话来访170余件，调解纠纷27件。

（区经管站）

【农村集体经济合同管理】年内，对现有农村集体经济合同进行规范管理，严格合同签订程序。其中，设施农业合同整改232份，剩余25份待整改；农业园区用地合同整改37份，剩余18份待整改；农村经济合同整改规范11507份，剩余6323份问题合同继续整改中。按照区政府工作部署，对全区养殖业用地合同进行清理，承包合同签订2821个，租赁合同签订2572个，转租合同签订175个，未签订合同67个。

（区经管站）

【农村集体资产清产核资】年内，会同农业农村局研究制定《顺义区清产核资工作实施方案》《工作细则》《验收方案》《顺义区农村集体资产清产核资相关资产处置程序》等配套文件。举办业务培训5期，培训1200余人。全区清产核资单位538家，资产总计257.74亿元，其中，镇级73.96亿元、村级183.78亿元；经营性资产64.16亿元，占总资产的24.89%；负债总计97.92亿元，其中，镇级62.19亿元、村级35.73亿元。村级集体土地总面积为85700公顷（128.55万亩），其中农业用地61380公顷（92.07万亩），占总面积的71.62%；建设用地24273.33公顷（36.41万亩），占总面积的28.32%；未利用地46.67公顷（0.07万亩）。

（区经管站）

【产权交易平台建设】年内，根据《顺义区农村经济合同管理办法》中明确规定，发包（出租）给集体经济组织以外的单位或个人的项目，必须通过北京市农村产权交易平台进行。2019年，本区在市产权交易所挂牌项目32宗，成交18宗，总成交额3577.79万元。

（区经管站）

【农村集体经济审计监督】年内，组织19个镇的集体经济审计部门，对2018年村级公益事业专项补助资金共计11904万元的管理使用情况进行专项审计。加强整改落实工作，对2018年村“两委”主要负责人经济责任审计和2018年村级公益事业专项补助资金管理使用情况审计查出的问题，要求各镇建立整改台账、制定整改措施，按照整改要求逐条整改。

（区经管站）

【农村集体经济组织登记证书变更换发】年内，贯彻落实农业农村部和市农业农村局相关文件及通知精神，原由各区政府负责发放并加盖公章的《北京市农村合作经济组织登记证书》，统一调整为由各区农业农村局负责发放、农业农村部统一监制、市农业农村局统一印制的《农村集体经济组织登记证》，并加盖公章，具体工作按全市统一部署同步推进，换证工作全部完成。

（区经管站）

【农民合作社规范化建设】年内，以农民合作社示范社建设为抓手，把示范社建设制度化、规范化、程序化，构建示范社建设的长效机制。顺义区农民专业合作社理事长素质提升培训班举办2次，培训200人次；开展理事长座谈会1次，征求合作社发展中存在的问题，并结合问题开展针对性调研工作。

（区经管站）

【农经统计分析和专项监测】年内，完成全区19个乡镇、124个农村集体企业、426个村的《农经统计年报》的数据收集、审核、分析、上传工作，形成《农经综合统计年报分析报告》。持续监测低收入村户各项数据变化，确保实时更新，完成低收入村户收入情况的统计、审核、分析、上传工作及低收入村户动态监测报告。截至年底，监测低收入户为2575户，5055人。完成60个农畜产品成本核算点的成本监测分析工作。

（区经管站）

新农村建设

【概况】年内，实施优质燃煤替代工程。取暖季配送优质燃煤3.2万吨，保障用煤农户全部温暖过冬。本区“两气一室”综合运行率居全市首位，得到市、区相关领导的充分肯定。开展北小营镇小胡营村农村能源综合建设项目、沼气站餐厨垃圾无害化处理与资源化利用试验项目、沼液滴灌项目、连村路灯智能化管理项目等试验示范项目，探索农村能源利用新方式。定期检查农村路灯维修运行工作，方便村民夜间出行。做好农村能源新产品和新技术的推广示范工作。

（区新农办）

【仁和镇庄头村“煤改电”】年内，为进一步巩固“无煤化”成果，仁和镇庄头村“煤改电”改造任务于11月15日前完成，共安装取暖设备344台，其中农户安装325台，村委会及附属公益设施安装19台。

（区新农办）

【连村路灯新建3000盏】年内，在全区17个镇安装连村路灯3000盏，工程于5月开工，9月底竣工并投入使用。

（区新农办）

【太阳能浴室新建11座】年内，在全区6个镇新建太阳能浴室11座，采用“太阳能+地源热泵”双系统采暖，通过实施太阳能公共浴室建设项目，最大限度解决村民冬季洗浴难题，改善农民生产生活条件，提高农村居民生活质量。

（区新农办）

【“煤改清洁能源长效管护工作”】年内，全区19个镇成立镇级“煤改清洁能源”售后服务中心，有效保障冬季设备日常维修，确保百姓温暖过冬；区财政对每个镇级售后服务中心每年补贴40斤元，主要用于售后服务中心日常运行费等支出。通过制定《管护方案》、加强政策宣传、分批会议部署、建立日报机制、专项约谈督促、入镇走访调研等措施，做好村民供暖保障工作。

（区新农办）

【两气一室长效管护】年内，全区“两气”站和太阳能公共浴室综合运行率居全市首位。对全区10座“两气”站定期和不定期进行安全检查、技术培训和硬件维护，规范安全管理，保证安全稳定高效运行；对303座太阳能公共浴室制定系统化、科学化的管护制度，形成区、镇、村、维护企业四级管理机制，达到动态运行率99.3%以上。充分利用广播、电视、报刊、网络和新媒体等多种形式，全方位、多层次地宣传农村能源新技术、新方法。通过集中培训和现场培训等形式，培训“两气”站一线管理人员、太阳能公共浴室管理员1000余人次，建设农村能源专业化队伍。

（区新农办）

【农村地区村址内街坊路新建及修缮工程】10月，农村地区村址内街坊路新建及修缮工程开工。项目共涉及1个镇。区农业农村局负责招聘第三方管理公司对该项目实行全过程管理，施工、设计、监理由相关镇具体负责实施，年内完成路面建设38675平方米。

（农村建设科）

农业机械化

【概况】年内，顺义区农业机械化工作围绕“推进产业转型升级”这一主题，加大调结构、转方式工作力度，在治理农业环境、改革购机补贴办法、推广农机新技术等方面取得新进展，初步呈现出绿色发展态势。农机服务组织参与社会化活动日趋活跃，影响力不断扩大。农业机械化事业为农业“调、转、节”和农业供给侧结构性改革提供动力保障。在促进农业增效、农民增收、农村资源利用方面发挥着引擎作用，为顺义区都市型现代农业提供技术支撑。

（区农机中心）

【农业机械化总体水平】年内，农机总动力21.2万千瓦，拥有种植、养殖、农产品初加工等各业农机装备2万台（件）。拥有各级各类农机社会化服务组织及农机专业户33个，农机从业人员2100人。小麦生产全过程机械化水平继续保持100%，玉米生产全过程机械化水平为99%。

（区农机中心）

【农机购置补贴新办法实施】农机购置补贴新办法的主要原则为“自主购机、定额补贴、先购后补、区级结算、直补到卡（户）”。根据《2018—2020年北京市农机购置补贴实施方案》精神，《2018—2020年顺义区农机购置补贴实施细则》制定出台，就补贴机具类型、实施范围、补贴对象、补贴标准、操作流程和工作要求等方面提出具体实施办法。截至年底，全区农机服务组织（户）利用新办法共购置各种农机具11台，总价值342.92万元，享受政策补贴50.7万元。购置机具有拖拉机7台、青饲收获机2台、铧式犁2台，涉及李遂、大孙各庄、赵全营、南彩、牛栏山、北石槽6个镇的10家农机合作社或农机专业户。

（区农机中心）

【重要农时季节农机作业】年内，春耕生产全区投入各类农机具980台（件），完成春播作物2480公顷，其中春玉米1826.67公顷；三夏生产全区投入各类农机具850台（件），完成小麦收割3953.33公顷，完成夏玉米播种5200公顷；三秋生产全区投入各类农机具1100台（件），完成玉米收获6900公顷，完成小麦播种4000公顷。

（区农机中心）

【粮食作物秸秆综合利用】年内，春耕2460公顷越冬残留玉米秸秆和根茬全部实施粉碎还田，实现肥料化，利用率为100%。三夏3953.33公顷小麦秸秆，其中粉碎还田3773.33公顷，实现肥料化；收集打捆180公顷，实现商品化，利用率为100%。三秋6900公顷玉米秸秆，其中粉碎还田3193.33公顷，实现肥料化；青（黄）贮收获3586.67公顷，实现饲料化和商品化，利用率为98.26%。全年粮食秸秆实现全面禁烧。

（区农机中心）

【项目建设】年内，市农业农村局将顺义区列为“2019年北京市秸秆综合利用重点区创建”项目，中央财政支持资金994万元。项目建设内容：一是依托区内的兴农天力、鑫利、万顺旺3家部市级农机合作社，增加购置粮食秸秆精细化收集和深加工设备，进一步提高秸秆利用水平，推动形成秸秆利用产业化发展格局。二是对承担且中标2019年度菜田废弃物循环利用的“北京奥格尼克生物技术有限公司”的设备改造升级，扩大废弃物回收种类和提升循环利用水平，继续深化“顺义模式”的影响力。利用中央支持资金给予4家单位70%的设备购置补贴。

（区农机中心）

【蔬菜废弃物循环利用】年内，全区蔬菜种植面积为3586.67余公顷。经公开招标，“北京奥格尼克生物技术有限公司”中标蔬菜废弃物循环利用生产项目。至年末累计清理蔬菜废弃物12万吨，制成有机肥1.46万吨。区财政支持资金1103.23万元，其中补给奥格尼克公司862.04万元，补给园区种植户215.51万元，支付招标代理及项目监理费用25.68万元。

（区农机中心）

【互联网+农机】三夏期间，赵全营镇兴农天力农机合作社在2台小麦联合收割机上各安装1台互联网设备进行示范，对小麦收割机作业轨迹、作业面积、籽粒产量等技术参数进行监测，实时将数据传回监测中心。李遂镇鑫利农机合作社在三夏期间，在2台玉米播种机组上各安装1台互联网设备进行试验，对夏玉米播种作业轨迹、作业面积、开沟深度、下种量等技术参数进行监测，实时将数据传送到监测设备上。

（区农机中心）

【农机新技术推广】年内，投资48万元在木林镇“绿富农”果蔬产销专业合作社和大孙各庄镇湘王庄村推广塑料大棚加装电动卷帘机30台。安装电动卷帘机后塑料大棚，变为温室大棚，延长冬、春两季蔬菜种植期，使过去蔬菜生产时间由4—10月延长至全年，菜农可多收获冬、春两茬青菜。

（区农机中心）

【农机手技能大赛】11月15日，由区农业机械化学校主办、赵全营镇兴农天力农机合作社协办的“顺义区第四届农机手技能大赛”举行。大赛采取“以赛代训”的方式，内容包括农机常识、《安全生产法规》、新农村建设等理论科目和场地驾驶实际操作科目。全区农机手60余人参加大赛，评出一等奖1名，二等奖3名、三等奖8名，评选出最佳组织奖

1名。

（区农机中心）

【农机尾气治理】年内，农机尾气治理任务主要是对300台利用补贴政策购买的拖拉机加装污染物减排控制装置。经过招标、采购等环节，年底改造安装60台。

（区农机中心）

【农机安全生产】年内，共检验拖拉机及联合收割机1219台，完成机械行政许可事项1471项；新增（包括增驾）拖拉机及联合收割机驾驶员89人，完成农机驾驶员行政许可事项162项；签订区镇两级农机安全生产责任书32份，签订镇村级农机安全生产责任书300份；发放宣传资料2000份、宣传用品50件、答疑60人次；检查农机维修网点48家（次）和农机合作社28家（次），培训镇级农机安全生产主管人员41人（次）和农机驾驶员243人（次），田间执法检查作业农机2000台（次），检查园田机械500台（次）。全区未发生重大农机安全生产事故。

（区农机中心）

【农机从业人员培训】年内，区农业机械化学校开展拖拉机驾驶员培训3期，培训61人；按农时季节培（复）训农机驾驶员4期、190人；以田间学校方式培训农机使用人员200人；培训北京市及顺义区新的农机购置补贴办法2期93人。

（区农机中心）

【农机合作社建设】10月15日，赵全营镇兴农天力农机合作社被北京市科委、北京市财政局等4部门评为“高新技术企业”。10月29日，国家农业农村部公布第一批全国“全程机械化+综合农事”服务典型名单，赵全营镇“北京兴农天力农机服务专业合作社”名列名单之首。农业农村部按照服务基础条件好、全程农机作业服务能力强和综合农事服务成效显著的标准，遴选确定70个全国“全程机械化+综合农事”服务典型组织。

（区农机中心）

【农民丰收节】9月22日，北京市第二届农民丰收节在赵全营镇兴农天力农机合作社开幕。丰收节的主题为“礼赞丰收，致敬农民，祝福祖国”。会上宣读全国十佳农民名单并颁发全国十佳农民证书。本次丰收节主会场设在兴农天力农业园内，通过南北两大展区，集中展示农业丰收之景。南区以万亩田园风光为主题，由鲜花组成的“农民丰收，乡村振兴”图案，鲜艳醒目引人入胜。在田间地头种植着各种农作物，展现出一派丰收景象，百亩向日葵花海尽显田园浪漫。北区以传统农业文化展览展示为主，在展览展示大厅内，共设“丰收盛况”“丰收记忆”等12个展区，通过图片充分展示中华人民共和国成立70年来农业农村发展的辉煌成就，热情讴歌亿万农民为我国现代化发展做出的贡献。北京市第二届农民丰收节从9月22日开幕，至10月7日闭幕，历时16天，共接待游人16万人次，实现收入650万元。

（区农机中心）

种植业

【种植业生产】2019年，粮经类作物收获面积10200公顷（15.3万亩），总产量6203.3万千克，总产值1.2亿元，同比分别增加0.6%、3.6%、9.1%。蔬菜播种面积8051.88公顷（120767.82亩），同比增加10.4%；上市总量57950万千克，同比减少1.68%；销售收入143416万元，同比减少4.89%。粮经类作物中，小麦收获面积4066.67公顷（6.1万亩），平均单产363公斤，总产2214.3万公斤，产值4960万元；玉米收获面积6066.67公顷（9.1万亩），单产425公千克，总产3867.5万千克，产值6574.8万元；经济作物类（白薯、豆类、花生）种植面积105.41公顷（1581.1亩），总产121.5万千克，产值352万元。

（区种植中心）

【农业信息调查统计】统计上报农业部、北京市相关粮经、蔬菜信息16类128期。包括春白地面积及播种计划统计，春耕、三夏、三秋生产进度统计，粮经作物种植档案统计，农业部农情调度数据管理系统、农情基点信息，北京市物价监测信息采集系统和蔬菜品种、面积、产量、价格等生产信息监测，北京市农资价格监测网和农业综合统计信息采集系统、蔬菜生产情况统计、农产品产地市场信息监测统计等。

（区种植中心）

【农情监测】年内，利用66个苗情、墒情、水肥情、病虫草鼠害、有害生物监测网络，监测270余次，提出科学合理的生产管理建议及病虫草鼠害防控指导意见32篇，指导春耕、三夏、三秋等关键农时的生产。全区粮菜作物病虫草鼠害发生面积108866.67公顷，防治面积161793.33公顷次。

（区种植中心）

【新品种新技术试验示范】年内，开展国内、外瓜菜新品种试验示范100余个；新型滴灌带节水灌溉、瓜果类蔬菜生物防治技术示范等10余项；推广西瓜L600、玉米京科糯2010、茄子品种黑大帅等优新品种9个，鲜食玉米错期播种、蔬菜多层覆盖增温等实用技术8项。

（区种植中心）

【科技培训】年内，承担果类蔬菜、叶类蔬菜、西甜瓜、食用菌和粮经5个北京现代农业体系综合试验站建设工作。依托创新团队项目，在综合试验站的试验示范带动下，以田间学校工作站的形式，与农户面对面，现场解决实际问题，指导农业生产，培养新型农民。组织各类生产技术培训、观摩45期2531余人次。

（区种植中心）

【蔬菜种苗产业】年内，全区有集约化育苗场14家，育苗户500余个。14家蔬菜集约化育苗场全年提供各类种苗3000多万株，育苗种类包括番茄、大椒、茄子、西瓜、甜瓜、黄瓜、生菜、菜花等。以北务、杨镇、李桥等镇为主的500余个育苗户提供嫁接西瓜、甜瓜、番茄等种苗数量600余万株。

（区种植中心）

【蔬菜产业提升】年内，开展百名专家兴顺工程，聘请中国农科院、中国农大等10余家单位35名专家，落实合作项目40项。抗病品种、嫁接模式、封闭无土栽培模式的设施蔬菜化肥减施技术模式在顺义区得到推广；基质化栽培、番茄长季节栽培、西甜瓜丰产优质等技术在顺义区开始应用；高品质、高产、耐裂中型西瓜新品种“京美”在顺义区大面积示范推广，2019年春季全区甜王类西瓜种植达到80%以上。在杨镇建立万亩镇集约化育苗场1个，建立“七统一”生态园区8个，探索建立基质化栽培园区6个。

（区种植中心）

【植物检疫】年内，签发产地检疫合格证50批次，种子178.48万千克，草坪12万平方米，苗木12.54万株；签发调运检疫证书350批次，调运种子47.70万千克。

（区种植中心）

【农产品质量安全监管】年内，对蔬菜基地开展“双随机”抽查与日常检查187家次，针对发现的问题提出具体整改意见。组织25家基地开展无公害首次认证、复查换证及扩项认证，全区蔬菜认证率达到74.5%。北京市优级标准化基地评选推荐4家参选，8家基地进行复评。加大全区蔬菜农药残留抽检力度，农业部级、北京市级抽检524个样本；区级快速抽检18174个样本，34种农药残留定量抽检483个样本，合格率均为100%。

（区种植中心）

【农业执法】年内，对农药、种子、肥料等种植业投入品质量进行市场监管。检查农资生产、经营和使用单位874个次，抽检农资样本213个，立案3起，当场处罚5起，罚没款15334元；责令限期改正12起；责令26家农药经营单位下架不合格农药产品40种220.52千克，货值金额21602.82元。

（区种植中心）

【基本菜田补贴】年内，对全区17个镇249个村5694个蔬菜生产主体实施基本菜田补贴，补贴面积3417.66公顷，补贴资金23286058.3元。

（区种植中心）

【农业面源污染控制】一是实施农业农村部“果菜茶有机肥替代化肥”项目，在31家基地666.67公顷菜田重点推广复合微生物菌剂、配方肥、水溶肥、生物有机肥790吨，建立核心示范区2个，开展5家品牌质量升级。二是区政府农业面源污染项目菜田增施有机肥和菜田节药2项任务，涵盖全区基本菜田3426.94公顷，每亩补贴有机肥1吨，覆盖5800多个生产主体，回收废旧地膜150余吨，兑换新地膜200吨；采购发放生物农药和高效低毒低残留农药13.92吨，实施常规农药替代926.67公顷（1.39万亩），累计减少农药用量6.25吨，回收、销毁农药包装废弃物315万个。

（区种植中心）

【绿色防控】《顺义区2019年推广应用绿色防控产品实施方案》制定，5月29日正式启动，对15个镇4597个补贴对象购买使用绿色防控产品给予补贴，每年每亩补贴不超过750元。开具病虫诊断处方18755个，结算拨付补贴资金13860127.26元，其中化学农药仅占2.6%。

（区种植中心）

长青林场

【概况】年内，长青林场不断提高生态林建设标准，科学全面分析护林养林方式方法，采取更可行的有效管理体系，将所属国有林地重新定位规划，统筹全局、科学管理，平原造林功能多元化，切实提高市民的幸福指数和获得感，将顺义新城滨河森林公园打造成市民周末休闲、茶余饭后的最佳去处，为顺义城市形象增加色彩，为首都绿化美化建设贡献长青力量。

（长青林场）

【林业生态建设】按照区委、区政府下发的《关于印发顺义区国有林场改革实施方案的通知》（京顺发〔2017〕2号）要求，2016—2020年，5年内林场应完成中幼林抚育101公顷（1515亩）、低效林改造任务100公顷，截至年底，林场完成中幼林抚育109.11公顷，占国有林场改革任务的108.02%；低效林改造108.11公顷，占国有林场改革任务的108.1%，提前一年完成此项工作。

（长青林场）

【平原造林建设】林场在确保施工质量和苗木成活率的基础上，如期完成8宗地块，面积12.48公顷平原造林任务，倒排工期完成率列全区第一。

（长青林场）

【市级绿化美化先进单位】年内，林场贯彻北京市园林局（挂首都绿化委员会牌子）关于落实绿化美化行动部署和要求，统一规划，科学实际、整体推进、大面积、高标准地开展京密路（顺义段）两侧和顺义新城滨河森林公园地段及潮白河东岸的绿化工作。3月，林场被北京市人民政府、北京市园林局（挂首都绿化委员会牌子）评为“首都绿化美化先进单位”。

（长青林场）

【林木绿地养护】年内，林场始终将管护工作规范化作为养护工作的重点。北京市园林绿化局平原生态林秋季养护检查工作中把本单位的管护日志、农药专项抽查报告、月管护巡查制度、月管护总结等相关内业材料作为此项工作范本，在全市进行推广。

（长青林场）

【顺义新城滨河森林公园运营管理】年内，为顺义新城滨河森林公园增加景观亭1座、安装座椅5套、加装摄像设备16台、增设避雨亭4座并在避雨亭内加装宣传栏对社会主义核心价值观、林场概况进行宣传介绍；完成园路铺装4305米，面积11011平方米（其中由区体育局出资，林场共同建设的步道3023米，面积7310平方米）；对园区内所有路灯进行线路改造升级。

（长青林场）

【森林资源保护】年内，林场对京密路两侧林地不再对外发包土地，原有承包地到期一户收回一户，鼓励倡导未到期承包户提前退出，由林场统一经营管理。林场完成合同未到期承包户劝退（提前解除合同）8户，合同到期收回10户，通过法律途径收回3户，到期不交回通过法律途径起诉3户。将收回的承包地纳入平原造林12.48公顷。

（长青林场）

城乡建设与规划

▲ 年内，区园林绿化局在北大沟林场举行防灭火演练

▲ 年内，顺平辅线施工现场

10 月 22—25 日，世界智能网联汽车大会上，顺义区无人驾驶封闭测试场 5G+8K 远程直播

年内，顺义主题花坛亮相北京世园会

▲ 年内，顺义区果品产量5264.2万千克，产值2.4亿元

▲ 年内，区园林绿化局开展杨柳飞絮治理工程

规划和自然资源

【概况】年内，市规划自然委顺义分局（简称区规自分局）坚持以党建为引领，不断强化政治站位，抓好理论学习，在市规划自然委和区委、区政府的统一领导下，精心组织，抓好机构融合。持续完善《顺义分区规划（国土空间规划）（2017年—2035年）》编制，推进分区规划实施，开展街区（单元）指引编制工作，指导下层级规划编制。年度土地供应的相关工作有序开展。推动第三次全国国土调查工作，顺义区通过国家第一轮数据核查。保障民生，优化市政交通线网建设。统筹推进国展二、三期等交通专项规划编制工作，结合国内外案例及首都机场交通需求，提出交通规划目标、策略和近期实施规划。压实责任，落实自然资源保护责任。落实永久基本农田及储备区划定，高标准基本农田建设持续推进，《耕地保护责任书》签订，开展矿山修复治理。优化营商环境，优化行政审批。精简不动产登记环节，规划核验全过程监督。综合施策，严厉查处建设违法行为。落实建设用地减量任务，探索土地资源整理实施新模式。大力整治闲置土地问题。群众诉求立即响应办理，迅速完成行政复议及诉讼案件的办理工作。主动做好政府信息公开工作。做好信访接待工作。

（区规自分局）

【机构改革】3月28日，北京市规划和自然资源委员会顺义分局正式挂牌成立。北京市规划和自然资源委员会顺义分局负责顺义区的规划和自然资源管理，推进国土空间规划全域覆盖和“多规合一”，加强规划的编制与实施，维护规划的严肃性和权威性。根据《北京城市总体规划（2016年—2035年）》有关要求，北京市规划和自然资源委员会顺义分局既要强化减量发展，也要承接中心城区人口和功能疏解等职责。机关办公地点迁至：北京市顺义区复兴东街3号院。

（区规自分局）

【《新国展二三期交通专项规划》编制完成】9月，区规自分局《新国展二三期交通专项规划》编制完成，旨在破解现状条件下新国展周边区域道路交通对外集散通道较少、轨道交通服务水平不高、与首都机场联系方式过于单一、周边路网和交通配套设施不健全等突出问题。通过综合考虑新国展及首都机场周边以及顺义新城整体交通体系发展需求，重点以支撑新国展二三期项目建设运营、提升新国展综合交通保障能力为出发点，对新国展周边交通情况深入研究并提出实施方案。

（区规自分局）

【顺义新城地下管线综合管理系统验收完成】10月15日，顺义新城地下管线综合管理系统验收完成，本区成为北京市首个前瞻性自主建立地下管线综合管理信息系统的新城。“信息系统”结合顺义区电子地图数据、影像数据和三维技术，可在PC、移动客户端上直观显示地下管线的空间层次和位置，并可以实现数据更新、信息阅览、统计分析等功能，能够满足本区城乡规划建设、管理维护和应急防灾的需要，在“顺义区农村污水治理工程”“顺义城区雨污水分流改造”等项目中得到应用，取得良好效果。

（区规自分局）

【顺义区规划编制】11月20日，《顺义分区规划（国土空间规划）（2017年—2035年）》获得市政府批复。2019年度203个村庄的《美丽乡村村庄规划》编制完成，其中，51个村庄规划获得区政府批复。

（区规自分局）

【《顺义区杨镇镇域国土空间规划》编制】为落实5月16日北京市委书记蔡奇到杨镇调研北京城市学院时提出的“建设街区式学校，打开围墙，实现文体设施与社会共享”的指示精神，在区委、区政府的统一工作部署下，分局会同杨镇人民政府组织开展《顺义区杨镇镇域国土空间规划》编制工作，作为北京总规批复后，首个对镇域国土空间规划的编制研究工作，阶段性成果于年内形成。

（区规自分局）

【《顺义区街镇责任规划师工作方案》印发实施】年内，落实市委、市政府《关于加强新时代街道工作的意见》中“健全街区责任规划师制度，充分发挥专家和专业团队作用”的要求，为扎实推进各层级规划的有效落地实施，分局起草制定《顺义区街镇责任规划师工作方案》，经报请区政府同意，于12月正式印发实施。

（区规自分局）

【《顺义区城乡建设用地减量工作方案》】年内，规划实施科为落实《北京城市总体规划（2016年—2035年）》，优化城市空间布局和城乡建设用地结构，促进顺义区城乡建设用地减量集约高质量发展，科室坚持“减量发展”原则，在2019年持续推进顺义区减量与建设用地供减挂钩等工作，起草的《顺义区城乡建设用地减量工作方案》于12月28日通过区政府常务会审议，完成2019年度顺义区减量任务。

（区规自分局）

【“2018年度顺义区城市体检”】年内，按照市级要求，为坚决维护规划的严肃性和权威性，提高规划实施的科学性和有效性，落实《北京城市总体规划（2016年—2035年）》中关于“一年一体检”的要求，2019年规划实施科首次开展“2018年度顺义区城市体检”工作。在各委办局、镇街等相关部门的配合下，深入挖掘规划实施中存在的问题，提出解决策略，完成顺义区2018年度城市体检工作。

（区规自分局）

【自然资源保护】年内，一是开展北小营镇大胡营和小胡营村、北小营镇仇家店村和上辇村、木林镇孝德村3个沙坑整治项目及5个高标准基本农田建设项目。二是4月起，分局对本区耕地和永久基本农田保护奖励机制进行研究；9月，常务副区长霍光锋听取阶段性成果；随后分局召开19个镇政府座谈会并征求各镇意见，通过专家评审，并再次征求相关委办局及各镇意见，形成《顺义区耕地与永久基本农田保护激励管理办法》《落实顺义区耕地与永久基本农田保护属地主体责任意见》，由区政府印发实施。三是1533.33公顷（2.3万亩）永久基本农田储备区划定、3066.67公顷（4.6万亩）耕地储备区划定工作完成。

（区规自分局）

【国土空间生态修复】一是矿产资源概况：截至2019年底，全区有合法开采的矿产资源企业13家，其中，固体矿产企业2家、矿泉水企业1家、地热温泉开发利用企业10家。二是地质灾害防治：2019年初，分局申请区财政资金，聘请地灾勘察单位对全区地质灾害进行1∶10区划调查，彻底摸清区内地面沉降、断裂带分布走向、沙土液化情况。

（区规自分局）

【规划土地核验】年内，共完成规划核验79件，总建筑规模224.2万平方米，其中航港发展有限公司叉车充电间项目作为北京市优化营商环境全过程服务监督典型案例，在5月24日的《中国日报》海外版刊发。

（区规自分局）

公路建设

【概况】年内，顺义区道路总里程3068千米，公路总里程2949千米，其中国道68千米（含高速公路42千米），省道327千米（含高速公路49千米），县道504千米，乡村公路1811千米，城镇道路119千米，专用公路239千米。路网密度为301千米/百千米^2。经过多年发展，顺义公路网形成以高速公路为龙头、国省道干线路网为骨架、县乡公路为支脉，“六横、十四纵、六高速”“棋盘+环线”的路网体系。通怀路道路工程（宋梁路北延，通怀路一期、二期、三期）、火沙路提级改造工程有序推进。木孙路道路工程完成总工程量90%。天北路北延道路工程具备招标条件。顺沙路交通综合治理工程、六环路南环出入口道路改造工程完工。顺平辅线提级改造工程于12月底实现通车。完成木燕路、顺密路、顺平路杜各庄桥3项大修工程和20项中小修工程。实施路基标准化整修793千米、路域环境“增绿提质”工程5.6千米、乡村公路大修工程82千米、小型疏堵工程19项。

（区公路局）

【顺沙路交通综合治理工程】9月22日，顺沙路交通综合治理工程建成通车。工程东起卧龙环岛（K2+000），北止南陈路（K3+800）。本工程通过对顺沙路与西环路东、西、南3个路口进行渠化改造，设置专左、专右车道和增加直行车道数量的方式，提高路口通行能力，解决路口拥堵问题。

（区公路局）

【顺平路杜各庄桥大修工程】11月14日，顺平路杜各庄桥大修工程完工。桥梁中心桩号K29+953，桥梁上部结构为1×13米预应力混凝土简支空心板，下部结构为柱式桥台，钻孔灌注桩基础。桥梁全长15.64米，全宽32.6米，技术等级为汽车-20级、挂车-120级。本次大修工程主要包括临时工程、路基工程、桥梁工程、公路设施及预埋管线工程。工程于6月30日开工，投资金额为167万元，设计单位为国道通公路设计研究院股份有限公司，施工单位为鑫旺建设有限公司，监理单位为北京逸群工程咨询有限公司。

（区公路局）

【木燕路（顺密路—规划三路）大修工程】11月14日，木燕路（顺密路—规划三路）大修工程完工。工程北起顺密路起点桩号为（K0+000），南止规划三路终点桩号为（K6+200），全长约6.2千米，横断面为一幅路“形式”路面宽12.5米，两侧土路肩各宽2.75米，路基宽18米，道路等级为二级公路，设计速度60千米/小时。主要施工内容为铣刨旧路、道路病害处理、加铺路面结构，完善排水设施及道路附属工程等。工程于5月28日开工，投资金额为3562万元，设计单位为山东智行咨询勘察设计院，施工单位为北京路桥瑞通养护中心有限公司，监理单位为北京逸群工程咨询有限公司。

（区公路局）

【顺密路（安辛庄路口—顺密区界）大修工程】11月14日，顺密路（安辛庄路口—顺密区界）大修工程完工。工程南起安辛庄路口，北止密云顺义区界，全长4千米，道路等级为二级公路，设计速度60千米/小时，路基宽度为15米，路面宽度为12米，主要施工内容为铣刨旧路、病害处理、加铺路面结构、附属工程等，工程于6月13日开工，投资金额为1793万元，设计单位为西安长安大学工程设计研究院有限公司，施工单位为北京鑫畅路桥建设有限公司，监理单位为北京逸群工程咨询有限公司。

（区公路局）

【乡村公路大修工程】11月15日，顺义区乡村公路大修工程完工。工程于5月底进场施工，由顺义公路分局负责组织实施，包括北高路、太平东路、孙四路、尹南路、大故现北路等66条道路，总里程82千米，总投资1.49亿元，涉及北石槽镇、李遂镇、大孙各庄镇等17个镇。

（区公路局）

【顺平辅线提级改造工程通车】12月底，顺平辅线提级改造工程正式通车，提级改造工程在不新增占地的前提下，通过取消原道路两侧绿化带、消除原主辅路高差等方式，将原来的双向四车道改造为双向六车道，实现顺平辅线西至府前街、东至顺平路双向六车道通行。工程于2018年8月13号开工，由市交通委员会顺义公路分局建设。

（区公路局）

【路政管理】年内，顺义公路分局共办理行政处罚案件370件，收取处罚款119.18万元。其中一般处罚案卷96件，收取罚款8.13万元；非现场处罚274件，收取罚款111.05万元。全部录入行政执法信息服务平台，全部处理完毕，实现录入率100%，结案率100%。

（区公路局）

【路网管理系统外场设施建设】年内，新增非现场执法设备1套和视频设备1套。截至年底，路网设施建设规模达到284套，路网运行监测与数据采集能力进一步提高。全年编发提示短信4358条，收集上报雨情、雪情78次，接收、传达预警等信息77次；可变情报板发布信息1万余条。

（区公路局）

顺义新城建设

【概况】年内，新城中心仍处于职能改革期，主要工作是完成区委、区政府授权的临时性任务，服务新城马坡组团入区企业及其项目建设，承担原新城管委会延续性工作。新城中心在工作中始终坚持落实主体责任，加强自身建设，以抓班子带队伍、深入推进从严治党工作、落实意识形态责任为重点，围绕落实“大党建”任务全面推进党建各项工作有序开展。同时，新城中心以党建为引领，推动职能落实，重点围绕优化营商环境、服务企业、解决遗留问题、协调重点项目建设等工作，建立重点项目督察机制、月报机制，配合金融办，推进马坡金融城建设。11月27日，根据《中共北京市顺义区委机构编制委员会关于区新城建设管理委员会办公室更名的通知》（顺编委〔2019〕88号）精神，北京市顺义区新城建设管理委员会办公室更名为北京市顺义区新城建设管理服务中心（简称新城中心），其他机构编制事宜不变。

（新城中心）

【遗留问题解决】年内，一是进一步理顺与顺义新城建设开发有限公司（鲁能全资子公司）的关系，协调解决北京银行、中信银行项目建设中完善道路及市政配套等问题。配合顺义储备分中心、区财政局清算马坡组团一级开发费用，并就成本清算过程中涉及的有关问题进行说明。二是配合区住建委、区国资委、区规自分局等部门解决民生花园（东园）产权登记及房屋销售问题，负责推进民生银行员工配套住宅民生花园（西园）产权登记及补缴地价款事宜，协调各委办局推进遗留问题解决。三是继续推进新城马坡组团已规划但未实施的道路及市政配套建设主体及资金来源，以及已建道路及市政配套的产权和运维权的移交。四是梳理君康保险子公司中营国际资产管理有限公司抵债土地问题，涉及本区6镇274.87公顷抵债土地，土地利用现状为耕地和一般农用地；土地利用规划为基本农田、一般农用地和建设用地。中心建议中营国际进一步对接本区招商引资及区规自分局等部门，研究项目实施可行性，并就相关扶持政策进行洽商。

（新城中心）

【项目协调服务】年内，一是加大顺丰变电站项目协调力度，召开专题会指导项目建设手续办理路径及协调难点手续并联办理，协调各委办局加快手续批复进度。二是协调推进北京银行科技研发中心项目中水调试贯通、竣工验收等工作。三是协调推进中信银行技术研发基地项目周边道路建设、中水调试贯通、换热站及供热管线按期完工等工作。四是指导民生银行加快二期云计算数据中心项目开工建设手续办理路径，协调各委办局推进该项目手续审批进度。五是督促君康保险公司完善在施项目开工手续，加快建设进度，加大投资力度，及时跟进其子公司中营国际抵债土地问题，配合相关部门开展工作。

（新城中心）

【入区企业服务】年内，一是加强点对点服务、项目化管理。配合区财政局及时了解企业经营状况，统计、分析纳税额变化情况及原因。配合区财政局兑现民生银行信用卡中心企业发展扶持资金2480万元，协调区金融办、区财政局、区总部企业和高端人才服务中心等部门兑现民生银行信用卡中心核心团队奖励资金5604.60万元。二是协调推进招商引资工作。加强与区金融办联系合作，推进以现有项目为基础的金融招商引资工作，发挥北京金蝶软件园“顺义区双创示范基地”平台优势，加大招商引资力度。

（新城中心）

房屋征收事务管理

【概况】年内，区房屋征收事务中心党组团结带领全体党员干部坚持以习近平新时代中国特色社会主义思想为指导，深入学习贯彻党的十九大，十九届二中、三中、四中全会精神和习近平总书记系列重要讲话精神，以改善人民生活、增进人民福祉、实现人民期待为工作目标，以全力服务保障国庆七十周年等重大活动、不断巩固深化区委巡察整改成果、持续深入推进党建引领促进征收工作为载体，认真落实中央各项决策部署和市委市政府、区委区政府工作指示要求，努力为助力建设“业强城优生活美”的首都重点平原新城，全面实现区域经济社会高质量发展贡献力量。

（区房屋征收事务中心）

【幸福西街棚改登上北京卫视《向前一步》栏目】2月17日，由幸福西街棚改项目未签约居民代表及区住建委、区房屋征收中心、胜利街道等现场指挥部工作人员参加录制的节目《幸福的证据》在北京卫视《向前一步》栏目播出。在节目现场，指挥部工作人员倾听未签约居民的核心诉求，解答未签约居民提出的问题，推进签约进程。节目播出后，指挥部工作人员多次走访、约谈每户未签约居民，在节目播出有益影响下，1户未签约居民签约交房。3月21日，参与节目的6户未签约居民全部签约交房。

（区房屋征收事务中心）

【房地产价格评估机构选定】4月18—19日，区房屋征收事务中心组织仁和镇前进村定向安置房项目被征收人开展房地产价格评估机构选定工作，最终通过公开摇号方式确定北京银地联合房地产评估有限公司作为该项目评估机构中标人。

（区房屋征收事务中心）

【原涤纶厂及维尼纶厂生活区棚改项目实现场清地平】4月，区房屋征收事务中心组织完成牛栏山原涤纶厂及维尼纶厂生活区棚改项目烟囱拆除工作。5月31日，区房屋征收事务中心联合牛栏山镇政府组织开展项目渣土清运验收检查工作，经检查组现场勘验，此项目渣土清运工作达到绿色环保零事故工作要求，完成项目范围内场清地平的目标任务。随后，区房屋征收事务中心与负责该项目拆除工作的各服务机构签订《无安全生产事故确认单》。

（区房屋征收事务中心）

【幸福西街棚改项目拆除工作平稳推进】7月24日，区房屋征收事务中心开展幸福西街棚改项目二期拆除工作，拆除居民楼房8栋和原少年宫用房1栋，拆除面积约25000平方米，拆除过程历时3天。12月5日，征收中心启动项目三期拆除工作，拆除居民楼5栋，拆除面积约13000平方米。

（区房屋征收事务中心）

【党建引领征收工作调研】年内，通过实地走访、交流座谈、文献查阅等方式，认真梳理总结党建引领本区国有土地上房屋征收工作和集体土地上房屋棚改项目工作的具体实践，深刻思考发挥党建引领作用促进征收工作的未来方向和实践路径。10月，形成题为《在国有土地上房屋征收工作过程中充分发挥党建引领作用的实践与思考》调研报告，并在《顺义调研》第47期刊登。

（区房屋征收事务中心）

【幸福西街棚改项目实现100%签约】年内，自“不忘初心、牢记使命”主题教育开展以来，征收中心紧扣“为民服务解难题”目标，主动在“工作力量、工作成果”上做加法，采取“刚性政策、有情操作”等举措，全力促成项目3户未签约居民签约，实现项目签约率100%。

（区房屋征收事务中心）

【幸福西街棚改项目交房工作】年内，为切实维护幸福西街棚改项目已签约交房居民合法利益，区房屋征收事务中心通过积极联系区不动产登记中心、房屋原产权单位、居委会及4户已签约未交房居民的老街坊老同事等了解相关情况，尽心竭力地帮助他们协调解决家庭内部矛盾、房屋历史遗留问题等，最终于12月31日完成3户已签约居民交房工作，交房率达99.85%。

（区房屋征收事务中心）

供电服务保障

【概况】顺义供电公司始建于1957年，是国网北京市电力公司直属供电企业，负责顺义地区1021平方千米范围内的电网规划建设、运行管理、电力销售和供电服务工作，肩负着为顺义区域内党政军机关、企事业单位、高科技园区、首都机场和全区百姓优质安全供电的光荣使命。截至年底，顺义区域共有500千伏变电站1座，220千伏变电站6座，110千伏变电站30座，35千伏变电站9座。110千伏线路83条，全长约497.78千米；35千伏线路28条，全长约201.756公里；10千伏混网线路302条，总长度3201千米；10千伏电缆线路323条，总长度1964.98千米；10千伏开闭站97座，电缆分界室229座，配电变压器6369台，其中柱上变压器5780台。顺义地区供电用户45.03万户。顺义地区历史最大负荷为179.2万千瓦。2019年，公司完成售电量78.6亿千瓦时，同比增长3.56%。实现累计安全长周期8502天。

（顺义供电公司）

【政治保电】政治保电再创佳绩。按照“精精益求精、万万无一失”的最高标准，完成第二届“一带一路”高峰论坛、世园会、亚洲文明对话大会、中华人民共和国成立70周年等国家重大政治保电任务，全年累计完成各类保电任务49项，出动保障人次3.7

万余次，保障时长236天。公司荣获供电保障先进单位称号。

（顺义供电公司）

【安全管控水平持续提升】年内，扎实开展电网安全风险防控、基建安全质量、产业安全年等专项行动，及时发现并消除隐患135项。建成北京公司首家安全管控中心，有效整合十二大专业工作，实现现场监控全覆盖、专业管理全天候。狠抓现场安全检查，全年领导飞行检查282次、到岗到位78次，管理人员到岗到位1827次，安全生产管控水平大幅提升。全年累计检查作业现场1775个，查纠问题325项，安全事件、违章行为同比分别下降70%、31%。深化落实消防安全三年行动计划，成立消防安保指挥中心，统筹整合各类消防工作。稳步推进变电站消防手续办理工作，在北京公司率先取得15座历史遗留变电站消防现场验收合格意见书。高效完成东营、军营、板桥站水源接入工作，8座变电站消防水源接入工程纳入2020年储备项目。完成8项大修技改项目，变电站实现消火栓系统全覆盖。

（顺义供电公司）

【电网运行保持平稳】精准预测分析电网及设备负荷变化，采取方式调整措施65项，有效应对179.2万千瓦电网历史最大负荷冲击考验。加强电网停电计划刚性管理，全年共完成停带电计划工作748项，月、日停电计划上报准确率、月停电计划“五率”达到100%。充分发挥电网运行与管理领导小组作用，发布电网风险预警86项，专项调度43项度夏、度冬重点工程，完成大龙站2号主变抢修更换、110千伏长林、10千伏北彩、元十分倒路等工程，有效缓解电网大负荷期间设备运行压力。

（顺义供电公司）

【设备运维】年内，以输变电精益化管理为抓手，电网设备运行维护工作扎实开展。强化政企联动治理输电、配电通道隐患，由各镇政府组织去树约10万棵。集中精力完成25座变电站达标创建工作，变电站站容站貌水平大幅提升。深化配电自动化建设应用，故障自愈辅助决策模式投入率达到100%。综合运用人防、技防措施，持续增强运维管控能力，连续两年未发生变电设备故障，配网故障下降54.5%。

（顺义供电公司）

【电网规划前期高效推进】年内，推动《顺义分区规划国土空间规划（2017年—2035年）》，完成9个220千伏和30个110千伏变电站的空间布局和主网高压通道规划，纳入《顺义分区规划国土空间规划（2017年—2035年）》并获得市政府批复。及时启动“十四五”电网规划专题研究工作，全面推动顺义中长期电网建设发展。深入研究顺义发展定位，着重分析“煤改电”“数据中心”接入负荷后的电网发展形势，逐步开展“3+7”项目选址选线，重点推动“2+2”项目规划和可研。深度推进“两个前期”协同，高效完成河津营、西府立项等前期工作，同时，推进以顺丰站为试点的输变电工程前期工作新模式，为工程按期开工创造有利条件。充分发挥“多规合一”平台作用，全年取得立项核准3项、规划意见书2项。

（顺义供电公司）

【电网建设项目】针对2019年9项工程建设项目，公司坚持早策划、早协调，充分运用智慧工地、安全管控App等信息化手段，不断加强施工现场和施工计划的管控力度，完成长林110千伏变电站增容，张镇、东营10千伏切改，东府110千伏送出，东府220千伏改GIS共5项工程任务，新增变电容量28.5兆伏安，新增110千伏线路6.59千米，10千伏电缆线路16千米，10千伏架空线路2.3千米。

（顺义供电公司）

【工程管理】年内，创新应用先进技术和管理经验，打造于庄变电站示范标杆工程，形成可借鉴、可复制、可推广的优秀基建工程建设管理经验。年内，张镇110千伏输变电工程变电站和输电线路均获北京公司优质工程评选银奖，东府110千伏配套送出工程获北京公司标准工艺竞赛二等奖。

（顺义供电公司）

【营商环境持续优化】践行小微企业获得电力“三零”服务承诺，推进小微企业线上办电，全年完成小微企业低压接电1373户，突破完成马坡天波食府、牛山安乐旅店2项“三零”服务占掘路案例工程。针对10千伏临时用电业务，大力推行“三省”服务，在北京公司率先完成仁和镇医院“三省”临时用电项目。依托产业获得电力事业部推进工程实施，累计完成“三省”项目13项，平均接电时长15天。参加优化营商环境“千人千题”竞赛，先后开展宣讲5次，多方位助力北京获得电力指标稳步提升至世界排名第12位。

（顺义供电公司）

【现代供电服务体系初步建成】年内，以公司供电服务指挥中心为平台，构建“1+19+N”供电服务新体系，压缩服务半径，提升服务效率。同时对接属地“煤改清洁能源”售后服务中心及各村电工，实现“煤改电”用户全天候用电服务保障。供服中心“大后台”的支撑作用初见成效，通过集中处理客户密码重置、订阅短信变更等客户诉求，有效减轻基层处置压力。年内，累计集中处置工单7437张，占全部工单的23.07%。超时工单量同比下降92.93%，退单量同比降低32.34%。

（顺义供电公司）

【服务质量持续提升】年内，健全接诉即办等快速响应机制，精细诉求管控，公司全年受理投诉、95598和12345工单诉求，同比分别下降69.29%、34.55%、41.87%。12345排名位列全区公共服务行业排名第三。便民服务渠道日益畅通，推广微信、支付宝等多种线上支付手段，减少服务环节，实现客户精准服务。推进业务线上办理，完成专票领取自助柜等3个“互联网+营业厅”项目。推进营业厅服务由线下向线上转型升级，完成北石槽和天竺营业厅转型，营业窗口服务模式不断优化。全力做好国家残疾人冰上运动比赛训练馆电力服务保障工作，确保满足冬奥测试赛用电需求。

（顺义供电公司）

【电能替代有序推进】年内，推进以电代煤，配合区政府继续推进清洁能源行动计划，庄头村“煤改电”改造完成。以电代油方面，及时开展公交外电源各项前期、招标手续办理工作，公司2项公交外电源工程按时竣工投产。借助老旧充电设施改造契机，与产权方协商达成合作意向，推进澜西园公交场站、俸伯地铁站、南法信P+R停车场3座停运充电站重新投运。兆瓦级空气源热泵技术成果转化加快推进，华英园试点项目进入试运行供暖阶段。依托京东实训基地建设，设立多能源互补互联的综合能源应用项目，各项目展示方案按节点推进。

（顺义供电公司）

【营销现场安全管控强化】年内，开发小型作业现场管控系统，对小型现场标准化作业流程与现场安全管控标准及实施进度进行线上办理与监督，实现工作线上安全、质量、进度的全方位管控，年内，应用于智能表轮换和HPLC工程等计量业务中。

（顺义供电公司）

【改革任务纵深推进】年内，落实国家一般工商业电价降价措施，减少客户用电成本3.73亿元。全面落实“放管服”改革工作，做好第一批事项对应规章制度宣贯执行工作，确保“放管服”事项不断不乱。

（顺义供电公司）

【创新工作成果丰硕】年内，全方位开展“1+5+10”劳动竞赛，建立以“安全稳定年”为导向的绩效考核体系，面向供电所及基层班组开展劳动竞赛评比5项，推进兆瓦级空气源热泵集中供暖、电力安全实训基地、共享公车等10项创新实践项目有效落地。全面开辟创新发展局面，全年申报科技创新成果4项、群众创新成果4项、QC成果6项。《基于多维数据融合的安保管控系统研发及应用》《顺能科创智电综合器及系统研发》分别荣获科技创新、群众创新成果三等奖。《服务公司高质量发展青年人才培养体系建设》《关于基建工程安全责任量化考核管理的推广》荣获管理创新成果三等奖。

（顺义供电公司）

水资源保护与水环境治理

【概况】年内，顺义区进一步推进污水治理、再生水利用、河道排污口治理、农业节水示范区建设等工作，完成市政府下达的水务绩效考核任务。以“河长制”为统领，推动整体水环境治理、水污染防治和水资源管理等重点工作，推动全区水环境持续向好。

2019年，对本区2100家单位、395个村发放用水指标，对274家单位，征收超计划加价339万元。征收污水处理费2230万元。全区污水处理率为93%，再生水利用量3000万立方米。重点加强对污水处理和再生水利用设施规范化运营管理考核工作。完成42个村庄污水收集治理工作任务，完成新建污水管线36.5千米，改造雨污合流管线6千米，新建再生水管线12.9千米，超额完成任务。

（区水务局）

【工程质量监督】年内，共监督涉水工程13项，围绕工程质量与安全，对各项工程进行监督交底及体系检查。日常执法检查出动600余人次，发现隐患400余处，检查内容包括：施工现场危险部位未设置安全警示标志、临边防护不规范、不按设计图纸施工等，其中有违法行为6处，处罚5家企业，罚款4.2万元。核备单位、分部工程质量16处，有限空间备案21处，均进行现场核实检查。组织较大规模的质量和安全培训2次，组织监督员到施工一线宣传政策、法律法规宣传2次。发放质量、安全宣传海报100份。利用第三方实验室，对工程主要原材料，重要部位进行试验5项，试验结果均为合格。

（区水务局）

【污水处理】截至2019年底，全区污水处理率为93%。全区污水处理量为6667.27万立方米，再生水利用量为3000万立方米。一是对2018年1—12月农村居民饮用水计量收费情况进行核查，有5个镇46个村获供水水费补贴，补贴金额144.91万元。采取定期巡查及不定期抽查方式对污水处理和再生水利用设施进行检查，充分利用在线监测平台，加强对全区的污水处理设施水质、水量和运行状态全面监控管理。二是截至2019年底，全区66座运行的污水处理厂站达标运行。为做好本区再生水使用管理工作，推进园林绿化、道路喷洒和其他城市杂用水使用再生水，制定《仁和再生水取水站使用工作方案（试行）》。三是对雨水管线、雨污合流管线、雨水口（雨箅子）、入河口、检查井、排水沟渠等设施内垃圾污染物进行清理、疏通。累计排查清理管线390余千米，雨水箅子12700余处，沟渠500余千米，清理垃圾、淤泥等污染物1900余吨，出动人员2600余人次。初期雨水冲刷携带污染物进入河湖造成环境污染的问题得到有效解决。四是为使小中河水质还清，杜绝雨污水混排入河，实现雨污分流优化污水管网的“空间存量”，减小污水管网因雨污合流而造成的运行压力，提高污水收集率，制定《雨污合流排水沟渠专项整治工作方案》，将原短期实现污水截流而设置的截污坎、拦污坝等设施改造，逐步推进源头雨污分流治理，使污水入厂，雨水入河。

（区水务局）

【供水与排水管理】年内，按照《城市排水许可管理办法》《北京市排水和再生水管理办法》为符合条件的排水户办理城市排水许可证。2019年，共受理排水许可事项281件，截至年底，办结271件，办结率96.4%。针对机场东路污水管线溢流问题，做好水环境、污水横流等舆情应对工作，指派专人负责对区污水处理厂进行盯守，每日检查运行情况并做好记录。制定《仁和再生水取水站使用工作方案》《排水和再生水管线检查评价方案》，完善再生水利用设施建设管理，建立供水充足、安全稳定、使用高效的保障体系。规范供排水设施巡查制度，利用定期检查与不定期抽查相结合的方式加强供排水设施巡查，进一步强化安全隐患排查整治工作，确保供排水设施安全稳定运行。

（区水务局）

【“清四乱”工作有序开展】年内，市级46处“清四乱”台账任务全部完成，累计清理农作物、树木等围垦种植10850平方米；清理垃圾、杂物2974立方米；清理私搭围挡、违法建设5200余平方米。

（区水务局）

【小微水体整治初见成效】年内，年度小微水体治理任务完成24处，任务完成率240%。经过梳理、排查、建账，将全区小微水体纳入河长制考核，结合农村人居环境、公路雨水边沟整治等，实行常态化、动态化管护。

（区水务局）

【“清管行动”有实效】年内，

完成区内雨水管线、雨污合流管线、雨水口、检查井、截流井以及拦污坎等排水设施排查、清污，累计清理管线397.3千米，清掏雨水箅子12712处，疏挖沟渠503.5千米，清除垃圾、淤泥等污染物1900余吨。

（区水务局）

【面源污染防控扎实推进】年内，加快推进污染养殖退出工作，全区47家规模畜禽养殖场粪污处理设施装备率为100%，粪污综合利用率85%以上，100%完成年度工作任务，全年减少粪尿排放量20万吨。完成企业疏解退出82家，减少污水排放8.8万吨，完成全年市级任务的137%，疏解任务完成量及完成率均居全市第二。

（区水务局）

【治污基础设施建设】年内，治污基础设施建设提步增速。完成42个村的农村治污工程，任务完成率105%。新建再生水管线12.9千米，任务完成率143%；新建污水管线36.5千米，任务完成率365%；新建雨污合流管线6千米，任务完成率240%；污水管线、雨污合流管线建设任务完成率为全市第一。

（区水务局）

【各类制度印发强化规范管理】年内，《顺义区2019年河长制工作实施方案》印发、《顺义区2019年河长制日常考核实施细则》出台、《顺义区河长制管理考核办法》《顺义区河道巡管员管理工作指导意见》《河长制第三方巡查机构考核办法》等制度修订完善，强化规范管理，助推河长制由“有名”向“有实”转变。

（区水务局）

【河长巡查与会议】年内，区级河长巡查河道42次，巡河里程221.9千米，发现整改问题17个。对河长制相关工作批示120余次。召开河长制相关工作会议12次，协调解决小中河雨污分流、西北沟水体黑臭、沙子营蓄滞洪区违建拆除等重点、难点问题。检查通报垃圾、渣土、排污口等8类问题2627个，完成整改2460个，整改率93.6%。严格落实河长制“月检查、月考核、月通报”和镇村级河长巡河“周通报”制度，镇、村级河长巡河率、问题发现率均高于全市平均水平。对工作落实不力的属地、村级河长开展约谈，累计约谈属地10家、村级河长32人次。

（区水务局）

【“街乡吹哨、接诉即办”】年内，依托河长制联合警务站、“街乡吹哨、接诉即办”机制，生态环境、水务、城管等部门强化对违法排污、河道内私搭乱建、倾倒垃圾渣土等行为的执法检查。全年累计开展执法检查23000余次，立案327起，罚款938万元。

（区水务局）

【“河长制”宣传】年内，围绕“深入推行河长制”主题，组织开展志愿活动40余次，参与人数1000余人次；通过开展“大讲堂”“专题培训”等方式组织河长制培训、政策解读120余次，受众3500余人次；充分发挥《中国水利报》《北京水务》以及双微平台等媒介作用，加大河长制工作宣传。

（区水务局）

【排水管理】年内，完成市级责任书42个村庄的污水收集治理工作任务，完成新建污水管线36.5千米，改造雨污合流管线6千米，新建再生水管线12.9千米，以上任务均超额完成。一是2019年，自来水公司供水量为6763万立方米，北石槽、张镇、牛山水厂供水量为99万立方米，保证城乡居民的用水需求及用水安全。对区自来水公司、3个镇级供水厂进行日报工作，完成出厂水质季度公示工作，组织参与对全区农村供水站饮水安全检查。二是每月对全区66家污水处理厂站进行水量统计，并对运行情况进行抽查检查，督促运营单位对发现的问题进行落实整改，并每月进行复查，按要求填写污水处理厂站运行检查单。三是委托顺义区水文水质监测站每月对全区污水处理厂站进出水水质进行定期检测，对存在水质超标的厂站发出整改通知，并要求限期整改，确保安全稳定运行及出水达标。2019年内运营单位安装完成36座农村污水处理设施在线监测设备，并接入市级农村污水处理与再生水利用设施运行监测系统。四是对排水管线进行统计上报，2019年全区排水管线总长度1559.5千米，其中污水管线880千米、雨水管线617千米、雨污水合流管线62.5千米，全区再生水管线173千米，协助查验排水许可现场200余家。五是完成2018年水污染防治工作自查报告。编制《顺义区打好碧水保卫战2019年行动计划》，统筹协调各牵头单位积极主动作为，落实重要任务责任人，定期报送进展情况。

（区水务局）

【水库移民】年内，顺义区核定移民人口4749人，其中农业户口移民3554人，农转非移民1195人，分布在19个镇293个村、5个街道办事处33个居委会。全年共发放扶持资金280.16万元。

（区水务局）

【水土保持】年内，一是完成71个生产建设项目水影响评价报告中水土保持方案部分技术审查。二是完成100个生产建设项目水土保持设施自主验收报备。三是加强对建设项目事中、事后监督检查，以及对疑似水土保持违法项目核查，查处水土保持违法项目27个。四是对46个开工生产建设项目征收水土保持补偿费，对符合免缴条件的15个项目办理免缴水土保持补偿费。

（区水务局）

【节水工作】截至年底，全区累计创建节水型企业（单位）391家，节水型企业（单位）覆盖率49%；节水型社区（村庄）累计创建198个，节水型社区（村庄）覆盖率51%。完成安装节水器具6000套，经第三方机构进行抽样调查，全区城镇节水器具普及率99.21%。采用全面排查、重点抽查、监督检查相结合的方式，加强节水专项执法检查工作，2019年节水检查共计11321处，整改17处，参与检查6257人次。在“世界水日”“中国水周”“全国城市节水宣传周”等重要时间节点组织各种节水宣传活动，向广大市民宣传普及节水知识和方法，增强广大市民节水意识。编制《顺义区用水指标分配方案》，将用水指标发到镇、街道、功能区、村、单位，加强用水考核，全年用水总量18646万立方米，其中再生水有效利用量3000万立方米。全区新建、扩建、改建项目配套建设节水设施，与主体工程同时设计、同时施工、同时投入使用，区供水单位对节水设施未经验收或验收不合格的建设项目，不予供水。全年完成节水“三同时”审批207个。全区有19个镇302个村完成农业水价综合改革工作，100%的村庄实现用水计量收费。农业新水用量下降到0.58亿立方米左右，灌溉水有效利用系数提高到0.758以上。

（区水务局）

【全程代理】年内，31项公共服务事项共受理1582件，办结1477件，办结率93.4%。

（区水务局）

【水文水质】年内，农村饮用水检测项目作为区政府为民办实事工程，枯水期、丰水期共检测水样760个，并按要求出具检测报告和超标水质汇总结果，为本区农村供水安全提供保障。完成黑臭水体水质监测任务。对全区10条黑臭水体每天进行加密监测，共检测水样300个，提供数据1200个。完成镇界断面和污水处理厂水质检测工作。对全区35条河129个考核断面水质进行检测，检测频率每月一次，共检测水样770余个；对全区108个污水处理厂的进、出水口水质进行检测，检测频率每月一次，共检测水样860余个。

（区水务局）

【水政执法】年内，顺义区水政执法以“水清、河畅、岸绿、景美”为目标，以治理污水排放为抓手，严格落实水资源管理制度，围绕“河长制”“街乡吹哨、部门报到”等工作要求，全面开展水行政执法。全年实施行政处罚133起，罚款146.62万元（其中万元以上案件57起，15万元以上案件2起）；下发各类违法行为通知书766件，结案128起，收缴罚款145.425万元；截至12月，正在办理中案件5起，结案率96%。北京市行政执法信息平台登记检查单522件。

（区水务局）

园林绿化

【概况】年内，顺义区森林覆盖率31.89%，林木绿化率38.31%，绿化覆盖率57.47%。完成新一轮百万亩造林绿化建设任务1522.89公顷，覆盖18个镇和长青林场，共栽植乔木870519株，花灌木349595株。全区参加义务植树人数27.86万人次，完成义务植树总株数83.6万株。全区果品产量5264万千克，产值2.4亿元；全区花卉种植面积1297.3公顷，产值4.49亿元。苗圃290个，育苗面积4120.47公顷。完善监测测报网络体系建设，在重点区域设立监测点94个，提升有害生物预测预报工作的综合水平。全年完成山区生态林林木抚育总面积200.66公顷，连续19年无森林火灾。共调查林地图斑53358块，绿地图斑18571块，总面积101989公顷。为市、区制定和实施《国民经济和社会发展规划》及相关专项规划提供基础数据和科学依据。

（区园林绿化局）

【杨柳飞絮治理】年内，顺义区2019年度杨柳飞絮治理工程项目治理飞絮杨柳树104232株，总投资4872058.88元。治理范围包括顺义城区及各镇重点地区（居民区、学校、医院、重点道路）。

（区园林绿化局）

【播草盖沙工程】年内，顺义区2018年播草盖沙工程用地面积333公顷，建设地点安排在南彩镇，总投资2174019.53元，主要播种二月兰、金鸡菊等耐旱且粗放管理的品种。

（区园林绿化局）

【留白增绿】年内，顺义区2019年“留白增绿”专项市级下达任务总面积76.21公顷，涉及全区19个镇、3个街道办事处、1个经济功能区，实际完成92.11公顷，其中，留白增绿单独实施绿化面积50.84公顷，纳入平原造林实施绿化面积41.27公顷。

（区园林绿化局）

【新城生态休闲公园】年内，顺义新城生态休闲公园一期建设工程用地面积19.1公顷，建设地点位于顺义新城北部潮白河与怀河交汇处以西，南至昌金路以北约100米处现状路、北至金牛北路、西至代征绿地红线、东至怀河绿地地块，总投资4090万元。主要建设内容（不含征地拆迁）为绿化工程、庭院工程、给排水工程及电气工程。

（区园林绿化局）

【城市森林】年内，顺义区海航城市森林建设工程占地面积7.7公顷，建设地点位于后沙峪镇，总投资2191.11万元。主要建设内容为绿化工程、庭院工程、给排水工程及电气工程。

（区园林绿化局）

【大运河（潮白河）森林公园规划】年内，《顺义区潮白河沿线森林公园进行规划方案》编制完成。大运河（潮白河）森林公园方案编制项目规划研究范围112平方千米，总投资1153356.86元，包括顺义区潮白河区段及顺义境内潮白河两侧、潮白河故道、重要支流等相关水域两侧绿化空间研究，主要涉及顺义段潮白河两岸绿色空间的规划及部分规划公园的概念方案编制。

（区园林绿化局）

【新增城市绿地】年内，顺义区新增城市绿地52.95公顷，绿化覆盖面积7984.33公顷，绿化覆盖率57.47%。

（区园林绿化局）

【代征绿地移交】年内，顺义区代征绿地完成移交8件，面积16.74公顷。移交单位包括：北京花宇置业有限公司0.47公顷，北京林河景盛房地产开发有限公司3.69公顷（临时移交），中国国际航空股份有限公司5.12公顷，北京首伦房地产开发有限公司0.7公顷，中国民用航空华北地区空中交通管理局5.12公顷，远大住宅工业（北京）有限公司0.18公顷，中信外包服务集团有限公司0.38公顷，北京京辰房地产开发有限公司1.08公顷。

（区园林绿化局）

【“七有”“五性”】年内，通过实施“留白增绿”、休闲公园、小微绿地、城市森林等建设工程，实现顺义建成区公园绿地500米，服务半径覆盖率提升到89.99%。

（区园林绿化局）

【新型集体试点林场】年内，本区确定龙湾屯镇、张镇、李遂镇3个镇为新型集体林场试点镇。在总结试点经验基础上，稳步推进新型集体林场工作。

（区园林绿化局）

【温榆河公园一期工程规划设计启动】年内，温榆河公园顺义一期工程北至机场北线，南至龙道河，东至白良路，西至高白路，项目建设规划面积0.82平方千米，公园设计概算总投资约5.0亿元。

（区园林绿化局）

【义务植树林木养护】年内，区绿化办完成14块127.94公顷义务植树纪念林养护工作。

（区园林绿化局）

【彩色树种造林工程】年内，完成荒山彩色树种造林工程33.33公顷，建设地点主要位于龙湾屯镇大北坞北山，共栽植油松、黄栌、元宝枫、山桃、山杏等苗木25280株，成活株数24563株，成活率97.16%。

（区园林绿化局）

【义务植树】年内，全区参加义务植树人数27.86万人次，完成义务植树总株数83.6万株。其中新植树木21.4万株，新增绿化面积314.47公顷，其他形式折合株数62.2万株。首家“互联网+全民义务植树”基地投入使用，为市民提供全年多时段义务植树尽责活动场所，宣传推介造林绿化、抚育管护、自然保护、认种认养、设施修剪、捐资捐物、志愿服务等八大类37种尽责形式。全区义务植树尽责率达到88%。

（区园林绿化局）

【义务植树登记考核试点】年内，建立顺义区义务植树登记考核管理系统，组织召开专题培训会10场，全区各镇村、街道社区，各委、办、局、中心、企事业单位共计610余人参加。全区共有563家单位通过顺义区义务植树登记考核管理系统完成基本情况填报且通过审核。

（区园林绿化局）

【绿化美化创建】年内，全区创建首都绿化美化花园式单位3个，首都绿化美化花园式社区2个，首都森林城镇1个，首都绿色村庄6个。

（区园林绿化局）

【生态文明宣传教育】年内，汉石桥湿地和北京国际鲜花港开展生态文明宣传教育活动，通过走进社区、走进学校、走进企业、走进湿地等方式，开展“湿地保护 进社区”“关注候鸟迁徙 维护生命共同体”“同在蓝天下 人鸟共家园”等爱鸟周主题宣传活动，“生态观鸟及花卉科普活动”“植树添绿正当时主题义务植树系列活动”“幸福花开手打花束活动”“小农夫花卉种植课程”等活动共计58场次，累计参与人数27542人次。

（区园林绿化局）

【园艺驿站试点】年内，按照首都绿化委员会办公室工作部署，为打通生态惠民工程建设最后一公里，顺义区完成第二批3家园艺驿站试点建设，分别是双丰街道香悦四季西区园艺驿站、赵全营镇北京兴农天力园艺驿站、北京春雨斋园艺驿站。截至年底，本区有园艺驿站6家。年内，此6家园艺驿站在学校、单位、村庄、6个街道38个社区开展义务植树、绿植进家庭、生态文明宣传、东方花艺讲座、园艺技能培训等各类园艺特色活动157场次，发放义务植树、生态文明、绿化美化等宣传品5000余册，受益群众达8500余人。

（区园林绿化局）

【村庄绿化美化】年内，美丽乡村绿化美化项目涉及10个镇74个村，实施村庄绿化面积33.69万平方米，栽植乔灌木5.1万余株，地被5.37万平方米。

（区园林绿化局）

【平原生态林管护】年内，本区平原生态林养护面积15738.73公顷，通过科学养护，重点养护，加强监管等措施，提升平原生态林精准化养护水平，同时扎实开展促进农民就业增收工作，吸收当地农民6329人参与养护工作，发挥平原生态林生态效益和社会效益。

（区园林绿化局）

【果品产业】年内，顺义区果品产量5264万千克，产值2.4亿元。完成北京市园林绿化局林产品抽样检测603份、区级林产品抽样检测1200份，完成市场监管局检测任务560份，配合市场监管局完成食品安全示范区创建工作。

（区园林绿化局）

【花卉产业】年内，顺义区花卉种植面积1297.3公顷，产值4.49亿元。生产鲜切花463万枝，盆栽植物6766万盆，观赏苗木452万株，草坪165万平方米。

（区园林绿化局）

【种苗产业】年内，顺义区共有苗圃290个，育苗面积4120.47公顷，在圃苗木株数1855万株，办理林木种子生产经营行政许可75件。全年完成38处规模化苗圃日常检查与验收工作，总面积1954.79公顷。

（区园林绿化局）

【林政资源管理】年内，办理林木采伐许可证1942件，林木移植许可证96件，办理（城区）树木砍伐23件，其中，报市园林绿化局审批12件、区级11件，（城区）移植树木13件；临时占用绿地2件，面积5693平方米。绿地率审核88件，审核工程附属绿地面积666万平方米；因市、区各项重点工程建设，审批临时占用林地5件，面积44161平方米。永久占用Ⅳ级林地9件，面积421138平方米。收缴植被恢复费8784.303万元。在所经营的林地范围内修筑直接为林业生产服务的工程设施批准2件，面积4420.3平方米。报上级审批核准占用林地14件，面积182923平方米。

（区园林绿化局）

【野生动物监管】年内，报上级审批权限内国家重点保护陆生野生动物人工繁育许可证核发13件；办理猎捕非国家重点保护陆生野生动物狩猎证核发1件；办理出售、购买、利用本市重点保护陆生野生动物及其制品的批准3件。本区有陆生野生动物疫源疫病监测站2个，分别为汉石桥国家级和两河市级。坚持陆生野生动物疫源疫病监测日报道，为防止鸟类异常死亡和野生动物疫病情况发生提供科学数据。本局每天对上报数据进行审核，2019年，共监测野生动物744916只，未发现野生动物疫源疫病异常情况。

（区园林绿化局）

【古树名木监管】年内，顺义区有古树61株，分布在11个镇、2个街道和4个居住小区内，由28个责任单位和5名个人分别进行管护。3月和9月，对全区61株古树进行巡查2次，对有可能危害古树安全和生长问题及时发现及时制止。并聘请专业队伍对长势衰弱的古树进行有针对性的复壮修复，2019年共复壮修复古树6株。

（区园林绿化局）

【政务服务工作】年内，严格贯彻执行北京市新建社会投资简易低风险工程建设项目审批流程，确保审批工作5日内完成。更新政务服务事项要素，对新增、取消、变更的事项进行调整，确保事项规范、准确、更新及时。审批事项由原有59项精简到49项。

（区园林绿化局）

【多规合一平台验审工作】4月起，顺义区园林绿化局在北京市工程建设项目多规协同会商系统内，会商办结项目53件，严格落实“让数据多跑路 让群众少跑腿”工作要求。

（区园林绿化局）

【森林火灾防控】年内，全区上下逐级签订《森林防火责任书》1500份，区森防办先后召开专题会议6次，下发通知15次；在文化广场、农村集贸市场等繁华地区设立固定宣传点22处，共出动宣传车640台次；入户宣传1180户，悬挂横幅75幅，张贴标语1210条，发放宣传材料、宣传品7200余份（个），深入村庄、林场、街道，开展森林防火宣传教育活动；森林公安民警深入辖区片林、地块开展检查监督森林火灾隐患消除工作，发现并消除森林火灾隐患44处，防火检查240余次，填写检查登记11份，下达《森林火灾隐患限期整改通知书》3份，清理林下可燃物18000余公顷。连续19年无森林火灾。

（区园林绿化局）

【公安执法】年内，顺义区森林公安共接报警情114起，其中，刑事立案3起、林业行政案件18起、查否73起、不予立案6起、其他14起。林业行政罚款9.3759万元，责令补种树木1289株。协助其他省份办案3起，抓获犯罪嫌疑人3名。办理市局交办案件线索150起，协查130余人次，办结150起。做到有访必接、有案必查、违法必究，按照市园林绿化局统一部署，开展“绿卫行动”等打击破坏森林和野生动植物资源违法犯罪专项打击行动，严厉打击乱砍滥伐、违法占用林地等破坏森林和野生动物资源违法行为。

（区园林绿化局）

【检疫执法】年内，对全区2000公顷苗圃实地踏查2次，开展产地检疫，实地检疫苗木7200公顷17784万株，签发《产地检疫合格证》286份。调运检疫木材105立方米，签发调运检疫《植物检疫证书》105份。签发《森林植物检疫要求书》2085份，《出省木材运输证》6份。签发《检疫处理通知单》10份，对280株有北京市补充检疫对象白蜡窄吉丁危害症状的白蜡树进行销毁除害处理。

（区园林绿化局）

【林木病虫害预测预报】 年内，进一步推进监测测报政府购买服务工作，提升有害生物预测预报工作的综合水平，加大对危险性林业有害生物以及其他主要常发性林业有害生物的监测力度，准时上报并发布虫情预报，为有效制定防控方案提供科学依据。对全区美国白蛾、春尺蠖和国槐尺蠖等22个主要虫种进行监测，设立监测点94个，其中，国家级测报点1个、市级测报点38个，区级测报点55个，测报准确率95%以上。

（区园林绿化局）

【林木有害生物防治】 年内，完成防控作业面积12.3万公顷次。组织飞机防治130架次（第一代30架次、第二代50架次、第三代50架次），计3000公顷次（4.5万亩次）。针对春尺蠖和美国白蛾开展地面防治4次，防治面积12万公顷次。

（区园林绿化局）

【枯死树情况调查】 年内，为消除安全隐患，开展枯死树调查清理工作。对需要做枯死树鉴定的林木，做到实地踏查、拍照，严格按照相关的工作程序和标准出具枯死树调查报告，调查枯死树36份2511株。

（区园林绿化局）

【山区生态公益林工作】 年内，区园林绿化局起草的《顺义区2019年度山区生态公益林生态效益促进发展机制森林健康经营项目实施方案》得到市局批复。其内容是山区生态林林木抚育总面积200.66公顷，其中，龙湾屯镇100.09公顷、张镇100.57公顷。抚育措施包括割灌除草、修枝、松土扩堰。

（区园林绿化局）

【松材线虫病疫情普查】 按照市林保站《关于开展松材线虫病疫情普查工作的通知》精神，4月25日—6月10日和9月1日—10月31日，区林保站在全区范围内开展2次松材线虫病疫情的普查工作，共对全区19个镇、6个街道办事处及3个国有林场油松林进行实地调查，普查面积1786.67公顷。普查油松林地（小班）136个，普查株数6.65万株，其中苗圃69个，面积193.33公顷，普查株数6.15万株。通过调查，在本区未发现松材线虫病。

（区园林绿化局）

【林地保护利用规划年度林地变更工作】 年内，区园林绿化局根据国家林业和草原局及北京市园林绿化局要求，对《顺义区林地保护利用规划（2010—2020）》进行变更调整，核实图斑47359余块，调整图斑2389余块，使本区《林地保护利用规划》更具实效性、针对性和可行性。

（区园林绿化局）

【顺义区第九次全市园林绿化资源工作】 年内，区园林绿化局对本区全域范围内生长的所有森林、林木和林地，城市绿地和植物进行专业调查。调查内容主要包括调查林地的种类、面积、分布和权属，森林、林木蓄积，四旁树的株数和蓄积，森林经营情况、经营措施以及森林的生物多样性、健康状况等；城市绿地资源调查主要包括城市绿地的种类、面积和分布，城市绿地中的植物种类和数量等。共调查林地图斑53358块，绿地图斑18571块，总面积101989公顷。为市、区制定和实施国民经济和社会发展规划及相关专项规划提供基础数据和科学依据。

（区园林绿化局）

【“绿盾2019”专项行动】 8—12月，与区生态环境局等单位共同开展工作，对汉石桥湿地市级自然保护区管理保护情况进行监督检查，实地核查疑似点位170余个，对存在问题督促属地政府开展整改。

（区园林绿化局）

【湿地管理】 年内，建立顺义区湿地保护和自然保护区管理工作联席会议制度，联席会议由区主管副区长主持，由本区12个部门、单位和19个镇政府组成，本局承担联席会议办公室工作，沟通协调全区湿地及自然保护区管理的重大事项及相关工作。

（区园林绿化局）

【国庆游园】 国庆节期间，围绕“普天同庆 共筑中国”的主题，在顺义公园、和谐广场公园、卧龙公园、花博会主题公园开展景观布置，主要有地栽花卉2100平方米，主题花坛7座，彩旗、灯笼、灯光、仿真花卉5000余个，横幅4条。10月2日，在顺义公园开展文艺演出和展览展示活动，4个公园全天游客量21014人次。

（区园林绿化局）

园林建设与服务

【概况】 顺义区园林服务中心为顺义区城市园林绿化业务主管部门，主要职责任务是承担园林、绿化等事务性、服务性工作，职责范围包括顺义城区、顺义新城、各中心镇、市区级开发区以及区政府指定绿地。直接管理园林绿地589.06万平方米，其中，特级绿地314.48万平方米、一级绿地122.67万平方米、二级绿地151.91万平方米。区属注册公园8个，面积110.12万平方米，其中，顺义公园为北京市重点公园，顺义公园、卧龙公园、减河五彩园、光明文化广场公园、仁和公园5个公园为北京市精品公园。年内，双兴城市森林（绿地）项目北部区域全部完成，完工区域于6月对外开放。

（园林服务中心）

【城区公园文化活动】 2月10—22日，区园林服务中心在减河公园举行顺义区第十五届水仙花展，展出作品150件，共用水仙1100余头，其中包括自然生长700头，雕刻400头。4月16日—5月2日，第十二届郁金香花展在减河公园举办，展出面积1000平方米，涉及15个品种4万余株。为确保游园效果，花展期间同时配置2万余株色彩丰富的草本花卉。4月18日—5月5日，第四届牡丹花展在仁和公园举办，共展出各类牡丹花种植面积约10000平方米，合计9848株，涉及九大色系86个品种；为延长花卉鉴赏期，仁和公园同期展出各类芍药花约3000平方米（4790株），共计58个品种。5月15日—6月6日，以“灿烂月季、欢乐童年、相约卧龙”为主题的第三届月季文化节在卧龙公园举办，共展出月季60余个品种2万余株，并搭配布置时令花卉4000余盆。同时，为更好地弘扬中国传统文化，月季文化节还围绕花卉题材，开展古诗词背诵有奖比赛活动。并在园内主要游览路线上设置彩旗、条幅以及宣传栏，旨在倡导游客文明游园，同时普及花卉文化知识，使花展具有文明性、科普性。6月22日—7月12日，第十七届荷花在人民公园举办，在万余平方米的荷塘内，以白洋淀红莲为主打基调，展出万寿红、八一莲、楚天祥云等70余个品种的各色荷花。同时配合本届荷花展在镜水云飞前精心打造微缩景观，改变以往视觉效果，在主路南部、东部、北部、诗园打造人工布景及花境布置10余处，摆放时令花卉2万余盆，与主展点相呼应，展现荷花魅力。

（园林服务中心）

【为民服务项目】 年内，区园林服务中心所属公园开设志愿者服务站点8个，通过咨询宣传等方式为游客提供优质服务。为进一步提高市民热线办件质量，着力推动公园服务管理水平，主动创新公园管理模式，切实做到“民有所呼、我有所应”，园林服务中心提出“共商、共管、共享”的公园服务理念，把“关口前移”把矛盾化解在基层，主动开启12345便民服务热线站前工作游客议事厅。顺义公园设立艺术科普公益展厅，旨在普及和推广民族艺术，免费为游客展示园艺、花卉等产品，为百姓和艺术家之间搭建文化艺术展示与交流的平台。

（园林服务中心）

【公园设施维护】 年内，区园林服务中心定期对破损设施进行维护，提高公园硬件水平，确保设施安全，正常运转。修复破损路面192平方米，更换座椅32组，增添指示牌83个，补设垃圾桶56个，各公园新增公益广告宣传栏52块，补设防护栏90处，补设警示标识16处，修复破损设施52处。

（园林服务中心）

【“抓重点、补短板，提高公园综合服务保障水平”专项行动】 年内，区园林服务中心按照区委区政府领导要求开展“抓重点、补短板，提高公园综合服务保障水平”专项行动。根据市园林绿化局《关于印发〈“抓重点、补短板，提高公园综合服务保障水平”专项行动实施方案〉的通知》（京绿办发〔2019〕60号）文件精神，行动范围在园林中心所属8个注册公园的管护区域内开展公园违章建筑整治行动、公园补植增绿行动、公园卫生死角清理行动、公园服务规范行动、公园安全隐患排查行动、公园完善设施行动等专项行动。为全面落实国家监委精神及文件要求，区园林服务中心关于对所属公园配套用房出租中侵害群众利益问题开展专项整治工作的统一安排部署，此次整改涉及卧龙公园、顺义公园、减河公园、光明广场、怡园，清退租户37家，拆除面积5455.88平方米。

（园林服务中心）

【环境整治工作】年内，区园林服务中心完成首环办组织进行的1—6月环境建设专项检查工作，重点针对地铁周边、公交车站、学校周边和自由市场、卖场周边等区域内的绿地，增加养护人员，在各单位的扎实工作和周密布置下，未出现重大扣分挂账问题。开展“百街百巷”整治提升工作，重点对府前东街、光明街、新顺街、顺平路、通顺路、右堤路、顺平辅线、外环路、双兴北路、顺沙路、顺白路、燕京街、三中东路、医专路、拥军路、中山东街等道路实施清理枯枝落叶和垃圾、更新死株及补植缺株、粉刷行道树、修剪、灌溉等工作，切实提升街巷园林景观质量。

（园林服务中心）

【鲜花上街环境布置工程】区园林服务中心分别于4月中下旬和6月中旬对府前街、光明街、新顺街、顺安路等城区主要干道的花箱、花架及立体花篮进行装扮，栽植爬藤牵牛、孔雀草、牵牛花、角堇等花卉约53000盆。紧密围绕中华人民共和国成立70周年这一历史节点，所属各公园广场时令花卉布置面积3176平方米，城区主要街道及节点花卉布置面积9104平方米，此次国庆花卉布置面积12280平方米，合计约摆设花卉122万盆。

（园林服务中心）

【绿地景观及设施提升改造工程】年内，顺义区双兴城市森林（绿地）工程进入收尾阶段。项目位于顺义城区减河北岸，顺义区行政中心南侧，东临右堤路，西接顺安路，总体规划占地面积34.6公顷。

（园林服务中心）

邮政

【概况】年内，中国邮政集团公司北京市顺义区分公司（简称中国邮政顺义分公司）认真贯彻落实党的十九大精神，以习近平新时代中国特色社会主义思想为指导，紧紧围绕集团公司发展战略，全面贯彻市分公司各项工作部署，以“不忘初心、牢记使命”主题教育为契机，以艰苦奋斗的拼搏精神，求真务实的优良作风，统一思想、坚定信心、深化改革、创新发展，各项工作企稳向好。

（中国邮政顺义分公司）

【经营指标完成情况】年内，中国邮政顺义分公司业务收入累计实现22756.58万元，完成年计划的97.06%，同比增长2136.43万元，同比增速10.36%；超过中国邮政集团北京市分公司平均增速18个百分点。经营利润累计实现3482.84万元，完成年计划的104.11%，同比增长437.97万元，同比增速14.38%，完成利润绝对值列市公司第一。

（中国邮政顺义分公司）

【代理金融专业】年内，通过加强政府、拆迁办的营销公关，持续做好跟进开发，以支局片区为单位协同开展公关活动，对历年拆迁村客户进行持续跟进开发，对杨镇新拆迁村进行及时公关，营销补偿款9000余万元。以金融消费者权益保护教育宣传为切入点，进驻村镇、校园、企业开展金融知识专题讲座，进一步提升邮政金融市场占有率。

（中国邮政顺义分公司）

【函件专业】年内，商函媒体业务朋友圈广告开发6户，实现收入13.09万元，与同比增长96.25%；开发京金玉满庭商贸有限公司和北京顺势安家房地产经纪有限公司直递广告业务2户，共计178万份，实现业务收入12.48万元。

（中国邮政顺义分公司）

【集邮专业】年内，开发北京城建勘测研究院有限责任公司成立60周年项目，制作定向邮品1000册，形成收入30万元；开发江河创建集团股份有限公司成立20周年项目，制作纪念邮册7000册，形成收入89.6万元；开发北京菲斯曼供热技术有限公司纪念册项目，制作纪念邮册

1700册，形成收入50.66万元。

（中国邮政顺义分公司）

【电商专业】年内，“简易险”业务发展态势迅猛，全年累计出单10309单，出单量居中国邮政集团北京市分公司首位；新增警邮业务网点1家，警邮网点累计5家，1家网点开通警医邮业务，累计办理业务240余笔；税邮业务上线，开通税邮业务网点5家，累计代征税额100余万元；18家网点开通彩票业务，吸引彩民客户，提高厅堂客流；“919邮政电商节”实现销售额132万元，完成进度460.86%，完成率居市分公司首位；累计开发邮乐购店73家（其中自有网点28家、社会网点45家），搭建邮政业务叠加渠道，进一步提升邮政服务覆盖范围；建立农业合作社2家，在邮政线上、线下展开销售工作，同时与区分公司建立寄递及金融合作业务；烟草业务销售额不断增加，本年累计销售近50万元。

（中国邮政顺义分公司）

【寄递融合整合工作全面完成】机关层面，落实市分公司要求，于6月30日完成一体化运行，领导干部分工明确、职责清晰，职能人员各尽其责，平稳过渡。基层单位层面，区分公司采用试点推进、稳扎稳打的策略，先后完成马坡揽投部、杨镇营业部、新顺营业部、天竺营业部、石园营业部、后沙峪营部、李桥营业部、南法信营业部的融合整合工作，所有营业部运转顺畅，邮路顺畅、人员平稳。

（中国邮政顺义分公司）

【通信生产】年内，确保营、分、运、投四大环节紧密衔接，规范操作。普通邮件、报刊妥投率达到100%，快递包裹城市当日妥投率、农村及时妥投率均达到市公司规定要求；机要通信失密丢损为零；用户满意度稳定在90分以上，无新闻媒体曝光和用户有理由申告。

（中国邮政顺义分公司）

【安全保障工作万无一失】年内，贯彻落实《邮储银行从业人员违规违纪行为处理办法》，组织开展金融从业人员警示教育活动2次，开展金融飞行检查2次，发现问题50个，立行立改与销号整改相结合，及时排除风险隐患；对28个金融网点进行安全评估工作，27个网点顺利通过，其余1个网点因装修未进行评估；重大活动期间专项安全检查10次，把好邮政渠道关口，落实3个100%制度。全年未发生安全生产及严重交通安全事故。

（中国邮政顺义分公司）

【基础设施建设不断增强】年内，2019年，中国邮政顺义分公司自筹资金200余万元，先后修缮、改造局所28处，解决营业部处理场地小、安防消防系统、电路暖气气系统维修、自助机具老化等问题；投入229.47万元，完成12个网点煤改电项目，减少燃煤取暖造成的大气污染。

（中国邮政顺义分公司）

【精神文明建设】年内，中国邮政顺义分公司确保安全生产零事故，被顺义区安委会评为“2019年度安全生产先进单位”；税邮、惠农合作、双微项目被市公司评为十大营销项目；“双十一”“双十二”旺季生产战高峰活动中，被评为先进集体；牛山支局被市分公司授予十佳支局，北小营支行被授予十佳支行，新顺投递部、杨镇揽投部被评为英雄班组荣誉称号。

（中国邮政顺义分公司）

联通顺义分公司

【概况】中国联合网络通信有限公司北京市顺义区分公司（简称联通顺义分公司）是顺义地区主导电信网络运营企业，拥有丰富的基础设施资源及强有力的服务支撑和通信保障队伍，是顺义地区一家能够提供综合通信服务的运营商。截至年底，顺义分公司共有员工303人。以“客户信赖的智慧生活创造者”为愿景、“联通世界，创享美好生活”为使命，为客户提供全面的通信服务。顺义地区建成语音网、移动通信网、传输网、宽带接入网、IP核心骨干网等电信级专业通信网络。可为顺义地区广大用户提供全业务信息通信服务，3G、4G、5G移动业务；全家福宽网融合服务；数据传输服务；互联网专线及中小企业光纤宽带接入服务；IPTV互联网电视等宽带增值服务，以及创新领先的物联网、云计算、大数据等服务，并可提供与信息通信技术相关的系统集成、工程设计施工、OA办公平台、视频监控系统等全方位的综合通信服务。

（联通顺义分公司）

【经营管理】年内，公司推进业务发展的同时，为保障地区通信用户安全，严格落实用户实名登记工作，加强风险防控，严格纪律约束。应李克强总理提出的要求，加大力度落实“提速降费”政策，取消手机国内长途和漫游费，大幅降低中小企业互联网专线接入资费，降低国际长途电话费。为进一步落实提速降费工作要求，推进IPv6应用，助力国家相关产业快速发展。调整静态接入互联网专线（黄金、紫金）标准资费，新资费在原资费的基础上下调近15%。11月1日，顺义联通5G网络正式投入运营，加上千兆固定光纤网络，共同构建“双千兆之城”，助力智慧城市建设。

（联通顺义分公司）

【窗口服务】年内，公司始终坚持“以客户为中心”的服务理念，统一服务形象、规范服务标准、持续提升服务能力，优化完善客户服务体系建设。客户服务工作更加关注细节，重点加强对营业厅、线务员等服务窗口人员的规范管理，提高专业技术水平，通过微博、微信等社交平台增强与客户间的沟通交流，客户服务质量得到明显提升。全年共有效处理10010级派单9043件，其中，工业和信息化部投诉81件、集团投诉212件、总经理热线130件，接到10010级表扬工单1件、客户表扬锦旗2面、表扬信1封。

（联通顺义分公司）

【网络维护】年内，联通顺义分公司网络运行安全稳定。累计提供重保服务99次，重保专线412条，重保出动人员247人次，出动车辆121车次。完成“全国两会”“京交会”等重大重保项目，完成第十届国际卫星导航年会、“顺义区啤酒节”“第十六届中国国际机床展览会”等顺义区内部重点事项重保。完成千兆网络迁移工作，持续推进1GPON向10GPON迁移工作。顺义联通分公司在做好2G退网工作的同时，做好3G、4G网络优化工作，通过日常优化，宽带网络运行平稳，各设备利用率在正常指标内，分公司3G语音业务占比、4G数据业务占比稳定在高位并持续提升，3G语音业务占比达99.1%、4G数据业务占比达98.9%。主动作为推进移动网络的优化补点。年内完成98个主要投诉地区的基站建设。有效提升客户感知，投诉量大幅度下降。

（联通顺义分公司）

【网络建设】年内，为快速响应市场，满足高速数据业务需求和提高用户使用体验，明显提升移动网络质量，2019年，联通顺义分公司完成3G、4G基站补点建设基站100个。推进5G网络建设，根据5G网络建设规划，盘点5G建设所需资源，及时发起扩容工作，快速推进5G基站建设。5G配套建设有序开展，局所机房改造完成35个，安装电源列头柜11架、标准机柜80架，龙门架50架。5G配套光缆敷设26.223条千米。5G基站建设共计完成469个，开通419个，入网416个。

（联通顺义分公司）

【安全生产】年内，始终坚持“安全第一，预防为主，综合治理”的方针，将安全生产管理常态化，时刻提醒员工保持较高的安全生产意识，加强检查和考核，防患未然，确保各项工作安全开展。通过定期安全生产检查，及时发现问题，监督落实整改，使员工在行为上保持高度警惕。坚持“谁主管，谁负责”，明确各级安全管理责任，细化员工岗位安全职责，落实一岗双责。2019年，本单位荣获“北京市交通安全先进单位”称号。

（联通顺义分公司）

【5G商用】11月1日，顺义联通分公司5G正式商用启动仪式举办，标志着顺义联通5G网络正式投入运营。顺义联通5G基站建设共计完成469个，开通419个，入网416个。国际会议中心以及新国展基于5G网络，在北斗年会、京交会上，进行VR全景体验、智能眼镜、智能沙箱、智慧足迹、电力大数据、5G手机、ESIM手表等应用的展示和体验。

（联通顺义分公司）

移动顺义分公司

【概况】中国移动北京公司顺义分公司（简称移动顺义分公司）是顺义地区主导电信网络运营企业，拥有丰富的基础设施资源及强有力的服务支撑和通信保障队伍，是一家综合通信服务运营商。截至2019年底，顺义分公司共有员工255人。以“成为客户首选的数字化服务的引领者”为愿景、“追求卓越，让数字化生活更美好”为使命，为客户提供全面的通信服务。坚决落实为民服务解难题的目标，坚决落实漠视侵害群众利益问题专项整治工作，从客户行为出发，从客户使用最多的重点业务出发，通过“网络覆盖优化、容量均衡、干扰整治、告警处理”4个举措，消除微信质差，改善即时业务感知；缩短网络时延，改善游戏业务体验；减少视频卡顿时长，改善视频业务感知。有力保障属地居民的通话及上网需求，语音及上网质量持续领先，持续为顺义区域内用户提供最优质的服务。截至12月，建成4G宏基站1991个，4G室分站1172个，实现顺义区19个镇426个行政村4G网络全覆盖，城区市政道路覆盖率达到98.78%。为属地16.1万户家庭提供家庭宽带服务，同时承诺“即办即装”“即报即修”，通过不断创新，快速推出“云计算、大数据、5G行业应用”等新产品、新应用，满足属地客户日益变化的个性化需求。2019年是5G元年，顺义移动作为属地基础通信运营商，加快工程建设，打造5G精品网络，快速推进5G成果转化及场景应用、个人业务落地，助力政府信息化建设，给用户带来“大带宽、高速率、低时延”的疾速用户体验，充分发挥5G新技术在促进经济高质量发展和满足人民数字生活需要方面的作用。

（移动顺义分公司）

【经营管理】年内，公司严格落实用户实名登记工作，加强风险防控，严格纪律约束。持续推动网络提速降费，中小企业宽带平均资费再降低15%，移动网络流量平均资费再降低20%以上，规范套餐设置，在全国实行“携号转网”。

（移动顺义分公司）

【窗口服务】年内，在客户服务方面始终坚持“以人民为中心”发展思想，深入践行“客户为根、服务为本”的理念，高效解决客户关心和投诉的问题，努力改善客户感知，提升客户满意度和获得感。通过智慧厅改造，提高客户体验感知；利用微信和公众号传播渠道、服务进社区、小小营业厅客户体验等活动，增强与客户间的沟通交流，客户服务质量得到明显提升；开展业务规则优化，推出营业厅自助一体机受理渠道，结合中台建设缩短客户业务办理时长。

（移动顺义分公司）

【助力顺义创城工作】年内，响应区政府文明城区创建申报工作的实地测评考察工作部署，对创城厅台做不定期宣传展示。学雷锋日，厅台配备“学雷锋志愿服务岗”、营业员佩戴“学雷锋志愿服务”绶带以及摆放“学雷锋志愿服务岗”标识牌等正能量的宣传，培育文明道德风尚，提升窗口行业的服务意识。

（移动顺义分公司）

【新中国成立70周年服务保障】年内，全力做好70周年服务保障工作，通过厅台保障分级别、服务管理升档级、制度优化作保障、显性化宣传等举措，确保实现“零重要客户投诉、零重大客户投诉、百分百重要客户满意”服务保障目标。

（移动顺义分公司）

【携号转网服务】年内，响应国家携号转网服务工作，11月10日，开始试运行；11月27日，携号转网服务工作正式开始。开放属地所有营业厅台做好携号转网业务办理，推广“携号转网服务流程指南”，持续开展客户关怀活动。

（移动顺义分公司）

【网络维护】年内，网络安全畅通、通信服务优质。确保网络高质量稳定运行、满足广大客户通信需求的同时，进一步针对性做好各项重大活动通信服务保障。全年出动重保人员5658人次、车辆2189车次，完成各项通信重保任务，实现保障期间零投诉。其中，70周年国庆出动重保人员486人次、车辆231次，第十届北斗卫星年会出动重保人员50人次、4G/5G应急通信车1辆、紧急开通5G微蜂窝基站1个，世界智能网联汽车大会出动重保人员64人次、4G/5G应急通信车1辆、5G展示车1辆。家庭客户全年共装移机6万余件，装移机平均历时减少3小时。通过网优、小微场景等手段，提升4G网络覆盖，较2018年移网数据业务流量增长112.49%，其中4G数据流量占比99.86%，满足不断扩大的4G市场需求，确保2G、3G用户能够顺利迁转4G网络。

（移动顺义分公司）

【网络建设】年内，为不断提升属地用户对网络使用的感知，持续加强4G网络覆盖，同时布局5G网络覆盖，2019年4G基站建设291个，重点站建设89个；5G基站建设250个，其中，首都机场15个，实现顺义主城区大部分区域、马坡新城大部分区域、北小营镇中心、北小营工业区及镇内顺密路沿线、新国展、南法信物流园区、空港A区工业区、后沙峪空港B区、铁匠营部分区域、国门商务区南部分室外区域、国测会展中心室内、机场部分室内、T3停车楼和快轨沿线等部分区域的5G覆盖。完成北斗卫星导航年会、中国（北京）国际服务贸易交易会（新国展会场）及世界智能网联汽车大会5G应用展示，北小营5G+智能网联无人驾驶，中关村医疗成果转换中心5G+智能医疗等5G业务需求任务。快速响应企事业单位专线需求，敏捷支撑政企部门，快速建设、筑牢基础传输网络。管道建设58.8千米，新建传输杆路70余千米。跨省、本地传输专线开通及时率100%。为进一步促进传输网络健康度，不断精细网络建设方案管理，基于光交开通率94.88%。2019年，家庭宽带建设新增覆盖标准社区、农村和聚类市场5.7万户，累计覆盖达41.6万户。

（移动顺义分公司）

【安全生产】年内，树立“安全生产零事故”的目标，以此为指引开展生产建设活动，在确保安全的前提下完成各项建设任务、重要通信保障等。通过季度安全生产会、日常建设例会、专项宣贯、学习会等形式宣贯、学习安全生产法律法规、公司政策、专业知识及安全生产事故案例分析等，强调树立安全生产意识的重要性，同时配合每月安全、质量联合检查（各专业累计检查170站次）、有限空间作业检查（累计作业检查184次）等，实现安全生产工作宣贯、培训、检查三位一体全覆盖，防患于未然。2019年，荣获顺义区经信局有限空间技能比武第三名、北京移动有限空间技能比赛获得二等奖。

（移动顺义分公司）

【支撑属地发展】年内，充分利用自身品质优异的数字化业务解决方案为属地政府和企业提供便利、稳定、高效、快捷的服务。2019年，基于落实网络强国的总体要求，为顺义区机关事务管理服务中心加装人脸识别系统，提升客户侧信息化安防。为企业及政府开通专线461条（其中顺义区雪亮工程裸光纤266条），推动属地信息化发展。全年开通小微宽带业务935条，资源覆盖中小企业、临街商铺、办公楼7000余户，解决中小企业办公网络等需求，助力中小企业发展。为顺义区光明街道、牛栏山镇政府、天竺镇政府、仁和镇政府等多家镇政府及街道办事处提供智慧烟感业务，响应顺义区政府对各镇街提出的智慧消防任务。与顺义区发改委、顺义公安局、北小营镇政府、顺义区纪律检查委员会等单位共同探索和尝试大数据分析在区域移动用户人口变化趋势预警、动态人流监控等方面的创新应用，提高顺义区政府在大数据领域的运用。

（移动顺义分公司）

【5G试商用】年内，5G试商用以来，顺义分公司与属地政府、医疗机构及制造业等客户共同探索5G创新应用，联合北京汽车集团越野车有限公司、中关村联创医学工程转化中心成立5G联合创新实验室，共同研究5G网络技术、标准和应用的联合创新，探讨5G网络技术在各个行业的合作，加速5G新技术的核心应用及全球化5G布局。助力属地完成顺义车联网应用示范项目一期北小营镇项目落地，通过5G技术丰富车联网技术的应用场景。在2019世界智能网联汽车大会期间，通过5G技术实现主会场与顺义300亩无人驾驶测试场间的8K超高清视频直播。2019卫星导航年会和京交会期间，通过参展方式向大众介绍移动5G能力、展示5G成功案例、邀请大家共同体验5G效果，进一步提高大众对移动5G的认知。

（移动顺义分公司）

城乡管理

6月24日，裕丰路排水应急工程完工

7月10日，区城管执法局与后沙峪镇有关领导在罗马湖艺术区拆违现场组织指挥

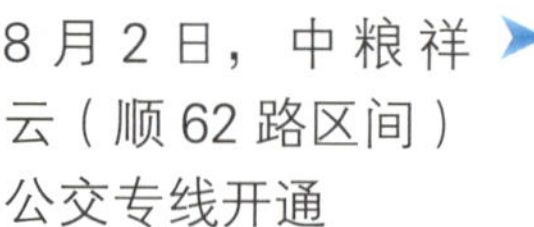

8月2日，中粮祥云（顺62路区间）公交专线开通

▲ 10 月 25 日，顺义区城管执法局直属队进行仪容仪表抽查

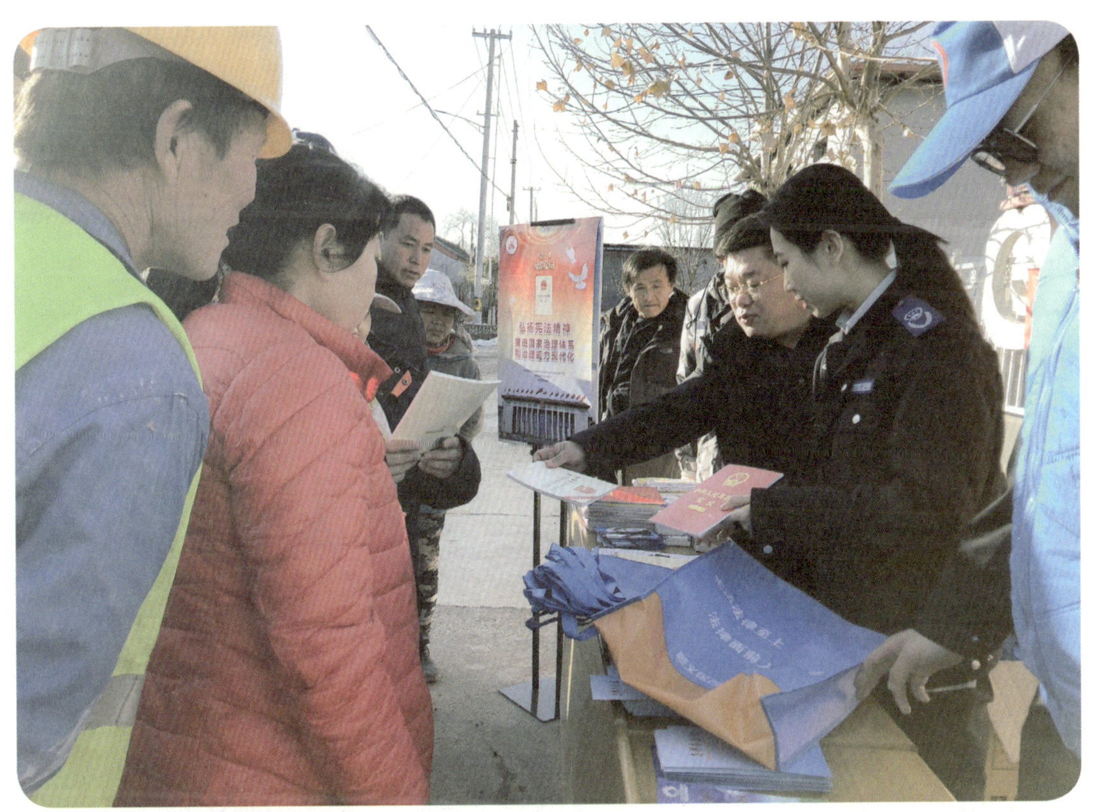

▲ 12 月 4 日，区生态环境局在“12・4”宪法日开展宣传活动

城市综合管理

【概况】2017年12月，北京市顺义区市政市容委员会更名为北京市顺义区城市管理委员会。主要负责本区城市管理工作的业务指导、组织协调、指挥调度、专项整治和检查评价，统筹、规划、指导本区网格化城市管理工作，市容环境综合整治工作，户外广告、牌匾标识、标语、宣传品设置工作，垃圾分类工作，对再生资源回收行业进行监督管理，燃气、供热、煤炭、电气、电源点的行业管理，加油（气）站管理的综合协调，新能源汽车充电站（桩）的建设和运营管理，能源日常运行工作，综合协调管理本区地下管线及其检查井和井盖设施的责任，石油、天然气管道（不包括炼油、化工等企业厂区内管道）保护工作等。

年内，共承担市级任务18项，区级任务91项。完成“70年大庆”“北斗导航年会”等重大活动城市运行保障任务。交通组织秩序得到优化，集汇大街等4条道路实行路侧停车改革，政务中心临时停车场按时投入使用，主城区停车诱导系统上线工作。协调调度完成石门苑小区配电网改造工作，变电总容量增加2120千伏安。电动汽车公共充电场站建成138处，平均服务半径4.6千米，提前达到市级目标。为50个小区更换燃气表3.8万余块，为3个小区接通天然气，惠及4万户人家。镇街层面网格化综合管理中心全部建立，“多网”融合平台成为城市管理重要抓手，受理城市管理案件近14万件，处置率超过99%。

牛山三路、火沙路市政配套等13项重点工程按时完成，全年完成固定资产投资3.9亿元。服务国际人才社区建设，在祥云小镇周边新建排水明沟6处、建设道路1.5千米，安装太阳能路灯193基。

全面开展市区两级54项环境景观提升工作，整治户外广告牌匾640处，累计建账、解决各类环境问题3万余件。春节、国庆景观布置，彰显顺义特色。公厕品质不断提升，完成城市公厕品质提升31座，农村公厕达标改造160座。本区首个大件垃圾处理系统于10月投入使用，累计处置建筑垃圾268万吨。

（区城市管理委）

【环境整治提升专项行动】年内，围绕绿化美化、景观塑造等14个方面工作，高标准完成市区两级景观提升项目54项。结合疏解整治促提升、农村人居环境提升等重点工作，大力整治提升32个城乡接合地区村庄和114个村庄的人居环境。严控“十无、五新”标准，完成121条背街小巷环境提升工作。围绕提升获得感，新建完成群众生活区周边口袋公园和休闲绿地52个。

（区城市管理委）

【重要节日环境保障】年内，以“零问题”“零隐患”“零差错”为标准，完成春节、全国“两会”、第二届“一带一路”高峰论坛、“亚洲文明对话大会”、“导航年会”、“京交会”、“智能网联汽车大会”、“70周年庆祝活动”等重大活动环境保障工作。

（区城市管理委）

【环境建设基础管理加强】年内，坚持问题导向，强化责任压实，全年市级740个挂账问题100%销账，累计挂账治理区级环境建设问题336289个；整体销账率为99.66%，复发率呈逐月下降趋势，由年初的33.5%下降至年末的3.47%，属地常态化、精细化的基础管理水平得到明显、有效提升。

（区城市管理委）

【共治共建机制进一步健全】年内，围绕月末清洁日、“门前三包”责任落实、群众身边环境治理等活动开展环境志愿服务，发起项目167个，累计时长405468小时；在2018年试点基础上，街巷长、小巷管家队伍建立工作全部完成，在远郊区率先实现各镇街全覆盖建立，共有街巷长1441人、小巷管家3375人。

（区城市管理委）

【网格化城市管理覆盖范围扩展】年内，在全区范围内组织开展“多网”融合平台城市管理网试用，将网格化城市管理覆盖范围由6街3镇扩展到全区，实现全区19个镇、6个街道、5个经济功能区网格化管理全覆盖。“多网”融合平台城市管理网实现与市级平台对接，通过持续优化案件上报、派遣功能，平台运行效率不断提升。年内，网格员巡查发现城市管理案件近14万件，处置率超过99%。

（区城市管理委）

【全区网格划分基本完成】年内，以镇街行政区域为基础，结合各属地实际管理情况，本着“全区覆盖、无缝对接”的原则，开展并基本完成网格划分工作。顺义区共有二级网格30个、三级网格592个、四级网格1779个，通过细化管理空间，将管理责任明确到人，实现有限空间的责任化。网格图层逐步推广应用于城市管理其他领域，全区“一张图”初步形成。

（区城市管理委）

【网格化管理工作机制逐步健全】年内，《顺义区推进“多网”融合发展若干措施》印发，健全网格化城市管理工作机制；以周报形式定期通报全区网格化管理情况，建立督查指导机制。

（区城市管理委）

【拓展问题发现渠道】年内，将顺义区“雪亮工程”视频资源接入“多网”融合平台，视频座席员通过查看视频资源进行街面秩序巡查，发现存在问题，拓宽城市管理问题发现渠道。

（区城市管理委）

【环境卫生作业管理】年内，针对城区53条主要城市道路开展道路清扫作业，市级检测城市道路尘土残存量平均值3.85克/米^2，城市道路机械化作业率95.8%，单日最大用水量2000吨，道路清扫保洁作业车辆上线率100%。

（区城市管理委）

【垃圾分类示范片区创建】年内，推进垃圾分类示范片区创建工作，创建光明街道、胜利街道、马坡镇等16个属地垃圾分类示范片区，覆盖率60%。

（区城市管理委）

【垃圾分类宣传】年内，以“垃圾分类五进系列活动”为核心[即垃圾分类进社区、进家庭(入户)、进校园、进公园商场、进党政机关]开展垃圾分类宣传活动。招募垃圾分类宣传员、分拣员、监督员900余人，在全区125个小区宣传垃圾分类知识。开展垃圾分类宣传活动1598场，90533人参加，其中入户宣传203032户次。区城管委联合区文明办、区教委、团区委、区妇联开展“顺义区垃圾分类小卫士评选”活动，共有9所小学的544名学生参与活动，点击量达到135661人次，有46346名网友参与投票。区城市管理委公众号全年共发布垃圾分类相关信息144条，阅读量共计28871次，报送区级媒体相关信息105条，被区级媒体采纳报道101条（顺广传媒20条、《顺义时讯》81条），被市级平台采纳报道4条（《北京日报》1条、《科技报》1条、《新京报》2条），被“学习强国”采纳报道2条。为促进垃圾分类工作开展，区城市管理委公益开发“垃圾分类掌搜宝”微信小程序，旨在方便本区居民随时了解垃圾种类知识并能够对分不清的垃圾进行实时查询，此项工作于7月19日被市委宣传部《宣传系统快报》第146期进行宣传报道，截至年底，小程序使用次数3万余次。

（区城市管理委）

【餐厨垃圾和废弃油脂规范管理】年内，按照《顺义区开展生活垃圾分类联合执法检查工作方案》要求，严查餐厨垃圾非法收运处置行为，联合区城管执法局开展联合执法检查59次，同时区城市管理委每季度对全区餐饮单位餐厨垃圾管理情况进行检查，形成检查通报后下发属地，要求对存在问题及时整改，举一反三，巩固餐厨垃圾管理成效。各属地联合食药所建立餐厨垃圾台账和废弃油脂台账，建立“区环卫中心为主，社会企业为辅”的餐厨垃圾清运模式，纳入台账管理餐饮单位2477家。

（区城市管理委）

【建筑垃圾资源化再利用】年内，推进建筑垃圾资源化再利用设施建设，15座建筑垃圾资源化处置场所验收合格并投入使用，共计处置建筑垃圾约268万吨。

（区城市管理委）

【渣土车专项治理】年内，审批建筑垃圾运输企业经营许可59家，备案合格建筑垃圾运输车辆491辆。利用建筑垃圾车辆运输平台对在网车辆运行轨迹进行每月不低于30台次的抽查，重大节日保障及空气重污染期间，设专人24小时监管。开展建筑垃圾道路运输联合执法检查89次，其中区领导带队23次，跨区联合执法7次。核实市级派发疑似乱倒乱卸点位65处、疑似违法违规工地68处、违规车辆123辆。办理市级各类督办案件16件，罚款金额3.125万元。

（区城市管理委）

【建筑垃圾消纳】年内，审批建筑垃圾消纳许可387批次，发证399张；建筑垃圾、土方、砂石准运许可209批次，发证884张。办理设置建筑垃圾消纳场所许可1批次，撤销运输企业资质许可8家，撤销车辆101辆。开展木林渣土消纳场联合执法12次，日常监管36次。办理消纳许可工地事后监管387次。

（区城市管理委）

【公厕管理】年内，推进厕所革命，城市公厕品质提升31座（含市政府实事任务10座）、农村公厕达标改造160座，公厕等级达标率不低于93%。

（区城市管理委）

【环境卫生设施管理】年内，共处理生活垃圾541030.86吨，餐厨垃圾10447.69吨，粪便43592.49吨，按照市城管委要求，定期对区属设施开展环境监测和检查考评。

（区城市管理委）

【焚烧三期工程建设】10月26日，区政府常务会审议并通过《关于提请审议顺义区生活垃圾综合处理中心焚烧三期工程实施方案》。持续加强生活垃圾处理设施运行监管工作，稳步提升本区生活垃圾粪便处理设施作业标准和环境污染控制水平。

（区城市管理委）

【违规广告牌匾治理】年内，启动违规广告牌匾整治工作，在区城管执法局、各镇街及经济功能区的配合之下，合计拆除违规广告牌匾453处，拆除违规单立柱9处。

（区城市管理委）

【中华人民共和国成立70周年宣传环境布置】年内，完成中华人民共和国成立70周年宣传环境布置工作。区城市管理委联合区委宣传部、区城管执法局、区园林绿化局、区住建委及区公路分局对全区42家单位的宣传布置方案进行审核，共计审核宣传点位7447处。牵头完成主要道路及重要节点的景观布置工作，共计布置灯笼灯饰68组、道旗3600组、景观小品9处、户外广告46处（落地式户外广告15处、单立柱广告4根、地下通道广告16处、候车厅广告8处、电子屏广告3处）、硬质横幅4处。

（区城市管理委）

【斑马线问题清理及隔离护栏优化撤除】年内，协调各道路产权单位启动问题斑马线整治工作，24处行人过街冲突问题全部整治完成。开展顺义区城市道路隔离护栏优化撤除工作，截至年底，全区共撤除城市道路隔离护栏22546米。

（区城市管理委）

【公共服务设施管理】年内，推进闲置公共电话亭及闲置报刊亭整治工作，共协调拆除闲置公共电话亭30处、闲置报刊亭5处。同时，完成44条城市道路1729处公共服务设施二维码铭牌安装工作。

（区城市管理委）

【燃气行业】年内，顺义区共有燃气经营企业32家，灶具安装维修企业5家。32家燃气经营企业包括天然气2家，压缩天然气1家，液化石油气充装站13家，液化石油气瓶装站16家。

（区城市管理委）

【为民办实事工程】年内，为东兴一区、东兴二区、裕龙西区等50个小区更换智能远传燃气表38138块。为农行家属院、莲竹花园、仙泽园3个小区接通市政天然气，涉及21栋居民楼的1394户居民。

（区城市管理委）

【供热行业】年内，顺义区共有供热企业36家，供热锅炉房68座。2018—2019年度供暖季全区供热总面积约2574万平方米，其中居民供热面积2015万平方米。下发《关于应对极寒天气全力以赴做好供暖保障工作的通知》，要求备案单位妥善处理各类居民投诉，落实能源保障措施，加强检查宣传，建立信息沟通机制，落实带班领导24小时值班制度。

（区城市管理委）

【区级供暖投诉管理平台】年内，搭建区级供热投诉管理平台，通过数据比对、实时监控、投诉督办等数据资源的整合和系统分析，研判供热风险进行有效预防和及时处置，有效降低市级投诉数量，提升供热企业“接诉即办”能力。11月7日—12月31日，顺义区供暖平台共接到12345热线投诉832件，均妥善处理。

（区城市管理委）

【充电基础设施建设】年内，全区各充电基础设施运营企业累计建成电动汽车公共充电场站138处、共建公共充电设施1411台，其中直流1100台，交流311台。

（区城市管理委）

【电力行业】年内，顺义区共有500千伏变电站1座，220千伏变电站6座；110千伏公用变电站30座，用户变电站7座，变电总容量374.25万千伏安；110千伏线路83条，长度497.78千米。

（区城市管理委）

【架空电力线路安全隐患排查治理】年内，组织区供电公司对全区范围内的局属及用户产权树线隐患开展摸底排查工作，共摸排隐患212处，治理隐患110处。针对重要隐患，区城市管理委组织召开关于隐患电力线路线下隐患治理工作现场协调会6次。

（区城市管理委）

【石门苑小区电网配电设施改造】年内，石门苑小区的改造工作完成，惠及3561户，变电总容量增加2120kVA。

（区城市管理委）

【市政管线设施管理】年内，巡视里程8万千米，维修雨水箅子133套，维修井盖107个，处理雨水箅子安全隐患27处，处理井盖安全隐患241处。

（区城市管理委）

【天然气管道保护管理】年内，开展石油天然气管道保护工作，累计检查油保企业16家次，管道现场52次，出动153人次、车辆68车次，发现并整改隐患12项，排除疑似小卫星拍摄管道占压隐患1处。下发安全管理文件15篇。备案管道事故应急预案3份。

（区城市管理委）

【安全生产、突发事件应急处置】年内，开展安全检查评估、有限空间规范化建设、应急抢险、宣传培训、防汛、重点时期城市运行保障等工作。累计检查生产经营单位802家次、发现并整改隐患1274项，出动1970人次、802车次，发放宣传海报12800张、宣传品2000份、宣传片1000张，下发安全文件30余篇，召开安全会议20余次。

（区城市管理委）

【市政基础设施建设管理】年内，坤安路道路中修、裕丰路道路中修、大东路人行步道中修、北环路人行步道中修、建新东街人行步道中修工程完工，维修沥青路面73940平方米、步道砖10560平方米、施划交通标线8738平方米；巡检区级22417基路灯，亮灯率超99%，完成2019年春节景观布置。

（区城市管理委）

【停车场规范化管理】年内，顺义区共有备案有效停车场78个（新增备案14个），车位数22896个，年审60处。开展备案停车场专项检查12次。

（区城市管理委）

【交通综合整治工作】年内，对顺福路、顺泰路、石园南大街道路复划双组份标线，施划面积17049平方米，新建并更换顺康路、顺泰路、顺福路、石园南大街标志标牌393块；封闭石园南大街原有路口4处，增加石园南大街车辆通行能力。新建顺福路中央隔离护栏及石园小学步道护栏1203米，新建新顺南大街中央隔离护栏477米。

（区城市管理委）

【道路安全隐患排除】年内，开展遮挡市政设施绿化排查及修剪工作，排查绿化遮挡点位108处。

（区城市管理委）

【依法行政工作】年内，共办理人大建议、政协提案65件，按时办复率100%，代表、委员满意率100%。完成办理服务事项844项，审核备案合同410件。受理政府信息依申请公开12件，全年未产生行政败诉案件。

（区城市管理委）

【加强城市管理信息宣传管理】年内，向市城市管理委报送信息396条，被采纳294条，在市城市管理委“微博微信”宣传考核中位蝉联全市第一，被《顺义区情》采纳40条、《顺义信息》采纳28条，在本委官方微信公众号发布信息371条、微博发布信息541条。同时关注网络舆情，回应社会关切，共办理舆情回复55件。

（区城市管理委）

城市管理综合行政执法

【概况】年内，顺义区城管执法局立足首都平原新城发展实际，紧紧围绕“疏解整治促提升”专项行动、美丽乡村建设、全国文明城区创建等重点任务，以党建为统领，进一步创新双重管理机制；以违法建设拆除为重点，进一步完善违法建设长效防控机制；以城乡环境秩序执法为抓手，不断提高城市精细化治理水平，扎实开展城管执法工作，为顺义区经济社会高质量发展，人居环境显著改善提供有力保障。区城管执法系统共查处各类违法行为5815起，罚款1592.98万元，移送公安机关刑事拘留206人；完成市区两级的五项“折子工程”；提前一个季度完成市级“350万”违建拆除任务指标，全年拆除各类违法建设426.26万平方米，同比增加83.05%，新生违法建设全年“零增长”；完成“70周年国庆”等27次重大活动保障任务。

（区城管执法局）

【违法建设拆除管控工作稳步推进】从政策和机制入手，抓机制完善和结果督查，保持违法建设从严治理。拟定《顺义区控制及拆除在施违法建设若干规定》《顺义区关于加强农村私搭乱建、侵街占道治理工作的实施意见》等多项文件，初步形成违法建设管控的制度基础。在区级各部门的支持下，第一批无违建镇街、社区的创建工作初见成效，新生挂账督办项目全部通过市规自委审核。年内，共拆除各类违法建设383.2万平方米，腾退土地484.3公顷，拆除面积与2018年相比同比增加60.54%，提前一个季度完成市级违法建设拆除任务。

（区城管执法局）

【大气污染治理强化】紧紧围绕清洁空气行动计划、蓝天保卫战等工作要求，以落实两级环保督察反馈意见整改工作为抓手，全面压实执法责任，切实推进大气污染治理工作开展，实现对施工扬尘、渣土车泄漏遗撒、露天烧烤等大气类违法问题的常态化执法管控。年内，开展区级联合执法行动81次，打击非法渣土消纳场10处，移交公安机关刑事拘留76人。立案查处渣土车1707辆，罚款317.75万元，在市级渣土车的专项考核中，本区在发展新区中排名第一。

（区城管执法局）

【燃气安全专项执法行动】建立区、街（镇）两级检查机制，采取领导分组包片、摸底排查、部门联检等方式，开展秋季燃气安全执法月活动、百日安全大排查、大整治等多次燃气专项执法行动。年内，共立案查处燃气类违法案件497起，罚款71.27万元，立案数和罚款数均排全市第一。

（区城管执法局）

【街面环境秩序整治行动】开展占道经营、门前三包、非法小广告等专项执法行动，加强业务指导，强化督查检查，督促各单位落实执法责任，严格查处各类影响街面环境秩序的违法行为，持续加大对街面环境秩序问题的管控力度。年内，查处占道经营类违法案件10803起次，罚款153万元，25个属地均完成占道经营类违法行为“动态清零”。

（区城管执法局）

【国庆70周年等重大活动保障任务】提前制定环境秩序保障方案，合理调配执法力量，全力抓好重大活动保障工作，参与国庆70周年等大型活动保障27项，涉及保障164天。8月起，全区城管执法系统在原有基础上提高20%执法量，抓好冲刺阶段的环境秩序保障工作；9—10月，全区城管执法系统立案数环比增长192.29%，罚款数环比增长62.01%。

（区城管执法局）

【非法运营专项整治】7月22日—12月31日，组织开展人力三轮车非法运营专项行动。以解决地铁M15号线各进出站口及其他公共交通枢纽周边，以及学校、医院等人员流动量较大区域黑车、黑摩的非法运营问题为着力点，前移执法关口，强化重点区域、重点时段执法力量布控，持续开展黑车、黑摩的治理工作。年内，共查处“黑车”39起，罚款34.5万元，罚没黑摩的75辆、黑三轮2辆。

（区城管执法局）

【联合执法整治力度加大】针对个别属地难以独立解决的重难点

工作或举报高发的重点位置，依托区级联合执法平台，统筹做好全区范围内执法联动，截至11月底，利用自身执法协调、信息共享等机制，组织相关部门开展专项联合执法行动217次，支持和指导街镇开展吹哨行动19次，解决城市管理环境秩序类问题600余件。

（区城管执法局）

【绩效考核管理办法逐步完善】年内，结合市局《关于印发城管执法系统考核评价办法的通知》要求和执法力量下沉的最新形势，8月，《绩效考核管理办法》重新修订，绩效考核更加贴近一线执法实际，逐步向精细化、系统化、科学化迈进。

（区城管执法局）

【机关机构改革深入推进】11月，结合城管体制改革，城管职能定位，向区委编办报请调整确定本局《三定方案》，调整、合并现有内设机构，单独成立负责燃气、供热、石油管线、电力等新划转职能专业执法业务科室；初步拟定设置内设机构9个，机关人员从原有30人调整为40人。

（区城管执法局）

【群众诉求有效解决】年内，明确各属地12345市民服务热线办理主体责任，强化“双派单据”的业务指导。针对属地难以独立解决的疑难问题，由局领导包片负责开展专项整治，强化立案处罚。年内，共受理12345市民服务热线6338件。

（区城管执法局）

生态环境保护

【概况】3月25日，北京市顺义区生态环境局（简称区生态环境局）挂牌成立，为区政府工作部门（正处级）。主要负责本区生态环境污染防治工作的统筹协调和监督管理。承担对本区污染防治、辐射安全、生态环境准入的监督管理，负责污染减排、生态修复、环境监测、环保宣教等工作，组织开展本区生态环境监察执法工作。完成区委、区政府交办的其他任务。

（区生态环境局）

【区生态环境综合执法大队成立】5月30日，北京市顺义区生态环境综合执法大队挂牌成立，为区生态环境局管理的副处级行政执法机构。改革后，不再保留北京市顺义区环境保护监察支队。

（区生态环境局）

【空气质量】全年，顺义区PM2.5年均浓度为41微克/米^3，低于全市1微克，同比下降18%，排名全市第8名，完成市政府下达的“PM2.5年均浓度低于48微克/米^3”的全年改善目标。

（区生态环境局）

【治污减排】年内，区生态环境局实施燃气锅炉低氮改造工作，完成大龙供热中心城东、城西800蒸吨燃气锅炉提标改造。全区退出淘汰一般制造业企业82家，超额完成年度任务22家，疏解力度和数量位居全市第二；及时更新涉污“散乱污”企业动态清零工作台账，完成清理整治15家。完成挥发性有机物“一厂一策”治理7家。全区开展提升整治餐饮服务单位1800家，进行监督性检查9700余家次。

（区生态环境局）

【控车减油】11月1日起，全天禁止所有国三排放标准柴油载货汽车在全区行驶；全年退出淘汰国三高排放柴油货车3971辆。累计监督性抽测重型柴油车40.4万辆次，检出超标车2.59万辆次。

（区生态环境局）

【清洁降尘】全年，顺义区年均降尘量为5.3吨/（月·千米^2），排名全市第5名，完成市政府下达的“降尘量控制在6.5吨/（月·千米^2）以内”的全年改善目标。推进扬尘管控精细化。一是完善扬尘在线监控系统。根据工地施工进度规范安装监控系统，监控数据接入市住房城乡建设委平台，并与区城管执法局等部门共享。二是建立扬尘管理责任体系。全面实施新修订的绿色施工管理规程，统筹落实各类工地施工扬尘控制标准和规范，建立裸地、拆违工地、“小微工程”等台账，针对裸地等面源扬尘，分类施策、全面整治。三是强化扬尘问题执法。全年查处施工扬尘、裸露堆放以及渣土车违法问题2505起，罚款1012.702万元；检查工地710家，约谈告诫113次。

（区生态环境局）

【燃煤替代】年内，一是推进村庄散煤清洁能源替代，完成仁和镇庄头村煤改清洁能源工程。二是推进建筑节能，对10个节能效果未达民用建筑节能标准50%的既有居住建筑小区进行节能改造。

（区生态环境局）

【空气重污染应急】年内，区生态环境局严格落实《顺义区空气重污染应急预案（2018年修订）》，侧重清单减排。企业停限产清单由74家增加到182家，工地清单由单一房建工地扩充到房建、水务、公路、园林、市政等行业，道路清单由58条增加到110条。全年，顺义区共启动空气重污染预警3次，重污染天数同比减少13天。

（区生态环境局）

【《蓝天保卫战行动计划》印发】年内，顺义区政府办印发实施《顺义区打赢蓝天保卫战2019年行动计划》（顺政办发〔2019〕3号），区大气办配套印发《顺义区打赢蓝天保卫战2019年行动计划细化实施方案》（顺大气办发〔2019〕3号）。

（区生态环境局）

【水生态环境】年内，顺义区2个国家级考核断面、5个市级考核断面全年水质达标，7个市级生态补偿断面全年共计扣缴补偿金1426.5万元，同比下降10.7%。区级跨界断面全年共计扣缴补偿金2267万元，同比下降42.2%。区生态环境局以水质监测为抓手，每月对全区三大河系47个镇街重点断面进行监测，定期对主要河道进行巡查。4个出境断面自动在线监测设备全面运行，及时掌握有效数据，建立定期总结通报机制。在区污水处理厂加装自动在线监测设备，实时掌控排污口水质变化，达到预警效果。强化水环境执法，对顺义区重点流域、水源保护区、自然保护区等区域进行专项执法检查。

（区生态环境局）

【自然生态环境】加强水源地保护，2018年度饮用水水源地环境状况评估工作完成，《顺义区集中式饮用水水源保护区清理整治方案》印发实施，每季度向社会公开7个集中式水源地生活饮用水安全状况信息，巩固京密引水渠（顺义段）整改效果。开展“绿盾2019”专项行动，结合《“绿盾2019”自然保护地强化监督专项行动方案》，对汉石桥湿地192个遥感点位进行全面核查，全年完成整改点位188个，占比98%。推进生态保护红线勘界定标，对接市生态环境局和区级相关责任单位，组织协调会10余次，走访相关属地，《北京市顺义区生态保护红线勘界定标方案（送审稿）》编制完成。

（区生态环境局）

【土壤生态环境】全区受污染耕地安全利用率、污染地块安全利用率均达到100%。推进土壤污染状况详查。完成19家重点行业企业现场采样，共计采集土壤样品277例，地下水样品52例。强化土壤污染源头管控。制定区级重点监管单位名录，督促3家单位完成土壤自行监测、风险隐患排查；完成全区涉重点重金属企业排查，将3家重金属重点企业纳入强制性清洁生产审核；对辖区内原有畜禽养殖禁养区进行全面排查，制定《顺义区畜禽养殖禁养区划定方案》。严格建设用地风险管控。结合一般制造业退出工作，完成2018年、2019年共175家关停企业原址用地筛查工作；强化网格化监管，将39家“疑似污染地块及重点监管企业名单”纳入网格化城市管理平台。实施耕地质量分类管理。《顺义区受污染耕地安全利用方案》印发实施，《耕地土壤环境质量类别分类清单》制定完成。

（区生态环境局）

【规范行政行为】年内，区生态环境局对北京市“市区共有和区级独有权力事项（不含行政处罚）”进行梳理，共梳理权力清单49项，其中行政许可9项、行政强制5项、行政检查9项、行政确认3项、行政奖励1项、其他职权22项。

（区生态环境局）

【环境行政执法】年内，区生态环境局办理政务服务事项695件，其中行政许可653件，行政确认42件；实施行政检查28359件；作出一般程序行政处罚451起，罚款2243.04288万元，简易程序处罚1158起，罚款45.84万元；办理行政强制案件1件。

（区生态环境局）

【环境法制宣传】年内，“顺义生态环境”微信公众号推送法律宣传信息140条，微博推送160

条。对杨镇、后沙峪镇及空港街道辖区内的餐饮企业及商户，开展餐饮油烟设备升级改造和生态环境法律法规宣讲。“六五”世界环境日，在旺泉街道卧龙公园开展《中华人民共和国土壤污染防治法》普法活动。“12·4”宪法宣传周，在赵全营镇忻州营村开展宪法进乡村活动，宣传习近平总书记关于依法治国的新理念、新思想、新战略和生态环境法律知识。

（区生态环境局）

【政府信息公开】年内，《北京市顺义区生态环境局政府环境信息公开目录（2019年版）》《政府信息主动公开全清单》编制实施。区生态环境局主动公开网站为顺义区政府网站；运用“顺义生态环境”微博、微信公众号，每日更新顺义生态环境信息和工作动态；12月，“顺义生态环境”抖音账号开通。收到政府信息公开申请27件，未有因信息公开产生的投诉和复议案件，因信息公开产生的行政诉讼2起。举办政府开放日2次，邀请镇街、企业、小学师生参观监测设施。

（区生态环境局）

交通运输管理

【概况】年内，顺义区有公交客运企业2家，公交车共计777辆，运营线路83条，运营里程2611.2千米，日均客运量32万人次；市属公交集团第七客运分公司有公交车辆407辆，运营线路17条，运营里程535.5千米，日均客运量10万人次；地铁M15号线顺义段全长14.8千米，设置车站7处，工作日日均发车457次，日均客运量23.5万人次；出租汽车企业8家（燃油出租企业5家，电动出租企业1家，网约车企业2家），运营车辆1536辆，从业人员1666人，年客运量898.40万人次；旅游汽车企业1家，运营车辆682辆，从业人员934人，年客运量471.58万人次；汽车租赁企业29家（其中筹办期3家），运营车辆2530辆，从业人员975人；水运游船单位7家，游船284艘，从业人员38人，其中船员10人，年客运量12.74万人次，实现营业收入309.81万元。公交站点1498个，公共候车亭1100座，实施顺安路、光明街39个公交站亮化工程，公交场站51座；累计投放1万辆公共自行车，建设配套站点284个，市民骑行累计320万车次。货运经营业户2611户，运输车辆11569辆，总吨位11.3万吨，完成货运量4201万吨，完成货运周转量18.13亿吨千米。机动车维修企业221家，从业人员3577人，机动车维修总辆次38.78万辆次，维修行业总收入46.6亿元。驾培机构19家，教练车1535辆，从业人员1630人，在校学员60128人。办结各类行政许可事项2.36万件；接待咨询3.07万次、窗口服务办结率100%。推进机动车污染源治理，加大重型柴油车整治力度，全年出动执法人员2.6万人次，执法车辆6281辆次，检查车15.36万辆次，处理违法违章行为1.1万起。

（区交通局）

【雪天公交客运安全保障】2月12日，交通局执法人员上路巡查检查公交运力保障、车辆安全运营状况、驾驶员雪天安全驾驶操作规程、重点车站候车秩序等情况；各客运企业加强对公交线路运营情况的检查，加强对各条线路的科学调度，方便乘客及时乘车；客运企业强化驾驶员和乘务员雪天行车安全，做好车辆安全检查和防雪防滑工作，确保车辆行驶安全。

（区交通局）

【空气重污染天气应对】2月22日0时—24日24时空气重污染期间，区交通局9个执法站点所有执法人员全部到岗，开展24小时全时执法，持续做好“进京卡口”和重点货运通道的执法检查工作。同时，依托9个站点的辐射作用，针对重点路段和重点时段加大执法检查力度，突出夜间21时—凌晨2时重点时段夜查。其中5个地区综合执法站双向多向补位执法，形成围绕重点区域的大货车执法防控圈；以检查重型柴油货车为主，严厉打击车辆超标排放、超载超限、无证运输、非法改装等违法违规行为，对外埠高排放货运车辆一律采取劝返措施；机动车维修行业封停所有喷烤漆房，停止喷烤漆作业；驾培行业严格执行空气重污染期间教练车停驶措施；落实空气重污染期间公交运行保障方案，确保市民公共交通出行安全有序。2月22—24日，交通局联合相关部门共出动执法人员665人次，检查重型货运车辆1975辆、处罚359辆，劝返外埠高排放货车56辆，驾培行业停驶教练车965辆。

（区交通局）

【公交加气站安全联合检查】2月27日，区交通局联合区城市管理委、区质监局、区安监局、消防支队，南法信、后沙峪、北小营等属地相关部门对北京骏马客运有限公司南法信、后沙峪、东府3处客运站LNG加气站进行联合执法检查。检查组就客运企业与LNG加气站运营单位签订安全生产协议，明确各自的安全生产范围及安全生产职责，建立健全各项安全管理制度、操作规程、应急预案，消防及安全设备设施配备，用电防火安全管理措施等情况进行逐一检查。此次联合检查出动人员30人次，检查明确要求使用单位及经营单位严格落实各自的安全生产职责，加大安全隐患自检自查力度，及时消除安全隐患，确保“两会”期间公交运营安全。

（区交通局）

【驾培行业“两会”期间安全维稳工作会】2月27日，区交通局在玉马教练场召开驾培行业“两会”期间安全维稳工作会。会议要求：各驾培机构要充分认识“两会”期间安全培训工作的重要性，增强社会责任感和大局意识，切实加强“两会”期间驾校安全工作的组织领导；进一步完善驾校安全管理制度，落实全员安全责任，签订教练员“两会”安全维稳责任书；驾培机构要对教练场及驾校内的消防设备设施、电器设备、有限空间、教练车技术状况等进行一次全面的自检自查，发现安全隐患立即整改，同时加强场内及场外道路训练的动态巡查并做好台账记录；全力做好安全防范及维稳工作，遇突发事件须第一时间上报并妥善处置。

（区交通局）

【2019年水运行业工作会】3月21日，区交通局组织辖区7家水运游船单位召开2019年水运开航工作部署会，会议对做好本区水运开航和2019年水运行业安全保障等工作进行部署，要求各游船单位以保障2019年水上交通安全“零事故”为目标，突出源头和现场管理，健全水上交通安全管理机制，严格落实各项安全保障制度措施，统筹做好应急维稳工作，以最高标准、最强组织、最实举措、最佳状态切实做好2019年水运行业运营安全和服务保障工作。会上，区交通局与水运游船单位签订《2019年度水上交通安全监督和水运行业管理责任书》。

（区交通局）

【“按需定制”公交线路开通】3月20日，首条“按需定制”公交线路——武警特警学院公交专线开通运营。线路设南法信地铁站、高丽营一村站、高丽营二村站、高丽营站、西马各庄站、武警特警学院站6个站点，采取“大站快车”方式运行，无缝接驳公交942快线，通过一次换乘到达东直门地区。同时，在地铁南法信站接驳M15号线进入轨道交通网。

（区交通局）

【危货运输安全生产专项检查开展】3月25日，区交通局执法人员对辖区内危险货物运输企业——北京市顺义宏达液化石油气有限责任公司进行专项检查。现场重点查看危险货物运输车辆专用停车场地情况，发现该企业存在载货停车行为。对此，执法人员要求该企业立即进行整改，保持危险货物运输车辆专用停车场空车停放，并委托具有危险货物运输资格的企业进行承运危险货物空罐。同时，要求企业加强隐患排查治理，做好场区内消防及有限空间管理、禁毒控毒等相关工作。

（区交通局）

【客运行业危化品安全工作部署会】3月26日，区交通局组织召开危险化学品安全工作部署会。北京骏马客运有限公司、北京绿源达顺清洁能源发展有限公司有关负责人以及涉及危险化学品使用的公交首末站站长参会。会议传达《顺义区安全生产委员会办公室关于开展危险化学品安全生产大检查的通知》（顺安办〔2019〕22号）的文件精神，通报近期有关事故情况。与会各单位负责人围绕安全应急管理职责就近期安全生产工作进行专题汇报。

（区交通局）

【四项措施服务清明节祭扫出行】一是组织公交客运企业开展清明节安全运营和文明服务培训，提升驾驶员和乘务管理员的安全意识和服务能力为市民祭扫出行提供安全、便捷的公共交通服务。二是加强指挥调度和秩序维护。俸伯站每天安排指挥调度员2名、站台乘务管理员4名，加强公交线路调度和站台秩序维护，保障公交运力充足，站台井然有序。三是强化轨道交通客流引导。地铁俸伯站每日增配站务、安保、检票等保障人员10余名，加强客流疏导，并设置提示标志，引导客流有序进出车站，减少客流交叉。四是加强运输秩序监管。组织执法人员协助属地政府做好俸伯地铁站外、公交站点执法检查和秩序维护工作，监督企业落实各项保障措施。

（区交通局）

【水上安全应急演练】3月27日，北京鲜花港投资发展中心组织开展水上安全应急演练。演练模拟游客乘坐的游船在湖中遇到故障突然抛锚和游客突然落水后采取的一系列应急处置全过程，水上救援人员成功施救遇险游客。区交通局海事执法人员观摩并指导演练全过程。

（区交通局）

【水运游船开航前安全检查】3月28—29日，区交通局海事执法人员对奥林匹克水上公园、北京芦荡乐园、卧龙公园等5家游船企业进行开航前安全检查，重点检查游船企业各项安全制度及安全责任制落实情况，船舶技术状况、人员资质、救生及消防设备、码头设施等配置情况。执法人员要求企业要提高安全防范意识，严格落实各项安全管理制度，按规定张贴警示牌、救援电话等标识，完善各类应急处置方案、预案，确保游客乘船安全。此次开航检查出动执法人员15人次，抽检船舶65艘次。

（区交通局）

【“出实招”营商环境持续优化】3月，区交通局入驻区政务服务中心城市运行综合窗口，工作人员精简办事流程，前台制表流程由20余个简化至4个，速度从平均3分钟/车提升至平均0.5分钟/车，事项办理时间从平均16分钟缩短至6分钟，整体工作效率提升167%，实现道路货物运输车辆注销、年度审验等事项办事流程环节和办事时间“双减少”。

（区交通局）

【安全生产标准化创建工作部署会】4月10日，区交通局组织召开2019年顺义区道路货物运输行业安全生产标准化创建暨重大活动安全保障工作部署会，首都机场周边31家重点货运企业负责人参加。会议传达《顺义区安全生产委员会办公室关于印发顺义区2019年开展企业安全生产标准化创建工作实施方案的通知》（顺安办〔2019〕18号）精神，详细解读企业创建安全生产标准化流程并解答企业提出的问题。会议就做好重大活动保障工作进行动员部署，要求货运企业对所有运营车辆、驾驶员进行一次排查，全面清除可能存在的各类安全隐患；加强车辆动态管理，安排专职监控人员，实时监控车辆动态情况；认真履行主体责任，严格落实安全生产责任制、安全生产规章制度、操作规程、应急预案等，确保重大活动期间货物运输行业安全稳定。

（区交通局）

【全民国家安全教育日普法宣传活动】4月15日，区交通局开展区内道路运输企业及道路运输经营者“4·15”全民国家安全教育日普法宣传活动。以多种形式开展送法“进企业”“进场站”等活动，面向社会各界宣传国家安全、安全生产、运输行业等法律法规知识；一线执法部门以站区为依托，通过设置咨询台、橱窗展示、悬挂条幅及张贴海报等形式进行广泛宣传，并在执法过程中向过往经营者发放宣传材料，做好释法普法工作。本次活动共悬挂宣传标语条幅14条、设置咨询台5个、发放宣传手册折页3000余份、普法环保袋1500余个，组织普法宣传“进企业”“进场站”10户次，接待群众咨询500余人次。

（区交通局）

【重点货运企业安全保障部署会】4月23日，区交通局联合区公安分局治安支队、生态环境局召开重点货运企业安全保障工作部署会，辖区163家货物运输企业负责人参会。会议就重大活动期间货运行业安全保障工作，要求企业加强有限空间、消防安全管理，尤其是危化品运输企业要做好易制爆物品防控和隐患排查治理等工作；寄递物流企业安全管理工作，要求企业严格落实100%实名登记、货物受理验视抽检抽查两项制度；重型柴油车排放治理执法相关工作进行明确部署。各职能部门与相关企业负责人分别签订《重大活动期间道路货物运输行业安全保障责任书》。

（区交通局）

【运输结构调整工作推进会】 4月23日，区交通局组织召开专题会议研究推进运输结构调整相关工作。中国铁路北京局集团有限公司、中都物流有限公司负责人，区城市管理委、区交通支队、区公路分局主管领导和有关负责同志参加。会议部署按照市级要求本区涉及具体工作任务8项。中都物流有限公司和顺义火车站相关负责人分别汇报一季度商品车运输“公转铁”、运输需求和站场设施等情况。与会人员就下一步如何为“公转铁”顺利接驳提供便利条件进行充分研讨。

（区交通局）

【重大活动期间物流企业安全检查】 5月20日，区交通局执法人员对辖区北京益邦国际物流有限公司进行检查。要求企业做好重大活动期间安全保障工作，规范各项安全生产管理制度及台账，严禁运输法律、行政法规禁止运输的货物。通过培训等手段，切实增强从业人员反恐防恐意识，提高驾驶员对违禁、危险品的辨识能力。同时，要求企业做好大风等极端天气下安全运输防护工作，运输中避让可能坠落的悬挂物和搁置物，下车作业时从业人员要高度注意车辆周边情况，确保运输全过程安全。

（区交通局）

【卫星导航年会交通服务保障】 5月21—25日，第十届中国卫星导航年会期间，区交通局组织开通国测会展中心南门直达M15号线地铁国展站和地铁石门站的2条公交摆渡专线，累计发车370班次，运送乘客1604人次；保点出租车50辆，累计发车757次，运送乘客1161人次。社会停车场累计停放1239辆，地下停车场累计停放1363辆。

（区交通局）

【公交客运行业夏季安全生产工作会】 5月27日，区交通局组织辖区公交客运企业召开顺义区公交客运行业夏季安全生产工作会。会议要求，从即日起至9月底，组织公交客运企业开展公交车辆火灾防控专项安全检查，针对检查中发现的安全问题坚持“立整立改”，坚决防止公交车出现带故障运营的情况，有效防范火灾事故的发生；公交客运企业进一步加强防汛工作的组织领导，加强司乘人员安全教育培训和行业应急抢险演练，确保一旦发生汛情，能迅速有效应对和处置；区交通局在日常安全检查的基础上，进一步加强对公交客运企业夏季安全运营和防汛工作的监督检查，确保夏季和汛期公交客运行业运营安全。

（区交通局）

【机动车维修行业安全生产管理培训】 6月18日，区交通局组织辖区机动车维修企业开展“防风险、除隐患、遏事故”暨顺义区机动车维修行业安全生产管理培训，旨在贯彻落实交通运输行业“安全生产月”活动工作要求，进一步提高本区机动车维修行业安全生产事故防范和处置能力。培训以防范化解重大风险、及时消除安全隐患、有效遏制安全生产事故为目标，主要围绕维修企业消防制度的制定、安全培训、消防设施建设等方面进行。辖区173家机动车维修企业200余人参加培训。

（区交通局）

【危化运输应急演练】 6月20日，区交通局组织中国石油天然气运输公司北京分公司在木林镇开展危化运输车辆侧翻、汽油泄漏事故处置演练。事故模拟公司一辆载有汽油的运输车辆转弯时为躲避行人造成车辆侧翻，导致罐体右后角破裂汽油泄漏。为防止因泄漏诱发火灾、爆炸等次生灾害，该公司立即启动《道路交通事故油品泄漏现场应急处置预案》，现场调动消防车、吊车等救援车辆，将事故车辆及汽油安全、快速、有序转移并进行妥善处置。区消防支队、区安委会、木林镇政府及运输公司有关负责人现场观摩。

（区交通局）

【铁路道口“安全生产月”宣传活动开展】 6月25日，区交通局在各辖区铁路道口开展“安全出行，文明交通”主题宣传活动。活动现场悬挂横幅12条、摆放展板20块，并向过往道口的行人及驾驶员发放宣传手册1000余份。活动普及铁路道口安全管理法律法规和安全知识，增强群众的法律意识和自我保护意识。

（区交通局）

【空港9路公交开通】6月26日，空港9路（首都机场T3航站楼—大孙各庄镇吴雄寺）公交线路开通运营。线路配车7辆，设置站点45个，运营时间为5：00—21：00。市民可持市政交通一卡通刷卡乘车，特殊人群乘车享受相关优惠政策。

（区交通局）

【区交通局综窗服务获赞誉】6月26日，北京顺通三友商贸有限公司负责人专程来到区政务服务中心交通局综合窗口，送上印有“爱岗敬业，热情服务，认真负责，便民快捷”的锦旗，对区交通局工作人员热情周到、便捷高效的服务表示感谢。

（区交通局）

【安全文明驾驶培训动员会】6月28日，区交通局召开全区20辆车以上货运企业参加的培训动员会，宣传动员部署经营性道路货物运输驾驶员安全文明驾驶培训考核工作。按照“先重点企业后普通企业，先集体户后个体户”的原则开展培训考核。会议要求，50辆车以上企业自主培训完毕后，由本局执法人员上门监考，阅卷后及时在企业管理群公布考试成绩。

（区交通局）

【首条共产党员服务示范特色公交线路启动】7月1日，郊99路共产党员服务示范线路启动仪式在本区澜西园公交场站举行。启动仪式上，郊99路党员驾驶员重温入党誓词，司乘人员共同宣读服务承诺。郊99路现有运营车辆10辆，20名驾驶员全部由共产党员组成，线路途经地铁俸伯站、南彩汽车站、杨镇三街站、张镇站等多个站点。为展现该线路党建品牌特色，骏马客运公司在郊99路车厢拉手、灯箱、车内展板等位置进行党建宣传。

（区交通局）

【啤酒节公交服务保障完成】第28届北京国际燕京啤酒文化节期间，区交通局组织客运企业开通石园南大街至水上公园和地铁俸伯站至水上公园2条公交专线，累计发车920班次，运送乘客9340人次，出动各类保障人员380人次。

（区交通局）

【航海日主题宣传活动启动】7月11日，第15个中国航海日，区交通局海事执法人员走进汉石桥湿地公园开展水上交通安全知识宣传活动。活动现场设立航海日宣传咨询台，执法人员向游客发放航海日手册、《乘船安全须知》等宣传材料160份，讲解水上交通安全基本知识，增强游客水上安全意识。同时，为扩大航海日影响力，现场水上救生艇、巡逻艇于9时统一鸣笛1分钟。

（区交通局）

【空港13路公交开通】7月21日，空港13路（首都机场T3航站楼—地铁花梨坎站）公交线路开通运营。线路配车8辆，设置站点16个，运营里程12千米，运营时间T3航站楼至地铁花梨坎站为6：00—20：00，地铁花梨坎站至T3航站楼为6：50—20：50。市民可持市政交通一卡通刷卡乘车，特殊人群乘车享受相关优惠政策。

（区交通局）

【顺62路区间公交开通】8月2日，中粮祥云（顺62路区间）公交专线开通运营。线路配车4辆，运营时间 18:30—24:00，发车间隔12分钟，设置中央美院站、祥云赋站、中粮祥云小镇站等11个公交站点，直达地铁M15号线花梨坎站，实现“公交+地铁”无缝接驳，方便市民前往中粮祥云小镇。

（区交通局）

【扰民重型货车突击检查】8月8日凌晨5时，北小营地区综合执法站联合木林、榆林等驻站执法部门，在辖区赵陈路，严查重型货车超载超限等违法行为。此次联合执法行动共出动执法人员18人、执法车6辆，处罚违法违章车10辆，暂扣疑似超载车4辆。

（区交通局）

【零担货运安全生产工作会】8月20日，区交通局联合区公安治安支队召开专题会议，部署重大活动期间辖区零担货运企业安全生产工作。区公安治安支队与参会企业负责人签订《顺义区寄递物流企业国庆70周年安全保卫责任书》。

（区交通局）

【客运行业百日安全专项检查】8月27、28日，区交通局执法人员对北京骏马客运有限公司、北京空港开远客运有限公司及北京公共交通控股集团有限公司开展“迎国庆保平安”百日安全专项检查。执法人员对企业安全生产主体责任、消防安全主体责任落实情况，车辆安全技术状况及维护保养记录，从业人员安全教育培训及考核等情况进行检查。要求企业严格按照“组织制度规范化、标准管理统一化、重点部位警示化、培训演练经常化、检查巡查常态化、消防设施器材标识化”六位一体标准进行管理，加强自检自查及时消除安全隐患，确保运营安全。检查出动执法人员15人次，检查车辆20辆，未发现安全隐患。

（区交通局）

【客运行业安全生产主体责任规定宣贯会】8月29日，区交通局组织辖区客运企业召开《北京市生产经营单位安全生产主体责任规定》宣贯暨客运行业百日安全大排查、大整治部署工作会。会上，针对《北京市生产经营单位安全生产主体责任规定》（北京市人民政府令第285号）文件中经营单位主要负责人职责、安全生产管理机构或专职安全生产管理人员配备、安全生产资金投入等内容进行详细解读。会议进一步安排部署客运行业百日安全大排查、大整治工作。

（区交通局）

【货运行业安全生产主体责任规定宣贯会召开】8月30日，区交通局组织召开重点时期危险货物运输行业安全部署会，16家危险货物运输企业负责人参加会议。会议传达学习《北京市生产经营单位安全生产主体责任规定》（北京市人民政府令第285号），部署开展安全生产大排查、大整治专项行动和重点时期安全保障工作。

（区交通局）

【多措并举应对强降雨天气】8月，区交通局执法人员深入地铁运营公司、公交客运场站，对防汛工作措施落实情况进行检查，要求企业加强值守和巡查，确保公共交通安全平稳运营；按照“雨情就是命令”的要求，全面排查公交线路途经的易积水路段，并根据道路实际情况果断采取绕行措施，保证公交车辆安全、有序通行；通过微信工作群、短信通知等方式，及时向公交驾驶员、出租车驾驶员发布预警信息，提醒其安全文明驾驶，坚决防止和遏制各类交通事故的发生；做好防汛应急车辆及人员的储备工作，强化应急处置和信息报送机制，确保信息传递及时准确，应急处置果断得当。

（区交通局）

【机动车维修行业实行备案制管理宣贯会召开】9月19日，区交通局组织召开机动车维修行业实行备案制管理工作会，辖区已取得《道路运输经营许可证》并提出开业申请的维修企业负责人共计300人参加会议。会议详细解读《北京市机动车维修经营备案暂行办法》《机动车维修管理规定》《机动车维修经营范围参考标准》等行业法规，专题部署实行备案制管理具体工作。

（区交通局）

【多措施服务中国农民丰收节】加强指挥调度，重点关注高峰时段客流变化及天气预报情况，提前做好客流研判，确保公交运力充足；加强秩序维护，增派指挥调度员和随车乘务管理员，在客流较大站点引导乘客有序上下车，保障线路运营安全有序；加强对驾驶员、乘务管理员教育培训，提高安全和服务意识，努力为乘客提供优质满意服务；加强监督检查，督促客运企业落实好各项安全保障措施，安排专人对沿线公共候车亭等基础设施进行巡查，及时消除安全隐患。

（区交通局）

【国庆节客运服务保障工作会】9月24日上午，区交通局组织辖区地铁、公交、旅游客运、出租客运、汽车租赁、水域游船、公共自行车运营企业召开2019年国庆节期间客运行业运营安全和服务保障工作部署会。会上，部署国庆节期间客运行业运营安全和服务保障工作，要求各单位进一步细化完善节日期间安全生产各项工作措施，做到运力保障充足、巡查检查到位、保障措施有力、运输安全有序、服务乘客满意、信息报送及时，做好节日期间安全运营保障工作。

（区交通局）

【安全文明驾驶教育培训开展】9月27日，区交通局执法人员到北京骏马客运有限公司，监督指导企业安全文明驾驶考核工作。此次考核分7次进行，每次参加培训考核205人。此次培训，根据交通运输部统一部署要求及《北京市公共汽电车驾驶员安全文明驾驶教育培训专项行动方案》文件精神，围绕职业道德、心理健康、安全文明驾驶、防御性驾驶、车辆性能维护、应急处置等多方面内容进行培训并组织考核。

（区交通局）

【**顺48路终点调延**】10月1日，将顺48路终点站由北务客运站延至北务镇政府，增设北务中学站、北务邮局站、北务镇政府站3个站。

（区交通局）

【**京津冀联合治超“百日会战”**】7月15日—10月23日，京津冀联合治超“百日会战”期间，依托赵全营、木林2个超限检测站加强流动检查，控制周边路网，形成常态。对于过境车辆的检查，依托北务、大孙各庄2个综检站，站内24小时全天候执法检查，在迎宾路和七大路与河北交界的进京卡口严查进京车辆，并与河北省保持紧密联动。共计出动执法人员6375人次，执法车辆1570辆次，查扣超载车辆122辆、私改41辆，其他运政处罚140辆，卸载5110.86吨。

（区交通局）

【**世界智能网联汽车大会交通服务保障**】10月22—25日，2019世界智能网联汽车大会期间，出动各类执法和秩序维护人员620人次，安装交通引导标识32处，设置停车场5处，累计停车2335辆，提供保点出租车153辆次，运送乘客327人次。

（区交通局）

【**公交站座椅改造工程完成**】年内，按照区政府2019年为群众拟办重要实事的工作安排，区交通局组织实施并完成城区公交车站座椅改造工程（共计310个），该项目对顺义城区范围内以及顺平辅路、京沈路、顺沙路、通顺路等主要道路的公交车站座椅进行升级改造，通过改变座椅样式、增加座椅数量的方式，解决本区部分公交车站座椅数量不足、倾斜式座椅舒适性不够等问题，更好地满足乘客对公交车站座椅的使用需求。

（区交通局）

【**自动体外除颤器亮相顺义公交车**】北京顺义区骏马客运有限公司在100台纯电动公交车上配备AED设备（自动体外除颤器），这是北京公交车上首次安装此设备。年内，100台AED设备已分批次在顺3路、顺6路、顺42路、顺62路祥云小镇专线等公交车“上岗”。公交司乘人员均经过急救培训并取得救护员资格。

（区交通局）

【**水运游船停航检查开展**】11月20日，区交通局海事执法人员先后到北京顺旅水上公园投资发展有限公司、顺龙禹神州（北京）航运旅游开发股份有限公司潮白河分公司、北京芦荡乐园旅游开发中心、北京鲜花港投资发展中心4家水运游船单位进行停航检查。检查围绕运营船舶上岸、存储、看护，码头安全防护设施、救生设施存放，充配电设施的检测、消防器材的实效及保障，停航期间值班人员安排及防火、防盗、隐患排查工作等方面情况进行检查。要求游船单位做好冬季停航期间各项安全管理工作，严禁出现火灾事故，加强停航期间值班值守，看护好船只及码头设施等。

（区交通局）

【**顺61路跨镇就业公交开通**】年内，为进一步促进河东河西地区均衡发展，方便河东地区居民到河西地区就业通勤和日常出行，区交通局组织开通顺61路(杨镇松各庄—地铁南法信站)。线路设置站点16个，运营里程26.6千米，运营时间：杨镇松各庄至地铁南法信站为5：40—19：20；地铁南法信站至杨镇松各庄为6：40—20：20，发车间隔10～20分钟。市民可持市政交通一卡通刷卡乘车，特殊人群乘车享受相关优惠政策。

（区交通局）

【**交通运输部领导调研“公转铁”示范项目**】11月22日，交通运输部运输服务司副司长和市交通委副巡视员一行，到北京首钢冷轧薄板有限公司调研运输结构调整工作。实地查看首钢冷轧生产车间，听取企业负责人相关情况汇报。北京首钢冷轧薄板有限公司坐落于顺义区李桥镇，为年发货运量150万吨的大型冶金矿产企业，且具备铁路接入条件，下一步交通运输部将结合多式联运现场推进会，深入研究提升企业铁路运输比例，加快推进大型工矿企业运输结构调整。

（区交通局）

【**首条公交普法专线开通**】11月22日，顺义区委全面依法治区委员会守法普法协调小组主办的顺义区2019年“12·4”国家宪法日宪法宣传周暨“法治文明号”公交普法专线启动仪式在北京骏马客运有限公司举行。顺62路（翠竹新村—聚通嘉园）“法治文明号”公交普法专线共设置站点17个，运营里程10.3千米，运营时间翠竹新村至聚通嘉园为5：20—24：00；聚通嘉园至翠竹新村为5：20—24：00，发车间隔10～20分钟。市民可持市政交通一卡通刷卡乘车，特殊人群乘车享受相关优惠政策。

（区交通局）

【客运行业扎实推进“创城”】 广泛开展公交车站公益广告发布工作，在顺义城区范围的148个公交车站刊登各类公益广告200余处；以新顺街、光明街、府前街等主要道路为重点，加大城区范围所有公交车站的巡查和维护力度。11月20—23日，组织维护人员84人次、巡检车辆28车次，清洁公交车站75座，清理小广告64处。

（区交通局）

【“12·4”普法宣传进社区活动】 11月30日，区交通局执法人员走进宏城花园社区，开展“12·4”国家宪法日普法宣传进社区活动。活动中，执法人员向社区居民介绍《中华人民共和国宪法》的发展历程、“12·4”国家宪法日的由来以及区交通局工作职能，同时向与会人员发放宣传手提袋、法规宣传折页100余份。

（区交通局）

【道路运输行业安全生产工作会】 12月3日，区交通局组织召开道路运输行业安全生产工作会，辖区196家货物运输企业负责人参会。会议围绕中央环保督查组第二轮检查迎检及秋冬季货运行业污染防治工作，要求50辆车以上重点企业要制定空气重污染期间减排工作方案，37家重点用油企业须按月报送燃油统计报表；围绕顺义区安全生产大督察准备及冬季安全生产工作，会议要求安全隐患突出的11家企业、被市交管局通报车辆违法违章率较高的企业，于年底前必须完成相关整改工作；督促企业继续加大工作力度，于年底前完成营运性车辆驾驶员教育培训考核工作；会议还专题部署营运货车ETC安装推广工作。

（区交通局）

【公交车加气站联合检查】 12月26日，区交通局、区城市管理委、区市场监督管理局、区应急局、区消防支队以及相关属地政府对北京绿源达顺清洁能源发展有限公司位于南法信、后沙峪、东府3处非经营性公交车用LNG撬装式加气站开展联合执法检查。检查组一行围绕安全管理制度和应急预案上墙公示、安全生产和消防安全协议签订、消防及安全设备设施配备使用等情况进行重点检查。要求公交客运企业和北京绿源达顺清洁能源发展有限公司严格落实安全生产主体责任，加大安全隐患排查力度，对发现的安全隐患要立整立改，及时予以消除，确保本区公交行业运营安全。

（区交通局）

【货运安全文明驾驶培训考核完成】 年内，按照“先重点企业、后普通企业，先集体、后个体”的原则，区交通局组织开展全区货运企业经营性道路货物运输驾驶员安全文明驾驶培训考核，6289名驾驶员参加培训并通过考核。

（区交通局）

【顺义站实现商品车铁路运输】 年内，区交通局深入推进运输结构调整，协调交管部门为商品车运输企业发放通行证1234张，提升“公铁接驳”能力。统筹推进顺义火车站周边道路改造工作，改善“公转铁”接入条件，提高商品车运输集散能力，打造方便、快捷、高效的试点枢纽场站，为大幅提升商品车铁路运输比例打好基础。全年共依托顺义站实现商品车铁路运输6.16万辆。

（区交通局）

【公交车防护隔离安装完成】 年内，在全市范围内率先完成777辆公交车驾驶区域防护隔离设施安装改造。

（区交通局）

【为民办实事工程稳步推进】 年内，在乾安路、白马路、顺平路、天北路、顺于路、左堤路等道路新建、改造公交车站51处，安装公共候车亭51座并投入使用；对顺安路29个公交车站进行改造，安装太阳能供电系统，使公共候车亭具备夜间照明功能，提升道路两侧的景观形象。

（区交通局）

【公交候车厅亮化完成】 年内，实施顺安路、光明街39个公交站亮化工程，在区政务服务中心西侧公交站安装智能公交电子站牌，方便群众查询公交线路及公交车行驶状态。

（区交通局）

【潮白河通航有序实施】年内,《顺义区潮白河部分通航工作方案》制定，明确潮白河部分通航功能定位，确定航道、闸坝、码头等通航所需条件和设施的建设标准。建立由主管区长任组长、13家相关部门为成员的组织机构，进一步明确重点任务和职责分工。

（区交通局）

【蓝天保卫战任务完成】年内，完成蓝天保卫战各项工作任务和2018—2019秋冬季攻坚行动计划，严格落实空气重污染预警期间行业减排措施。全年共淘汰国Ⅲ排放货车1835辆，至此所有国Ⅲ排放营运货车全部淘汰完成。

（区交通局）

【12345市民热线办理优化】按照“统一受理、分类处理、限时办结”和“谁主管、谁负责，谁办理、谁答复”原则，“接诉即办”、专班承办、闭环管理，年内，共接办北京市政府便民电话中心交办件2884件，全部按时办结。

（区交通局）

【新清能源公交车全覆盖】年内，将130辆使用年限达到6年的老旧天然气公交车更新为80辆纯电动和50辆气电混合动力新能源公交车；新增121辆新清能源公交车，用于开通、优化16条公交线路，方便机场周边、经济功能区市民出行。

（区交通局）

【增设公共自行车站点】年内，在牛栏山一中、顺康路与顺平南线交汇处及城区周边新建小区、经济功能区等区域增设公共自行车站点15个、500个公共自行车停车桩，实现“公交+自行车”无缝对接。

（区交通局）

【全行业安全监管“零事故”】年内，坚持安全生产“一岗双责”“党政同责”“管行业必须管安全”原则，全年共出动执法人员8009人次，检查行业企业2529户次，发现并整改隐患552处，未发生安全生产责任事故。

（区交通局）

市容环卫

【概况】顺义区城镇环境卫生服务中心为区政府所属正处级全额拨款事业单位，有干部职工约1100人，环卫车辆315余辆。负责城区总面积639.46万平方米道路清扫保洁工作、城区38个社区和230个机关企事业单位及全区12个乡镇的生活垃圾清运任务、城区63座公共卫生间的保洁维修工作。其中，车行道面积385.77万平方米，机械清扫面积376.96万平方米，车行道机扫率为97.72%。清运城乡居民生活垃圾123000余吨，其中，城区31900吨、农村90000余吨。另清运餐厨垃圾3690吨、厨余垃圾2464吨。城区63座公厕维护运行正常有序。4月，获评首都城市环境建设委员会颁发的“2018年度首都城市环境建设样板单位”称号。

（区环卫中心）

【做好春节期间环境秩序保障】年内，区环卫中心4项措施做好春节期间环境卫生保障工作。一是在日常作业基础上，增加干吸车3辆，每日3个时间段对府前东西街、新顺南北街、光明南北街等重点道路开展路面吸尘作业。增派新能源小型清扫车8辆，提高道路作业精细度。二是合理调整作业时间及人员，增加垃圾清运频次，确保生活垃圾日产日清。强化城区公厕全天候保洁工作模式，加大巡查力度，发现隐患及时整改维修。三是做好恶劣天气应急准备，完善除运雪应急预案。加强春节期间值班值守，及时沟通协调解决突发事件及环境卫生问题。四是深入开展隐患排查整治及安全监督检查，重点做好作业车辆、公厕等环卫设施安全检修。针对2月6日降雪，立即启动应急预案，出动作业人员41人，清理石门北街、前景路、望泉南北街及西北二环道路积雪。截至2月10日，共清运城区垃圾950吨、镇村垃圾2450吨。

（区环卫中心）

【除冰铲雪工作】年内，区环卫中心3项措施做好除冰铲雪工作。一是人员准备到位。组织作业人员第一时间清理积雪，并加强路面监控。二是机械准备到位。提前做好各类机械设备设施检查维护工作，保证除雪设备设施运行正常。三是隐患排查到位。全面排查城区主要路段、公厕、垃圾桶等环卫设施，及时组织开展清理，确保道路安全畅通。年内，共出动作业人员80人、水车15辆、多功能融雪撒布机3辆。

（区环卫中心）

【全国两会期间市容环境保障】 年内，区环卫中心4项措施做好全国两会期间市容环境保障工作。一是严格落实精细化保洁流程，在日常作业基础上，重点道路日间增加洗地车4辆、晚间增加干吸车3辆，进一步提升作业质量。二是及时清洗、维护环卫作业车辆及公厕、垃圾桶等基础设施，确保环卫设施运转正常。三是根据实际情况，做好垃圾车、垃圾桶、垃圾转运站日常管理，合理调整清运频次，确保垃圾日产日清。四是全方位监管城区环卫作业，加大重点路段、区域巡查力度，发现问题及时督查整改。

（区环卫中心）

【区“两会”精神贯彻落实】 年内，区环卫中心贯彻落实区“两会”精神。一是围绕“出实招、见实效，提高作业质量与服务质量”，持续提高业务水平，提升作业质量。二是高标准打好蓝天保卫战，加大降低道路尘土残存量工作力度，计划更新环卫作业车辆59辆，推进数字环卫清尘服务。三是进一步推进城区公厕除臭装置安装工作，更新替换城区15座公厕地面及内墙瓷砖。四是强化党建引领，提高各基层党支部党建工作能力，形成由中心党建部门引领，各党支部协同促进发展的工作局面。

（区环卫中心）

【清明节期间保障工作】 年内，区环卫中心做好清明节期间保障工作。一是每日安排14辆洗扫车，加大顺平辅线、东大桥环岛等陵园周边道路机械清扫保洁力度，同时安排10辆洒水车配合洒水、冲洗作业。二是合理安排车辆，加大节日期间垃圾清运力度，确保生活垃圾日产日清、不堆积。三是加大公厕管理力度，强化冲刷保洁和消毒除臭工作，及时维护疏通管道。四是加大城区各主要道路、背街小巷监督检查力度，及时解决环境卫生方面突发问题。

（区环卫中心）

【“互联网+环卫”新模式开启】 年内，区环境卫生服务中心车辆监控系统全面建成并投入使用，“互联网+环卫”精细化管理新模式开启。该系统利用移动互联网、大数据、云计算等信息化手段，实时调度作业车辆，多方位、多角度实施远程视频回传、案件上报，提升管理效能。全区22辆清扫车和8辆清洗车，每辆车车身前部、后部及清扫位置分别安装监控系统，工作人员在区环卫中心车辆监控系统的主控室可以全方位实时监控正在作业的车辆，查看作业车辆相关信息，监看环卫车辆周边情况。还可以实时定位正在作业的车辆，与作业人员语音对讲；查询通过区域的车辆信息，调阅历史作业情况图像资料。遇到突发事件、紧急情况时，区环卫中心可利用此系统对现场状况做出决策、指挥。

（区环卫中心）

【新型无噪声垃圾车进社区】 年内，区环卫中心引进新型厨余垃圾清运车8辆，用于全区70余个社区的厨余垃圾清运。新引进的厨余垃圾清运车全部为纯电动的新能源车，具有续航里程长、作业能力强、全密闭等特点，在作业过程中不会产生排气污染，且作业基本无噪。区环卫中心将陆续对各作业队的高排放柴油环卫车辆进行更新淘汰，建设充电桩8个，以满足新购置的电动清扫车的充电需要。

（区环卫中心）

【多举措清理杨柳絮】 年内，针对杨柳絮纷飞的情况，区环卫中心迅速行动，采取措施治理杨絮污染。一是结合实际情况，科学调整作业车辆清扫频次，每日出动水车15辆、洗地车16辆不间断开展作业除尘；增加干吸车2辆作业，以吸代扫清理杨柳絮。二是增加洒水作业频次，在每日洒水4遍的基础上，增加洒水2遍，对主要道路两侧边沟、绿化带、隐患点位开展湿化降尘作业。三是加大人工保洁力度，组织一线工人开展站前南街、站前北街、燕京桥、顺于路、顺白路等主要道路成团杨絮清理，随收集、随清除，确保路面干净整洁。

（区环卫中心）

【道路扬尘污染控制】 区环卫中心多措并举控制道路扬尘污染。一是实施精细化、网格化管理，按照城市道路清扫保洁质量要求，全体一线环卫人员对责任路段进行流动保洁，确保城区道路无白色垃圾、落叶、枯枝、积尘等。二是集中道路洗扫车8辆、洒水车10辆、小型高压冲洗车6台及新能源混合动力扫地车8台，增加对城区30条主次干道冲洗洒水频次，至少每6小时组织实施洗地作业1次，按凌晨、上午、下午3个时段不间断洒水。三是48名机械化作业人员和214名人工清扫保洁员成立一线突发应急处理小组，落实扬尘控制快速响应机制，及时有效清理路面污染。

（区环卫中心）

【卫星导航年会服务保障】5月22—25日，第十届中国卫星导航年会在北京市顺义区国家地理信息科技产业园举行，区环卫中心为年会提供公厕服务保障。一是根据年会举办方的活动需要，环卫中心实地考察活动现场，同相关部门确定移动公厕安放位置，提前部署工作任务，制定保障方案。二是为此次年会提供28座移动公厕，同时安排保洁、维修及抽运人员18人，配备抽粪车、水车、保障车各1辆。会前对保洁员进行培训，要求保洁员年会期间做到随脏随保。5月21日环卫中心将移动公厕全部运送到位，并在指定地点安放，同时对每处移动公厕加装发电机，保证移动公厕正常使用。21日早6：30，全部工作人员准时到位，对移动公厕进行提前保洁，清理公厕周边环境卫生，确保环境整洁。三是对所有安装后的移动公厕内部设备及用电安全进行检查，确保移动公厕安全使用同时满足参会人员如厕需求。

（区环卫中心）

【环卫中心农村地区厨余垃圾清运工作启动】年内，区环境卫生服务中心农村地区厨余垃圾清运工作启动。一是组建农村厨余垃圾清运班组，增配厨余垃圾车15辆，每天清运1次，确保垃圾分类回收。二是完善厨余垃圾清运规程，制定清运工作规范，建立测评考评机制，严格奖惩制度，将测评结果与职工绩效挂钩。三是率先在南彩镇和牛栏山镇的42个村试点运行厨余垃圾清运，共设置厨余垃圾桶站49处、垃圾桶117个，日清运厨余垃圾4吨。

（区环卫中心）

【汛期防汛】年内，一是细化防汛应急预案。建立3支300余人的应急抢险队伍，将城区道路划分为东西区、内外围4个部分，要求路段巡查人员加大巡查力度，确保道路排水通畅。二是强化易涝点整治，对城区易积水的重点地段、部位进行排查，对排查出的隐患点集中整治，要求保洁人员平时做好路面保洁工作，及时清理排水口落叶等淤积物，保证排水通畅。三是加大雨后重点区域巡查。组织保洁人员对大雨过后的重点区域、重要路段再次进行排查，对存在问题的排水设施进行清掏和维护，对重点区域进行有效监控。四是加强防汛工作应急值守。实行24小时值守制度和领导带班制度，切实做好汛期防范抢险应对工作，以确保安全度汛。

（区环卫中心）

【夏季公厕保洁管理】年内，区环境卫生服务中心加强夏季公厕保洁管理工作。一是对全区63座公厕开展专项环境整治，成立3个巡视组，每日不定时巡回抽查公厕情况。二是建立公厕运行台账，督促保洁人员定时对公厕进行冲刷、清洗、消毒，结合夏季高温多雨特点，增加保洁频次。同时，抽运班组每日开展抽运作业6次，抽运污水等60余吨。三是配备197台除臭装置和喷雾杀虫剂、灭蝇器，每天定时“消、杀、灭”。及时更新处理公厕易损部件，确保市民正常如厕。

（区环卫中心）

【中秋节期间服务保障工作】年内，区环境卫生服务中心3项措施完成中秋节期间服务保障工作。一是调整作业模式，对城区主要街路实行机械化作业，对城区商业街及保洁难度较大区域采取机械化巡回保洁和人机结合作业方式，保障节日期间道路卫生质量。二是合理安排清运车辆车次，加大垃圾清运力度，确保辖区生活垃圾日产日清；做好作业车辆保养维护工作，保证转运站安全正常运行。三是增加广场、公园等人流量较大公厕清扫保洁频次，定期维护设施设备，确保公厕无故障运行。

（区环卫中心）

【大风天气空气污染应对工作】年内，为防止道路扬尘污染，区环卫中心应对大风扬尘天气，多措并举，做好大风天气道路清扫力度工作，为辖区居民提供清洁、舒适的生活环境。根据应急预案要求，迅速出动机械清扫车18辆对道路进行机械作业，同时加大人工清扫保洁力度，加强对辖区道路清扫保洁力度。实行机械作业与人工保洁作业相结合的模式，重点加大对道路两侧的清扫力度，对辖区主干道进行洒水降尘，有效改善空气质量。共出动车辆46辆、环卫保洁人员320余人，确保大风天气保洁水平不降低，最大限度减少风沙对辖区环境的影响。

（区环卫中心）

【环卫工人奋战清雪一线保畅通】11月29日晚，顺义迎来2019年的第一场雪，环卫中心采取机械作业为主，人机联动等方式不间断清扫，使路面积雪得到快速有效清除。一是迅速启动应急预案，坚持“保障重点”的原则，采取“人歇车不歇”的措施，充分利用清雪装备，重点对主干道、坡路、弯道、桥梁进行清雪防滑作业。二是降雪前迅速在19个保洁点配备融雪剂4600袋，及时撒布环保融雪剂。其中连夜出动融雪车12辆，滚刷车2辆、撒布机2辆、检查车1辆，不间断进行推雪作业。清雪作业中，出动保洁人员380余人，出动作业车辆64余车次，累计使用融雪剂80余吨。

（区环卫中心）

防震减灾

【清明祭扫防火保障】清明期间，加强清明祭扫保障工作。一是引导文明祭扫，通过发送《倡议书》、提示短信、宣传折页、张贴公告栏等方式，提倡网上祭奠、居家祭奠等方式祭奠先人，开展“烧纸换鲜花”服务，营造文明、绿色、环保的祭扫氛围。二是细化消防措施，全天候值守，对道路、墓区、林地的可燃物进行清理并洒水湿化，全力消除火灾隐患。全区共设消防水池162个、水鹤187个，微型消防车和洒水车423部随时应对突发情况。成立清明节森林防火安全保障领导小组；严格落实应急值守制度；强化防火宣传，临时增加护林员人数；全区护林员、巡查员全部上岗到位，延长重点地区加强看护、严防死守；森林消防水车定时沿林地公路两侧进行洒水湿化，降低火险。共出动警员36人次，填写检查登记113份，下达《森林火灾隐患限期整改通知书》80份，全区共清理林下可燃物500余公顷，开设防火隔离带320公顷，消除火灾隐患82处。防火宣传方面，发布消防知识18条，张贴海报780份，悬挂横幅13条，参加消防培训人员550人次，社区、楼宇广告屏滚动播放消防宣传提示420条。三是坚持问题导向，强化安全巡查。组建农村公益性公墓检查组，对4家镇村公益性公墓进行安全巡查和指导。四是加强市场监管，殡葬管理所联合区工商分局，对潮白陵园周边丧葬用品市场进行拉网排查。五是开展散坟排查，要求各镇迅速开展散坟摸底排查，建立台账，确保全部纳入管理范围，重点加大散坟及浅山地区巡查力度。全区发动实名制网格化人员巡查巡控，共发动大网格25个、中网格517个、小网格3552个，4096人次开展社会面实名制巡逻防控。3月30—31日，共检查单位713家，督促整改火灾隐患234处，查封1家，关停2家，罚款6.5万元。

（区应急管理局）

【防灾减灾日宣传】5月11日，区应急管理局、区气象局、旺泉街道办等单位联合举办顺义区“5·12防灾减灾日”宣传教育活动。今年全国活动主题为“提高灾害防治能力，构筑生命安全防线”。活动中，区应急管理局、区气象局、旺泉街道办工作人员向市民发放防灾减灾宣传材料，并现场向居民讲解在面对各类灾害时的逃生方式，解答居民提问。区应急管理局副局长李建军、区气象局党组成员刘禄，旺泉街道办事处副主任乔海河参加活动。

（区应急管理局）

【森林防火应急演练】5月16日，区应急管理局联合区森林防火指挥部在北大沟林场组织开展森林防火应急演练。区委常委、区人民武装部部长王子利，区园林绿化局局长李长勇，应急局局长张香东，调研员王明金以及全区各单位、各属地相关领导观摩演练。此次演练模拟为北大沟林场突发火情。接到火情报告后，区森林防火指挥部立即启动应急预案，按照Ⅲ级、Ⅱ级和Ⅰ级响应机制，迅速集结区专业森林消防大队、镇级消防队、浅山五镇的半专业消防员赶赴现场进行扑救。

（区应急管理局）

【市防汛抗旱指挥部检查组来顺检查】5月27日，北京市防汛抗旱指挥部办公室第3检查组（市防汛办副处长高令军、市住建委副处长可晓东等一行5人）到顺义区检查防汛准备工作，分别对潮白河管理处向阳闸、唐指山水库、临河村回迁房城建北方集团项目部施工工地进行现场检查，查阅相关防汛资料。区住建委主任赵洪涛、副主任郑捷，应急局局长张香东、副调研员刘发奇，水务局副局长刘金成随行检查。潮白河管理处主任侯升飞就潮白河管理处的防汛准备情况进行汇报；区应急管理局局长张香东对顺义区2019年的防汛工作体系和安排进行汇报。

（区应急管理局）

【上汛首日防汛保障检查】6月1日，北京市上汛首日，区应急局管理局长张香东带领区防汛指挥部办公室工作人员先后来到机场外围排水保障分指挥部和南彩镇检查指导防汛工作。张香东一行首先来到首都机场小中河故道入小中河河口处，公三泵站、雨水调蓄池—西湖，听取空港建设管理服务中心主任魏伟和首都机场公共区副总经理沈冰关于首都机场防汛准备工作的汇报。随后，来到南彩镇顺密路西边沟后俸伯段、箭杆河桥头段和北彩段等重要地点进行实地查看。认真听取情况介绍，其中，就箭杆河桥头段排水不畅的问题张香东现场进行工作指导，要求汛期备齐大型机械，如遇排水不畅及时疏挖拓宽排水沟渠。

（区应急管理局）

【汛期城区积水点防汛检查】6月9日，区应急管理局局长张香东带队检查城区积水点防汛工作。检查组一行首先来到顺平路梅沟营桥下，张香东详细询问此处积水的原因和历史积水深度和应对措施等情况。对在暂时不具备工程改造的条件下，市政设施维修处汛期采取人工严防死守的工作态度给予充分肯定。随后，检查组一行又实地查看顺于路入小中河排水口封堵情况、北环雨水泵站运行情况和顺丰大街与坤安路交叉口处的排水管网的维护情况。

（区应急管理局）

【两部门防汛分指工作联合检查】针对7月5—7日，顺义区可能出现的2019年首轮大规模强降雨天气，区应急管理局局长张香东、区水务局局长马卫国带队，分别对机场外围排水保障分指挥部、应急抢险分指挥部及农村地区防汛分指挥部进行防汛工作检查。张香东听取各分指防汛工作汇报，询问机场积水点布控、遇特大雨情排水泄洪情况以及住建委与部队沟通情况，要求进一步加强汛期值班值守，落实24小时值班制度，做好准备应对特大雨情或险情。

（区应急管理局）

【综合减灾示范社区创建】7月10日，区应急管理局就“综合减灾示范社区创建”工作，开展专家培训，邀请原北京市民政局救灾处处长丁长利授课。区应急管理局副局长李建军出席并主持会议，北京市安全文化促进会秘书长王善维，北京市安全文化促进会社区安全部主任张鹤鹏，中关村智慧减灾救灾产业技术创新战略联盟秘书长孙美蓉，25个镇、街的主管领导、安全科长及骨干人员等共计50余人参加会议。会议明确顺义区关于推动综合减灾示范社区创建工作的目标。丁长利主要从综合减灾示范社区创建工作的依据及内容、评估工作流程与方法、综合减灾示范社区创建工作中应把握的问题三方面进行详细讲解。

（区应急管理局）

【应对排水口封堵问题】7月10日，区应急管理局局长、区防汛办主任张香东在顺于路迎晨桥组织召开现场会，研究解决因入河排水口封堵造成的道路积水问题。区应急管理局、区水务局、城市管理委、空港建设中心、市政设施维修处及小中河沿线各属地主管副职参会。张香东肯定仁和镇主动担当，迅速派出大型机械疏通顺于路入小中河排水口，及时解决府前西街京承铁路桥下道路积水问题，并请区水务局充分考虑防汛应急需要，安排各相关属地遭遇强降雨时在保证首都机场排水畅通的前提下，视情况及时打开封堵的入河排水口，避免因入河排水口封堵造成道路积水，保障城市运行稳定。

（区应急管理局）

【主汛期守卫战】7月18日，北京市防汛办组织召开全市防汛工作主汛期部署动员视频会，顺义区防指及各级分指主管领导参加会议。7月19日，区应急管理局四级调研员刘发奇带队检查市政设施公司城区防汛工作，了解市政设施公司汛期应对城区下凹桥区以及其他易积水点位具体工作开展情况，深入防汛物资库，查看防汛物资储备情况，询问抢险队伍人员配备，抢险机械设备工况、运转机制等情况。7月26日，检查区级应急抢险队伍、险村险户防汛工作开展情况，了解龙云工业公司和鑫大禹水利建筑工程有限公司防汛应急抢险队伍情况，实地查看沮沟村、史家口村等险村险户保障情况。

（区应急管理局）

【水务工程安全生产专项执法检查行动】7月31日，区应急管理局全区水务工程安全生产专项执法检查行动启动，以确保2019年主汛期水务工程安全稳定。

（区应急管理局）

【防汛重点部位再检查】8月10日，区应急管理局局长张香东带队对天竺镇、空港街道在强降雨过程中出现的严重积水地区进行防汛工作再检查。天竺镇、空港街道防汛主管领导陪同检查。一行人先对天竺镇辖区内天柱东路二十里堡段旁一线沟进行实地查看，随后对空港街道辖区内滟澜山小区、地铁花梨坎站西侧进行防汛检查和查看。

（区应急管理局）

【综合减灾示范社区评审指导会】2019年是安全社区与综合减灾示范社区融合推进的第一年。11月28日，区应急管理局在张镇政府组织召开综合减灾示范社区评审指导会。会议邀请评审专家对综合减灾创建工作进行现场指导，全面推动综合减灾示范社区创建评审工作。拟参加创建评审的7个属地组织镇、村共计70余人参加学习。会上，科技与信息化科负责人重点对当前顺义区综合减灾创建的形势及工作重点进行说明，并提出3点工作意见。创建评审专家现场以张镇西营村为例，通过“现场指导+模拟评审”的方式进行培训。

（区应急管理局）

【工业危险化学品安全管理培训会】11月29日，区应急管理局根据《顺义区2019年工业涉危企业隐患治理专项行动实施方案》要求，组织20个属地科室负责人及相关142家工业危险化学品使用企业负责人、安全管理人员、危险化学品库管员召开工业危险化学品安全管理培训会。区应急管理局基础科科长李剑峰做培训动员，相关专业对相关工业危险化学品管理的重点难点进行解读及培训，培训结束后对参会人员进行考试和问卷调查。

（区应急管理局）

消　防

【概况】年内，顺义消防支队向区委、区政府提交各类《消防报告》115篇、消防形势分析20次、《消防要情》85期，区领导作出有关消防工作批示、指示120余次；区政府常务会审议通过《关于提升本区2017年消防综合应急救援能力的工作方案》《顺义区2018年消防工作要点》《顺义区2019年消防工作要点》，并以政府办文件形式印发实施；年初与部门、属地行政正职签订责任状，进一步明确各部门、各属地消防重点工作任务；区政府每月在第一次常务会上研究消防工作，通报重点工作进度，协调解决工作中遇到的难题；区四套班子组成22个组分片包干带队督导检查消防工作650余次；各镇街党委每季度专题研究一次消防工作，区镇两级值班领导每日带队夜查消防工作固化为长效机制，全区消防工作形成齐抓共管的新局面。

（顺义消防支队）

【派出所消防执法作用充分发挥】年内，消防支队主动向区办公室分局主要领导汇报，分局局长赵为民明确派出所消防办案流程和各项执法指标，在22个派出所建成消防工作办公室，全面落实消防支队与派出所“安保工作协同、执法工作协同、信息共享协同”工作机制；推动公安分局印发《贯彻落实派出所消防监督检查工作要点》《消防执法质量考核评议计分办法》《分局消防工作规范实施办法》，集中对派出所民警进行消防业务培训18次；在每周一分局局长办公会上，通报上周派出所消防执法情况并对本周工作进行提示，赵为民部署下一步工作重点，分局各派出所消防罚款、拘留两项指标连续3年全市排名第一。

（顺义消防支队）

【以隐患整治带动全区消防工作开展】年内，利用全区高度重视消防工作的有利契机，提出“公安清人、消防查封、城管拆除”联动式执法模式，在全区迅速掀起泡沫彩钢板、群租公寓、库房整治热潮，推动顺鑫农业、顺义供销社拆改泡沫彩钢板建筑40余万平方米，全区泡沫彩钢板建筑整改基本完成，群租公寓基本停用；拆除出租房屋护栏1.1万余处，新建电动车充电车棚861个，充电桩9956个，安装出租房屋简易水喷淋装置508套、可群发短信独立式烟感探测报警器2.3万个，制作张贴电动车停放及充电警示牌13.3万块，消防车作业区域警示牌3000余块。2019年，消防支队检查单位7468家，发现火灾隐患6824处，罚款954.61万元，查封399处，三停172家。

（顺义消防支队）

【重大消防安保联勤联动机制】年内，执行机场高等级勤务近90次，防控标准等同于政治核心区。消防支队推动全区逐一做实大网格30个、中网格534个和小网格2224个，对重点部位、不放心场所专人看护、死看死守，网格化防控真正做到"最大化、全覆盖、实名制"；70周年国庆等重大活动安保期间，全区创新全要素勤务模式，以机场周边为重点，推动属地政府、相关部门落实156部钩机、铲车、洒水车与全区70部专业消防车共同前置备勤，拉动511个微型消防站的549辆消防车全部摆上街面巡查巡控，确保一旦发生火情能够第一时间快速有效处置。

（顺义消防支队）

【消防基础设施跨越式发展】年内，在原有9个消防站基础上，新建13个消防站加速推进，全区消防站达到22个。年内，第一批建成的6座新建消防队站投入备防，统一纳入北京市"119"消防调度指挥系统。与消防站建设配套，完成420名政府专职消防员招录、培训工作，极大缓解消防力量不足的问题。对空港、马坡、杨镇、赵全营、南彩、大孙各庄6座老旧中队升级改造，有效改善基层指战员的工作生活环境。在每个村、社区建成1个微型消防站，全区建有微型消防站511个，推动每个微型消防站配备消防水车、配建保温车库、配齐消防队员，不定时进行拉动，实现全年365天24小时备勤。在每个村建设1个消防水池、水鹤并将消防水池、水鹤配套建设，分别在张镇、天竺镇召开现场会，推动区财政向浅山五镇投入8209.47万元，河东地区投入6499.46万元，经济强镇自行投入2亿元，灵活解决建设资金难题。年内，建成消防水池180座、水鹤194座并全部纳入全区消防水源编制序列，消防水源建设数量全市第一。

（顺义消防支队）

气象

【概况】顺义区气象局内设机关科室3个，下辖顺义区气象台、顺义区气象服务中心2个直属事业单位。职工中，有高级职称3人、中级职称4人、初级职称6人。负责本行政区域公众气象预报、灾害性天气预警及农业气象预报、火险气象等级预报等专业气象预报的发布；负责本行政区域气象行政许可、气象行政执法；负责本行政区域气象灾害防御工作；推进气象科普宣传工作，普及气象科学知识。

（区气象局）

【主要气候特征】年内，气温偏高，降水接近常年略偏多，日照充足。2019年年平均气温为13.7℃，比历年平均值12.3℃偏高1.4℃；其中春季较常年明显偏高2.0℃，夏、秋两季较常年偏高1.3℃、1.5℃，冬季接近常年值。年降水量为624.9毫米，比历年平均值571.6毫米偏多53.3毫米，接近常年；其中冬季降水比常年偏少近八成，秋季降水偏多七成，春、夏两季降水接近常年。年日照时数为2529.1小时，接近常年的2490.5小时；其中春季偏多不足一成，冬、夏、秋三季接近常年。本年出现大风天气6次，浮尘天气1次，扬沙天气3次。

（区气象局）

【气象服务】年内，提供决策服务产品283期，发布预警信号106期，发送预报预警短信16万条。

（区气象局）

【全年发布预警信号情况】年内，共发布（包含发布、继续发布、升级发布、降级发布）预警信号116条。其中沙尘蓝色预警3条，雷电蓝色8条，雷电黄色16条，寒潮蓝色4条，高温蓝色5条，高温黄色4条，道路结冰黄色4条，大雾黄色8条，大风蓝色46条，大风黄色5条，冰雹黄色1条，暴雨蓝色9条，暴雨黄色1条，暴雨橙色1条，暴雪蓝色1条。

（区气象局）

【**气象现代化进展评价**】对2018年度本区气象现代化工作进展的各项指标进行评估，自评分为87.1分，比2017年85.2分提高近2分，主要在预警能力、经费保障和探测环境保护三个方面有所提升。

（区气象局）

【**行政执法**】全年行政处罚5次。开展执法检查251次，其中，在全国“两会”、“一带一路”高峰论坛、亚洲文明对话大会期间、70周年国庆服务保障等重要时间节点开展施放气球专项巡查72次；针对易燃易爆场所进行执法179次。在“百日安全大排查”期间共检查易燃易爆单位45家。

（区气象局）

【**行政许可**】年内，完成防雷装置设计审核2件、竣工验收7件。建立整理台账3份。

（区气象局）

【**科普宣传**】年内，利用“3·23”世界气象日和“5·12”防灾减灾日活动，开展气象科普进学校、进社区及气象局开放日活动，加大气象防灾减灾科普宣传力度，提高公众防灾减灾意识。“3·23”期间制作的气象日、百年站宣传海报在社区、街道百余块显示屏上循环播放，制作的宣传片《百年气象站》在气象北京微信、微博得到大量阅读和转载。10月12日国际减灾日活动，顺义区气象局到空港工业区内的北京西科盛世通酒店会展设备制造有限公司进行防雷安全执法检查工作，同时进行气象法律、法规及防雷科普知识宣传活动。

（区气象局）

【**安全生产**】6月，《顺义区气象局2019年安全应急宣传教育暨“应急宣传进万家”系列活动实施方案》《顺义区气象局2019年安全生产月活动实施方案》制定，并结合单位实际进行具体落实。借助安全生产月等宣传契机，以安全生产“七进”为载体，开展安全生产传系列宣传活动，不断增强气象部门安全应急社会宣教工作力度。

（区气象局）

【**果品评价**】6月11日，区气象局为北京吉祥苑采摘园颁发2019年度果品气候品质评价证书，其种植的布鲁克斯樱桃获得果品气候品质评价特优级。

（区气象局）

【**第28届燕京啤酒节气象服务保障**】6月28日—7月8日，第28届北京国际燕京啤酒文化节在顺义奥林匹克水上公园举行，本局自6月27日17时开始提供气象服务，活动期间，气象台共向活动组委会领导小组发送气象服务短信34556条、“啤酒节气象服务专报”12期、“预警信号”8期、“天气情况”7期、“降水量统计信息”25期，现场巡查气象探测仪器2次；执法人员每日在水上公园周边进行施放气球巡查10次。

（区气象局）

【**70周年群众游行方阵训练气象服务保障**】7月23日—10月1日，针对顺义区赛马场70周年群众游行方阵训练，区气象台在演练时间16—21时，每日2次或根据训练要求加密滚动提供逐小时精细化预报，未来两天天气预报和服务提示。活动保障期间，共提供“国庆庆祝活动气象服务专报”130期，现场服务2次。

（区气象局）

【**兴农天力农业园为农服务示范站建设**】9月21日，区气象局在北京燕云气象仪器设备销售中心的配合下，在兴农天力农业园大棚内建设9要素设施农业站，可观测棚内温度、湿度、地表温度、10厘米地温、20厘米地温、二氧化碳浓度、总辐射和光合有效辐射，同时在棚内安装显示屏，可实时显示观测数据。

（区气象局）

【**气象观测质量管理体系外部审核**】10月30日，第三方质量管理体系认证机构专家入驻本局，对区气象局质量工作手册、程序文件等体系文件进行抽查和现场询问，同时赴奥林匹克公园气象观测站进行现场检查。

（区气象局）

科技

1月12—13日，2019中国天使创投潮白论坛暨中国青年天使会第六届年度峰会举办

4月23日，北斗院士专家进校园活动在顺义一中开展

5 月 22—25 日，第十届中国卫星导航年会——北京市顺义区北斗产业重点项目签约仪式在国家地理信息科技产业园举行

5 月 22 日，在第十届中国卫星导航年会上，由中国兵器工业导航与控制技术研究所投资建设的导航与控制产业基地落户中关村顺义园

▲ 7 月 16 日，“科技创新引领未来 智慧北斗领航梦想”2019 年暑期科普季活动在区科委数字科普展示馆拉开帷幕

▲ 8 月 24 日，第八届中国创新创业大赛北京赛区电子信息行业赛总决赛举行

综 述

【概况】年内，区科委贯彻落实《北京市顺义区机构改革方案》和《北京市顺义区机构改革实施方案》精神，不再保留顺义区知识产权职能，与区市场监督管理局就知识产权有关事宜交接。起草区科委三定方案，区知识产权服务中心更名为北京市顺义区科技成果转化服务中心，为区科委所属相当正科级公益一级事业单位。统筹推进加快科技创新和构建高精尖经济结构重点工作任务，区域科技创新工作取得一定成绩。

（区科委）

【企业创新能力提高 科技支持力度加大】年内，《顺义区加快科技创新促进科技成果转化实施细则》《顺义区专利促进与保护实施细则》《顺义区知识产权质押贷款风险处置资金池管理办法》出台，《顺义区国家高新技术企业倍增三年行动计划》制定，推动形成“大企业支撑、创新企业繁荣”的发展格局，全年高新技术企业数达到1147家。落实首都科技条件平台顺义工作站绩效考核优秀成员单位奖励、创新券配套补贴政策，中科睿芯、镓族科技申报“市区两级重大关键任务科技支撑”项目，开展科技三项费、软科学、区县科技专项项目征集工作，完成非评审类项目征集工作。

（区科委）

【创新氛围良好 顺义科技影响力提升】年内，制作《顺义科技》内部交流资料，优化“顺义科技”微信公众号，举办“开放共赢 拥抱未来——2019中国天使创投潮白论坛暨中国青年天使会第六届年度峰会”，完成中国国际服务贸易交易会顺义分会场科技创新区、互动体验区布展工作。新增双丰街道花溪渡社区、空港街道裕祥花园社区2个市级科普体验厅，打造创新成果科技体验中心，举办科技周、暑期科普季、安全科普培训、科普下乡、科普进校园等活动，开展第十届中国卫星导航年会科普宣传、2019年世界智能网联汽车大会科普宣传工作、“院士专家进校园”系列活动，推动高精尖产业科普知识。

（区科委）

【推动科技成果转化 加快创新要素聚集】按照“增大户、保老户、促新户”的工作原则，坚持“走出去、送政策、强服务”的工作理念，促进科技成果转化。依托首都科技条件平台，顺义工作站在全市绩效考核中排名第一，顺义经验在全市推广。依托北京市科技成果转化统筹协调与服务平台，促成多家企业与高校院所对接。

（区科委）

科技管理

【研发机构政策宣讲及交流座谈会】3月21日，区科委召开顺义区研发机构政策宣讲及交流座谈会。市技术市场管理办公室副主任丛巍、管理部副部长王东良、区科委相关领导和特种功能防水材料国家重点实验室、北京市核电先进堆型焊接与监测工程技术研究中心、北京中卓时代消防装备科技有限公司研发中心等20余家科研机构负责人及科研人员参加会议。

（区科委）

【“科技企业行”调研活动】年内，赴马坡镇北京泓慧国际能源技术发展有限公司、北京路德永泰环保科技有限公司、北京环卫集团环卫装备有限公司进行调研座谈，宣传顺义高精尖产业政策，了解企业发展现状，助推企业发展。

（区科委）

【科技政策宣讲会】5月7—8日，10月28—29日，区科委面向全区先后2次召开科技政策宣讲会，各委办局中心，各镇、功能区及科技企业代表参加。宣讲会内容覆盖技术合同登记、高新技术企业认定、科技研究开发机构、科技型中小企业、首都科技条件平台及创新券等相关政策，以及全新的应用场景建设工作内容。

（区科委）

【区人大部分代表视察】5月23日，区人大常委会副主任赵殿江与部分区人大代表视察本区《中华人民共和国促进科技成果转化法》落实情况，实地走访中科星图、中科睿芯等企业了解科技成果转化工作进展。

（区科委）

【科技服务领域专办工作会】7月30日，区委常委、副区长支现伟组织召开顺义区服务业扩大开放科技服务领域专班工作会，对全区科技服务领域工作开展提出3点要求：一要深刻认识服务业在国民经济中的重要地位，充分发挥科技服务业在项目引进入区中的促进作用，与服务业扩大开放有机融合。二要注重加强与市级部门沟通，探索创新工作路径，寻求政策整合和突破。三要以项目为抓手，把握市区镇各级项目信息，摸清需求，建立台账，分级管理，拓宽对接渠道。四要确定专职领导及具体工作负责人，做好服务。

（区科委）

【2019年顺义科技三项费项目启动会】8月14日，区科委2019年顺义区科技三项费项目启动会召开。2019年顺义区科技三项费项目于5月14日面向区内科技企业征集，共征集项目118项，经过形式审查、专家评审、公开公示，择优支持项目39项，支持方向包括高精尖产业、社会建设、城市管理、生态环境、医药健康、现代农业等领域，支持金额共计800余万元。

（区科委）

【科技政策申报指南座谈会】9月5日，区科委科技政策申报指南企业座谈会召开，就重大科技研发项目、产学研项目、创新交流项目、科技成果落地转化项目等与企业开展座谈。北汽集团、燕京啤酒集团、哈工大产业园等主管领导参加。

（区科委）

科技活动

【2019中国天使创投潮白论坛暨中国青年天使会第六届年度峰会】1月12日，“开放共赢 拥抱未来——2019中国天使创投潮白论坛暨中国青年天使会第六届年度峰会”在顺义中家鑫园温泉酒店召开。峰会由顺义区人民政府、中国青年天使会主办，区科委等单位协办。区长孙军民致辞，支现伟、郑晓博、杨凤辉等出席会议。论坛聚焦发展新能源智能汽车、新材料、智能装备三大创新型产业集群，推动制造业集聚化、智能化、服务化；聚焦构建临空经济、产业金融、商务会展、文创旅游四大现代服务业发展，推动服务业持续向国际化、高端化；塑造智能制造产业生态，构建产品、装备、生产方式、管理服务等全流程智能制造体系。

（区科委）

【“北斗院士专家进校园”活动】4月23日，区科委开展第十届中国卫星导航年会“北斗院士专家进校园”活动。本届导航年会组委会特成立科普教育组，由区科委、区科协、区教委、区融媒体中心4家单位共同肩负起开展本届导航年会卫星应用科普系列活动的责任，旨在进一步扩大年会的影响力，广泛宣传北斗科普知识、弘扬科学精神，提高全民科学素质。首场“北斗院士专家进校园”活动走进顺义一中。北斗卫星专家曹冲为学生们带来题为《北斗/GNSS系统技术发展演变及其应用产业研究》的北斗科普讲座，介绍中国北斗导航系统的优势及其重要地位，以及中国航天人探索太空路的历程。此次活动选取北京城市学院、北京工业大学耿丹学院、首都医科大学燕京医学院3所大学和顺义一中、牛栏山一中2所中学开展，为学生们普及北斗卫星的产业应用和技术发展前沿、北斗卫星导航系统的建设与应用。

（区科委）

【“百进千”对接会】6月13日，区科委生产力促进中心举办首都科技条件平台顺义工作站2019年“百进千”对接会，市科委相关领导，北京科技大学研发试验服务基地、能源环保领域中心、新材料领域中心专家及顺义区相关企业代表参加对接会。

（区科委）

【暑期科普季活动】7月16日，以“科技创新引领未来智慧北斗领航梦想”为主题的2019年顺义区暑期科普季活动在区科委数字科普展示馆拉开帷幕。此次科普季活动从7月16日持续至19日，活动内容包括北斗导航科技知识普及、实验体验、科学思维、模型建构等，旨在为学生构建一个以“体验、合作、实践”为目标，以“开放、整合、趣味”为特征的综合性、拓展性、探究性的实践课程，形成爱科学、讲科学、学科学、用科学的科技新风尚。

（区科委）

【2019年全民健康生活方式日

宣传活动】8月29日，由顺义区卫生健康委员会、顺义区科学技术委员会、顺义区科学技术协会、顺义区光明街道办事处4家单位联合主办的2019年全民健康生活方式日宣传活动暨顺义区第三届防跌倒毛巾操展演活动在裕龙一区花园广场举行。9支毛巾操队伍约180名队员、光明街道辖区16个居委会30余名居民代表、全区26家卫生院毛巾操活动负责人，共计200余人参加此次活动。活动开始前，顺义区疾控中心两名专业技术人员分别就“擦亮眼睛，识别微信圈养生谎言”“如何使用电子血压计”两个主题对现场居民进行宣讲。毛巾操创始人黄勇还就毛巾操的动作要领给大家进行示范，并讲解注意事项。最终，马坡代表队荣获一等奖，牛山、李遂代表队获得二等奖，沙岭、高丽营、大孙各庄、旺泉、城区代表队获得三等奖；天竺代表队获得优秀组织奖。城区社区卫生服务中心的全科医生为到场居民进行义诊。免费给居民测量血压，并提供健康咨询服务约50人次。现场为居民代表发放健康折页、盐勺、知识胶扇等宣传品。区科委党组书记刘振河参加活动。

（区科委）

【科技政策申报指南座谈会】9月5日，区科委科技政策申报指南企业座谈会召开，就重大科技研发项目、产学研项目、创新交流项目、科技成果落地转化项目等与企业开展座谈。北汽集团、燕京啤酒集团、哈工大产业园等主管领导参加。

（区科委）

【2019年“北京湿地日”活动】9月15日，由市园林绿化局野生动植物和湿地保护处、市野生动物救护中心、区园林绿化局、汉石桥湿地自然保护区管理办公室主办，区科委、区科协、区湿地保护协会支持的2019年“北京湿地日”湿地保护宣传活动在汉石桥湿地自然保护区举办，杨镇一中200余名学生到场参加活动。本次活动的主题为“强化湿地保护修复 推动湿地高质量发展”。现场活动包括“北京湿地日”主题活动启动仪式、湿地环保科普剧《湿地保卫战》、湿地保护工作成果展览、湿地净化功能模型演示、科普互动游艺体验以及发放科普图书等。

（区科委）

【学生科技节启动仪式】9月19日，区科协、区科委、区教委在仁和中学共同举办的，以“礼赞共和国 智慧新生活”为主题的“顺义区2019年‘全国科普日’科学嘉年华暨第三十七届学生科技节”启动仪式在仁和中学举行。市科协副巡视员兼科普部部长陈维成出席启动仪式。本次活动作为全国科普日首都科普联合行动的活动之一，旨在营造创新驱动发展的良好氛围和创建有利于更多公众体验科学、学习科学、提升科学素质的平台，服务区域经济社会科学发展、快速发展。北京科学中心按照市科协新时代文明实践工作要求，应顺义区科协需求，发挥科学中心发展体系带动辐射作用，统筹整合优质科普资源，组织首都科普剧团《千年石刻 千年传承》剧目及由10家科普机构、占地1200平方米、200余项展教具组成的“玩转科学”“我从远古走来——古生物展”“智慧生活新体验”等展览体验活动为顺义区青少年带来一场科学盛宴。顺义区科协除举办主场活动外，还动员组织各镇、街道、学校、企业科协组织，深入农村、社区、学校、企业等，开展多形式、广覆盖的系列科普联合行动。

（区科委）

【科技成果推广项目路演会】10月26日，为推进北京全国科技创新中心建设，促进优质科技成果在顺义区转移转化、科技金融互促共荣，“北京交通大学科技成果发布会暨北京市科技成果转化统筹协调与服务平台系列项目路演会议”在顺义举办。

（区科委）

【科技部领导调研顺义科技创新工作】11月30日，为加快推动国家稀土新材料技术创新中心建设，科技部高新司副司长曹国英、市科委副主任许心超等一行到本区调研并召开工作座谈会。

（区科委）

【创想空间开馆】12月18日，顺义主导产业创新成果科技体验中心——创想空间开馆启动仪式举行。市科委科宣处副处长龙华东和区科委党组书记刘振河及各中小学科学教师代表、各街道科普工作者代表，以及石园小学学生代表共计120人参加。顺义主导产业创新成果科技体验中心位于区科委院内，由市科委和区科委共同建设，上下两层面积共约500平方米。体验中心以顺义区科技创新为主线，集科技产品展示、科学体验空间于一体，可提供科技产品展示体验、科技教育培训、科技成果转化等核心服务功能，设置有“科技与社会”“科技与生活”“科技与教育”“科技与未来”等空间场景。整个展厅共展示人工智能、航空航天、智能制造、新材料等领域科技创新成果、科普展项和互动体验展品等共80个科技产品，可同时容纳100人进行科普体验活动。

（区科委）

科技成果

【顺义区科技成果转化平台建设工作座谈会】 1月12日，区科委顺义区科技成果转化平台建设工作座谈会召开。清华大学、北京理工大学、北京航空航天大学、北京师范大学、中科院空天信息研究院、首都医科大学6家高校院所负责人参加。

（区科委）

【7家单位荣获北京市科学技术奖】 3月1日，高朋、支现伟参加北京市科学技术奖励大会暨2019年全国科技创新中心建设工作会议。本区共有7家单位荣获北京市科学技术奖。其中航天星图科技（北京）有限公司参与的“国家多源遥感数据高精度智能处理与应用新技术”，北京汽车研究总院有限公司牵头、北京汽车集团有限公司越野车分公司参与的“BJ40系列轻型越野汽车的研发及应用”，北京北一机床股份有限公司参与的“高精超大尺度重型车铣复合机床精准制造关键技术及应用”3个项目荣获北京科学技术奖一等奖。

（区科委）

【13家高精尖产业项目通过市发改委评审】 年内，北京睿芯众核科技有限公司、北京中科星图股份有限公司、北汽集团有限公司13个“高精尖”产业重点项目通过市发展改革委首轮专家评审，其中北京迈迪顶峰医疗科技有限公司实施的心外科左心耳处理器械——左心耳闭合系统研发产业化项目评审分数在全市名列前茅。

（区科委）

【科技创新资金扶持力度加大】 年内，顺义区科技政策第一批支持项目336个，涉及企业316家，涉及资金8367.5万元拨付到有关单位。其中，2018年获得国家和北京市科学技术奖奖项的企业9家，共计207.5万元；2018年批准建立的研发机构10家，共计650万元；2018年迁入本区的国家级高新企业34家，共计1020万元；2018年首次认定的国家级高新企业175家，共计5250万元；2018年再次认定的国家级高新企业96家，共计960万元；2018年技术交易额2000万元以上的企业12家，共计280万元。

（区科委）

中关村科技园区顺义园

【概况】 中关村科技园区顺义园包括顺义航空产业园、空港创意产业园、北京北方新辉新兴产业基地、临空国际高新技术产业基地、实创高新技术产业园等9个区域。园区总体规划面积30.62平方千米，入驻的高端制造企业2300余家，中关村高新企业395家。入驻园区企业可叠加享受北京市、中关村国家自主创新示范区和顺义区的多重政策优惠。园区依托首都航空中心核心区的国际枢纽优势和毗邻“三城”核心区域的位置优势，聚焦发展新能源智能汽车、第三代半导体、航空航天三大创新型产业集群，培育生物医药大健康、新一代信息技术两大战略性新兴产业。

（中关村顺义园管委会）

【智能汽车“地平线杯”车型评选发布会】 3月23日，由汽车评价研究院主办的首届中国智能汽车“地平线杯”年度车型评选发布会在顺义园智能网联汽车测试道路上举办。评审委员会主席、吉林大学汽车研究院院长、长江学者管欣，汽车评价研究院院长李庆文等9位智能网联领域专家，对一汽大众奥迪全新A6L、长安汽车CS85、上汽荣威MARVEL X等17辆晋级车型进行实车测试。评出智能领航、智能巡航、智能泊车、智能交互4个维度单项奖。

（中关村顺义园管委会）

【顺义园与张家口高新区《战略合作协议》签署】4月3日，在张家口市万全区万全宾馆举行的产业园区协作座谈会上，顺义园管委会与张家口高新区签署《关于开展多领域合作共建战略合作协议》。协议明确两地在产业项目承接、科技金融合作、产业配套协作、人力资源交流、信息共享互通5个领域开展合作，建立不定期会商机制，制定具体工作计划和措施，推进战略合作内容有效对接和落地实施，打造京冀间产业合作精品工程和典范。顺义园工委副书记、管委会副主任张建国，张家口高新区常务副主任宗振华等出席会议，并为中关村顺义园张家口“高精尖”产业基地揭牌。

（中关村顺义园管委会）

【隋振江到应用联合创新基地调研】4月9日，副市长隋振江一行到顺义园第三代半导体材料及应用联合创新基地调研。市政府副秘书长刘印春，中关村管委会副巡视员刘航，顺义区委副书记、区长孙军民等随行调研。调研现场，顺义区副区长支现伟向隋振江一行介绍顺义区发展环境、高精尖产业发展情况、第三代半导体产业发展基础与发展规划、发展目标及承载空间等情况；北京国联万众半导体科技有限公司总经理安国雨介绍创新基地建设及发展情况。隋振江听取汇报后强调：顺义区是全市重点布局第三代半导体产业主要载体，要聚焦第三代半导体产业，进一步加大项目和科技资源引入力度，以全球化视野推动第三代半导体产业高质量发展，助力北京科技创新中心建设，为全市高精尖产业发展作出贡献。

（中关村顺义园管委会）

【首钢新能源汽车材料落户顺义园】4月25日，由北京首钢股份有限公司、首钢集团有限公司、北京首新晋元管理咨询中心及迁安京冀股权投资基金共同发起设立的首钢新能源汽车材料有限公司落户顺义园。公司注册资本9.5亿元。首钢新能源汽车材料以生产新能源电机核心材料硅钢为主。项目建设周期30个月，在北京建立产品开发和应用研发中心，在河北迁安建设生产基地。项目落户夯实顺义区新能源汽车产业链，促进区域电机产业发展。

（中关村顺义园管委会）

【导航与控制产业基地落户顺义园】5月22日，在第十届中国卫星导航年会上，由中国兵器工业导航与控制技术研究所投资建设的导航与控制产业基地落户顺义园。该项目计划投资10亿元，占地3.33公顷（50亩），规划建筑面积6.6万平方米，将建设包括惯性器件技术研发中心、卫星导航应用技术研发中心、惯性导航系统技术研发中心等七大中心。

（中关村顺义园管委会）

【顺义园与4家企业签署《战略合作协议》】5月30日，在2019年中国国际服务贸易交易会上，顺义园与4家企业签署《战略合作框架协议》，包括北京首钢新能源汽车材料科技有限公司的新能源汽车材料研发项目、北京智创华科半导体研究院有限公司的半导体研究院项目、格润过程（北京）科技有限公司的新材料总部基地项目、万可电子（天津）有限公司的自动化研发中心项目。4个项目总投资额超过15亿元，涉及科学研究、技术服务、能源管理、网络安全等领域。

（中关村顺义园管委会）

【顺义园双创周专场推介会】6月15日，由顺义园主办，北京国联万众半导体科技有限公司、亮马商学院、百川集英（北京）咨询有限公司承办的顺义园2019年双创周专场推介会在中关村展示中心举行。活动现场，顺义园管委会相关科室负责人介绍顺义园产业发展规划、空间资源及产业支持政策；第三代半导体产业技术创新战略联盟秘书长、北京国联万众半导体科技有限公司副总经理于坤山，分享《第三代半导体助力电网技术发展》；清华大学电子工程系长聘副教授、微波与天线研究所副所长陈文华分享5G与第三代半导体技术。

（中关村顺义园管委会）

【中电科光电总部基地项目入驻顺义园】6月，由中电科光电子十一研究所实施的中电科光电总部基地项目入驻顺义园临空国际板块。该项目总投资15.6亿元，占地6.93公顷，将建设固体激光技术国防科技重点实验室、红外紫外技术国防科技重点实验室，开展红外、激光技术研究与产品研发生产。中电科光电科技有限公司工商注册完成。

（中关村顺义园管委会）

【科技创新功能区被授予和谐工业园区】7月11日，由全国总工会、人力资源和社会保障部、全国工商联合会等主办的全国构建和谐劳动关系先进表彰会在北京举行。北京顺义科技创新产业功能区被授予“全国模范劳动关系和谐工业园区”称号。科技创新产业功能区有实体企业560家，职工6万余人。中关村顺义园管委会发挥党建引领，以主体为源，监督为要，服务为本，5年来，开展各类培训和宣传活动200余次，5万余人参与；化解争议纠纷116起；解决人才落户、子女就学、公租房等230余件，惠及40家企业2000余名职工。

（中关村顺义园管委会）

【第八届中国创新创业大赛】8月24日，由科技部火炬高技术产业开发中心、北京市科学技术委员会等指导，北京创业孵育协会、北京顺义区科学技术委员会、中关村科技园区顺义园管理委员会主办，北京国联万众半导体科技有限公司承办的第八届中国创新创业大赛北京赛区暨北京银行杯中国·北京创新创业大赛季（2019）电子信息行业赛总决赛及颁奖典礼在顺义举行。大赛面向智能硬件、自动驾驶、远程医疗等电子信息领域，历经3个多月征集，最终北京绿能芯创电子科技有限公司获一等奖。京微齐力（北京）科技有限公司、奥本未来（北京）科技有限责任公司获二等奖。北京忆芯科技有限公司、北京猎户星空科技有限公司、北京智博晟源科技有限公司获三等奖。颁奖典礼上，京微齐力（北京）科技有限公司、北京忆芯科技有限公司、北京千种幻影科技有限公司、北京国承万通信息科技有限公司与中关村科技园区顺义园管理委员会签订《入驻协议》。

（中关村顺义园管委会）

【第三代半导体专业赛总决赛】11月29日，第八届中国创新创业大赛国际第三代半导体专业赛·全球总决赛在第三代半导体产业高端论坛上举行。大赛由顺义区政府、第三代半导体产业技术创新战略联盟（CASA）主办，中关村科技园区顺义园管理委员会承办。大赛吸引来自荷兰、意大利、瑞士等10个余国家500余个项目参赛，涵盖第三代半导体核心材料、器件与装备、新能源汽车等领域。经评选，联智科技（天津）有限责任公司研发的工业设备智慧运维技术以及完整的预测性智慧运维解决方案获全球总决赛一等奖，苏州慧闻纳米科技有限公司、湖州想实电子股份有限公司获二等奖，广东盈骅新材料科技有限公司、深圳市思坦科技有限公司、浙江艾纳科技有限公司获三等奖。颁奖现场，顺义园管委会与联智科技（天津）有限公司、深圳思坦科技有限公司、苏州闻颂智能科技有限公司等7个项目签订入园协议。

（中关村顺义园管委会）

【中德隐形冠军创新发展高峰论坛】12月13日，由顺义区政府主办，中国中小企业协会高新技术产业分会、顺义区经济和信息化局、中关村顺义园等单位承办的中德隐形冠军创新发展高峰论坛在顺义举行。论坛以“深化产业合作、共谋创新发展”为主题，对标德国等国家，了解产业发展趋势，探讨政产学研助力中德隐形冠军创新发展，引导中德合作新模式。论坛现场发布中德合作知识产权保护政策和顺义区支持外资金融机构发展政策。顺义区与中德总商会、中德科技园控股有限公司、德国易途咨询有限公司等9家公司签订《战略合作框架协议》。顺义区将打造中德产业园，促进两国间科技成果转化和产业化。产业园将构建“起步区”“配套服务区”“拓展区”和科教产学研平台的空间规划，规划总面积约20平方千米。

（中关村顺义园管委会）

【非公企业党组织新建4家】年内，顺义园新建非公企业党组织4家，包括北京新丰泰奥迪汽车销售服务有限公司党支部、北京恒盛中和医疗器械有限公司楼宇党支部、北京阿尔法针织有限公司党支部、北京康蒂尼药业有限公司党支部。截至年底，园区非公企业党组织总数29家，其中党委1家、党总支1家，年内转出党组织4家。

（中关村顺义园管委会）

教育

▲3月5日，芬兰哈友拉小学代表团来到首都师范大学顺义附小参观交流

▲4月25日，顺义区中小学生定向越野比赛暨京冀两地邀请赛在汉石桥湿地公园举行

▲ 6 月初，牛栏山一中飞扬舞蹈团师生一行 15 人作为北京市青少年代表团出访韩国、日本

▲ 7 月 8 日，顺义区少年读中国读给祖国听经典诵读活动决赛举行

8 月，顺义区学生活动管理中心在大连市体育中心举办 2019 小学足球特色校夏令营活动

11 月 24 日，张镇中心幼儿园“小不点”花会队应邀在中日韩终身学习研讨会开幕式上进行表演

综 述

【概况】年内，区教委辖属教育单位216个，幼儿园104所（教育部门办园54所、集体办园27所、事业单位办园0所、部队办园1所、民办园22所）。小学50所（教育部门办校47所、民办校3所）。九年一贯制学校3所（教育部门办校2所、民办校1所），十二年一贯制学校7所（教育部门办校0所、民办校7所）。初级中学17所（教育部门办校17所、民办校0所），高级中学4所（教育部门办校4所、民办校0所），完全中学2所（教育部门办校2所、民办校0所），中等职业学校6所（教育部门办校2所、民办校4所）。特殊教育学校2所（教育部门办校1所、其他部门办校1所）。驻区高等学校3所。其他法人单位21个。经区教委审批的民办学校122个，其中，民办学历教育学校15所、幼儿园23所、培训机构84所、事业单位法人3所、企业单位法人23所、其余96所为民非法人登记。

招生29783人（幼儿园10394人、小学9745人、初中6395人、普通高中3196人、特殊教育学校42人、中等职业学校11人），毕业22677人（幼儿园7788人、小学7164人、初中4616人、普通高中3060人、特殊教育学校44人、中等职业学校5人）。在校生107032人（幼儿园29963人、小学50409人、初中17230人、普通高中9157人、特殊教育学校232人、中等职业学校41人）。教职工总数14317人（幼儿园4865人、小学3861人、初中1713人、九年一贯制学校172人、完全中学489人、高级中学1286人、十二年一贯制学校1645人、中等职业学校155人、特殊教育131人），其中，正高级职称6人、中学高级职称1470人，中级职称2299人。北京市特级教师37人、北京市学科教学带头人17人、北京市骨干教师112人。

全年教育总投入66.05亿元，其中国家财政性教育经费51.12亿元。年内，新建（新设立）幼儿园2所，分别是北京市顺义区益民顺德幼儿园、北京市顺义区天竺新新家园摩码幼儿园；撤并幼儿园3所，分别是北京市顺义区龙湾屯镇丁甲庄村幼儿园、北京市顺义区赵全营镇解放村幼儿园、北京市顺义区博雅书院双语幼儿园；新建（新设立）中小学1所，为北京教育科学研究院附属顺义实验小学。

（区教委）

【冰雪嘉年华活动】1月7—8日，第四届舞彩顺义冰雪运动欢乐季启动仪式暨顺义区第二届中小学生冰雪嘉年华活动在莲花山滑雪场举办。区内70所中小学3660名学生参加，其中1340名学生参加在顺奥冰世界举办的冰上项目比赛。首都师范大学附属顺义实验小学、张镇中小、河南村中小等学校100余名师生组成的雪上表演队、舞狮队进行展示。分别开展双板坡道直滑计时赛、双板平地滑行迎面接力赛、雪地拔河雪上比赛，雪合战、滑雪项目体验，冰球传球射门、冰上滑行接力、冰壶投壶和冰蹴球比赛。最终，首师附小、张镇中小、高丽营二小等获得小学组团体总分前12名，张镇中学、十三中、牛山二中等获得中学组团体总分前8名，顺义九中、杨镇一中、顺义一中获得高中组团体总分前3名。第四届舞彩顺义冰雪运动欢乐季为期3个月，活动期间，在莲花山滑雪场、乔波滑雪馆、水奥雪世界、顺奥冰世界、七彩蝶园等地开展市民冰雪嘉年华、滑雪冬令营、冰上运动会等活动20项次；免费为来自镇、街道、中小学校的近20000名“零基础”市民开设冰雪体验课；组织全区社会体育指导员、校园辅导员走到市民中间，传授冰雪运动技能。北京冬奥组委新闻宣传部、市教委体育卫生与艺术教育处、北京市社会体育管理中心、北京学生活动管理中心、区体育局、区委宣传部、区教育委员会等领导参加启动仪式。

（区教委）

【区教育系统无偿献血】3月12日，顺义区教育系统无偿献血工作在区中小学卫生保健所开展。教育系统参加本次献血人员共435人，实际献血人数271人，献血总量达57000毫升。

（区教委）

【北师大附属实验中学顺义分校工程推进情况调研洽谈】4月24日，北师大附属实验中学校长李晓辉一行到顺义区调研洽谈顺义分校工程推进情况，实地查看顺义分校施工现场，并听取项目施工方介绍工程进展情况。区教育资产管理中心项目负责人详细汇报北师大附属实验中学顺义分校工程进度及推进情况。属地领导介绍后沙峪镇社会发展及学校周边环境建设情况。双方围绕合作方式、学校办学模式及教师队伍建设等问题进行深入交流。双方表示进一步加强沟通交流，形成工作常态机制，尽快落实合作协议。区教委相关科室负责人及属地相关领导参加调研。

（区教委）

【教育大会召开】5月14日，顺义区教育大会召开。区委常委、副区长支现伟作题为《立足新定位，履行新使命，再启新征程，奋力谱写顺义教育高质量发展新篇章》教育工作报告。全面总结“十三五”以来顺义教育取得的新成绩，同时明确未来3年顺义教育的发展思路、改革方向。区财政局、区人力社保局、仁和镇相关领导分别作典型发言，介绍本单位支持教育事业的具体举措，同时表达继续大力支持区域教育发展的决心和态度。市委教工委委员、市教委副主任李奕代表市委教工委、市教委对顺义区教育大会的召开表示祝贺，对顺义区委区政府长期以来对教育的高度重视和顺义教育事业取得的成绩表示充分肯定和赞扬。区委书记高朋讲话。全区教育单位干部教师1.1万人通过教委微信公众号在线观看大会。各委办局、功能区、镇街领导及教育系统各单位负责人、两代表一委员、教师代表700人参加。

（区教委）

【纪念“五四运动”100周年主题系列活动启动仪式】5月6日，顺义区教育系统“青春心向党筑梦新时代”纪念“五四运动”100周年主题系列活动启动仪式举行。区委教工委副书记赵云霞结合教育系统青年特点提出3点希望。启动仪式上，东风教育集团本部少先队员、全国优秀少先队员王子依蕃，牛栏山一中共青团员、团十八大代表常子香菲和石园教育集团本部青年教师、区90后拔尖人才大赛第一名陆宇晨分享他们的青春故事。宣誓环节，参会青年全体起立，郑重举起右手，重温入团誓词。仪式最后，全场高唱《我和我的祖国》。顺义团区委有关领导，团教工委有关负责人，以及教育系统各校（园）共青团、少先队干部和中学优秀团员代表300余人参加。

（区教委）

【“我为祖国点赞”演讲比赛】6月3日，顺义区教育关工委中小学生“我为祖国点赞”演讲比赛决赛举办，来自全区73所学校推荐的选手参加比赛。最终，裕龙小学黄孟子杰、首师大附小郭宇涵同学获小学组特等奖，牛栏山一中实验学校李泽君、仁和中学杨梦欣同学获中学组特等奖。

（区教委）

【牛栏山一中教育集团成立】6月17日，顺义牛栏山第一中学教育集团成立启动仪式举行。区委教工委书记、区教委主任、区人民政府教育督导室主任宣读《关于成立牛栏山一中教育集团的决定》。区委常委、副区长支现伟与牛栏山一中校长张华礼共同为集团揭牌，集团校各校长现场签订合作协议。集团校长张华礼宣读教育集团实施方案。牛栏山一中教育集团由牛栏山第一中学牵头，包含牛栏山一中实验学校、牛栏山一中实验小学、顺义区第十五中学、牛栏山第二中学4所学校。集团成立后，在管理机制、资源配置、课程建设、教研培训、学生发展等方面开展合作，各集团校实现优质资源共享，均衡发展。

（区教委）

【北京教育科学研究院附属顺义实验小学成立】6月27日，经区委编办主任办公会研究，同意设立北京教科院附属顺义实验小学，相当正科级公益一类事业单位。7月12日，顺义区教委与北京教科院签署教育合作框架协议，市教科院将对教科院顺义附小给予自主办学，教育教学、管理机制、发展规划、干部教师培训、课题研究等方面的指导。9月1日，学校正式落成，开始招生。学校占地面积24881.6平方米、建筑面积20788.51平方米，体育场或体育馆面积共5200平方米。教职工49人，其中专任教师25人，开设教学班7个，招生185人。

（区教委）

【青运会勇夺两块金牌】8月18日，在中华人民共和国第二届青年运动会上，顺义一中高一（12）班崔明阳同学获得男子标枪（成绩72.21米）和铁饼（成绩55.65米）双料冠军，为北京代表队夺得两块金牌。本次青年运动会，顺义一中两名同学代表北京队参赛，除崔明阳外，高三（9）班任蕊同学获得女子跳远第六名、三级跳远第七名的成绩。

（区教委）

【两家教育单位迁址办公】8月，根据区教委统筹安排，顺义区教育宣传中心和顺义区学生活动管理中心两家单位迁入新址。新办公地址位于通顺路燕京桥东北侧，顺义区退休教师服务中心大院原区教育督导室办公楼内。教育宣传中心位于2层，学生活动管理中心位于3层，两单位均已在新址开始办公。

（区教委）

【学校更名】8月，经北京市第四中学顺义分校申请，顺义区教委上报区委、区委编办主任办公会研究，同意区教委所属北京市第四中学顺义分校（北京市顺义区第十中学）自2019年8月5日起不再加挂北京市顺义区第十中学牌子，正式更名为北京市第四中学顺义分校。

（区教委）

【参加北京市中学生田径运动会获佳绩】10月19日，第57届北京市中学生田径运动会在顺义区牛栏山一中举行，来自顺义区天竺一小、首师大附小、李桥小学等学校的近千名学生进行舞龙舞狮、足球、篮球、冰雪运动等体育特色项目展示，通过“龙腾狮跃、激情韵律、彩球逐梦、武韵跆风、冰雪情怀、盛世华诞”6个篇章，充分展现顺义区中小学生阳光体育、全面发展、健康向上、勇于进取的精神风貌。运动会历时3天，来自包括全市800多名中学生运动员参赛，比赛设22个小项。最终，顺义体育健儿获得金牌16枚、银牌15枚、铜牌12枚，初中组、高中组和团体总分三项均获B组第一名，连续第28次在市运会上夺冠。

（区教委）

【澳门青洲小学走进顺义一中附小】12月17日，在澳门回归20周年来临之际，澳门青洲小学师生首次走进顺义一中附属小学，两校师生共庆中华人民共和国成立70周年、澳门回归20周年。活动在朝气蓬勃的舞蹈《校园的早晨》中拉开帷幕，“附小好少年”代表对首次来到顺义的澳门青洲小学同学和老师们表示欢迎，并向来宾介绍顺义一中附小校训“明道养德，博学笃行”、展示优美的校园环境、讲述丰富多彩的课程。澳门学生代表介绍青洲小学的校史，集体朗诵《读中国》，并做街舞展示。两校学生的琵琶、古筝、中阮民乐联奏和书法展示将音乐与书法完美结合，把活动现场氛围推向高潮。活动在合唱《我和我的祖国》中落下帷幕。随后，双方学校师生交换各自的礼物与祝福卡片。

（区教委）

学前教育

【概况】年内，顺义区有幼儿园104所（教育部门办园54所、集体办园27所、部队办园1所、民办园22所），其中北京市示范园9所，教育部门办园全部达到北京市一级以上水平。在园幼儿29963名（教育部门办园22242人），离园幼儿7788人（教育部门办园5954人），入园幼儿10394人（教育部门办园7787人）；教职工4865人（教育部门办园3473人），其中，专任教师2054人（教育部门办园1474人）；幼儿教师学历合格率100%。幼儿园有特级教师2人，市级骨干教师5名，区级教育专家1名，区级特级教师4名，区级学科带头人12名，区级骨干教师150名，区级园丁新星20名，区级教坛新秀35名；教育部门办园各级各类骨干教师占专任教师总数的15.5%。幼儿园图书馆藏书662714万册（教育部门办园藏书573029 册）。幼儿园总占地面积536202.22平方米（教育部门办园占地面积386650.15平方米），总建筑面积311236.85平方米（教育部门办园建筑面积223250.5平方米）。全区3～6岁幼儿入普惠性幼儿园率为92.33%。年内新设立幼儿园2所，撤并幼儿园3所。

（区教委）

【同乐共赢学研体专题培训】1月11日，同乐共赢学研体“新教师师德素养与专业能力提升专题培训”举行。港馨幼儿园作为盟主园邀请市级师德楷模高丽营二小蒋秀凤和杨镇中心幼儿园王益楠通过大量生动案例为新教师做师德宣讲，港馨幼儿园支教代表魏征讲述自己克服艰苦环境，踏实奉献的支教经历。学研体内4位百优班主任向新教师分享各自的工作经验。活动通过互动、案例分析等形式提升新教师专业能力。区教委学前科、研修中心学前教研室负责人、港馨幼儿园园长李桂芹分别作总结发言。区教委学前科、研修中心学前教研室相关负责人，学研共同体内各园负责人、干部教师共80余人参加。

（区教委）

【“蓓蕾杯”幼儿足球赛决赛暨颁奖典礼】5月25日，顺义区首届“蓓蕾杯”幼儿足球赛决赛暨颁奖典礼在杨镇中心小学校举行。活动共有23所幼儿园的34支队伍参加，参赛小运动员共330名。经过小组赛比拼，最终15支队伍晋级决赛。区教委、区体育局领导和区足协、杨镇中小负责人为获奖幼儿园和小运动员们颁奖。区教委相关科室负责人及各参赛园园长、教练、家长参加。

（区教委）

【主题展示活动】5—6月，顺义区教委举办“《指南》背景下科学做好保教工作”主题展示活动。展示活动主体为全区北京市示范幼儿园及优秀教师工作坊成员，示范园采用“主题汇报+现场观摩”方式向全区骨干教师展示园所课程建设情况、自主游戏研究及发展历程、幼儿主动发展等内容。优秀教师通过集体教育活动的展示，向参加工作0—3年的教师呈现活动设计、目标设置及达成、师幼互动等内容。全区百余所幼儿园（社区办园点）400余名教师参与观摩学习。

（区教委）

【学前教育政策解读暨工作部署会】6月20日，顺义区学前教育政策解读暨工作部署会召开。区教委学前教育科负责人逐条解读《北京市顺义区普惠性幼儿园认定与管理工作实施细则（试行）》《北京市顺义区学前教育管理办法（试行）》2个文件制定的背景、主要内容、保障措施等。区教育工会主席王玉英讲话展。区教委相关科室负责人、全区幼儿园园长、社区办园点负责人及各镇（街）教育助理共计170余人参加。

（区教委）

【视察学前教育】6月28日，区政协副主席单成刚带领区政协科教文体卫委员会组织部分委员视察顺义区学前教育情况。委员一行首先来到港馨幼儿园实地查看整体教育教学环境、办学特色、教育教学开展情况，随后，前往裕龙双语幼儿园了解以奥尔夫音乐教育为媒介形成的艺术教育特色课程和幼小衔接工作开展情况。区委教工委书记、区教委主任武捷从学前教育资源总量、各性质幼儿园级类情况、队伍建设、幼儿园管理和保障机制五大方面作汇报。委员们结合前期研究对全区学前教育及幼小衔接工作的发展进行研讨交流。区教委副主任王彪，区教委有关科室负责人及相关园所干部教师参加。

（区教委）

【4所幼儿园获评全国足球特色幼儿园】8月，教育部公布“2019年全国足球特色幼儿园名单”，全国3570所幼儿园进入榜单，北京市84所幼儿园上榜，顺义区杨镇中心幼儿园、赵全营中心幼儿园、顺和花园幼儿园、牛栏山第一幼儿园位列榜单。

（区教委）

【全年新增2414个学位】9月，顺义区通过新建、改扩建、开办社区办园点等多种方式，新增学位2414个，有效缓解部分区域入园难问题，完成北京市重要民生实事任务。

（区教委）

【办园质量督导评估工作会】10月17日，督导室幼儿园办园质量督导评估工作会召开。会议共有4项内容。一是总结回顾上学期幼儿园办园质量督导评估工作流程，以具体案例形式分析督导过程中经验做法和不足。二是对本学期督评工作进行部署，督导评估专家分成5组对20所民办幼儿园、村办园开展督导评估工作，行政督学协助配合专家完成督导评估工作，做好服务保障。三是由专家组组长带领成员对幼儿园办园质量督导评估工作中的问题以及办园质量评估指标重点内容再次进行解读讨论。四是对督评专家提出新的要求。督评专家、行政督学70余人参加会议。

（区教委）

【园本教研展评活动总结】10月29日，幼儿园园本教研展评活动总结暨“创新教研方式，推进顺义区全覆盖教研”项目启动会举行。区研修中心学前教研室负责人围绕组织管理、活动效果、工作建议三方面作2019年园本教研展评工作总结。幸福幼儿园园长张玲、宏城幼儿园教师刘冬梅分别结合园所实际作园本教研经验交流汇报。李桥中心幼儿园新教师教研组作“科学探究活动第一环节的设计与组织”园本教研现场展示。北京早教所专家对全区全覆盖落实市级教研、扎实开展园本教研展评工作表示充分肯定，同时针对教师汇报、活动流程等问题提出建议。会上解读《创新教研方式，推进顺义区全覆盖教研实施方案》，明确国家、市级层面对园本教研全覆盖开展的意义。区研修中心副主任李树栋针对区内幼儿园新教师多、非专业教师多、新任干部多，教师队伍专业底子薄、业务主管专业能力薄、新任干部管理能力薄的“三多三薄”现状提出具体建议。会议邀请北京市早教所专家作“园本教研工作理论与实践探索”专题培训。活动表彰2019年园本教研展评工作获奖单位，为分获展评活动一、二、三等奖的18所幼儿园、荣获优秀组织奖的9所幼儿园及荣获优秀方案设计奖的6所幼儿园教研组织者颁发获奖证书。北京市教育科学研究院早期教育研究所所长专家，区研修中心相关领导，区教委相关科室负责人，学前教研室全体教研员及来自全区108所各级各类幼儿园和11个社区办园点相关负责人近300人参加。

（区教委）

【幼儿园骨干教师培训项目启动会】 11月12日，“2019年北京市顺义区幼儿园骨干教师培训项目启动会”召开。幼儿园骨干教师培训项目活动历时一个月，课程涉及幼儿园日常工作、教研管理、助力园所建设等各方面内容。开班典礼上，区教委学前教育科负责人详细解读本次培训活动方案，全面阐明从国家政策，市、区层面对教师队伍建设的关注和要求，简要介绍培训专家团队及课程安排。北京市特级教师马炳霞、北师大石景山附属幼儿园园长申桂红分别围绕“如何观察解读幼儿游戏行为的园本教研”“幼儿园主题活动”作专项培训。两位专家以案例解析的方式，指引骨干教师利用科学方法解决工作中的困惑，注重在工作中梳理思路，提升经验，获得新知。学前教研室教研员、公立园、普惠性民办园骨干教师200余人参加。

（区教委）

【幼儿园诊断指导活动】 11月14日，北京市幼儿园名园长发展工程北京教育学院基地第三工作室专家到西辛幼儿园开展幼儿园诊断指导活动。西辛幼儿园园长杨丽群介绍园所基本概况、园所文化建设思路及科研课题《幼儿园集体教育活动设计四环节的实践研究》开展情况。与会人员现场观摩祝丽丹老师基于4环节设计的《摘海棠果》大班集体教育活动。业务园长组织教师分组就如何设计教育活动的第一个环节展开发现与关注的现场教研。北京名园长工程组专家领导、北京师范大学石景山附属幼儿园园长马炳霞、北京教育学院学前教育学院院长杨秀治分别针对课题的开展、集体教育活动、现场教研进行诊断指导。区教委学前科负责人、区教育研究和教师研修中心相关科室负责人、西辛学研共同体姊妹园干部教师共计40余人参加。

（区教委）

【花会队参加“中日韩”终身学习研讨会开幕式】 11月24日，张镇中心幼儿园“小不点”花会队应邀在“中日韩”终身学习研讨会开幕式上进行表演。孩子们扮演《西游记》师徒4人的经典形象。中国教育发展战略学会副会长韩民、原日本教育学会会长小林文人等专家一行40余人出席活动。

（区教委）

基础教育

【概况】 年内，顺义区有小学50所（不含一贯制学校小学部），其中教育部门办学47所，民办小学3所；九年一贯制学校3所（教育部门办校2所、民办校1所）。小学毕业7164人（教育部门公办6510人），招生9745人（教育部门公办9164人），在校生50409人（教育部门公办46664）人；教职工 3861人（教育部门公办3773人），其中，专任教师3192人（教育部门公办3133人）。小学入学率100%，巩固率100%，毕业率100%，及格率100%。小学特级教师4人，市级学科带头人8名，市级骨干教师44名，区级名誉教育专家1名，区级教育专家1名，区级特级教师13名，区级学科带头人57名，区级骨干教师361名，区级园丁新星32名，区级教坛新秀45名，各级各类骨干教师占专任教师总数17.7%。占地面积1230462.4平方米（教育部分公办1195945.4平方米），建筑面积481548.88平方米（教育部门公办467179.18平方米）。固定资产67557.282772万元（教育部门6818.91277万元）。

顺义区中学33所（其中职高附设班不计入中学数），其中教育部门公办25所（初中17所、完中2所、高中4所、九年一贯制2所），民办8所（九年一贯制学校1所、十二年一贯制学校7所）。顺义区中学毕业7676人（教育部门公办6401人），招生9591人（教育部门公办8003人），在校学生26387人（教育部门公办21701人）；学校教职工5305人（教育部门公办3625人），其中专任教师3850人（教育部门公办2738人）。初中入学率100%，巩固率100%，毕业率100%，及格率100%；高中入学率90%，应届毕业生高考录取率96.9%。中学特级教师31人，市级学科带头人9人，市级骨干教师53人，区级名誉教育专家1人，区级教育专家8人，区级特级教师43人，区级学科带头人80人，区级骨干教师408人，区级园丁新星48人，区级教坛新秀36人，各级各类骨干教师占专任教师总数19.8%；全区教育部门公办中小学专任教师学历合格率100%，北京市特级教师49人（小学7人、中学42人），其中在职35人（小学4人、中学31人）。学校总占地面积2079572.61平方米（教育部门公办1487852.03平方米），总建筑面积1063761.61平方米（教育部门公办636996.46平方米）。固定资产总值220062.158198万元（教育部门公办109326.2691万元）。

（区教委）

【芬兰哈友拉代表团参观交流】 3月5日，芬兰哈友拉小学代表团来到首师大顺义附小参观交流。学校干部教师向芬兰客人介绍校园文化、学校特色课程及办学理念。首师大附小讲解员用英语与来宾进行友好互动，向他们详细介绍学校“家国”长廊中孕育的中国传统文化。在书法教室，书法老师现场书写“和”与“福”二字送给芬兰友人作纪念。首师大附小校长介绍学校的创校历程，双方围绕学校教育特色、未来发展设想、师生互访、课程实施、创新人才培养、文化交流等进行深入交流与探讨。芬兰哈友拉小学校长对首师大顺义附小的育人理念、优美的校园文化、师生精神面貌表示赞赏，她欢迎首师大顺义附小的师生到芬兰哈友拉小学开展参观交流活动。区外事服务中心领导，首师大顺义附小干部教师参加。

（区教委）

【高校助力艺体发展】 3月14日，北京市高校牵手顺义小学助力艺体发展。“三级联动助力学校艺体发展，成就学生多元成长”顺义区高参小（北京高校社会力量参与小学体育美育发展工作）交流研讨会在顺义区东风教育集团东风小学举行。研讨会上，顺义区参加高参小项目的东风小学、李桥中心小学、双兴小学、后沙峪中小、杨镇中心小学、光明小学6所学校校长分别介绍各校项目实施及推广的情况。区教委副主任高山讲话。北京市高参小领导小组办公室主任甘北林提出建议。

（区教委）

【“顺义区学校课程整体育人项目”启动大会】 3月18日，“顺义区学校课程整体育人项目”启动大会举行。北京市课程中心项目负责人江峰解读《顺义区学校课程整体育人项目方案》，对顺义区课程建设做出全面规划，在实施方略上采取项目培训带动+任务驱动的方式，从学校、教师、教学不同维度，对种子学校的课程方案建设、校本课程建设、学科课程建设实施进行专家指导，促进课程建设能力提升和品牌塑造。项目校校长与大家交流学校的课程建设现状与需求。杨镇二中强调“三品”理念，“师生重品德、管理有品位、办学创品牌”，促进学校课程建设的自我提升与不断超越。首师大附属顺义实验小学以“健康雅趣、行正思敏、悦读志远、自信利他”的育人目标建设学校生长课程体系。双兴教育集团把传统文化教育作为学校的办学特色，将培育具有中国优秀传统文化基因的当代“雅正少年”作为育人目标。同时各项目校也提出在协同课程体系构建、教师课程实施力提升、课程开发与实施过程中科学性和操作性指导等方面的培训需求。随后，项目校负责人与对接专家深度对接研讨项目实施细节。北京市教育科学研究院、区教委、区研修中心相关负责人，项目实验校校长及课程负责教师参加。

（区教委）

【第二届“临空杯”成熟教师基本功展示活动】3月27—29日，顺义区第二届小学教师“临空杯”成熟教师基本功展示活动分别在顺一附小、石园教育集团等8所场地校举行。大赛以“展技能 强内功 促发展”为主题，分为撰写教学设计、说课展示、课堂展示3个环节。活动采取“同课异构”的方式，12个学科进行课堂教学展示。参加本次比赛的选手都是有一定工作经验的成熟教师，参赛教师精心设计教学过程，认真备课，在课堂上充分利用多种教学方法激发学生学习兴趣。区教委小教科相关负责人及参赛教师200余人参加。

（区教委）

【小学数学主题研修活动】4月19日，“小学数学核心素养下图形与几何教学策略的研究”主题研修活动在仇家店中心小学举行。本次活动分为观看课例、专家引领两个环节。观看课例环节由东风教育集团本部教师包文颖执教六年级数学《平方差公式》，仇家店中小教师单江凤执教一年级数学《认识图形》。课堂上，学生以小组合作形式开展学习活动，孩子们通过自己去发现、去探索，获得数学知识。在专家引领环节，张秋爽老师点评两节课例，并提出中肯意见。全区小学教师骨干教师工作室成员参加活动。

（区教委）

【第三届经典诵读展演活动举行】4月23日，顺义区小学第三届“诵读经典·情系家国”展演活动暨“我的祖国我的家”爱国主义教育启动仪式举行。2019年的经典诵读展演以中华人民共和国成立70周年为契机，以“我的祖国我的家”爱国主义教育为主线，开展丰富多彩的阅读活动，家校同读、师生同读，让学生细读经典，感受书中人生。诵读活动包括“古诗之文”“革命之路”“现代之门”三个篇章，展演在《我的祖国》歌声中拉开序幕。活动邀请配音演员张震朗诵《如果没有李白》。区教委小教科、宣传中心以及小学教研室、教科室相关负责人，各学校干部教师、学生代表600余人参加。

（区教委）

【中小学生定向越野比赛】4月25日，“吹响集结号角”顺义区中小学生定向越野比赛暨京冀两地邀请赛在顺义区汉石桥湿地公园举行。保定市沈庄小学师生代表及顺义区51支队伍近300人参加此次活动。比赛形式为团体赛，内容包括定向搜索和军事拓展2个项目。每队参赛选手在完成4公里定向搜索任务的基础上，还要在途中完成穿越火线、水弹射击、手榴弹投掷、抬原木竞速4个拓展项目。最终，保定市沈庄小学一队、牛山三小、赵全营中小、保定市沈庄小学三队、高丽营二小、牛山二小、高丽营学校、张镇中心小学、牛一实验小学、后沙峪中心小学、马坡中心小学、李桥中心小学分别获得小学组前12名；天竺中学、仁和中学、杨镇二中、顺义二中、顺义十二中分别获得初中组前5名；顺义一中、顺义九中分别获得高中组前2名。

（区教委）

【挺腰工程启动】4月25日，顺义区中学“挺腰工程”启动。参会人员首先观摩顺义三中魏少华、高文丰、张军营、王一丹4位教师的课堂现场教学。中教科负责人向全体参会人员布置初三年级综合素质评价工作，明确注意事项和纪律要求，并详细解读《顺义区中学“挺腰工程”实施方案》，重点从“作业限时赋分”的逻辑意义、实践意义、延伸意义以及舍“近忧”谋“远虑”4个方面具体阐释“挺腰工程”依据和意义。顺义三中主管干部作《落实“挺腰工程”，提升教育质量》工作汇报。从为什么“挺腰”、怎样“挺腰”、“挺腰”的结果及下一步的思考与行动4个方面阐述顺义三中落实“挺腰工程”的思路和举措，学校年级组负责人重点介绍初一年级创新班主任培训形式，组织班主任沙龙系列活动，提升班级管理水平的经验和具体措施。顺义二中、李桥中学和杨镇二中3所学校的年级负责人与参会人员交流“挺腰工程”在年级层面的具体实施以及对未来工作的设想。区教委中教科相关负责人，全区初中校教学副校长、德育主管干部、年级主任等共计120余人参加。

（区教委）

【风筝工艺制作和放飞展示及观摩活动】 5月11日，北京市中小学“民族杯”风筝工艺制作和放飞展示及观摩活动在后沙峪中小举办。展示环节分为软板、硬板、软翅、硬翅四类项目，风筝绘画和场地放飞两项内容。评审组从风筝造型、扎、糊、绘、空中效果及放飞角度等方面进行综合打分，最终评选出团体及单项一、二、三等奖。活动邀请山东省风筝艺术专业委员会专家为师生作风筝知识讲座，讲述风筝历史，阐释风筝文化。市区多位专家进行现场风筝放飞表演。北京市教委基教二处、北京市民族教育学会、顺义区委统战部等相关领导出席，来自全市近百所中小学400余名师生参加。

（区教委）

【第十八届学生艺术节个人项目展演与展示活动】 5月11—12日，顺义区第十八届学生艺术个人项目展演与展示活动举行。表演类包括朗诵、声乐、舞蹈、器乐（西乐、民乐）曲艺、京昆评剧六大项目。作品类包括软笔书法、软笔书法、绘画、摄影、工艺、篆刻6个项目。全区62所中小学校1665名学生参加比赛，经过严格评审，表演类459名学生获奖，作品类540名学生获奖。

（区教委）

【中学生主持人风采大赛决赛】 5月16日，顺义区第四届“蝶砚杯”中学生主持人风采大赛决赛举行。经过初赛、复赛选拔，最终初中组16名选手、高中组10名选手进入最后决赛。决赛现场邀请首都师范大学科德学院播音系郑伟、梁少云、卢哲、边剑、董晓婷5位教师和区学管中心副主任刘美坤担任评委，北京电视台《北京您早》节目主持人蒋宝琛和顺义电视台新闻主播杨博主持。北京电视台和顺义电视台对本次比赛进行现场采访和报道。决赛内容分为指定诗歌朗诵、现场辩论和才艺展示3个部分，选手出场顺序由上场前抽签决定。其中新增的辩论环节，着重考察选手们良好的语言表达能力和逻辑思维能力。最终，顺义四中分校李婉嘉、仁和中学杨非凡和杨梦欣荣获初中组一等奖，顺义九中冷鑫强和牛栏山一中陈牧荣获高中组一等奖。其他选手分获二、三等奖。赛后，首都师范大学科德学院传媒学院郑伟老师对选手们的表现进行点评。区教委中教科、区社区教育中心相关负责人，参赛学校师生代表参加。

（区教委）

【教学基本功展示活动总结交流会】 6月18日，第二届“京教杯”顺义区中小学青年教师教学基本功展示活动总结交流会在顺义九中召开。区委教工委副书记赵云霞宣读表彰决定，表彰第二届“京教杯”青年教师教学基本功展示活动中获奖教师及指导团队；区教委副主任张军堂对“京教杯”展示活动工作情况作全面总结。获奖教师、指导教师代表作典型发言，分享他们参与活动的过程及感悟。区委教工委书记、区教委主任武捷讲话。区教委、区教育工会、区教育研究和教师研修中心相关领导，各中小学校长、工会主席、全体参赛教师及指导教师260余人参加。

（区教委）

【“学宪法　讲宪法”演讲比赛决赛】 9月6日，顺义区中小学生“学宪法　讲宪法”演讲比赛决赛在东风教育集团仓上小学举行。活动分为上、下午两场，来自全区小学组的24名选手和中学组的17名选手参加比赛。评委们针对选手们的表现进行现场打分，最终，后沙峪中小柳皓月、杨镇第一中学盛媛圆等7名同学分获小学组和中学组一等奖。区教委机关纪委、中教科、小教科、区教育法治事务中心相关负责人，全区中小学法治干部、参赛选手共计100余人参加。

（区教委）

【PDC教育可持续发展国际大会分论坛】 10月18日，第二十届中国国际教育年会未来教育研讨会暨第二届PDC教育可持续发展国际大会分论坛在顺义一中附属小学举行。大会以5G网络转播的形式，来自北京市共10所学校进行PDC（Project项目、Drive驱动、 Create生成）理念分享与项目展示。活动伊始，项目组对PDC环境文化与项目内涵进行深度交流。来自北京市呼家楼中心小学的项目专家作PDC

理念分享——《PDC 教育连接孩子的现在与未来》，学生作《玩转种植模块》项目分享。山东省济南市济阳区新元学校学生作《未来黄河的开发利用设计》项目分享。课程展示环节，顺义一中附属小学教师王艳和学生共同展示主题实践课程——《走进秋天》。课程通过多学科大主题的综合式学习，激发学生学习的欲望，有效提升学生探究的能力。在通过 5G 信号与专家学者联通对话的环节，学校副校长刘翠代表在场嘉宾提出大家关注的问题：未来人才的核心素养有哪些？未来学校是什么样子的？来自芬兰的外籍专家针对这个问题分享自己的看法。活动最后，学校还进行垃圾分类主题展示，并与 2 位外籍专家围绕项目主题展开深入分享交流。区教委小教科、区研修中心干训科负责人，部分学校校长、外籍专家以及外省市各学校的干部教师共计 40 余人参加。

（区教委）

【课改名家论坛】 11 月 1 日，全国不同风格与流派课改名家论坛暨第八届“牛栏山杯”基于“单元整体教学”思想下的小学教学展示交流会在牛栏山一中实验小学举行。北京教育学院教师李怀源详细解读 “什么是单元整体教学、怎样进行单元整体教学、为什么进行单元整体教学”。作为“单元整体教学”的深入研究者与实践者，与全体与会教师进行分享交流。语文、数学、英语、科学、信息技术、道德与法治、舞蹈与心理 7 门学科同时进行单元整体教学的授课展示。通过单元设计构思汇报、单元部分课时现场展示、授课教师现场说课、与会教师现场互动交流、与会专家精彩点评等环节，既展示出学校全学科教师对学科教学的整体思考，又聚焦单元整体教学在每一堂课的具体落实。区教委小教科、区教育研究和教师研修中心负责人，市区级教育专家、教研员，区内各学校教师代表共计 100 余人参加。

（区教委）

【中小学生冬奥知识竞赛决赛】 12 月 18 日，顺义区中小学生冬奥知识竞赛决赛举行。经过校内初选、区级复赛筛选，共有 18 所学校入围决赛。决赛分为小学、初中、高中 3 个组别，题目类型包括必答题、抢答题、论述题，题目涉及冬奥会和冬残奥会比赛项目、历届冬奥会相关知识、冬奥会成绩、综合论述等多方面内容，侧重考查选手的综合素质。最终，东风小学、仁和中学、顺义二中分别获得小学组、初中组和高中组总分第一名。区教委相关科室、中心负责人，各中小学校师生代表 300 余人参加。

（区教委）

职成教育

【概况】 年内，顺义区有职业学校 7 所，其中，教办职高 2 所（2015 年整体划转至北京城市学院），民办职高 4 所（1 所附设班），成人中专 1 所（国家安全生产监督管理总局办）；在校生 296 人（民办 41 人，成人中专 255 人）；教职工共计 181 人（民办 172 人，国家安全生产监督管理总局办 26 人）；专任教师共计 83 人（民办 63 人，国家安全生产监督管理总局办 20 人）。

年内，北京市顺义区社区教育中心占地面积 48435.57 平方米，建筑面积 50502.66 平方米。体育场（体育馆）面积共 8000 平方米。图书馆（图书室）藏书总数 2 万册，全年订阅杂志、报纸 120 种。固定资产总值 8020 万元。全年教育经费投入 1602 万元，均为国家拨款。拥有计算机 972 台，多媒体教室座位 2750 个（指学校所有配备多媒体教室座位总数），普通教室 42 个，专用教室 10 个。有教职工总数 116 人，其中，副高级职称 27 人，中级职称 42 人；开设 239 个教学班；招生 4130 人；在校生 11300 人；开展各级各类培训 21 项，培训各级各类人员 21200 人次。

年内，北京开放大学顺义分校占地面积 1.66 万平方米，非产权建筑面积 7500 平方米。图书馆建筑面积 300 平方米，藏书 12 万册，包括纸质图书 2 万册、电子图书 10 万册。固定资产总值 1800.62 万元，其中，教学、科研仪器设备总值 1381.58 万元。全年教育经费投入 3237.39 万元，其中，国家拨款 2226.65 万元、自筹经费 1010.74 万元。学校信息化经费投入 12.13 万元，信息化设备资产 1381.58 万元，网络信息点数567个，校园网出口总带宽50Mbps。设有9个教学系，开设14个专业；教职工65人，其中，专任教师35人（副教授11人），兼职教师75人（教授5人、副教授20人）；毕业1942人，其中，专科生1035人、本科生907人；招生2434人，其中，专科生1232人、本科生1202人。在籍学生7635人，其中本科3607人，专科4028人，全年短期培训10000人次。

2019年，北京市农业广播电视学校顺义区分校占地面积680平方米，非产权建筑面积2025平方米。固定资产总值410.14万元，其中，教学、科研仪器设备总值207万元。拥有计算机150台，多媒体教室座位150个，设有2个系部，开设会计、工商管理和经济管理等共32个专业，120个教学班。教职工22人，其中，专任教师12人；专任教师本科及以上学历占教师总数的100%；高级职称3人、中级职称7人；聘请校外教师48人；“双师型”教师1人；毕业生422人，就业率98%；招生751人；在校生2033人。

（区教委）

【儿童入学成熟水平诊断评估师培训开班】1月17日，由顺义区教委、顺义区社区教育中心举办的儿童入学成熟水平诊断评估师培训在顺义区市民学习中心开班。区教委副主任张军堂，区社区教育中心主任李建军出席。张军堂作开班动员讲话。此次培训共分为业务培训、课程开发、家长培训、成果展示4个阶段。活动还特别邀请北师大教育学部教授钱志亮为培训教师作理论实践培训。此次业务培训包括2天的集中培训和一年的微群课程培训。课程开发培训中，授课教师将8～10门精品课程在现场为家长进行讲解。家长培训阶段，要求每位参训家长在一年内要深入幼儿园、社区进行1～2次家长培训。成果展示阶段，包括教师展示家长培训课程、家长展示亲子活动案例、试点幼儿园工作展示和孩子能力展示。区教委学前科、区教育研究和教师研修中心学前教研室相关负责人，以及全区幼儿园骨干教师、社区教育工作者代表共计100人参加。

（区教委）

【农广校2019年春季开学典礼】3月11日，顺义农业广播电视党校举行中国农业大学继续教育学院顺义教学点、北京信息职业技术学院继续教育学院顺义教学点春季开学典礼。300名学员参加开学典礼，其中6名学员取得学士学位。

（区教委）

【“社区教育指导教师”培育工程启动】3月25日，区社区教育中心“社区教育指导教师”培育工程启动，首批社区教育课程开班。学习班从各镇街、各单位中遴选优秀学员，把他们培养成“懂技术，能教学，会指导”的优秀讲师。此次培训是顺义社区教育中心开展社区教育工作的全新尝试和探索，第一期重点培养“种子选手”，优秀学员到各社区为市民授课。

（区教委）

【首都女性学堂线下培训活动】4月11日，北京开放大学顺义分校开展“首都女性学堂”线下培训活动。学校邀请交通银行顺义支行营业室经理王晓楠为40名女性教师进行培训。王晓楠从存款基本常识、非法集资的主要形式、电信诈骗主要形式、如何防范非法集资电信诈骗4个方面进行讲授。

（区教委）

【学习之星宣讲团报告会】4月17日、19日，区社区教育中心到顺义八中、顺义十一中开展题为“依靠学习走向未来”的学习之星宣讲团专题报告会活动。首都市民学习之星代表薛新颖、张海涛、寇蕊宣讲典型事迹和学习经验。500余名学生聆听学习之星的优秀事迹。

（区教委）

【“学习强国”学习分享会暨全民读书活动启动仪式】5月8日，顺义区教育系统“学习强国”学习分享会暨全民读书活动启动仪式在社区教育中心举行。区委宣传部副部长刘金燕致辞。此次活动分为习近平总书记谈教育、习近平总书记谈学习和习近平总书记谈创新3个环节。活动现场，牛栏山一中实验学校的学生演绎赵一曼《一封家书》，著名朗诵艺术家、配音演员詹泽和顺义二中学生表演《跨越时空的对话》。“北京市金牌阅读推广人”宸冰带来读书分享，为在场观众分享自己的读书感受和心得。顺义一中附小学学生表演情景音乐剧《校园的早晨》。顺义区90后拔尖创新人才大赛一等奖获得者、石园教育集团青年教师陆宇晨带来宣讲《一位杏坛“菜鸟”的逆袭》，朗诵家米鸥和顺义朗读者们演绎诗朗诵《新时代赞歌》。全区中小幼德育和宣传干部，教育直属单位主管副职、镇街教育助理及教师和部分学生代表200余人参加。

（区教委）

【学习型组织学习培训共建共享签约仪式】5月27日，区统计局与区社区教育中心举行学习型组织学习培训共建共享签约仪式。签约仪式上，区统计局副局长崔大成宣读《2019年学习培训共建共享实施方案》。随后，双方负责人签署《2019年学习培训共建合作协议》。区社区教育中心主任李建军致辞。区统计局是首家与区社区教育中心签订学习共建共享协议的单位，通过共建共享合作，开启学习型组织建设新模式。此次合作时间为一年，通过双方合作共赢、工作共建、建设共抓，促进部门间协作创新，破解发展难题，培育示范性学习型组织。签约仪式结束后，区统计局人员在区社区教育中心开展为期一周的创建学习型组织实务培训。

（区教委）

【培训师基础能力提升研修班】5月30日，区社区教育中心培训师基础能力提升研修班举办。活动为期5天，聘请上海易邦教育联合机构朱伟雄老师授课，区社区教育中心20名教师参加。针对教师的社区课授课，朱老师根据培训师的要求，从社区课选题、课程设计、PPT制作、课堂教学实施技术到呈现授课效果等各个教学环节，对教师进行训练、精细指导。

（区教委）

【老年教育工作高级研修班顺义现场教学活动】6月19日，全国社区教育与老年教育工作高级研修班顺义现场教学活动在区社区教育中心举行。活动在老年学员礼仪展示中拉开帷幕。区教委副主任张军堂致辞，研修班学员观看顺义区社区教育和老年教育工作宣传片，顺义区社教中心主任李建军汇报顺义社区教育与老年教育工作情况。顺义区在全市率先推出“养生、养心、养情、养趣、养慧”的五养课程体系，进一步实现老有所教、老有所学、老有所为、老有所乐。

（社区教育中心）

【家庭教育指导者培训】7月8日，“家校协同 立德树人”中国下一代教育基金会第二期家庭教育指导者培训暨顺义区第三期家庭教育指导师培训开班仪式在社区教育中心举行。区委教工委书记、区教委主任武捷作开班动员。北京市教委副主任李奕为全体学员作《深入学习全国教育大会精神 促进儿童健康成长》主题报告。开班仪式后，全体教师接受为期4天的课程培训，内容涵盖家庭教育政策解读、家庭教育指导师的基本素质能力、家庭教育指导理论知识、家庭教育指导方法、家庭教育热点问题等。区教委、区社区教育中心有关领导，相关科室负责人，教育系统各单位德育干部、教师及社区教育工作者代表150余人参加。

（区教委）

【“家长教育沙龙”活动】10月24日，社区教育中心第三十七期“家长教育沙龙”在胜利街道建新南一社区举办。活动邀请国家二级心理咨询师、中国家庭教育中心讲师朱友梅为家长分享关于“孩子爱玩手机，家长怎么办”。来自顺义各社区的30位父母到场参与活动开通线上直播，关注度超过15.4万人次。2019年，区社区教育中心共组织家长教育沙龙13期，线上线下同步学习，惠及25个社区156万人次。区教委副主任张军堂等4位区内领导专家走进沙龙活动。

（区教委）

【新农人培训活动】11月3—8日，2019年顺义区新农人能力提升培训在马坡金宝花园开班。学校作为全市第一批高等学历新农人培训示范站点，为培养一批有文化、懂技术、善经营、会管理的新农人，实施乡村振兴战略提供人才支撑。培训为期5天，来自区域各镇的现代农业生产经营者、农民合作社生产管理人员、农业企业生产管理人员、全科农技员等共203名学员参加培训。

（区教委）

【全民终身学习周开幕式】11月21日，以“家庭学习——文明的起点和摇篮”为主题的顺义区第十五届全民终身学习周开幕式在社区教育中心举办。区教委副主任张军堂讲话。启动仪式上，播放顺义区社区教育、家校社合作育人工作回顾片，现场表彰10名顺义区学习之星、8个顺义区市民终身学习示范基地、8个顺义区社区教育学习共同体、15个顺义区社区教育特色项目、16个家校社合作育人优秀学校、20名优秀家庭教育指导师和12名顺义区好父母。本次活动周开幕式上，顺义区“全国规范化家长学校实践活动实验区”项目启动。中国下一代教育基金会第一届理事长、教育部关工委顾问田淑兰讲话。教育部关工委、北京市教委、顺义区委区政府、顺义区属相关单位领导出席。全区100余所中小学、幼儿园校（园）长及25个镇街领导共计200余人参加。

（区教委）

【中日韩终身学习研究专家考察社区教育工作】11月24日，中日韩终身学习研究专家莅临顺义考察社区教育和老年教育工作。此次活动为中国教育发展战略学会举办的“中日韩”终身学习研讨会，旨在就终身教育问题进行研讨。研讨会聚焦老年教育，就社会老龄化背景下老年教育发展的现状，老年教育在终身学习服务体系中的地位，老年教育发展的机遇、成效和挑战进行交流。

（区教委）

【家长教育大讲堂】12月18日，区教委、区社区教育中心在北京开放大学顺义分校报告厅举办2019年家长教育大讲堂第九场讲座。心灵沙龙主理人、中国科学院心理研究所EAP签约咨询师、BTV青少频道《谁在说》签约心理专家王建一为家长们做题为“亲子沟通的艺术”专题讲座。全区300名家长在现场聆听讲座，1.2万名家长通过“顺义家长在线微信公众号”进行在线观看，页面点赞互动6754次。2019年，区社区教育中心共开展“家长教育大讲堂”9场，专家涵盖社会名人、业内专家、高校教授。活动开通现场学习、线上直播和课后回看3种形式，参与人数5万余人，线上线下形成良好互动。

（区教委）

【老年教育首期班开学典礼】12月12日，顺义区教育系统老年教育首期班开学典礼在社区教育中心举行。区老干部大学教育分校校长侯亚军就学员管理作说明，区老干部大学校长田金利对首次参与学习的学员表示祝贺，同时希望老干部大学教育分校能越办越好，充分发挥自身职能，开设更多适合老年人学习的课程。区社区教育中心主任李建军从“发展老年教育，是建设学习型社会的重要举措”“整合资源，努力提供高品质的老年教育服务”“精心做好服务，严格教学管理”三方面汇报教育系统老年教育办学工作。典礼结束后，学员由老师带领分别到各自的教室，开始第一次课程的学习。老年教育班设置“诗词”“油画”“手机摄影”“茶艺”4门课程，学校聘请专业教师为学员授课。随着首期班开学典礼的结束，二期班的各项准备工作同期进行，老年教育会固定在春秋两季招生，同时推出各种形式的培训和短期班。区社区教育中心、区老干部大学教育分校干部教师以及80余位新学员参加。

（区教委）

民办教育

【概况】年内，顺义区共有各级各类民办学校和教育机构122所，民办幼儿园23所，民办小学3所，民办完全学校8所（其中九年一贯制学校1所、十二年一贯制学校4所、十五年一贯制学校3所），民办职业高中4所；培训机构84所。2019—2020学年度共培训各级各类人员36388人，主要培训内容为文化补习、外语、计算机、文体、艺术、汽车驾驶等。固定资产29856万元，教学实习仪器设备资产值达到38675万元，教学用计算机4856台，多媒体教室座位数16898个。占地面积1114706平方米，教学行政用房建筑面积319.92万平方米，体育场（馆）14.98万平方米，图书藏量54.28万册。

（区教委）

【民办学校和国际学校调研】1月17日，市教委副主任黄侃调研顺义区民办学校和国际学校。黄侃一行先后来到海嘉双语学校和北京英国学校顺义校区，深入校园和课堂，查看2所学校的教室、图书馆、体育馆和学生餐厅，听取校长关于学校开设课程和教材使用情况、招生规模及毕业生走向、外籍教师的引入和管理、校园环境和食品卫生安全等方面工作的汇报。区委教工委书记、教委主任武捷详细介绍顺义区民办学校和国际学校现状，以及进一步发展国际教育的初步设想：通过交流学习、共同开发、资源共享等形式，扩大教育交流与合作，促进民办学校深化教育教学改革，充分利用本区国际教育资源，在推动教育融合发展方面做出有益尝试。市教委、区教委相关科室负责人，以及属地教育助理一同参加调研。

（区教委）

【通州区政协国际教育考察】3月29日，通州区政协委员到顺义区海嘉双语学校和德威国际英国学校进行考察。考察团一行首先来到北京市海嘉双语学校，正值该校举办“国际日”活动，学生们身着各国节日盛装，开展音乐展示和体育比赛。政协委员们对学校丰富的文化活动给予高度赞扬。随后，参观校园环境、图书馆、艺术教室等，深刻感受到海嘉人以“根深中华，心怀天下”为志，融中华文化于全球化的背景之中，在人类命运共同体的大时代里，培养具有中华底蕴的世界公民办学理念。在德威英国国际学校，考察团一行实地查看多功能体育馆、FIFA专业评级足球场、橄榄球场及北京唯一的板球场、运动气膜馆等校园环境设施，体会到德威英国国际学校“创建世界上最好的学校，使学生为世界做出积极的改变”的教育愿景。两所学校校长详细介绍学校的办学方向、教育理念及办学特色。区教育工会主席王玉英作“营造有利环境 促进国际教育”汇报，分析顺义区在充分发挥国际教育的资源优势，以及在促进国际教育与公办教育互相借鉴、协同发展方面的初步探索与尝试。通州区政协副主席贾君刚表示，通州区在推进北京城市副中心的国际教育发展等方面着力借鉴顺义工作经验，双方要加强合作，促进两区教育工作的高速发展。顺义区政协副主席单成刚指出，此次考察为顺义区国际学校提供良好的展示平台，顺义区将更好地适应经济社会发展的需求，提升教育国际化水平，以满足人民群众对高端优质国际教育的期待。区教委有关科室负责人陪同考察。

（区教委）

【迎接全市民办学校劳务用工专项检查】3—4月，民办科开展劳动（劳务）用工专项检查。本次检查共接收工作台账、所有用工人员信息统计表，自查报告148份，涉及用工人员信息统计2959名人员，其中劳务派遣人员589人，单位自聘人员2370人。所查人员大部分都签署劳动合同，个别实习生和兼职人员签署实习协议、兼职协议，招聘人员按照校（园）、机构招聘制度的有关进行招聘。涉及学校（园）、培训机构全部为劳动务工人员建立职工信息档案。

（区教委）

【民办教育机构年审工作完成】3—5月，区教委民办科完成顺义区民办教育机构的年检工作。年审合格的各级各类学校共87所，其中，幼儿园19所、中小学11所、职业学校4 所、各类培训机构45所；幼儿教育在园儿童3170人，学历教育在校生122216人，培训学校在校学生16092人；学历教育和幼儿园专兼职教师3452人，培训学校专兼教师894人。

（区教委）

【全国优秀青年教师教学艺术展示大会】5月15—17日，第50届“创新杯”全国优秀青年教师教学艺术展示大会在北京市新英才学校举行。全国反馈教学法研究会会长刘显国致开幕词，区委教工委书记、区教委主任、区教育督导室主任武捷致贺词，大赛邀请专家现场作讲座与示范引领课展示。来自全国90所学校的136名优秀教师同台竞技。来自全国各地的数百名专家学者与优秀青年教师参加。

（区教委）

【“歌唱祖国 砥砺前行”迎国庆文艺演出】9月23日，顺义区民办教育工会联合会在北京市音乐舞蹈学校举办“歌唱祖国 砥砺前行”文艺演出。演出活动以歌颂祖国70年翻天覆地变化的宣传短片拉开帷幕，之后由北京音乐舞蹈学校演出舞蹈《祖国颂》，围绕“歌唱祖国 砥砺前行”为主题的文艺演出正式开始。各民办工会组织为全场观众带来舞蹈、独唱、表演唱、乐器演奏、诗朗诵等节目。区社工委、民政局相关职能部门领导，以及民办学校、幼儿园、培训机构的学校干部教师和家长代表300余多人观看演出。

（区教委）

【空港二小与北京市新英才学校合作共建签约仪式】11月15日，空港二小与北京市新英才学校合作共建签约仪式举行。双方校长签订《共建合作协议》，区委教工委委员、区教育工会主席王玉英讲话。签约仪式后，与会人员参观空港二小校园，了解学校文化建设情况，并观看学校滑雪社团表演。区教委小教科、民办科负责人，属地领导，空港二小部分干部教师参加。

（区教委）

【公办民办与国际学校交流研讨活动】12月13日，区教育系统公办学校、民办学校与国际学校“手拉手 促提升”交流研讨活动举行。区教育工会主席王玉英从活动主题、合作目的、成功经验、平台搭建等方面介绍本次活动历史背景与意义，借此机会为公办校、民办校、国际学校搭建起沟通、交流、合作的平台，双方共建共享，共促发展。空港二小、新英才学校作为公、民“手拉手”合作先行校，分别就前期拉手成功的合作区域、先行试行的成功经验作交流汇报。顺义国际学校、北京德威英国国际学校、北京英国学校顺义校区3所国际学校，北京市鼎石学校、新府学外国语学校、海嘉双语学校等6所民办学校，首师大顺义附小、马坡中小等9所公办学校的校长及学校负责人分别围绕各自学校办学理念、办学特色、教育资源、合作需求等方面进行详细介绍与深入交流。区教委副主任孟朝晖讲话。区教委民办科、中教科、小教科等相关科室负责人，区内公办学校、民办国际学校校长、负责人30余人参加。

（区教委）

特殊教育

【概况】年内，顺义区有特殊教育学校2所（教育部门公办1所，其他部门办1所），开设教学班24个（教育部门公办21个）；毕业44人，均为教育部门公办；招生42人，均为教育部门公办；在校生232人（教育部门公办194人，其中，小学130人、初中64人）；教职工131人（教育部门公办71人），专任教师76人（教育部门公办59人）；残疾儿童入学率100%、巩固率100%。

（区教委）

【《残疾人教育条例》推进会】5月7日，顺义区贯彻落实《残疾人教育条例》推进会召开。会议分为三部分。一是由特殊支持教育中心主任张晓宪带领全体干部教师深入学习《残疾人教育条例》。二是由牛山三小副校长刘洁作经验介绍。三是全体与会干部教师参观学校无障碍设施、资源教室及融合教育资料。全区中小学、幼儿园融合教育干部、资源教师等150余人参加。

（区教委）

【教育部专题调研】6月11日，北京教育科学研究院特殊教育研究指导中心专题调研团到顺义调研《残疾人教育条例》（简称《条例》）立法后实施情况。区特教中心负责人汇报顺义区落实《条例》方面的工作部署，与会专家就《条例》的理念、制度与践行及融合教育发展现状、挑战与应对作专题培训。专家团队分为两组进行实地调研，与校长、教师、家长开展访谈，查阅相关资料，实地查看环境等。特殊支持教育中心、北京四中顺义分校、顺义十三中、顺义十二中、顺义特教学校、西辛小学、牛山三小、石北幼儿园8家单位参与调研。

（区教委）

【学生书画展】6月28日，“童心绘祖国 墨彩迎华诞”特殊教育学校学生书画展举行。画展在非洲鼓社团节目《小宝贝》中拉开帷幕。区教委副主任孟朝晖讲话，学生家长代表、参展学生代表分别发言。领导和嘉宾观看顺义特教学校轮滑和体育社团的表演《五星红旗》《打花棍》，共同欣赏孩子的书法和绘画作品展。书画展汇集作品共70幅，包含油画、水彩画、水粉画、彩铅画。展览时间为6月28日—7月12日。区文化和旅游局、区文联、区摄影家协会、区美术家协会有关领导，区教委有关科室负责人、爱心企业代表和学校师生代表参加。

（区教委）

【特殊教育专业服务实体评估部署会】9月23日，北京市特殊教育专业服务实体评估工作部署会召开。区特殊支持教育中心人员解读北京市特殊教育专业服务实体评估目的、要求、范围、形式等相关内容；特教专干蔡杰老师就本次评估工作提出具体要求。区教委、区特殊支持教育中心人员及全区15所相关服务实体主管领导、资源教师40余人参加。

（区教委）

【特教专委会年会】11月1日，北京市电化教育研究会特殊教育技术专业委员会第七届年会在顺义区特殊教育学校召开。区教委副主任孟朝晖致欢迎词，并介绍顺义区特殊教育情况，同时肯定现代信息技术对特殊教育教学的推动作用。平谷区特教学校校长张晓成围绕2019年专业委员会主要完成的工作与2020年工作计划作总结报告。北京教育网络和信息中心研究指导部主任覃祖军宣读获奖名单，并和与会领导为获奖代表颁奖。北京教育网络和信息中心总工周航中讲话。公开课展示中，由顺义特教学校8名教师同步展示生活语文、生活适应、唱游律动、绘画与手工、信息技术、综合6个学科共8节公开课。课后，参会专家、授课教师、部分学校校长作交流分享发言。延庆区教育信息技术中心原主任贯康生作“教学融合策略与信息素养提升”主题培训。闭幕式上，特教专委会为授课教师及交流分享教师颁发荣誉证书。覃祖军作总结发言。北京教育网络和信息中心、区教育信息技术中心负责人，北京市特殊教育学校、部分融合教育学校、京津冀特教学校负责人及教师代表百余人参加活动。

（区教委）

教育督导

【概况】年内，教育督导室在机构改革中由独立设置变为教委内设机构。原教育督导室的督学科、督政科、综合全部撤销，成立区教委督学督政科，承担原督导室的主要职能，坚持依法、依规，常态化、制度化、规范化开展督导活动，有效促进镇街和相关委办局依法履职，学校、幼儿园健康发展。完成迎接北京市人民政府督导委员会对区政府履行教育职责情况综合督导检查工作。依据市文件精神，对区政府履行教育职责情况进行自查、自评、自改，形成并上报《顺义区人民政府2019年教育履职情况自查报告》。对中小学、幼儿园督导，更加规范、重实效。依据市区经常性督导要求，每月每校1次的督导频次，督学下校检查近2500人次；关注社会热点，开展专项督导工作，完成对特教学校等3所学校的特教工作专项调研式督导；完成对光明、仓上等6所小学的“零起点”教学专项督导，指导全区136所幼儿园完成自评工作，完成对26所幼儿园的督导评估，并形成督导评估报告；指导学校按照市区要求开展学校内部督导自评和培育和践行社会主义核心价值观自评工作。加强教育督导宣传，顺义区撰写的信息有2篇被教育部官网教育督导局《经验交流》栏目发表，11篇督导案例被收入《北京市督导案例集》。

（教育督导室）

【专兼职督学工作】2019年初，共聘任兼职督学141名。其中55名幼儿园兼职督学被聘为学前督评专家，有29人被聘为市级专家，新的督学队伍兼顾中小幼各学段，行政、业务、管理等方面，一支数量充足、结构合理、业务精湛的高素质专业化督学队伍组建完成。组织40名专兼职督学赴山东参加为期6天的研修活动。组织24名督学参加教育部组织的第一期国家级教育督导网络培训，完成50学时学习任务，均取得结业证书。

（教育督导室）

【督政工作不断深化】年内，按照区政府要求，重新修订《教育服务和教育环境治理考评实施细则》，全区各镇街投入教育资金9052.36万元，共为教育办实事380件，落实效果满意度为100%。应用顺义区“2019年北京市基础教育事业统计报表”数据，针对义务教育阶段66所公办中小学的资源配置7项指标的达标及均衡情况进行测算，撰写《关于对域内义务教育阶段公办学校教育优质均衡情况的数据测算分析报告》。

（教育督导室）

【召开业务督学工作会】5月16日，顺义区教育督导室组织28名中小学业务督学召开工作会。会上简要回顾上一季度工作，部署下一阶段经常性督导任务，强调本月督导工作要点。进行蓝信系统和北京教育督导信息管理应用平台的能力提升培训。督学科负责人强调责任督学经常性督导要规定动作与自选动作结合，提出疑难问题解决处理办法和技巧，在发现问题的同时注重发现亮点和特色，要求责任督学一要勇于担当，依法依规督导；二要发挥自身特长，点面结合，深入督导；三要以督促学，常导增效，为学校发展助力。

（区教委）

【调研式督导走进区特教学校】 6月6日，区政府教育督导室调研式督导特教学校、顺义十二中、南彩一小。通过查看特教设备设施建设与管理使用情况、随机听课、开展干部教师座谈、查阅档案资料等形式了解特教队伍建设、学生发展和学校管理情况。督导组一行首先听取特教学校校长李明伟作《尊重差异 夯实课程 争创优质特教》专题汇报，从学校的办学规模、办学理念、师生现状、党建工作、团队建设、教学情况、取得成果、工作设想及存在问题等方面进行全面而细致的汇报，重点介绍特教学校构建生命课程体系，打造生命多彩课堂所面临的挑战，以及在拓展性实践课程、社团活动、教师专业培训等方面所面临的现实问题。随后，聆听特教学校韩晶老师“故事会活动策划会之节目单”公开课，并与教师们展开座谈。之后分组查看3所学校多感官教室、大运动教室、美术教室、书法教室、职业教室等专业设备设施情况及学校档案资料。教育督导室成员深入了解到特殊教育在学校发展、管理体系、课程建设等方面的亮点与面临的问题，同时提出改进建议。

（区教委）

【秋季开学情况专项督导】 9月6日，顺义区教委督学督政科组织29名行政督学完成对全区中小学、幼儿园秋季开学情况专项督导检查。检查主要采取入学校、问学生、查资料、听汇报和看效果等形式，借助听、看、访、查等手段，深入实地了解情况。利用北京市蓝信系统对各校开学条件保障、校舍安全管理、食品饮水安全、周边环境治理等5个方面保质保量完成北京市督导室开学检查的任务要求。检查结束后，顺义区人民政府教育督导室组织专兼职督学对检查情况进行汇总分析，对存在的问题向区教委进行反馈，2019年秋季开学工作准备充分，教师按时到岗，学生按时到校，开学条件保障准备到位，规范办学行为落实要求，学校安全工作落实到位。各中小学、幼儿园在9月1日全面开学，各项工作稳步推进。

（区教委）

【对“零起点教学”进行督导】 10月24日，督学督政科组织18名专兼职督学对光明小学等6所小学开展“零起点教学”专项督导。听取各校校长关于“零起点”教学情况的工作汇报，通过网上干部教师问卷、家长问卷，随堂听课，随机访谈一年级师生，查看学校教学工作计划、一年级教师教案、学生作业、课表等方式，深入到城区、城乡接合部、乡村等有代表性的学校进行实地督查。督导活动后，分别向各学校反馈督导意见，下发《“零起点”教学专项治理工作督导检查回复意见》，汇总分析干部教师问卷、家长问卷情况，形成报告报相关部门参考。

（区教委）

【迎接政府教育履职综合督导检查】 10月29—31日，顺义区迎接北京市对顺义区政府教育履职进行综合督导。北京市人民政府教育督导委员会督导组一行15人对顺义区2019年政府履行教育职责情况开展综合督导检查。29日，区委常委、副区长支现伟作《顺义区人民政府履行教育职责情况》汇报，介绍顺义区教育发展的机制建设、规划布局、举措成效等。督导检查组分别与相关委办局负责人、教育行政部门相关科室负责人、部分中小学校长和幼儿园园长围绕教育基础建设、办学条件保障、教师队伍配置等主题展开座谈。29—31日，督导检查组分组到顺义区南彩一小、仁和中学、东兴幼儿园等7所中小学、3所幼儿园进行实地查看。市政府教育督导室副主任冯义国深入南彩一小督导检查。督导检查组通过查阅档案资料、随时访谈的方式，进一步了解顺义区在规划建设、“两个确保”、控辍保学、近视与肥胖防控、推进义务教育优质均衡发展等方面工作的开展情况。区有关委办局领导及教委相关科室和部门负责人、部分校园长参加。

（张萍）

文化

▲ 4 月 5 日，顺义区书法家协会在潮白陵园举办文明祭扫活动

▲ 5 月 22 日，第四届北京顺义樱桃采摘旅游文化节开幕

▲ 12 月 15 日，第五届北京顺义冰雪温泉欢乐季举办

▲ 年内，后沙峪小学的同学们观看“盛世欢歌 魅力顺义”摄影艺术展览

综　述

【概况】3月25日，区文化和旅游局挂牌成立，区文化和旅游局以党建为引领，聚焦供给侧结构性改革，以文旅融合为最大机遇找准文化和旅游工作的最大公约数、最佳连接点，在资源、产品、市场、服务、宣传、融合方面发力。示范区设施建设加快推进，镇街综合文化中心建有率由96%提升到100%，村、社综合文化室建有率达到95%。图书馆分馆均实现“一卡通”全覆盖。群众文化活动丰富多彩。各类群众文化活动2.3万余场次，参与群众110余万人次，公共服务效能不断提升。深入开展文化惠民工程，各类演出、电影放映17419场，“高品质、低票价、普及型”演出渐成常态；文物保护力度不断加大，图册《顺义文物》完成制作；持续推进非遗保护传承，区级非遗项目增至35个。文艺精品创作持续繁荣，原创评剧《老烧锅》《从前有条河》《良心果》获奖。

文化活动

【新春音乐会】1月28日，由区委宣传部、区文化委主办，顺义区影剧院、北京麦芒文化传媒有限公司承办的首都市民系列文化活动——“福满京城　春贺神州”2019年顺义区新春音乐会在区影剧院举办。本次音乐会邀请东方交响乐团与区内优秀艺术家们同台合作，以交响乐、合唱和独唱等艺术形式，为百姓送上一场文化盛宴。音乐会的曲目既有大家耳熟的中外名曲《打起手鼓唱起歌》《卡门》《梨花颂》《凯旋进行曲》《不忘初心》等，也有专门为本次活动创作的歌颂顺义母亲河的《潮白河序曲》。

（区文化和旅游局）

【第十七届“赵全营杯”民间花会大赛暨京津冀三地民间花会闹元宵交流展演】2月19日，第十七届“赵全营杯”民间花会大赛暨京津冀三地民间花会闹元宵交流展演活动在赵全营镇北京兴农天力农业园广场举办，活动由区委宣传部、区文明办、区文委、区农委、区总工会、团区委、区妇联、区文联、区融媒体中心、赵全营镇政府联合主办。来自本区各镇、街道的25支优胜队和来自北京东城区非遗群英同乐小车圣会、天津杠箱老会、河北省吴桥仰山开路圣会会聚一堂。区委台办还特别邀请“台湾高雄喜乐土风舞蹈社”“台北陈氏太极拳协会”代表队参加本次大赛。

（区文化和旅游局）

【“福满京城　春贺神州”顺义区贺新春传统戏曲艺术节】2月9—21日，区文化委主办以“福满京城　春贺神州”为主题的顺义区贺新春传统戏曲艺术节。每天上演2场不同经典剧目，艺术节期间共演出26场大戏。

（区文化和旅游局）

【文化和旅游局挂牌成立】3月25日，区文化和旅游局挂牌成立，整合原文化委员会和原旅游发展委员会的职责，努力推进文化和旅游的深度融合，发挥文旅优势，研究拟订全区文化和旅游政策措施，统筹规划文化事业和旅游业发展。

（区文化和旅游局）

【《老烧锅》首演活动】3月25日，原创评剧《老烧锅》首演，本剧由北京凌空评剧团原创，以北京故事、北京精神为主题，以国家级非物质文化遗产——“牛栏山二锅头传统酿制技艺”为创作背景，真实再现当年烧锅酒坊的辉煌和在国家危难之时的壮举，深刻表达人民及民族企业心系国家的爱国情怀，体现淳朴厚重的潮白精神。《老烧锅》作为北京市唯一推荐剧目参演2019年全国基层院团戏曲会演。

（区文化和旅游局）

【顺义区清明朗诵诗会】4月3日，由区委宣传部、区文化和旅游局共同举办的主题为“忆满京城　情思华夏”——2019年顺义区“风雨同舟七十载　砥砺前行谱华篇”清明朗诵诗会活动举行。通过“缅怀先贤先烈，追思故人故土”“同舟七十载，风雨共担当”“中国新时代，续写未来新辉煌”三个篇章，展示中国人爱国精神，激发观众认同感和民族自豪感。

（区文化和旅游局）

【第二十六届“五月的鲜花”群众文艺会演活动】5月26日，作为顺义国际人才社区活动周系列活动之一的群众文化活动“我和我的祖国”“Hello 空港”顺义区第二十六届“五月的鲜花”群众文艺会演在北京市新英才学校拉开序幕，150余名中外文艺工作者和学校师生精心准备11个精彩节目。此次活动由区文化和旅游局主办，空港街道承办。

（区文化和旅游局）

【第十一届北京端午文化节暨全国龙舟邀请赛】6月6—9日，由市委宣传部、首都文明办、市体育局、顺义区人民政府主办的“和满京城，奋进九州”第十一届北京端午文化节暨2019全国龙舟邀请赛在奥林匹克水上公园举行。通过开展泛舟端午、健康端午、粽香端午、书香端午四大类活动，充分展现端午文化节的丰富内涵和独特魅力。

（区文化和旅游局）

【示范区设施建设】6月30日，区文化中心工程实现主体完工；12月18日，顺义区大剧院首次全要素试运行完成，正式启用。镇街综合文化中心建有率由96%提升到100%，村、社综合文化室建有率达到95%；建成文化馆分馆2家和图书馆分馆5家和全市首家面向社会开放的高校图书馆——耿丹学院图书馆，图书馆分馆实现“一卡通”全覆盖。

（区文化和旅游局）

【大型原创评剧《从前有条河》首演成功】7月3日，大型原创现代评剧《从前有条河》在区影剧院首演，全剧演出时长2小时，吸引1000余名观众到场观看。本剧以“绿水青山就是金山银山”的生态文明思想为创作理念，以箭杆河生态环境整治为中心，通过讲述“经济发展”与“绿水青山”之间的矛盾冲突与人文故事，艺术地再现改革开放40年来，顺义区“箭杆河”的沧桑巨变，深刻表达潮白人民传承优秀文化、守护美好家园的奋斗精神。

（区文化和旅游局）

【第三届天竺杯消夏相声艺术节活动】7月16—20日，区文化和旅游局主办的第三届天竺杯消夏相声艺术节活动在顺义区影剧院举办。活动邀请中国广播说唱团、北京曲艺团、天津曲艺团等五大相声团队和王声、苗阜、李菁、白凯南等10余位知名笑星举办5场相声专场活动；每晚19：30—21：30，与“深夜食堂”联动有效延伸夜间经济消费链。本届消夏相声艺术节坚持公益票价、让利于民，票价设定在60～150元，共分6挡，中低价位的门票占比超过70%。

（区文化和旅游局）

【2019年市级旅游公共基础服务设施改造项目全面竣工】利用市级旅游公共基础服务设施改造资金235.14万元，对9个旅游厕所、2个家庭卫生间、35个移动厕位、1个游客服务中心、50平方米残疾人坡道、100平方米标示牌等5项内容进行改造提升，涉及牛栏山酒厂、北京国际鲜花港等5家旅游企业和1家旅游民俗村，年内全面竣工。

（区文化和旅游局）

【元祥舞狮团亮相北京世园会】8月18—20日，元祥舞狮团代表顺义区以“定点＋巡游”的方式走进北京世园会，为市民游客带去独具特色的民俗表演，展现中国“龙狮”精神。参加演出的演员人数90人。

（区文化和旅游局）

【新中国成立70周年群众联欢活动任务】自7月11日起，组织近3000名群众组成“美丽乡村”联欢队伍参与国庆联欢任务排练；10月1日，在天安门前精彩亮相。区文化和旅游局被市委、市政府授予“北京市筹备和服务保障中华人民共和国成立70周年庆祝活动先进集体”，1人被表彰为先进个人。

（区文化和旅游局）

【第二十六届“十月金秋”群众书法、美术、摄影优秀作品展】年内，全区19个镇、6个街道办事处和委办局系统共举办基层书法、美术、摄影作品展览32次。10月24日，“我和我的祖国”第二十六届“十月金秋”群众书法、美术、摄影优秀作品展开幕式在区文化馆举行。区文化和旅游局、区农业农村局、区总工会、团区委、区妇联、区文联等相关领导参加。本次活动展出作品2220余件，参观群众约5万人次。其中上报区组委会优秀艺术作品192件，经有关专家评审，评出书法、美术、摄影类一等奖、二等奖、三等奖共90件，并进行集中展示，展览将持续到11月上旬。

（区文化和旅游局）

**【第四届“牛栏山杯”群众广场

舞大赛】5月初，区委宣传部、区文化和旅游局、牛栏山镇政府主办主题为“壮丽七十年，舞韵中国梦”——北京市顺义区第四届“牛栏山杯”群众广场舞大赛，共有400支队伍参赛。11月21日，16支优秀团队进入总决赛，最终6支队伍获金奖，10支队伍获银奖。

（区文化和旅游局）

【第十三届“天竺杯”群众合唱大赛】5月初，区委宣传部、区文化和旅游局、天竺镇政府主办主题为“我和我的祖国”第十三届“天竺杯”群众合唱大赛，从初赛推选出28个队伍参加决赛。11月，最终4支队伍获金奖、6支队伍获银奖、8家单位获优秀奖。

（区文化和旅游局）

【文化内涵挖掘工作启动】年内，区文化和旅游局以北京市“四个文化”为蓝本，深化细化地区特色。邀请顺义籍文史专家、民俗专家、作家和艺术家共同研讨，对北京市提出的古都文化、红色文化、创新文化、京味文化“四个文化”结合顺义特质梳理出12个子类，通过进一步提炼，形成独具京东特色的文化内涵和地区文化形象IP。以“保护传承”为根本，通过《顺义区文化内涵挖掘五年规划》实现对顺义的历史脉络、文化特质、人文山水和乡风民俗等文化资源进行调查和梳理，深入挖掘全区32处在册不可移动文物和158项非遗资源项目推动文化传承。以“历史活化”为手段，通过“文物+互联网”方式实现“线上+线下”多媒体展示，开展文史讲座、非遗表演等活动。

（区文化和旅游局）

【《良心果》荣获“戏聚北京”短剧优秀作品展演一等奖】11月4日，由市委宣传部、市文化和旅游局主办的“戏聚北京”短剧优秀作品展演在民族文化宫大剧院举行。由顺义区文化馆选送，顺义区戏剧家协会、北京市凤翔艺术团参演的评剧短剧《良心果》（曾用名《偷梁换柱》）获一等奖。本剧以顺义区开发舞彩浅山旅游观光产业为背景，讲述一个当代京郊农民凭良心种地，靠诚信赚钱的精神风貌。

（区文化和旅游局）

【北京市首家面向社会开放的高校图书馆正式开馆】11月8日，由首都图书馆、顺义区图书馆联合北京工业大学耿丹学院共同打造的耿丹学院图书馆分馆正式开馆。本分馆是北京市首家面向社会开放的高校图书馆，也是全市271个“一卡通”联网馆中唯一的高校网点。顺义区图书馆耿丹学院分馆馆藏图书2.5万册，其中，成人图书2万册、少儿图书5000册；拥有“阅读之城”请读书目图书36种以及25个数据库，包含电子图书、电子报刊、讲座、视频、顺义地方特色资源库等丰富的数字资源。

（区文化和旅游局）

【文化惠民工程深入实施】年内，“农村文艺演出星火工程”演出1044场，其中“戏曲进乡村”演出530场。持续开展“百姓周末大舞台”演出，演出45场，涉及9个镇街道，演出剧目涵盖戏曲、综艺、曲艺、杂技等。百姓周末大舞台演出45场，公益电影放映16250场，“周末场演出计划”演出80场，其中戏曲类60场，综艺类、儿童剧等演出20场，“高品质、低票价、普及型”演出渐成常态。

（区文化和旅游局）

【农村电影公益放映工程】年内，全区有农村固定数字电影放映厅365个和流动放映车23辆，共放映电影17708场，惠及群众21.0万人次，实现“民有所需、我有所应、常演常新”。

（区文化和旅游局）

【公共图书配送体系进一步完善】全区有益民书屋482家，送书下乡162次，总计送书167565册。

（区文化和旅游局）

【北京焦庄户地道战遗址纪念馆服务主题教育】年内，北京焦庄户地道战遗址纪念馆推出重温入党誓言主题党日“五个一”活动，即“参加一个展览、听一堂党课、走一段地道、献一份祝福、作一次交流”，将活动行程、党徽、学习用品等组合成主题学习包，让独特的红色资源成为党性教育活动的源泉。七一期间有400余个党组织，近5万名党员到纪念馆举行主题党日活动。

（区文化和旅游局）

文化市场监管

【净化文化市场打造绿色开学季】年内，以“教辅教材、工具书、畅销书和非法出版物、淫秽色情非法出版物”等为检查打击重点，对书店、印刷厂进行分类防控，规范印刷厂合法经营秩序和印刷行为加大“普法”宣传工作力度，在严查、严管基础上，注重检查宣传并举、处罚教育结合，营造校园周边健康文明、积极向上的文化氛围，提高经营业主的行业自律意识，自觉规范经营行为。

（区文化和旅游局）

【网络执法工作实现“零”突破】 年内，通过加强法制日学习、执法人员互学、执法分队间交流等手段，拓展新案由，开展网络案件办理40件，网络执法实现“零”突破。

（区文化和旅游局）

【执法检查力度加大】 全年出动执法人员3680人次，检查旅游企业606家，各类文化经营单位以及农村集贸市场、书报刊亭等重点部位1229个次，办理案件109件；节假日联合执法，维护文旅市场秩序和群众合法权益。

（区文化和旅游局）

文化遗产保护

【不可移动文物新增3处】 年内，本区南彩镇水屯村菩萨庙、龙湾屯镇张中坞村兴隆寺以及引河（顺义区李桥镇苏庄—通州区平家疃段）被认定为不可移动文物。其中，引河（顺义区李桥镇苏庄—通州区平家疃段）位于李桥镇沿河村，修建于民国年间，属于人工水利设施遗址，用于引水入北运河。

（区文化和旅游局）

【《顺义文物》图册编纂完成】 年内，《顺义文物》图册编纂完成。图册制作历时2年，收录从新石器时代到民国时期可移动文物85件套，从汉代到中华人民共和国成立后不可移动文物18处，以图文并茂的形式完整展示顺义区历史文化脉络，填补本区文物领域的空白。

（区文化和旅游局）

【区级非物质文化遗产代表性项目名录新增3项】 年内，“北京雕漆技艺”“玉雕技艺”“武式太极拳”3个项目推荐入选顺义区第七批区级非物质文化遗产代表性项目名录，区级非遗项目增至35个。

（区文化和旅游局）

【首次采用数字化方式对石碑石刻文物进行扫描保存】 年内，为深入挖掘顺义区历史文化底蕴，准确留存文物的历史信息，区文化和旅游局首次采用数字化方式对石碑石刻文物进行“高精度三维扫描”。通过拍照、扫描、3D打印等流程对石碑石刻原本模糊不清的字体进行逐层分析，清晰读释石碑内容，形成数字化拓片，为文物建立数据库和数字档案。

（区文化和旅游局）

文化产业促进

【文化产业发展顶层设计】 年内，依据《北京城市总体规划（2016年—2035年）》和《顺义分区规划（国土空间规划）（2017年—2035年）》，结合本区文化产业发展现状，在广泛调研论证基础上，着手开展《顺义区文化产业发展中长期规划（2019—2035年）》的起草编制，年内，完成征求意见、会议审定等工作。研究制定顺义区文化产业发展相关政策措施，相关政策修改完善中。

（区文促中心）

【文化产业扶持政策落实】 年内，按照文化产业专项资金相关政策规定，用好5000万元文化产业专项资金。一是做好文化企业项目扶持工作。4月起，先后开展项目征集、项目初审、实地踏勘、项目评审等工作，共征集项目48个；截至年底，项目扶持的各项工作全部完成。二是做好文化企业融资服务工作。年初开始，联合北京市文化科技融资租赁股份有限公司，设立不少于6000万元的融资额度，组织区内文化企业开展10余场线下政策解读、投融资宣讲及特色产品发布征集活动，通过企业征集、入户筛查、专项审核，采取债权融资方式，为11家文化企业提供融资6010万元。三是加强资金使用的监督管理。按照区财政局工作安排，及时做好工作对接，完成2016—2018年文化产业专项资金绩效自评、专家预备会和绩效评价会，考评结果达到良好等级；配合区财政局开展2020年融资服务资金事前评估工作；做好2018年2000万元专项资金支持项目的审计验收准备工作及融资服务资金绩效评价等工作。

（区文促中心）

【产业宣传推介加强】一是参展中国北京国际文化创意产业博览会。5月29日—6月1日，以“北京·顺义：中国第一国门，全国文化中心新基地”为主题，在北京文博会主会场搭建展台216平方米，15家文化企业共计6类230余件文创产品参展交易，历时4天的展会，吸引观众3000余人次，中央、北京市及区内10多家媒体进行报道。二是参加北京文创产品交易会。7月31日—8月1日，组织区内11家企业参展北京文化消费交流交易展销会，突出推进区内非遗产品产业化，为企业免费提供标准化展位共计99平方米，开展政策解读及主题推介等活动，进一步扩大本区产业政策及企业的影响力和传播力。三是借助新媒体进行宣传。利用“顺义文化创意”官方微信公众号及文化企业微信群等宣传平台，发布国内外文化产业动态、产业资讯、企业信息和重要活动，为区内文化企业及时提供信息支撑。

（区文促中心）

【服务活动广泛开展】一是组织开展文创大赛。借助北京市文化创意产业大赛，举办顺义初赛活动，4月，在全区范围内开展初创类文化企业项目征集、项目路演、项目推荐、项目跟踪服务等工作，共有28个项目参赛，8个项目获初赛奖励，1个项目获北京赛区三等奖。顺义区被评为“北京赛区最佳组织奖”和“北京赛区最具特色赛场奖”。活动期间，顺义区承担北京市100强文化企业拓展活动，得到赛事组委会的较好评价。二是协助举办“北京国际设计周”分会场活动。在协助北大资源改造老旧厂房建好文创园区的基础上，9月上旬，协调属地政府帮助北大资源天竺双创园举办“北京国际设计周”顺义专场活动。三是做好文化企业定点帮扶工作。结合营商环境“早餐会”、领导调研、落实议案、政协提案等活动，定期与重点文化企业面对面交流，及时了解掌握企业需求，帮助企业解决困难和问题。四是借助联盟平台开展活动。充分发挥顺义文化产业联盟作用，开展以“文化产业政策需求”为主题的课题调研，先后组织文化企业召开产业发展座谈研讨会、文化企业融资需求对接会、文化企业沙龙，为文化企业发展营造良好的营商环境。

（区文促中心）

【全国文化中心建设统筹推进】年内，组织召开顺义区推进全国文化中心建设领导小组会和领导小组办公会，明确工作重点和任务分工，督促专项行动的落实。制定落实《顺义区产业发展组2019年度折子工程》，启动《顺义区推进全国文化中心建设产业发展组五年行动计划》编制工作，加强老旧厂房拓展文化空间保护利用的探索实践。国家对外文化贸易基地（北京）等重点项目建设加快推进。借力顺鑫集团打造“牛酒文化苑”，持续追踪俄罗斯大马戏集群项目（国际文化交流中心）、北汽越野小镇等在谈项目，有序推进部分国有厂房转型升级。

（区文促中心）

媒体传播

【概况】年内，区融媒体中心党组坚持以习近平新时代中国特色社会主义思想为指导，深入贯彻落实党的十九大和十九届二中、三中、四中全会精神，贯彻落实中央、市委、区委各项决策部署要求，团结带领中心全体党员干部群众牢牢把握正确的政治方向和舆论导向，深入推进媒体融合改革，巩固壮大主流思想舆论阵地，为全区经济和社会发展营造良好舆论氛围。

（区融媒体中心）

【媒体融合改革不断深入】区融媒体中心挂牌成立一年多来，媒体融合改革成效明显。年内，构建起“3+8”主流媒体传播矩阵，“策采编发评用”业务模式初步形成，“中央厨房”项目一期工程建设完成，“北京顺义”手机客户端上线运行；机构改革扎实推进，《北京市顺义区融媒体中心主要职责内设机构和人员编制规定》获批，编制内人员划转及科室设置调整工作完成。贯彻落实市委宣传部提出的贯通“三个中心”的建设要求，“北京顺义”手机客户端在政务服务板块中实现“我要问政”“网上办事”“政策发布”功能。为更好地实现区政务服务中心与区融媒体中心相关业务贯通，北京顺义手机客户端预留开放接口，实现与区政务服务管理局后续相关服务项目的数据对接。顺义区新时代文明实践中心云平台开发基本完成，进入试运行阶段。

（区融媒体中心）

【舆论引导水平持续提升】年内，围绕深入学习宣传贯彻习近平新时代中国特色社会主义思想，围绕庆祝中华人民共和国成立70周年，围绕坚决服务“四个中心”功能建设，抓好“三件大事”，打好“三大攻坚战”，改善民生，全面从严治党，深化改革等重点工作，开设专栏、专版，开展系列报道。制作短音频《习近平用典》135个，用别样的方式学思想、悟经典，感受“平语近人”。推出《壮丽70年 奋斗新时代——潮白大地调研行》栏目，展示习近平新时代中国特色社会主义思想在顺义大地形成的生动实践。推出《壮丽70年，我眼中的你——顺义之图片展》《我眼中的你——顺义之专题系列报道》《新时代新作为新篇章》《法治顺义》《幸福一起来》等20余个栏目，重大主题宣传任务完成。全年共推出融媒新闻产品20653个、专题410期、出报103期。《法治顺义》栏目推出29期，《幸福一起来》栏目推出13期。

（区融媒体中心）

【爆款融媒产品不断推出】年内，北京顺义手机客户端、北京顺义官方微信公众号、北京顺义官方微博、北京顺义今日头条号、北京顺义抖音号、顺广传媒微信公众号等新媒体推出新闻近1.5万条。其中，5月23日推出的“第十届中国卫星导航年会在顺义开幕”新媒体产品点击量116.3万次、获赞9.6万次；5月28日，围绕加强老干部学习推出的“上课只能玩手机？这群老年人的‘网瘾’有点大”新媒体产品点击量59.6万次。6月7日，第十一届北京端午文化节直播活动效果显著，直播总观看人数117.3万人次。

（区融媒体中心）

【“大融合”的格局初步构建】年内，区融媒体中心在2018年构建起“3+8”主流媒体传播矩阵的基础上，着力推动“大融合”，加强与中央、市级媒体的互联互通，做到与“上”融合，与《人民日报》、人民网、光明网、新华网、“学习强国”平台及北京电视台、《北京日报》、《北京青年报》对接，做好顺义融媒产品的宣传推广工作，在学习强国平台刊发信息 73条。加强与各镇、委办局、功能区融合发展，做到与“下”融合，举办全区各单位宣传负责人及通讯员参加的融媒体业务培训6期。

（区融媒体中心）

【线上线下活动精彩不断】年内，围绕区顺义重点工作及群众需求，开展线上线下活动。围绕第十一届北京端午文化节暨2019年全国龙舟邀请赛开展线上直播活动，吸引117.3万人次观看；举办“我为妈妈献才艺”顺义区第五届青少年才艺大赛、“我与共和国同龄”摄影比赛、“929开心畅游团走进北京首航直升机”等多项线上线下录播活动。承办区2019年新春团拜会、第十届中国卫星导航年会“北斗之夜”活动及“京华夜语”活动、2019年中国农民丰收节北京市顺义区庆祝活动开幕式及2019年“世界智能网联汽车大会”晚会等。

（区融媒体中心）

【服务保障能力进一步提高】年内，高质量策划、拍摄、制作《为了祖国的生日——新中国成立70周年庆祝活动顺义区筹备和服务保障工作记录专题片》《第十届中国卫星导航年会顺义宣传片》《世界智能网联汽车大会顺义宣传片》《顺义脊梁9》《以案为鉴 以案促改——顺义区党的十九大以来违纪违法典型案例警示录》等总结片、宣传片、专题片65部。

（区融媒体中心）

地方志

【概况】年内，区党史地方志办公室以习近平新时代中国特色社会主义思想为指导，深入贯彻落实党的十九大和十九届二中、三中、四中全会精神，以《北京市顺义区志（1996—2010）》终审稿修改完善为主线，同步推进《北京市顺义区地名志》《北京顺义年鉴2019》等志鉴的编辑出版工作。

（区党史地方志办公室）

【机构改革】3月，按照市委编办《关于同意调整设立北京市顺义区党史地方志办公室的批复》精神，原与区档案局合署办公的区党史和地方志办公室调整为独立设置，作为区委直属事业单位，机构规格为相当正处级，并更名为顺义区党史地方志办公室。主要职责：编辑出版本区党史专著、地方志书籍、综合年鉴、史志刊物，征集、整理、编纂有关本区党史、地方志的重要资料，推动党史、地方志研究成果的转化，承担党史、地方志等方面的宣传教育，指导协调本区党史、地方志工作，承办区委、区政府交办的其他事项。

（区党史地方志办公室）

【《北京市顺义区志（1996—2010）》终审稿修改完成】年内，以终审稿评议会上评审专家提出的评审意见为基础，本办完成《顺义区志》终审稿修改完善工作。一是将前插彩图进行重新整合，将不符合印刷条件的图片进行更换，增加内容分类标题。二是增加88张随文图片。三是增加“九五”“十五”“十一五”规划完成情况内容，作为附录。

（区党史地方志办公室）

【《潮白河风物志（顺义段）》初稿编纂完成】1月，《潮白河风物志》编修领导小组成立，拟定篇目框架，组织召开资料征集会。4月，以各参编单位提交的稿件为基础，进行稿件编写；10月，初稿基本完成。全书由潮白河的变迁、两岸历史掠影、顺义古城及沿岸村镇、京东绿色屏障、丰富的资源、著名企业、历史人物、风景名胜、文物古迹、民俗风情10部分组成；初稿约20万字；按照志书体例编纂，包含凡例、概述、大事记、志文；配有书前彩插20幅，每部分随文图片3幅。

（区党史地方志办公室）

【《北京年鉴》工作会及编辑工作】3月26—27日，2018《北京年鉴》编纂总结暨2019年组稿培训会在北京昆泰嘉华酒店举行。市委党史研究室、市地方志办公室副主任张恒彬、副巡视员刘岳，年鉴指导处调研员沈红岩，北京年鉴社副社长韩枫出席会议。包括16个区在内的几十家供稿单位参会。26日，北京年鉴社社长韩枫做2018年《北京年鉴》工作总结、安排2019年的组稿工作，并就2019年年鉴编纂框架调整做出说明。副主任张恒彬发言。会后，16个区的参编人员召开简短讨论会，就综合年鉴的框架设计进行研讨。26日下午和27日上午，分别邀请原国家语委研究员厉兵老师和《中国学术期刊（光盘版）》电子杂志社有限公司副总经理赵瑞红，就“编辑工作中的语言文字规范”和“媒体融合时代年鉴创新与发展设想”做专题讲座。年内，上交《北京年鉴》顺义区情部分稿件7000余字。

（区党史地方志办公室）

【《北京市顺义区地名志》编纂】截至10月，《北京市顺义区地名志》初稿基本形成，累计字数100余万字。本书共分8篇，分别是：自然地理实体、政区聚落、交通设施、古迹名胜、生产建筑公共建筑、历史地名、地名管理、附录。全书体例含大事记、概述、篇下述、后记等内容。收集相关照片540张。

（区党史地方志办公室）

【《北京市顺义区志（1996—2010）》通过终审】11月28日，部分区志终审会在北京市政务服务中心召开。市委党史研究室、市地方志办公室副主任、《北京志》副主编张恒彬、陈志椙，二级巡视员、《北京志》副主编刘岳、运子微，顺义、密云等5区地方志办公室的相关工作人员参会。会上，顺义区党史地方志办公室二级调研员梁军汇报编纂工作情况，着重对复审会之后的志书修改情况进行汇报。陈志椙做审查验收工作汇报，认为《北京市顺义区志（1996—2010）》终审稿观点正确，体例严谨，内容全面，特色鲜明，记述准确，资料翔实，表达通顺，文风端正，突出地域特色。针对书前彩照、图注、概述部分内容、表格及一些敏感问题的记述的具体问题可在印刷出版前修改完善。最后，张恒彬宣布终审决定：经审查，第二轮《顺义区志》终审稿观点正确，体例严谨，内容全面，特色鲜明，记述准确，资料翔实，表达通顺，文风端正，突出地域特色。志稿上限始于1996年1月1日，下限至2010年12月31日。内容包括自然、政治、经济、文化和社会五大类别，全面系统记述区域事物全貌。根据《地方志书质量规定》，决定《北京市顺义区志（1996—2010）》通过终审验收，报市委、市政府批准后出版。

（区党史地方志办公室）

【《北京市顺义区地名志》编纂资料协调会组织召开】10月16日，顺义区地名志编纂委员会组织本书重点参编单位区规自委、区民政局、区住建委、区国资委和区城市管理委，召开研讨会暨资料征集会，安排部署编写材料补充等相关事宜，旨在保证编纂资料的全面一致性、准确性和权威性。

（区党史地方志办公室）

【《北京市地名志》编纂完成】年内，按照北京市地方志编纂委员会办公室的工作要求，完成《北京市地名志》的“政区聚落篇”“古迹名胜篇”“道路交通设施篇”共201个词条的编写和修改完善工作。完成《北京市地名志》“生产建筑、公共建筑篇”词目采集工作。

（区党史地方志办公室）

【《北京顺义年鉴2019》编纂完成】年内，《北京顺义年鉴2019》按期完成编辑出版工作。2月21日，《北京顺义年鉴2019》编写工作培训会召开，140余家参编单位参会，并在会上完成《北京顺义年鉴2018》发放工作。《北京顺义年鉴2019》，将封面和内页重新设计排版，增设索引，并重新购买符合出版要求的顺义区行政区划图，全书89.1万字，选取照片100余张。

（区党史地方志办公室）

【《北京农村年鉴》编纂完成】年内，按照北京市农研中心要求，完成《北京农村年鉴》顺义区农业农村部分稿件的撰写，上报稿件11000余字。

（区党史地方志办公室）

【政务事项工作】年内，参加顺义区组织的政务事项培训工作，按照市区要求做好事项梳理、填报工作。

（区党史地方志办公室）

顺义区文学艺术界联合会

综 述

【概况】年内，区文联以习近平新时代中国特色社会主义思想为指导，增强“四个意识”、坚定“四个自信”、做到“两个维护”，坚持为人民服务、为社会主义服务，坚持百花齐放、百家争鸣，自觉承担起“举旗帜、聚民心、育新人、兴文化、展形象”的使命任务开展文艺工作，引导艺术家用心用情用功抒写伟大时代，为广大人民群众提供更丰富更有营养的精神食粮。紧紧抓住中华人民共和国成立70周年这条主线，围绕中华传统节日、大运河（潮白河）文化带、创建文明城区和区委区政府的中心工作等开展文艺活动和文艺创作。

【区文联三届五次理事会】8月6日，顺义区文学艺术界联合会第三届理事会第五次会议在区图书馆二楼报告厅举行。会议由文联副主席兼秘书长孟云会主持，应到会理事41人，实到会理事34人。会上宣读《中共北京市顺义区委组织部关于袁树旺同志职务变动的通知》《中共北京市顺义区委组织部关于姜蒙同志职务变动的通知》，会议经理事会理事举手表决并一致通过姜蒙为顺义区文学艺术界联合会理事、主席，同意免去袁树旺顺义区文学艺术界联合会理事、主席职务。

（区文联）

【区文联三届六次理事会】11月28日，区文联第三届理事会第六次会议召开。会议由区文联副主席吕顺河主持，32位理事到会。会上宣读《中共北京市顺义区委组织部关于高秀香、孟云会同志职务变动的通知》，全体到会理事一致通过高秀香同志为顺义区文学艺术界联合会理事、副主席（秘书长）。

（区文联）

【区委宣传部组织召开区文联改革推进工作会议】12月10日，区委宣传部在区行政中心组织相关单位召开区文联改革推进会，区委常委、宣传部部长贺亚兰以及区委组织部、区委编办、区财政局、区文旅局、区文联相关领导参加会议，会议由区文联主席姜蒙主持。会上，区文联副主席、秘书长高秀香汇报市文联改革会议精神、区文联改革进展情况、存在问题和下一步重点工作。区委组织部、区委编办、区财政局、区文旅局、区文联参会领导分别作交流发言，大家对改革中遇到的问题进行深入讨论，表示将在区委宣传部的领导下，配合区文联搞好改革，帮助区文联解决在改革中遇到的问题。会上，贺亚兰强调，加强区文联建设，是全面加强党对文艺工作领导的必然要求，是文联服务党和国家大局的必然要求。文联改革是党中央全面深化改革的重要组成部分，是基层治理能力和治理体系现代化的重要组成部分，是实现国家富强、社会进步、人民幸福不可或缺的重要组成部分。希望各单位主动为区文联改革建议献策，与市文联和其他区文联深化改革对标，深入落实市文联关于推进基层文联深化改革工作的指导意见，在规定时间内完成改革任务。贺亚兰还对区文联2020年的工作提出指导性要求。

（区文联）

作家协会

【“我与祖国共成长”2019迎新春主题年会】1月27日，“我与祖国共成长”顺义区作家协会2019年迎新春主题年会在北京电大顺义分校农广楼一层报告厅举行。本次活动由顺义区作家协会主办，顺义区社区教育中心协办。

（区文联）

【“忆满京城　情思华夏”爱国诗歌朗诵艺术讲座】4月7日，区图书馆和区作家协会联合举办2019年第一场潮白讲坛之名家讲坛课堂。本次讲座主题为“忆满京城　情思华夏”爱国诗歌朗诵艺术朗诵交流会。特邀请著名朗诵表演艺术家，文化和旅游部朗诵考级委员会考官、高级讲师，北京电台培训中心高级讲师、考官米鸥主讲。现场100余名朗诵爱好者到现场聆听讲座。

（区文联）

【“顺义区作协耿丹创作基地”在北工大耿丹学院揭牌】4月15日，2019年校园读书月活动启动仪式暨樱花节采风活动在北京工业大学耿丹学院举办，顺义教育宣传中心主任李士文、顺义区文联副主席孟云会和30余名顺义作家代表参加。耿丹学院常务副院长丁晓良致开幕词，孟云会、耿丹学院副院长徐胜云为创作基地揭牌。这是顺义区作家协会首次在大学挂牌成立作协创作基地。耿丹学院党委书记王燕琪、耿丹学院副院长刘林等院、系领导、来宾、牛栏山一中、牛栏山三小部分学生参加活动。

（区文联）

【“行顺义品文学”活动】4月27日，顺义作协少年文学素养培训基地少年之家文学社在耿丹学院举办“行顺义品文学”活动。活动由顺义作协牵头和策划，是少年之家文学社“行顺义品文学”系列课程的一部分。学员们在大学生义工引领下参观校园、“不朽的物种”水下摄影作品展及“文津图书奖展”，并现场分享自己的感受。耿丹图书馆内，学员们品读《论语》《世说新语》等传统文化经典，现场体验“风华笔墨，岁月沉彩”——经典图书抄写接力活动。

（区文联）

【顺义区少年宫小天使文学院学员开展文学实践活动】5月25日，顺义区少年宫小天使文学院学员赴耿丹学院顺义作协创作基地开展文学实践活动。此次活动由顺义作协主席王艳霞牵线和组织，学员们在学院的志愿者哥哥姐姐们带领下，参观耿丹学院图书馆、商学院学生创作空间等地。

（区文联）

【“壮丽70年颂歌新时代——《习近平七年的知青生活》”读书沙龙活动】5月28日，区作协主席王艳霞应顺美服装股份有限公司邀请，赴顺美公司为员工举办“壮丽70年颂歌新时代——《习近平七年的知青生活》”读书沙龙活动。读书沙龙活动全程以互动形式进行。王艳霞结合书上内容及自己去梁家河采风创作经历，并以每个人接龙读、小队读、齐读的方式激发员工爱祖国、奉献本职工作岗位的热烈情感。

（区文联）

【别样的儿童节——顺义区少年宫举办第二次文学实践活动】6月1日，在区作协主席王艳霞的牵头和组织下，顺义少年宫文学院学员来到中国现代文学馆开展文学实践活动。志愿者带领大家参观现代文学博物馆，以中国现代文学史上的巨匠为主题，结合他们所处时代背景、作品等，为孩子们讲述一堂现代文学史课。在儿童文学家冰心奶奶的墓前，孩子们为冰心奶奶献花，并齐声诵读冰心奶奶名言：有了爱就有了一切。

（区文联）

【“粽情”端午，心向祖国——传统文化进校园活动】6月6日，“粽情”端午，心向祖国——2019年顺义区传统文化进校园活动在马坡中心小学举行。顺义作家协会主席王艳霞、顺义图书馆馆长史红艳、马坡中小校长黄海军、马坡镇相关部门领导及马坡小学部分师生参加活动。此次活动由马坡镇政府、顺义图书馆主办，马坡中小承办，顺义作家协会组织策划。活动现场，顺义作家协会作家刘振华与学生们表演端午节的相关习俗，并现场进行端午相关习俗知识趣味问答；区朗诵指导教师何雪莲带领同学们诵读爱国文学作品，陶冶同学们的爱国情操；非遗教师带领同学们编织五彩绳，让同学们了解民间五彩绳的意义。

（区文联）

【“潮白讲坛”端午养生智慧讲座】6月9日，“和满京城，奋进九州——黄帝内经中的端午节养生智慧”讲座在顺义图书馆举办，来自社会各界100余人聆听著名中医养生专家迷罗的讲解。此次讲座是顺义作协和顺义图书馆联合举办“潮白讲坛”2019年名家公益讲座的第5场活动。

（区文联）

【潮白讲坛“诗心、诗情与诗”名家课堂】7月13日，由顺义图书馆、区作家协会共同举办的潮白讲坛专家讲座在图书馆报告厅举行。来自全区的90余名诗歌爱好者报名聆听讲座。本期开讲嘉宾是《诗刊》主编李少君老师，主题为“诗心、诗情与诗”。

（区文联）

【7位作家代表亮相百家千场阅读活动】2019年北京国际图书节期间，顺义新华书店有幸成为图书节百家千场系列阅读活动分会场之一，顺义作协应邀参与全程策划、运作、组织和推广工作。以“身边最受欢迎的作家见面互动会”为切入点，8月11日—9月6日，顺义作协选派王克臣、许福元、张海涛、廖松涛、岩颜、李洪峰、贺生达7位作家开展不同主题、不同形式、不同内容的作家讲座互动见面会。活动参与达500余人次。

（区文联）

【朗诵讲座暨中秋朗诵会】9月14日，由区作家协会与区图书馆共同举办的潮白讲坛——朗诵讲座暨中秋朗诵会在区图书馆举行。活动邀请顺义区作协会员、顺义作协朗诵团骨干成员、全国文化艺术水平朗诵高级教师、第二届胜利杯评委何雪莲作讲座和朗诵点评。来自顺义区、西城区等文学和朗诵爱好者60余人参与此次活动。

（区文联）

音乐家协会

【《潮白河组曲》创作座谈会】5月2日，区文联组织召开创作《潮白河组曲》座谈会。区文联副主席兼秘书长孟云会介绍创作《潮白河组曲》的背景和顺义区全国文化中心建设情况及潮白河文化内涵，区文物所所长高洪秀介绍顺义的历史沿革和文物保护等情况，区音协主席屈涛向各位艺术家介绍潮白文化及运河文化。艺术家们围绕顺义的人文文化、地理文化、潮白文化展开讨论，并对如何创作、构建什么样的音乐架构以及怎样写出能流传下去的优秀作品深入探讨。

（区文联）

【“我和我的祖国”群众性主题宣传教育活动暨歌曲、器乐牛栏山专场演出】6月6日，区音乐家协会应牛栏山镇政府邀请，在牛栏山镇北孙各庄文化广场举办“我和我的祖国——群众性主题宣传教育活动暨牛栏山文化大集歌曲、器乐专场演出”。

（区文联）

【“我和我的祖国”庆祝中华人民共和国成立70周年专场演唱会】10月15日，由区委宣传部、区文化和旅游局、区文联联合主办，顺义区音乐家协会承办的“我和我的祖国”庆祝中华人民共和国成立70周年专场演唱会在顺义区影剧院举办。演唱会在全场观众合唱的《歌唱祖国》中落下帷幕，整场演出时长约为60分钟，吸引600余名观众到场观看。

（区文联）

舞蹈家协会

【飞扬舞蹈队以舞蹈为媒植中日韩友谊之树】5月18—25日，受北京市人民对外友好协会和区政府外事办委派，区舞蹈家协会携艺术团飞扬舞蹈队一行15人作为北京市青少年代表团，出访韩国和日本，同来自泰国、俄罗斯等10多个国家的演出团体同台演出。舞蹈队在顺义区舞蹈家协会副主席、青年舞蹈家罗佳的带领下表演舞蹈《丝路竹韵》《黛帕》《青花瓷》《夜深沉》，展示中国传统文化的艺术魅力，各大新闻媒体大量报道。

（区文联）

【舞协艺术团在杭州获奖】6月19—26日，顺义舞协艺术团万科舞蹈队在区文联副主席、舞蹈家协会主席王玉玺率领下，应邀赴浙江音乐学院参加"《非遗·中国》走进杭州——2019全国民族文艺会演"，表演的舞蹈《江南春》《荷花颂》获一等奖，顺义舞协获组织奖。

（区文联）

【顺义舞协导演庆七一活动】7月1日，顺义舞协导演的"不忘初心，牢记使命"顺义区教育系统纪念建党98周年庆祝大会在牛栏山一中吉祥礼堂举办。通过舞蹈、戏歌联唱、配乐诗朗诵、现场演说和专题片相结合的形式展示顺义区教育系统深入宣传贯彻党的十九大精神，引领各级党组织和广大共产党员不忘初心，牢记使命，在新征程的实践中创先争优、建功立业的担当。

（区文联）

【顺义舞协主席当选河北省徐水区舞狮协会名誉会长】7月12日，河北省保定市徐水区舞狮协会第一届会员代表大会召开。会议宣读市文联、区文化和旅游委、区审批局关于同意成立协会的批复及协会成立筹备工作报告，审议通过《章程》草案，并选举产生协会第一届理事会，徐水舞狮传承人商凯芳当选会长，著名狮舞专家、北京市顺义区文联副主席、区舞蹈家协会主席王玉玺当选为名誉会长。

（区文联）

【组织会员参观学习】12月17日上午，顺义区部分舞协会员在区文联副主席、区舞蹈家协会主席王玉玺的率领下，参观北京市音乐舞蹈学校，北京市音乐舞蹈学校常务副校长贾文斌陪同并进行介绍。

（区文联）

美术家协会

【"福满京城　春贺神州"张涛国画小品展】1月20日，"福满京城　春贺神州"张涛国画小品展在顺义区文化馆一层展厅举办。

（区文联）

【书画名家慰问支教教师书画笔会活动】1月22日，"福满京城　春贺神州"顺义区书画名家慰问支教教师书画笔会活动在区教育研究和教师研修中心报告厅举行。本次活动由区教委、区文联主办，教育研究和教师研修中心、顺义区美术家协会承办。顺义区书画艺术家、支教教师和相关单位领导参加活动。本次活动共组织32位书画名家现场创作，活动中，书画家们将自己创作的作品赠予支教教师，并合影留念。

（区文联）

【"影像北京墨韵潮白"——孙银海、张爱国写生汇报展】4月30日，庆祝中华人民共和国成立70周年"影像北京墨韵潮白"——孙银海、张爱国写生作品汇报展在顺义区文化馆举行。

（区文联）

摄影家协会

【顺义区主题摄影展集中开幕】为庆祝中华人民共和国成立70周年，区文联与区摄影家协会联合主办多项主题摄影艺术展，100余张优秀摄影作品分别在后沙峪小学、顺义一中、燕京啤酒集团公司以及安德信人防设备有限公司进行公开展览展示。

（区文联）

书法家协会

【走基层为社区居民送春联活动】为丰富社区居民的节日文化生活，区文联组织书画艺术家举办"福满京城　春贺神州"走基层为社区居民送春联活动。1月30日，区书法家协会书法艺术家到万科社区，为社区居民写春联送福字。

（区文联）

【诗词书法清明畅怀活动】4月

2日，“忆满京城　情思华夏”——顺义区诗词书法清明畅怀活动举办，近百位顺义书法爱好者参与。本次活动旨在以新颖有趣的活动形式，倡导绿色祭扫，同时交流书法作品，增强顺义百姓文化自信。作为活动延伸，4月5日，区书法家协会在潮白陵园举办“忆满京城　情思华夏绿色殡葬文明祭扫”——书法作品现场赠送活动。本次活动旨在推动绿色殡葬、文明祭扫的新风尚。贾文龙、康宝辉、张冬峰等23名书法家在区书法家协会有序组织下现场书写清明寄语，赠送给前来潮白陵园开展祭祀活动的市民，区书法家协会现场向市民赠送书法作品800余幅。

（区文联）

【“和满京城　奋进九州”纪念屈原诗词书法主题活动】6月6日，为传承非遗文化，弘扬爱国情怀，彰显潮白风采，区书法家协会举办“和满京城　奋进九州”纪念屈原诗词书法主题活动，顺义区文化和旅游局工会主席杭志强、顺义区文联副主席孟云会、空港街道办事处副主任徐汉中、万科社区居委会主任许俊华等莅临活动现场。

（区文联）

【庆“八一”——顺义区书法精英慰问京郊某部官兵】为庆祝中国人民解放军建军92周年，增进军民鱼水情。7月30日，顺义区书法家协会携新老书法精英在京郊某部队开展弘扬中国书法艺术、慰问京郊某部官兵活动。此次活动中，书法家们事先为官兵们书写好及现场创作的书法作品共计200多幅。

（区文联）

【区书法家协会第四次代表大会】12月18日，顺义区书法家协会第四次代表大会闭幕。北京书协秘书长郭孟祥到会并发表讲话，区文联调研员孟云会宣布选举结果，贾文龙当选为新一届区书法家协会主席。

（区文联）

戏剧曲艺家协会

【“福满京城　春贺神州”走基层送欢乐活动】1月29日，“福满京城 春贺神州”点“靓”光明走基层送欢乐活动在顺义三中礼堂举办。

（区文联）

【顺义区大型原创评剧《从前有条河》首演成功】7月3日，由区戏剧曲艺家协会和北京市凤翔艺术团联手打造的现代评剧《从前有条河》在区影剧院首演，全剧演出时长2小时，吸引1100余名观众到场观看。

（区文联）

【顺义区评剧短剧《良心果》获“戏聚北京”一等奖】11月4日，由市委宣传部、北京市文化和旅游局主办的“戏聚北京”短剧优秀作品展演在民族文化宫大剧院举行。由区文化馆选送、区戏剧家协会、北京市凤翔艺术团参演的评剧短剧《良心果》（曾用名《偷梁换柱》），获一等奖。

（区文联）

【区曲艺家协会第三次代表大会】12月17日，区曲艺家协会第三次代表大会举行。北京曲艺家协会副秘书长王波、区文联调研员孟云会、区曲艺家协会第一届副主席葛惟达等出席开幕式。本次大会到会代表50名，审议通过《曲协工作报告》《顺义区曲艺家协会章程》，选举产生第三届理事会及其领导机构。朱文利当选为第三届理事会主席。

（区文联）

【区戏剧家协会第四次代表大会】12月18日，顺义区戏剧家协会第四次代表大会在区图书馆二楼报告厅召开。北京戏剧家协会秘书长唐晓辉，顺义区文联调研员孟云会，区戏剧曲艺家协会第三届主席柴松林、宇文瑞娥等出席会议。本次大会到会代表59名，听取审议《戏协的工作报告》《顺义区戏剧家协会章程》，选举产生顺义区戏剧家协会第四届理事会及领导机构。选举产生第四届理事会主席团，宇文瑞娥当选为主席。

（区文联）

文艺类社会组织

【“福满京城　春贺神州”迎新春送春联慰问活动】1月15日，“福满京城 春贺神州”迎新春送春联系列活动在北小营镇东乌鸡村服务中心国学大课堂举办，此次活动由区文联主办，区燕山文化协会承办。书画家现场题写书法、春联作品200余幅。并为东乌鸡村委会创作书画作品，题写“国学文化第一村”的匾额，为美丽乡村文化发展助力。

（区文联）

【“福满京城　春贺神州”迎新春送春联名家书画展】1月16日，由区文联主办，区燕山文化协会承办的“福满京城　春贺神州”迎新春送春联名家书画展在达人街赏玩城举办。本次名家书画展共展出书画作品120幅，书画家们围绕建设和谐社会、讴歌新时代、庆祝改革开放40年、创建全国文明城区等主题进行创作，倡导过一个“文明欢乐祥和”的新春佳节。

（区文联）

【区摄影家协会“2019公益摄影进社区为老服务项目”】1月30日，在区摄影家协会党支部书记朱明旺和会长郑煜辉的带领下，9名义工摄影师自带摄影器材走进后沙峪万科城市花园社区，为社区70岁以上的老人免费拍摄艺术照、全家福，拉开“2019公益摄影进社区为老服务项目”的序幕。

（区文联）

【区艺术模特协会到福利院、光荣院送温暖】1月31日，区艺术模特协会与区文明引导大队志愿者引导员团队一行20人来到区第一社会福利院、光荣院慰问孤寡老人，为老人和抗战老兵送温暖送爱心。

（区文联）

【第二届不忘初心奋进新时代迎新春系列文艺会演】2月1—17日，由区委宣传部、区文化委员会、区旅游委员会、中国社会艺术协会、马坡镇政府、顺义区文联主办，区广场文化艺术协会承办的“福满京城　春贺神州”顺义区第二届不忘初心奋进新时代迎新春文艺会演举办。节目有著名歌唱家的独唱《顺心顺意》《我爱你中国》《农民兄弟》，有我与改革开放40年百姓宣讲《33年的坚守》，有京剧名家演唱《野猪林选段》和浓郁地方特色的京东大鼓《灶王爷的传说》，有魔术和街舞现代舞表演。开场的舞蹈《同喜同喜》营造欢乐、喜庆、祥和的浓厚节日氛围，压轴的舞蹈《为祖国干杯》表达对伟大祖国日益昌盛的美好祝愿。

（区文联）

【顺义朗读者之“诗意之春”沙龙活动】3月31日，由区社区教育中心和区作家协会联合主办的顺义朗读者沙龙活动举办。此次沙龙以“春”为主题，26位来自各行各业的朗读者带来精彩的诗歌作品，近百人参加。

（区文联）

【“少年读中国，读给祖国听”——庆祝中华人民共和国成立70周年主题诵读活动】4月3日，由区教育委员会主办，区社区教育中心、区教育宣传中心承办，区作家协会、北工大耿丹学院、“少年读中国”组委会协办的顺义区教育系统庆祝中华人民共和国成立70周年“少年读中国，读给祖国听”诵读活动启动仪式暨清明诗会在北京工业大学耿丹学院光影工作室举行。区委宣传部常务副部长张海东，区委教工委副书记赵云霞出席。

（区文联）

【区艺术模特协会澳大利亚悉尼行】4月12日，“2019丝绸之路国际时装周暨WMA全明星国际风尚大赛”颁奖盛典在澳大利亚悉尼市政厅落幕。来自中国的200余位模特与澳大利亚当地的模特同台竞技。来自顺义区艺术模特协会的年丽英获“全球最具明星价值银奖”，王艳平获“最具东方风韵奖”，孙英获“最具媒体关注奖”，刘霞获“最具时尚潜质奖”。

（区文联）

【顺义区第四届“游花海品书香”阅读马拉松活动】4月20—21日，我们在顺义“花海书香”等你——暨顺义区第四届“游花海品书香”阅读马拉松活动在北京国际鲜花港举行，区委宣传部副部长刘金燕，区文化和旅游局党组书记、局长申志红，区文联副主席兼秘书长孟云会莅临此次活动。本次活动以“阅读行走”为主题，让参与活动市民真正“读起来、游起来”，在游览大地花海美景的同时品味顺义书香文化。“游花海品书香”阅读马拉松活动是2019年“书香顺义”全民阅读系列活动之一，由区委宣传部、区文化和旅游局、区文联主办，区图书馆、区青少年阅读协会承办。

（区文联）

【庆祝中华人民共和国成立70周年第十届北京郁金香文化节书画汇展】年内，由顺旅集团、区文联主办，北京国际鲜花港协办，燕山文化协会承办，区美术家协会、区书法家协会、区老干部书画协会、北京榜书协会海淀分会等单位支持的“盛世梦圆讴歌新时代”庆祝中华人民共和国成立70周年第十届北京郁金香文化节书画汇展在北京国际鲜花港开幕。参展书画艺术家紧紧围绕“盛世梦圆讴歌新时代”庆祝中华人民共和国成立70周年开展主题创作。

（区文联）

【仁和中老年书画社走进赵全营中心幼儿园】5月8日，“潮白书画院”“潮白书画院艺术文化学校”的教师们走进赵全营中心幼儿园，和孩子们一同体验书画带来的独特魅力。

（区文联）

【顺义区第八届大型广场文化艺术决赛】5月8日，第六届《欢动老龄》2019文化艺术节公益健康万里行走进北京顺义暨顺义区第八届大型广场文化艺术决赛展演在石园街道港馨家园第一社区开幕。

（区文联）

【诗词楹联学会举办“壮丽70年，诗歌颂祖国”五月诗会】5月8日，顺义区诗词楹联学会联合裕龙三区非公党支部在光明街道孵化中心党建活动室，共同举办“壮丽70年，诗歌颂祖国”五月诗会，50余人参加活动。

（区文联）

【“庆祝伟大祖国70华诞”顺义区艺术模特协会快闪走秀表演】5月，顺义区艺术模特协会在北京国际鲜花港以“庆祝伟大祖国70华诞”为主题，进行一场快闪走秀表演。20位艺术模特艺术家参加活动。

（区文联）

【“阅读+行走”——走进青岛阅读文化交流活动】5月13—15日，北京市顺义区青少年阅读协会携手北京海容社工事务所，开展为期3天的“阅读+行走”——走进青岛阅读文化交流活动。本次活动由区青少年阅读协会主办，与青岛市平度区樊登书店对接。

（区文联）

【潮白讲坛举行“小说创作漫谈”名家公益讲座】5月25日，区作协和区图书馆联合举办潮白讲坛名家公益讲座第4场活动。中国作协会员、著名小说家许福元老师以“小说创作漫谈”为主题，与文学爱好者展开沟通。部分作协会员及文学爱好者60余人聆听讲座。

（区文联）

【顺义区摄影协会开展母亲节主题公益摄影活动】母亲节前夕，顺义区摄影协会2019为老公益摄影服务项目第三期活动在顺义区马坊老年驿站展开。在区摄影家协会党支部书记朱明旺和会长郑煜辉的带领下，7名摄影师志愿者自带摄影器材到顺义区马坊村幸福老年驿站，与喜园养老服务中心的义工一起，为马坊村、东沿头村的31名老人义务拍摄“最美母亲”艺术照。

（区文联）

【顺义区青少年阅读协会开展“和满京城　奋进九州”端午系列活动】在端午节来临之际，顺义区青少年阅读协会党支部围绕“庆祝新中国成立70周年系列活动”举办“和满京城　奋进九州”端午系列活动。6月起，顺义区青少年阅读协会在本区镇街、村居及公共文化服务场所开展端午传统文化主题活动20余场次。教师们通过传统文化讲述、手工互动等环节为参与活动家庭传递传统文化知识，截至6月7日，累计参与人数500余人次。

（区文联）

【顺义区诗词楹联学会举办“和满京城　奋进九州”端午节诗会】端午节期间，顺义区诗词楹联学会主办的“和满京城　奋进九州”端午节诗会分别通过原创作品赏析和现场朗诵会两种形式举办。本次活动是原创古诗创作和赏析，前期通过作品征集入围作品30余首，并通过互联网进行展示。

（区文联）

【爱心捐赠医疗器械仪式暨北京鸿顺艺术团成立仪式举行】6月8—9日，郑州名泰医疗器械有限公司向北京市顺义区广场文化艺术协会爱心捐赠医疗器械仪式暨北京鸿顺艺术团成立在竹溪庄园举行。

（区文联）

【庆七一、迎国庆顺义区旺泉街道廉政书画“送展”启动仪式】6月19日，旺泉街道举办以“庆七一、迎国庆追逐廉洁梦　让廉政文化飞入寻常百姓家”为主题的廉政书画“送展”仪式。区委常委、区纪委书记、区监委代理主任刘国强，区委社会工委书记、区民政局局长李宝东，区纪委常委、办公室主任赵前程，区纪委研究室主任郭振海，区委老干部局副局长庞洪杰，区妇联宣传部部长李囡等领导参加启动仪式。

（区文联）

【壮丽70年颂读新时代】6月21日，区青少年阅读协会党支部联合顺义区裕龙花园五区老干部党支部举办“壮丽70年颂读新时代之穿越时空的对话”活动。活动以庆祝中华人民共和国70华诞为主旨，在场景布置上，老师们以时间为轴，选用壮丽70年历史长河中代表中国不断壮大、富强的代表性的图片为背景，并依据背景内容设置“怀旧课桌区”和“新时代家园区”。朗诵作品包括《卜算子·咏梅》《七子之歌》《可爱的中国》《读中国》《我的祖国》《我骄傲，我是中国人》等。

（区文联）

【“仁和杯·我身边的人和事”有奖征文颁奖仪式】6月26日，由区文联与仁和地区党委举办，区作家协会与望泉寺文学社协办的“仁和杯·我身边的人和事”有奖征文颁奖仪式举行。“仁和杯·我身边的人和事”有奖征文活动，2018年10月1日—2019年3月31日，共收到征文稿件146篇，共评选出一等奖2名、二等奖4名、三等奖8名、优秀奖20名。

（区文联）

【第三届“花开新时代　逐梦向未来”童心向党主题活动】7月7日，顺义区第三届“传承优良家风，共享快乐阅读”亲子讲故事——“花开新时代　逐梦向未来”童心向党主题活动举行。活动由区委宣传部、区妇联、区教委、区文化和旅游局、区文联、区融媒体中心、区社区教育中心主办，区青少年阅读协会和顺义人民广播电台共同承办，相关部门的领导、嘉宾和阅读爱好者参加。

（区文联）

【潮白书画院“迎七一庆祝建党98周年书画作品展览”活动】7月9日，顺义区潮白书画院“迎七一庆祝建党98周年书画作品展览”活动举办，书画院组织党员书画艺术家28名，创作出歌颂中国共产党和弘扬中华民族传统文化的书画作品80幅。

（区文联）

【顺义区摄影协会“为与共和国同龄的老党员塑像”公益摄影服务】7月31日—11月30日，区摄影协会、区摄影服务行业协会党支部开展“为与共和国同龄的老党员塑像”公益摄影服务。

（区文联）

【第五届残疾人书画篆刻培训班成果艺术展开幕】11月26日，由区残疾人联合会、区文学艺术界联合会、区木林镇人民政府主办，区木林中心小学、燕山文化协会承办的“文化助残放飞梦想”——国际残疾人日顺义区第五届残疾人书画篆刻培训班成果艺术展在顺义区木林中心小学开幕。

（区文联）

【“12·4”国家宪法日宪法宣传周法治主题笔会暨书画展】12月2日，顺义区举办“12•4”国家宪法日宪法宣传周法治主题笔会暨书画展。活动现场邀请20多名国家、省、市（区）级书画名家紧扣宪法主题挥毫泼墨，命题创作法治春联和法治宣传书画。同时还征集来自全国的40余名著名书画家的100余幅宪法主题书画作品，并先后在李桥镇、区政务服务中心等地进行巡展。

（区文联）

【顺义区青少年阅读协会荣获市级表彰】12月17—18日，由市委宣传部、市新闻出版局、西城区委员会、西城区政府主办，西城区委宣传部、西城区文化和旅游局承办的第九届书香中国·北京阅读季盛典在天桥剧场举行，此次盛典重点表彰在2019年度阅读推广工作中表现卓越及具有代表性的团体及个人。经初评、复评调研走访以及终评，顺义区青少年阅读协会从903份申报单位及个人中脱颖而出，被书香中国·北京阅读季工作领导办公室评为“第九届书香中国·北京阅读季优秀阅读推广机构”，协会会长田怡被评为“第九届书香中国·北京阅读季金牌阅读推广人”。

（区文联）

【“顺美杯”庆祝中华人民共和国成立70周年原创诗歌朗诵展演活动】12月，为庆祝中华人民共和国成立70周年，大力弘扬爱国主义精神，区作家协会、顺义区仁和镇人民政府、顺义区社区教育中心联合举办庆祝中华人民共和国成立70周年“顺美杯”原创诗歌朗诵活动。活动中朗诵的诗歌均为上半年在全区范围内征集的原创作品。展演活动分为庆祝中华人民共和国成立70周年原创作品朗诵、顺美茶艺《美美与共》表演、爱家乡·爱顺义原创作品朗诵3个环节，特邀著名朗诵艺术家米鸥，中央广播电视总台嘉宾、诗人雪石，中国文联文艺志愿服务中心曹玥示范朗诵。

（区文联）

档 案

【概况】年内，利用查阅中心共接待查档利用者4740人次，查阅案卷7728卷件次。其中以婚姻档案和工作档案利用率较高。婚姻档案利用3845人次，共计利用2424卷件次；工作档案利用520人次，共计利用3561卷件次。土地证、知青招工、编研利用共计401人次，共利用1564卷件次。全年出具各类档案证明7000余份，复印档案2万余张。

（区档案馆）

【机构改革】年内，区档案局（区档案馆）的行政职能划归区委办公室，区委办公室对外加挂区档案局牌子。将区档案馆由区政府直属事业单位改为区委直属事业单位，归口区委办公室管理，不再保留与区档案馆合署办公的区档案局。区档案馆机构改革后主要职能为：收集和接收本馆保管范围内对国家和社会有保存价值的档案；对所保存的档案严格按照规定整理和保管；采取各种形式开发档案资源，为社会利用档案资源提供服务；承办区委、区政府交办的其他事项。

（区档案馆）

【便民服务热线】年内，共接到区政府便民电话工作室交办单7份，均在规定时间内完成查阅及答复工作。

（区档案馆）

【信息公开】年内，政府信息公开共接收各机关单位主动公开文件129件。

（区档案馆）

【婚姻档案跨馆利用数据准备工作完成】年内，为加快推进民生档案跨馆利用工作，充分发挥档案服务民生、服务社会的作用，区档案馆按照《北京市民生档案信息跨馆利用工作方案》要求，分两批将馆藏婚姻档案数据整理、修改、拷贝、移交。2018年5月，第一批整理完成的涉及馆藏31个全宗、148871条婚姻档案数据移交至市档案馆进行审核及数据导入；2019年1月，将区民政局近10万条婚姻档案修改完成并移交至市档案馆。截至年底，区档案馆民生档案跨馆利用婚姻档案数据量总计达25万余条，数据准备工作完成。

（区档案馆）

【为编史修志提供资料】2月，北京嘉祯伟业广告有限公司的工作人员受大孙各庄镇政府及仁和镇政府的委托，为两家单位镇志编写工作查阅档案信息，时间跨度50年，调阅档案数量13000余卷。内容包括政治、经济、文化、教育等方面的各个时期的历史数据，查阅资料包含工作总结、工作计划、经济统计表等内容。

（区档案馆）

【“爱祖国爱顺义·走近档案”主题活动】8月9日，区档案馆与光明街道东兴一区居委会共同举办“爱祖国爱顺义·走近档案”主题活动，旨在庆祝中华人民共和国成立70周年，为紧密围绕这一重大主题活动，充分发挥爱国主义教育基地作用，加强对学生的爱国主义思想教育，厚植青少年的爱国主义情怀。活动分3个环节：“爱祖国爱顺义”主题诵读、“潮白烽火”展览观展、倾听档案声音——工作人员讲档案。

（区档案馆）

【与北京农业银行顺义支行共同举办主题团日活动】8月10日，区档案馆与北京农业银行顺义支行团委联合举办“青春心向党，建功新时代”特别主题团日活动，旨在庆祝中华人民共和国成立70周年、五四运动100周年，激发广大青年团员弘扬爱国主义精神，坚定理想信念。通过齐唱国歌、团歌，重温入团誓词，参观“潮白烽火”展览、“兴正气家风守清廉本色”主题作品展，书写“我与五四”微感言，团旗下的演讲以及“纪念五四100周年”主题微团课等环节，引导全体青年团员将青春梦融入中国梦，为民族复兴贡献自己的力量。

（区档案馆）

【“不忘初心　牢记使命　弘扬劳模精神”主题展览】10月21日，由区档案馆、区总工会、区党史地方志办公室联合举办的“不忘初心　牢记使命　弘扬劳模精神”主题展览在区档案馆开展。本次展览展出内容为本区2010—2019年，部分劳模的事迹，其中包括全国劳动模范、全国先进工作者、全国五一劳动奖章、北京市劳动模范、北京市先进工作者。

（区档案馆）

【2019年馆藏纸质档案数字化加工项目】年内，区档案馆2019年馆藏纸质档案数字化加工项目严格执行国家档案行业标准《档案服务外包工作规范》《纸质档案数字化规范》，以确保档案数字化加工和验收标准，以及数据准确率。年内，馆藏档案数字化加工工作完成40万页。

（区档案馆）

【档案接收情况】年内，管理科完成4家单位的档案2434卷（件）的人接收工作。通过对馆藏民国档案的整理编研，形成《民国时期顺义县史料馆藏精编》书稿，全书846页、618个条目、400934字、图片780张。

（区档案馆）

【“国际档案日”暨北京市第十一届“档案馆日”活动】6月10日，区档案馆举办“国际档案日”暨北京市第十一届“档案馆日”活动。本次活动以“新中国的记忆”为主题开展。内容主要涵盖馆室开放参观、文化展示、播放档案宣传片、特色编研材料展出、咨询互动等多个环节。在文化展示中，区档案馆推出“潮白烽火”主题展览，展览以顺义革命史史料为基础，通过大量史实、照片、资料较为完整地展现本区在中国共产党的领导下取得的辉煌成就。全区共计120余家立档单位、120余名档案工作者和200余名群众参加开幕式当天的活动，活动中发放宣传材料300余份。

（区档案馆）

卫生　体育

▲3月25日，北京市顺义区卫生健康委员会举行揭牌仪式

▲3月25日，顺义区医疗保障局正式挂牌成立

▲5月9日，区医疗保障局在泰和宜园第一社区举办“顺义区2019年打击欺诈骗取医疗保障基金专场宣传活动”

▲5月28日，顺义区红十字会第二届理事会第二次会议召开

▲11 月 23 日，顺义区红十字会“大爱无疆”人道公益总结大会在华彩演播厅召开

▲12 月 25 日，“仁和杯”第五届舞彩顺义冰雪运动欢乐季启动仪式举办

年内，顺义区卫生计生宣传教育中心在石园西区开展宣教活动

年内，举办多种冰雪运动，群众积极参与

卫生综述

【概况】 年内，户籍人口655306万人，户籍育龄妇女14.2万人，其中户籍已婚育龄妇女10.8万人。全区办理户籍一孩生育登记3829例，二孩生育登记3549例，北京市再生育确认213例。

2019年，顺义区共报告户籍人口死亡数4322人，户籍人口总死亡率为6.65‰，其中男性死亡2351人，死亡率为7.31‰；女性死亡1971人，死亡率为6.00‰。人口自然增长率为6.17‰，男性和女性自然增长率分别为6.07‰和6.26‰。年内，因病死亡人数4077人，占总死亡人数的94.33%。死因顺位前十位依次为心脏病、恶性肿瘤、脑血管病、呼吸系统疾病、损伤和中毒、内分泌营养和代谢疾病、消化系统疾病、神经系统疾病、泌尿生殖系统疾病和传染病，共计4080人，占总死亡人数的94.40%。户籍人口期望寿命80.65岁，其中男性为78.28岁、女性为83.06岁。

（区卫健委）

【医疗机构】 年内，全区医疗机构总数794所。执业（助理）医师总数4132人（包括西医、中医、中西医结合），注册护士数3828人。平均每千常住人口拥有执业（助理）医师数3.4、注册护士数3.1、实有床位数3.5。编制病床数4835、实有病床数4253。

（区卫健委）

医疗卫生改革与管理

【顺义区医疗卫生服务水平提升三年行动计划（2018—2020）】 年内，《顺义区医疗卫生服务水平提升三年行动计划（2018—2020）》（简称《行动计划》）规定的六大方面34项任务中，完成或基本完成30项。阜外医院顺义院区、北医三院顺义院区建设，后沙峪镇等重点基层医疗卫生单位建设，光明、胜利、石园、双丰等基层社区卫生服务中心建设等4项基础设施建设任务加快推进。全区卫生健康事业从注重医疗卫生向卫生健康协调发展，医疗资源配置类指标得到进一步优化，资源配置进一步提质增效，以人为本的整合型医疗卫生服务体系初步构建。

（区卫健委）

【健康中国策略】 年内，公共卫生服务体系进一步完善，居民孕产妇死亡率达到零死亡率；婴儿死亡率控制在3.5‰以内。甲乙类传染病报告发病率及四类慢性病过早死亡比例持续下降，并远低于北京市平均水平。人均居民期望寿命增长到80.27岁，相比2016年增加0.2岁。健康促进区建设正式启动，成立332名专家组成的健康科普讲师团队，开展宣讲、健康咨询1700余场，受众近10万人。着力打造健康支持性环境，示范项目和先进单位涌现，完成创建市级健康单位、社区51个。完成免疫规划信息系统升级工作，实现疫苗接种的全过程可追溯。“多学科专家论证患基础疾病儿童预防接种模式”获得全国疾控机构疫苗流通和预防接种实践优秀案例，多次在国家级大会上进行交流报告，并被其他地区广泛借鉴。公共卫生—慢性病管理GIS信息化系统建设正式启动建设。妥善处置区第一社会福利院肺结核等疫情。14类基本公共卫生服务免费向顺义辖区居民提供，服务均等化水平进一步提升，在2018年度北京市基本公共卫生服务绩效考核中位列全市第三、发展新区第一。

（区卫健委）

【医疗卫生综合服务能力增强】 年内，资源总量进一步优化配置。全区有医疗机构752个，实有床位4358张，执业（助理）医师3883人，在册护士3827人，与第一轮三年提升期末相比，医疗机构数、床位数、医师数和护士数分别增长7.8%、27.1%、21.7%和36.3%。连续两年在北京市卫生发展综合评价中位列城市发展新区第一。加快优质医疗资源引进。北京友谊医院顺义院区项目正式开工建设，阜外医院、北医三院、北京口腔医院入区办医项目加快推进，美国哈佛大学等入区办医项目完成前期准备工作。强化区域卒中、胸痛、创伤、危重新生儿与孕产妇诊疗中心建设。区医院卒中、胸痛中心分别完成诊疗患者296例、259例。与宣武医院、天坛医院等知名三甲医院开展全方位合作，加强专科疾病在防治结合方面的协同整合。在全区范围内建成4个医联体，覆盖全部26家基层单位。4家医联体核心单位累计下派医生553人次，接收上转患者1121人次。区级医学影像、心电远程会诊中心完成会诊7229人次。《行动计划》中规划的120个村级医疗机构建设任务基本完成，20个空白村村卫生室正式开诊，实现医疗卫生服务全覆盖。组建家医服务团队292个，12类重点人群家庭医生签约覆盖率91.97%。辖区所有养老机构均与公立医疗机构建立对口协作关系，年内，累计为1045名罹患慢性病致失能群众免费提供上门建档、健康管理等个性化服务1.6万人次。

（区卫健委）

【医药卫生体制机制改革】年内，坚持医疗、医保、医药“三医联动”，研究制定《顺义区关于完善基层医疗卫生机构绩效工资机制保障家庭医生签约服务工作方案》，加快建立家庭医生签约服务激励机制。建立区属差额事业单位绩效工资动态调整机制，进一步推进区医院作为市级薪酬改革试点工作，逐步探索并建立适应本区特点的公立医院薪酬制度。

（区卫健委）

【医疗卫生人才队伍建设】年内，依托本区“梧桐工程”，2018—2019年，累计招聘应届毕业生178人，引进高级人才2名。依托“百人工程”，实现外聘专家入区服务2.1万余人次。先后选送5名管理干部赴美国、以色列等国家和地区参与境外研修。区医院累计完成95名“3+2”助理全科学员的住院医师规范化培训，聘为首都医科大学讲师人数达到52人。区中医医院累计获批国家自然科学基金青年科学基金项目2项，2人荣获市级优秀科研人才奖励，脓毒症心肾保护实验室正式投入使用。区级模拟医学实训基地正式投入使用，完成学员培训5677人次。南彩社区卫生服务中心全科医生团队2019年再获北京市岗位练兵活动全科医生团队一等奖。

（区卫健委）

【中医药特色服务加速发展】年内，依托北京中医医院顺义医院为核心的中医医联体，建立起市—区—镇—村一体化、逐级下沉、统一管理的医联体总体框架模式，覆盖范围扩展至8家社区卫生服务中心及所属45个服务站和村卫生室。推进“中医流动医院”下乡巡诊医疗服务项目，覆盖范围扩展至21个偏远行政村，在移动医疗车上实现诊疗“一条龙”服务，更好地服务于偏远地区村民。建立国家级、市级、区级的三级中医师承体系，拥有各级工作室25个，其中国家级名师4名、首都国医名师2名，累计培养传承型中医药人才180余人。区妇幼保健院增设区域首家妇儿中医特色门诊，全年门诊量近万人。

（区卫健委）

【打造强力卫生健康支撑体系】年内，区中医院迁建工程、区疾病预防控制中心及卫生监督所迁建工程即将正式投入使用。区120急救分中心等部门陆续搬入区医院教学科研楼。区妇幼保健院改扩建工程正式开工建设，区医院东院区350张床位获市级批复同意。完成区域电子健康档案中心、电子病历中心、医学影像会诊中心等信息平台建设。

（区卫健委）

【医耗联动综合改革】6月5日，《顺义区医耗联动综合改革实施方案》（以下简称《方案》）经第99次区政府常务会议审议通过并正式印发实施，《方案》明确改革范围、方式、职责分工和时间安排等。本区有234家医疗机构参加本次综合改革，其中医保定点机构231家，非医保定点机构3家。制定《顺义区2019年改善医疗服务行动计划》实现区属二级及以上医院年内全部可提供电话预约、网络预约、现场预约等挂号方式。各医疗机构对6621项范围内涉的医疗服务项目价格调整规范工作全部到位，价格调整对机构、科室、患者、病种及项目的影响测算均已开展。

（区卫健委）

【公立医院综合改革】年内，为全面贯彻落实《北京市人民政府办公厅关于印发北京市建立现代医院管理制度实施方案的通知》文件要求及区长孙军民的批示意见精神，区卫健委会同区属相关部门，在总结完善现有公立医院法人治理机构模式的同时，继续深入推进治理结构完善和推广。完善医疗服务战略、医疗服务评价、服务流程管理、组织文化管理医院绩效等方面的评价和精细化管理。

（区卫健委）

【医疗卫生规划编制】年内，《顺义区医疗卫生设施专项规划（2017-2035年）》的文本及图纸正式编制完成，结合区域定位和国际化元素和人口老龄化趋势，同时兼顾河东河西均衡发展的基础上，梳理现状全区医疗卫生设施规模和布局。《“十四五”时期顺义区推进“健康顺义”建设的思路与措施研究》课题研究与《顺义区“十四五”时期卫生健康事业发展规划》编制工作启动。

（区卫健委）

【整合型医疗卫生服务体系模式探索】年内，搭建基于互联网+心血管疾病的防治与控制体系，研发“健康顺义”移动APP有效提高区域慢性病规范化管理水平和工作效率。制定出台相关文件制度19个，著作《建设区域整合型医疗卫生服务体系的理论与实践》由人民卫生出版社出版，在专业期刊上发表科研论文8篇。

（区卫健委）

诊疗

【概况】年内，全区总诊疗946.84万人次，其中门诊866.13万人次，急诊61.66万人次，出院9.20万人次，手术例数2.71万人次，床位使用率69.83%，出院者平均住院日8.15天。

（区卫健委）

【床位】年内，实有病床4253张，平均每千人常住人口实有床位3.5张。

（区卫健委）

【医疗质量管理】年内，区级质控中心管理办法及工作职责进一步完善，医疗质量管理与控制体系进一步健全，全年共完成专项调研、指导活动21次，组织质控相关学术课程、会议26次。加强区级临床重点专科管理，健全区级临床重点专科建设配套管理制度，进一步规范各专科发展方向，逐步提升区级医院的诊疗服务能力和科研教学水平。9—12月，区卫生健康委聘请第三方公司对53个临床重点专科项目进行验收并针对专家验收意见进行整改、提高。

（区卫健委）

【护理工作管理】年内，注册护士3828人，医护比例1.08∶1，有ICU床位31张。全区共上报不良事件211例，其中管路滑脱42例，用药错误27例，跌倒坠床52例，皮肤压疮28例，意外事件55例，操作并发症7例，整改率100%。

（区卫健委）

【献血管理】年内，完成血液采集18022单位，其中团体无偿献血8001单位、街头采集10021单位，临床用血12247单位，采供血平衡率147%。全年报销血费47人次47301.4元。

（区卫健委）

【对口支援】年内，共接收河北省沽源县24名、张家口市万全区8名、内蒙古自治区科左中旗12名、内蒙古自治区巴林左旗16名，共计60名受援地区医疗骨干到本区进修学习。10月21—24日，万全区卫健局选派20名专业技术人员到本区进行相关专业业务培训及参观，区卫健委邀请区质控中心相关专家进行培训。本委共选派59名专业技术人才到内蒙古巴林左旗、科左中旗，河北省沽源县、万全区，西藏尼木县5个受援地区开展对口帮扶工作，其中长期13名、中期8名、短期38名（1—4个月不等）。借助京蒙“精准健康扶贫绿色通道”，完成2例重大疾病患者来京诊治工作，其中科左中旗癫痫病患者明确诊断治疗好转后返乡就业；科左中旗尿毒症患者7月30日顺利实施肾移植手术。

（区卫健委）

【临床合理用药】年内，继续规范抗菌药物使用，组织开展抗菌药物使用培训及资格考试，质控中心对区内社会资本举办的医疗机构开展抗菌药物静脉输液资格审核专项检查活动，按要求对其人员资质、抗菌药物使用指征等内容进行审查，共审批通过14家单位。巩固抗菌药物专项整治活动成果，加强日常抗菌药物使用监测，并配合市级质控中心开展限制性抗菌药物临床监管工作。

（区卫健委）

【处方点评管理】年内，各级医疗机构坚持处方点评制度，严格组织处方点评的实施及结果应用。区处方点评专家组对26家社区共点评处方45139张，其中不合理处方总数为3230张，处方不合理率平均为7.16%，同比下降1.34%。

（区卫健委）

【院前急救工作】年内，区120急救分中心合理调整各分站布局，增加马坡急救站和南彩急救站，增加救护车5辆，呼叫满足率94%。区120急救分中心，每季度组织急救技能培训1次，并配合相关部门开展反恐处突、安全生产等事件演习，全区120院前急救系统共派急救车辆25010次。其中，各种外伤出车7305次，占总出车比例为29.20%；心血管病出车2158次，占总出车比例为8.6%；急性脑血管病出车5377次，占总出车比例为21.50%；分别占总出车数的前三位（共59.30%）。另外，各种中毒事件出车1023人次，占总出车比例的4.09%。精神疾病患者转运114次。

（区卫健委）

【医疗设备采购审批】年内，严格控制设备购置审批程序，坚持大额采购两级论证原则，促进卫生资源合理配置与建设。年内，受理29家医疗机构合计131项的采购申请，总计金额10396.44万元，其中超过两级论证限额的项目37项。全年共组织区级论证6次，论证金额共计7624万元。

（区卫健委）

【应急救援与大型活动医疗保障】年内，以区120急救分中心为主的院前急救体系共执行专项医疗急救保障任务171次。在国庆节、国家司法考试、高等教育自学考试、流感疫苗接种、全区幼儿园窝沟封闭、涂氟、高考英语机上考试、成人自学考试等重大活动中承担医疗应急处置任务；针对12月3日顺义区牛栏山工业北区京京日食品有限公司爆炸事故，共计派出救护车10车14车次。

（区卫健委）

【体检工作】年内，区中医医院承担区内征兵体检和高招体检工作。征兵体检共758人，无一例责任退兵；高招体检共检查3535人。

（区卫健委）

【全程办事代理】年内，按照审批程序共受理医疗机构审批件891件，其中校验634件、变更198件、注销8件、设置审批20件、登记注册19件、中医诊所备案9件、解除停业3件；受理医师审批1363件，其中注册228件、外国医师短期行医8件、变更522件、多机构备案605件；护士审批件1177件，其中首次注册120件、重新注册11件、延续注册595件、变更注册121件、更换主要执业机构330件。

（区卫健委）

【区级医院中医药服务能力提升】年内，区妇幼保健院增设中医心理咨询门诊、中医小儿妇科专业门诊，开展胃肠电图仪的检测项目，中医科年门诊总量为13619人次，同比增长39.6%。区中医医院在23个科室开展70个专病专症门诊，诊疗28763人次，增长率为44.86% 。对7个科室共16张协定处方进行调配，科室覆盖率增长133%，调配量增长220%。根据收治病种特点，制定和优化12个病种的中医护理方案并组织实施。实施中医特色技术36项119684人次。开展“顺义区第二届中医药文化节”活动，共义诊3200余人次，健康咨询3500余人次，参与特色体验2800余人，一般身体检查1200余人次，发放代茶饮、药膳方等中医药体验品2000余份，养生健身功法教习200余人次，小儿推拿等中医类科普讲座6场，线上线下受众8万余人。持续推进“中医养老身边工程”项目试点工作，首批中医养老技术人才200余人上岗服务。全年共获批国家级继教项目2项、市级继教项目13项，区级继教项目18项。北京中医医院顺义医院基层中医肾病学科团队基地获批。

（区卫健委）

【药品阳光采购工作】年内，中标采购金额2014.22万元，中标总采购数量1798.28万片，全部任务药品均完成全年采购量。全区患者投诉数0件，网络负面舆情发生数0件。

（区卫健委）

【5·12护士节专题活动】5月9日，区卫生健康委以“护士引领之声——人人享有健康保健”为主题举办护士节庆祝活动。在全区开展护理相关评选，共评选出“优质护理服务先进个人”37名，“基层护理服务先进个人”13名，“优质护理服务示范团队”10支；面对全区医疗机构开展“征文”书写与“微视频”拍摄的评选奖项，最终选出优秀征文27篇、优秀微视频作品17个，在活动现场为获奖人员与团队发以证书与奖杯。

（区卫健委）

【社区卫生】年内，有社区卫生服务中心26个、运行的社区卫生服务站174个，均为政府办机构。有卫生技术人员2085人，其中全科医生513人、中医医生114人、注册护士607人。全年门诊2913116人次，家庭医生上门服务6542人次。顺义区完成社区卫生中心（站）标准化建设。

（区卫健委）

【村卫生室】年内，有村卫生室199个，其中120个为政府购买服务的村卫生室，79个为私人办村卫生室。全区医疗机构覆盖率为100%。有乡村医生121人，2019年开展考核培训50余次。

（区卫健委）

【家庭医生签约服务】年内，常住人口签约392911人，签约率32.1%；重点人群签约195343人，签约率92.8%。组建家医服务团队281个。

（区卫健委）

【慢性病管理】年内，各社区卫生服务中心共计管理高血压患者64377人，规范管理高血压患者39150人，高血压规范管理率60.8%，血压达标41314人，血压控制率64.2%。管理糖尿病患者27861人，规范管理糖尿病患者17573人，糖尿病规范管理率63.1%，血糖达标16811人，血糖控制率60.3%。

（区卫健委）

【健康档案】年内，建立健康档案（均为电子档案）949846份，占全区总人口的77.3%；健康档案使用280664份，使用率30%。

（区卫健委）

【社区基本药物采购】年内，26个社区卫生服务中心累计采购药品3989个品规，金额6.384亿元。其中基本药物3.01亿元，占47%。

（区卫健委）

【老年人健康管理】年内，共完成老年人健康管理63430人，管理率70.48%，完成市级要求69%的老年人管理率。

（区卫健委）

计划生育

【计划生育管理】年初，全区办理再生育确认实行网上登记（登录“北京市生育登记服务系统”）和现场登记两种方法。年内，全区办理户籍一孩生育登记3829例，二孩生育登记3549例，北京市再生育确认213例；为流动人口办理“北京市流动人口生育登记服务单”4565例，“北京市流动人口再生育服务单”42例。 全员流动人口信息平台正常运转。利用全员流动人口信息平台，掌握流动人口育龄妇女的婚育信息，强化沟通和反馈。全年共核实反馈各类信息3932条。

（区卫健委）

【流动人口健康管理】年内，按照市卫生健康委工作要求，在全区25个镇、街组织流动人口已婚育龄妇女健康体检，此次活动共2000人参加。开展健康教育与健康促进活动，重点核查流入人口基础信息以及变动情况，了解流动人口的实际需求，开展有针对性的服务管理，普及健康知识和技能，提高流动人口健康意识和健康素养，活动惠及2万余人次。

（区卫健委）

【计划生育关怀】年内，顺义区有奖扶对象9244人，特扶对象1020人。区级奖励扶助金额提高到每人每年1200元，伤残（死亡）特别扶助金提高到每人每年2400元，资金全部发放到位。市区两级奖励扶助金发放3050.52万元，特别扶助金1058.844万元。继续落实对低保独生子女家庭的专项救助金34.44万元、独生子女意外伤残或死亡的一次性经济帮助25万元。

（区卫健委）

【计划生育信息化建设】年内，全区19个镇、6个街道有村居专干561人、村居离任专干112人、镇街宣传员6241人，离任后一次性补助1人，在职年满20年一次性补助16人，共计发放资金268.08万元。

（区卫健委）

疾病控制

【概况】年内，顺义区未发生鼠疫（11月在北京输入性鼠疫疫情控制中，对北京地坛医院顺义院区集中医学观察肺鼠疫密切接触者46人和天竺翠竹新村1名密切接触者进行隔离管理指导，对10名现住址为顺义区的一般接触者进行健康情况追踪，均无异常）、霍乱、传染性非典型肺炎、脊髓灰质炎、人感染高致病性禽流感、炭疽、流行性脑脊髓膜炎、白喉、新生儿破伤风、钩端螺旋体病、血吸虫病、人感染H7N9禽流感、麻风病、流行性和地方性斑疹伤寒、黑热病、包虫病、丝虫病。常见多发的传染病有肺结核、梅毒、病毒性肝炎、痢疾、猩红热、淋病、艾滋病、布病、其他感染性腹泻、麻疹、乙脑、手足口病、流行性感冒和流行性腮腺炎等。

（区卫健委）

【传染病防治】年内，共报告法定传染病18种10864例，报告发病率963.12/10万，同比上升51.18%，报告死亡率0.53/10万。无甲类传染病报告。乙类传染病报告12种892例，报告发病率79.08/10万，同比下降8.51%，肺结核、梅毒和病毒性肝炎位居前三，占75.78%。丙类传染病共报告6种9972例，报告发病率为884.04/10万，同比上升60.58%。流行性感冒、手足口病、其他感染性腹泻病位居前三，占99.11%。

全年共报告淋病、梅毒、尖锐湿疣、生殖器疱疹、生殖道沙眼衣原体感染5种性病507例，发病率为43.37/10万，比上年上升7.27%，无死亡病例。发病顺位为尖锐湿疣183例、梅毒168例、生殖道沙眼衣原体感染101例、淋病53例、生殖器疱疹2例。法定传染病梅毒报告发病率比上年下降20.54%、淋病下降11.83%；其他传染性疾病尖锐湿疣、生殖道沙眼衣原体感染比上年分别上升20.12%、121.49%，生殖器疱疹比上年下降35.68%。

年内，共报告甲乙丙类法定传染病18种10714例，总报告死亡数6人，总报告发病率为916.51/10万，总报告死亡率为0.51/10万，与2018年相比，报告发病率上升43.31%，报告死亡率下降58.64%。年内无甲类传染病报告。乙类传染病共报告12种845例，报告死亡2人（艾滋病和肝炎各1例），报告发病率为72.28/10万，报告死亡率为0.17/10万；与2018年相比报告发病率下降12.33%，报告死亡率下降82.45%。乙类传染病中的传染性非典型肺炎、脊灰、人感染高致病性禽流感、出血热、狂犬病、乙脑、炭疽、伤寒+副伤寒、流脑、白喉、新生儿破伤风、钩体病、吸虫病，人感染H7N9禽流感病种无病例报告。

年内，结核门诊量5016人次，初诊登记770人，确诊结核234人，全区登记管理肺结核病人345例，非户籍患者126例，占病人登记总数的36.6%，肺结核患者社区转诊率、追访率、首次面访率、社区督导管理率、社区随访规则服药率、结案评估率均达到100%；对626名家庭密接成员进行接触者检查，检出29名肺结核患者（全部为第一社会福利院受助者），患者家属筛查率达到100%；区结防中心及社区防痨医生对肺结核病人及家属均进行相关知识健康教育，覆盖率为100%。密接筛查545名在校师生，发现1例活动性肺结核；开展2019年新生入学结核筛查工作，全区托幼机构、中小学及高级中等学校、初中寄宿学校共28469名新生全部进行初筛，需进一步筛查5938人，部分学校根据实际情况入校PPD筛查，发现活动性肺结核病2人，PPD强阳性100人为结核菌潜伏感染，其中22人预防性用药。

（区卫健委）

2019年顺义区乙类传染病报告发病情况统计表

2019年					2018年			发病率增减(%)
顺位	疾病病种	发病数（例）	发病率（1/10万）	构成比（%）	顺位	发病数（例）	发病率（1/10万）	
1	肺结核	356	30.45	42.13	1	314	27.84	-4.31
2	梅毒	168	14.37	19.88	2	204	18.09	-20.54
3	肝炎	106	9.07	12.54	4	110	9.75	-7.02
4	痢疾	66	5.65	7.81	3	97	8.6	-34.35
5	猩红热	53	4.53	6.27	6	58	5.14	-11.83
6	淋病	43	3.68	5.09	5	78	6.91	-46.8
7	艾滋病	22	1.88	2.6	7	24	2.13	-11.55
8	布病	11	0.94	1.3	8	16	1.42	-11.83
9	麻疹	9	0.77	1.07	11	8	0.71	8.56
10	乙脑	5	0.43	0.59	12	1	0.09	382.19
11	百日咳	4	0.34	0.47	9	9	0.8	-57.11
12	登革热	2	0.17	0.24	14	1	0.09	92.9
13	伤寒+副伤寒	—	—	—	10	8	0.71	—
14	疟疾	—	—	—	13	1	0.09	—

注：表中“—”表示无相关统计数据。

2019年顺义区丙类传染病报告发病情况统计表

2019年					2018年				发病率增减（%）
顺位	疾病病种	发病数（例）	发病率（1/10万）	构成比（%）	顺位	发病数（例）	发病率（1/10万）	构成比（%）	
1	流行性感冒	7129	609.84	39.42	1	2477	219.59	39.42	177.71
2	手足口病	1408	120.44	37.76	2	2373	210.37	37.76	-42.75
3	其他感染性腹泻病	1246	106.59	21.5	3	1351	119.77	21.5	-11.01
4	流行性腮腺炎	66	5.65	1.26	4	79	7.00	1.26	-19.39
5	风疹	18	1.54	0.03	5	2	0.18	0.03	768.47
6	急性出血性结膜炎	2	0.17	0.03	6	2	0.18	0.03	-3.5

【地方病防治】年内，随机抽取本辖区内5个乡镇（北小营、高丽营、大孙各庄、牛山和旺泉街道），进行碘缺乏病重点人群监测任务，结果为：2019年8～10岁学生的甲状腺肿大率初步检查结果为13%，经过市级专家抽样复核结果为2.33%，符合国家规定的5%以内；学生家中食盐检测结果良好，碘盐合格率为82.5%，合格碘盐食用率为75%；另外采集5所学校食堂用盐5件，检测结果均为碘盐，合格碘盐4件，碘盐合格率及合格碘盐食用率均为80%，经权重后，顺义总体合格碘盐食用率为76.67%。孕妇尿碘检测结果中位数偏低，为117.6微克/升，但食用碘盐及含碘食品情况良好，碘盐合格率为82.3%，合格碘盐食用率为79%，补碘率为96%，其他重点人群碘营养状况处于适宜水平，学生、育龄妇女及成年男性尿碘中位数分别为196.6微克/升、148.1微克/升和160.9微克/升。按照新增工作要求分别在北小营等5个地区随机抽取大、中、小型超市各一家，共计采买15家超市所销售的碘盐种类，共计检测29件，碘盐27件，不合格2件，碘盐合格率为93.1%，盐碘含量中位数为22.9微克/千克。

高氟改水井枯水期、丰水期累计采水检测246件，水氟含量合格率保持在95%以上，仅有

1眼井水氟含量超标，改水井正常使用率为97.96%；氟斑牙普查49个村的本地出生8～10岁儿童317人，正常265人，氟斑牙18人，氟斑牙患病率为5.7%，低于国家规定的30%以下，处于轻度水平。

（区卫健委）

【学校卫生】年内，全区中小学生有72303人，实际体检人数66824人，体检覆盖率92.42%。中小学生视力不良检出率为55.97%，肥胖检出率为20.72%（中国学生超重肥胖BMI筛查标准评价2018），营养不良检出率为6.65%（中国学生超重肥胖BMI筛查标准评价2018），缺铁性贫血检出率为6.22%，学生恒牙患龋率为13.83%，恒牙龋均为0.26，恒牙龋齿填充率为33.00%。

（区卫健委）

【慢性非传染性疾病防治】年内，以慢性病综合防控工作要点为核心，以持续巩固慢性病综合防控示范区机制为主线，通过健康知识普及、全民健康生活方式行动、结直肠癌早诊早治、脑卒中筛查管理及慢性病危险因素监测、常见慢性病的规范管理等措施，进一步巩固慢性病综合防控示范区建设成果。年内新创市级健康机构11家，区级健康机构86家。国家心血管病及高危人群筛查分别为2045人、547人，完成率分别为102.2%、109.4%，中心荣获“北京市优秀组织奖”。举办第四届“万步有约”健走激励大赛，621人参加，荣获全国示范区优秀组织奖、全国百强示范区、北京市综合奖三等奖。开展全民健康生活方式主题月活动暨防跌倒毛巾操展演，200余人参加。多社区实施结直肠癌筛查，初筛2300余位居民，镜查652人，完成率100.2%。

（区卫健委）

【计划免疫】年内，共接种323721人次，基础免疫、加强免疫报告接种率均在99%以上，本市儿童出生1个月内和流动儿童居住2个月内建卡、建证率均在99%以上。辖区内25家规范化接种门诊中，AAA级门诊3家，AA级门诊13家，A级门诊9家。另有2家其他预防接种门诊。

全年报告疑似预防接种异常反应（Adverse Event Following Immunization，简称AEFI）204例，发生率为32.02/10万针次，全年未发生接种差错事故，安全接种率100%。其中一般反应168例，异常反应29例，偶合症7例，心因性反应0例，未出现疫苗质量事故和接种事故。

204例不良反应涉及疫苗23种，报告发生率在127.60/10万～1.43/10万。其中，13价肺炎疫苗、百白破（无细胞）疫苗、百白破IPV和Hib五联疫苗、麻风疫苗报告发生率均在80/10万以下。一般反应主要集中在百白破（无细胞）疫苗、13价肺炎疫苗和A群流脑疫苗，占全区报告一般反应总数的57.74%。异常反应主要集中在麻风疫苗，共报告11例，占全区异常反应报告总数的37.93%，其次为百白破（无细胞）疫苗5例，占异常反应病例总数的17.24%。Hib疫苗、乙脑（灭活）疫苗、霍乱疫苗、百白破Hib四联、狂犬病球蛋白、破伤风疫苗、流脑A+C+Y+W135、5价轮状病毒疫苗、双价HPV疫苗和4价HPV疫苗均无不良反应报告。204例不良反应病例中男性109例，占53.43%，男女比例：1.15 ：1。年龄最大的82岁，最小的5月龄。不良反应主要发生于2岁及以下婴幼儿，其中，0岁组74例，1岁组79例，2岁组15例，占病例总数的82.35%。

（区卫健委）

【外来务工人员麻疹、流脑疫苗接种】年内，外来务工人员开展麻疹、流脑疫苗接种工作。全区共调查集中用工单位204家，应接种麻疹疫苗1626人次，实接种1240人次，接种率76.26%；应接种流脑疫苗1626人次，实接种1240人次，接种率76.26%。学龄前流动儿童强化查漏补种工作共调查到学龄前流动儿童20105人，补种／预约253人次，补卡、补证率、各疫苗补种／预约补种率均达到100%，达到北京市指标要求。

（区卫健委）

【流感疫苗接种】8月底，辖区内28个流感疫苗接种门诊开始进行流感疫苗接种筹备工作；10月8日，开始对本市60周岁以上老年人和中小学校在校学生开展流感疫苗接种工作。截至11月30日，顺义区28个流感疫苗接种门诊共接种流感疫苗107247人次（接种人数比2018年提高24.92%），其中非免疫规划流感疫苗8405人次；免疫规划流感疫苗中，60岁以上老人接种47112人次，接种人数较2018年（41484人次）提高13.57%；学生接种48305人次，接种人数较2018年（38319人次）提高26.06%；保障人群共接种1889人次；医务人员共接种1097人次；中小学校教师共接种439人次；免疫规划流感疫苗合计接种98842人次，较2018年（81295人次）提高21.58%。

（区卫健委）

【疫苗相关疾病及应急接种】年内，全区无脊灰、流脑、白喉、新生儿破伤风疫情发生。未报告狂犬病病例。6家狂犬门诊共接诊动物致伤病例17611例，比2018年（15841例）上升11.17%，暴露前免疫84例，暴露后免疫17527例，暴露后免疫者中致伤动物种类主要是犬（致伤10340例，占58.71%），其次是猫（致伤6574例），其他动物致伤613例。全年未发生一犬致伤多人事件。百日咳散发病例9例，其中本地病例6例，外省病例3例；2018年同期发病8例，其中本地病例3例，外省病例5例。共报告疑似麻疹病例47例，其中实验室确诊麻疹4例，确诊风疹11例，排除32例，发病率为0.34/10万，排除率为4.16/10万。发病率比上年发病率0.80/10万下降57.5%。全年未发生麻疹暴发疫情和突发公共卫生事件。共报告疑似风疹病例29例（按照现住地址和发病日期统计），其中实验室确诊风疹18例，排除11例，风疹发病率为1.54/10万，比上年（0.18/10万）上升755.56%。全年未出现暴发和突发公共卫生事件。共报告流行性腮腺炎68例，发病率5.82/10万，较上年下降17.98%。共报告水痘病例924例（含10例外籍病例、3例港澳台病例），发病率79.04/10万（含外籍和港澳台病例），比上年（72.25/10万）上升9.40%。共报告病毒性肝炎106例，发病率9.07/10万，较上年下降6.97%。其中新发病毒性肝炎（仅包括急性和未分类）37例，发病率为3.17/10万，比2018年下降23.98%。甲肝4例，发病率0.34/10万，较上年同期升高88.89%；乙肝11例，发病率0.94/10万，较上年同期下降33.80%；丙肝1例，发病率0.09/10万，较上年同期下降83.02%；戊肝15例，发病率1.28/10万，较上年同期下降3.76%；未分型肝炎6例，发病率0.51/10万，较上年同期下降28.17%；无死亡病例及暴发疫情报告。母婴阻断工作全年共监测母亲HBsAg（+）的儿童34名，检测结果显示乙肝感染0人，感染率0.00%；抗体阳转人数33人，阳转率97.06%。

（区卫健委）

2019年顺义区本市儿童基础免疫情况统计表

疫苗基础免疫		应种人数（人）	受种人数（人）	接种率（%）
乙肝	1	7315	7305	99.86
	2	9162	9161	99.99
	3	9319	9318	99.99
	合计	25796	25784	99.95

疫苗基础免疫		应种人数（人）	受种人数（人）	接种率（%）
脊灰	1	8751	8751	100.00
	2	8822	8822	100.00
	3	8827	8827	100.00
	合计	26400	26400	100.00
百白破	1	8989	8989	100.00
	2	9112	9111	99.99
	3	9211	9210	99.99
	合计	27312	27310	99.99
白破	1	0	0	0.00
	2	0	0	0.00
	3	3	3	100.00
	合计	3	3	100.00
麻风		9011	9011	100.00
A群流脑	1	9062	9061	99.99
	2	8840	8839	99.99
	合计	17902	17900	99.99
乙脑	1岁	9202	9202	100.00
甲肝	1.5岁	9326	9326	0.00

2019年顺义区本市儿童加强免疫情况统计表

疫苗加强免疫		应种人数（人）	受种人数（人）	接种率（%）
乙肝	初一	3569	3569	100.00
脊灰	4岁	5891	5891	100.00
百白破	1.5岁	9106	9106	100.00
白破	6岁	6130	6130	100.00
	初三	0	0	0.00
	大一	0	0	0.00
	合计	6130	6130	100.00
麻腮风	1.5岁	8874	8874	100.00
	6岁	6260	6260	100.00
	合计	15134	15134	100.00
麻疹	大一	0	0	0.00
A+C流脑	3岁	10276	10276	100.00
	小四	4004	4004	100.00
	合计	14280	14280	100.00
乙脑	2岁	9872	9872	100.00
甲肝	2岁	9728	9727	99.99

2019年顺义区外来儿童基础免疫情况统计表

疫苗基础免疫		应种人数（人）	受种人数（人）	接种率(%)
乙肝	1	3693	3688	99.86
	2	4241	4241	100.00
	3	5539	5539	100.00
	合计	13473	13468	99.96
脊灰	1	4546	4546	100.00
	2	4880	4880	100.00
	3	5302	5302	100.00
	合计	14728	14728	100.00
百白破	1	5024	5024	100.00
	2	5451	5451	100.00
	3	5581	5581	100.00
	合计	16056	16056	100.00
白破	1	1	1	100.00
	2	0	0	0.00
	3	0	0	0.00
	合计	1	1	100.00
A群流脑	1	5669	5669	100.00
	2	5418	5417	99.98
	合计	11087	11086	99.99
乙脑	1岁	5494	5493	99.98
甲肝	1.5岁	6155	6155	100.00

2019年顺义区外来儿童加强免疫情况统计表

疫苗加强免疫		应种人数（人）	受种人数（人）	接种率(%)
乙肝	初一	922	922	100.00
脊灰	4岁	4211	4211	100.00
百白破	1.5岁	5500	5500	100.00
白破	6岁	3617	3617	100.00
	初三	0	0	0.00
	大一	0	0	0.00
	合计	3617	3617	100.00
麻腮风	1.5岁	5691	5691	100.00
	6岁	4034	4034	100.00
	合计	9725	9725	100.00
麻疹	大一	1414	1414	100.00
A+C流脑	3岁	6174	6173	99.98
	小四	1996	1996	100.00
	合计	8170	8169	99.99
甲肝	2岁	6064	6064	100.00
乙脑	2岁	6115	6115	100. 00
	3岁	675	675	100. 00
	4岁	234	234	100. 00
合计		7024	7024	100. 00

【职业卫生】全年共接报职业病（含疑似）及农药中毒38例，其中确诊职业病10例，疑似职业病23例，农药中毒5例。职业病报告数量总体较2018年有所下降。确诊职业病同比增加11.11%，其中尘肺病7例，与2018年持平；职业性苯中毒1例，职业性噪声聋2例，2018年度均无报告。疑似职业病同比下降36.11%，其中疑似噪声聋19例，疑似苯中毒3例，疑似其他尘肺病1例。农药中毒5例，同比下降50%，均为非生产性自服；死亡3例。全年访视职业病报告病例10例，职业病报告卡审核38例，审核用人单位信息72条，有毒有害作业工人健康监护汇总表170条。

（区卫健委）

【放射卫生】年内，全区开展放射诊疗活动并取得《放射诊疗许可证》的医疗机构73户，放射工作人员422人，在册并通过检测放射设备179台。受理完成放射卫生行政审批共计150件，其中受理新办8件，校验53件，变更11件，卫生审查25件，竣工验收19件，注销1件，发放《放射工作人员证》33件。年内监督检查85户次、行政处罚10户次，其中6户次处以简易程序处罚，4户次处以一般行政处罚、罚款总金额13万元。

（区卫健委）

【卫生行政许可和食品安全标准备案】年内，卫生行政许可答询3000余件，受理1005件，办结1005件，办结率100%。其中公共场所办结583件，新办322件，延续174件，变更68件，补办0件，注销19件；生活饮用水办结422件。年内，食品安全标准备案接收企标备案资料107个，企标备案完成107个，其中新备案56个，修订备案22个，修订后重新备案14个，注销15件，受理咨询1621人次。

（区卫健委）

【饮用水监测】全年应监督各类供水单位1259户次，实监督各类供水单位1587户次，合格1402户次，合格率88.34%，不合格148户次，未能监督37户次。开展北京双随机监督供水单位569户，双随机监督覆盖率45.19%。年内接到饮用水投诉110起，均已办结。年内生活饮用水科审批发放卫生许可276个，其中农村饮用水卫生许可219个。年内实施简易程序行政处罚164起，其中警告161起，简易罚款3起，罚款3000元。实施一般程序行政处罚30起，罚款28.35万元。案件数量与处罚金额与2018年比较基本持平。开展国抽双随机22户，其中城市公共供水9户，二次供水10户，涉水产品生产企业3户，结果均合格。另外，抽检现场制售水机5台，结果均合格。

（区卫健委）

【公共场所环境卫生监测】年内，应监督1923户，实监督1895户，监督覆盖率98.56%，监督频次1.23；抽检170户，合格149件，合格率87.65%；处罚469起，罚款金额245900元，其中简易程序363起，罚款金额9000元，一般程序106起，罚款金额236900元；受理公共场所举报投诉案件150起，办结150起，办结率为100%。

（区卫健委）

【精神卫生】年内，顺义区录入北京精神卫生信息管理系统并上传国家卫生健康委减去死亡后的精神病患者4688人。其中严重精神障碍患者在册3362人［指精神分裂症、持久的妄想性障碍、分裂情感性障碍、双相情感障碍（包括躁狂发作）、癫痫所致精神障碍、精神发育迟滞伴发精神障碍的患者3283人，强制报告的六类外病种患者79人］，其他严重精神障碍患者1247人。截至年底，全区患者报告患病率为3.051‰，2019年全年在册患者管理率为96.77%，在册规范管理率95.44%，在管患者规范管理率98.35%，在册规律服药率82.91%，在管病情稳定率99.46%，在册患者面访率90.82%，精神分裂症服药率93.62%。年内新增长期免费服药患者295人，免费服药惠及率61.29%，全年共发放免费药品金额278万余元；对于临时性免费服药政策做出新突破，一是免费提供的药品金额由原来的每季度2000元增加至3000元。二是增加新型进口抗精神病药帕利哌酮缓释片、氨磺必利片等。通过临时免费服药政策的调整，使辖区内在档精神疾病患者受益人数由原来的4%增至6%，共为979名患者发放126万余元临时免费药品。年内，社区“四进行动”共进社区14场、进企业4场、进学校4场、进特殊人群4场，2场健康大讲堂，总受众人数达1400余人次，发放宣传材料5000余份。

（区卫健委）

【消毒产品监督】年内，开展抗（抑）菌制剂专项检查，对185户消毒产品使用和经营单位、3户消毒剂及抗（抑）菌制剂生产企业进行监督检查。共检查消毒产品47种，抗(抑)菌制剂35种，卫生用品2种。开展医疗机构污水消毒监测监管模式情况调查，调查三级医疗机构5户，二级医疗机构5户，一级医疗机构37户，实际共完成调查医疗机构数量40户。做出传染病与消毒专业行政处罚案件53件，其中简易程序50件，均为警告；一般程序3件、处罚金额0.9万元。

（区卫健委）

【健康教育与健康促进】一是成立健康科普讲师团，评选出327名专家组成顺义区健康科普讲师团组织健康科普专家，共举办规范化培训7场；针对社区居民开展专题讲座2207场，直接受众11.98万人次。二是开展健康素养监测工作，7—12月，区健康促进工作委员会组织开展首次全区居民健康素养监测。涉及全区25个乡镇街道、26家社区卫生服务中心，150余个村（居）委会，共计80个监测点4000余人。三是开展成人慢性病及其危险因素监测工作，在25个镇街道共调查18～79岁的常住居民3993人。四是多途径开展健康宣教活动，微信、微博分别发布图文信息298篇1265条，阅读量分别为81.2万人次、96万人次。开展公交站台灯箱等户外媒体宣传300余期次。开展健康大课堂2126场，健康咨询305场，受益10万余人。五是开展跨部门行动，开展“巾帼健康大课堂”“健康提素”自学自测等活动。

（区卫健委）

妇幼保健

【围产保健】年内，辖区户籍产妇数8239人，活产8332人。产前检查率99.90%、早检率为98.66%、孕产妇系统管理率94.23%；早孕建册率93.66%；产后访视率为95.30%；住院分娩率为100%。高危妊娠管理率为99.99%、高危孕产妇住院分娩率为100%。发生1例户籍孕产妇不可避免死亡。

（区卫健委）

【出生缺陷防治】2019年，增补叶酸预防神经管缺陷工作发放叶酸1296人；健康教育人数1296人；叶酸服用率99.36%；随访率99.79%，叶酸服用依从率87.90%。住院分娩的孕产妇接受艾滋病、梅毒、乙肝检测率达到100%，梅毒感染的孕产妇2例，感染乙肝病毒的孕产妇107例，所生的109例新生儿均接种乙肝免疫球蛋白。

（区卫健委）

【婚前检查】年内，免费婚检参与人数3145人，婚检率提升至23.89%。加强婚前、孕前医学检查宣传工作，印制宣传手册，开展主题现场宣传活动，提升顺义区婚孕前检查率及检查质量。

（区卫健委）

【儿童保健】对24家社区卫生服务中心开展基本公共卫生项目督导及业务指导工作。年内，全区共完成24家规范化门诊创建工作，共创建AA级门诊18家，A级门诊6家，达到规范化门诊全区覆盖的市级要求。本区本市户籍活产8332人，5岁以下儿童死亡率2.88‰；婴儿死亡率1.92‰，0～6岁儿童健康管理率97.97%，系统管理率95.84%，新生儿访视率92.98%，纯母乳喂养率72.46%，均达到或超过市级指标要求。儿童体格发育和儿童体质发展状况良好，全区在园儿童健康管理率99.91%，在园儿童系统管理率99.87%，儿童入园体检率100%。

（区卫健委）

【新生儿疾病筛查】依据市级工作精神，鼓励开展先天性肾上腺皮质增生症（CAH）和串联质谱筛查多种遗传代谢病（25种）。2019年，全区新生儿疾病筛查率100.39%，通过筛查发现确诊病例，均在市妇幼保健院接受治疗。

（区卫健委）

【危重新生儿转会诊】2019年，全区危重新生儿转会诊通道平稳运行，组织全区4家助产机构进行危重新生儿转会诊工作培训，邀请儿童医院新生儿科主任进行转会诊危重病例分析、讨论。全区危重新生儿转诊351人，转至儿童医院111人，区内转诊177人，转至非指定医疗机构63人。

（区卫健委）

【妇女儿童心理卫生保健】创新服务管理模式，借助北京妇幼健康App平台，在各社区卫生服务中心全面开展孕产期心理保健服务，对孕产妇分阶段进行心理测评，对高危人群，借助顺义区搭建的心理保健转会诊网络进行转介服务。开展顺义区青少年健康夏令营活动，通过中医知识、青春期科普、科学运动、精神心理团体辅导寓教于乐的范式。

（区卫健委）

【妇女两癌筛查】适龄妇女两癌筛查项目采取HPV与TCT联合筛查模式，年内共完成宫颈癌筛查50274人，妇科良性疾病检出率32.55%，宫颈癌前病变检出率119.35/10万，对可疑病人进行规范转诊，检出宫颈癌1例，其他妇科恶性肿瘤1例。乳腺癌筛查59557人，乳腺良性疾病检出率20.23%，检出乳腺癌前病变13例，检出率21.83/10万，检出乳腺癌23例，检出率38.62/10万。对HPV和TCT检测公司开展质量督导，确保筛查质量。

（区卫健委）

【儿童早期综合发展】儿童早期综合发展服务中心为顺义区儿童保健发展搭建广阔的平台，为辖区儿童提供生长发育、营养与喂养、心理保健、口腔保健、眼及视力保健等专业服务。结合儿童生长发育和心理行为偏离开展儿童康复训练，主要针对走路姿势异常（X型腿、O型腿、内八字、外八字）、感统失调、智力发育落后、语言发育落后等进行训练。

（区卫健委）

【学前儿童保健】完成辖区内37所幼儿园9796名在园儿童的体检工作。在体检的9796名儿童中发现眼科疾病（内斜、外斜，结石）268例，心脏杂音5例，听力异常4人，均开具转诊单上转至妇幼保健院继续治疗。在园儿童体检率100%。

（区卫健委）

【口腔保健】2019年，为33772名3～6岁适龄儿童提供免费氟化泡沫服务，免费涂氟32363人次；窝沟封闭工作为7～9岁儿童免费口腔检查29742人，封闭人数9010人，封闭牙数18511颗；各指定医疗机构入园、入校为适龄儿童开展健康口腔知识讲座30余场。

（区卫健委）

【计划生育技术管理】计划生育手术共计11504例，其中本地5205例，外地6299例，宫内节育器放置术895例，宫内节育器取出术1122例，输卵管结扎术33例，负压吸宫术1723例，药物流产904例，无痛负压吸宫术6827例，发放避孕药具数272854人次数。无节育手术并发症。

（区卫健委）

爱国卫生

【爱国卫生月活动】依据《北京市爱国卫生运动委员会关于开展第31个爱国卫生月活动的通知》精神，顺义区开展环境卫生综合整治是爱国卫生月活动的重点。各属地以城乡环境卫生整洁行动为主，组织本地区各村、单位，集中开展以清理病媒生物滋生地为主题的专项环境卫生整治活动。共计组织开展集中整治活动2次、社区整治活动18次，参与现场整治800人次，群众参与率63%，清理背街小巷18条、环境死角42处，清运建筑垃圾200千克、清除城市牛皮癣1000余张。

（区卫健委）

【病媒生物防治】开展全区统一灭鼠活动。范围包括全区19个镇和6个街道办事处，组织召开2019年夏季蚊蝇消杀服务比选会。在灭蚊蝇期间，共进行3轮次消杀服务，灭前、灭后共4次监密度监测，结果显示达到国家相应标准。

（区卫健委）

【公共场所禁控烟】全年在各类宣传活动中共发放控烟宣传标识10000余贴，宣传折页7000余册，控烟条例6000余册，控烟宣传海报5000余张，以及各类控烟小礼品6000余份，投入控烟宣传资金15万元；累计监督检查3225户次，责令整改132户次，处罚134户次，罚款金额共计99000元，其中单位 23户次，罚款金额91000元；个人121起，罚款金额8000元。

（区卫健委）

【**农村户厕升级改造**】顺义区2018—2020年户厕改造总任务量为7629户，经核实确认其中291户不愿参与户厕改造，视为放弃；实际需改造户数为7338户，共涉及除天竺镇以外的18个镇225个村。截至年底，全区完成改厕5692户，当前无害化厕所覆盖率98.6%。

（区卫健委）

医疗保障

【**概况**】3月25日，顺义区医疗保障局（简称区医保局）正式挂牌成立，是区政府正处级工作部门。具体职责为：贯彻执行国家和本市有关医疗保险、生育保险、医疗救助等医疗保障制度的法律法规和政策规定，拟订本区医疗保障制度政策、规划并组织实施，负责本区医疗保障定点医药机构协议管理，监督管理纳入医保范围的医疗服务行为和医疗费用等。区医保局下设副处级事业单位顺义区医疗保险事务管理中心（简称区医保中心）。主要负责医疗保障经办事务，为参保人员提供医疗费用审核、政策咨询等经办服务，落实国家、市、区医疗保障局制定的政策。区医保局自成立以来，始终坚持以人民为中心，立足医保工作本职，不断完善机构设置、加强制度建设、狠抓作风建设，凝聚干事创业合力，局党组带领全体干部职工团结一心，全力推动医耗联动改革平稳落地，打击欺诈骗保专项行动成果显著，完成全年各项任务目标。

（区医保局）

【**顺义区医疗保障局挂牌成立**】3月25日，根据顺义区机构改革工作方案，顺义区医疗保障局正式挂牌成立，区委常委、副区长支现伟参加揭牌仪式。

（区医保局）

【**医耗联动改革平稳落地**】《顺义区医耗联动综合改革医疗保障工作实施方案》（顺医保发〔2019〕5号）制定，做好改革前期筹备部署工作，完成对辖区内215家定点医疗机构和25个镇（街）社保所工作人员的政策培训。6月15日0时，辖区内定点医疗机构全部完成His系统切换及升级，标志顺义区医耗联动改革正式落地实施。截至年底，全区定点医疗机构全面实施医耗联动综合改革，运行平稳，未出现负面舆论舆情。

（区医保局）

【**打击欺诈骗取医疗保障基金专项行动**】4月26日，顺义区2019年打击欺诈骗保专项工作启动会召开，领导小组成员单位、辖区定点医药机构、镇（街）社保所参会。5月9日，顺义区2019年打击欺诈骗取医疗保障基金专场宣传活动在双丰街道泰和宜园第一社区举办。专项行动开展以来，共发放宣传海报6822份、宣传折页29920份、倡议书3536份。7月底，全区230家定点医药机构全覆盖现场监督检查完成，共追回定点医疗机构违规金额32.30万元。核实无上传信息住院费用2023笔。下发医保警示告知书94人次。完成疑似违规人员约谈调查30人次，停卡处理6人，移送公安部门处理1人，移送纪检监察机关处理5人，追回个人违规金额18.92万元。8月16日，召开“以案示警、以案为戒、以案促改”全区定点医疗机构警示教育大会暨集体约谈，要求医疗机构及时进行自省自查。

（区医保局）

【**国家药品集中采购和使用试点**】3月15日，对辖区内定点医疗机构开展药品集中采购及医保政策培训会。3月23日，国家药品集中采购（4+7带量采购）和使用试点在顺义区正式启动实施。全年未发现医疗机构倒药卖药、套取医保基金等情况。

（区医保局）

【**定点医药机构协议管理**】年内，辖区229家定点医药机构协议考核完成。3月31日，辖区213家定点医疗机构和16家电子协议续签完成；全年新增签订基本医疗保险服务协议定点医疗机构 3家、定点零售药店17家；经医疗机构申请及现场检查，恢复签订基本医疗保险服务协议1家；因不能为参保人员提供服务，终止基本医疗保险服务协议2家；因违反基本医疗保险服务规定，解除协议1家、中断执行协议6个月1家、黄牌警示1家。

（区医保局）

【医疗救助】年内，做好城镇特困职工一次性医疗救助工作，为111名特困职工发放救助金额共计196万元。完成与民政部门的工作交接，全面接手并组织实施困难群体医疗救助工作。全年实施社会救助对象医疗救助7575人次，发放救助资金1056.01万元，较上年同期分别增长40.8%和26.5%。全年实施重性精神病人医疗救助716人次，发放救助资金193.18万元。

（区医保局）

【医疗费用审核】年内，共完成全区定点医疗机构申报的城镇职工、城乡居民、超转人员三类人群的门诊实时结算费用审核工作，共审核1831.05万笔次，累计支付30615批次，费用发生总金额22.65亿元，基金支付金额13.82亿元，拒付违规金额234.3万元；全年共审核持卡结算住院医疗费用7.89万人次，基金累计支付6.91亿元，拒付31.7万元；全年共审核手工报销医疗费用13532人次，基金支付3975.71万元；全年共审核生育医疗费用19849人次，基金支付金额5527.51万元。审核离休人员医疗费用12186人次，基金支付金额980.8万元。审核完成工伤医疗费用30766人次，基金支付金额3015.7万元。

（区医保局）

【医保稽核】年内，依托医保系统大数据，利用智能筛查与人工分析相结合，做好个人异常数据筛查工作，全年共筛查异常数据17814人次，同比增长6.86%；下发医保警示告知书101人次；完成疑似违规人员约谈调查45人次，追回个人违规金额38.38万元，追回定点医疗机构违规费用5.20万元，给予参保人停卡处理10人，锁卡处理2人。首次向区公安及区纪委区监委移送问题线索，联合惩治参保个人违法违规行为，其中移送公安部门处理1人，移送区纪委区监委处理9人。

（区医保局）

【异地就医住院费用实时结算】年内，共审核跨省异地就医直接结算费用1899人次，总费用3060.18万元，基金支付1983.99万元，分别增长202.87%、166.8%、159.64%。

（区医保局）

【2019年城乡居民大病医疗保险工作】根据《北京市城乡居民大病医疗保险试行办法》和《关于做好城镇居民大病保险工作的通知》要求，2018年度大病保险工作共涉及全区22家镇街社保所2649人次，基金支付共计2687.84万元。

（区医保局）

【2020年城乡居民基本医疗保险工作】按照北京市统一工作安排，2020年城乡居民基本医疗保险集中参保期自2019年11月11日—2020年2月29日。11月8日，对全区25个街镇社保所、70余所学校近150名工作人员进行参保缴费、政策调整、答复口径等内容培训，向社保所和学校发放各类宣传材料11万余份。完成辖区内2020年度城乡居民基本医疗保险集中参保工作，集中参保期城乡居民参保登记268577人，缴费成功264378人。其中享受财政补助人员22071人，个人缴费7920.71万元。

（区医保局）

【特殊病种备案核查】顺义区特殊病种备案资质定点医疗机构为顺义区医院、顺义区中医医院、顺义区妇幼保健院和空港医院。年内，共完成特殊病种查看1545人次，进行现场检查10家次。完成对妇幼保健院新增病种“黄斑变性眼内注射治疗”的审核和现场验收工作。

（区医保局）

红十字事业

【区红十字会迁址】4月13—14日，区红十字会机关办公场正式迁入复兴东街3号院C区5层。

（区红十字会）

【区红十字会二届二次理事会】5月28日，顺义区红十字会二届二次理事会召开。

（区红十字会）

【红十字青少年夏令营活动】7月15日，顺义区第一届主题为“我是小小急救员”的红十字青少年夏令营活动正式开营。这次夏令营是由顺义区红十字、区教委共同发起，58名来自全区各中小学的红十字青少年，在东江公园，度过为期3天的以红十字急救知识为主题的夏令营活动。

（区红十字会）

【北京市第十次会员代表大会】8月21日，顺义区红十字会17名会员代表出席参加北京市第十次会员代表大会。

（区红十字会）

【第五届北京市红十字应急救护技能大赛】8月27日，顺义区红十字会代表队参加第五届北京市红十字应急救护技能大赛决赛，经过知识竞答、单项技能操作、主题演讲、场景演练的层层考验。最终获得四个单项第一，一个单项第二，总成绩第二。

（区红十字会）

【“大爱无疆”人道公益总结大会】11月23日，顺义区红十字会“大爱无疆”人道公益总结大会在华彩演播厅召开，区内众多爱心企业、爱心人士与广大奋斗在红十字工作一线的工作者、志愿者参加。

（区红十字会）

【顺义区首个“红十字村”启动】12月6日，顺义区首个“红十字村”启动仪式在大孙各庄镇西华山村举行。北京市红十字会党组书记、常务副会长李宝峰，副会长马小龙，顺义区人民政府副区长李向英出席参加此次启动仪式。“红十字村”是围绕国家乡村振兴战略，将红十字事业与精准扶贫相连接，与服务和改善民生相衔接，与乡村规范化建设相对接，以“公益慈善、养老照护、邻里互助、健康促进、救护培训”为主要内容的人道公益平台。

（区红十字会）

【人道救助实力提升】年内，寻求社会力量参与红十字人道公益事业，在各基层红十字会和社会各界的支持下，发动爱心企业8家，共募集善款314.98万元、爱心物资折合人民币价值74.97万元。

（区红十字会）

【救助工作广泛开展】年内，坚持运营好红十字人道救助、重特大疾病患者专项救助、“三癌母亲”救助、脑瘫患儿救助、陪伴成长和陪伴夕阳六大救助项目，关爱对象覆盖因病致贫、老年人、孤残儿童、困难母亲等人群，年度救助困难群众3603人次，发放救助款物329.869万元。

（区红十字会）

【动员社会力量参与对口援助】年内，发动4家企业共同捐助河北省沽源县、内蒙古巴林左旗两地困难学生，共募集资金5万元，药品、生活用品、食品等物资价值29.8万元。与捐赠企业代表共赴对口援助地区开展“助力成长”爱心助学活动，惠及两地5所学校和100名困难学生。

（区红十字会）

【医疗服务下基层活动】年内，医疗服务下基层活动面向患有白内障等眼科疾病的老年人提供医疗服务和补助的公益项目。此项目在顺义区启动以来，一共在18个镇街开展眼科知识讲座140余场，为12000余位居民提供眼健康服务，筛查出1200余位需要进行白内障手术的患者，其中1000余人完成手术，救助金额超过200万元。

（区红十字会）

【群众性应急救护培训稳步推进】年内，群众性应急救护培训总人数53000余人次。应急救护培训班共开设375期，培训学员39962人次。根据往年学校的反馈意见调整“红十字知识进校园”活动的专门课件，将参与活动的学校由14家拓展到28家。汉石桥红十字青少年教育实践基地共接待49所学校参观学习，共有13058人次接受普及培训。

（区红十字会）

【红十字社会组织力量壮大】年内，一是推荐3家民办非营利机构申办北京市红十字应急救护培训基地，为3家机构的讲师开展免费培训，在培训装备上予以支持，3家机构全部通过市红十字会审核。二是投入50万元为5支现有救援队（光明、空港、北务、登山、医疗）配备救援器材，支持各救援队按照分工不同开展不同特色的培训和演练。全年各救援队共进行各种技能训练10次，集中培训5次，参与区内大型活动应急保障10余次。三是与社会组织合作组建辅助应急救援队伍，2019年，新组建旺泉街道、顺义蓝天2支救援队。

（区红十字会）

体 育

【概况】2019年是中华人民共和国成立70周年，也是顺义体育厚植基础、赋能迭代的一年。区体育局坚持以习近平新时代中国特色社会主义思想为指导，全面贯彻落实北京市体育工作会议要求和区委、区政府重大决策部署，将体育工作融于全区发展大局之中，以开展“不忘初心、牢记使命”主题教育活动为抓手，以筹办北京2022年冬奥会和冬残奥会为契机，以全民健身示范、竞技体育争先、体育产业引领、品牌赛事知名、体育文化浓郁为主线，多措并举、开拓创新，全区体育事业蹄疾步稳、硕果累累。

（区体育局）

【全民健身系列品牌打响】年内，举办顺义区第十一届全民健身体育节开幕式，操舞、拔河等13项赛事活动先后拉开帷幕，掀起全民健身热潮。举办操舞、登山、龙舟等20余项区级比赛，近万人参与。参加北京市篮球、羽毛球市民体质促进赛等10余项赛事，荣获多个全市一等奖。全区开展各类全民健身活动200余项次，参与活动人次达30余万人次。

（区体育局）

【群众体育活动协同发展 彰显顺义特色】年内，以京津冀协同发展为核心，举办滑雪、徒步等10项京津冀户外运动嘉年华全民健身系列赛事。共有来自三地的135支代表队，近5000名运动员，超过6万市民共同参与。以打造国际人才社区为契机，举办“共建一带一路 弘扬传统文化 ”2019年北京国际龙舟邀请赛、国际人才社区MINI马拉松挑战赛等国际体育活动，充分发挥体育在国际人文交流中的独特作用，为本区打造国际人才社区营造良好氛围。

（区体育局）

【全民健身宣传深入基层】年内，认真贯彻落实《北京市全民健身条例》《北京市全民健身实施计划（2016—2020）》，充分利用全媒体的方式，全方位、多角度地深入开展全民健身政策法规宣传和体育文化传播。在“6·23”“8·8”全民健身日开展丰富多彩的体育活动，向市民发放全民健身手册、开展健身大课堂讲座，设立健身橱窗等方式普及全民健身知识，在全社会营造关注体育、参与体育、热爱体育的全民健身新风尚。

（区体育局）

【顺义体育影响力逐步扩大】年内，中央电视台、北京电视台、《中国体育报》等主流媒体报道本区北务镇龙腾狮跃闹元宵舞龙大赛、端午节全国龙舟大赛、“九九重阳”全国登山大会等系列传统品牌活动30余次，阅读量超百万。《顺义健身地图专题片》在北京电视台播出，多角度、全方位宣传推广本区的体育健身成果。

（区体育局）

【全民健身设施多样化】年内，组织开展五年一次的全国体育场地普查工作。全区各类体育场地设施3158个，总面积550万平方米，人均体育场地面积4.72平方米，位居全市第二名。充分利用疏解腾退空间，为镇街村社区配建室内外体育健身设施90处。继续开展北京市体育特色镇、全民健身示范街道双创工作，对马坡镇、空港街道等9个双创单位给予一次性扶持经费450万元，通过创建努力打造一批品牌化、规模化、集聚化发展的体育特色镇街。

（区体育局）

【为民办实事工程全面落实】年内，继续开展社区公益行，向40个村赠送体重秤5000个、乒乓球台50个和广场音箱50个。在天竺镇、滨河森林公园等11处选址建设15千米健身步道，完成市、区两级政府为民办实事工程，通过健身步道把美丽休闲乡村、现代农业等串联起来，打造体育旅游的精品线路。

（区体育局）

【区级重点工作】年内，结合“街乡吹哨，部门报到”等重点任务，开展“城乡手拉手，共建和谐新顺义”群众体育公益行活动。分三个阶段完成25个镇街4000人的健康测评，实现健体康评全覆盖。为落实体医融合战略、创建全国文明城区，利用全区49处“体质测试与运动健身指导站”，组织3000人进行国民体质监测活动，合格率达95.7%。

（区体育局）

【群众诉求实现全响应】年内，高标准做好12345便民服务电话工作对场地设施对外开放诉求。完成体育中心室外篮球场项目升级改造，全年免费对社会开放3425小时，惠民42万人次。完成城南体育中心体育场免费对群众开放，惠及城南周边群众10万余人。

（区体育局）

【足球改革不断深化】深入贯彻落实国务院、北京市对足球改革发展的部署和要求，在全市率先印发实施《顺义区足球改革发展总体方案》，从总体要求、发挥区足球协会作用、加强足球场地建设等8个方面提出顺义区足球改革发展的重点任务和具体措施，并制定《重点任务分工》和《顺义区落实〈北京市足球2020行动计划〉实施方案》。

（区体育局）

【业余训练扶持力度不断增加】年内，投入600余万元，落实校园“1248”后备人才梯队建设工程和“3+3+3”网点校建设工作，不断加强对业余训练项目布局的规划调整和传统项目学校、三大球网点校等学校体育工作开展。以暑期为重点，开展青少年体育夏令营20余项次，在全市打造橄榄球、羽毛球等10余项赛事，共有200余支队伍3000余人参赛。优化后备人才培养机制，全年共注册2200余人，注册人数比去年增长30%。举办北京市传统校跆拳道、羽毛球等10余项赛事活动，近万名青少年参与。

（区体育局）

【传统校与网点校布局不断扩大】年内，本区新增市、区两级网点校17支。截至年底，本区共有国家级传统校2个、市级传统校12个、区级传统校12个、北京市重点示范队4支、市级三大球网点校21所。

（区体育局）

【竞技体育成绩斐然】全年参加市级比赛获得金牌103枚、银牌122枚、铜牌128枚。组织2000多人次参加北京市青少年“u系列”冠军赛及青少年锦标赛20余项次，取得奖牌200余枚。在全国第二届青年运动会上，本区运动员代表北京市参加俱乐部组、体校组比赛，获得金牌2枚、银牌3枚、铜牌7枚的成绩。

（区体育局）

【群众性冰雪活动】年内，举办第四届舞彩顺义冰雪运动欢乐季系列活动。承办首届北京市冰上龙舟大赛，来自全市的12支龙舟队近200名运动员参赛，填补本区冰雪运动项目的空白；组织京津冀首届大众滑雪巡回赛，促进京津冀三地冰雪运动协同发展，扩大冰雪赛事活动在顺义区的影响力。与各镇街联合组织群众体育公益行冰雪运动进社区推广活动33场，活动历时3个多月，近万名市民参与，覆盖7个镇、5个街道。年内，本区打造区级冰雪体育赛事及群众冰雪活动30余项次，全区20万人次参加冰雪季系列活动。

（区体育局）

【冰雪运动实力不可小觑】年内，参加全国第二届青年运动会获得高山滑雪2个第三名，1个第五名。组织280人代表团参加北京市第一届冬季运动会竞技组、群众组的滑冰、滑雪等11大项比赛。在竞技组比赛中，顺义区获全市第三名；群众组比赛中包揽冰车、高山滑雪5项男女团体一等奖，位列全市第一。

（区体育局）

【冰雪运动场地日益完备】年内，投入929万元在张镇莲花山建设可拆装制冷冰场一处，超额完成市政府《关于加快冰雪运动发展的意见（2016－2022）》规定的每区一处目标。全区2万余名零基础职工、居民、学生、群众在城南体育中心室内冰场等7处场地免费体验冰雪。充分发挥城南室内冰场作用，广泛开展青少年冰上活动，在保障本区冰球、花滑等训练队的日常训练的同时，组织城区10余所学校中小学生进行体验，着力打造本区青少年冰训基地。

（区体育局）

【冬奥服务保障全面推进】年内，针对城市景观提升、交通秩序治理、社会安全稳定等方面重点难点问题，加大组织协调力度，截至年底，与区生态环境局共针对固定源环境立案303起，下达处罚决定书295起。协调区交通局围绕机场周边等重点地区新开、调整、延长公交线路5条，新建候车亭50座、电子站牌12块。国家残疾人冰上运动训练馆项目污水、中水已接通，冰球馆首层施工完毕在即。

（区体育局）

【产业政策有效落实】年内，按照市体育局《新建体育场地补助办法》，上报符合条件的企业3家；推荐并上报5家企业进行体育产业示范园、项目的评选；对玖悦体育、健鼎金辉、华体电竞等企业开展上门服务，解决实际困难。

（区体育局）

【营商环境不断优化】组织区内4家体育企业参加2019年中国国际服务贸易交易会电子竞技专题展会，做好电子竞技专题板块的服务保障，超1000万人次在线观看赛事直播，电子竞技专题被京交会组委会评为最佳展区，体育板块也成为服务业展区中展示效果明显的板块之一；人民网、学习强国、《北京日报》等媒体进行广泛报道。充分发挥营商平台作用，举行区文体企业推介会，取得良好的效果。

（区体育局）

【体彩销售任务超额完成】年内，提高服务质量，解决网点实际困难，合理确定网点的送票数量；搞好业务培训，提高销售人员的业务技能；采取向网点发海报，增大奖品覆盖面，及时兑现奖品等方式进行促销，提升本区的体彩销售量。全年新增网点3家，体彩销售网点达133家，从业人员近200人，电脑销售和即开型体彩销售全年完成3.3亿元，超额完成年初制定的全年1.8亿元的销售任务。

（区体育局）

【国庆和平鸽放飞任务高标准完成】年内，通过采取制定方案标准化、责任分工规范化、安保工作精细化“三化举措”，完成市指挥部下达顺义区3000羽信鸽放飞任务。

（区体育局）

【“迎国庆、保安全”安全生产工作】年内，按照区安委会的统一安排和部署，结合体育行业实际，深入开展安全生产百日大检查活动和安全生产隐患大排查、大清理、大整治专项行动。研究制定体育行业的安全生产百日大检查工作方案，明确目标和内容，明确要求和实施方法，认真查找全区体育项目经营单位存在的安全生产隐患，并对安全生产隐患建立台账，督导安全生产隐患全部整改到位，确保体育安全形势稳定向好。2019年，执法队检查经营单位265家次，查处安全生产隐患205个，下达限期责令改正通知书9份；行政处罚2起，行政罚款1万元。完成区级随机抽查25家，市级随机抽查3家，全年无安全生产事故。

（区体育局）

社会生活

▲ 4 月 5 日，顺义区举行第三届生态葬公祭仪式

▲ 4 月 11 日，区总部人才中心举办顺义区第八期企业家活动日暨 2019 徒步大会

7 月 5 日，顺义区总部人才中心举办第九期企业家活动日活动

8 月 13 日，燕顺投资公司低保低收入家庭选房工作完成

▲ 9 月，区人力社保局与内蒙古自治区科左中旗开展劳务协作

▲ 10 月 21 日，顺义区首个共有产权住房项目交房

▲ 10 月 30 日，顺义区首届“小学生慈善海报设计大赛”启动

▲ 11 月 15 日，区残联举办顺义区残疾人冰雪嘉年华启动仪式

精神文明建设

【概况】年内，区文明办认真贯彻落实习近平总书记关于精神文明建设的重要讲话和指示精神，聚焦服务首都“四个中心”功能建设，围绕“业强城优生活美”的建设目标，以创建全国文明城区工作为龙头，以推进新时代文明实践中心建设、强化公共文明引导员队伍建设、加强农村精神文明宣传阵地建设等为抓手，培育新风尚，凝聚正能量，有力服务区委、区政府工作大局，有效提升市民文明素质和区域文明程度。

（区文明办）

【新时代文明实践中心】5月14日，顺义区新时代文明实践中心建设启动大会召开，部署新时代文明实践中心建设工作。《顺义区新时代文明实践中心建设工作方案》制定出台，全区25个新时代文明实践所、560个新时代文明实践站挂牌成立，新时代文明实践中心云平台设计完成，并接入“北京顺义”手机客户端。坚持利用每月“新时代文明实践推动日”开展文明实践活动。

（区文明办）

【全国文明城区创建】8月29日，顺义区创建全国文明城区工作推进大会召开。坚持问题导向，聚焦难点问题，加强工作调度，加大资金投入，以迎接全市2019年文明城区模拟测评和中央文明办二次年终“大考”为契机，发挥全区统筹、部门合力、属地联动、群众积极参与的工作机制，组织网上申报、入户测评宣传和实地问题整改，有效推动180项指标任务的落实。全年共整理上报档案材料414个，挂牌督办整改实地问题3524个，部署完成环境点位布置700余个，形成“抬头可见、举足即观”的浓厚宣传氛围。

（区文明办）

【群众性精神文明创建】年内，重点对本区34个村史馆进行实地检查指导，建立《顺义区乡情村史陈列室台账》和《顺义区农村精神文明建设宣传视屏台账》，为下一步工作推进奠定基础。完成后沙峪镇董各庄村、仁和镇望泉寺村、北石槽镇下西市村、马坡镇白各庄村、北小营镇东乌鸡村5个村史馆；赵全营镇忻州营村，仁和镇平各庄村、望泉寺村，南法信镇大江洼村、东杜兰村，马坡镇毛家营村、庙卷村、衙门村8个电子宣传视屏的建设任务。

（区文明办）

【公共文明引导】年内，开展“中华人民共和国成立70周年庆典保障”“礼让斑马线”“鲜花港文明游园”“工人体育场文明观赛”等重点活动。成立顺义区公共文明引导员新时代文明实践宣讲团，重点在每月新时代文明实践活动推动日走进基层实践所、站进行巡讲巡演，开展“迎国庆展形象”“助力全国文明城区创建”等主题宣讲，同时配合团委、妇联等单位全年开展宣讲百余场。全年在地铁站台和公交站台开展志愿服务43.7万小时，服务群众3600万人次。

（区文明办）

【典型选树】年内，巩固拓展“中国好人”“北京榜样”“顺义模范”等典型选树活动。在“北京榜样”评选方面，6人荣登周榜样，1人荣登月榜样；在“中国好人”评选方面，1人荣登中国好人榜；在道德模范评选方面，向北京市推荐10名道德模范，参加第七届全国道德模范及第七届首都道德模范评选活动；经过区内层层举荐，推荐本区2名模范人物参加全国全市“最美奋斗者”评选活动。

（区文明办）

【未成年人思想道德建设】年内，以“扣好人生第一粒扣子”为主题，组织各中小学，通过主题实践、养成教育、典型带动等方式，引导青少年爱党爱国爱社会主义，争做“新时代好少年”，全年向首都文明办推荐“新时代好少年”15名，1人获评首都新时代好少年。按照中央和北京市要求，围绕核心价值观主题，开展优秀童谣征集及配画活动。在“多彩童谣　绘画中国”北京市新童谣创作配画征集活动中，顺义区作品获得一等奖1名，二等奖3名，三等奖4名，优秀奖2名。落实中央文明办、财政部、教育部的部署，切实做好乡村学校少年宫资金调拨、设施修缮和器材配备等工作，管好用好乡村学校少年宫，使之成为未成年人思想道德建设的重要阵地。年内，北石槽中小获批乡村学校少年宫。

（区文明办）

【爱国主义教育基地】年内，一是指导区内市级爱国主义教育基地考评工作。在组织区内各基地提交考评材料的基础上，对区内4家现有市级基地进行摸底调研。经综合评定，上报焦庄户地道战遗址纪念馆和档案馆，接受市级考评，最终焦庄户获得市级30万元资金补助。二是围绕重大节日、纪念日、国家公祭日等重要节点和重大主题，联合开展爱国主义主题教育活动，实现爱国主义教育经常性、实时性、整体性传播。三是精心选拔3名讲解员参加全市红色故事讲解员大赛，3人均获得优秀讲解员荣誉。

（区文明办）

社会建设和民政工作

【概况】年内，区委社会工委区民政局坚持以习近平新时代中国特色社会主义思想为指导，以机构改革为契机，全面贯彻落实党的十九大、十九届四中全会和全国民政会议精神，鼓干劲、转作风，以履行“基本民生保障、基层社会治理、基本社会服务”职责为主线，深改革、强创新，推动社会建设和民政事业健康有序发展，成功创建全国社会救助综合改革试点区、全市民政基层能力建设创新示范试点区。

（区委社会工委民政局）

【全国社会救助综合改革试点区通过民政部验收】年内，《社会救助综合改革试点实施方案》等8个文件先后出台，区级“困难群众基本生活保障工作领导小组”成立，由主管副区长任组长，每季度召开协调会议。建立镇街受理审核、全区通办、精准救助帮扶、困难群众动态监测、家庭经济状况认定5项工作机制，建立区、镇（街）、村（居）三级困难群众精准救助服务体系，《关于进一步激励社会救助干部担当作为的实施意见》出台，鼓励支持社会救助工作者新时代担当作为，保障救助政策精准落地。改革试点工作得到民政部社会救助司及市委社会工委市民政局主要领导的肯定，通过民政部验收。

（区委社会工委民政局）

【教育救助】年内，对低保、低收入以及享受生活困难补贴的重残家庭中，参加全国高考、春季高考和高校自主招生考试并录取的学生，给予大一学生全额学费救助并给予2000元生活费补贴；分别给予符合救助条件的大二至大四学生3600元、2400元和1800元学费救助。2019年，全区共救助学生71名，发放高等教育救助资金25.14万元。

（区委社会工委民政局）

【慈善捐赠】年内，开展“春风送暖”“共产党员献爱心”“冬衣送暖”等公开募捐活动，共接收捐款978.71万元。全年共围绕助老、助医、助困、助学、助残、救灾六大类开展慈善公益活动30多项，救助人数达万余人次，共支出819.90万元。

（区委社会工委民政局）

【村和社区“两委”换届选举工作】年内，共组织集中培训6次，政策解答3000余次，多次实地到各镇街指导选举工作，推动选举工作依法依规完成。共选举出村委会成员1607名，居委会成员982名。实现村和社区“两委”换届参选率100%；一次选举成功率100%；党组织书记和村居委会主任“一肩挑”100%；村和社区“两委”交叉任职比例创历届最高；村和社区“两委”成员的年龄、学历和党员比例全面优化。本区换届选举工作在全市换届选举总结大会进行典型发言。组织开展新一届村（居）“两委”成员履职能力培训。

（区委社会工委民政局）

【老旧小区治理二期工程】年内，老旧小区治理二期工程共涉及光明、胜利、石园、旺泉4个街道的17个小区，受益群众6.7万人，项目重点包括更换电力管线和设备、翻修道路、补种绿植等。截至年底，工程整体完成86%，其中石园街道五里仓小区、石园西区率先完成电力改造工程，使用新供电设备供电。

（区委社会工委民政局）

【民政基层能力建设】年内，《关于加强民政基层能力创新示范区建设的实施意见》出台，明确24个区级部门、25个镇街，在基层民政能力建设中承担的35项任务和18项自选任务，形成“35+N”任务体系。民政基层能力创新示范区工作取得突出成效，总结出一批创新性、示范性、引领性典型经验，被市委社会工委市民政局以红头文件形式在全市进行推广。

（区委社会工委民政局）

【“八型社区”建设】年内，持续开展以“干净、规范、服务、安全、健康、文化、诚信、智慧”为目标的“八型社区”建设活动。经过评估，新建成八型社区20家，90家八型社区通过复核。截至年底，顺义区共有110家社区成为“八型社区”，占全区社区比例80%。

（区委社会工委民政局）

【行政区划建设】年内，起草形成区划调整方案，进一步服务全区平原新城发展大局；严格程序，依法依规完成区政府驻地搬迁工作。

（区委社会工委民政局）

【社区减负】年内，将各职能部门及街道下派的80余个表格，通过规范、整合、取消，形成“7+2”项社区表格（系统）保留清单。将15项“社区开具证明事项目录”压缩为3项。集中开展社区挂牌清理规范工作。

（区委社会工委民政局）

【《村规民约》修订完善】年内，指导各镇开展《村规民约》修订、宣传、完善工作。要求各镇、村需在村规民约中加入人居环境整治、宅基地管理、房屋出租和流动人口管理等内容，对426个村《村规民约》内容、宣传方式、实施细则、奖惩办法等进行统计分析。督查各镇、村开展村规民约修订、宣传、完善工作情况，树立典型，推广经验。

（区委社会工委民政局）

【养老服务驿站稳步推进】8月，联合区发改委和区财政局印发《顺义区养老服务驿站运营补贴办法（试行）》。全年共建设养老服务驿站15家；审核拨付建设补贴600余万元，发放运营补贴160余万元。全区累计建设养老服务驿站55家，公示运营44家，其中社区养老服务驿站24家，农村幸福晚年驿站20家，为老人提供日间照料、呼叫服务、助餐服务等6项基本服务，努力打造老年人家门口的“服务管家”。

（区委社会工委民政局）

【巡视探访家政服务】年内，落实区政府为民办实事工作，为本区户籍60周岁及以上独居老人提供每周2小时的家政服务，90周岁及以上高龄老人提供每周4小时家政服务。截至年底，服务人数3400余人，1—12月，家政服务42万余小时，日间候2.0万余人次，理发1.4万余人次，累计发放服务补贴806万元，回访满意率95%以上。

（区委社会工委民政局）

【农村幸福晚年驿站改革试点完成】年内，在农村地区5家幸福晚年驿站开展法律咨询、中医保健和安全维修等服务。其中，法律咨询服务5800余人次，包括法律培训讲座、常驻律师咨询及法律活动；中医保健服务7700余人次，包括中医健康培训讲座、中医巡诊等。安全维修服务4000余人次，包括以“提高安全意识”为主题的培训讲座、入户安全维修巡查工作等，满意率达100%。全年累计发放补贴220余万元。

（区委社会工委民政局）

【2家小区配建养老设施验收】年内，双丰街道鲁能溪园小区配建养老院建设完成并移交区民政局，增加养老床位116张。双丰街道西马坡小区配建养老院建设完成并移交区民政局，增加养老床位150张。

（区委社会工委民政局）

【推进镇办敬老院公办民营】年内，完成大孙各庄、李桥、南彩、杨镇4家镇办敬老院公办民营改革。其中，大孙各庄和李桥2家机构通过改造，升级硬件环境，为社会老人提供养老服务，加大养老床位供给。

（区委社会工委民政局）

【养老机构服务质量提升专项行动】年内，聘请专业组织协助本区，对照民政部《养老院服务质量自查和检查表》115项逐一核查，通过入户指导，现场核查，反复整改，为每家机构制定个性化的服务质量提升方案，实施“一院一策”，机构服务质量得到进一步提升。

（区委社会工委民政局）

【首届养老护理员大赛】年内，首届养老护理员大赛举办。赛前，聘请民政学院养老护理专业专家团队，对本区100余名护理员进行翻身、扣背、咳痰、鼻饲等专业服务培训，通过笔试和实操选拔30名选手参加护理员技能大赛。通过比赛，15名护理员动作娴熟、服务到位、业务过硬、脱颖而出，被授予顺义区优秀护理员荣誉称号，并获得500～2000元不等的奖学金。

（区委社会工委民政局）

【儿童保护工作】年内，完善儿

童福利和保护工作体系，建立区、镇（街道）、村（居）三级儿童福利与保护工作队伍。10月24—25日，对儿童督导员和儿童主任进行初任培训。按月发放社会散居困境儿童生活费共计91.76万元。

（区委社会工委民政局）

【协管员队伍管理】年内，成立全市首家区级层面协管员管理科室，总体统筹全区协管员队伍规范管理工作；建立较为完善的区级统筹、镇街使用、部门指导的具有顺义特色的协管员管理体制机制。

（区委社会工委民政局）

【社会心理服务站点（中心）建设】年内，遵循高标准服务和因地制宜的原则，建设完成石园街道心理服务中心、旺泉街道心理服务中心、双丰街道心理服务中心，并为社区居民开展心理服务。

（区委社会工委民政局）

【规范政府购买社会组织服务工作】年内，《社会建设与民政领域政府购买社会组织服务管理办法（试行）》出台，规范购买社会组织服务的基本原则、承接条件、购买内容、程序方式、组织保障等内容。

（区委社会工委民政局）

【推进行业协会商会与行政机关全面脱钩】年内，《顺义区全面推开行业协会商会与行政机关脱钩工作方案》制定实施，8家行业协会完成脱钩。

（区委社会工委民政局）

【福利彩票】年内，全区共销售福利彩票19176.56万元。通过发行彩票可提取福彩公益金6255.98万元。

（区委社会工委民政局）

【救助机构“开放日”活动】年内，区委政法委、区公安分局治安支队、区卫健委、区财政局、区城管局、区医院等救助管理工作成员单位的主管副职，25个镇街社会事务管理科科长、22个属地派出所副所长及热心市民共100余人参加活动，邀请参会人员和热心市民参观救助站办公区和救助区，现场发放宣传材料1200余份。

（区委社会工委民政局）

【社区工作者管理规范化】2月22日，区委办公室、区政府办公室印发《顺义区社区工作者管理办法（2019年修订）》，进一步规范社区工作者基本职责、任用、工作管理、福利保障、考核评议、罢免解聘等工作。

（区委社会工委民政局）

【顺义区社区工作者获得“首都优秀社工”荣誉称号】3月19日，第四届“北京社工宣传周”启动仪式在京召开。顺义区旺泉街道牡丹苑社区居委会主任王旭、石园街道五里仓第二社区居委会主任张晶获得“首都优秀社工”荣誉称号，旺泉街道西辛一社区获得“优秀社工团队”荣誉称号。

（区委社会工委民政局）

【清明群众祭扫服务保障】清明节期间，顺义区委社会工委区民政局牵头召开协调会议，明确各部门职责任务，将祭扫点防火、车辆管控、安全维稳、大气污染防控等工作落实落细；大力宣传殡葬法规及“限烧令”，在潮白陵园设置“烧纸换鲜花”对换点，免费提供电瓶车接送、描字工具、轮椅等10余项服务。全区共接待祭扫群众30.47万人次，车辆7.95万辆，值守、服务人员4.41万人次。其中，潮白陵园接待9.55万人次，车辆2万辆，值守、服务人员1.1万人次；各镇接待20.92万人次，车辆5.95万辆，值守、服务人员3.31万人次。连续12年实现“安全无事故、服务零投诉”的目标。

（区委社会工委民政局）

【7家社区居民委员会成立调整】4月，调整胜利街道建新北区第三社区居民委员会管辖范围，成立胜利街道站前北街社区居民委员会，成立旺泉街道玉兰苑社区居民委员会，成立后沙峪镇金地社区居民委员会；6月，旺泉街道梅香社区居民委员会成立；8月，牛栏山镇赢麓家园社区居民委员会成立；10月，后沙峪镇金成裕雅苑社区居民委员会成立。

（区委社会工委民政局）

【社会工作师考前培训】5月25日—6月16日，区委社会工委区民政局组织开展2019年助理社会工作师和社会工作师考前培训，951名社区、工会、残联社会工作者参训。

（区委社会工委民政局）

【安全生产培训班】6月18—21日，举办安全生产培训班，提高民政系统安全管理人员的安全意识和管理水平。党组成员、副局长殷万军做开班动员。局属单位安全负责人、安全员和食堂管理员，老年驿站安全管理人员，养老机构、儿童福利机构负责人和食堂管理员、福利彩票销售点、公益性公墓、民办非企业单位负责人等500余人参加培训。

（区委社会工委民政局）

【顺义区首届“社区邻里节”】 10月26日，在旺泉街道澜西园社区举办北京市首届“社区邻里节”顺义区分会场启动仪式，区委社会工委区民政局、区教委等单位主要负责人和各街道负责人、驻社区单位代表、社区居民等120余人参加。

（区委社会工委民政局）

【首届“小学生慈善海报设计大赛”】 10月30日，创新慈善文化进校园方式，联合区教委、区慈善协会启动顺义区首届“小学生慈善海报设计大赛”，在校园中营造慈善文化氛围，弘扬扶贫济困的传统美德。

（区委社会工委民政局）

【开展养老机构星级评定】 11月初，组建顺义区星级评定委员会，建立由民政局、市场监督管理局、应急管理局、北京市养老护理照料示范中心组成的星级评定专家库，并抽取专家6名，对申请星级评定复评的5家社会办养老机构进行现场评定。评出二星级机构2个，一星级机构1个。

（区委社会工委民政局）

【第三届相亲交友活动】 11月9日，《爱在深秋缘定花港》第三届单身青年相亲节活动在顺义区鲜花港举办，400名单身青年参加。活动现场装饰设计以现代花艺与气球艺术相结合。互动趣味游戏、才艺展示、8分钟热聊等环节让单身青年们在轻松的氛围中相互了解、沟通，为辖区内适龄单身青年提供互相交流展示的平台。

（区委社会工委民政局）

【“多网”融合加快发展】 11月11日，由区委社会工委区民政局牵头起草的《顺义区推进“多网”融合发展若干措施》，以区网格化体系建设联席会议办公室名义印发实施。明确“八个一”工作措施以及责任单位，破解网格化体系建设推进过程中遇到的指挥机构不明确、网格划分不清晰等问题。

（区委社会工委民政局）

【推进农村社区建设试点建设】 11月13日，第二批10家农村社区建设试点单位通过评估。截至年底，共有20家农村社区通过评估，建成农村社区建设试点。

（区委社会工委民政局）

【推进街道干部担任社区专员工作】 12月9日，区委社会工委《顺义区关于下派街道干部担任社区专员工作的实施方案》印发，推动本区社会治理和服务重心向基层下移，把更多资源下沉到基层，更好地服务社区居民。

（区委社会工委民政局）

【顺义区党建工作协调委员会第二次全体会议召开】 12月23日，区委社会工委组织顺义区党建工作协调委员会第二次全体会议召开，区党建工作协调委员会主任高朋等区领导、各相关部门委员、驻区成员单位委员参会。

（区委社会工委民政局）

【婚前辅导活动】 12月27日，开展主题为“心理营养和爱的方式”婚前辅导活动，特邀国家二级心理咨询师、婚姻家庭咨询专家黄守全，北京市巧娘工作室、顺义区巧娘协会会员林凤梅现场为60组家庭进行婚姻辅导。

（区委社会工委民政局）

人力资源和社会保障

【概况】 年内，区人力社保局紧紧围绕“业强城优生活美”奋斗目标，攻坚克难、真抓实干，扎实推进就业、社保、人事人才、劳动关系、机关建设等各项工作，为全区各项事业高质量发展提供坚实保障。

（区人力社保局）

【就业帮扶】 强化就业形势研判，对重点企业用工情况进行实时监测，纳入重点监测企业118家，用工情况稳定。在充分调研基础上，《顺义区关于做好当前和今后一个时期促进就业工作方案》制定出台，进一步扩大群体覆盖、加强培训支持、促进多元就业。加大重点群体帮扶，就业帮扶方案制定实施，通过挖掘岗位、召开专场招聘会、开通就业服务绿色通道、定向推荐等措施，促进有劳动能力和就业意愿的1841名疏解企业分流职工实现就业。截至12月底，全区实现城乡劳动力就业16006人（完成指标的139.18%），帮扶城乡困难劳动力就业11049人（完成指标的184.15%），城镇登记失业率1.38%，城镇登记失业人员就业率64.51%。

（区人力社保局）

【对口支援地区帮扶工作】年内，赴对口支援地区召开专场招聘会8场，组织85家企业提供就业岗位10348个；开展焊工、手工编织、应急救护员等职业技能培训，累计培训建档立卡贫困劳动力1057人，培训后就业868人；实行技能扶贫新模式，继续开展针对沽源县16名贫困学生的职业技能教育，新招收河北蔚县1名建档立卡贫困学生就读区高级技工学校（学校被北京市人力资源和社会保障局评为特色贡献单位）；开设“一体化师资研修班”，完成对15名教师的一体化课程改革和校企融合发展主题培训，帮助受援地提升技能教育水平。

（区人力社保局）

【与昌平区结对协作】年内，《顺义—昌平结对就业帮扶协议》签订，旨在促进生态涵养区低收入农户劳动力就业，依托“就业快车”网站实时提供岗位信息，并组织召开专场招聘会1场，24家企业提供就业岗位1451个，514人初步达成就业意向。

（区人力社保局）

【职业技能培训】年内，深化与北京城市学院等高校的合作对接机制，推动北京智造技术技能人才培养基地成立。与北京市工业技师学院联合开展电工技师、高级技师培训，共60人参加。与“黑马程序员”培训机构联合开展“万名程序员”培训招募，加快培养人工智能、大数据等领域技能人才。贯彻落实职业技能提升行动，建立信息联络机制，加强政策解读和宣传工作。助推区内企业申报北京市首席技师工作室及国家级技能大师工作室，组织开展首席技师工作室财政支持项目申报工作，支持鼓励首席技师工作室发挥在高技能人才技能研修、技艺传承、技能创新和带徒传技等方面的引领作用。落实优秀高技能人才激励政策，对经认定的首批10名优秀高技能人才给予每人2万元奖励，并组织开展第二批评选认定工作。

（区人力社保局）

【公共就业服务】年内，完善“一企一卡”预约服务机制，成立企业服务组，结合企业服务需求登记情况，上门提供人力资源推荐、就业政策咨询、集体存档等“菜单”式服务，签订服务协议1802份。推进就业服务多元合作，与猎聘网、智联招聘等人力资源服务机构签订合作协议，联合开展双选会、摸底调查、培训讲堂等活动。整合数字资源，打造集企业分布、岗位分布、劳动力分布、人才分布于一体的人力资源全景地图。强化人力资源市场供求分析，融合线上平台数据资源、线下服务台账信息，实现供求情况动态监测。创新公共就业服务形式，通过开通电话语音智能答录系统、电台、电视台的《就业资讯播报》栏目，提供就业政策、就业渠道、人事档案等咨询服务。做好高校毕业生、清退养殖户劳动力就业服务，多渠道征集岗位资源，“一对一”开展职业指导，精准推荐就业岗位。全区2667名应届高校毕业生实现就业2633人，就业率98.7%；有就业意愿的养殖户劳动力全部实现就业。

（区人力社保局）

【社保待遇】年内，加大扩面征缴力度，扩大社会保险覆盖面，职工养老、失业、工伤保险参保人数分别为68.15万人、55.39万人、54.54万人，同比增长5.25%、6.99%、4.84%。城乡居民养老保险基础养老金和老年保障福利养老金每月分别达到870元、795元，继续高于北京市统一标准60元。城乡居民养老保险缴费补贴、基础养老金补贴等工作完成。宣传落实社保降费政策，逐步减轻用人单位负担。

（区人力社保局）

【社保基金】年内，开展社会保险基金和财政就业补助资金管理风险专项检查，确保社保基金安全管理运行。全区社保基金总收入106.86亿元，总支出55.85亿元，其中职工三险基金收入83.41亿元，支出37.90亿元，基金运行安全平稳。通过核查、追缴、清欠等措施，确保社保待遇落实，规范企业参保行为。办理社保投诉案件775件，追回漏缴基金1279.31万元，清欠历年欠费7.67万元。

（区人力社保局）

【社保经办服务】年内，完成机构改革工作，医疗、生育保险等经办服务实现有序衔接。优化营商环境，社保中心及相关科室进驻区政务中心。通过精简材料、压缩时限、畅通热线等措施，群众服务满意度进一步提高。推行“网上办理”，提升受理、审核服务效能。对照《北京市社会保险主要业务统一经办指南》，规范业务事项，优化服务流程，印制宣传折页、业务流程图5.02万份。

（区人力社保局）

【高层次人才引进】年内，结合部门职责制定实施《顺义区关于扶持人力资源服务机构发展的实施细则》《顺义区引智项目配套奖励资金管理实施细则》，助力区域引才引智。推进博士后引进工作，优化博士后科研工作站布局，博士后科研工作站园区分站新增7家， 招录进站博士后16人，拨付区级科研资金补贴等217万元。拓展专业技术人才职业发展空间，7人通过正高级职称评审。

（区人力社保局）

【人才管理服务】年内，强化北京市积分落户工作专班力量与政策宣传力度，系统注册用人单位993家，申请落户3788人，达到拟落户分值人员98人。组织实施高校毕业生到农村从事支农工作，招录乡村振兴协理员26名，重点分配到低收入村、党建薄弱村以及重点发展村工作。办理外国人来华工作许可业务1874笔，颁发外国人来华工作许可证1204张。完善人力资源统计服务系统，增强系统枢纽性功能，丰富系统数据来源渠道，优化系统服务功能，打造人力资源全景地图。

（区人力社保局）

【事业单位管理】年内，通过事业单位公开招聘，招聘区直事业单位和教育卫生系统所属事业单位人员359人，协助教委招聘额度管理教师286人。按照职称结构比例核定指标，推进教育、卫生系统职称评定工作。开展民办校教师及公办校编外幼儿教师职称评审工作，79家学校的1209人申报，评审通过848人。开展机关事业单位“吃空饷”及长期不在岗问题专项整治工作，强化干部人事监管。《顺义区纳入规范管理事业单位改革过渡方案（试行）》研究起草，报市人力社保局审核。完成机关事业单位奖金发放工作，推进公立医院薪酬制度改革试点。承接组织人事考试16项，72928科次，服务考生29493人。

（区人力社保局）

【劳动用工管理】年内，监控到企业劳动合同签订率、城镇职工劳动合同续订率分别为99.34%、97.9%。开展薪酬调查，上报市局调查企业211户，完成任务指标的281%。测算发布物流业、汽车及零部件制造业、建筑业行业工资指导线、指导价位，为企业合理确定工资涨幅提供参考。对劳动关系形势研判和隐患排查，化解集体劳动争议。规范劳务派遣、特殊工时行政许可流程，许可劳务派遣企业183户、特殊工时制企业363户。

（区人力社保局）

【劳动监察】年内，“规范劳动用工”专项行动中，规范用工企业429家次，完成年度目标任务的112.6%。开展“无拖欠”工作，妥善处理各类集体突发事件7起，为110人追讨工资125万元。检查用人单位2500余家次，涉及职工人数约10万人；受理举报、投诉案件536起，规定期限内结案率达到100%。全面建成顺义区劳动保障监察执法系统，累计采集6819家企业信息。依法依规开展根治欠薪冬季攻坚行动等各项执法检查，完成重大活动期间服务保障工作。

（区人力社保局）

【劳动人事争议】年内，劳动人事争议多元化解，落实裁审联席会议机制，推进基层调解组织建设，高效化解纠纷。成立应急案件处理小组，快速妥善处理集体争议，防范化解重大风险。处理劳动人事争议案件13408件，结案率99.69%，调解率66.2%，终局裁决率43.46%，超额完成市级指标任务。落实信访维稳责任，完善市民服务热线工作机制，受理群众来信来访、便民电话等3336件，第一时间响应，在规定时限内办结。

（区人力社保局）

【行政服务改革】年内，推进

"放管服"改革，大力精简申报、证明材料，压缩行政许可办理时限，对78个事项进行材料精简，4项行政许可办理时限总体压减55%。公示行政处罚、行政许可信息650条。提升网办深度，全局政务服务事项实现"零跑腿"事项66项，"最多跑一次"58项。改善营商环境，推行"小窗口，大后台"工作模式，提高服务质量。

（区人力社保局）

高端人才服务

【概况】年内，北京市顺义区总部企业和临空经济高端人才服务中心（简称区总部人才中心）全面贯彻落实新时代党的建设总要求为主线，以"抓班子、带队伍、夯基础、强服务、塑品牌"为总体工作思路，用心服务好总部企业和高层次人才，为打造优质营商环境贡献力量。

（区总部人才中心）

【开展5期企业家活动日】年内，以"聚力顺义 智创未来"为主题，紧紧围绕"持续优化营商环境，构建亲清政商关系"，持续开展5期（"服务包"企业座谈会、"撸起袖子加油干 喜迎建国70周年"企业家活动日、2019国际人才社区建设暨海外高层次人才高精尖产业研讨会、"不忘初心 牢记使命"专题企业家活动日、文创产业专题企业家活动日）企业家活动日系列活动，为企业和人才解决户口进京、高层次人才子女入学、公租房、高层次人才就医、居住证办理等问题，助力企业做大做强，实现互利共赢，推动区域经济高质量发展。年内办理子女入学75例，北京市工作居住证138例。

（区总部人才中心）

【组织策划顺义区2019国际人才社区及产业研讨会媒体矩阵宣传】7月5日，由顺义区委、区政府、中国中小企业协高新技术产业分会主办，区总部人才中心承办的"顺达五洲 义聚贤才——2019国际人才社区建设及海外高层次人才高精尖产业研讨会"在顺义奥林匹克水上公园举办。活动旨在促进人才与产业之间的互动，帮助更多的高层次人才、高精尖企业落户顺义，助力顺义区打造高品质国际化人才社区。北京卫视、北京新闻频道、《北京晚报》、人民网、新华网、中新网等多家主流媒体对此进行采访报道，共发布新闻信息50余篇。

（区总部人才中心）

【产业人才新政配套细则制定出台】年内，以顺义区产业和人才新政为纲，制定出台5项配套细则，向驻区企业加快释放政策红利，吸引高层次人才落地，推动企业高质量发展。其中，2项产业细则《顺义区高精尖企业高级管理人员支持实施细则》和《顺义区高精尖企业服务绿色通道实施细则》于3月28日经区政府印发出台；3项人才细则《顺义区"梧桐工程"高层次人才认定支持实施细则》《顺义区高层次人才"梧桐卡"使用管理实施细则》《顺义区"梧桐工程"高层次人才住房服务保障实施细则》于8月21日经顺义区人才工作领导小组印发出台。

（区总部人才中心）

【精准服务外籍人才】为解决外籍人才提出的"紧缺急需"认定标准不明的问题，区总部人才中心主动进学校、进企业、进社区宣传外籍人才政策，同时对顺义区内有外籍人工作的企业进行摸底调查，聚焦"3+4+1"高精尖产业新格局，有针对性地进行走访。在第二期"梧桐工程"外籍高层次人才认定评审会召开后，最终认定6名（方铭博、孟凯睿、杨瑞民、茉莉花、李东源、秋春植）"梧桐工程"外籍高层次人才，可推荐申请永久居留。区总部人才中心在外国人服务大厅设立服务窗口，落实各项出入境优惠政策措施，为外籍人才量身打造服务方案，让外籍人士出入境、停居留更加方便快捷。自服务窗口设立以来，共召开政策宣讲会13次，宣传企业227家，接受咨询1144次，正式受理24人，向市商委推荐完成17人，11人取得永久居留权。

（区总部人才中心）

【高层次人才培训活动】10月29—31日，区总部人才中心于新华联丽景温泉酒店举办"不忘初心 牢记使命"2019年高层次人才培训活动。围绕"一带一路"倡议，帮助企业了解有关"走出去"的形势政策，学习国际化经营的操作实务，提升企业国际竞争力，帮助企业在国际合作领域上开拓路径，形成订单销售"两头在内”、生产环节“中间在外”的新型生产经营模式。组织培训学员走进中关村智造大街、中国科学院计算技术研究所实地考察交流，推动人才、技术、资本有效对接，搭建校企“面对面”深度交流合作的平台，各企业不断开展后续科研合作、人才订单培养等校企合作措施，构建企业与学校资源、信息共享共建的“双赢”模式。

（区总部人才中心）

【国际学校沙龙】11月22—23日，中心与顺鑫大学、北京宝洁技术有限公司共同举办“走进企业”专题国际学校文化沙龙活动，促成校际资源共享、校企合作签约以及政、校、企三方沟通交流，促进顺义区国际人才社区绿色、健康发展，切实解决学校煤改电优惠补助、办理高危险性体育项目经营许可证的延期及正常运营、外籍教师公寓长期租赁等问题，为企业与国际学校搭建交流合作平台，为顺义区产业和人才聚集提供有力支撑。

（区总部人才中心）

【第三期“梧桐工程—干部人才引进计划”招聘工作】区内，区总部人才中心为配合区委组织部组织开展第三期“梧桐工程——干部人才引进计划”校园招聘活动，组织区内20家具有代表性的区内企业赴9所全国知名院校进行招聘，招聘岗位213个，占全区招聘岗位的63%；招聘人数690人，占全区计划招聘人数的81%。

（区总部人才中心）

【政策宣讲立体式开展】年内，将政策宣讲融入中心服务全过程，以宣讲政策为突破口，推动区域招商引资、助力企业招才引智。一是加大宣传力度，拓宽宣传渠道，借助北斗导航年会、智能网联汽车大会、人才产业政策巡讲、“聚力顺义 智创未来”企业家活动日等重要活动平台，开展政策宣讲近20次，吸引凝聚高层次人才。二是深入基层服务下沉，为临空核心区、中关村顺义园、仁和、牛山、南彩、北务等10余家属地解读政策，确保相关部门吃透政策精神，执行政策不走样。三是一对一向企业讲政策，通过主动走访企业、接待企业上门咨询、电话咨询等方式，为北京汽车集团有限公司、北京飞机维修工程有限公司、有材料有限公司、空中客车公司、默克雪兰诺有限公司等企业解读政策，了解企业需求，协助解决实际困难。政策宣讲共覆盖全区重点企业、中小微企业2100余家3000余人次。

（区总部人才中心）

【拍摄播出《外国人在顺义》系列报道3集】为全面展示顺义营商环境，反映顺义区国际人才社区建设成果，拍摄制作播出《外国人在顺义》3集人物系列专题片，全片以国际人才社区建设为切入点，以扩大影响力为出发点，讲述外籍人热爱顺义、根植顺义的故事，全面展示顺义的国际人才社区建设情况和优质营商环境，促进人才与产业之间的互动，吸引更多的高层次人才、高精尖企业落户顺义，助力顺义区国际化发展。

（区总部人才中心）

【企业服务包诉求高效办理】年内，建立企业常态化的“服务包”制度，按照“五步法”（“建章立制、细化分工”“对接企业、明确诉求”“建立台账、制定措施”“靶向施策、精准发力”“主动领哨、协同配合”）工作原则，推动中心服务包高效办结，为企业提供良好的区域发展环境，助推本区社会经济创新发展、高质量发展。年内43项企业诉求，办结38项，持续推进5项，办结率88.4%。

（区总部人才中心）

【企业扶持奖励资金拨付工作完成】年内，为促进高精尖产业发展，吸引国际化、专业化、复合型高层次人才落地，聚焦“3+4+1”产业，实施“梧桐工程”引才聚才举措，严把资金拨付审核关，精准高效“零差错” 完成全年兑现扶持奖励资金拨付工作，年内兑现奖励资金15942.0542万元。

（区总部人才中心）

退役军人事务工作

【概况】区退役军人事务局是区政府工作部门，为正处级。区退役军人事务局贯彻落实中央、市委关于退役军人工作的方针政策、决策部署和区委有关工作要求，在履行职责过程中坚持和加强党对退役军人工作的集中统一领导。区退役军人事务局机关行政编制为9名，设局长1名，副局长2名，科级领导职数2正1副，不设内设机构，下属单位有区退役军人服务中心、区军队离休退休干部安置办公室、光荣院。2019年，区退役军人事务局以习近平新时代中国特色社会主义思想为指导，深入学习贯彻习近平总书记关于退役军人工作重要指示精神，牢牢把握“维护军人军属合法权益，让军人成为全社会尊崇的职业”的目标定位，在区委区政府领导下，在军地相关部门支持下，边组建机构、边推进工作，各项工作平稳起步、有序推进。从建立区退役军人三级服务保障体系，全面开展信息采集，到落实优待抚恤政策，推进悬挂光荣牌工作；从做好年度安置工作，加大政策扶持力度，到开展争创全国双拥模范城工作，深改革、强创新，提升退役军人服务保障水平，努力开创新时代退役军人工作新局面。

（区退役军人事务局）

【区退役军人事务局挂牌成立】 3月25日，区退役军人事务局正式挂牌成立。副区长郑晓博出席仪式并揭牌。

（区退役军人事务局）

【区退役军人服务中心挂牌成立】 4月28日，北京市顺义区退役军人服务中心挂牌成立。

（区退役军人事务局）

【退役军人服务保障体系建设】 按照“五有”标准（有机构、有编制、有人员、有经费、有保障），在全区25个镇（街道）及560个村（社区）设立退役军人服务站。4月，全区586个退役军人服务中心（站）全部完成挂牌，本区退役军人三级服务保障体系建立。5月，召开区级部署会，在全区部署体系建设工作。9月、11月召开推进会，建设实施方案部署落实，明确整改要求，出台《顺义区退役军人服务站体系建设工作指导手册》、明确工作职责及张贴军的特色文化题材海报，要求制度上墙；指明阶段性存在问题，严格督促加强整改。开展针对性检查2次，实地调研全区各镇(街道)及部分村(社区)退役军人服务站整体建设运行及落实要求情况。积极探索在全区推广典型镇（街道）退役军人服务站的优秀建设经验模式，巩固充实服务保障体系建设内容。

（区退役军人事务局）

【发放和悬挂光荣牌】 4月，完成第一批集中为烈属、军属、退役军人等家庭信息采集和悬挂光荣牌任务。共采集退役士兵和其他优抚对象信息28071条，悬挂光荣牌27671块。

（区退役军人事务局）

【部分退役士兵社会保险接续】 5月，召开区级部署会，在全区部署落实，工作专班成立，协调机制建立。镇（街道）退役军人服务站工作人员专题培训会召开2次，解读政策文件；到镇（街道）退役军人服务站现场进行业务指导。加大政策宣传，做好解释反馈，充分运用区政府网站、电视台、报纸、融媒体微信公众号、镇村两级宣传栏等多种渠道和张贴海报、印制手册、发放宣传页、逐户通知等多种形式扩大宣传，保证符合条件的退役士兵知晓政策，在规定时间节点前提交相应材料，做到应享尽享。全年受理符合申请条件的退役士兵1000余人，接待咨询人员3300余人次。

（区退役军人事务局）

【军队转业干部接收安置】 2019年，本区共接收军队转业干部26人，其中，团职干部4人，安置到行政单位；营及以下行政职务和专业技术干部22人，安置到行政（含参公）单位13人，规范事业单位9人。创新安置方法，科学制定方案，以公开、公正、公平为原则，采取指令性安置与选岗会相结合的安置方式，合理进行人岗匹配，实现军队转业干部的百分百满意。

（区退役军人事务局）

【全国模范退役军人评选推荐】 组织顺义区开展全国模范退役军人评选推荐工作。7月26日，在全国退役军人工作会议上，顺义区退役军人陈协英荣获“全国模范退役军人”称号，受到全国表彰。

（区退役军人事务局）

【争创全国双拥模范城工作】 年内，区级争创工作领导小组成立，领导小组办公室设在区退役军人局，从区退役军人事务局和驻区部队抽调工作人员5名，专职负责争创迎检工作。9月3日，顺义区争创全国双拥模范城工作推进会召开，动员部署争创工作。《顺义区争创全国双拥模范城工作推进实施方案》制发，明确各部门、各属地的工作职责和需要提交的材料内容。全区创建工作通讯录建立，成员单位按照考评细则收集整理档案材料。制定营造双拥工作良好氛围方案，在全区主流媒体、重点道路、重要场所全面开展争创宣传工作。11月初完成市级检查考评组检查工作。

（区退役军人事务局）

【烈士公祭活动】9月30日，烈士公祭活动开展，通过瞻仰烈士纪念碑、向纪念碑敬献鲜花等形式祭奠革命英雄，全区党政机关和人民团体主要领导共计330余人参加。

（区退役军人事务局）

【国庆70周年服务保障】10月1日，根据区委统战部的统一安排，组织7名退役军人到天安门广场参加国庆70周年阅兵仪式观礼活动。根据市退役军人事务局安排，完成保障1名军队离休干部参与阅兵游行，顺义区军队离休退休干部安置办公室荣获“庆祝中华人民共和国成立70周年重大活动保障先进单位”称号，2人获先进个人称号。

（区退役军人事务局）

【为企业退休军队转业干部发放生活补助金】年内，新增企业退休军队转业干部17人，本区共有655名企业退休军队转业干部领取生活补助金。

（区退役军人事务局）

【退役士兵接收安置】接收退役士兵206人，其中，自主就业退役士兵183人、退役士官5人，符合政府安排工作条件退役士兵18人，发放各类补助金1600余万元。安置退役士兵23人，到全额拨款事业单位。鼓励退役士兵参加市、区两级学历教育，提高就业技能，共为15名退役士兵报销学费10.45万元。

（区退役军人事务局）

【随军家属安置】2016年5月—2019年9月，随军家属共计229名，其中选择政府安置工作的家属38名，选择自谋职业的家属191名。10月，随军家属专场招聘会举办。经对申报材料严格审核，为131名随军家属发放自谋职业补助金共652万元。

（区退役军人事务局）

【区委退役军人事务工作领导小组召开第一次会议】12月23日，区委退役军人事务工作领导小组召开第一次会议。会议审议了顺义区委退役军人事务工作领导小组工作规则、办公室工作细则、顺义区建立健全退役军人服务保障体系实施方案，听取了2019年退役军人重点工作及2020年工作计划的汇报。

（区退役军人事务局）

【退役士兵适应性培训会】年内，制定工作方案，全程跟踪协调，针对性设置培训内容，聘请区保密局、人力资源和社会保障局、医保局等相关单位同志授课，帮助退役士兵弥补技能短板，完成角色转换，早日走上工作岗位。2019年自主就业退役士兵中除安置工作、返校继续学业的，共114人报名参训，参训率达82%。

（区退役军人事务局）

【退役军人军属专场招聘会】年内，加大军人军属就业创业扶持力度，为退役军人军属搭建就业创业平台，与3家优质企业签订定向招聘协议。20余家企业提供就业岗位70余个，退役军人军属160余人参会，135人达成就业意向。

（区退役军人事务局）

【自主择业军转干部服务管理工作】2019年，本区新增自主择业军转干部17人，为111名自主择业军转干部发放住房补贴298万元，缴纳医疗、生育、工伤保险费用147万元；组织7名自主择业军转干部参加清华大学培训，报销培训费2.73万元；组织75名自主择业军转干部进行健康体检；慰问患病及生活存在困难的自主择业军转干部11人次，发放慰问金2.2万元。

（区退役军人事务局）

【落实优抚政策】年内，支出优抚抚恤补助资金6800余万元，认定部分农村籍退役士兵、伤残军人、参战参试军队退役人员、不享受定补的带病回乡退役士兵的优抚对象292人。

（区退役军人事务局）

【清明烈士祭扫】清明期间，来自学校、党政机关、企事业单位、公司、各党支部、群众共1200人到潮白烈士陵园开展祭扫活动33场。

（区退役军人事务局）

【“五老”精准帮扶】区社会福利慈善协会联合区退役军人事务

局开展“五老”精准帮扶活动，为7名因病导致家庭困难的老复员退伍军人每人发放精准帮扶资金2000元，缓解家庭困难。

（区退役军人事务局）

【为重点优抚对象免费体检】年内，投入27.6万元为800名重点优抚对象免费体检。为更好地为优抚对象服务，顺义区安排专人负责、全程提供服务、及时发放报告、听取意见反馈，确保将为群众办实事落到实处。

（区退役军人事务局）

【义务兵家庭优待】年内，为2017年和2018年入伍的437个义务兵家庭发放优待金，涉及资金1800万元。

（区退役军人事务局）

【发放“庆祝中华人民共和国成立70周年”纪念章】9月，为22名离休干部发放“庆祝中华人民共和国成立70周年”纪念章，把党中央、国务院、中央军委的特别关爱和最高褒奖送到离休干部心坎上。

（区退役军人事务局）

【军休人员持卡就医】年内，稳妥推进军休干部及家属、遗属持卡就医工作，为方便军休人员就医、实现实时结算奠定基础。共采集信息135人。

（区退役军人事务局）

【军休干部接收安置】年内，坚持为国防和军队改革大局服务、为军队离休退休干部服务的理念，严格执行政策规定，按照“随退随审、即交即接”的工作机制，积极开展接收安置工作，全年共接收5名军休干部。

（区退役军人事务局）

【军休干部政治和生活待遇落实】年内，按时足额发放军休人员各项生活待遇2505万元，春节、元旦两节期间，七一、八一走访慰问军休干部，开展丰富多彩的文体活动，全面落实军休干部政治和生活“两个待遇”。

（区退役军人事务局）

【落实攻坚化解】年内，根据北京市信访工作联席会议办公室、北京市退役军人事务局《关于开展退役军人矛盾问题攻坚化解年活动的通知》要求，拟定《顺义区退役军人矛盾问题攻坚化解年活动方案》，开展矛盾排查，对问题进行分解并召开全区动员部署会。本区共有涉军信访重点人66人，其中挂账督办10人（部交办6人，市交办4人），办结率100%，市级重点人29人，区级重点人27人，经核对8人不属于本区管辖范围，转交市局。区退役军人事务局挂账督办56人，办结率100%。对重点人员建立台账，与属地形成联动，第一时间处置突发情况。重点时期，启动应急机制，实行零报告制度，保证信息畅通。对重点人员加强教育管控，掌握思想动态，及时发现并消除隐患。

（区退役军人事务局）

【规范信访程序】年内，《顺义区退役军人矛盾问题攻坚化解年活动方案》《北京市顺义区退役军人事务局退役军人信访工作方案》《顺义区退役军人事务局信访突出情况应急处置工作预案（试行）》《顺义区退役军人事务局重点矛盾纠纷领导包案制度（试行）》《顺义区退役军人事务局领导干部接访工作细则（试行）》《顺义区退役军人信访稳定情报会商制度》规范性文件制定实施，规范退役军人接访流程，提高接访效率。

（区退役军人事务局）

【完成信访接待】年内，接待来访来电来信、退役军人事务部、市委第一巡视组信访交办、北京市退役军人事务局和区信访办督办交办件225件。其中来访来电来信197件，部级交办17件，市委第一巡视组信访交办2件；北京市退役军人事务局交办5件；区信访办交办2件；所有信访诉求均按时、按流程办理完毕，实现办结率100%。落实领导包案制度，2019年局领导包案46件，其中主要领导13件，主要是部级挂账督办、交办的；主管领导33件，主要是北京市挂账督办、交办和本级列为的重点人员，化解41件，化解率90%。

（区退役军人事务局）

【落实“接诉即办”】年内，坚持民有所呼、我有所应，紧紧围绕市民“五性”需求，市民热线反映问题快速响应机制建立，推动为民办事常态化、机制化。《顺义区退役军人事务局关于进一步做好便民电话工作的通知》制定，规定了接办、督办反馈、研判、值班、考评和追责等相关内容，规范和提高工作人员“接诉即办”能力和素质。受理便民电话141件，退件6件，复议（剔除）20件，双派单6件，响应率100%，解决率33%，满意率70%。

（区退役军人事务局）

【为部队办实事】年内，按照“紧贴官兵需求、突出重点项目、切实保质见效”的原则，会同相关单位和设计公司进行实地调研，依据客观建设条件、工程复杂程度、资金保障情况等分析项目可行性，拟定了2019年为部队办实事项目6个，安排专项财政预算资金2000万元。做好2017年、2018年办实事的相关手续和收尾工作。

（区退役军人事务局）

【为消防官兵和新征义务兵保驾护航】年内，投入498576元，为全区441名消防官兵、243名义务兵购买人身意外伤害险，对在出勤执行任务或日常执勤、训练、演习中因公导致牺牲、致残的给予赔付。

（区退役军人事务局）

【规范设立顺义区双拥工作领导小组工作】年内，按照《北京市双拥工作领导小组关于调整北京市双拥工作领导小组及办公室成员单位成员的通知》要求，结合机构改革和双拥工作实际，参照市成员单位，明确顺义区双拥工作领导小组成员单位职责。

（区退役军人事务局）

【首都拥军优属拥政爱民模范奖评选工作】年内，根据《北京市双拥工作领导小组办公室、北京市退役军人事务局、北京市人力资源和社会保障局、北京卫戍区政治工作部关于组织开展首都拥军优属拥政爱民模范奖评选表彰工作的通知》要求，组织本区开展首都拥军优属拥政爱民模范奖评选推荐工作，本区按组织程序评选推荐先进集体10个，先进个人11名。

（区退役军人事务局）

【军人优先】年内，针对区政协委员易霞代表提出的“关于拥军优属制度设计”的建议，区双拥工作领导小组办公室根据《关于在全区进一步做好军人优先工作的通知》文件精神，要求全区各级党政机关、企事业单位、社会团体根据业务实际，设置和完善“军人优先”标志或军人窗口，细化军人出行、游览、就医依法优先的各项措施，完成政协委员提案答复工作，保障了军人优先权益。

（区退役军人事务局）

【驻区部队参加地方建设】年内，各驻区部队本着“地方所需、群众所盼、部队所能”的原则，参加地方建设。帮助驻地整治环境，打扫卫生；采取“一助一”结对子的形式，走访慰问困难家庭；营造“知雷锋、学雷锋、做雷锋”的浓厚氛围，组织中坚力量到村镇、社区、学校、医院等地开展义诊、环境整治、无偿献血等活动；参与顺义区平原造林等环境绿化工程；参加地方“送温暖献爱心”活动，积极捐款捐物；武警、消防部队加大巡逻力度，加强安全检查，打造平安顺义。

（区退役军人事务局）

【区级军人人大代表补选】年内，按照区人大常委会关于补选顺义区第五届人民代表大会代表的通知要求，制定人大代表补选工作安排时间表，组织开展选举工作。张洪杰最终补选为区级军人人大代表。

（区退役军人事务局）

民族　宗教

【概况】按照全区党政机关机构改革统一部署，区民族宗教局于2019年3月并入区委统战部，对外加挂北京市顺义区民族宗教事务办公室牌子。2019年，顺义区深入推进民族团结进步创建工作，严格依法管理宗教事务，实现全区民族宗教工作平稳运行。

［区委统战部（区民族宗教事务办）］

【宗教政策法规培训】3月28日，区委统战部（区民族宗教事务办）联合区人力资源和社会保障局对170余名初任规范管理事业人员进行宗教政策法规培训。北京市民族宗教事务委员会法规处处长茹洪庆做专题辅导和分析讲解。

［区委统战部（区民族宗教事务办）］

【顺义区宗教活动场所举行升国旗仪式】4月15日，为配合“同心同行七十年·坚定不移跟党走——首都统一战线庆祝新中国成立70周年”主题教育活动启动仪式，展现顺义区宗教界的良好风貌，顺义区回民营清真寺、牛栏山清真寺、高丽营清真寺、杨镇清真寺统一举行升国旗仪式。100余名穆斯林群众代表齐唱国歌，用实际行动表达对伟大祖国的美好祝愿，进一步弘扬爱国爱教的优良传统。

［区委统战部（区民族宗教事务办）］

【“三进”活动】4月24日，顺义区会同北京市民族文化交流中心组织开展民族电影走进后沙峪中心小学、后沙峪镇回民营村和回民营清真寺活动。北京市民族文化交流中心、区委统战部、区教委、后沙峪镇政府相关领导参加活动启动仪式。

[区委统战部(区民族宗教事务办)]

【伊斯兰教工作部署会】 4月25日，区委统战部（区民族宗教事务办）2019年伊斯兰教工作部署会召开。会议从清真寺安全管理、“四进”清真寺活动、斋月工作安排、伊斯兰教界自身建设、庆祝新中国成立70周年系列活动等方面部署顺义区2019年伊斯兰教重点工作，并在会上与寺管会主任签订《2019年度宗教活动场所安全管理责任书》。

[区委统战部(区民族宗教事务办)]

【北京市委统战部副部长、市民宗委主任到顺义调研】 5月9日，北京市委统战部副部长、市民宗委主任钟百利采取“四不两直”方式到后沙峪镇回民营民族特色产业街对清真食品专用标识牌使用情况进行调研。钟百利强调，要提高认识,坚定信心,综合施策,确保清真食品专用牌证的换发工作安全有序开展。

[区委统战部(区民族宗教事务办)]

【清真食品专用牌证换发完成】 5月9日，顺义区区内已许可清真食品网点的2019版清真食品专用牌证换发工作完成。

[区委统战部(区民族宗教事务办)]

【民族体育进校园】 5月12日，区委统战部（区民族宗教事务办）会同区教委在南彩第二小学联合举办“2019年民族体育进校园暨顺义区第四届小学绫球比赛”活动。

[区委统战部(区民族宗教事务办)]

【区委副书记到清真寺进行安全检查】 5月30日，区委副书记张良以“四不两直”方式到后沙峪镇回民营清真寺开展安全检查，要求各属地和相关部门加强对清真寺的安全检查，保障各清真寺周边的交通秩序，协助清真寺做好安全稳定工作，确保开斋节有序开展。

[区委统战部(区民族宗教事务办)]

【后沙峪中心小学走访慰问】 6月3日，区委统战部（区民族宗教事务办）走访慰问后沙峪中心小学，送去慰问金20000元。

[区委统战部(区民族宗教事务办)]

【宗教活动场所安全器材配备】 6月3日，区委统战部（区民族宗教事务办）为宗教活动场所配备安全器材，增强活动场所的防卫能力，促进宗教领域的安全稳定。

[区委统战部(区民族宗教事务办)]

【民族健身操舞大赛获得一银两铜】 6月4日，区委统战部（区民族宗教事务办）组织6支队伍参加北京市第十四届民族健身操舞大赛。6月18日，3支队伍在大赛总决赛分别获得银奖1个，铜奖2个。

[区委统战部(区民族宗教事务办)]

【开斋节慰问活动】 6月5日，区委统战部（区民族宗教事务办）、区政协民族宗教委、顺义分局国保支队的有关领导组成联合慰问组，会同相关镇政府领导到顺义区回民营清真寺、高丽营清真寺、牛栏山清真寺和杨镇清真寺4所清真寺为穆斯林群众送去开斋节祝福和慰问金，与穆斯林群众共同欢度开斋节。

[区委统战部(区民族宗教事务办)]

【顺义一中附小获北京花棍表演赛二等奖】 6月26日，顺义一中附属小学花棍社团学生参加2019年北京花棍表演赛并获得二等奖。

[区委统战部(区民族宗教事务办)]

【消防安全培训】 9月3日，区委统战部（区民族宗教事务办）邀请市消防安全教育培训中心老师对区宗教活动场所管理组织成员、教职人员、信教骨干等进行消防安全培训。

[区委统战部(区民族宗教事务办)]

【南彩二小在全国少数民族运动会获奖】 9月8-16日，南彩第二小学在河南省郑州市举办的第十一届全国少数民族传统体育运动会中获表演项目技巧类二等奖。

[区委统战部(区民族宗教事务办)]

【清真食品市场监督检查工作开展】 10月28日，区委统战部（区民族宗教事务办）开展清真食品市场监督检查工作，对顺义城区近10家大型超市内的清真食品经营情况进行检查。

[区委统战部(区民族宗教事务办)]

【后沙峪镇回民营村举办乒乓球比赛】 11月29日，后沙峪镇回民营村举办“民族和谐杯”乒乓球比赛，来自民族村的50余名村民报名参赛。

[区委统战部(区民族宗教事务办)]

【宗教活动场所宪法宣传活动】 12月1—7日，区委统战部（区民族宗教事务办）结合宪法日宣传周活动，深入各宗教活动场所宣传宪法和相关宗教政策法规，通过制作宣传展板、发放宣传折页等方式让参加宗教活动的信众了解宪法和国家政策法规，树立法治意识，增强法制观念。

［区委统战部（区民族宗教事务办）］

残疾人事业

【概况】顺义区残联坚持以习近平新时代中国特色社会主义思想为指引，认真落实各项重点任务，完成区残联改革任务，为更好开展残疾人工作奠定基础。1月21日，区残联办公地址由石园北区乙56号迁至双丰街道顺义区残疾人职业康复中心。

（区残联）

【康复工作】落实政府实事工程，开展白内障复明手术357例。按照患者实际个人支付费用给予最高手术费900元的补助，350元晶体补贴。开展残疾人康复培训工作，全区培训3000人次，其中，精神培训500人、智力培训500人、肢体培训2000人。完成市级肢体居家康复服务项目，为400余名肢体残疾人开展居家康复服务次数12380人次。

（区残联）

【教育与就业】年内，为21名残疾儿童提供送教上门服务。鼓励残疾人从事个体经营或灵活就业，为292名残疾人发放保险补贴187.19万元。为使智力、稳定期精神残疾人平等参与社会生产劳动，全区29个残疾人职业康复劳动机构，有426名残疾人参加职业康复劳动，投入职康运营经费113.784万元。落实助残增收基地扶持管理办法，建立3家助残增收基地，为138名残疾人提供帮扶服务。组织残疾人参加职业技能培训，累计举办培训8场，涉及14个培训项目，培训残疾人365人次。

（区残联）

【扶贫与助残】贯彻落实《北京市市民居家养老（助残）服务（“九养”）办法》，为8353名残疾人发放助残券，累计发放775.69万元。全区有174人申请成人康复服务，开展康复服务819人次。为4户残疾人危房改造户发放补贴，补贴经费2.95万元。年内为因病、因灾导致生活临时出现困难的42名残疾人，发放临时救助资金 16.06万元。

（区残联）

【温馨家园规划建设】年内，18家温馨家园参与改革，通过双选确定第三方社会组织并完成签约。全区29家温馨家园合计开展活动约4200余场，参与残疾人30000余人次。与第三方评估机构北京恩派合作，共同推进顺义区残疾人温馨家园评估项目。将温馨家园、职康站、康复站、辅具站纳入统一的考评体系，利用线上数据收集系统平台，打造“一园三站”信息化管理与考评平台，全方面呈现区残联助残服务整体工作情况。

（区残联）

【对口帮扶】按照区委、区政府部署，为内蒙古通辽市科左中旗、赤峰市巴林左旗，河北省张家口市沽源县、万全区4家残联提供资金帮扶66.6609万元。通过北京市电视台及区级主流媒体大力宣传，发动社会各界爱心人士认养科左中旗建档立卡贫困残疾人养的肉羊，完成认养200只。为河北省张家口市沽源县233个村和8个社区的康复协调员，进行为期2天的康复基本知识与技能培训，培训经费2.7305万元。

（区残联）

【残疾人法律服务】开展“庭院式”残疾人法律知识讲座50场，惠及3500余名残疾人。依托29个温馨家园设立法律服务工作站，为残疾人提供法律服务，利用远程维权服务平台，向残疾人普及法律知识。

（区残联）

【无障碍设施监督体验活动】根据创城和美丽乡村工作要求，区残联根据职责分工对无障碍设施建设、改造和管理进行监督，开展无障碍监督体验活动3次。通过监督体验活动，及时发现各地方的无障碍设施问题，并改善居家无障碍设施环境。

（区残联）

【实施“共享冬奥”计划】1月18日，组织40名残疾人参与全市第三届残疾人冰雪季活动。11月15日，在仁和镇河南村温馨家园举办顺义区第二届冰雪嘉年华活动暨残疾人趣味冰雪项目竞技体验活动，设置冰上国际象棋、冰上乒乓球、迷你桌板冰壶棋等项目，共200余人参加。组织残疾人冬季体育项目健身指导员培训、冬残奥会主题宣讲活动等，累计1500余人参与。组织残疾人参加全市首届残疾人旱地冰壶比赛，获得第七名。

（区残联）

【“阿里巴巴云客服”培训】 5月8日，由中国残联支持、中国肢残人协会具体指导、北京耿丹心教育公益基金会资金支持的“美好生活工程”残疾人就业项目培训班启动仪式在北京工业大学耿丹学院举行。开展“阿里巴巴云客服”培训项目2期，每期培训2个月，培训完成后即可上岗就业。工作形式灵活，残疾人完全可以实现居家就业。年内，实现8人上岗就业。

（区残联）

【助残日】 5月15日，由市体育局、市残疾人联合会主办，市残疾人福利基金会、市体育总会、市钓鱼协会、市残疾人体育运动协会承办，区体育局、区残疾人联合会、区钓鱼协会协办的“依华渔具杯”北京市首届残健融合钓鱼比赛在顺义区钓鱼协会培训基地开赛。来自京津冀地区的残疾人与健全人代表共150余人参与本次活动。围绕“自强脱贫残健共享”第29次全国助残日开展活动主题，促进残健融合，让更多的残疾人共享社会成果。

（区残联）

【温暖助学咨询会】 6月14日，区教委、区残联、区特殊支持教育中心、区特殊教育学校联合举办“温暖助学——2019年残疾学生集中助学服务走进顺义特教学校活动”。现场共接待100余位家长咨询，咨询会持续一个半小时，很多家长还和残联、教育专业人员建立微信等联系方式，以便能够随时接受专业服务。

（区残联）

【残疾人职业指导演讲比赛】 6月14日，区残联组织开展2019年度残疾人就业服务机构工作人员职业指导演讲竞赛，共25名残疾人就业指导员参加。各位指导员根据自身优势，结合残疾人就业工作，从如何帮助残疾人提高就业方面进行讲解。通过演讲比赛为指导员搭建相互交流学习平台，为更好地帮助残疾人就业奠定基础。此次比赛选出优秀人员2名，代表顺义区参加北京市残联职业指导演讲比赛。

（区残联）

【“不忘初心　牢记使命”主题宣讲活动】 6月20日，区残联开展“不忘初心　牢记使命”主题宣讲比赛。共25名残疾人、残疾人工作者参加此次宣讲比赛。本次宣讲比赛为残疾人及残疾人工作者相互交流、展示自我搭建平台，有效促进残疾人工作更快更好发展。

（区残联）

【残疾人招聘会】 7月16日，区残联举办“永生花”残疾人专场招聘会。此次招聘会通过老师现场讲解，残疾人现场制作的方式，让残疾人了解岗位工作性质。通过工作人员考评，成品制作较好的残疾人可获得免费继续培训，最终实现上岗。此次招聘会共有50名听力及下肢残疾人参加，最终制作优秀达成就业意向的10名。

（区残联）

【中残联领导调研区残疾人职康中心】 11月15日，中国残联领导到顺义区残疾人职业康复中心进行社会公益组织助残养老项目调研。对顺义区残疾人职业康复中心的辅具展厅、无障碍电影院及中国肢残人协会脊髓损伤者生活重建培训示范基地进行参观，并召开座谈会。此次调研为顺义区提升残疾人居家无障碍环境改造、残疾人辅助器具服务及残疾人托养与养老服务等方面发展奠定基础。

（区残联）

住房保障

【概况】 北京市燕顺保障性住房投资有限公司（简称燕顺投资）成立于2015年11月19日，由顺义区政府与北京市保障性住房建设投资中心（简称保障房中心）以股权合作方式共同出资20亿元组建成立。燕顺投资主要负责顺义区内的保障性住房投融资，建设收购及运营管理业务，以公租房收购建设持有运营为主线，为顺义区低收入住房困难家庭提供充足房源，为产业园区人才和党政人才提供充足租赁住房。

（燕顺投资）

【主要经济指标】 年内，燕顺投资资产总额66.77亿元，负债总额46.24亿元，资产负债率69.25%；

所有者权益总额20.54亿元。燕顺投资累计实现营业收入20481.34万元，累计上缴税金2599.93万元。

（燕顺投资）

【提升居民住房保障水平】年内，燕顺投资共计运营公租房6875套，其中：运营公开配租公租房2018套，占全区公开配租公租房的95%，配租1865套，租金收缴率稳定在97%以上，解决顺义区近1900户住房困难家庭住房问题；运营企业人才公租房4401套，配租4377套；运营党政人才公租房共计456套，解决党政机关、“梧桐工程”人才共计约450人的住房需求问题。

（燕顺投资）

【确保住房保障机制实施】年内，燕顺投资共完成保障性住房收购566套，完成计划任务比例约为125%。共计完成房屋销售182套，其中，首开·晟品景园共有产权项目完成剩余19套房源的签约销售，安置房销售163套用于解决北小营、楼台村、天竺村回迁村民安置问题。同时，燕顺投资转化销售的金成裕雅苑共有产权房作为顺义区首个交付使用的共有产权房项目，于年内正式完成交房工作。

（燕顺投资）

【保障性住房自建项目开展】年内，顺义新城第18街区SY00-0018-6015～6017地块公租房项目全面开工，该项目是为承接北京非首都功能疏解，解决北京友谊医院顺义院区职工住房需求，实现职住平衡的重点项目。项目位于京承高速天北路出口，东至裕祥路、南至安富街、西至规划城市支路、北至安泰街，总建筑规模382910.46平方米，房屋套数3753套，于年内开工建设。

（燕顺投资）

【服务保障重大活动】年内，通过加强燕顺投资与各物业管理单位、属地之间的沟通联系，持续强化公租房运营项目及周边的安全保障，全面覆盖、排查和整治各类安全隐患，不断加强安全教育，强化物防技防，做好应急值守，发挥公租房运营主体优势。同时，强化主体责任，加强维稳力量，不断开展安全检查工作，及时了解和掌握租户思想动态，充分发挥群防群治传统优势，化解潜在风险，保障公司各个项目在重大活动、节日期间的安全生产工作，完成庆祝中华人民共和国成立70周年等重大活动期间顺义区保障性住房项目风险管控和安全服务保障任务，实现人防工程零事故的任务目标。

（燕顺投资）

【社会责任担当】一是有效开展“一助一”帮扶对象——北小营镇仇家店村的帮扶工作，对疏解整治促提升及拆除私搭乱建等问题，投入专项帮扶资金，协助仇家店村开展村内建筑垃圾清运、消纳、场地平整等工作，为村内百姓打造更好的生活环境。二是发挥第一书记引导、帮扶、示范、联络作用，配合疏解整治促提升工作，对李桥镇南半壁店村“实施乡村振兴战略、推进美丽乡村建设”工作提供专项资金帮扶，助力美丽乡村建设工程推进。

（燕顺投资）

【安全生产标准化】年内，为有效防范生产安全事故，全面提升企业本质安全，通过安全生产标准化三级企业资格认定，并获得证书，标志着燕顺投资完整的安全生产标准化管理体系建成。

（燕顺投资）

【落实主体责任　防范火灾隐患】年内，为进一步落实区委区政府、区国资委春节期间消防安全和信访维稳工作部署，坚决遏制火灾事故发生，确保广大租户平安度过新春佳节，对各公租房运营项目进行春节前安全检查。本次安全检查由公司安全委员会主任带队，主要对各公租房运营项目春节期间值班值守安排及维稳工作落实情况、冬季用火用电用气、消防、交通等安全知识和逃生自救等常识宣传情况及重点部位、重点类别的隐患排查整治进行检查。

（燕顺投资）

【良好社区氛围创建】中秋佳节期间，燕顺投资鑫牛南路2号院项目开展以“喜迎中秋，巧手做月饼”为主题的特色文化活动。此次活动让租户们切身感受到传统文化带来的快乐，增添节日喜庆氛围，丰富租户们的节日生活。

（燕顺投资）

【推进公租房社区和谐稳定】春节期间，顺投资党支部、领导班子成员，分别到燕顺投资各公租房社区，对项目处和公租房困难家庭进行慰问活动，为他们进行送上新春慰问品及节日祝福。

（燕顺投资）

街道 镇

1 月，大孙各庄镇人民政府与阿里巴巴（中国）有限公司签订项目合作协议

2 月 14 日，仁和镇回迁工作人员实地查看平各庄回迁房工作流程

▲ 2 月，北务镇举办龙腾狮跃闹元宵舞龙大赛

▲ 2 月 20 日，“点‘靓’光明 感恩有你”光明街道助力文明城区创建活动

▲ 三八妇女节之际，胜利街道建北一社区组织女性居民开展园艺制作活动

▲ 3 月 22 日，北石槽镇下西市村幸福晚年驿站国画班画桃花

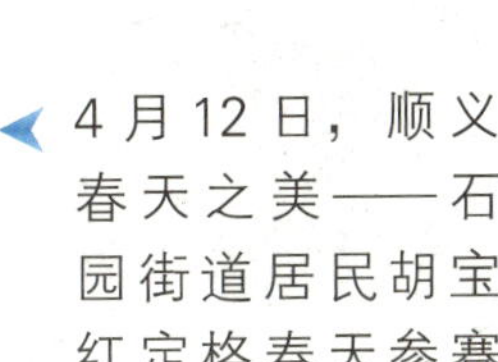

4月12日，顺义春天之美——石园街道居民胡宝红定格春天参赛作品《春暖花开》

4月20日，空港街道开展“2019快乐起航　创造美好生活再出发”第六届MINI马拉松活动

▲ 4 月 21 日，李遂镇沟北村村委会正式选举当天选民正在投票

▲ 5 月 20 日，木林镇开展以“壮丽七十年，健康新时代”为主题的全民健康生活方式行动暨“赏花海”健步走活动

▲6月2日，《龙湾屯风采》油画集在顺义区第四届樱桃采摘旅游文化节现场展出

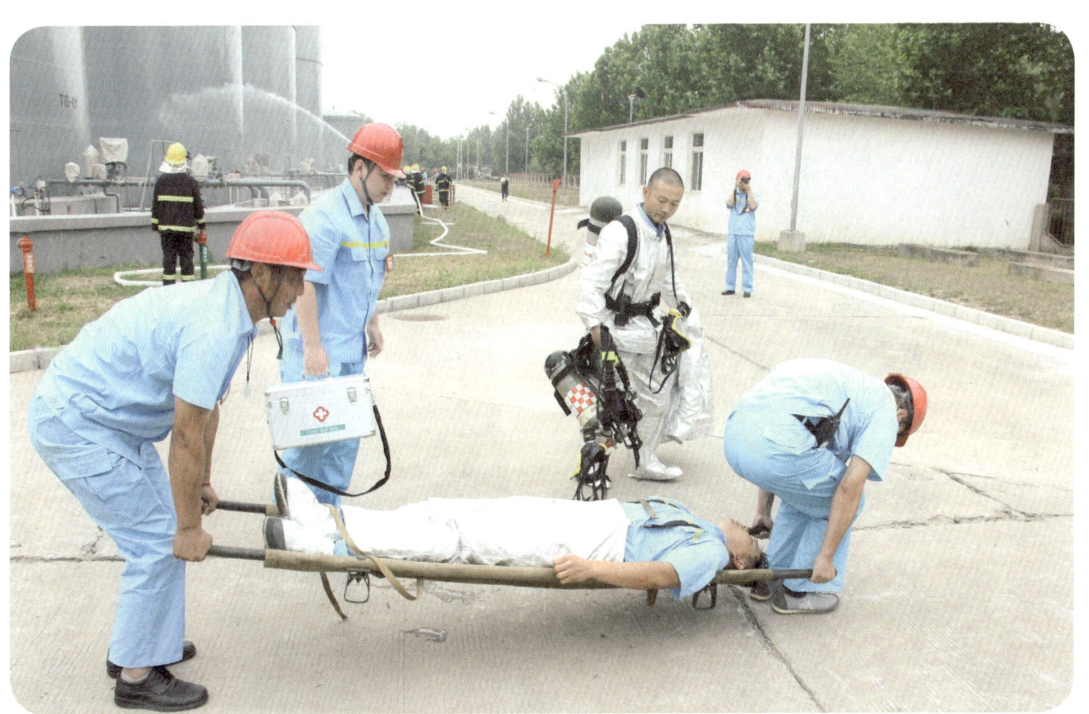

▲6月21日，北方中油石油销售有限公司开展油库油罐冒顶着火联合演练

6月27日，杨镇举行“我和我的祖国”庆祝中国共产党成立98周年暨“五月的鲜花”文艺汇演

8月19日，后沙峪镇养老驿站揭牌仪式举行

▲ 8 月 30 日，高丽营镇水坡环湖公园投入使用

▲ 9 月，张镇消防救援站建成并投入使用

▲ 9 月 8 日，牛栏山镇政府在金牛山公园举办“挑战吧！爸爸”第三季之“重走长征路”主题活动

▲ 9 月 29 日，为庆祝中华人民共和国成立 70 周年，双丰街道工委、办事处推出《我和我的祖国》MV

▲ 9 月 29 日，天竺镇组织开展“全要素”综合应急实战演练活动

▲ 11 月 8 日，北小营镇被正式命名为全球第 412 个“国际安全社区”

年内，南法信镇97名干部群众参与庆祝中华人民共和国成立70周年联欢活动

年内，赵全营镇开展液化器检查工作

年内，李桥镇临清村发现清朝石碑

年内，南彩镇河北村民俗园一景

光明街道办事处

【概况】 顺义区光明街道办事处办公地点位于府前东街17号。管辖地域东至滨河南路，南至顺平快速路，西至光明南北大街，北至减河，占地面积4.12平方千米。下设18个社区居委会。年内总户数28607户，常住人口75292人，户籍人口23543人，流动人口12655人；户籍人口新出生349人，出生率为1.257‰；流动人口新出生63人，出生率0.689‰。有医院2所，社区卫生服务站4个。大学1所，中学3所，小学4所，幼儿园8所。有社区养老驿站4个。有为民服务大厅220平方米，文化中心2000平方米，文化广场3处。地铁15号线贯穿其中。2019年，光明街道工委贯彻落实各项方针政策，坚持党建引领，各项事业都取得较好发展，并获“北京市控烟示范单位”“首都全民义务植树先进单位”“首都环境建设样板单位”等荣誉称号。

（光明街道）

【机构改革】 年内，根据《中共北京市顺义区委光明街道工作委员会北京市顺义区光明街道办事处职能配置内设机构和人员编制规定》（京顺办字发〔2019〕44号），区委光明街道工委与区光明街道办合署办公。按照“6+1+3”的组织架构设置内设机构6个、街道综合执法机构1个和事业单位3个。

（光明街道）

【换届选举工作】 年内，第五届区人大代表的补选工作完成。2512名选民参加投票选举，选举出李黎为顺义区第五届人大代表。18个社区党组织、居委会换届选举投票工作全部一次成功，党组织书记全部当选为居委会主任，“一肩挑”比例达到100%。

（光明街道）

【国庆70周年群众游行保障】 年内，街道工委高度重视，组织召开会议动员部署，组建群众游行活动组织机构，52名参与人员在经历2个多月的训练后，以“自由、生动、欢愉、活泼”的情感表达形式，接受全国人民的检阅。此外，街居党员干部节日在岗在位，全力做好站岗执勤工作，保障辖区的安全稳定。

（光明街道）

【全国文明城区创建】 年内，全国文明城区创建工作扎实推进。通过新媒体平台、入户走访等方式，采取“线上+线下”联动模式，设立创城专栏并发布创建信息60期，张贴宣传海报400余张、居规民约宣传板30块、创城宣传板120块、创城手册25000余份、遵德守礼提示牌200个，发放宣传袋30000个、创城宣传手册30000册，入户宣传28305户、入户率100%；发动3000余名党员、100多支志愿服务队伍共同参与，提升创城支持率。整治楼道堆堵、建筑垃圾等问题100余处；累计绿化面积73000平方米、硬化面积46000平方米；升级学雷锋志愿服务岗，新增急救药品等。

（光明街道）

【新时代文明实践所（站）阵地建设】 年内，《光明街道新时代文明实践所、站工作方案》制定，明确工作领导小组，建立“1+3+N”工作机制。打造街道、社区、志愿者三级工作体系。将各社区活动室作为阵地，通过整合社区服务中心、党员活动室等现有资源，共建成新时代文明活动所1个，新时代文明实践活动站18个，年内全部挂牌。

（光明街道）

【便民服务热线接诉即办】 年内，街道成立便民服务热线工作专班，采取“事前预防、事中提速、事后提质”全过程管控措施，形成便民电话闭环处理机制，确保群众诉求事事有着落、件件有回音。全年共受理2779件，办结2779件，办结率100%，综合成绩位列顺义区第三。

（光明街道）

【老旧小区治理二期工程完工验收】 年内，老旧小区治理二期工程，对双兴东区、东兴一区（龙庭公寓）、东兴二区、东兴三区、东兴四区、裕龙西区、裕龙四区、裕龙六区8个2004年以前建设的老旧小区进行改造，占地总面积82.7万平方米，涉及171栋楼12304户。截至年底，8个社区的改造工程全部完工，东兴二区、裕龙六区完成竣工验收，其余社区全面进入工程验收阶段。

（光明街道）

【安全设备新增】 年内，街道投入资金41万元，在各社区安装15门智能充电柜15套、10门智能充电柜4套，资金包含安装、调试费用及3年免费服务。

（光明街道）

【“疏整促”】年内，对顺义公园北门、双兴桥头、减河公园管理处门口3个点位共计7处违法建设进行拆除，拆除面积总计4756.54平方米；对违规群租房坚持有报必查、群租必拆的严格态度，累计整治违规群租房62处；抓实做细根治欠薪工作，畅通维权渠道，共受理投诉19个，涉及人数48人，资金12万余元。

（光明街道）

【环境保护精细化管理】年内，建立台账周销账制度，并实现市、区、街三级台账销账率100%；提前完成裕龙五区西门1500平方米外立面墙粉刷、金汉餐饮街西侧1598平方米步道砖修复两项区环境建设重点任务台账；完成光明北街、太东路、顺沙路以及顺康路4条2019年市级挂账整治街巷，共计修复破损步道砖5364平方米，粉饰外立面2500平方米，积水路段增设雨水管线22米、增加雨箅子1个，修复不亮路灯13盏，养护绿化植被1530平方米、栽植花木60株，清理堆物堆料0.8吨，清理小广告7000余张。

（光明街道）

【平安建设】年内，共在社区内和主要街面设置防控点位132个，累计动员群防群治力量11900余人次；加强辖区食药安全检查，根据抽样任务完成监督抽检147件，完成全年任务的100%；行政处罚简易程序29起，一般程序立案3起；开展隐患排查，共检查社会单位3237家次，企业覆盖率100%；共组织消防知识讲座及消防培训演练100余场，参加培训人员6000人次，印制发放消防宣传材料12.4万份；街道2.8万户家庭全部完成入户宣传；检验灭火器8556具，补充灭火器221具，并对辖区16辆微型消防车进行维修保养。

（光明街道）

【特色文化品牌 阵地服务于民】年内，打造点“靓”光明文化品牌，打造以“光明+”统一标识、统一设计、多种功能为一体的街居共享，企业、社团和居民共用的开放式共享阵地。街道总工会开设暑期托管班，为辖区双职工子女开展精准托管服务；市民活动中心举办“三大系列”群众文化活动，全年开展流动电影放映进社区服务，完善人大阵地建设，在辖区打造“2家+N站+1中心”，在18个社区实现代表联系选民渠道全覆盖、零距离。

（光明街道）

【背街小巷精细化管理】年内，街道精细化管理背街小巷，背街小巷问题处理率达到100%。7月，“光明小巷管家”App上线试用；9月，全面推广。金汉绿港社区刘淑华获评北京市十大“最美小巷管家”。截至年底，通过“光明小巷管家”App上传各类问题2101件，其中自处置问题2098件、上报社区解决问题3件。

（光明街道）

【为民服务】年内，街道工委优化为老服务，发放60～64周岁老年人一卡通2000张；裕龙三区和裕龙五区养老驿站“一事一议”评审工作完成，2家社区养老驿站正式投入运营。累计为499人发放城乡居民无保障福利养老金。就业岗位补贴政策、灵活就业补贴、培训政策补贴等优惠政策全面落实，采集空岗943个，指导就业227人。用综合窗口取代单一窗口，对外办理事项实现“一门”进驻。年内新增536人办理“一老一小”参保手续，实行社会化退休管理人员1734人，社保卡申领、补办4042张。举办20场职工沟通会，新吸纳会员100余人。完成第四次全国经济普查工作，共登记834家单位。

（光明街道）

【老干部护河队获国家级荣誉】年内，裕龙三区老干部星火护河队入选全国离退休干部先进集体。

（光明街道）

空港街道办事处

【概况】空港街道辖区面积27.38平方千米，常住人口约5.3万人，东临北京首都国际机场，西临温榆河畔生态走廊，毗邻朝阳、昌平，地铁、国道贯通，交通十分便利。空港街道下辖20个社区、39个居住小区，多数为以中央别墅区为代表的高档别墅园区，有来自60余个不同国家和地区的常住外籍人口5000余人。新国际展览中心坐落于此，城市业态活力十足；辖区内共有学校26所，其中包括顺义国际学校、英国学校等多所国际学校，教育资源丰富，公共服务完善；辖区内有中粮祥云小镇、荣祥广场、龙湾七街等7个中高端商圈，涉外商业服务聚集，国际化特色日益凸显。空港街道以打造“国际空港、活力社区”为目标，努力建设成为“国际港城一体的示范街区、首都对外交往的窗口社区、顺义城市品质的时尚名片”。

（空港街道）

【区域经济高质量发展】年内，空港街道全力优化营商环境，推动区域高质量发展。与辖区中国国际展览中心、中粮祥云小镇等重点企业建立长效沟通机制，共开展企业座谈会20余次，解决企业问题10余项；推动祥瑞投资5.33公顷（80亩）土地开工建设，力争打造总部型创新基地；打造辉煌物流“明空港 新文创”老旧厂房改造项目，发展高端文化创意项目；全年属地财税收入1.97亿元，同比增长5%；一般公共预算7899万元，同比增长14.3%。有1000万元以上纳税企业2家。

（空港街道）

【重要活动服务保障】一是做好中华人民共和国成立70周年服务保障工作，成立空港街道服务保障工作领导小组，设置重要执勤点位89个，组织3000余名社区治安志愿者等群防群治力量上岗执勤、1300余名物业保安落实24小时巡查看护、800余名网格力量开展火灾隐患和安全隐患排查，检查生产经营单位、物业、施工工地、有限空间作业800余家，出动检查人员2100人次，消除隐患535处。二是落实“一带一路”服务保障工作要求，主要领导、班子成员及包居干部在岗在位，街居干部300余人全部下沉一线，每日发动治安志愿者3074人进行志愿服务，组织1800余名网格力量开展火灾隐患和安全隐患排查，检查生产经营单位、施工工地、有限空间作业400余家，出动检查人员920人次，消除隐患112处。三是做好2019年中国国际服务贸易交易会服务保障工作，组织天一社区居委会、天二社区居委会、蓝星社区居委会、吉祥花园社区居委会、满庭芳社区居委会、中粮社区居委会、天竺花园社区居委会组成社区联动组，设置党员志愿先锋岗，发动辖区志愿者807人，组织空港巡防队50人次在辖区重要部位及人员密集场所进行巡逻，做好消隐患、保安全、督导检查等工作。

（空港街道）

【新中国成立70周年宣传教育活动】年内，空港街道弘扬爱国主旋律，组织开展各类宣传教育活动，完成庆祝中华人民共和国成立70周年大会群众游行的组织工作，街居52人参与游行活动；组建由辖区居民、老党员、机关干部等33人组成的空港街道“我和我的祖国”百姓宣讲团，围绕讲述中华人民共和国成立70周年的故事、讲述空港故事广泛开展巡回宣讲12场，覆盖观众1200人；开展“我爱我的祖国，我爱美丽空港”摄影作品展，展期一个月，1000余人观展；组织观看《决胜时刻》《我和我的祖国》《小巷管家》等红色电影10场，参与人数300余人；组织260余人参观国庆彩车展；组织开展革命传统教育23次，近500人前往香山红色教育基地接受爱国主义教育。各类活动信息被市、区媒体刊登48次。

（空港街道）

【国际人才社区】年内，空港街道建设国际人才社区，全力服务“第一国门”。优化国际化标准生态环境，国际人才社区主题休闲公园一期完工，国展周边道路提升工程有序推进，裕丰路环境改造全面完成；中粮祥云小镇国际化消费环境初步营造，双语菜单全覆盖，“深夜食街”“休沐市集”繁荣夜间经济，成为北京市打造的首批“夜京城”商圈之一，小镇实现销售收入7.39亿元，接待客流1016.8万人次，服务半径逾20千米。构建国际化特色示范社区，在裕京花园、欧陆广场、荣祥广场设置党员智能服务岗“一米柜台”，征集民情民意的同时近距离为中外居民提供高效、便捷服务；优山美地国际人才安居服务驿站建设中；开展别墅区治理模式调研，发放居民需求调查问卷2000余份；“双语趣”英语培训班开课14次，提供多语种服务咨询，高效办理各项事务。开展MINI马拉松、“空港杯”中外篮球赛、跨境商品展卖、非遗文化交流等体验活动300余场。

（空港街道）

【“深夜食街”强势开街】年内，空港街道响应北京市和顺义区关于“夜间经济”的制度安排和顶层设计，大力发展符合地区城市功能定位和城市规划的“夜间经济”，以中粮祥云小镇“深夜食街”项目为抓手，培育地区消费发展“新动能”与中粮祥云小镇联手打造“深夜食街”项目，甄选出“北平咖啡”“让我们见个面”“天意小馆”“英国茶房”“日日香鹅肉馆”“江边城外”等23家极具国际化特色的高品质餐厅。5月1日，首批“深夜食街”正式开街，23家商户营业时间由21：30延时至24：00，成为地区夜间消费新亮点。年内，中粮祥云小镇被评为国家AAA级旅游景区。

（空港街道）

【全球第412个“国际安全社区”】年内，空港街道严格落实安全生产“党政同责”“一岗双责”，保证绝对安全稳定。出动勤务保障力量 7.12万人次、联勤联动设备451台次，实名制看护重点部位97处；全覆盖检查775家安全生产台账企业，全覆盖检查安全生产经营单位2110家次，消除安全隐患1177处；签订街道—社区—生产经营单位三级联动责任书1000余份；开展安全相关宣传培训30次，印制宣传材料18000余份，累计受训人员3万人次；推广辖区安责险投保254家，完成全年指标的110.04%；清理楼道、公共区域堆积物360余吨；投入35万余元，安装独立感烟报警装置750个；20个社区共安装47组集中安全的充电车棚，可同时满足774辆电动车的充电需求；办理信访件39件，整治群租房61处，配合建设“雪亮工程”在辖区设立112处视频监控点位，破获或提供案件支持15次。空港街道在顺义区2019年度微型消防站大比武中荣获团体第一名；11月8日，街道被正式命名为全球第412个“国际安全社区”；顺义空港安监公众号获评2019年度专职安全员队伍“最具影响力”微信公众号。

（空港街道）

【水生态环境治理】年内，空港街道落实河长制要求，加强水生态环境治理。落实“清河行动”“清四乱行动”“清管行动”“小微水体整治行动”等专项工作；实施二线沟截污纳管及清淤工程、花马沟老沟清淤工程、花马沟入温榆河口疏浚工程，完成二线沟、花马沟、铁吉沟小微黑臭水体整治工作；出动人员6800余人，清理河道3200余米，清除淤泥9000余立方米，清理垃圾350余立方米，清理非法垦殖1400余平方米，清理河面漂浮物7800余平方米。利用“街乡吹哨、部门报到”机制，解决誉天下小区周边臭水扰民、城市雨污水管线高水位运行、裕丰路排水不畅等问题；聘请市政控股有限责任公司对二线沟、花马沟、安宁大街水污染进行追根溯源工作。建立120人防汛队伍，吹哨城市管理委解决裕丰路排水问题，修建6条18米宽排水明沟。对龙湖别墅、名都园、裕丰路等居民小区及城市道路全力排水抢险，出动抢险人员2500余人次，动员社区力量3500余人，动用水泵400余台次，大型机械40余台次。

（空港街道）

【蓝天保卫战】年内，空港街道辖区PM2.5浓度为39微克/米^3，同比下降23.5%，全区排名第10；降尘量月平均值为6.3吨/千米^2，同比下降8.7%，全区排名第7。持续推进台账式基础管理模式，发挥日常网格巡检的基础作用和分钟级预警监测平台的科技助力作用，完成污染源普查4大类306家次，排查高值点位670余次，查找、消除周边环境问题140余个；督促完成油烟净化设备升级改造126台，联合开展点穴执法29次，解决疑难问题35个。建立8本环保台账，完成市级台账问题25处、区级台账问题713处、专项台账问题414处；完成8处共计21.3万平方米复绿显绿工作；完成天柱西路西侧区域环境提升项目，以及天北路、火沙路、花园二街提升项目和花梨坎地铁站北侧区域环境提升项目，增设、更新绿化面积3.9万平方米。

（空港街道）

【民生服务水平持续提高】年内，空港街道深入推进八型社区建设，6个社区完成“八型社区”创建，14个社区通过“八型社区”复核，全部社区完成八型社区建设工作，提前一年完成区级目标。“一刻钟社区服务圈”实现20个社区全覆盖全挂牌。协助区住建委完成对5个社区(万科、裕祥、蓝星、天竺花园、莲竹)的老旧小区改造前期准备工作;接待住房保障来电来访248人次,办理公租房申请业务215人次。扎实做好新生入校(园)工作,确保辖区内473名新生、309名幼儿享受到均衡教育。发放养老助残卡共计1248张,为独居、空巢、行动不便及75岁以上家庭安装独立烟感报警器750个。引入第三方运营残障群体温馨家园,实现全天开放。中粮祥云小镇西侧裕丰路交通设施提升工程完工,接驳地铁15号线的公交专线开通运行。裕祥、天竺花园和天二社区健康社区创建工作完成。

(空港街道)

【创建全国文明城区】3月30日,开展“创建文明城市,绿化美化空港”主题植树活动,通过发出创城倡议、组织创城签名以及进行植树活动等,呼吁以实际行动支持创城、参与创城,践行“植绿、护绿、爱绿”的生态文明新风尚,街道副职领导、全体街居干部、各界代表等200余人参与此次活动。2019年,空港街道全力推进全国文明城区创建工作,大力营造创城氛围,线上街居微博、公众号持续推送创城信息,线下布置宣传灯箱、宣传栏、宣传横幅200余处,开展创城主题宣传座谈会以及宣传活动100余次,开展两轮创建全国文明城区问卷调查入户模拟测评,入户率均为100%,辖区居民对创城工作的知晓率、满意率均在90%以上。

(空港街道)

【“HELLO空港”暨顺义区2019年“五月的鲜花”文艺汇演】5月26日,空港街道召开“HELLO空港”暨顺义区2019年“五月的鲜花”文艺汇演、顺义国际人才社区活动周启动仪式,150余名中外友人、社区居民、学校师生为在场观众表演11个节目,有On Pointe舞蹈学校表演群舞*Felicitous*,来自10个国家的留学生表演歌舞《青花瓷》,海嘉国际学校表演合唱《茉莉花》,万科城花舞蹈队表演群舞《荷花颂》。区委组织部副部长王彦利、区委宣传部副部长张海东、区文化和旅游局局长申志红等区直部门领导以及空港街道工委书记衣晶,办事处主任张敬等200余名观众观看。

(空港街道)

【新时代文明实践所(站)建设】7月11日,空港街道新时代文明实践所(站)建设推进大会暨“我和我的祖国”百姓宣讲活动举办,区委宣传部副部长田庆江、街道班子成员、全体机关干部、社区工作人员及志愿者代表等300余人参加。活动现场,区委宣传部副部长田庆江、空港街道工委书记衣晶为“空港街道新时代文明实践所”揭牌,并为国际人才服务志愿服务队、宣讲志愿服务队、教育服务志愿服务队、文化服务志愿服务队等8支志愿服务队授旗。空港街道“我和我的祖国”百姓宣讲团成员宣讲员围绕“中华人民共和国成立70周年”和“空港故事”两个主题在台上进行宣讲。年内,共开展德法、文化、生态环境建设、国际人才服务等多类型服务共计650余次,服务2.6万人次。

(空港街道)

【2019喜迎国庆摄影作品展】年内,空港街道“我爱我的祖国,我爱美丽空港”——空港街道2019喜迎国庆摄影作品摄影作品展举办,摄影作品展分为“发展篇”“生态篇”“宜居篇”“人物篇”4个篇章。“发展篇”记录辖区以机场高速、M15号线为代表的便利交通,创新高新企业、高端酒店、国际学校集聚,体现空港街道的国际化发展趋势;“生态篇”描绘辖区自然景色和商圈环境;“宜居篇”从体育公园、幼儿园、生活广场等角度刻画辖区基础设施配套完善,居民生活幸福的图景;“人物篇”选登辖区具有杰出贡献或爱岗敬业的先进人物,表达空港人踏实肯干、奋勇争先的决心。摄影作品展展期一个月,1000余人观展。

(空港街道)

【获顺义区职工舞蹈大赛独舞组金奖】7月31日,空港街道总工会带领辖区4支队伍参加顺义区总工会第五届“最美劳动者”职工文化艺术节“舞动梦想”职工舞蹈大赛,空港街道选送的《你的眼睛》获得独舞组金奖、《闻香识女人》获得独舞组银奖、《采薇》获得群舞组银奖、《胡琴说》获得群舞组铜奖。10月16日,空港街道选送的职工健身操队伍凭借《走进新时代》获顺义区总工会第五届“最美劳动者”职工文化艺术节“舞动青春”职工健身操大赛银奖。12月12日，空港街道辖区职工凭借曲目《你》获顺义区总工会第五届“最美劳动者”职工文化艺术节“放飞梦想”职工歌手大赛通俗组银奖。

（空港街道）

胜利街道办事处

【概况】 顺义区胜利街道办事处成立于1998年7月，位于顺义城区中心地带，辖区范围东起光明街、西达京承铁路、南到顺平路、北至减河，辖区总面积约3平方千米。辖区内有居住小区13个，设社区居委会19个，有居民约2万户总人口近6万人。胜利街道辖区内商业、服务业、企业等业态发达，云集顺义鑫海韵通商场、国泰广场、顺义隆华商场、新世界百货商场、华联超市、家乐福超市、物美超市等大型商场和超市，金百万、眉州东坡等餐饮行业，同时还聚集着中国工商银行、中国建设银行、中国农业银行、太平洋保险公司等金融企业。胜利街道辖区内有东风小学西校区、建南幼儿园、义宾幼儿园、幸福幼儿园等一批重点学校。顺义区医院、北京市中医院顺义分院在辖区内。辖区内交通有“三竖”：光明大街、新顺大街、站前北街；“三横”：站前街、府前街、便民街，中山街纵贯东西南北。

（胜利街道）

【环境秩序整体规范】 年内，胜利街道针对辖区商圈周边、重点街路等区域继续推行日巡查机制，年初开始增设专人值守，坚持夜间巡查执法。全年查抄流动商贩476家涉及1132人、集中治理占道经营违法摊位480个，消除环境秩序问题5300余处。首都城市环境建设管理委员会办公室和区级环境问题销账1379件，核实处理监管通知单、违建告知书及政府便民电话工作交办单问题344件，问题复查整改率达到100%。

（胜利街道）

【为民服务贴心便利】 年内，胜利社区、龙府花园社区养老驿站的运营，开启智能居家养老“医养结合”新模式。以政府购买服务的方式，为辖区60周岁以上独居老年人（381人）、90周岁以上老年人（62人）提供上门清洁服务410次，累计开展生日会等各类服务5000余人次。

（胜利街道）

【公共服务保障严格落实】 年内，胜利街道加强基层社会救助经办服务能力，严格落实就业失业登记制度，逐步推进就业管理和服务精细化，保证充分就业社区动态保持，常态化开展劳动监察，多举措推动地区就业，实现就业人数379人，完成率110%。“一老一小大病医保”办理673人次，参保、续保率实现100%。持续做好对低保、低收入、困难群众的救助工作，积极争取资金，落实老年人、残疾人、在职职工、流动人口等各类群体社会福利保障政策，全面抓好“二孩”、非京籍适龄儿童入学、保障性住房、计划生育、“一助一”等各项工作，受理保障性住房申请48人、申请精神障碍病人看护补贴金48户、96156受理居民求助220多件。推进龙府社区健康步道建设，推动公共卫生服务均等化。新建会及百人以上企业实现工会组建率100%。认真落实“三农普”、年度人口抽样调查以及社区工作者社会保险基数、住房公积金基数调整工作，财务管理制度进一步完善，确保各项资金专款专用。妇联、残联换届选举工作完成。

（胜利街道）

【社区档案规范化】 年内，为加强档案的集中统一管理，做好档案业务建设，逐步实现社区档案的标准化、规范化、制度化管理，提高社区档案的科学管理水平，胜利街道综合档案室与档案局指导科对胜利街道建南二社区和幸福西街社区的档案归档和管理工作进行检查和指导，通过实地查看，2个社区的档案工作基础工作扎实，各类档案做到及时收集，整理规范符合标准，能在有限的办公区域内配置档案专用保管柜，保证档案得到妥善保管。

（胜利街道）

【安全生产、消防安全保障】 年内，新建成18个智能充电车棚累计服务居民2000人次。投入80万元为6000户居民家庭安装感烟型报警器，投入50余万元为307户老人家庭安装五方报警的“联网式烟感报警器”。投入161万元购置19辆消防环保水车。按要求拆除违规彩钢板建筑3000平方米，停产停业5家、关闭取缔12家，140处上账隐患全部整改完毕。取缔无证经营餐饮商户41家，线上关停500家网络餐饮商户。

（胜利街道）

【生态环境秩序持续向好】年内，打好污染防治攻坚战，建设2个小时级、14个分钟级PM2.5监控子站，精准监测区域空气质量；建立“一户一档”制度，严格管控餐饮油烟；利用19辆消防环保水车每日2次降尘作业。严格落实河长制，推动治水常态化、长效化。

（胜利街道）

【综合治理稳步向前】年内，加强社会面防控，重要时期落实一级超常、二级加强等级防控34天，为19个社区配备电动巡逻车，深入开展禁毒、文明养犬、流动人口和出租房屋政策宣传，发放宣传材料1万余份；有效化解各类矛盾纠纷404件，北京市网上信访信息系统受理办结案件18件，满意率达100%。

（胜利街道）

【环境秩序治理有序推进】年内，城市管理日趋精细化，选派12名街巷长、174名“小巷管家”和法律顾问。按要求拆除违规设置户外广告牌匾50块，查处占道经营违法行为330余起，“开墙打洞”完成率达到500%。

（胜利街道）

【集中精力“疏整促”】年内，落实好“街乡吹哨、部门报到”重点任务，投入51万元开展各类联合执法，各项考核指标均按要求落实。注重发挥人大代表、政协委员等联系群众的作用，加强对腾退空间的综合规划，依托4个社区人大代表联络站和77个社情民意收集箱深度了解民意，将建北三杂物间、建北一废旧泡沫彩钢板房分别改造成为“国学书香驿站”和党员活动中心；将龙府原有出租大院腾退改造成养老驿站；将建南一社区、建南二社区、胜利社区3处腾退空间改建成京蒙爱心超市，助力精准帮扶。年内，着手将怡馨二社区腾退的1000多平方米地下空间、幸福西街地下空间，建设成为居民安全体验馆、党群议事厅等场所，切实提升城市品质。

（胜利街道）

【民生服务精准度增强】年内，立足做好群众家门口的服务，抓住便民利民这个核心，坚持连锁化、规范化、品牌化、服务多样化，利用一刻钟社区服务圈，不断完善便民服务体系。成立由北京城市学院大学生志愿者组成的“孝老暖心社”，为辖区老年人提供家庭保洁、精神慰藉和心理疏导等志愿服务，为辖区空巢老人、重残老人家庭等群体安装联网式一键呼叫智能设备。推进社区社会组织孵化中心建设，进一步深化创意、孵化、培训等交流活动、完善政策咨询、资源对接、考核评估、典型推广等配套功能，激发社区服务的活力。将养老助残、居民就业帮扶、住房保障、儿童入学等各项为民服务不折不扣地落到实处。科学、分步、有序吹哨，合理规划疏整促腾退空间，注重加强对空间的社会化管理，对项目的可行性、科学性及空间利用的安全性进行评估，积极适应“有没有”向“好不好”的转化，不断满足人民群众对美好生活的向往。

（胜利街道）

【专项治理破难题】年内，胜利街道全面开展“大排查大清理大整治”专项行动，街道、社区联合胜利派出所、城管执法队多方力量分班分组，11月20日起，实施“日巡查、晚夜查”工作模式常态化，整改消防安全隐患658处，重点整治辖区安全四大隐患拆除更换泡沫彩钢板35处17000平方米；排查“三合一”“高风险密集场所”38处，整改25处，疏解人员240余人；清退辖区胶囊公寓和高楼地下室员工宿舍共120间使用房，疏解居住人员179人。

（胜利街道）

石园街道办事处

【概况】石园街道办事处下辖15个社区（轻汽社区已拆迁），面积9.6平方千米，共有居民楼354栋，单元门数1619个，总户数25708户，常住人口6.9万人。石园街道区域内集党政办公、工业基地、为老服务、生活休闲于一体，既有区委老干部局等行政事业单位，还有燕京啤酒集团、现代汽车生产基地等大型企业，更聚集着餐饮娱乐、银行、邮局、社区卫生服务中心、中小学幼儿园、大型商市场、公园等一大批配套服务机构，新建成的顺义文化中心、体育中心也坐落于此。

（石园街道）

【第十届居委会换届投票选举完成】1月26日，15个社区完成投票选举工作，均一次性选举成功，共选举产生居委会班子成员119人。此次选举有三大特点。一是户代表选举比例高。13个社区采取户代表方式选举，占比87%，同比增长25个百分点。二是居民群众民主意识增强。辖区共登记选民12871人，应参加投票户代表（居民代表）6628人，实际参加投票的选民6614人，上站投票率99.8%。三是社工队伍结构优化。新产生的居委会班子成员平均年龄38.9岁，40岁以下人员占比54%，大专以上学历110人，占比92.4%，同比增长2.5个百分点；持有初级、中级全国社会工作者职业资格证书34人，占比达到28.6%。

（石园街道）

【“多网”融合有序推进】一是“多网”融合指挥中心成立。抽调专门力量，明确工作总基调，充分发挥网格化管理优势，完善指挥系统。二是“基础数据”融合完成。整合街道“智慧网格”平台，将原有的“智慧党建、智慧城建、智慧综治、智慧安全”四大模块基础数据进一步融合，实现辖区内人、地、事、物、组织等信息数据共享；利用大数据分析，查找工作中存在的问题，提升科室调度能力。三是“便民热线”融合入网。开通石园街道“便民服务热线”89496156和61496373，24小时接听群众诉求；研发“便民热线”服务模块，将“便民服务热线”融合入网，打造“诉求分派、快速办理、督促落实、反馈回复”全程闭环管理模式。

（石园街道）

【200名干部职工助力创城】4月12日，街道各基层工会组织200余名干部职工齐聚仁和公园，向游园休闲的居民群众发放“文明礼让”手帕巾、《顺义区市民文明手册》等宣传品，传播“创城为民、利民、惠民”理念，以集体健步走3.5千米的方式，倡导文明行为，倡树文明新风。

（石园街道）

【社区村居党支部联合体成立】5月22日，石园街道街居干部与仁和镇胡各庄村、前进村、复兴村、太平村、平各庄村党支部相关负责人签订《共驻共建协议》，成立党支部联合体。

（石园街道）

【社区妇联换届选举完成】5月24—30日，15个社区妇联换届选举工作相继完成，选举产生新一届社区妇联主席、兼职副主席和执委共计225人。

（石园街道）

【第一届“石园杯”顺义区环保网格员知识竞赛落幕】6月3日，由区生态环境局、石园街道联合主办，北青社区报承办的“蓝天保卫战，我是行动者！”2019年第一届“石园杯”顺义区环保网格员知识竞赛落下帷幕。来自27个镇街、功能区代表队的81名参赛选手参赛，最终牛栏山镇获得一等奖，石园街道、临空经济核心区获得二等奖，空港街道、天竺镇获得三等奖。

（石园街道）

【歌声嘹亮欢庆七一】6月25日，“爱我祖国　祝福祖国”石园街道庆祝建党98周年主题活动在武警支队礼堂举行，武警支队领导、石园街道领导班子成员、辖区62家报到基层党组织代表、部队官兵、街居党员群众共计600余人参加。活动现场，以视频短片的形式展现石园党建工作，接受党员群众的监督和“检阅”。68名优秀党员带领与会党员重温入党誓词，进一步坚定理想信念。各基层党组织精心编排的经典歌曲，将大家带入一段又一段光辉的岁月，感怀中国共产党人英勇奋斗的艰苦历程和中华民族可歌可泣的英雄史诗。

（石园街道）

【新时代文明实践所建设启动大会】7月8日，新时代文明实践所建设启动大会举办，区委宣传部副部长田庆江，街道领导班子成员、全体机关干部、各社区党组织书记等共计130余人参加。会上，进行工作部署，为街道新时代文明实践所揭牌，为社区新时代文明实践站授牌，为志愿服务队授旗。

（石园街道）

【有限空间作业大比武】7月16—17日，石园街道有限空间作业大比武举办，有6支队伍90人参赛。比赛分为理论考试和实操考试两个环节，按照4∶6的比例计算总成绩。北京燕京啤酒股份有限公司制冷二车间和石园街道安全生产检查队一队分别获得作业单位组、专职安全员组优胜奖。

（石园街道）

【全民阅读活动及共享书屋启动仪式】8月16日，以“壮丽70年 颂读新时代”为主题的聆听幸福声音·石园街道全民阅读活动及共享书屋启动仪式，在北三社区新时代文明实践站举办。活动共分为6个环节，即“全民阅读马拉松”、发出“书香石园”阅读倡议书、家庭共读、颁发十佳“幸福声音”人气奖、经典书籍互动问答及全民颂读《我和我的祖国》。区委常委、宣传部部长贺亚兰等与会领导一起启动石园街道共享书屋，标志着全民阅读积分兑换系统正式运营。

（石园街道）

【第三届“幸福杯”广场舞大赛】8月23日，第三届“幸福杯”广场舞大赛举办，6支舞蹈队现场切磋，港馨家园二区舞蹈队摘得金奖，石园西区情飞舞蹈队获得银奖，五里仓二社区舞蹈队获得铜奖。

（石园街道）

【石园西区老年大学分校举办诗词楹联大赛】9月3日，“庆祝中华人民共和国成立70周年”诗词楹联大赛在石园西区老年大学分校举办。区老干部局工会主席、区老年大学校长田金利及40余名诗词楹联爱好者参加。大赛自8月1日开始面向社会广泛征集作品，共收到北京诗词楹联名家及诗词楹联班学员的原创诗词楹联作品100余副。经过专家评委协商评定，21名选手的优秀作品脱颖而出。

（石园街道）

【“五有五突出”推进环境保护工作精细化】一是有部署，突出高度重视。《石园街道空气质量保障工作方案》制定印发；成立以街道办事处主任为组长的空气质量保障工作专班；召开工作部署会，层层压实责任。二是有重点，突出巡查监督。充分发挥石园街道环保网格员的作用，重点对辖区被督查出问题的企事业单位、涉污的散乱污单位、油烟排放较大的餐饮商户等建立日查日监督工作机制，并建立监督台账。三是有效率，突出治理难点。汇总分析网格员上账点位情况，梳理重点难点问题；对屡教不改、影响恶劣的油烟直排、工地土方未苫盖等现象，高频次开展联合执法专项治理行动，紧盯整改进度，坚决限期整改不拖延。四是有落实，突出改造成果。对辖区内上账的96家餐饮经营商户及企事业单位食堂开展油烟净化设备提级改造工程；通过上门走访宣传、监督检查、联合执法等措施，督促商户尽快落实油烟净化设备改造工作。五是有服务，突出共治共享。依靠街道公众号、各社区公众号、社区宣传栏等媒介，大力开展宣传活动；环保网格员对存在问题较多的商户集中入户宣传，不断提高辖区居民环保意识，倡导商户环保经营。

（石园街道）

【“综合窗口”改革工作推动】一是严格工作制度。全面落实首问负责、限时办结、一次性告知及窗口工作人员行为规范等各项规章制度，严明纪律要求。二是优化办事流程。对民政、计生等窗口服务事项重新梳理，进一步规范办事流程，将服务事项及办理流程统一印制成册，方便居民取阅。三是提升业务水平。采取线上线下学，集中学与个人学相结合的方式开展业务培训，进行岗位练兵，以学促比、以比促练、以练促用，加快推进“全科型”窗口及“全能社工”队伍建设。

（石园街道）

【重大活动期间服务保障】一是提振精神，全力以赴。各职能科室、各社区以最饱满的精神状态，投入到服务保障工作中，确保不出现任何问题。二是加大排查，消除隐患。开展百日安全大排查大整治“回头看”行动，重点对前期隐患排查治理情况进行督查，查看隐患整改是否到位、是否存在隐患“反弹”、是否有新增隐患等。三是加强值守，保障到位。各社区微型消防站24小时备勤，人员、车辆、物资全部到位。一旦出现问题能够迅速反应、有效处置，确保辖区安全形势稳定。

（石园街道）

【重阳美食文化节开启】10月11日，“幸福石园益起来”第三届公益文化节——“百叟齐欢聚，幸福在石园”重阳美食文化节在石园街道社区服务中心院内开启，辖区近100位老人共享节日盛宴。

（石园街道）

【残疾人趣味运动会】10月19日，石园街道第四届“彩虹之光”残疾人趣味运动会举办，共设置旱地冰球、定点投篮、赛道轮椅等12个比赛项目供辖区129名残疾人朋友选择。

（石园街道）

【消防主题趣味游园会】11月6日，石园街道2019年119消防宣传月启动仪式暨第二届消防主题趣味游园会在港馨西区小广场举行。活动围绕“防范火灾风险、建设美好家园”主题，通过开展消防互动游戏，设置咨询台、宣传展板，发放宣传材料等方式，帮助社区居民、企业职工在“玩”“乐”中学习消防安全知识，进一步激发大家了解消防、关注消防、参与消防的意愿。

（石园街道）

【石园街道被正式命名为“国际安全社区”】11月8日，国际安全社区命名仪式在安徽省合肥市庐阳区三孝口街道举行。国际安全社区认证中心总干事古尔邦·斯琼博格与北京市顺义区石园街道签署国际安全社区授予协议，并颁发国际安全社区网络成员证书。石园街道于2014年正式启动安全社区建设，2016年通过“北京市安全社区”评定，2018年11月通过现场认证考察成为全球第410个“国际安全社区”。

（石园街道）

【石园街道掀起创城热潮】一是街居上下“动起来”。健全组织机构，街居两级多次召开推进会，协调推动创城工作；在社区各楼门张贴“致全区广大市民朋友的一封信”和《居规民约》，制作便民挂袋、环保购物袋、创城标识笔筒等，进行入户宣传，全面提高居民知晓率。二是社区力量“合起来”。按照“15+8”属地网格管理机制，街道领导班子成员包片负责创城工作的组织协调、宣传发动及日常督导工作；引导在职党员、辖区商户、驻区单位等团体和个人参与，依托“月末清洁日”“新时代文明实践推动日”等开展环境整治、文明劝导等活动，营造全民动手、全员参与的创城氛围。三是宣传氛围“浓起来”。在辖区通顺路、集汇大街、石园大街等7条道路设置公益景观广告牌，顺和路、民富街等新设、更换创城内容硬质条幅；在街道办事处和社区政务大厅、综合文体服务中心等公共场所宣传“讲文明、树新风”，社会主义核心价值观等内容。四是志愿服务“做起来”。辖区14个学雷锋志愿服务岗面向居民提供信息咨询、免费饮水等多项服务，累计参与志愿者600余名，服务时长2500小时，服务群众2000余人次；开展礼让斑马线活动，累积开展活动120余次，引导行人、驾驶员文明出行。五是创城任务“督起来”。街道成立创城专班，深入社区指导创城工作，对照指标体系逐一督促落实；街道监察组、督查办公室组成检查组到各社区进行实地巡查，发现问题限时整改，确保工作取得实效。

（石园街道）

【老旧小区改造提升居民幸福感】11月29日，石园街道老旧小区治理二期改造工程三、五标段工程的竣工验收工作完成，加上之前已完成验收的5个标段，老旧小区治理二期改造工程全部验收合格。二期改造工程属于顺义区重点工程，于2018年4月开工，2019年9月底竣工。工程涉及石园东苑、五里仓一社区、五里仓二社区、石园南区、石园东区、石园西区6个社区、7个标段，占地面积91万平方米，194栋楼。具体改造项目包括：建筑工程、装饰工程、楼内电气改造工程、庭院工程、市政道路、市政排水等。工程验收合格后，各中标单位将在工程质保期内，严格按照维保要求，发现问题及时维修，保障居民正常使用，切实解决居民的实际问题。

（石园街道）

【五里仓社区养老服务驿站投入使用】12月20日，五里仓社区养老服务驿站投入使用启动仪式举行。驿站位于顺义区石园街道五里仓一社区18号楼后，总占地面积470平方米，房屋建筑面积285平方米，是石园辖区第5家社区养老服务驿站。内设文化活动大厅、书画室、智能厨房、棋牌室、日间照料室、理疗室等多个功能室，除具备日间照料、呼叫服务、助餐服务、健康指导、文化娱乐、心理慰藉6项基本功能外，还特设老年大学、党群活动、幸福书吧等多种服务。并利用现有社区卫生院资源，加入医疗、康复功能，主打“相期以颐·老有所医”医养结合特色。

（石园街道）

双丰街道办事处

【概况】双丰街道办事处成立于2007年10月，位于顺义新城马坡组团核心区，区域原为“都市里的乡村”马坡镇，辖区面积29.49平方千米。双丰街道下辖马坡花园一区、马坡花园二区、富力湾、泰和宜园、新马家园、顺悦家园、顺兴社区、香悦西区、鲁能润园、金宝北区、香悦东区、花溪渡、鲁能溪园、中晟馨苑、北辰花园15个社区居委会，截至年底，辖区共有常住户16047户、常住人口45175人，流动人口10838人，户籍人口6578人，外籍人口202人。

（双丰街道）

【第十届社区居民委员会换届选举】1月26日，双丰街道第十届社区居民委员会换届选举投票日，马坡花园二区等12个社区采取户代表选举方式、香悦四季西区等3个社区采取居民代表选举方式，15个社区的居委会换届选举工作一次完成，上站投票率95.62%，111名候选人全部当选，实现社区党组织书记、居委会主任“一肩挑”比例100%。

（双丰街道）

【文化活动进万家】自农历腊月二十三开始，街道社区社会组织联合会、残联、工会、15个社区居委会共同策划以“福满京城春贺神州”为主题的系列活动。有传统手工艺创作吹糖人、兔爷制作、剪纸、写春联等，有文体活动社区游园会、志愿者表彰会、“二月新春”、基层文化演出等，有自创节目诗朗诵、小品、歌舞、三句半等，25场文化活动丰富辖区居民的节日生活。

（双丰街道）

【顺义首个街居政务服务中心（站）推行“一窗式”办理】年内，为进一步优化营商环境，打通服务群众最后一公里，双丰街道整合街道、社区服务资源，调整窗口办事流程，在街道政务服务中心、社区服务站推出具有双丰特色的“一窗”受理服务，避免居民多跑、跑空现象发生。双丰街道政务服务中心设置“一区二台三窗”。“一区”即自助服务区，居民可在此自助上网、打印、复印、扫描；“一台”即咨询引导台，在为居民开展咨询引导服务的基础上，还能为居民提供帮办、代办邮寄服务；“三窗”是将原有10个窗口整合为3个窗口，分别办理社保、民政、计生、退役军人、住保、食药和教育业务等。

（双丰街道）

【养老服务驿站再添一家】年内，为让辖区老年人“老有所养、老有所医、老有所乐”，继顺悦家园、马坡花园一区和新马家园社区后，双丰街道新添一家养老服务驿站——金宝花园社区养老服务驿站。驿站建筑面积239平方米，覆盖周围半径1.5千米，服务辖区户籍人口639人。驿站除日间照料、心理慰藉、呼叫服务、助餐服务、健康指导、文化娱乐基本功能外，还配备具有专业知识的救护小组，辐射周边社区15分钟为范围的紧急救助圈，提供紧急救助服务；设立观影区，定期播放红色电影和反腐倡廉电影丰富党建生活。

（双丰街道）

【双丰街道通过“国际安全社区”评审验收】年内，由国际安全社区认证中心、中国职业安全健康协会组成的“国际安全社区”评审验收组，对双丰街道15个社区的交通安全、居家安全、消防安全、公共安全、学校安全等安全计划及安全促进项目进行测评。专家组一致认为双丰街道办事处“国际安全社区”建设工作卓有成效，同意其成为“国际安全社区”。自“国际安全社区”创建工作启动以来，双丰街道结合百姓需求，不断改善辖区安全环境，新增社区养老服务驿站3家，完成老旧社区改造2个，在辖区公共区域配备灭火器5448个、新建微型消防站15处、发放烟感（智能烟感）报警器4500个。

（双丰街道）

【“儿童之家”建设全面推进】年内，为营造辖区和谐、向上、关爱妇儿的良好氛围，双丰街道以“5+N”工作模式全面开展“儿童之家”建设。截至年底，13个社区的“儿童之家”建设完成并投入使用。“5+N”工作模式即“5”个统一和“N”个特色。“5”个统一规划。统一规划、推进各个社区的“儿童之家”建设。统一理念。将关注儿童安全及身心健康作为“儿童之家”建设工作的最高标准。统一施工。确定4家设计及施工公司，统一为各社区安排建设施工及工程验收。统一台账。统一设计下发“儿童之家”规范化台账及各项制度。统一管理。制定出台“儿童之家”管理方案，规范各社区“儿童之家”运营及管理。“N”指在统一推进“儿童之家”某些共性环节的基础上，各社区充分结合自身特点及优势，打造出N个不同的“儿童之家”特色。其中，泰和宜园社区精准问需居民，打造“国学”文化特色；香悦西社区、马坡花园一区及鲁能溪园社区依托大量藏书，打造亲子阅读文化特色；富力湾社区活动设备资源丰富，打造最多样化活动特色。同时，双丰街道还重点培育、高标准打造“儿童之家”典型，鲁能溪园社区“儿童之家”被评为北京市级和顺义区级示范“儿童之家”。

（双丰街道）

【《双丰视野》社区报创刊】6月28日，《双丰视野》社区报创刊发行，隔周五发刊1万份，每期4开8版，设“丰•闻”“丰•情”“丰•生”“丰•韵”等六大版面，涵盖政民心声、榜样人物、接诉即办、安全生产等内容。2019年，共刊发13期。8月12日，社区《双丰视野》报获区委宣传部部长贺亚兰肯定性批示。

（双丰街道）

【环境品质提升，文化氛围更浓厚】年内，申请专项资金，实施“提升品质 和谐宜居”文明城市提升项目，在辖区通顺路、顺祥街等人流密集区域，围绕红色文化、京味文化、时尚现代、环境安全、运动休闲五大主题设置17处创城景观，包括主题雕塑、围栏、雕塑小品等，整体提升辖区人居环境、文化氛围，成为助力本区“创建全国文明城区”及“新时代文明实践中心建设”工作的重要推手。

（双丰街道）

【资源整合化零为整，文明实践更生动】年内，新时代文明实践推出“1+15+X”主场分场活动模式，开展文化活动500余场，惠及居民上万人次。对“暖心橙”系列活动进行补充、梳理后整合发布，深化“五XIN五CHENG”内涵（“五XIN”即：初心使命之“心”，创新创想之“新”，智慧传导之“芯”，馨香接力之“馨”以及欣欣向荣之“欣”；“五CHENG”即：诚意之“诚”，新城之“城”，承担之“承”，呈现之“呈”和成就之“成”，以此“五XIN”+“五CHENG”的实践理念彰显双丰在服务新城居民、引领新城文明风尚、打造宜居新城环境的诚心与决心），赋予“暖心橙”更多活力。12月31日，顺义区新时代文明实践推进会在双丰街道召开，区委宣传部部长贺亚兰对双丰街道新时代文明实践工作予以高度肯定。

（双丰街道）

【双丰街道电动车充电桩全年升级】年内，双丰街道在辖区新建及改造电动自行车充电设施，为居民提供安全充电场所，满足居民需求，消除电动自行车进楼入户违规充电、高层飞线充电等诸多隐患。2019年，双丰街道在辖区内新建及改造63处充电设施。改造原有蘑菇状车棚15处，新建车棚16处。增加充电柜32处，其中，6柜6口19台、15柜13台。

（双丰街道）

旺泉街道办事处

【概况】年内，旺泉街道深入学习宣传贯彻落实党的十九大精神，坚持党建引领，打造党建品牌矩阵，组织专题学习、集中辅导、专题研讨22场，街道领导干部到社区讲党课15场，开展理论中心组学习25次；扎实治理辖区环境，共拆除违法建设25处1.4万余平方米，苫盖裸露土地6.9万平方米，清运河面垃圾140余车，全年PM2.5浓度49微克／米^3，落实街巷长制度，处理环境问题台账1753处，多次利用“街乡吹哨、部门报到”机制，解决实际问题；凝聚合力，加大创城工作力度，完成中华人民共和国成立70周年庆祝活动服务保障工作；坚持民生导向，扎实开展安全生产、综治维稳、社会保障等工作，多角度提升百姓幸福指数。

（旺泉街道）

【新春送福】1月14日，旺泉街道铁十六局社区开展新春送福活动。活动现场邀请书法协会主席贾文龙等书法家为居民写福字、赠春联，为大家送去新春的祝福。区文联主席袁树旺，旺泉街道工委书记黄学英、纪工委书记田泽武、宣传部部长周玲及50余名社区居民参加此次活动。自1月31日起，旺泉街道开展新春慰问系列活动，对辖区内社会化困难人员、党员代表及青少年帮扶对象等各类对象共计212户居民家庭进行走访慰问，为他们送上节日的祝福。

（旺泉街道）

【安全检查】1月14日，为切实做好辖区安全生产工作，及时发现安全隐患，杜绝各类安全事故的发生，确保辖区安全形势稳定，旺泉街道办事处副主任乔海河带队对辖区原声皇施工工地、恒益德泰商贸、兴瑞盛源商贸、金红顺意商贸等22家企业进行安全检查，检查发现隐患11处，现场要求整改。

（旺泉街道）

【就业帮扶】1月22日，旺泉街道在铁十六局社区广场开展以“就业帮扶，真情相助，不让一个困难群众掉队”为主题的就业援助月宣传活动。活动现场设立就业政策咨询台，为有需求的居民和企业提供就业促进政策、技能培训政策、劳动关系政策等方面的咨询服务，并对每一位前来咨询的人员进行讲解。同时，工作人员向到场的居民发放《职业介绍服务指南》《劳动就业报》等宣传材料80余份。

（旺泉街道）

【老旧小区改造惠民生】2月，旺泉街道前进花园社区老旧小区改造工程全部完工，改造设施均投入使用。前进花园社区建于2000年，占地面积9.7万平方米，有住宅楼房16栋83个单元门，居民1084户，常住人口2800余人。改造工程于2018年5月启动，改造项目有：楼道、社区车位、给排水系统、安防系统、消防设施、小区内绿化、照明、道路等。

（旺泉街道）

【蓝天保卫战】2月22日，旺泉街道继续落实空气重污染橙色预警减排措施，针对辖区内3处停工工地进行检查，加大对施工工地、裸露地面、物料堆放等场所扬尘控制措施力度，停止室外建筑工地喷涂粉刷、护坡喷浆施工作业。严格要求工地土方全部苫盖，进行湿化作业，防止扬尘情况发生。11月14日，为进一步加强对辖区餐饮行业的环保常态化管理，守护美丽蓝天，助力顺义区创城工作，旺泉环保办联合区生态环境局针对辖区餐饮业开展专项检查行动。此次行动共检查永顺炸鸡、阿田大虾、海底捞、玉林串串香等餐饮企业13家，重点针对餐饮业油烟净化装置是否正常运转，是否定时清洗油烟管道及净化装置。检查中，对3家排烟管道未及时清洗企业现场下达限期整改通知，责令其当日立即整改，同时要求各餐饮综合楼物业公司做好自身排烟道的日常维护，针对油烟量大的排口加装新型净化设备。

（旺泉街道）

【重大活动服务保障工作检查】3月14日，旺泉街道纪工委书记田泽武、副处级调研员李新海带队以“四不两直”的方式到悦君家园社区、前进花园社区、牡丹苑社区、宏城花园社区，检查各社区在重大活动期间的服务保障工作。检查中，街道领导详细了解各社区在重大活动期间的服务保障工作，查看各社区志愿者排班表、签到表、巡逻记录表与交接表等相关记录，查看各社区治安志愿者上岗值守情况进行，走访慰问正在值守的一线志愿者。

（旺泉街道）

【街乡吹哨　部门报到】旺泉街道收到居民反映，七分干渠上游仁和段一处雨水管道存在排污行为，污水流向下游造成水体污染。3月29日，旺泉街道吹起“河长哨”，联合仁和水务所、仁和镇河长办、区环保巡查队现场查找原因，对违规排污行为进行整治。

（旺泉街道）

【街居出手化解险情】4月7日晚上，前进花园社区居委会收到居民反映，18号楼1单元存在房檐瓷砖脱落的情况。4月8日，社区工作人员来到18号楼下查看房檐瓷砖脱落情况，发现在18号楼北面1单元的上方有部分瓷砖脱落，楼顶距地面有20余米，此区域人员流动量大，存在较大安全隐患。居委会工作人员迅速通知附近的各商户注意安全，在周边张贴禁止停留的告示，现场维护秩序提醒居民绕行，并将情况及时汇报到旺泉街道办事处。街道领导高度重视迅速赶到现场，并与住建委主管科室、开发商取得联系，4月10日，安排施工人员到楼顶进行检查，将起鼓的瓷砖全部取下，消除安全隐患。

（旺泉街道）

【违规牌匾整治】4月16日，旺泉街道城建科联合城管执法队、中海国际物业开展执法检查，对中海国际、铁十六局社区周边商铺的违规广告牌匾、电子屏，店外违规堆放进行集中整治。此次联合执法行动，旺泉街道城建科、城管执法队及中海国际物业共出动工作人员20余人，对于检查中发现的违规店铺牌匾、电子屏设置及店外违规堆放物品30余处进行拆除、清扫处理。

（旺泉街道）

【急救公益培训】4月17日，《劳动保护》杂志社执行主编袁春贤和负责培训工作的老师张玲莅临旺泉街道，并特邀啸傲天下救援服务团队及教官田啸，开展急救公益培训。培训包含理论教学和实践操作两个部分，教导心肺复苏、创伤救护和日常急救方法。旺泉街道班子成员、各科室负责人、城管执法队、食药所、安全科、各社区主任、安全巡查员、灾害信息员、部分社区居民及辖区教育机构相关负责人约180人参加此次活动。

（旺泉街道）

【安全隐患排查】4月17日，旺泉街道办事处主任于宝鑫，副主任乔海河与昆仑燃气、北方油库两家单位主要负责人开展火灾风险隐患“三自活动”对话谈心。约谈会后，街道领导又带队以“四不两直”的方式到全富木业进行安全检查，现场通知区消防支队执法人员周伟到场，对全富木业存放的易燃品要限期10天清理，加快消防设施和建筑材料的整改。4月25日晚，于宝鑫、副主任陈丽燕、乔海河、副处级调研员李新海带队，对全富木业进行“四不两直”夜查。经检查发现全富木业库房内存在工人施工时吸烟、违规做饭、灭火器软管破裂等问题。针对现场检查中发现的问题，检查组立即约谈企业负责人并下达责令整改通知书。

（旺泉街道）

【河道清理】4月22日，旺泉街道河长办开展河流漂浮物清理专项行动，对辖区七分干渠水面漂浮物及沿岸垃圾进行打捞清理，共清理河内漂浮物及垃圾3车次。5月9日，旺泉街道河长办联合社区小河长及河道保洁对辖区七分干渠内水面漂浮物、白色垃圾及大面积杂草进行打捞清理。此次打捞清理共出动工作人员19名，打捞水面漂浮物、杂草等垃圾3车次。12月1日上午，结合秋冬季河道管理工作，旺泉街道办事处主任、总河长周国忠带队，对辖区七分干渠、城北减河2条河道进行巡查。巡查中，周国忠详细了解河道两侧绿化、水面漂浮物打捞、水质监测、沿岸两侧提示牌和日常河道的清洁等工作，并针对后续河道工作的开展提出要求。

（旺泉街道）

【劳动监察】4月23日，由旺泉街道主管劳动监察工作副职领导张桂芳带队，街道社保所、安全科、工会参加，对属地内的劳动用工企业进行走访检查。检查组一行先后走访中石油昆仑燃气有限公司液化气分公司、北京北方中油石油销售有限公司、北京市全富木制品有限公司，检查用人单位劳动合同签订、工资支付、参加社会保险、规章制度执行、工作时间、休息休假及安全生产工作和工会工作等情况，并向用人单位宣传劳动用工方面的政策法规、解决劳动用工问题的方法措施。

（旺泉街道）

【人大代表征求选民意见座谈会】4月23日，牡丹苑人大代表之家召开人大代表征求选民意见座谈会。会议中，区人大代表王旭与选民交流，听取和审议旺泉街道相关部门贯彻和实施环境保护法的履职情况，了解群众关心的热点难点问题，王旭表示将会认真梳理问题，向上级部门反映群众呼声，切实发挥人大代表监督作用，将所提出的意见和建议落实到位。

（旺泉街道）

【人大代表开展《食品安全法》执法检查】5月23日，旺泉人大街工委组织人大代表开展《食品安全法》执法检查。检查组一行实地查看顺义二中食堂、全聚德及鑫绿都第三分公司，听取单位负责人及有关工作人员关于食品安全保障工作的汇报，详细了解各单位、企业保障食品安全的具体措施。

（旺泉街道）

【“顺义区2019年文明养犬集中年检宣传日”宣传活动】4月28日，“顺义区2019年文明养犬集中年检宣传日”启动仪式在旺泉街道铁十六局广场举行。通过开展“从我做起，争做依法、科学、文明养犬人”主题宣传活动，拉开2019年度养犬集中登记的序幕。顺义区公安分局治安支队副支队长段士麒、旺泉街道办事处主任于宝鑫、副处级调研员李新海、胜利派出所所长孙亚楠及区卫生健康委等12个职能部门的主管领导及居民共计200余人参加。现场发放各类养犬杂志等宣传材料，共1000余份。

（旺泉街道）

【餐厨垃圾规范管理联合执法检查】4月28日，旺泉城管执法队联合街道环保科、城建科，对辖区海底捞、狼爱上羊等大型餐饮企业开展餐厨垃圾规范管理执法检查工作。本次联合执法对餐饮单位餐厨垃圾分类及规范收运情况进行检查。重点检查基础台账建立、收运合同签订、清运主体、餐厨垃圾去向等情况。检查中发现海底捞、狼爱上羊2家餐饮店存在未按规定收集、交运、处理餐饮垃圾等违法行为，城管队对其开具谈话通知书，约谈其到执法队接受进一步调查。

（旺泉街道）

【劳动保障】根据居然之家顺义店“一品和榻榻米”拖欠前员工工资近1万元的情况。旺泉街道主管副职领导张桂芳带领街道社保所工作人员第一时间到居然之家顺义店了解情况，经调查发现，店铺拖欠该员工3个月工资的情况属实。4月16日，旺泉街道邀请区人力社保局劳动监察科2名工作人员对居然之家顺义店的2位主管领导进行约谈，再次督促其尽快解决问题。在多方的共同努力下，4月26日，“一品和榻榻米”门店以转账的方式将所拖欠的3个月的工资9000元打到当事人银行卡上，此次欠薪事件得到解决。

（旺泉街道）

【惠民招聘会】5月7日，旺泉街道在铁十六局社区广场开展以“就业政策惠民企，就业服务促发展”为主题的企业专项招聘会。此次招聘会，旺泉街道组织辖区就业困难人员、索尼爱立信辞退员工等人员参加。活动现场有北京鑫舍设备安装工程有限公司、北京顺宇物业服务有限责任公司、中国人民人寿保险股份有限公司北京市分公司顺义区营销服务部、北京市顺义区便民社区服务中心、顺义宾馆5家企业进行现场招聘，为求职者现场答疑解惑。链家地产、北京顺义银座村镇银行、我爱我家、麦当劳等多家企业发布招聘信息，提供岗位38余个；提供顺义人力资源市场、58同城、智联招聘、前程无忧等招聘平台二维码，便于求职者扫描进入自行选择岗位。

（旺泉街道）

【违停车辆整治】5月16日，针对顺于路与顺白路交叉口存在私家车违停的情况，旺泉街道联合顺义区交通支队城区中队等执法部门开展联合执法，现场劝离、处罚违停车辆37辆，并协调区交通支队、旺泉城管分队每日进行高峰期交通疏导。

（旺泉街道）

【信访宣传】5月24日，旺泉街道在西辛南区铁十六局文化广场开展以“打造网上主渠道，智慧信访更阳光”为主题的信访条例暨网上信访宣传月活动启动仪式。街道主要领导、信访分管领导及司法、平安建设中心等科室负责人参与宣传活动，活动现场设置展板14块，横幅10条，现场发放《信访条例》《北京市信访条例》手册980份、信访宣传折页（1套4张）210份、纪念品（环保袋）300余份，受众300余人。

（旺泉街道）

【传承红基因，放飞中国梦】5月29日，旺泉街道举办社会化管理退休人员爱国主义教育“小品专场演出”，街道工委书记黄学英和班子成员到场观看演出。本次演出旨在弘扬爱国主义主旋律，庆祝中华人民共和国成立70周年，进一步加强对社会化管理退休人员的爱国主义思想教育，让其在活动中受教育、在教育中激发大家爱党爱国爱北京的政治热情，引导其旗帜鲜明地讲政治，牢固树立“四个意识”，争做遵纪守法的模范，为建设“平安北京、和谐北京”做贡献。

（旺泉街道）

【反恐防恐】5月31日，根据市、区两级关于做好反恐防恐工作的指示要求，扎实做好中华人民共和国成立70周年等各项安全服务保障工作，旺泉街道由综治办负责人带队，采取“四不两直”的方式，对辖区内重点单位的反恐防恐工作进行突击检查。检查小组按照反恐防恐对抗式检查工作要求，对北方中油石油销售有限公司、中石油昆仑燃气公司等重点单位的反恐工作方案预案、反恐防暴器材的配备使用、演习演练等情况进行实地检查。

（旺泉街道）

【食品安全检查】6月8日，旺泉食药所执法人员组织开展端午节期间食品安全检查。此次检查突出两个重点：一是突出重点场所，以节日消费集中的聚乐汇商圈超市、餐饮店为重点，检查的重点环节是食品的采购凭证、储存温度、产品有效期。二是突出重点品种，以粽子、酸奶、水果等迎来消费高峰的食品为重点进行检查，经检查，未发现不合格和存在安全风险的食品，食品安全状况总体良好。

（旺泉街道）

【壮丽七十年·奋斗新时代】6月18日，旺泉街道“壮丽七十年•奋斗新时代”庆祝中华人民共和国成立70周年暨2019年“五月的鲜花”文艺汇演活动拉开帷幕，区委老干部局、区文旅局等领导、旺泉街道全体班子成员及部分党员群众代表共计400余人观看本次演出。本次文艺汇演紧紧围绕庆祝中华人民共和国成立70周年，以“壮丽七十年•奋斗新时代”为主题，经前期预演评选，最终有14个节目参演，涵盖舞蹈、京剧、器乐演奏、小品、诗歌朗诵、大合唱等多种形式。

（旺泉街道）

【北方油库联合演练】为全面提升北方油库应对突发事件的处置能力和协调联动能力，以更安全的态势迎接党的98岁生日及祖国70华诞，以“防风险、除隐患、遏事故”为活动主题，6月21日，在北方中油石油销售有限公司油库开展北方油库油罐冒顶着火联合演练。旺泉街道办事处主任于宝鑫、副主任乔海河、安全科及相关科室参加。本次演练共七部分，分别为事件响应、通讯报告、警戒监控、现场抢救、现场监测、环境控制和火情控制。

（旺泉街道）

【新时代文明实践所揭牌】6月29日，旺泉街道新时代文明实践所揭牌仪式暨理论宣讲志愿服务队首次宣讲活动举行，区委常委、宣传部部长贺亚兰出席仪式并为旺泉街道新时代文明实践所揭牌，旺泉街道全体班子成员，各科室、社区负责人，辖区13个文明实践站代表、8支志愿服务队代表及社会组织代表参加此次活动。

（旺泉街道）

【无照游商和违章停车联合专项整治】7月25日，旺泉街道综治办联合旺泉城管执法队、安全科等相关部门对牡丹苑社区周边存在的无照游商和违章停车等情况，进行联合专项整治。此次整治行动中，共出动执法车辆3辆、出动工作人员10余名，清理占道经营2处，检查门店6家，劝离违法停车10余辆。旺泉街道针对这些问题，开展不定期联合执法行动，加大执法力度，发现问题及时处理，切实保障辖区环境整洁，经营有序。

（旺泉街道）

【百姓宣讲】8月5—7日，顺义区“时代新人说——我和祖国共成长”2019年顺义区百姓宣讲汇讲活动暨骨干培训班举行，经过预选，旺泉街道共选派4名百姓宣讲员参加此次活动。在中华人民共和国成立70周年之际，他们结合工作、生活中的亲身经历与感触，讲述感人的故事，传递正能量。活动中，铁十六局社区王莹、澜西园三区王京、顺义一中附属小学陈秉坤、西辛第一社区张楠依次走上讲台，为大家讲述发生在社区、身边的大事小情，以及自己的逐梦之旅，得到现场评委的一致好评。

（旺泉街道）

【市区两级人大代表征求《北京市生活垃圾管理条例》意见会】8月20日，旺泉人大街工委组织召开市区两级人大代表征求《北京市生活垃圾管理条例》意见会。市人大代表、北京建工集团有限责任公司党委书记、董事长樊军，区人大常委会副主任盛德利，旺泉街道办事处主任于宝鑫、人大街工委副主任王朝民及辖区区人大代表、部分社区负责人、物业代表、居民代表参加此次意见征集会。会议中，区人大代表王旭如何就进一步推进生活垃圾分类工作提出意见和建议。社区负责人、物业公司代表、居民代表从基层社区日常管理角度、日常生活中遇到的问题等角度对生活垃圾分类管理工作发表自己的意见，并建言献策，贡献垃圾分类管理“小妙招”。

（旺泉街道）

【商务领域企业安全生产培训会】9月16日，旺泉街道开展商务领域企业安全生产培训会，邀请注册安全工程师进行授课，来自辖区的商业零售企业、餐饮企业等20余家企业代表参加培训。培训会上，培训教师以幻灯片演示的形式结合真实案例进行讲解，分别从安全主体责任、如何开展安全隐患排查、用电安全管理、有限空间作业4个方面进行细致的讲解。通过“以案释法”的形式，向与会企业代表宣贯商务领域应知应会的法律法规及突发事件应急处置方法等。

（旺泉街道）

【执法检查】9月18日，旺泉街道工委书记、人大街工委主任黄学英带领辖区内区人大代表对旺泉街道《中华人民共和国安全生产法》实施情况进行执法检查，检查组一行先后来到威海渔家小海鲜、西辛一社区进行检查，现场查看经营场所及社区内的安全生产管理现状，详细询问安全生产管理中存在的问题。随后，检查组在旺泉街道人大代表之家召开座谈会，会议由人大街工委副主任王朝民主持。会上，乔海河对旺泉街道《中华人民共和国安全生产法》实施情况进行汇报。听取汇报后，参加活动的区人大代表反馈检查情况并提出意见建议。

（旺泉街道）

【志愿服务】为保障国庆期间城市志愿服务有序开展，旺泉街道团工委在石门地铁站设置志愿服务站点，为辖区居民，提供信息咨询、应急救助、文化宣传等服务。9月1日—10月7日，90余名旺泉城市志愿者累计服务时长1044小时，累计服务群众2000余人。

（旺泉街道）

【对口帮扶】11月7日，旺泉街道对口帮扶对象河北省张家口市万全区安家堡乡党委书记刘晓娟带队一行人到访旺泉街道，对接对口帮扶工作。旺泉街道工委书记黄学英、副书记李宝利及部分领导班子成员参加。安家堡乡党委书记刘晓娟一行人参观旺泉街道党群活动服务中心、廉政文化中心以及市民活动室，随后召开座谈会，安家堡乡党委书记刘晓娟对安家堡乡基本情况进行介绍，随后又从村庄基本情况、特色产业及发展现状等方面对安家堡乡邹家庄村、新阳屯村进行详细的介绍，并阐述产业发展所面临的困难以及后续的帮扶需求。旺泉街道表示后续将会深化与安家堡乡的联系，组织双方党支部结对帮扶。商讨研究切实可行的对口帮扶工作方案，推动安家堡乡的发展。

（旺泉街道）

【民兵地震救援培训】11月7日，为进一步提升地震应急处置工作水平，提高民兵在地震灾害发生时的应急救援能力，充分发挥民兵队伍在未来抗震救灾中的主力军作用，旺泉街道民兵应急排40余名民兵赴北京地震救援中心开展专业的应急管理理论培训，救援实操训练，以及防灾减灾科普教育。

（旺泉街道）

【推动创城工作落实】11月13日，旺泉街道办事处主任周国忠带队旺泉创城办、便民电话工作室等相关科室工作人员到辖区西辛社区、澜西园三区社区进行巡查，街道办事处副主任陈丽燕参加。周国忠带队一行人先后来到西辛一社区、澜西园三区社区，详细了解社区内的环境建设等各项工作，并重点了解当前各社区创城工作以及便民电话工作的开展情况。11月16日，旺泉街道办事处主任周国忠带队检查指导辖区创城工作，相关社区包居领导参加巡查。周国忠带队一行人先后来到悦君家园社区、西辛北社区、前进花园社区、牡丹苑社区，详细了解社区内的环境建设等各项工作，并重点检查各社区楼道内“小广告”清理情况，进一步了解当前创城工作的开展情况。

（旺泉街道）

北石槽镇

【概况】北石槽镇位于顺义区西北部，是顺义、怀柔与昌平三区的交界处。镇域面积32平方千米，下辖16个行政村，常住人口1.8万人，京密引水渠东西横贯全境9.2千米。2019年，属地财税收入2.97亿元，同比下降20.1%；一般公共预算收入7497.8万元，同比增长10.3%；农民人均可支配现金收入27944元，同比增长9%。

（北石槽镇）

【文化设施建设】1月3日，顺义图书馆北石槽分馆投入使用。北石槽分馆是顺义区首批建成的图书馆一卡通分馆，与首都图书馆、16个区图书馆以及全市222家公共图书馆实现通借通还。分馆建筑面积140平方米，内设外借室、电子阅览室、儿童阅览室，藏书1.5万册，每周开放7天，每天8小时。

（北石槽镇）

【仓储库房消防安全】年内，北石槽镇“一动作、一警示、四方案”全面做好仓储库房消防安全工作。一动作：全体班子成员、科长、村书记以及治保主任在北京京华诚信科贸有限公司厂区召开现场会，因该公司仓储库房存在违规存放易燃品、消防配套设施不齐全等问题，镇政府联合顺义区消防支队依法对其进行查封。一警示：组织观看近两年仓储库房因私搭乱建、违规使用大功率电器、电动车违规充电等问题引发火灾的视频，给参会人员敲响警钟。四方案：北石槽镇《北石槽镇2019年度安全生产七大专项整治行动方案》《北石槽镇仓储库房场所安全整治专项行动方案》《北石槽镇2019年工业企业有限空间隐患治理专项行动实施方案》《北石槽镇“三自活动”专项工作方案》出台，全面、多方位部署镇域安全生产工作，同时开展“三自活动”专项培训，并进行现场考核。

（北石槽镇）

【污水处理工程】年内，开展小微水体环境专项整治，全面排查镇域河流、坑塘、马路沟边等小微水体，共发现问题2处，3月31日完成整治。结合水环境综合整治行动，全面治理河道、堤路、堤坡、水面环境卫生，共清理河道垃圾、淤泥100立方米。镇域农村污水治理工程共涉及南石槽、北石槽、寺上、西范各庄、营尔、武各庄6个村，年底完工。

（北石槽镇）

【镇域第三家养老驿站正式运营】5月17日，北石槽镇第二家养老驿站正式运营。驿站位于下西市村，投资200余万元，建筑面积459平方米，为二层建筑，采取第三方运营模式。驿站设立活动室8间，床位15个，提供日间照料、呼叫服务、助餐服务、健康指导、文化娱乐、心理慰藉6类服务，同时还延伸送餐入户、理发、中医义诊、按摩、理疗等服务。驿站每周开设10节老年大学课程，包括户外写生、广场舞、书法、戏曲、手工等。驿站的建立，为下西市村1名“4050”就业困难人员提供就业岗位。

（北石槽镇）

【养老照料中心改建工程】年内，北石槽镇以“疏解整治促提升”工作为契机，将南石槽村印刷厂进行提升改造，并通过引进专业养老服务机构建成医养结合型养老照料中心。养老照料中心建筑面积3950平方米，提供床位150张，配建专业医疗机构，并为周边老人提供每日就餐、日常护理、医疗保健等一站式服务，可辐射镇域16个村，约3000位老人。

（北石槽镇）

【平原造林】年内，平原造林任务53.73公顷，实际造林92.96公顷，其中，一期28.31公顷、二期64.65公顷。一期、二期工程10月底全部竣工。

（北石槽镇）

【老旧厂房改造为摄影大棚】北石槽镇将北京顺意生物农药厂老旧厂房提升为摄影大棚。该老旧厂房2016年通过一般制造业疏解退出，占地61967.2平方米，土地性质为国有工业用地，年内纳入区级老旧厂房利用台账。2019年5月，与北京嘉映文化传媒有限公司签约90天租赁合同，作为电影《中国女排》摄影大棚。

（北石槽镇）

【中心小学翻建项目】年内，北石槽镇中心小学翻建项目完工。将原有中学教学楼拆除，异地新建1座4层7006平方米教学楼和3层5035平方米综合楼。项目总投资5941万元，占地2万平方米，总建筑面积12041平方米。内设图书室、实验室等专用教室15间，设置班级24个，新增学位240个。截至年底，室外运动设施、综合管线、道路及绿化等工程全部竣工。

（北石槽镇）

【社会保障】年内，全镇城乡居民医疗保险参保人数6319人，城乡居民养老保险缴费3060人，参保率均为98%；领取城乡居民养老金3830人。全年开展招聘专项活动6次，实现城乡劳动力就业人数261人，完成率154.44%；城乡就业困难人员就业人数211人，完成率239.77%；城乡劳动力二、三产业就业率98%。实现清退企业分流职工等重点群体“一对一”就业帮扶，就业率达100%。全年开展就业培训2场，参与人员157人。动态掌握企业用工状态，建立企业服务档案50份，采集岗位信息数1248个，完成全年任务指标。

（北石槽镇）

【村委会换届选举】5月，北石槽镇16个社区党委换届选举工作全部完成。16个村实有党员915人，其中参加选举党员855人，投票率为93.4%。共选举产生新一届党委委员57人。当选的村书记中，连任当选14人，新人当选2人。村书记、主任“一肩挑”15人。

（北石槽镇）

【文体活动】5月20日，北石槽镇组织镇第一操舞队、第二操舞队参加顺义区第十一届全民健身体育节暨“李桥杯”农民健身操舞比赛。两支队伍全部获得金奖。

（北石槽镇）

【疏解整治促提升】年内，北石槽镇疏解非首都功能，疏解一般制造业企业5家，完成区级疏解年度任务167%。5家退出企业完成验收，共计腾退空间47294.84平方米，疏解人口28人。

（北石槽镇）

【精准扶贫】年内，北石槽镇通过精准对接，构建帮扶网络等措施，三道营村贫困发生率从57.5%降至18%。北石槽党委、政府拨付20万元援助三道营村进行产业建设。三道营村将资金用于蔬菜大棚建设，蔬菜大棚运营盈利后，可惠及贫困户78户，共计144人。

（北石槽镇）

北务镇

【概况】北务镇位于顺义区东南部，首都机场东侧。下辖15个行政村，镇域面积32平方千米，耕地面积1866.67公顷（2.8万亩）。镇内地势平坦，有龙塘路、木燕路等道路穿境而过，京平高速公路在北务设有出口。镇域内主要公交线路有顺18路、顺29路和S101路。年内，北务镇把中华人民共和国成立70周年庆祝活动及相关服务保障工作作为主线，与抓好“三件大事”，打好“三大攻坚战”任务相结合，促进镇域经济事业保持稳定发展。2019年，属地财税收入66543万元，同比减少18.6%；一般公共预算收入完成15825万元，同比增长12.3%。

（北务镇）

【龙腾狮跃闹元宵舞龙大赛】2月18日，“龙腾狮跃闹元宵”舞龙大赛由北京市社会体育管理中心、区体育局、区文化委员会主办，北务镇人民政府及区体育总会联合承办，区委常委、宣传部部长贺亚兰等领导莅临观赛。本次大赛全镇共16支参赛队伍参加，经过激烈的角逐，最终庄子、陈辛庄等8个参赛队获得最佳表演奖，马庄、道口等8个参赛队获得优秀表演奖。

（北务镇）

【顺义区第十七届赵全营杯民间花会大赛】2月19日，北务镇凭借舞龙展演《龙舞吉祥》荣获顺义区第十七届“赵全营杯”民间花会大赛暨京津冀三地民间花会交流展演活动金奖。

（北务镇）

【顺义区2018年度职业技能培训工作先进镇（街）称号】4月16日，北务镇在区2019年就业再就业工作大会上获“顺义区2018年度职业技能培训工作先进镇（街）”称号。

（北务镇）

【新一届村“两委”班子成员任职暨廉政谈话会】4月24日，北务镇新一届村“两委”班子成员任职暨廉政谈话会召开，镇党委副书记、镇长马占磊主持会议，镇党委书记陈红、人大主席张海山、纪委书记苏小春、组织委员王进院及各村“两委”成员参加。会上，镇纪委书记苏小春总结2018年落实党风廉政建设总体情况，围绕农村党员干部违规违纪典型案例，教育引导新任村干部增强廉政意识并对新一届村“两委”全体成员提出廉政的具体要求。

（北务镇）

【反恐防恐实战演练】5月6日，北务镇举行“铁腕治霾，保卫蓝天”消防洒水车发放仪式。并邀请区反恐大队政委杜来元、队长周伏涛在北务镇中心小学开展反恐知识培训及实战演练活动。镇党委副书记聂树生，镇综治办、派出所及各村村委会副主任、治保主任，中小幼卫、银行、危化企业等重点单位负责人，共计100余人参加活动。最后为参加活动代表发放《公民防范恐怖袭击手册》《人员密集场所应对恐怖活动行动指南》等宣传品。

（北务镇）

【北务镇村级妇联换届工作部署暨廉政培训会】6月14日，北务镇村级妇联换届工作部署暨廉政培训会召开，镇党委和区妇联的指导下，选举产生新一届村妇联执委207名，其中，妇联主席15名、兼职副主席30名。

（北务镇）

【北务镇“五月的鲜花”群众文艺汇演】6月28日，北务镇举办以“心怀中国梦 永远跟党走”为主题的“五月的鲜花”群众文艺汇演。有歌曲、舞蹈、合唱、乐器演奏、诗朗诵等16个节目，迎接国庆70周年。

（北务镇）

【纪念中国共产党成立98周年大会】7月1日，北务镇纪念中国共产党成立98周年大会召开，机关党支部全体党员、各村“两委”班子成员及企事业单位党支部书记参加。镇党委副书记聂树生对在基层工作岗位上做出突出贡献的3个先进基层党组织、6个先进基层党组织带头人、8名优秀党务工作者以及40名优秀共产党员予以表彰。随后镇党委书记陈红书给全体参会党员以“不忘初心 牢记使命奋力谱写新时代北务发展新篇章”为主题上党课。

（北务镇）

【顺义区12345市民服务热线“接诉即办”现场会】7月2日，北务镇召开顺义区12345市民服务热线“接诉即办”现场会，顺义区委副书记、区长孙军民，区政务服务管理局，北务镇镇长聂树生，办公室主任以及新农村办工作人员等参加。首先，区政务服务管理局通报全区6月份12345市民服务热线工作情况，部署下一步工作并解读市级文件。北务镇发言人员围绕镇12345市民服务热线工作情况进行交流发言。最后孙军民强调要坚持以人民为中心的发展思想，强化思想认识，高度重视12345市民服务热线办理工作。

（北务镇）

【前往巴林左旗开展扶贫对接工作】8月13日，北务镇人大主席张海山、组织委员王进院带领镇经济发展办前往巴林左旗开展扶贫对接工作。调研组先到在建牛羊养殖场及利用扶贫专项资金建设的村级引水渠进行实地调研。随后召开扶贫对接工作交流会，张海山、王进院一行代表北务镇党委、政府向碧流台镇漫撒子沟村委会、大营子村委会等2个镇4个村各捐赠帮扶资金5万元，并走访慰问当地贫困家庭。

（北务镇）

【“喜迎国庆”百日大排查综合部署大会】8月27日，北务镇“喜迎国庆、确保安全、美化环境、治理乱差”百日大排查综合部署大会召开。会议由镇党委副书记、镇长马占磊主持，镇实职领导班子成员、全体科室负责人、各村党支部书记等相关负责人参加。会上，镇党委副书记聂树生、副镇长王海峰、李艳辉、张楠，派出所所长汤伟以及武装部部长王升旗依次部署国庆期间相关工作。最后，马占磊以及镇党委书记陈红提出相关重点要求。

（北务镇）

【获北京市民体质促进项目挑战赛二等奖】10月20日，2019年北京市民体质促进项目挑战赛北区分站赛在顺义区体育局举行。共有来自通州区、朝阳区、顺义区、怀柔区的99支队伍参加，最终，北务镇组织代表队获得团体二等奖。

（北务镇）

【大气污染防治】持续加大扬尘管控、移动污染源和餐饮油烟治理工作力度，镇内7处主要裸露地块实现苫盖和定期洒水降尘全覆盖，严格做到“六个百分之百”，完成20家餐饮企业升级改造任务，21家涉气企业全部安装有组织排放设施，并建立定期巡查机制。持续深化“一微克”行动，38家“散乱污”上账企业实现动态清零。PM2.5全年平均自测浓度降低为43微克/米^3，较去年同期（57微克/米^3）下降24.6%。

（北务镇）

【水污染治理】持续强化“河长制”工作及河道巡查，确保整治效果及时开展小微水体问题整治回头看，大力推进5个村级污水处理站建设，年内，进度均过半，完成再生水厂管线铺设等配套工程和鲍丘河老道治理工程。

（北务镇）

【经济结构】建立“点对点”服务机制，召开镇域企业政策解读培训会，实现沟通“零障碍”。2019年，共引进企业57家，注册资金63700万元，其中，实地建厂企业7家，注册资金9855万元。获取项目信息源10个，盘活闲置资产1处。全年累计属地财税收入66543万元、一般公共预算收入15825万元，在各镇中均排名第11位。

（北务镇）

【疏解整治促提升】全年累计拆除违法建设15.76万平方米，销账率93.98%。累计拆除违法建设15.76万平方米，销账率93.98%；疏解一般性制造业企业2家，新建或规范基本便民网点2处，完成规范劳动用工14家，规范占道经营1处，提前完成年度工作任务。

（北务镇）

【巩固产销体系】北务镇“农社对接”销售模式进一步巩固，服务群体扩大到40余家。向北京市科委申报“北务蜂授粉瓜菜专业镇瓜菜质量提升技术研究”项目，与和合谷等知名餐饮企业签订《框架合作协议》，加大“蜂授粉”优质瓜菜果品的推广力度。与顺鑫农业召开对接沟通会3次，并实地探查，促进石门市场批量销售优势与北务的瓜菜种植优势深度融合。

（北务镇）

【国庆服务保障工作】开展“迎国庆保安全”百日安全大排查大整治专项行动，累计检查企业1524家次，发现隐患1277项全部整改到位。镇级消防站完工，具备投入使用条件。为60岁以上老人家庭增设短信群发报警器1083个，完成6000余人次的消防安全培训。组织51人参加庆祝活动群众游行方队，圆满完成任务。2名村民代表在中央电视台等媒体讲述自己为共和国庆生的思想感受。

（北务镇）

【《北京城市总体规划》落实】北务镇推进农村人居环境，落实街巷长管理责任，共安装标牌59个，明确小巷管家66名。15个村农村人居环境均通过市级检查。平均每日出动240余人次40余车次开展整治行动。完成户厕改造和公厕大修，全镇无公害卫生厕所覆盖率达98%以上，对2处垃圾暂存点实行垃圾资源化处置，累计清运建筑垃圾45000立方米。开展绿化美化，完成绿化补植8300余株，出资67万元对各村集中安葬点进行绿化遮挡。2019年，平原造林工程分两期共计78.33公顷（1174.9亩），栽植任务全部完成，持续对133.33余公顷（2000余亩）平原造林和生态林的养护开展检查。

（北务镇）

【公共保障】举办招聘会7场，共970余人参加，完成新增就业指标162人，完成率124%；实现城镇就业困难人员就业131人，完成率192%。解决劳资纠纷案件5起，涉及金额27万余元。累计发放城乡低保、优抚金等各类津贴、补贴款项共计400余万元。加大5663台“煤改电”设备维护工作力度，确保群众冬季顺利取暖。加强基础设施建设，完成4个村级卫生室的建设，投资1114万元，完成全镇9个村文体中心的升级改造。完成镇域内仓上外环路、王各庄北路等4条公路，总计6.975千米的全面改造。

（北务镇）

【接诉即办】坚持以人民为中心的工作理念，不断强化“双闭环”处置流程，建立“接诉即办”的12345便民服务热线工作机制，第一时间主动下村入户帮助群众排忧解难，1—10月，实现接件数同比减少30%左右，群众满意度稳步提升，前10个月中有8个月综合评分位居全市前20名，3个月位居全市并列第一名，先进经验得到市区各级媒体的广泛报道。

（北务镇）

北小营镇

【概况】北小营镇位于顺义城区东北10千米处。东起木林、杨镇界，南起南彩界，西至牛栏山、马坡地区界，北至怀柔区杨宋、木林界。辖区总面积55.8平方千米。下辖17个村委会、2个社区居委会。年内有户籍人口16223户37878人，常住人口39430人，流动人口8332人；有汉族36789人，满族899人，蒙古族88人，回族42人，等；有外籍人口8人；新出生528人，出生率为1.39%；死亡162人，死亡率为0.25%。有社区卫生服务中心1个、社区卫生服务站12个。有中学1所，小学2所，幼儿园2所。有养老机构1个。途经辖区公交线路13条。有为民服务大厅485.53平方米、文化中心3000平方米。年内，开展大气、水、人居环境卫生等方面综合治理重点工作，城乡面貌、人居环境得到持续改善。被国际安全社区认证中心正式命名为全球第412个“国际安全社区”。年内，属地财税收入4.62亿元，同比减少10.7%；一般公共预算收入1.17亿元，同比减少3.9%；农民人均劳动所得26459元，同比增长6%。年内获得“首都环境建设样板单位”“首都全民义务植树先进单位”等荣誉称号。

（北小营镇）

【智能新能源项目】年内，“5G基站、车联网示范应用道路、国家智能汽车与智慧交通示范区顺义基地项目和无人驾驶汽车公开测试道路”四大基础设施平台全部实现运行。世界智能网联汽车大会北小营展区及分论坛活动的举办，展示智能新能源产业建设成果，特色小镇知名度得到提升。蘑菇出行、星河亮点等5个项目持续推进。全镇7家高新技术企业享受区级各项政策支持170余万元。万集科技激光雷达项目开工建设，项目年产值4亿元，税收4000万元。

（北小营镇）

【营商环境优化】年内，84项镇级服务事项实现“一门”进驻、“一窗”受理。

（北小营镇）

【重大活动服务保障】年内，完成党的十九届四中全会、世界园艺展览会、第二届“一带一路”国际合作高峰论坛、国庆70周年群众观礼、群众联欢等重大活动服务保障任务。

（北小营镇）

【疏解整治促提升】年内，9项“疏整促”任务全部完成，退出一般制造业企业4家，拆除违建28.36万平方米，市级专项任务台账345处全部销账。探索疏解腾退空间的后续利用，增设“口袋公园”10处2.19万平方米，停车位130处，新建2家基本便民商业网点。

（北小营镇）

【大气污染治理】年内，PM2.5控制在38微克/米^3，居全区第三。开展大胡营沙坑生态修复治理工程，B4、B6、B7号工程全部完工。细化工地、道路、裸地扬尘管控措施，年累计降尘量5.8吨/(月•千米^2)、全区排名第二。全面整治餐饮油烟污染，完成餐饮单位升级改造80余家，对30余家企事业单位进行餐饮油烟在线监控。

（北小营镇）

【水环境治理】年内，10个村20处小微水体保持动态清零，有水断面全部达标。箭杆河北小营段沿岸生态修复工程进入设计招投标阶段。前鲁各庄、后鲁各庄、仇家店、东乌鸡4个村的农村污水治理工程竣工，累计修建管线36762米、修建检查井1361个、完成各户化粪池安装2189个，实现4个村污水集中收集处理，改善街面污水横流问题。榆林村、马辛庄村、牛富屯村污水处理站提升改造后投入运营，实现达标排放。

（北小营镇）

【村域环境建设】年内，以“清脏治乱控污增绿”为抓手，清理乱堆乱放1300余处，拆除私搭乱建1242处5.59万平方米，市、区两级环境台账销账率100%，17个村全部通过人居环境考核验收，其中小胡营村获得2次

100分，前礼务村获得1次100分。留白增绿15.73公顷（236亩），通过市区两级验收。完成7个村“五边”绿化2.3万余平方米，平原造林146.62公顷（2199.3亩），镇域森林覆盖率达34.6%。推进垃圾入户收集工作，东乌鸡村、仇家店村通过“垃圾分类”村级示范验收。35座公厕达标改造提升工程进入招标阶段，提升改造各村旱厕600余户。

（北小营镇）

【社会治理】年内，开展“百日安全大排查大整治”“有限空间”“危险化学品”“瓶装液化石油气”等专项治理行动，累计检查生产经营单位2567家次，发现并消除安全隐患1467项，检查覆盖率、隐患整改率达100%。镇消防站实现备勤入驻，新建后礼务等14个村消防水池、水鹤，实现村村全覆盖。北小营镇2019年度消防安全工作被评为区级优秀，在全区微型消防站比武大赛中荣获第四名。开展巡查执法检查1200余次，立案查处各类违法行为为746起，纠正各类违规行为为454起。完善基层综合执法信息系统建设，镇综合执法指挥中心正式投入使用。

（北小营镇）

【接诉即办】年内，组建12345市民服务热线“接诉即办”专班，构建三级多元网格员队伍，严格执行24小时值守制度，专人负责、闭环管理，全年接收群众诉求4267件，诉求响应率达到100%，解决率和满意率分别从年初的28.6%、53.6%提升到82.4%、92.2%。坚持向前一步、主动治理，依托“街乡吹哨、部门报到”工作机制，整合群众力量，强化部门联动，打造共建共治共享格局。全年“乡镇吹哨、部门报到”15次，“村（居）吹哨、科室报到”150余次。

（北小营镇）

【民生保障】年内，化解产业调整就业压力，全年新增城镇就业人员1020人，第二、第三产业就业率保持在96%。后鲁各庄村、大胡营村幼儿园健康社区（单位）创建工作完成。前鲁各庄村养老驿站正式运营，水色时光养老驿站建设项目有序推进。水色时光八型社区通过复核工作。落实社会救助新政策，审批时限缩短8个工作日。46户农村危房改造工程实现100%开工。食药安全监督检查覆盖率100%，19家餐饮单位获品质餐饮称号。3条公路大修工程完成长度4.08千米。修补镇村破损道路2400平方米，新装路灯177盏。牛富屯村、西乌鸡村、北小营村全力配合通怀路工程拆迁，一期工程进场施工，二期项目招投标程序启动。大胡营等4个村土地整理项目启动。再生水厂市政配套工程完工。组织党员干部开展帮扶慰问，为低收入农户缴纳家财险、人身意外险，低收入农户实现100%脱低。河北省张家口市沽源县、万全区3个村走访对接及帮扶资金拨付等对口帮扶任务完成。

（北小营镇）

【文化建设】张堪农耕文化园项目进程有序推进，拍摄制作大胡营高跷秧歌宣传片，宣传册《狐奴史话北小营》完善编制。东乌鸡村史馆建设完成，北府村文化中心主体建设完工。前鲁各庄村获得第九批全国“一村一品”示范村、2019年中国美丽休闲乡村荣誉称号。

（北小营镇）

【村（居）“两委”换届选举】4月，镇19个村（居）全部完成“两委”换届选举工作。选出新一届村（居）党支部委员61名，其中书记19名，当选的书记中，连选连任7人，新当选12人。19个村（除西府村外）、社区均实现支部书记与村（居）主任“一肩挑”100% 的目标（西府村支部书记为镇机关下派干部）。19个村（居）实有党员1207人，其中应参加选举党员1094人，实际参加投票选举党员996人，投票率为91%。男委员45人，占委员总数的73.8%，女性委员16人，占委员总数的26.2%；年龄最大的57岁，年龄最小的27岁，平均年龄44岁；委员大专以上学历45人，占委员总数的73.8%。选出新一届村（居）委会委员82人，其中主任19人、副主任8人、委员55人。委员中党员68人，预备党员3人。男委员55人，占委员总数的67.1%；女性委员27人，占委员总数的32.9%；年龄最大的58岁，年龄最小的28岁，平均年龄45.2岁；委员大专以上学历44人，占委员总数的53.7%；委员连任67.1%。

（北小营镇）

大孙各庄镇

【概况】大孙各庄镇位于顺义区东南部，距顺义新城约20千米，西南距北京市区东直门50千米，西连北务镇，北靠张镇，东依平谷区马坊镇，南接河北省三河市高楼镇。大孙各庄镇总面积74.3平方千米，辖区东西长12千米，南北宽9.5千米，其中农业用地5113公顷，工业用地1270.7公顷。下辖39个行政村，户籍人口2.3万人，镇政府驻地在大孙各庄村。2019年，大孙各庄镇完成第二届“一带一路”国际合作高峰论坛、庆祝中华人民共和国成立70周年等重大活动服务保障工作。全镇完成属地财税收入33957万元，同比增长36.6%，实现公共财政预算收入6173万元，同比增长28.7%。年内，获北京市构建和谐劳动关系先进单位、北京市顺义区2019年度消防安全工作先进单位等12项表彰。

（大孙各庄镇）

【夯实党建基础】年内，延续党建“四个清单”机制，形成有目标、有监督、有考核、有整改的闭环式党建管理机制；坚持抓基层、打基础，39个村委会换届选举一次成功，学历结构、党员比例“双优化”。严格落实“三会一课”等组织生活制度，扎实推进党支部规范化建设，4个软弱涣散基层党组织成功摘帽。

（大孙各庄镇）

【法治政府建设】年内，共完成出具《法律意见书》90份，合同事前审核26份，事后备案16份。涉及本镇行政应诉案件共5件，败诉0件；行政复议案件5件，1件被复议机关确认违法。

（大孙各庄镇）

【重点产业项目建设】年内，主动发挥区位优势，推进京北（大孙各庄）智慧物流园建设，打造东北部区域物流中心，开展《园区项目规划综合实施方案》编制和征地工作，主动“一对一对接”“面对面服务”，成功吸引京东、盒马、顺丰等重大项目落户，其中盒马、京东实现税收11130万元。

（大孙各庄镇）

【市民热线服务】年内，本镇共受理市民热线诉求3348件，解决率、满意率从年初的43.37%、52.63%提升至84.75%、94.92%。

（大孙各庄镇）

【农村人居环境整治】年内，按照“清脏、治乱、增绿、控污”的要求，集中人力、物力开展农村人居环境整治，累计拆除私搭乱建4.41万平方米，清理乱堆乱放807处，解决垃圾污水等问题3000余件，乡村面貌焕然一新。将人居环境整治写入“村规民约”，实现共建共治共享。

（大孙各庄镇）

【疏解整治促提升专项行动】年内，留白增绿园林绿化2.1公顷、农田0.79公顷；新建便民网点2家、疏解一般制造业3家，完成率150%；完成龙尹路段两侧商户576平方米牌匾更新改造；完成专指办任务台账10.34万平方米，完成率104.3%。强化顶层设计，《镇域总体规划》编制筹备工作启动，39个村《美丽乡村规划》编制分批推进。

（大孙各庄镇）

【社会保障】年内，一是针对282户552人低收入农户，先后召开精准帮扶工作部署会10次，完成3次季度收入、入户走访记录等工作核查，再次明确低收入农户增收工作任务清单，细化压实工作职责，全镇建档立卡低收入农户全部实现收入稳定不返低；对口帮扶单位河北省张家口市万全区高庙堡乡黑石堰村成功“脱贫摘帽”。二是超额完成全年促进城乡劳动力就业520人，完成率102.36%。

（大孙各庄镇）

【生态环境治理】年内，全面落实河长制，深入开展“一微克”行动，PM2.5年均浓度降至44微克／米^3，完成年度控制目标。

（大孙各庄镇）

【安全监管】年内，大孙各庄镇坚持安全生产日常检查全覆盖，盯紧有限空间、施工工地等领域安全管控，检查各类生产经营单位3097家次，整改隐患2942项，下达《责令改正通知书》1038份，全年未发生有影响的安全生产事故和较大火灾事故。

（大孙各庄镇）

【社会事业】年内，投入40余万元，为辖区内30个村建成电动车集中充电车棚，全部投入使用。筹资200余万元，引入安全校车11辆，保障辖区2所幼儿园、1所小学580余名学生安全出行。推进镇卫生院改造、尹家府幼儿园改扩建，提升本镇以及河东地区教育医疗条件。

（大孙各庄镇）

【公共文化服务】新建占地面积8.33公顷（125亩）的绿道公园1处。

（大孙各庄镇）

高丽营镇

【概况】高丽营镇作为《北京城市总体规划（2016年—2035年）》《顺义新城规划（2005年—2020年）》确定的重点镇，位于顺义西部，处于临空经济区和温榆河绿色生态走廊的延展区域。镇域面积61.1平方千米，下辖25个村和1个社区。2019年，高丽营镇主动对标《顺义分区规划（国土空间规划）（2017年—2035年）》，紧扣“城市功能组团”定位，抓好推动转型升级、改善生态环境、优化民生保障、维护和谐稳定等各项工作落实。2019年，属地财税收入17.7亿元，同比增长18.8%；一般公共预算收入4.1亿元，同比增长14.8%。

（高丽营镇）

【“疏整促”专项行动】年内，在减量发展的大基调下，全力打好“疏整促”组合拳，拆除违法建设21万平方米，超额疏解退出一般制造业企业7家，城市空间不断释放。坚持破立并举，利用腾退空间为城市织补绿色、增加便民服务，留白增绿6.22公顷，建设提升便民商业网点4家，规范劳动用工企业31家，改革发展成果惠及于民，真正实现以减量发展推动高质量发展。

（高丽营镇）

【重大活动服务保障】年内，在庆祝中华人民共和国成立70周年、全国“两会”、第二届“一带一路”国际合作高峰论坛、亚洲文明对话大会等系列服务保障活动中，发动各类群防群治力量2052人，做到路口有人看、街面有人巡、重点部位有人管，确保社会治安稳定。在元旦、除夕、正月初一、正月初五、正月十五重点时段，出动各级防控人员5000余人次，清理可燃物300余吨，确保节日期间的安全稳定。开展各类法治宣传活动10场次，发放宣传资料8000余份，解答法律咨询30余人次。

（高丽营镇）

【产业发展】年内，坚持“走出去”与“请进来”相结合，多途径开展招商引资，数量和质量实现双突破。通过整体腾退、自主转型升级等方式统筹推进低效产业用地“腾笼换鸟”，普洛斯智慧餐饮产业园项目即将开工，金路易研发、2049云计算等产业转型升级步伐加快，德邦货运、中科航发等产业相继投入生产运营，新旧动能有效转换，集聚文化创意、科技研发、互联网应用等战略性新兴业态，辖区产业走向集约化、绿色化、高端化发展之路。

（高丽营镇）

【营商环境优化】年内，完成金马工业区园区路灯维修、绿化提升、绿化喷灌、步道提升工程、基础设施工程（包括道路指示牌、岗亭、座椅、限高杆、LED显示屏、节点小品等）、24小时安保（园区实施规范化管理）、启用简易停车场等工作。

（高丽营镇）

【接诉即办】年内，成立便民电话工作专班，建立接诉即办“心”做法，加强对专班工作人员的业务培训，把12345热线办理工作作为解决群众问题的重要途径，坚持应解决尽解决原则，全年共受理市民服务热线案件3664件，平均响应率100%，答复率100%。

（高丽营镇）

【平原造林】年内，平原造林总面积107.5公顷（1612.5亩），其中，一期工程79.37公顷（1190.5亩）、二期工程28.13公顷（422亩）。共栽植国槐、油松、旱柳等苗木107547株，镇域森林覆盖率提高1.74%，达26.74%。

（高丽营镇）

【人居环境】年内，高丽营镇以拆除私搭乱建为牛鼻子推进农村人居环境整治，出动15000余人次，清除乱堆乱放2000余处、积存垃圾400余处，拆除私搭乱建60668.9平方米；50名包村干部全部下村配合开展整治工作，按照人居环境台账及环境月账逐一复查，整改率100%。

（高丽营镇）

【大气治理】年内，坚持治标与治本相统一，充分发挥环保网格员力量，强化常态巡查和执法监察，扬尘污染、餐饮油烟、“散乱污”企业等问题实现全方位监管，开展“一微克行动”专项治理，加大对地区13条主干道路的清扫、冲刷频次，对161家餐饮企业实施油烟排放设备升级改造。全年PM2.5浓度均值为39微克/米^3，持续好于年度任务目标。

（高丽营镇）

【水环境治理】年内，压紧压实各级河长第一责任，突出抓好河湖系统治理，实施河道清淤、排污口治理、小微黑臭水体整治、农村治污等工程，河湖水质和生态环境切实提升。在二村、五村、六村、西马各庄村、南郎中村等7个村内坑塘，铺设50座人工生态浮岛，总面积1000平方米。落实河长制各项工作要求，全年街道河长、段长巡河163.97千米。

（高丽营镇）

【精准帮扶】年内，组织10家顺义区帮扶单位，协调区级相关部门，落实顺义区“5+5+N”的结对帮扶模式。累计2次组织4家单位赴万全区对接脱贫攻坚工作并召开联席会议，就产业、就业帮扶等问题深入研究。累计向万全区东西部扶贫协作援助资金140万元，结合受援地区需求，争取三里庄村幸福互助院建设项目落地、引进6家爱心企业与6个村结对。年内，注册爱心扶贫网人数4703人，扶贫网平台帮扶对接成功人数334人。

（高丽营镇）

【路灯亮化工程】年内，对唐自头村、河津营村、南王路村等5个村，羊董路、羊南路及消防泵站等8条村级公路，总长3820米，以40米一盏为标准，共计安装路灯100盏。

（高丽营镇）

【老旧小区改造】年内，对丽喜花园小区A、B两区环境进行综合提升改造，整修路面19102平方米、铺装停车场透水砖19300平方米、整修楼后散水及坡道1116平方米；更换给水管线，增设自来水井；改造排水系统，实现废污合流、雨污分流；新增电缆2400米，增设照明灯62个、电动车充电桩10座，以及绿化种植和服务设施等工程。

（高丽营镇）

【路网建设】年内，建设高政路、高通路、高和路等9条市政道路，道路总里程约8.8千米，次干路总长3.2千米，支路总长5.6千米，包括道路、交通、照明、绿化及市政管线等工程。其中，高政路、利泰路、高和路、利久路实现路面铺油。

（高丽营镇）

【意识形态】年内，牢牢掌握意识形态的领导权和主动权，强化正面宣传引导和网络舆情管控，意识形态阵地可管可控可用。大力发展文化事业，文化惠民工程深入实施，进一步升级改造村级文化设施建设，改扩建二村、南王路、北王路3个村级文化室，装饰装修五村、后渠河村等10个村级文化驿站，新建“文化驿站”10处，基层文化活动中心及配套设施建设水平有力提升，精神文明建设成果丰富。新形势下的统一战线进一步巩固，民族宗教事务管理职能持续提升，党管武装和双拥共建更加有力。创新开展工作，荣获“第三批全国‘扫黄打非’进基层示范点”荣誉称号。

（高丽营镇）

【新时代文明实践站】年内，以文化驿站作为主阵地，加挂“老年驿站”“党群活动站”“志愿服务站”牌匾，整合政策、服务、设施、人员等资源，实现新时代文明实践站“四站合一”。开展“创意生活微讲堂”“微讲堂　惠生活”“筑梦童年　礼赞祖国”等系列活动近200场，丰富村民精神文化生活。

（高丽营镇）

【特色活动】年内，举办“创意生活新城　艺术进万家”高丽营镇第二届“儿童之家”创意生活艺术节、“广场舞大赛”“戏曲专场演出”“合唱大赛”“摄影大赛”等镇级特色群众文化活动。通过制定《高丽营镇群众文化活动“特色品牌”奖励办法》，培育高丽营学校“梨园童唱”评剧社团、一村“爱曲社”评剧团、北王路“土棒子”书法文化社团等15支文化体育“特色品牌”队伍，丰富基层文化活动开展，进一步满足群众对美好生活的向往。

（高丽营镇）

【镇村志编修】年内，《高丽营镇志》分18编，全面记录全镇的隶属沿革、自然地理、政治经济、文化教育、民风民俗、医疗卫生、军事等各方面内容。《高丽营镇村志合集》分村编纂，全面盘点镇域25个村地理、历史、经济、文化、教育、体育、医疗卫生、组织等方面状况。

（高丽营镇）

【基层党组织建设】年内，严明换届选举纪律和标准，完成村和社区“两委”换届选举，基层执政基础进一步夯实。坚持分类施策，对症下药，选派优秀干部到村任职。持续开展党员“亮身份、明职责、做表率”特色活动，98户“五好党员户”凸显“丽营特色”，推动党员群众见贤思齐、付诸行动。

（高丽营镇）

【宪法进农村】12月2日，农业农村部、市政府在高丽营镇一村举办“宪法进农村”主题日活动。农业农村部副部长韩俊、北京市副市长卢彦出席活动并讲话。顺义区副区长李在东参加活动。本次活动以“深入贯彻实施宪法法律，推进乡村治理体系和治理能力现代化”为主题，针对农民群众法治需求和关注的热点问题，深入开展宪法和涉农法律法规宣传教育，提高农民群众的法治意识，为实施乡村振兴战略、推进乡村治理体系和治理能力现代化创造良好的法治环境。

（高丽营镇）

后沙峪镇

【概况】后沙峪镇位于顺义区西南部，东临北京首都国际机场，南接朝阳区，西壤昌平区，镇域总面积42.6平方千米，下辖16个行政村（其中11个已拆迁）、7个社区居委会，是首都国际航空中心核心区的重要组成部分。2019年是中华人民共和国成立70周年，是决胜全面建成小康社会、实施“十三五”规划的攻坚之年，也是推动本镇经济社会转型发展的关键之年。后沙峪地区党委、镇政府坚持以习近平新时代中国特色社会主义思想为指导，紧紧团结依靠全镇人民，坚持把服务保障中华人民共和国成立70周年庆祝活动作为统领各项工作的纲，加快提升地区综合承载力，真抓实干推动高质量发展，多措并举增进民生福祉，全镇经济社会保持平稳健康发展的良好态势。全年完成属地财税收入19.19亿元，同比增长11.2%；完成一般公共预算收入4.05亿元，同比增长13.5%，两项指标均位居全区第四名。

（后沙峪镇）

【重大活动服务保障】年内，牢牢把握2019年大事多、喜事多、盛事多的特点，坚持将服务保障重大活动作为首要政治任务，持续强化重点区域隐患排查、矛盾纠纷调处化解、涉访重点人和重点群体管控工作，坚决将安全隐患消灭在萌芽状态，筑牢社会面管控防线。完成中华人民共和国成立70周年庆祝活动、第二届“一带一路”国际合作高峰论坛、世界园艺博览会、亚洲文明对话大会等一系列重大活动服务保障工作，确保城市运行平稳有序、社会大局安全稳定。

（后沙峪镇）

【高精尖经济结构加快构建】年内，后沙峪金融商务区建设进展顺利，办公场所装修完成在即，商务区沙盘设备进场施工，依托国门一号转型升级整合周边楼宇资源1900平方米，全年新引进中航信启航资本管理、北京墨盛资产管理、晨壹基金管理等金融类企业14家，全镇金融类企业累计达到70家，注册资金291亿元，产业集聚效应初步显现。后沙峪金融商务区、总部经济特色小镇、中国航信、北京人寿等后沙峪元素亮相“京交会”，对外知名度和影响力进一步提升。

（后沙峪镇）

【重点项目加快推进】年内，按照“在建项目抓进度、筹建项目抓落地”的要求，推进重点产业项目建设。总部经济主体项目扎实推进，美驰低碳产业园一期、二期实现结构封顶，中交集团下属2家子公司正式落户，北斗国星国家信息产业基地项目即将落地。商务配套实体项目进展顺利，国门一号休闲生活馆、沃尔玛山姆会员店、更阑美食街、ACE影城等相继建成开业。盘活闲置资产，利用老旧厂房改造而成的久悦体育全面投入使用。

（后沙峪镇）

【营商环境持续优化】年内，首届后沙峪总部经济与金融科技论坛举办，重点上市企业家座谈会召开，意向签约影视、金融科技、高新技术、新型服务业等多种业态项目6个。镇领导“一对一”走访重点企业13家次，“营商早餐会”举办3场，量身定制“服务包”5个、涉及服务项目9个；推动镇域内企业的共有产权房优先配售名额43个，为中航信200余名员工争取博裕雅苑共有产权房配售名额，完成中航信、首航23名企业高管奖励兑现工作。完成政务服务中心改建工程，通过整合业务流程、加强业务培训，进一步提升群众办事便捷度。

（后沙峪镇）

【疏解整治促提升专项行动】年内，精准落实落细三年行动计划，全年6大项9小项区级任务目标提前完成，其中，治理违法建设达到场清地净标准32.6万平方米，销账率207%，位居全区第一；全年无新增违建，“散乱污”企业实现动态清零；10所未审批幼儿园治理完成，非法办园实现动态归零。加强建筑垃圾资源化处理，累计消纳建筑垃圾14万吨，并实现镇内二次利用。利用清退违法占用11年之久的场地改建后沙峪第一幼儿园清岚东园，120个学位投入使用；利用双裕北街违法建设拆除后的腾退空间，建成占地6736平方米的街心公园及配套停车位。

（后沙峪镇）

【大气污染治理】年内，全镇PM2.5年均浓度下降到39微克/米^3，完成区级任务指标。细化扬尘管控措施，对39家施工工地和67处裸露土地逐一摸排上账并动态更新，按照“谁施工、谁负责”的原则，明确管理、执法、监督责任，严格落实抑尘措施；增加镇域主要道路的清扫和洒水频次，全天候保持干净整洁。全力推动挥发性有机物减排，完成餐饮企业升级改造269家，关停油烟排放不合格餐饮企业71家；上账汽修、家具、印染、建材加工等污染源163家，建设危废间36处、污水处理站10座；完成17家涉及挥发性有机物排放重点企业油气回收、排放设备的安装改造，实现空气质量持续向好。

（后沙峪镇）

【水环境治理】年内，严格落实“河长制”，做好河道日常保洁和沿线排污、违法建设等巡查工作，全年累计清理河道垃圾2500立方米，发现并封堵排污口5处。按照“一沟一策”原则，集中治理小微黑臭水体11处，铺设管道1860米、沟渠清淤6300米、抽运污水11万立方米。实施农村污水治理工程，罗各庄村和西田各庄村污水管网、污水处理站抓紧建设。开展水污染追根溯源专项工作，新建污水处理站3处，及时封堵违规排污口83处，确保废水守法达标排放。罗马湖水体综合治理工程完成竣工验收，水体质量和周边环境得到明显改善，成为居民、游客休闲娱乐的好去处。

（后沙峪镇）

【城乡环境建设全面加强】年内，以“清脏、治乱、增绿、控污”为重点，深入开展农村人居环境整治和全国文明城区创建，完成各类环境治理台账2150处，销账率100%。完成“京交会”、智能网联汽车大会等重大活动环境保障和节日景观布置。完成古城路公路大修和高白路新增绿化等重点工程。累计清理垃圾渣土12.25万立方米，生活垃圾基本实现日产日清。5个未拆迁村人居环境整治全部通过市级验收，共拆除私搭乱建1176处，治理无照游商、倚门售货、违规牌匾等问题676处，农村环境得到明显改善。完成新一轮百万亩造林绿化工程28.51公顷（427.6亩），“留白增绿”4.92万平方米，新建兴裕城市森林7.7万平方米。

（后沙峪镇）

【地区综合承载力不断增强】年内，裕丰路市政管线工程完工，双裕街西延市政管线工程完成80%的工程量，双裕北街西延工程获得立项批复，裕航路工程取得规划方案批复，火沙路提级改造工程有序实施。北师大附中顺义分校和北京友谊医院顺义院区主体工程开工建设，承接项目扎实推进。充分履行属地职能，配合相关部门确定温榆河湿地公园起步区范围，《农村集体土地租赁住房项目初步腾退方案》完成。全力做好市级重点项目建设服务保障工作，在通过合法途径解决争议的同时，保证项目建设进度。

（后沙峪镇）

【城乡精细化治理水平不断提升】年内，充分运用“街乡吹哨、部门报到”工作机制，建立“村居吹哨、科室报到”响应模式，协调解决鼎石学校停车、蓝尚家园房屋漏水等治理难题。江山赋、香花畦、双裕东区和蓝尚家园完成“八型社区”创建，其中江山赋复核成绩、双裕东区创建成绩位居全区第一。全镇32名“街巷长”和56名“小巷管家”覆盖32条街道，做到“每日巡、经常访、实时报、及时记”，发现问题尽快解决。镇级综合执法中心重心前移、管理下沉，日常检查并及时规范各类问题1100个，查处案件493起，城乡环境更加规范有序。

（后沙峪镇）

【平安和谐局面更加稳固】年内，认真落实安全生产“一岗双责”，严格推进重大活动“两案两表”工作，强化安全生产、食品药品、消防安全等领域安全管控和隐患排查治理，先后开展“护航70”、燃气安全、非经营性加油站、有限空间、瓶装液化气等专项治理行动，累计检查企业944家，发现并消除安全隐患2941个。完成首都国际机场西跑道安全隐患整治，建成后沙峪消防站和4个消防水鹤，地区安全保障能力进一步增强。深入开展村级合同清理规范工作，维护集体和村民合法权益。坚定不移开展扫黑除恶专项斗争，坚决做到有黑必扫、有恶必除、有伞必打、有乱必治，进一步维护社会公平秩序。

（后沙峪镇）

【历史遗留问题化解取得新突破】年内，全力解决涉及村民利益的重大问题，多轮次开展西白辛庄村剩余户促签工作，截至年底，未拆迁仅剩57户。在区委、区政府和相关部门的支持指导下，与裕顺通公司签订和解协议，有效降低重大舆情风险。马头庄村回迁房正式开工建设。依法完成“罗马湖艺术园区”2万平方米违法建设和西泗上老河湾4833平方米违法建设的拆除工作，解决存在多年的违建治理难题，彻底消除安全隐患。

（后沙峪镇）

【群众关心关切积极回应】年内，坚持“民有所呼、我有所应”，高度重视12345市民服务热线受理工作，组建便民电话专班，严格执行7×24小时接诉即办制度，建立“日报表、周督办、月通报”机制，实现主责协作合力办、把握规律主动办、争取部门支持办、吹哨聚力共同办，全年共受理便民电话4923件，及时受理率、按时办结率均为100%，满意率77.5%，妥善解决江山赋小区停水、罗田排干临时污水处理站影响环境、双裕东区居民楼漏水等居民身边的烦心事、揪心事。未诉先办，投资610万元，完成清岚东、西区楼顶屋面防水工程。

（后沙峪镇）

【“七有”“五性”水平持续提升】年内，城乡劳动力就业指标完成率100%，新增就业人员480人。投入1062万元用于医保报销和大病救助，6000余人从中受益。累计发放各类救助资金377万元，举办健康知识讲座107场，升级改造农村户厕110个。双裕西区完成顺义区第一个老旧小区加装电梯工程，双裕北街社区服务站正式营业，易来福养老驿站投入使用。北京四中顺义分校高考本科录取率89.9%，位居全区第三。董各庄乡情村史馆建成使用，三大品牌文化活动举办，组织星火工程文化下乡演出40场。全国文明城区创建工作扎实推进。完成代表顺义区牵头12家单位对口支援内蒙古巴林左旗的各项工作。全镇民族宗教、档案、工会、征兵等工作切实加强，共青团、妇联、社区建设等各项事业都取得新成绩。

（后沙峪镇）

【法治建设】年内，加大普法宣传力度，接待法律咨询120人次，开展讲座、咨询等活动15场，参与人数超过1500人。加强行政执法监督协调，开展拖欠农民工工资执法、食品药品监管督查等工作。

（后沙峪镇）

李桥镇

【概况】李桥镇位于顺义区南端，东依潮白河，南接北京行政副中心，西邻首都国际机场，北接顺义区仁和镇，镇域总面积75.18平方千米，下辖31个行政村和3个居委会。翼之城小区2019年6月19日起移交李桥镇人民政府管理。2019年，完成属地财税收入18.06亿元；一般公共预算收入2.06亿元，同比增长10.7%；农民人均所得30333元，同比增长5%。获得北京市应急管理局颁发2019年度专职安全员队伍“最具影响力”微信公众号和庆祝中华人民共和国成立70周年“护航70”专项行动中成绩突出称号。

（李桥镇）

【提升镇域环境水平】 2月19日—3月27日，李桥镇开展通顺路两侧环境整治。主要内容包括清理乱堆乱放、枯枝杂草垃圾，整治店外经营，拆除违规广告牌匾，拆除垃圾池等。此次整治共出动人员2175人次，出动农用车、钩机、铲车等450余辆，清理乱堆乱放534处，清理枯枝杂草垃圾3000余吨，整治店外经营33家，拆除违规广告牌匾80余个，拆除违建53处，拆除垃圾池16个，清理僵尸车（违法停车）25辆。

（李桥镇）

【安全生产】 3月21日，北京市消防总队总队长曹奇到李桥镇南半壁店村调研消防安全管控和出租房屋治理情况。4月22日，区委书记高朋以“四不两直”方式检查重大活动服务保障工作，并看望慰问坚守一线的工作人员。4月25日，由应急管理部基础司司长裴文田带队的国务院安委会第十四考核巡查组到李桥镇考核巡查2018年度安全生产和消防工作。李桥镇安全生产检查队荣获北京市应急管理局颁发的在庆祝中华人民共和国成立70周年“护航70”专项行动中，获评2019年度专职安全员队伍“最具影响力”微信公众号。

（李桥镇）

【文物出土】 4月3日，临清村村民发现一块石碑，区文物所确定石碑为清朝时期青石质石碑，仅存碑额部分。碑额高60厘米，宽70厘米，厚20厘米，碑额篆写“赠中大夫太傅寺卿李太公墓”12字。区文物所将该石碑运送至区文物所石刻园进行保护。

（李桥镇）

【教育奖扶】 8月，对本镇域内的2019年应届高考毕业生进行奖励，并对低保户学生给予助学补助。普通类每人奖励5000元，艺术类每人奖励3000元，低保、低收入每户4000元助学补助。2019年，有应届高考毕业生普通类本科生63人，艺术类本科生24人，其中，涉及1人为低保户，共计拨付奖励金39.1万元。

（李桥镇）

【百姓宣讲工作】 8月1日，为庆祝中华人民共和国成立70周年，李桥镇举办2019年宣讲比赛。赛后选拔出由党员干部、村工作人员、企业职工等4人组成的李桥镇百姓宣讲团，参与顺义区百姓宣讲汇讲活动暨骨干培训班。

（李桥镇）

【养老服务】 12月12日，完成北河敬老院公办民营，挂牌李桥镇养老服务中心。进一步推动公办养老机构管理体制改革，提高李桥镇公办养老机构服务质量，充分利用养老服务设施，对有服务需求的老人开放，实现养老照料中心的主要功能发挥实效。

（李桥镇）

【法律宣讲服务】 聘请专业律师走进校园，在镇域2所中学、馨港幼儿园开展“校园意外伤害事故的处理策略”“远离毒品、珍爱生命”“关爱未成年人”“知宪法、学宪法”法治讲座。在第六个“国家宪法日”前夕，举办“弘扬宪法精神，传播法治文化，推进国家治理体系和治理能力现代化”12·4法治书画展。成立顺义区人民法院天竺法庭李桥工作站，打通法律服务群众的“最后一公里”。

（李桥镇）

【团委工作】 年内，苏活社区创建为北京市“青少年零犯罪零受害社区（村）”试点单位。

（李桥镇）

【经济结构不断优化】 年内，积极发展临空、教育、金融、文创等产业，共引进各类型企业40余家，累计注册资金8.2亿元，其中，注册资金1亿元以上项目3个，盘活闲置资产3处。持续优化营商环境，通过镇领导走访调研，与企业座谈等方式，协调解决企业难题，搭建服务平台，向区内有再投资意向企业和区外企业推送相关惠企政策147次；储备拟投资额1亿元以上或注册资金3000万元以上在谈项目信息源21个。

（李桥镇）

【农村合作经济】 年内，31个村级集体经济组织和1个镇级集体企业（顺沿特菜基地）的农村集体资产清产核资工作全面完成；完善26个村6706户21430人的土地承包经营权登记证书工作；完成张辛村、芦各庄村、樱花园社区、顺沿特菜基地主要负责人离任经济责任审计。

（李桥镇）

【精准帮扶】年初，全镇有低收入农户23户47人，有1户整户去世，1户因申请时清点的家庭收入存在较大出入而退出。截至年底，全镇共有低收入农户21户42人，21户低收入农户中有5户享受危房改造。

（李桥镇）

【食品药品安全】年内，共办理食品类行政许可178件，较2018年下降38%。对辖区各类食品药品开展抽查检测，共监督抽检食品175件，不合格3件，快速检测食品274件，初筛不合格4件；监督抽检药品13件，快速检测药品12件，均合格。共接收处置涉食品药品类投诉举报284件，较2018年增长26%，全年办结食品药品类违法违规案件39件。5月22—25日，完成“第十届中国卫星导航年会”食品安全保障工作，其间共快速检测87件次，共保障配送快餐近15000份，酒店自助用餐2000余人次，未出现一起突发事件。帮扶10家餐饮单位被中国烹饪协会评为品质餐饮示范店。

（李桥镇）

【疏解整治促提升行动】年内，紧紧围绕“疏整促”专项行动和大气污染防治攻坚战，推进占道经营、扬尘治理等专项行动，截至12月，累计立案查处各类违法行为3479起，罚款1286950元。

（李桥镇）

【流动人口管控】年内，完成全镇人口调控工作指标。开展违法“群租房”治理工作，重点对樱花园首都机场公寓涉及的所有372套房屋逐一排查，全面拆除违规隔断、上下铺。

（李桥镇）

【文化教育建设】年内，投资1000余万元分别用于4所村办幼儿园基础设施维修和村办园教职员工工资发放；补充公办校园教师活动经费；李桥小学校内足球场改造；半壁店馨港幼儿园分园改造；加强教师师德教育活动专项经费；村、居未成年人活动室建设经费；奖励应届高中毕业生；救助低收入家庭学生补助等项目。在34个村、居分别设立社区家长学校和未成年人活动中心，统一制作活动场所牌、管理制度牌、教育宣传牌，定期组织村（居）民开展贴近生活、贴近实际的教育活动，使未成年人思想道德建设工作经常化、制度化、规范化。6月底，关停4家无证无照幼儿园，疏解幼儿总数483人，教师48人。

（李桥镇）

【村、社区“两委”换届履职工作】年内，完成35个村（社区）“两委”换届工作，35个村居均一次性选举成功，南半壁店村结束六届二次选举的历史。全镇除4个下派村支部书记外，其余27个村100%实现书记主任“一肩挑”，两委交叉任职率达86.7%，较上届提升14.4%。5月13-17日，为提升新一届村、社区“两委”成员的政治素质、履职能力，李桥镇对全体新当选的145名村、社区“两委”班子成员，开展为期5天的集中履职培训。

（李桥镇）

【选派党员民警兼任村（社区）党支部副书记】年内，按照《北京市公安局顺义分局关于印发深入推进社区民警兼任村（社区）党组织副书记工作方案》（顺公字〔2019〕76号）通知精神，李桥镇党委选派20名党员民警到村（社区）兼任党支部副书记。

（李桥镇）

【大气污染综合治理】年内，清理PM2.5高值点位1133处，比上年下降18.87%；全年累计降尘量为6.4吨/（千米^2·月）/月，完成全年累计降尘量6.5吨/（千米^2·月）的任务。6月，完成6家一般制造业退出工作任务；全年保持全镇散乱污动态清零，无新增复产现象。 完成餐饮油烟升级改造共计180家，超额完成全区任务95家。河道周边企业均达标排放，在国家、市、区各类检查抽查，均未发现问题；封堵河道排污口85处。

（李桥镇）

【妇儿建设】年内，完成35个村（居）妇联换届工作；60户家庭被评为区级“美丽农家”，4户家庭被评为“特色家庭”；后桥村被评为区级示范“妇女之家”和区级示范“儿童之家”；全镇实现“儿童之家”全覆盖。

（李桥镇）

【最美家庭】年内，北河村段淑荣家庭获评“首都最美家庭”。

（李桥镇）

【土地综合治理】年内，李桥镇拆违上账面积40.92万平方米，上账率134.52%；拆除面积34.91万平方米，拆除全区排名第四名；经市专指办指定第三方确认销账面积32.15万平方米，销账率105.68%，库房连片违建10万平方米。清查涉农用地总数共557宗，其中涉及一般违法项目46宗，其余为公共公益类、重点工程类、一户一宅类、无问题类等项目。共拆除侵街占道私搭乱建共计2427处，13.32万余平方米。治理台账16家停车场，3家沙场实现100%复耕见绿，6月，环保督导组对李桥镇大型物流停车场进行“回头看”督查，现场检查100%合格。

（李桥镇）

【民生保障】年内，完成“疏整促”规范企业劳动用工28家，涉及劳动者721人；处理讨薪案件65件，涉及273人次，追讨工资达2659126元；2019年举办招聘会6场，161个企业参加，3600余人参加招聘会，1358人达成就业意向；城乡居民参保人数17000余人，全年办理新参保城乡居民医疗保险1233人次，更改定点医院887人；完成手工报销金额2613577.88元，发放镇级养老补贴10584050元；发放保险清算及继承金额798547.45元；发放丧葬费745000元。

（李桥镇）

【独生子女家庭奖扶】年内，通过村、镇、区三级审核，本镇奖扶1235人（同比去年增加170人），特扶人员93人（比上年增加10人）。7月，三级政府资金404.55万元全部落实到个人。11—12月，完成2020年的奖特扶审核工作。奖扶总数1366人（退出25人、新进入156人，同比增加131人），特扶总数102人（伤残特扶41人，死亡特扶61人）。年内，失独和伤残计生家庭涉及42户93人。

（李桥镇）

【公共卫生】年内，一是全力打赢“厕所革命”。本镇18个村购置三格式预制化粪池，共完成户厕改造843户。二是新建沮沟、北庄头和北河3个卫生室。三是馨港幼儿园评为区级健康示范单位、沿河村为区级健康示范社区，李桥镇政府东侧新建350米健康步道。

（李桥镇）

【红十字公益行动】年内，对22户家庭开展红十字会人道救助，送去慰问信以及2000～20000元不等的救助金和米面油等物资；携手北京美尔目医院开展“白内障复明基金”公益行动，共有2600名群众接受义诊服务，筛查出重症患者449例，为22名患者免费白内障手术；7月完成273袋献血任务。

（李桥镇）

李遂镇

【概况】李遂镇位于顺义区南部、潮白河东岸，北与南彩、东与杨镇和北务接壤，西与仁和、李桥隔河相望。辖区总面积40.2平方千米，下辖16个行政村。年内，有户籍人口10135户21731人，常住人口19510人，流动人口5888人；有汉族21101人，满族424人，壮族105人，蒙古族48人，回族39人，朝鲜族4人，土家族3人，瑶族2人，苗族2人，彝族2人，裕固族1人；新出生327人，出生率1.5%；死亡168人，死亡率0.8%。有法人单位666个，其中中央单位3家，市属单位5家，区属单位1家。有三甲医院1所，社区卫生服务中心1个、社区卫生服务站5个。有中学1所（未投入使用），小学1所，幼儿园2所（含1所集体办园）。有养老机构1个。途经辖区公交线路3条。有为民服务大厅1100平方米、地区文化中心3714.96平方米、文化广场34处（其中镇级2处），绿化率35%。年内，实现属地财税收入2.45亿元，同比减少29.3%；实现一般公共预算收入8468万元，同比增长6.7%。

（李遂镇）

【全力打造基层党建品牌】年内，利用基层党组织服务群众经费支持沟北村建设“国学驿站”，开设国学讲堂，推广传统手工技艺。制作柳各庄村“VR网上家园”，参与举办柳各庄村“回家过年”、赵庄村“百家宴、家文化”等主题活动，确保“村拆迁情不散”，增强支部凝聚力。

（李遂镇）

【村“两委”换届选举】4月，全镇16个村村委会换届选举工作全部完成，登记选民17629人，实际参加选举16551人，参选率93.9%。依法选举产生村委会成员59人，平均年龄53.4岁。其中，女性20人，占33.9%；党员53人，占89.8%；村党支部与村委会成员交叉任职48人，占88.9%；连选连任36人，占61%；在16个村委会主任中，党员16人，占100%。全镇16个村全部实现村民委员会主任及村党支部书记“一肩挑”，“两委”成员交叉任职率比例由上届的79.6%提高到88.9%，村委中党员比例由上届的87.9%提高到89.8%，同时，达到每个村委会中至少有1名党员和1名妇女成员的要求。

（李遂镇）

【重大服务保障】 年内，完成筹备和服务保障中华人民共和国成立70周年庆祝活动、十九届四中全会、第二届“一带一路”国际合作高峰论坛、世界园艺博览会、亚洲文明对话大会等一系列重大服务保障工作。

（李遂镇）

【经济结构优化升级】 年内，主动克服建设用地指标有限的现实困难，持续改善产业投资和发展环境，累计引进企业55家，其中注册资金千万元以上企业5家。以休闲旅游、酒店会议和科技研发为基柱的绿色产业效益稳步提升，累计贡献税收2300万元，占全年财税收入的30%。

（李遂镇）

【重点项目落户】 年内，强化健康小镇建设，围绕“协同发展、融入大局、主动承接、转型提质”工作目标，加强全生命周期健康服务相关产业的接引，着力提升第三产业质量，重点完成《阜外医院顺义院区项目立项报告》编制，《国家食品安全风险评估中心框架协议》签订。

（李遂镇）

【镇域发展日趋完善】 年内，柳各庄村棚改项目稳步进行，年内，所有民宅拆除及渣土清运完成；镇村污水处理站建设重点推进，4个村完成污水管线改造，另有6个村工程即将启动，镇村污水处理能力进一步改善；修缮乡村公路6.84千米、故障路灯457盏，群众出行条件切实改善。

（李遂镇）

【美丽乡村规划建设】 年内，坚持规划先行。加快完成各村《村庄规划》编制工作，先后召开村庄规划编制汇报会4次，完成宣庄户村、魏辛庄村、后营村、前营村等7个村《村庄规划》编制，并上报区规自分局审核。

（李遂镇）

【“疏解整治促提升”专项行动扎实进行】 年内，坚持“领导班子当先部署重督导、基层支部当先落实重引导、党员干部当先垂范重引领”的工作准则，实现棚户区改造547户，排名全区第一；完成农田“留白增绿”30.08公顷，疏解一般制造业3家，新建便民商业网点2家，规范劳动用工9家。

（李遂镇）

【助力冬奥冰雪活动广泛开展】 年内，服务保障冬奥会工作扎实推进，累计开展冬奥会知识竞答3次，组织群众参加冰雪体育活动5项。

（李遂镇）

【扶贫脱低】 年内，全镇低收入农户人均可支配收入同比增长12.7%，实现全镇贫困农户“动态清零”；加强返贫预警，持续关注贫困边缘户在就业、就医、就学等方面困难，定期开展走访调查，避免脱低户返贫。扎实开展对口帮扶，多角度开展对万全镇吴家庄村脱低帮扶，先后联络区供销社及镇内重点企业开展产业、销售双帮扶，落实帮扶资金20万元，进一步促进万全镇吴家庄村脱低。

（李遂镇）

【大气污染防治】 年内，严格落实蓝天保卫战2019年行动计划，全年PM2.5平均浓度43微克/米^3，同比降低9微克；强化空气污染源头治理，完成37家餐饮单位的油烟净化设备升级改造；狠抓生产经营单位日常检查，保持对工业企业环境严格执法，整改相关单位环境问题40家次。

（李遂镇）

【就业服务与社会保障】 年内，开展大型招聘活动10次，实现城镇新增就业297人，低收入户劳动力就业达100%。开展规范劳动用工专项行动，规范劳动用工企业9家，涉及用工人数206人；平稳处置劳资纠纷20起，涉及572人，资金1012.78万元。强化特困人员帮扶救助，累计发放帮扶款物80余万元。

（李遂镇）

【教育医疗卫生服务】 年内，着力提升李遂幼儿园周边环境秩序，强化青少年饮食安全检查，清退非法培训机构1家；加大教育投入，促进青少年德智体美全面发展，李遂中心小学获得全国篮球特色学校、市级“三大球”基层网点校等称号；创新教育模式，深入推进李遂慕课大学建设，通过微信公众号的网络课程及现场授课等形式，为群众提供开放性、自由灵活的学习平台。加大人口健康与卫生支持力度，投入20余万元，在16个村全部成立公共卫生委员会，完成崇国庄村健康示范村创建任务，并延伸至其他村，3500人享受到健康体检、“两癌”筛查等服务，各村基本公共卫生服务进一步提升。

（李遂镇）

【安全隐患治理】 年内，紧抓日常安全检查，累计检查生产经营单位496家，消隐1815个，下达责令整改通知单792份，检查覆盖率100%。提高消防设施建设水平，建成消防水鹤9座、电动车充电桩90个。加强流动人口及出租房屋排查，累计排查宅基地出租户529户，消除安全隐患1203处，规范出租房屋814间，关停出租房屋367间，疏解流动人口480人。

（李遂镇）

【法治政府建设】 年内，始终坚持依法行政，持续加强工作对接，按时办结人大代表建议，满意率100%。强化政府合同管理，累计事前审查各类政府合同95件。加大普法力度，接待法律咨询470人次，调解纠纷87件，满意率97%以上；开展讲座、咨询等活动50余场。

（李遂镇）

【意识形态抓落实】 年内，健全完善会商研判、风险防控、问题处置、舆情反馈闭环机制，及时处置网络舆情36次，守好主阵地，弘扬主旋律。

（李遂镇）

龙湾屯镇

【概况】 龙湾屯镇政府紧紧依靠全镇人民，坚持把中华人民共和国成立70周年庆祝活动作为统领各项工作的纲，认真抓好“三件大事”，坚决打好“三大攻坚战”，真抓实干推动高质量发展，多措并举增进民生福祉，全镇各方面工作平稳有序。2019年，全镇完成属地财税收入11983万元，完成一般公共预算收入2379万元。PM2.5年均浓度38微克/米^3，达到区级任务要求。

（龙湾屯镇）

【顶层设计】 年内，编制《红色旅游战略策划》《焦庄户传统村落保护规划》，《镇域总体规划》初稿完成，《空间结构规划》《产业发展规划》《特色风貌规划》等9个专项规划编制工作启动，着力建设红色引领的文化旅游特色小镇、绿色驱动的都市田园休闲小镇、山水相依的生态宜居示范小镇。

（龙湾屯镇）

【产业发展转型升级】 年内，全年完成招商引资注册企业558家，注册资金52.3亿元。其中，注册资金3000万元以上企业35家，亿元以上企业4家。抓紧利用老旧厂房，北京腾瑞制衣厂申报区经信局孵化器项目，吸引75家医疗软件企业入驻。北京市远东压力容器厂成功认定为顺义区创业基地，年内完成注册企业42家，逐步打造集创业服务、企业孵化等功能于一体的创业服务综合体。

（龙湾屯镇）

【营商环境】 年内，严格落实《顺义区优化营商环境服务企业工作方案》和区投促局2019重点工作绩效任务，优化营商“点对点”服务，2019年，走访企业24家，及时宣传惠企政策、解答企业问题，实现政企沟通“零障碍”。认真抓好“9+N”2.0版新政策落实，从“简流程、优服务”等方面，最大限度为企业减负松绑，全方位打通政策落地“最后一公里”。

（龙湾屯镇）

【重点任务】 年内，全镇治理违法建设6.8万平方米，留白增绿园林绿化0.96公顷，留白增绿农田0.76公顷，疏解一般制造业企业1家，规范劳动用工单位7家，新增便民商业网点3家，全年“疏整促”任务提前完成。龙湾屯镇二级消防站及森林防火营房建设项目启动招标工作，双源湖环境整治工程完成80%工程量，舞彩浅山规模化种植用房项目完成验收。

（龙湾屯镇）

【生态环境】年内，坚决打赢污染防治攻坚战，结合“街乡吹哨、部门报到”工作要求，对过境轻重型货车进行专项执法检查，累计开展专项执法检查6次，处罚尾气超标、过滤器不合格等问题车辆70余辆。4家餐饮企业废气净化设备升级改造完成。全面落实“河长制”工作要求，开展河湖巡查及水环境治理工作，累计清理龙湾屯水库、河道及沟渠垃圾渣土、枯草落叶600余立方米，清理水面垃圾、漂浮物面积达7000平方米。

（龙湾屯镇）

【人居环境】年内，坚持政策宣传与严厉打击并重，通过助拆、自拆等形式完成665户10545平方米私搭乱建拆除工作。按期处理区环境台账1307个，销账率100%。推进建筑垃圾资源化处置，处置建筑垃圾12.1万吨。13个村全部通过北京市农村人居环境整治考核验收。2019年完成平原造林72.31公顷（1084.7亩），2020年平原造林选址工作有序推进。

（龙湾屯镇）

【安全态势】年内，坚持最高标准、最强组织、最实举措、最佳状态，完成中华人民共和国成立70周年庆祝活动、党的十九届四中全会、第二届“一带一路”国际合作高峰论坛等一系列重大活动服务保障工作，确保城市运行平稳有序。广泛开展安全生产大检查，整改安全隐患3035项，下达安全生产行政执法文书2179份，检查覆盖率和隐患整改率达100%。推进消防基础设施建设，完成13个村消防水池、消防水鹤工程建设，为辖区75岁以上老年人家庭免费安装感烟报警器。新建、修缮饮用水井房5座，有效保障群众饮用水质量安全。

（龙湾屯镇）

【社会治理】年内，“七五”普法有序推进，落实村居法律顾问制度，累计接待并解答各类涉法咨询群众102人次，调解纠纷60件，提供法律援助1件。《龙湾屯镇信访领导包案制度（试行）》制定，全镇共受理群众信访事项40件，接待群众来访171件次，按期结案率达到100%。深入开展扫黑除恶专项斗争，社会大局保持和谐稳定。

（龙湾屯镇）

【“接诉即办”】年内，坚持民有所呼、我有所应，组建镇级“接诉即办”专班，严格执行24小时值守制度，确保全流程专人负责、闭环管理。强化部门联动，合力破解难题，针对共性问题、长期重复反映问题，实行定领导、定措施、定时间、定责任，包诉求、包调查、包处理的“四定三包责任制”。建立完善考评制度，《龙湾屯镇村党支部书记“双百分”绩效考核办法便民热线专项考核办法（试行）》制定，有效提升基层干部的工作积极性和自觉性。2019年，受理便民热线2376单、办结率100%。

（龙湾屯镇）

【“七有”“五性”】年内，结合顺义区推进全国文明城区创建工作，始终坚持创建为民、创建惠民，提升“七有”“五性”水平，实现创城工作与民生事业同频共振。稳步推进教育医疗设施建设，龙湾屯幼儿园开工许可证补办中，预计明年投入使用；卫生院升级改造立项申请启动，唐洞村医务室工程完工。搭建就业信息服务平台，确保城乡二、三产业就业率在96%以上。深化养老服务，推进南坞村老年驿站建设。巩固低收入农户脱低成果，统筹推进公益慈善和助残、救孤、优抚等事业发展。实施六类人群危房改造项目，完成公租房申请、公租补贴申请65户，新增复核家庭申报148户，有效缓解低收入群体住房压力。

（龙湾屯镇）

马坡镇

【概况】马坡镇地处顺义新城核心区，镇域总面积35.1平方千米，东临奥林匹克水上公园，南与顺义区行政中心相接，西与高丽营镇交界，北至顺义区委党校。101国道、京承铁路贯穿全境。下辖21个行政村和3个社区居委会，其中，8个村拆迁完毕并回迁上楼，1个村棚改拆迁中。全镇总人口52598人，其中，户籍人口9971户23400人，流动人口22123人，外籍人口52人。

有法人单位1200余家，其中，规模以上81家。有社区卫生服务中心1个、社区卫生服务站7个，中学2所、小学4所、幼儿园5所，镇级文化中心1个、镇级文化广场1个、村级文化广场12个、社区文化广场2个，为民服务大厅572平方米。辖区内有始发公交线路4条，途经公交线路12条。2019年，本镇始终围绕“建设新城，发展马坡，加快推进城乡一体化”整体目标，全心全意增进民生福祉，地区经济社会持续健康发展。全镇完成属地财税收入9.98亿元，一般公共预算收入3.22亿元，同比增长8.2%；农民人均所得3.33万元，同比增长9.8%。获评“北京市筹备和服务保障中华人民共和国成立70周年庆祝活动先进集体”荣誉称号。

（马坡镇）

【重大活动服务保障】年内，马坡镇作为国庆群众游行训练基地所在地，按时保质完成训练场地平整改造任务，并协调解决各类后勤保障问题，累计参加防控人员1万余人次。完成党的十九届四中全会、第二届“一带一路”国际合作高峰论坛、亚洲文明对话大会等一系列重大活动服务保障工作。

（马坡镇）

【意识形态阵地建设】年内，强化制度建设，《马坡镇关于落实党委意识形态工作责任意见》等制度制定出台，成立意识形态工作领导小组和意识形态综合分析研判小组，全年党委会通报意识形态议题4次、专题会商研究3次、专题学习2次。细化落实责任，镇党委书记与各村（居）及非公企业党组织书记签订《意识形态工作责任书》，对各类宣传阵地设施建立台账，牢牢掌握舆论主动权。净化文化市场，完善事前报备制度，全面开展“扫黄打非”专项行动，全年检查40余次，维护镇域意识形态安全。

（马坡镇）

【基层党组织建设】年内，村“两委”换届选举任务完成，21个村100%实现一次选举成功、“一肩挑”，全面夯实村级党的组织建设。以“一规一表一本一册”为载体，深入推进党支部规范化建设。通过“搭台子、给位子、压担子”等系列举措，引导21名镇派第一书记主动融入各村人居环境整治、垃圾分类等重点工作，深化镇派第一书记工作机制效能。广泛开展高校与村、社区、企事业单位等基层支部结对共建，引智引力提升基层党组织力量。有效打造中卓时代、华美丽等企业党建及群团建设品牌，不断提高“两新”领域党建质量。

（马坡镇）

【“高精尖”产业结构加快构建】年内，镇域产业转型升级持续推进，引进符合马坡顺义新城核心区功能定位的企业60余家，总注册资金约4.2亿元。其中，引进新锦化透平机械（北京）有限公司等亿元以上企业8家，北银置业有限公司等5000万以上企业15家。全镇有国家高新企业28家，中国驰名商标企业1家，北京市著名商标企业2家，上市企业2家，绿色制造工厂1家。园区重点项目稳步推进，现有在建项目4个，总投资金额15.1亿元。

（马坡镇）

【地区营商环境持续优化】年内，企业“服务包”制度和管家式服务机制落实，精准对接企业需求，实地调研走访企业50余家。发挥“吹哨”职能，邀请区级部门详细解读扶持企业发展的各项优惠政策，“面对面”答疑解忧，实现政企沟通“零障碍”，协助“联东产业园”引进企业17家。

（马坡镇）

【“新城”基础设施建设】年内，绿城、华润等3家房地产项目入驻，总注册资金4.2亿元，预售项目进行中。西丰乐村棚户区改造项目民宅房屋拆除补偿工作全部完成，非宅拆迁补偿安置款有序发放。全面提升佳和宜园小区绿化景观，完善机动车停放工作，新植各类乔木520余株，地被1.2万平方米；地下车库新增车位212个、电动汽车充电车位60个。投资851万元实施泰和宜园西区消防及路面整改工程，社区室内消火栓系统、湿式自动喷水灭火系统及主管道更换完成，改造车位面积1.5万平方米，增加电动车、机动车停车位150余个。

（马坡镇）

【美丽乡村建设】年内，石家营等4个村的《规划编制方案》获区政府批复，《实施方案》通过区美丽乡村建设办审议。深入开展农村人居环境整治，出动清理队伍1.9万人次、施工车辆5000余台次，清理点位9000余处，清运渣土5.8万立方米，拆除私搭乱建6万平方米。全面开展“厕所革命”专项行动，全年整治374户工作目标完成。全力做好垃圾清理工作，高标准完成1026处各类环境台账的销账清理工作，整改率100%。加快推进垃圾分类示范片区创建工作，发放宣传材料3532份，安装分类垃圾桶2682个，相关经验做法在中央电视台《迎接决胜时刻》栏目播出推广。建立垃圾分类积分对换制度，镇政府出资200万元购买农产品，用以引导村民自觉养成垃圾分类的良好风尚。

（马坡镇）

【大气污染治理】年内，打赢蓝天保卫战三年行动计划全面推进，抽查检查过往重型车辆尾气排放达标情况2.9万车次。持续开展大气治理“一微克”行动，坚持“科技助力”，建立马坡镇大气应急指挥中心系统，实现空气质量自动监测网络全覆盖，全年PM2.5浓度为35微克/米^3，全区排名第一。

（马坡镇）

【“水环境”治理】年内，南陈路排水改造、顺白路污水管线、小中河马坡段河道污水治理与生态修复等工程稳步推进，建成的污水管线和临时污水管线能够有效消除明沟内污水，截污至马坡再生水厂。摸排镇域内所有排水沟渠并建立动态台账，整治各类“小微黑臭”水体20处，整改率达100%。严格落实“河长制”，镇、村级河长累计巡河2646人次、巡河里程11568.091千米。

（马坡镇）

【森林城镇建设力度全面增强】年内，百万亩造林任务完成，造林面积72.04公顷、“留白增绿”面积4.87公顷，种植乔木、花灌木7.5万余株，镇域森林覆盖率43.5%。首都森林城镇创建工作通过市、区两级现场验收。2019年顺义区义务植树工作完成，栽植乔木800余株。花海景观喜迎新中国70周年华诞，种植的油菜花、向日葵吸引近2万名游客前来观赏。

（马坡镇）

【疏解整治促提升专项行动】年内，国土督察整改工作完成，全年查处违法建设75宗，拆除面积50万平方米。查处无证无照经营行为4户、非法改装营运车辆25辆。疏解退出散乱污商户8家、一般制造业6家，疏解人口200余人。大力治理非法劳务市场，疏解聚集务工人员800余人。

（马坡镇）

【社会安全形势显著提升】年内，全力筑牢地区生产安全基础，开展危险化学品、建筑工地等专项检查30余次，检查生产经营单位813家2790次，发现隐患、整改隐患3042项。总投资970万元，完善各类消防基础设施建设。坚决确保食品药品安全，全年抽检、快检各类食品药品385件，全镇所有餐饮商户均通过“阳光餐饮”工程验收。

（马坡镇）

【镇域治安综合治理】年内，安装智慧门禁设备290余套，发放门禁卡10455张，有效缓解流动人口管控难等问题。研发出租房屋规范管理App，更好地实现“以房管人”工作目标。加大综合巡查高压态势，发现处理偷倒渣土、非法捕捞等各类问题1714宗。

（马坡镇）

【公共服务体系逐步完善】年内，“接诉即办”工作稳扎稳打，组建镇级专班，开发“智慧马坡平台App”，高效完成群众诉求办理。投资1852万元兴建马坡“城市森林”公园，进一步满足区域居民休闲娱乐需求。全年发放养老金6236人次62万元，发放本镇生活补助4963人次55万元；组织开展专场招聘会12场，132家次企业参加，提供岗位2979个，保障民生就业稳中提质。投资340余万元实施马坡小学、马坡一幼等校（园）维修改造提升工程，全面提升教学环境。放映数字电影570余场，开展各类惠民活动50余次、参与人员8000余人次，精心打造“四季文化”品牌，丰富居民业余文化生活。

（马坡镇）

木林镇

【概况】2019年，木林镇以乡村振兴战略和北京城市总规为引领，以服务保障国庆70周年活动为主线，紧紧围绕服务市区重点任务、农村人居环境整治、“七有”“五性”指标落实、接诉即办等各项中心工作，努力维护社会稳定、促进转型发展、积极改善民生、提升政府效能。全年完成属地财税收入3.32亿元，一般公共预算6747万元，农民人均劳动所得22138元。

（木林镇）

【服务保障任务周密部署】年内，把服务保障中华人民共和国成立70周年庆祝活动作为重中之重，组织137人参加国庆联欢活动，贡献木林力量；聚焦第二届“一带一路”国际合作高峰论坛、党的十九届四中全会等一系列重大活动和会议，日均组织发动1500余名群防群治力量昼夜巡查，完成国庆70周年安全生产和消防安全保障任务，实现服务保障的万无一失。

（木林镇）

【乡村振兴循序渐进】年内，以“一山三带四河”的生态保护体系和“一心三区”的城镇空间发展格局为依托，努力构建一产三产深度融合的山水田园康旅小镇。《镇村规划》编制持续推进，镇域26村《发展规划》初步完成。大力开展美丽乡村建设工作，拆除私搭乱建2134处14.1万平方米，清理乱堆乱放、乱贴乱画6190处，清理垃圾4245处7678吨。

（木林镇）

【疏整促提质增效】年内，综合执法常态化进行，组织联合执法1000余次，实现“散乱污”企业动态清零。疏解整治促提升专项行动各项任务全部提前完成，疏解一般制造业企业6家，规范用工单位15家，拆除违法建设21.65万平方米，整治占道经营点位1处，留白增绿4.36公顷，建设提升基本便民商业网点2家。

（木林镇）

【重点工程落地见效】年内，总建筑面积12万余平方米的东沿头村集体租赁住房项目获得批复，预计2020年5月开工。两路拆迁工作有序进行，木孙路拆迁完成98.9%、通怀路（非宅）拆迁完成78.3%。镇级卫生院改扩建、镇敬老院原址改扩建等项目手续办理工作进展顺利。木林镇“提升”项目一期——木邵路王泮庄段环境提升项目和木林镇“提升”项目二期——木北路环境整治项目如期完工。

（木林镇）

【产业结构优化升级】年内，完成2341份村级承包及租赁经济合同梳理，有序推进清理规范，维护村集体利益，预留充足发展空间。加大企业服务力度，进一步优化营商环境，新引进注册项目33家，注册资金5.65亿元，其中千万级以上项目9家。

（木林镇）

【污染防治切实有效】年内，严格落实扬尘管控措施，顺义区蓝天保卫战重点任务台账涉及7处点位均整改完成；发挥网格化管理优势，以灵活机动的检查模式促进高值点位周边污染源的精准打击，全镇PM2.5平均浓度下降至40微克/米^3，同比下降21.6%。全面落实河长制，镇村级河长利用“北京河长”App完成巡河任务和上报问题整改均为100%。箭杆河木林段生态修复工程竣工，沙坑生态修复治理工程有序推进，镇域生态环境进一步改善。

（木林镇）

【农村人居环境持续优化】年内，全镇基本实现垃圾入户收集和分类投放，市区镇三级环境台账100%销账。56座城市公厕和1116座户厕维修改造完成，实现镇村文明卫生发展。完成公路日常养护121千米，出行环境更加便利。8903户“煤改电”电价电费补贴发放完成，减轻居民清洁过冬经济负担。为后王各庄、蒋各庄等11村架设连村路灯239盏，满足居民安全出行需求。

（木林镇）

【造林防火深入开展】年内，完成五边绿化2.21公顷、平原造林83.41公顷、平原造林管护1367.81公顷和平原造林第二轮养护移交351.15公顷工作，木林镇荣获首都绿化美化先进单位称号。森林防火关口前移，森林消防队驻守浅山林区，24小时巡逻值守，连续18年未发生森林火灾。

（木林镇）

【一产三产深度融合】年内，在保持传统农业优质发展的基础上，全力促进产业融合，借助浅山开发资源优势，推动乡村旅游业发展。舞彩浅山登山步道（木林段）维修工程和荣各庄、前王各庄星级民俗村旅游环境提升工程建设完成；舞彩浅山郊野公园一期工程100%完工，长寿龟、观佛台、十二涧、望幽廊和左练台5个新建景点即将面向游客开放；舞彩浅山旅游登山文化节和大地花海品牌效应日渐凸显，绿色生态旅游业蓬勃发展。

（木林镇）

【劳动就业扎实推进】认真落实各项就业政策，全方位、多渠道为镇域剩余劳动力寻找就业机会，建立就业供求信息登记制度，与镇域及周边乡镇企业联合搭建就业平台，及时对接就业供求。完成城乡劳动力就业849人，解决城乡就业困难人员就业444人，举办招聘会6场次，提升就业保障水平。

（木林镇）

【社会保障健全完备】年内，专项救助与临时救助齐发力，努力构建全覆盖的救助体系，全年共救助1277人次，发放救助金184.21万元。陈各庄村养老驿站完成改建投入使用，养老服务力量日益壮大。加大低收入农户精准帮扶力度，低收入户全部动态脱低。深入推进巴林左旗林东镇对口帮扶工作，拨付帮扶资金75万元。

（木林镇）

【公共事业稳步迈进】年内，4所村办幼儿园被认定为普惠性幼儿园，学前教育水平进一步提升；各村成立家庭教育指导服务站和未成年人文体活动站，满足未成年人成长需求。实施全面二 孩政策，政策符合率98.9%。完成东沿头等6村卫生室建设，医疗服务半径进一步扩大；完成城乡居民医疗保险门诊、住院报销210人次57万余元，二次报销237人次225万元，实现病有所医。

（木林镇）

【文明实践活动蓬勃开展】年内，“壮丽70年”系列文体活动火热开展，全年组织各类活动100余次，丰富群众精神文化生活。4个村级文体活动中心完成改扩建并投入使用，一批具有木林特色的品牌赛事举办，满足周边居民文体需求。妇联、团委、工会等群团组织影响力不断提升，新时代文明实践活动如火如荼。

（木林镇）

【安全监管不断深入】年内，排查生产加工企业、出租房屋、有限空间等重点领域3485家次，整改各类安全隐患1384项，守护安全发展环境。完成木林消防中队建设并投入使用，入驻消防官兵22人，消防车2辆。增强各村现有微型消防站配置，26个消防水源建设完成并投入使用，实现消防水源各村全覆盖，有效增强火灾处置能力。“四品一械”监督工作有序开展，辖区未出现食品药品安全事故。

（木林镇）

【社会治安平稳可控】年内，在潘家坟等16村和木林小区加装高清摄像头，为木林村安装智慧门禁系统，提升区域综治技防能力。加强流动人口和出租房屋规范化管理，排查隐患587处，疏解流动人口1257人。加大预防煤气中毒工作力度，签订承诺书10133份，发放宣传材料9000余份，排查并整改隐患131处，人民群众生命财产安全得到有效保障。

（木林镇）

【司法信访纵深推进】年内，镇级律师坐班和村级律师值班制度有效落实，为群众提供优质法律服务。结合司法行政开放日、国家禁毒日等特殊节点，开展法制、平安创建、反邪教等宣传，提升群众法律意识。按照“谁主管谁负责”原则开展信访工作，及时受理率、办结率达100%。畅通信访渠道，依托镇领导每周接待日工作机制，做好来访群众政策解释及思想疏导。深入开展矛盾排查化解工作，做到源头预防。

（木林镇）

【政府职能进一步转变】年内，建立健全领导干部入村现场办公工作机制，实现村级事务共商共治。完善机关人员调整和职责分工，推进镇域治理能力现代化。政务服务中心执厅制度有效落实，各类便民事项统一纳入镇政务服务中心办理，提升企业、群众办事便利性。城管执法队下沉到镇，进一步充实基层执法力量。

（木林镇）

【交流渠道进一步畅通】年内，主动公开政府事项36件，依申请公开政府事项10件，接访1043批次，受理信访转办件144件次，做到件件落实，事事回应。将“街乡吹哨、部门报到”和“接诉即办”有机结合，激活农村治理“神经末梢”，承办12345市民服务热线3930个，均按期办结，“三率”稳中有升。

（木林镇）

【基层“两委”换届优班子】年内，村“两委”换届选举任务完成，实现“三个100%、两个提高、两个优化”的工作目标；一次性选举产生93名村委会委员。

（木林镇）

【坚持抓基层打基础】发挥党建引领作用，扎实推进党支部规范化建设；加大软弱涣散村整治力度，长林庄、大韩庄完成转化；认真落实“街乡吹哨、部门报到”要求，基层治理能力显著提升；加强制度体系建设，修订完善《木林镇村“两委”干部日常办公和请销假制度》《木林镇机关人员请销假制度》，加强人员管理，形成更加全面的制度体系；狠抓村级管理，《村规民约》全部完成修订，切实提升村级自治能力；加大村级“三资”管理，强化离任审计力度，村级财务实现一年一审计；村财“双托管”有效落实，《〈木林镇相关村财管理制度〉的补充意见》出台，实现村级财务管理制度化、规范化。

（木林镇）

南彩镇

【概况】南彩镇位于北京市“两轴、两带、多中心”东部产业发展带的重要节点，被定位为顺义新城河东新区和“北京市新城规划预留地”，是顺义新城31、32街区所在地，也是轨道交通15号线俸伯站和915公交总站所在地，与顺义城区一河相隔，京平快速、顺平路、顺密路等多条市级公路穿境而过。镇域面积57.6平方千米，辖26个行政村和1个社区。年内，全镇共有高新技术企业有39家，市级技术中心1个，北京市著名商标3件（曼特门业、鑫双河、曲美家居）、中国驰名商标1件（曲美家居）。5家企业上市，其中曲美家居、长久物流在上交所挂牌上市，丰荣航空、鸿途信达、乐汇天成在新三板挂牌上市。全力服务六合宁远等优势企业上市发展，指导茂华工场等发挥资源优势，引入二产、总部型和科技型高端产业项目。新引进注册资金3000万元以上注册企业29家，其中注册资金1亿元以上企业11家。1—11月，实现一般公共预算收入1.48亿元，属地税收完成6.39亿元。

（南彩镇）

【党群服务中心建设】年内，依托现有党群活动室设立彩丰、水屯、洼里、柳行、望渠5家党群服务站，汇集宣传展示、党性教育、党群服务等功能，其中彩丰、水屯党群服务站上线开启预约功能。以河北村文体大院及河北村民俗园2处服务阵地为基础申请规范提升类镇级党群服务中心。

（南彩镇）

【智慧南彩二期工程】年内，按照市区两级关于“雪亮工程”建设要求，年初，本镇智慧南彩二期——镇级视频指挥平台建设工作启动，工程总投资166万元，全镇27个村（居）及第二、第三产业基地内1300路高清视频监控信号及5路高空视频监控信号全部上联至镇级平台。与区委政法委对接，将镇级视频信号与区信息中心对接，完成三级联网、视频信号共享工作。

（南彩镇）

【重点时期服务保障】年内，共启动重点时期服务保障工作5次，累计发动群防群治力量7000余人。服务保障期间，针对各类重点人员及时启动相应管控措施，同时组建镇级督导检查工作小组，对各村（居）工作开展情况进行检查。全镇各项保障工作按要求完成，未发生有影响案事件。

（南彩镇）

【城乡接合地区重点村整治】年内，对前薛各庄、后薛各庄2村开展城乡接合地区重点村整治工作。投入资金55万元，安装并投入使用人脸识别设备7套，车辆抓拍系统7套。拆除违法建设13处，累计拆除5630.16平方米。清理乱堆乱放4处。建设完善村级消防站2座，配备消防车2辆，义务消防员10名。

（南彩镇）

【财政预算执行】年内，财政总收入45181万元，财政总支出完成36064万元，结余9117万元，其中自有财力结余231万元、专项结余8886万元，实现收支平衡。

（南彩镇）

【社会救助】年内，新增低保户29户49人，新增城乡特困4户4人。全镇享受城乡低保232户390人（其中农保211户378人、城保8户12人、精简退职人员13户13人），月发放救助金43.79万元。城乡特困19户19人，全部在敬老院集中供养，月发放救助金5.24万元。低收入户1户4人，月发放救助金825元。

（南彩镇）

【惠民政策】年内，发放老龄津贴37.48万元，报销医疗费17.75万元。申办并发放养老助残卡953张，为80岁以上老人充值养老助残卡112.22万元。同时完成新系统与区残联、卫健委、人力社保局等补贴发放系统对接，为具有本市户口且符合条件的困难老年人、失能老年人和高龄老年人进行补贴申请及资金发放。申请及初审养老补贴享受低保和计划生育独生子女特殊人员共计115人，发放补贴8.96万元。申请及初审护理补贴残疾人共计396人，发放补贴35.87万元。申请及初审高龄老人津贴1156人，发放补贴25.69万元。

（南彩镇）

【养老服务】年内，与和美家居家养老服务中心就全镇老年人养老需求进行调研，经过多处考察权衡，在箭杆河以东洼里村开设高标准便民养老驿站1处，驿站主体建设完工，内部装修改造中。

（南彩镇）

【农村社区建设】年内，《南彩镇关于进一步规范和加强村务公开工作通知》《关于落实村务公开工作的补充通知》制定，本镇村务公开工作充分贯彻落实。指导社区开展环境治理、社区消防安全以及诚信化社区管理等工作，12月，彩丰社区通过“八型社区”复核。为小营村申报2018年村级社会服务管理试点项目，获批6万元奖励资金。镇级义工工作站围绕敬老、助残、环保等方面组织义工活动20余次，参加服务总人数300余人次。

（南彩镇）

【村（居）换届选举】年内，指导社区完成第十届社区居委会换届选举工作。新当选居民代表33人，实现社区党组织书记、主任一肩挑，交叉任职比例达到66.7%。指导村委会完成第十一届村委会换届选举工作，全部一次选举成功。全镇26个村党支部书记，除镇派机关干部担任村党支部书记的2个村以外，其余24个村全部实现100%“一肩挑”。

（南彩镇）

【“一窗受理”服务】年内，按照“前台综合受理、后台分类审批、综合窗口出件”的运行模式，11月底前镇政务服务中心综合窗口改造完成。取消原业务窗口10个，开设综合受理窗口3个，综合出件窗口1个，从科室抽调业务熟练、能力强的工作人员6名，全面实施综合窗口服务模式。

（南彩镇）

【健康教育】年内，全镇建立公共卫生委员会27个，设立公共卫生委员会委员87人；教科文体办组织开展健康教育讲座达15场，户外宣传活动8场；各个村（居）开展健康知识讲座共计150余场，更换宣传栏共计6期；配合上级部门完成各项调查工作。共开展慢性病抽样调查及健康素养监测的重点工作4项，总参与人数1960人。

（南彩镇）

【农村饮用水设备改造】年内，后俸伯、河北村新增饮用水井消毒设备项目获市改水办批准。同时对全镇26个村的饮用水井水质消毒设备进行升级改造。淘汰损坏和工艺落后的水质消毒设备，共安装农村饮用水井消毒设备37套。

（南彩镇）

【保障性住房】年内，本镇保障性住房工作完成公共租赁住房现场资格初审62件，完成街乡初审63件；市级备案通过89件（公租房补贴通过6件、公租房申请通过83件）；资格变更申请56件；公租房资格终止10件，公租房租金补贴终止17件；完成公租房复核、公租房补贴复核6批次110件；完成两批次47户申请家庭的递补选房工作。

（南彩镇）

【招商引资】年内，共有202家注册资本500万元以上企业在本镇注册，从注册资金看，注册资金总额约59亿元。其中注册资金3000万元（含）企业29家，其中 1亿元（含）以上11家，注册资金约45亿元。

（南彩镇）

【对口帮扶】年内，本镇拨付帮扶资金40万元，并帮助仁和堡村销售滞销土豆32500千克、西红柿498箱，涉及金额约8万元。镇政府采购沽源农产品价值2万余元。

（南彩镇）

【安全防火】年内，在消防水池、

消防水鹤建设工程上，建成带水池消防水鹤5座和连接市政水的独立水鹤9座，均通过区防火委验收。在保障家庭消防安全工作上，为全镇750户老人家庭安装智能烟感报警装置，截至年底，本镇独居老人、低保家庭、老年家庭等安装智能烟感共计1001个。在治理电动自行车火灾工作上，明确各村充电车棚责任人，加大充电车棚使用宣传，加强居民小区、出租房屋等场所的电动车充电管理，有效预防电动车火灾事故。

（南彩镇）

【改善村庄环境，落实惠民工程】 年内，完成9个村198盏连村路灯安装工作，为村民早晚出行提供照明；投资41.6万元，完成2019年东江头、杜刘庄、前俸伯路灯安装工程，共安装LED节能路灯104盏；投资30.272万元，完成水屯村LED路灯改造提升工程；组织开展以“清脏、治脏、控污、增绿”为主的人居环境整治工作，第一批8个创建村通过验收，全部合格。第二批8个创建村，平均分为97.25分，全区排名第6名。

（南彩镇）

【城乡居民养老保险】 年内，全镇城乡居民养老保险参保人数7405人，完成全年任务的100%。2019年，新增领取人员365人，本镇享受养老保险待遇共计5141人。

（南彩镇）

【就业培训】 年内，完成城镇新增劳动力就业1183人，完成全年任务的146%；联合北京顺鑫职业技术学校于7月底分别在南彩镇前俸伯村和双营村举办2期保育员培训班，170余人参加；完成全区用人需求档案动态保持指标数89家，完成全年任务的111%。招聘单位登记户数36家，完成全年任务的120%。空岗信息采集1926个，完成全年任务的120%。

（南彩镇）

【平原造林】 年内，平原造林总计98.66公顷（1479.9亩），其中，一期工程78.91公顷（1183.6亩）、二期工程19.75公顷（296.3亩）。11月25日前，2019年平原造林工程所有栽植任务完成。

（南彩镇）

【河长制工作】 年内，《南彩镇2019年河长制工作实施方案》《南彩镇河长制工作相关考核细则》等相关方案和制度制定出台，严格按照方案及制度开展河长制工作，截至年底，举办河长制会议及培训共计21次；“北京河长”App镇级河长巡河人次40次，巡河里程349千米；村级河长巡河人次1972次，巡河里程4722千米。

（南彩镇）

【文体活动广泛开展】 年内，举办“五月的鲜花”文艺汇演、“十月金秋”书画展、拔河比赛等多项镇级文体活动，参与人数达1000余人次；全年组织星火工程演出59场、数字电影放映1106场；组织冰雪项目体验300人、群众体质监测200人。

（南彩镇）

【农村人居环境治理】 年内，完成“五有”环境管护机制，清理乱堆乱放3000余处、清除脏乱死角500余个、清理消纳建筑垃圾30万余立方米、清理非法小广告3.8万张、监督指导保洁公司更换镇域公厕破损管件、灯具、洁具142件，维修公厕27间；完成白马路段墙体粉刷6000平方米，体育公园8000平方米环境提升项目验收；完成市级脏乱点台账整改39处，完成区级脏乱点台账整改1470处、人居环境专项台账246处，组织环境类联合执法36次；完成15座工作改造提升任务。

（南彩镇）

【低收入户与残疾人照拂】 春季期间，对核准的13户特困低收入农户进行走访慰问，同时，通过上门提供就业信息、开通就业直通车、提供公益岗位、举办专项招聘会等多种形式，为100余户低收入农户提供就业机会；通过残疾人定向就业帮扶措施，成功帮扶的低收入农户涉及9户9人，每户每人按月领取助残补贴1410元。对低收入农户家庭进行持续监测，及时将符合低保、低收入家庭条件的，纳入民政社会救助范围，切实做到应保尽保。年内，全镇纳入低保范围的低收入农户11户。

（南彩镇）

【代表补选】 年内，组织顺义区第十四选区6392名选民补选区人大代表1名，组织南彩镇第五选区815名选民补选镇人大代表1名。

（南彩镇）

【技术创新】11月，为本镇辖区内星空实地的3名职工申报顺义区创新发明专利助推资金，为本镇泽通顺达创新工作室申报助推资金。

（南彩镇）

【村（社区）妇联换届工作】6月初，全镇村（社区）妇联换届工作完成。共选举产生村（社区）妇联主席27名，副主席54名，执委405名，村（社区）两委女干部100%进入执委。

（南彩镇）

【接诉即办】年内，南彩镇“接诉即办”工作不断尝试创新工作方法，转变工作思路，实现“条块结合”的创新机制，基本实现“一科室包一村”，形成“包村干部牵头、村党支部书记负主责、职能科室配合”的工作思路，切实有效地把压力传导进科室、把责任压实在各村，凝心聚力，确保落实领导每日调度会要求，把事办在群众心坎上。

（南彩镇）

【街乡吹哨，部门报到】年内，本镇向上级职能部门“吹大哨”614次，解决问题962件；接到村居“吹小哨”3026次，解决问题2709件；机关干部、职能科室向村居“领哨”3546次，解决问题3645件。

（南彩镇）

【全国第四次经济普查工作】年内，历时近6个月，南彩镇第四次经济普查任务完成。全镇共登记法人及产业活动单位1725家，登记率103.9%。

（南彩镇）

南法信镇

【概况】南法信镇位于首都临空经济高端产业功能区的核心区，镇域总面积20.6平方千米，下辖1个居委会、16个行政村，其中，整建制村9个、拆迁村7个、完成回迁村7个。全镇总人口55727人，其中，户籍人口16984人、流动人口43342人。2019年，地区属地税收实现35.53亿元，全区乡镇中排名第1；一般公共预算收入实现2.7亿元。全年人均所得实现30470元，同比增长7%。全镇共引进注册项目897家，其中注册资金500万元以上的项目348个，总注册资金139.95亿元。顺义·中关村创新中心项目落户，举办“智能制造产业发展研讨会”，与24家科技企业完成意向签约，不断擦亮“临空智谷——首都产业新城”品牌。聚焦首都机场、M15号线周边等重点区域，规划建设海达成船舶设备研究中心、顺鑫研发基地等12个项目，总投资66.6亿元，总建筑规模92.5万平方米。北京大数据软件项目通过竣工验收；北京诺丁山软件产业园项目一期主体结构完工，为产业发展提供承载空间。

（南法信镇）

【“远离非法集资　拒绝高利诱惑”宣传活动】1月4日，南法信镇在航港大厦开展“远离非法集资　拒绝高利诱惑”宣传活动。工作人员通过悬挂宣传横幅、张贴海报等形式向广大群众重点讲解非法集资的概念、常见的种类和形式、社会危害等，提醒广大群众不要随便轻信电话、短信、网络等虚假信息，并呼吁群众远离非法集资，拒绝高利诱惑。

（南法信镇）

【华英园社区换届选举大会召开】1月26日，南法信镇华英园社区第十届居民委员会换届选举大会召开。地区党委副书记杨进军、副镇长张芳出席。此次换届选举工作在镇选举工作领导小组的指导下，最终以100%的投票率选举出华英园社区第十届居委会主任1名、副主任1名及委员5名。

（南法信镇）

【区委组织部副部长慰问专家人才】1月30日，区委组织部副部长王彦利到北京百迈客生物科技有限公司慰问专家人才。地区党委副书记杨进军、党委组织委员刘宏迪陪同。王彦利一行实地参观南法信镇“红领智谷”商务楼宇党群活动服务中心，并对党群活动服务中心的建设给予肯定。到北京百迈客生物科技有限公司标准化实验室观看生物科技实验室具体操作流程，听取北京百迈客生物科技有限公司董事长郑洪坤关于企业基本情况、生物基因的应用与未来研究方向的详细介绍，并详细了解公司科研合作、人才联合培养、主营业务和党建工作开展情况。最后，区委组织部副部长王彦利现场慰问郑洪坤、刘东源两位专家人才，并就开展院士大讲堂、丰富党群服务中心功能等内容进行沟通。

（南法信镇）

【南法信镇开展河道巡管员培训会】 3月1日，南法信镇开展2019年第一次河道巡管员培训会。副处级调研员陈善真对本镇2018年河长制工作进行总结，指出存在的问题，并对2019年河长制工作任务的严峻形势进行分析，部署2019年河长制相关工作。

（南法信镇）

【禁毒知识宣传活动】 3月19日，南法信镇开展禁毒知识宣传活动。团委联合社区青年汇开展"珍爱生命 远离毒品"禁毒知识宣传活动，共40余名青年参加。

（南法信镇）

【应急救援演练】 3月24日，南法信镇联合多部门开展应急救援演练。南法信镇安全管理科联合南法信消防中队、派出所、卫生院在旭辉26街区开展应急救援演练活动，共150余人参加。

（南法信镇）

【"就业政策惠民企 就业服务促发展"招聘会】 5月9日，南法信镇召开"就业政策惠民企 就业服务促发展"招聘会。区人力社保局副局长郭有斌到场指导，副镇长陈巍参加。此次招聘会有北京市顺义区供销社、北京天竺空港物业管理有限公司、中国国际货运航空有限公司等32家企业参加。

（南法信镇）

【新一届村和社区"两委"培训会】 5月29日，南法信镇新一届村和社区"两委"干部培训会召开。地区党委书记黄永志，党委副书记杨进军，党委组织委员刘宏迪，村和社区"两委"干部，部分非公党组织书记、村级党务工作者90余人参加。

（南法信镇）

【全国助残日主题活动】 5月16日，南法信镇开展第29次"全国助残日"主题活动。本次活动以"加强残疾人服务，保障残疾人权益；残建共融，互助友爱"为主题，共计30名残疾人参加。

（南法信镇）

【南法信镇开展征兵宣传活动】 6月18日，南法信镇在同心广场开展征兵宣传活动。地区党委委员、武装部部长胡伟出席，民政科、团委等相关科室参加。工作人员通过悬挂宣传标语、发放传单等形式向人民群众进行宣传。

（南法信镇）

【"五月的鲜花"文艺汇演】 6月21日，南法信镇开展2019年"五月的鲜花"群众文艺会演。此次演出以"我和我的祖国"为主题，为中华人民共和国成立70周年献礼。全镇各村（居）文艺爱好者积极参与，有二重唱《我爱你中国》、舞蹈《幸福新时代》、诗朗诵《我的祖国》等14个节目参与汇演。区文联副主席孟云会、区文旅局副调研员黄清泉、南法信地区党委书记黄永志、党委副书记杨进军等领导班子成员出席活动。

（南法信镇）

【禁毒知识宣传讲座活动】 6月24日，南法信镇邀请北京禁毒教育基地、众志同心禁毒公益讲师团讲师刘亚利到南法信中学开展"远离毒品 健康成长"禁毒知识宣传讲座活动。

（南法信镇）

【生产安全事故应急救援演练活动】 6月25日，顺义区"一对一"生产安全事故应急救援演练活动在南法信镇举办。顺义区应急管理局联合顺义区南法信镇人民政府、北京顺鑫控股集团有限公司、北京顺鑫农业股份有限公司鹏程食品分公司组织开展液氨重大危险源"一对一"生产安全事故应急救援演练。

（南法信镇）

【走访慰问党员活动】 7月1日，地区党委书记黄永志，党委副书记、镇长王民，党委委员、人大主席吴连军等镇领导带队，开展"七一"走访慰问困难党员活动，为他们送上慰问金，带去党组织的关怀和温暖。

（南法信镇）

【南法信镇开展人居环境整治行动】 7月16—18日，南法信镇出动220人次对镇域内所有道路两侧、绿化带、河岸两侧、林木绿地等区域内的杂草、垃圾进行集中全面清理，清理杂草、垃圾约12000平方米。

（南法信镇）

【南法信镇工会慰问职工】 7月22日，南法信镇总工会开展"送清凉下基层、慰问一线职工"活动。地区党委副书记、工会主席杨进军，党委组织委员刘宏迪带队，先后到骏马客运、恒晖伟业、圆通速递（北京）等企业，把组织的关怀和防暑降温物资送到工作在高温一线的职工身边。

（南法信镇）

【空气污染部署会召开】9月26日，南法信镇空气重污染橙色预警工作部署会召开。地区党委书记黄永志，党委委员、副镇长杨勇带队，组织环保科对镇域内各单位环保落实情况进行检查。

（南法信镇）

【“煤改气”宣传活动】10月17日，南法信镇农业服务中心开展“煤改气”长效管护与安全使用宣传活动。“煤改气”售后服务中心、燃气公司、6家设备企业工作人员及200余名村民参加。

（南法信镇）

【火灾防控部署会召开】11月14日，南法信镇2019年度今冬明春火灾防控工作部署会召开。地区党委书记黄永志，党委委员、人大主席吴连军等领导班子成员，区消防支队崔广科长、各村（居）党支部书记、第一书记、机关科室、双管单位及重点企事业单位负责人参加。

（南法信镇）

【助力创建全国文明城区工作】11月15日、11月20日，南法信镇2次召开创建全国文明城区工作推进会，对创城工作进行再部署、再强调。地区党委书记黄永志，党委委员、人大主席吴连军等领导班子成员，各村、社区党支部书记，相关科室、交通、保洁公司负责人参加。

（南法信镇）

【“接诉即办”高效完成旭辉26街区周边道路斑马线施划工作】12月12日，区领导在北京市12345市民热线服务中心“听民意 解民忧”活动中，接到市民反映旭辉26街区北区周边道路没有施划斑马线，出行存在安全隐患。南法信镇接诉即办，组织交通支队、相关科室进行现场检查，于12月12日当天在南焦路与双兴街交会处、双兴街与旭辉26街区北区顺达路交会处2个路口，完成4条斑马线的施划工作。同时，在南焦路增设减速慢行灯6处，优化南焦路交通标志和标线设置，为群众创造更加安全便利的出行环境。北京电视台《北京新闻》《都市晚高峰》栏目分别对此事进行特别报道。

（南法信镇）

牛栏山镇

【概况】牛栏山镇位于顺义区北部，东隔潮白河与北小营镇相望，南与马坡镇为邻，西靠赵全营镇，北壤怀柔区庙城镇，辖区总面积31.4平方千米。下辖20个行政村，6个居民委员会。年内有户籍人口13700户30460人，有汉族29386人，回族400人，满族1287人；有法人单位102个，其中国有单位12家、集体单位6家、其他单位84家。有社区卫生服务中心1个，社区卫生服务站6个。有大学1所，技工学校1所，中学2所，小学3所，幼儿园4所。有养老机构1个。途经辖区公交线路16条。年内，推进产业转型升级，保障和改善民生，促进社会和谐稳定，完成中华人民共和国成立70周年服务保障，推动全镇经济社会各项事业的发展。实现属地财税收入16.62亿元，一般公共预算收入2.59亿元。获得“北京市构建和谐劳动关系先进单位”“北京市体育特色乡镇称号”等荣誉称号。

（牛栏山镇）

【樱花节系列主题活动开幕】4月14日，顺义区“踏醉美樱花足迹，享铸魂育人文化”樱花节系列主题活动在耿丹学院开幕。适逢中华人民共和国成立70周年，顺义区美术家协会副主席万宝江携9名画家，以“花”为媒，现场挥毫泼墨抒画意，在百米长卷上共同作画，寓意文化百花齐放，祖国繁荣昌盛。儿童游客则以“我和我的祖国”为题，用彩笔绘画出自己心中对祖国和家乡的热爱。

（牛栏山镇）

【村、居“两委”换届选举】截至4月21日，牛栏山镇20个村、5个社区全部完成“两委”换届选举工作。共选出新一届村党支部成员60人，社区党支部成员17人，村委会班子成员70人，居委会班子成员35人，全部实现书记、主任“一肩挑”。

（牛栏山镇）

【“牛栏山文化大集”揭牌】5月17日，“牛栏山文化大集”揭牌仪式在北孙各庄村举办。牛栏山镇镇长王永生、区委宣传部副部长刘金燕、区图书馆馆长史宏艳等领导出席活动，特邀相声演员李增瑞到场参加仪式。活动构建“政府＋社会组织＋文艺团体”共同参与的文化新格局，每月6日和16日在牛栏山大集举办文化活动。

（牛栏山镇）

【新时代文明实践所（站）成立】 6月14日，牛栏山镇新时代文明实践所（站）成立。实践所下设政策宣讲、德法宣传、巾帼亲情、绿色环保、文化惠民、文明交通、邻里互助7支志愿服务队和1支服务保障队伍，由160名志愿者组成。同时，新时代文明实践所在各村（社区）成立新时代文明实践站。

（牛栏山镇）

【赢麓家园社区居民委员会成立】 8月20日，“牛栏山镇赢麓家园社区居民委员会”挂牌成立，位于牛栏山镇禾美东街19号楼，编制10人。主要职责为负责社区居民教育引导工作，开展精神文明建设活动；依法实行民主选举、民主决策、民主管理和民主监督；维护社区居民的合法权益，创造和谐稳定的良好环境。

（牛栏山镇）

【产业结构优化升级】 年内，优化产业结构，一、二、三产业比重达0.01∶42.5∶57.4。引进企业75家，山东威高集团北京销售研发总部、北京环球友联科技有限公司入驻。盘活闲置工业厂房1.75万平方米。累计注册资金总额8.5亿元，其中注册资金5000万元以上的企业4家，1亿元以上的企业2家，主要涉及科技研发、文化传媒等领域。

（牛栏山镇）

【强基础优服务】 年内，夯实二、三产业基地基础设施，修复供热管线218米，完成牛汇街和腾仁路主干道升级改造共计2.77万平方米，改造路灯135盏。定时走访，搭建政企沟通平台，组织康仁堂、威高、国药等企业参加区营商环境“早餐会”，为企业送服务包，区镇两级共投资6391.3万元用于扶持企业创新发展。重新编制《牛栏山镇投资指南（2019版）》《牛栏山镇政策宣传手册》《牛栏山镇项目推介手册》，进一步夯实服务企业的“软”实力。

（牛栏山镇）

【安全基础设施建设】 年内，新建消防水池、消防取水码头各6处，采购城市消防车6台，安装独立联网火灾报警器1000户，并对17个未拆迁行政村消防通道进行规范化整治，实现微型消防站全覆盖、群发短信智能烟感报警器全覆盖、电动自行车集中充电设施全覆盖。“雪亮工程”投入使用，基本实现治安重点整治村域内的重要路口、学校、公交站等地区全覆盖。

（牛栏山镇）

【生态环境质量持续改进】 年内，推进大气污染防治“一微克”行动，控制区域污染物排放，加强餐饮油烟治理，完成127家餐饮企业及单位食堂升级改造工作。PM2.5累计浓度下降到38微克/米^3。深化河长制工作，采用生物坝过滤、源头封堵、纳管截污等措施，加强入河污染物治理，整治小微水体。再生水厂配套污水管网项目小中河段全部修通，二、三产业基地及沿线污水并入市政管网，实现工业污水零直排。8个村的污水主管网完成建设。

（牛栏山镇）

【精准脱贫脱低深度发力】 年内，牛栏山作为牵头镇，统筹多家单位力量，统筹安排京蒙协作资金4482万元。精准医疗帮助科左中旗癫痫病人来京救治和患尿毒症的贫困户来京完成肾移植及术后康复等。实施24个帮扶项目，成立顺义首家京蒙劳务协作科左中旗驻京服务中心，辐射带动7890名贫困人口受益，助力科左中旗贫困发生率降至0.17%。被内蒙古自治区评为2018年中央定点帮扶、京蒙东西扶贫协作优秀单位。同时，开展本镇低收入户和低收入村的精准识别，改善低收入群众和低保户住房条件，改造翻建危房18户。

（牛栏山镇）

【镇村建设同步发力】 年内，牛栏山镇官志卷村集体土地租赁住房项目、嘉寓节能科技产业园幕墙及光伏清洗机器人项目开工建设。京沈客专三电工程完成地上物腾退，合景天汇广场项目进展顺利。美丽乡村建设稳步推进，完成镇域内17个未拆迁村的《村庄规划编制》。

（牛栏山镇）

【区域环境美化升级】年内，投资1700余万元，全面启动村级景观提升、绿化提升及富密路景观提升改造工程，涉及11个村，共建设停车场8处、口袋公园3家、绿化11600平方米、雨污改造5150米。改造农村公共卫生间27座，农村街坊路路面硬化、维护、修补近10000平方米，对7千米乡村公路进行大修，养护和美化环村路、连村路42千米。

（牛栏山镇）

【人居环境整治】年内，人居环境整治工作位列第二批创建村庄整治效果较好的全市10个典型乡镇之一，综合得分居全区第一。累计拆除私搭乱建29200平方米、清理乱堆乱放881处。超额完成2019年平原造林任务，绿化面积88.04公顷（1320.6亩）。引入专业保洁公司，负责村级保洁工作。通过北京市生活垃圾示范片区创建验收，在全镇范围内建立再生资源交投点30个，取缔再生资源违法经营场所32个，相各庄村建筑垃圾资源化处置厂投入使用，实现“垃圾分类”与“再生资源回收”相结合。

（牛栏山镇）

【区域管理精细化】年内，试点多网融合城市管理网，引入专业队伍，开展常态化巡查，实现上下联动，第一时间发现网格内存在的环境问题及各类安全隐患。试点恒华周边静态停车管理工作并取得良好效果。全面完成疏整促任务，拆除违法建筑14.97万平方米，疏解一般制造业3家，整治占道经营1家，完成留白增绿0.63公顷，规范劳动用工单位22家，新建便民商业网点4家，引入龙盛众望便利店、丰巢智能柜、优果达超市。

（牛栏山镇）

【聚焦群众诉求】年内，“民有所呼，我有所应”，高度重视12345市民服务热线工作，组建“接诉即办”市民服务热线专班，严格执行7×24小时值守制度，构建“专班专人接件受理、群众诉求分类派发、承办科室快速办理、主管领导督促落实、快速有效反馈回复”的闭环工作模式。建立完善考评制度，切实解决好群众身边的烦心事、揪心事。

（牛栏山镇）

【民生事业发展】年内，以民生为重点的社会建设投入不断增加，10个村级卫生室、3个村级文化中心通过竣工验收，完成8个村196户农村户厕改造工程。定期召开各类专项招聘会，年内提供就业岗位2340个。发放城乡无社会保障老年人生活补贴134.66万元，发放重阳节慰问金50.32万元。

（牛栏山镇）

仁和镇

【概况】仁和镇位于顺义新城中心区的主城区组团，与首都国际机场零距离对接，101国道、六环路、地铁M15号线、京平（谷）快速路和京承铁路穿境而过，镇域面积54平方千米，辖行政村23个、社区居委会2个，户籍人口4.1万人。2019年，仁和镇围绕“抓规范、促创新、建机制，克难点、聚焦点、出亮点，补短板、拉长板、固底板”的工作思路，完成各项任务。实现属地财税收入34.9亿元，一般公共预算收入7.2亿元，同比增长10.3%，位于全区各镇第一。全镇三次产业税收比重调整为0.11∶14.32∶85.57，产业结构优化。

（仁和镇）

【国庆保障】年内，参与中华人民共和国成立70周年庆祝活动，抽调409名干部群众参加国庆游行方阵。全镇161个志愿者执勤点位、1650名工作人员参与社会面防控，保障城市运行平稳。

（仁和镇）

【营商环境】年内，建立重点企业定期座谈制度和领导包片“一对一”联系走访重点企业制度。量身定制“服务包”7个，为13家企业申请区级扶持项目，协调解决问题100余个。

（仁和镇）

【发展动能】年内，腾退100余公顷（1500余亩）产业用地陆续上市，新建70多万平方米楼宇资源进行招商。引进企业1300余家，注册资金总额65亿元。北京市上市挂牌企业总部基地仁和分基地揭牌，吸引上市挂牌企业14家。提升产业承载空间，世纪仁和、顺美服装、联东U谷等6个项目全部实现主体封顶，二、三产业基地C5地块上市手续办理完成。镇属企业纳税总额约1.41亿元。

（仁和镇）

【回迁成效】5月，完成平各庄村一期回迁安置房1083套。8月，完成望泉寺村586户民宅、82户公产房回迁安置房1738套。

（仁和镇）

【城市建设】年内，仁和第一医院开工建设。港馨西区一号公建项目实现封顶。仁和热力中心新建供热信息控制管理中心项目开工建设。顺平南辅线沙坨段拆迁工作完成。投资4000余万元，对石门苑、石景苑、农行家属院等老旧小区进行环境提升改造。投资600万元建设的百和公园正式开放。

（仁和镇）

【生态环境】年内，实现PM2.5浓度值45微克/米^3。完成餐饮单位升级改造168家。投资1000余万元进行河南村、米各庄、二三产业基地污水治理工程。新增米各庄、窑坡污水处理站2座。招募236名“小巷管家”参与环境治理。完成河南村、庄头等6个村7千米的村级道路大修工程。实施农村户厕改造437户。造林52.97公顷（794.5亩）。

（仁和镇）

【疏解整治】年内，拆除违法建设24.81万平方米，腾退土地22.76公顷，疏解一般制造业企业4家，依法取缔无证无照商户40户，规范劳动用工企业17家，治理未审批幼儿园3个，开设便民商业网点12家。

（仁和镇）

【安全生产】年内，开展工业企业、有限空间、仓储库房等领域安全隐患排查，累计检查企业1830家次，发现并消除隐患2720余项，荣获“北京市安全生产工作先进单位”。

（仁和镇）

【群众诉求】年内，按照北京市12345群众诉求平台工作要求，组建“接诉即办”工作专班，制定办理流程，建立“每天研判、三天调度、每周回看、月度分析”工作机制，群众诉求响应率达到100%。处理网络舆情79件。利用“街乡吹哨、部门报到”工作机制，围绕转型升级、疏整促、污染防治、拆迁回迁等10余项重点工作，组织“吹哨”571次，解决各类问题1526起。

（仁和镇）

【民生保障】年内，投资1亿元用于各项惠民政策落实。实现城乡劳动力就业人数1822人，农民人均年收入所得超过31000元，同比增长10%。完成临河村转非安置工作，劳动力转非安置1364人，发放一次性就业补助1.4亿元。牵头开展对口帮扶西藏尼木县，帮扶资金808万元，完成帮扶项目17个。河南村温馨家园获评顺义区唯一一家市级“改革示范温馨家园”称号。

（仁和镇）

【文化强镇】年内，镇村开展“五月鲜花”“十月金秋”等文体活动200余场次。投资800万元建立镇级文明实践所（站），25个村（居）实践站挂牌运行。“仁和大讲堂”累计组织活动120场，惠及群众6000人次。

（仁和镇）

【基层党组织建设】年内，23个村换届选举完成，组织开展新一届“两委”干部培训班，提升履职能力。公开招录大学生村居工作者15名，增强基层干部力量。镇村两级党组织开展理论学习268次，平各庄村获得“北京市思想政治工作优秀单位”。

（仁和镇）

【政务效率】年内，完成政务服务事项清单编制工作。每月落实69项政府折子工程和24项重点工程项目挂账督办。落实“三重一大”制度，召开政府办公会17次，审议资金、协议等重大事项800余项。办理各级代表议案、建议和政协委员提案11件，实现办结率和见面率100%。政务公开事项110项，依申请公开33件。

（仁和镇）

天竺镇

【概况】天竺镇位于顺义区西南端，东临顺义区仁和办事处、李桥镇，南与朝阳区隔温榆河相望，西与后沙峪镇、空港街道办事处接壤，北界南法信办事处。辖区总面积13.24平方千米。下辖4个自然村、3个社区居委会、6个拆迁村。户籍人口12943人，流动人口27459人，常住人口40402人，外籍人口210人，有满族、回族、蒙古族等少数民族

650人，其中满族434人。新出生148人，出生率1.14%；死亡40人，死亡率0.3‰。有法人单位1668个，重点企业有中国新华航空集团有限公司、北京首都机场动力能源有限公司等。有医院1所，社区卫生服务中心1个，社区卫生服务站6个；有中学1所，小学1所，幼儿园3所；有养老机构1个。有为民服务大厅2000平方米，地区文化中心1500平方米，文化广场1个，途经辖区公交路线10余条。年内，将筹备和服务保障中华人民共和国成立70周年庆祝活动与“不忘初心、牢记使命”主题教育紧密结合，聚焦“七有”要求和“五性”需求，以打造“天竺国际化社区”为主线，推进“疏整促”专项行动、对口帮扶沽源县、生态污染防治、人居环境整治、“接诉即办”为民服务、营商环境和城市建设管理等重点工作，经济发展质效提升，城市管理日益精细，社会民生持续改善。2019年，完成属地财税收入23.27亿元，同比降低25%；一般公共预算收入4.99亿元，同比增长7.1%。

（天竺镇）

【疏解整治促提升专项行动】年内，拆除违法建设7.86万平方米，完成留白增绿1.53公顷，清理无证照经营9家，新建基本便民商业网点6处，完成整治占道经营、建设基本便民商业网点、规范劳动用工3项区级任务。获评北京市“疏解整治促提升”专项行动先进集体。

（天竺镇）

【对口帮扶沽源县】年内，统筹协调8个镇、1个街道和7家国有企业，引导9家企业到沽源开展产业帮扶。建设消费扶贫特色基地9个，特色专柜28个，采购沽源农产品6078万元。动员社会各界向沽源县捐款331万元，捐物折款71万元。通过扶贫网捐赠539次，捐款金额4.34万元；转移贫困人口来京就业1159人，帮助贫困人口省内就近就业1万余人。2019年，天竺镇荣获北京市扶贫协作组织工作奖。

（天竺镇）

【生态污染防治】年内，完成PM2.5及TSP大气粗颗粒物监测站建设。细化工地、道路、裸地扬尘控制措施，全年降尘量为每月6.5吨/千米^2，动态完成市级任务指标。推进挥发性有机物减排，完成餐饮单位升级改造75家。PM2.5年均浓度下降到42微克/米^3。污水处理率达100%，1个市级考核断面和5个区级考核断面达标。区级第三方检查及镇村级河长巡河发现问题整改率均达到100%。完成小王辛庄村、二十里堡村、杨二营村污水改造及一线沟、二线沟污水整治工作。开展“清河行动”“清四乱”行动，清运垃圾渣土450立方米。小微水体上账15处，整治率100%。开展“清管行动”，清理雨水和雨污合流管线29千米、沟渠189千米，清理垃圾、淤泥等污染物1792吨。

（天竺镇）

【城乡环境建设】年内，利用机场航线下方13.33公顷闲置地块，与首都机场、北大资源集团探索“建管营”新模式，打造第一国门优美第五立面。完成府前一街西延、小天竺一街和南竺园市场南侧原轻轨项目部占地环境综合整治工程。楼台、二十里堡、杨二营、小王辛庄4个村的《美丽乡村规划》编制完成并通过初审。楼台美丽乡村建设全面实施，农村污水处理和居民饮用水改善工程完工。治理乱贴乱挂、乱堆乱放2100余处，拆除私搭乱建350余处2400余平方米。天竺镇4个自然村均通过市级人居环境验收。完成新一轮百万亩造林任务16.25公顷。规范“小巷管家”队伍，施行“每日巡、经常访、实时报、及时记”的制度。

（天竺镇）

【“接诉即办”为民服务】年内，综合执法管理平台及执法基础资源库上线运行，通过网格巡查等多种渠道共采集和处置各类城市案件1.25万件。建立“接诉即办”“五步走”群众诉求闭环处置机制，2019年天竺镇接收处置12345便民电话2179件，在全市333个街乡镇综合排名第4位，得到BTV新闻频道、《北京日报》等官方主流媒体关注报道。

（天竺镇）

【营商环境落实】年内，组织“营商环境早餐会航空企业专场”“营商环境早餐会中小企业专场”“新三板企业座谈会”等政企互动活动，听取企业诉求，制定个性化服务包，按月跟进服务措施落实。推进各业务科室、职能部门与企业的沟通联系，帮助协调解决各类问题。为松·美术馆成功申报区文化产业专项扶持资金51万元。为11名高管人员申报“梧桐工程”高层次人才认定，并进入初审阶段。企业人才共有产权房配租72套，3户家庭入住公租房，7户家庭取得公租房资格。

（天竺镇）

【地区经济发展】年内，引进企业156家，注册资金27.73亿元，其中注册资金3000万元以上项目17家，引进北京中联德盛置业、北京慧腾九洲建设工程、北京龙浩机场规划设计研究集团等投资规模亿元以上项目8个。重点产业项目北大资源双创园天竺园区入选顺义区老旧厂房改造试点项目。万宝航汽车文化展示中心正式营业。慈铭体检体验中心总部房屋产权登记手续办理中。SKY创园空间获评北京市众创空间。

（天竺镇）

【顺义国际人才社区建设】年内，天竺国际化社区建设拉开序幕，推进68项折子工程。天竺卫生院门诊楼改造、医耗联动综合改革、涉外护士配备等工作按计划完成。以罗红摄影艺术灯箱和景观小品为重点，设立双语引导牌；委托专业机构开展“国际化社区”视觉标识设计，在机场高速杨林收费站出口建设标识柱，在天柱东路、天北路等主要道路周边竖立宣传广告牌、悬挂道旗，向往来天竺的各界人士宣传“国际人才社区”理念。举办“2019第二届天竺杯国际人才社区MINI马拉松挑战赛”“天竺国际化社区文化节”“全民健身月”活动，吸引周边外籍人士参与文化交流，搭建国际友谊桥梁。

（天竺镇）

【城市建设管理】年内，“智慧天竺”信息化项目整体升级，安全防护系统二期建设启动。正式上线运营“一网通办”项目建设，上线综合执法管理平台及执法基础资源库，支撑地区“街乡吹哨、部门报到”“两吹、两不吹”“区镇街三级联动”的执行。府前二街水电气暖、污水处理等市政基础设施工程启动实施。全长10千米的环镇域国际化彩色健身步道修建完成。格拉斯路、府前一街等道路修建工程完工。投资4000余万元，新建占地1.5万平方米的集办公、训练、执勤、生活、管理功能为一体镇级消防站，提升机场周边地区突发事件应急处置能力。新建电动自行车集中充电设施230处充电插口1140个，实现地区集中充电设施全覆盖。投入50余万元为南竺园社区、小王辛庄村安装智能火灾感烟探测器1500个。国际安全社区建设通过现场认证。

（天竺镇）

【就业和社会保障】年内，举办9场招聘会，吸引112家企业参与，730余人与企业达成用工意向。举办劳务协作培训班4期，帮助12764名贫困人口实现就业。完成全年城乡劳动力就业566人，城乡就业困难人员393人。为241名农民工追回工资269万元。天竺镇有1.9万人享受全家福保险。免费为32名特扶家庭老人投保意外伤害险，为567户独生子女家庭参保安康险。

（天竺镇）

【社会事业发展】年内，改善文教体卫事业发展条件，出资45万元为幼儿提供伙食补助；投入900余万元完成中小学校园消防改造工程、天竺一小变配电室改造工程，天竺二小、裕达隆小学校园新风洁净系统安装工程，实现5所校园新风全覆盖。举办第二届天竺八喜杯青少年足球邀请赛，与国际学校合作融洽。着重医疗卫生事业基础设施建设，投资260余万元完成天竺卫生院消防改造工程，投资210万元完成天竺卫生院门诊楼装修工程，投入55万元补贴重点人群体检以及免费康复项目。新增体育运动场地面积1.5万平方米。

（天竺镇）

【村委会换届选举】年内，天竺镇第十一届村委会换届选举工作完成，10个村村委会换届选举任务实现“一次选举、一次成功”的目标。登记选举村民15169人，参加正式选举投票的村民有15045人，参选率99.2%。产生村委会主任10名，副主任2名，委员27名，其中妇女专职委员9名。实现村党支部书记、村委会主任“一肩挑”100%；“两委”交叉任职率为88.2%。推选村民小组长48人，村民代表434名，其中，男性274人、女性160人；党员代表227人，占比52.3%，同比提高10.5%；妇女代表160人，占比36.9%，同比提高1.9%。

（天竺镇）

杨 镇

【概况】杨镇位于顺义区潮白河以东，是顺义东部九镇中心，镇域面积96平方千米，下辖42个行政村和4个居委会；顺平路、白马路、木燕路纵贯杨镇区域。2019年，杨镇紧紧团结依靠全镇人民，坚持把中华人民共和国成立70周年庆祝活动作为统领各项工作的纲，着力提高“四个服务”水平，坚决打好“三大攻坚战”，认真抓好“三件大事”，立足承接中心城区适宜功能疏解的新市镇功能定位，深入践行高质量发展要求，真抓实干推动高质量发展，多措并举增进民生福祉，各项工作取得良好成效，全镇经济社会保持良好发展态势。

（杨镇）

【3家“妇”字号基地获评北京市农村妇女“双学双比”示范称号】年内，杨镇镇域内北京匏艺轩文化艺术产业有限公司、北京圣大领业文化艺术传媒有限责任公司、李春艳民俗旅游户，3家“妇”字号基地分别获评北京市农村妇女“双学双比”示范基地及巾帼旅游示范户称号。

（杨镇）

【建筑垃圾资源化处理场投入使用】年内，杨镇建筑垃圾资源化处理场位于破罗口村，占地面积53200平方米，项目总投入510万元，主要负责集中消纳杨镇地区产生的建筑垃圾，日处理量可达3000吨。处理厂通过人工分拣、机选分离等程序，将腐殖土、房渣土与废砖瓦、废水泥块分离，分离筛分后的还原土可直接用于绿化回填；废砖瓦、水泥块经过破碎筛分后变成混合再生骨料进行销售，全程洒水降尘，既解决建筑垃圾处置、消纳问题，又实现建筑资源的回收再生循环利用。

（杨镇）

【新建、改扩建4所学校】年内，杨镇中心幼儿园位于杨镇中心区，建设12个班，学位360个，项目取得区发改委《项目建议书》（代可行性研究报告）、初步设计概算批复；杨镇中心幼儿园小店分园改扩建工程位于杨镇辛庄子村，建设9个班，学位270个，项目取得区发改委《项目建议书》《可行性研究报告》和初步设计概算批复；杨镇第三幼儿园沙岭分园新建工程位于沙岭村顺平路与青年路交会处，建设12个班，学位360个，项目取得区发改委《项目建议书》《可行性研究报告》和初步设计概算批复；杨镇沙岭学校新建工程，取得区教委建设规模批复，完成项目钉桩，正在征求区规自分局多规合一初审意见，优化设计方案，编制项目建议书。

（杨镇）

【派出所党员社区民警兼任村居党支部副书记】年内，杨镇党委探索新形势下警社联动、警民沟通新渠道，加强形成共建共治共享的村（社区）治理新模式，助力构建自治法治德治相融合的基层善治新体系，选派杨镇派出所党支部21名党员社区民警分别兼任部分村（社区）党支部副书记，主要承担党建、治安管理、服务群众、矛盾纠纷化解等职责任务。社区党员民警在村（社区）党组织中任职实现派出所与村（社区）信息共享、部门联动、组队协作。

（杨镇）

【下营村与顺鑫控股集团签订《帮扶合作框架协议》】4月4日，《北京顺鑫控股集团有限公司与杨镇下营村帮扶工作框架协议》签约仪式在杨镇政府举行。顺鑫控股集团党组副书记、经理李颖林，顺鑫控股集团党委委员、副经理张松涛等以及杨镇地区党委副书记、镇长何长华，副镇长张玉刚，下营村党支部书记赵继春等“两委”班子成员参加签约仪式。签约仪式上，杨镇下营村党支部书记赵继春进行表态发言；顺鑫控股集团党组副书记李颖林表示将加快推进协议履行，根据下营村资源条件规划落地产业项目、环境建设项目；镇长何长华代表镇党委、政府向顺鑫控股集团表示衷心的感谢，镇、村将加大工作力度，迅速推进前期各项准备工作，抓紧实现项目落地，让村民早日见到帮扶成效。

（杨镇）

【“忆满京城 情思华夏《草原恋歌》——清明节专场公益演出”活动】4月10日，杨镇开展“忆满京城 情思华夏《草原恋歌》——清明节专场公益演出”活动，特邀北京红牡丹艺术团在杨镇一中大礼堂为大家献上一场听觉盛宴。演出在《下马酒之歌》

优美旋律中拉开序幕。《站在草原望北京》《呼伦贝尔大草原》《美丽的草原我的家》等赞美草原、赞美梦想的歌曲向观众展示内蒙古民族淳朴的民风和新时代豪迈的风采。伊拉图马头琴演奏的《万马奔腾》《圣山》把演出推向高潮。

（杨镇）

【“古镇·国韵”诗词艺术节】5月21日，杨镇第二届“古镇·国韵”诗词艺术节举办，区委宣传部副部长刘金燕等领导出席，活动还特别邀请到北京大学中文系教授柳春蕊，北京广播电台培训中心的播音主持专家冉迪，中国著名配音演员、配音导演、小说演播家张震作为本次诗词趣味竞赛的专家评委。活动以“表演+趣味竞赛+诗词意境点评”的形式，展现诗词之美，带领观众领会中华诗词文化精髓。

（杨镇）

【“党建促发展，村企一助一，警民心连心”活动对接会】6月11日，杨镇党委召开“党建促发展，村企一助一，警民心连心”活动对接会。区委组织部干部董贺、北京城市学院校长刘林、副校长蔡派、镇党委书记李莉、镇长何长华及相关班子成员、37家“一助一”企业单位领导、46个村和社区党支部书记、第一书记、“两委”干部和担任村党支部副书记的部分民警参加会议。党委副书记杨吉印介绍“党建促发展，村企一助一”工作的整体安排。杨镇派出所所长李振宣读《杨镇派出所党员社区民警兼任村（社区）党支部副书记的决定》。三家“一助一”单位代表与高各庄、下营等村代表签订《对接帮扶框架协议》。

（杨镇）

【“我和我的祖国”庆祝中国共产党成立98周年暨“五月的鲜花”文艺汇演】6月27日，文艺汇演在舞蹈《我和我的祖国》中拉开序幕。歌曲《共筑中国梦》、舞蹈《信天游永唱中国梦》唱出新生活的美好、舞出新时代的风采，歌曲《英雄赞歌》《我爱你中国》表达对英雄的赞扬、对祖国的赞美。

（杨镇）

【杨镇政府、临空经济核心区共同举办大型招工招聘洽谈会】7月4日，由杨镇政府、临空经济核心区共同举办的两地手拉手大型招工招聘洽谈会在杨镇大市场举行。此次招聘会共有北广科技、西铁城等43家企业参加，共提供工程师、会计等1350余个岗位。900余名求职者到场，其中435人与企业达成初步就业意向。镇总工会联合北京银行工作人员在现场，向企业和职工宣传工会的相关政策知识。

（杨镇）

【杨镇棚改工作正式启动】7月19日，杨镇棚改工作动员会召开，杨镇棚改项目拆迁工作正式启动。8月10日，AB片区民宅预签约启动；8月16日，《拆迁公告》发布、正式签约工作启动；9月14日，民宅签约、房屋拆除等工作完成。10月4日，CD片区民宅拆迁启动大会召开；10月6日，入户评估启动；11月11日，预签约启动；11月20日，《拆迁公告》发布、正式签约工作启动；12月19日，民宅签约、房屋拆除等工作完成。在拆迁过程中，杨镇坚持将党建引领、公平公正、以人为本、正风肃纪贯穿工作始终，东庄户村、老庄户村、二郎庙村、一街村、二街村、三街村361名党员签订《承诺书》。截至年底，6个村2700余户住宅拆迁工作基本完成，创造完成全区体量最大民宅拆迁任务、14分钟内老庄户100%签约、全市棚改结算放款速度最快等多个第一。

（杨镇）

【区医保局与杨镇汉石桥村进行“一助一”对接】7月22日，区医保局局长赵靖宇带队，与汉石桥村进行“一助一”对接。区医保局领导班子成员、镇党委书记李莉、镇长何长华、人大主席李琮明、党委副书记杨吉印、副镇长张富增共同参加对接会。会上，赵靖宇简要介绍医保局的相关情况，汉石桥村党支部书记殷振义介绍汉石桥村的主要情况。李莉感谢区医保局大力支持，希望在今后的工作中双方继续加强村级共建、党建共建，资源共享，为汉石桥村的整体发展贡献力量。同时也希望区医保局对杨镇正在进行的棚改工作予以大力支持。

（杨镇）

【“奋斗新时代　展望新市镇”杨镇百姓宣讲活动】8月22日，杨镇“奋斗新时代 展望新市镇”百姓宣讲团走进顺义区第二医院，用百姓喜欢听的故事，展现杨镇人民积极向上、无私奉献的精神风貌。宣讲员们以百姓视角讲述真实故事，用朴素的语言、鲜活的情节为观众展现杨镇人民在新市镇建设进程中扎根基层、立足岗位、追梦筑梦的感人事迹。

（杨镇）

【见义勇为英雄孙学志获“第十二届首都见义勇为好市民”荣誉称号】本届首都见义勇为好市民评选活动评选范围是2016—2018年，杨镇东焦各庄村村民孙学志获“第十二届首都见义勇为好市民”荣誉称号，以表彰其在2016年1月2日挽救落水孩童的英勇事迹。

（杨镇）

【杨镇政府与河北省沽源县五道沟村签订《对口帮扶框架协议》】年内，杨镇新增1个结对帮扶村——河北省沽源县小厂镇五道沟村。8月15日，经镇党委研究决定，镇政府与五道沟村签订《对口帮扶框架协议书》。杨镇根据五道沟村实际情况，进一步实行“五个一”帮扶模式，即走访调研一次，慰问看望特困户一次，提供一次技术指导、致富信息服务，共同商讨实施一个增收致富项目，解决一件民生实事。

（杨镇）

【36个村全部推行垃圾入户收集工作】年内，除6个棚改村外，其余36个村均实现垃圾入户收集、集中清运。杨镇采取两步走：一是汉石桥、田家营、东疃等17个村在4月作为第一批试点，推动垃圾入户收集，先后拆除200余个露天垃圾池和垃圾堆放点，购置70辆入户收集电动车、800个垃圾分类桶。工作中注意总结经验，完善措施，为下一阶段工作开展奠定基础。二是井上、荆坨、侉子营等19个村作为第二批，在9月全部实现垃圾入户收集，拆除300余个露天垃圾池和垃圾堆放点，新购置30辆入户收集电动车。

（杨镇）

【374户农村户厕改造完成】此次改厕共涉及26个村374户，10月16日—11月5日，历时21天100%完成目标任务，改造完成后全镇达标率达96%。

（杨镇）

【68.33公顷平原造林任务全部完成】年内，经过统筹规划、多方协调、倒排工期，杨镇严把苗木质量，并对特殊地块存在的问题逐一分析解决，完成2019年68.33公顷（1025亩）造林任务。

（杨镇）

【村（社区）“两委”换届选举完成】杨镇党委周密制定换届选举方案，落实包村制度，在入户走访全覆盖、摸排选情全掌握的基础上，对各村存在的问题进行分类总结，制定“一村一策”；先后开展换届流程培训12次，每次选前必做模拟演练，确保换届工作步骤不增减、各环节规范严谨。最终实现46个村（社区）“两委”换届选举一次性成功，并迅速组织新一届“两委”干部223人参加任职培训，全面提升村、社区“两委”综合素质和履职能力。

（杨镇）

【新中国成立70周年服务保障】在中华人民共和国成立70周年之际，杨镇选派52人参加群众游行方队，同时全镇干部职工坚守工作岗位，各村（社区）党支部发挥战斗堡垒作用，党员志愿者立身为旗，镇党委、政府坚持每日调度、一线督导，各部门、各村居密切配合，协调联动，累计出动群防群治力量12040人次，完成中华人民共和国成立70周年庆祝活动，确保城市运行平稳有序、社会大局安全稳定。

（杨镇）

【市民热线办理力度持续加强】年内，杨镇成立10名专职人员组成的市民热线专班，制定完善《关于进一步加强杨镇市民热线工作的意见》，强化“三次和四级反馈”制度，主管副职领导每天召开专题调度会，党政主要领导每周至少召开专题调度2次，主管副职、包村干部下沉一线、入户见面，跟踪解决问题。加大惩戒考核力度，对解决率、满意率后位部门负责人和村（社区）书记逐个约谈，纳入日常考核，与年底评优、奖金发放、干部任用挂钩。

（杨镇）

【杨镇低收入户全部脱低】年内，杨镇通过产业帮扶、就业帮扶等途径，帮助镇域内1074户低收入户实现100%脱低。同时与顺鑫控股、区供销社合作，下营村和荆坨村均建成特色农业产业基地，村集体经济持续壮大，全镇42个村实现村企“一助一”全覆盖，全部签订《对接帮扶框架协议》。

（杨镇）

【“疏整促”10项指标超额完成】年内，杨镇共承担“疏整促”任务指标10项，包括拆除违法建设20.01万平方米、留白增绿11.63公顷等，截至年底，10项“疏整促”任务全部完成，其中疏解一般制造业5家，完成率167%；妥善关停未经审批幼儿园7家，占比全区35%。

（杨镇）

【杨镇PM2.5浓度创历史最优】年内，杨镇着力加大小微站点周边巡查管控，不定期抽查餐饮企业油烟净化器加装和使用情况，累计清理整治散乱污企业14家，持续加强对过境大货车和重型柴油车尾气排放等重点领域的检查力度。通过综合施策，1—12月，杨镇PM2.5实际浓度为41微克/米^3，同比下降27%，全区排名第18，同比上升10位，尤其12月份排名全区第一，创历史最优。

（杨镇）

【区看守所拘留所征地转非历史遗留问题解决】顺义区看守所拘留所工程是顺义区2013年重点工程，工程征用杨镇破罗口村集体土地11.6141公顷，需转非安置该村27名农业人口，但因批复手续、资金等问题导致转非工作一直未启动。2019年，杨镇先后组织3轮调研座谈，在充分征求村民意见、集体讨论、党委会审议通过后，重新启动破罗口村征地转非安置工作。经过周密组织，10月23日，破罗口村通过抓阄方式，产生25名转非安置人员（2名一般人员放弃），其中劳动力15名，超转人员10名。至此，区看守所拘留所工程征地转非历史遗留问题得到解决。

（杨镇）

张 镇

【概况】张镇位于顺义区东北部，辖区总面积53.45平方千米，下辖29个村委会，2个社区居委会。年内，有户籍户数11430户、户籍人口24797人（其中农业户籍人口14018人），其中，常住人口23298人，流动人口1521人。有医院1所，社区卫生服务中心1个、社区卫生服务站8个。有中学1所，小学1所，公办幼儿园1所，村办幼儿园1所。有养老机构2个。途经辖区公交线路9条。2019年，实现属地税收9000万元，一般公共预算收入2357万元；农户人均所得25087元，同比增长8%。

（张镇）

【冰雪运动】1月8日，顺义区第二届中小学冬季冰雪嘉年华活动闭幕，本次冰雪嘉年华活动历时两天，在雪上项目和冰上项目的各项比赛中，张镇中学的学生们夺得双板平地滑行赛初中男子组第一名、初中女子组第一名，雪地拔河初中男子组第二名、初中女子组第五名，双板坡道直滑计时赛初中男子组第三名、初中女子组第三名的优异成绩，团体总分位列本届冰雪嘉年华初中组团体总分第一名。年内，张镇小学入选全国青少年校园冰雪运动特色学校，张镇小学优秀毕业生边浩东入选中国国家高山滑雪队，进入国家高山滑雪队双板组，并随国家队到奥地利进行高山滑雪训练。

（张镇）

【灶王文化节】1月28日，第三届北京·顺义张镇灶王文化节在张镇莲花山滑雪场开幕，此次文化节为期4天，以“福满京城·春贺神州”为主题，通过“张镇主会场+胜利街道分会场”的方式，推出首届民俗文化发展论坛、灶君故里过大年、灶王动画宣传片大赛、灶王文化研究院系列沙龙等活动。

（张镇）

【无名河循环净化处理站正式运行】9月11日，张镇无名河循环净化处理站正式运行。无名河循环净化处理站位于张各庄村，厂区占地面积1881平方米，处理规模为5000米^3/天，建设内容包括原水提升泵站1座、生物过滤池1座、沉淀储泥池1座、地下设备间1座、再生水提升泵站1座、河水处理机1台、再生水提升潜水泵3台、配电室1座、监控站1座、水质监测站2座，铺设循环管线3590米。上游来水经处理后，通过埋地输水管道再次提升至上游，让水循环起来形成流动水面，进一步提升河道水质。

（张镇）

【劳动就业】11月14日，张镇社保所组织开展“金秋送岗位，就业暖人心”2019年金秋招聘月专场招聘会。此次招聘会有12家企业参加，提供151个岗位，吸引150余人参加，现场达成初步求职意向36人。招聘会还特设政策法规咨询窗口，向前来招聘的企业讲解如何构建“和谐劳动关系”，并重点对求职者的保险、工资和劳动合同等问题进行宣传和解释。本次活动累计向劳动者发放《中华人民共和国劳动法》《中华人民共和国劳动合同法》《社会保险缴纳》等相关劳动法规政策材料50余份，为退役军人、低收入农户等群众搭建就业、创业的平台。年内，做好退役军人服务保障工作，成立镇、村两级退役军人服务站，推进部分退役军人保险补缴工作。完成城乡劳动力就业438人，城乡就业困难人员就业354人，实现创业21人，创业带动就业85人，均超额完成年度工作指标。

（张镇）

【张镇聂庄村幸福晚年驿站正式运营】12月3日，张镇聂庄村幸福晚年驿站正式运营。聂庄村幸福晚年驿站位于张镇聂庄村二街9号村委会后院，房屋440平方米，南侧为老年食堂，西侧是厨房、储物间和男女卫生间，北侧为老年活动室和日间托管房间，托管房间配有8张可调节床，设有日间照料室、文娱活动室、健康检测室，并有全日助餐，服务于镇域内60岁以上老人。聂庄村幸福晚年驿站聘请第三方服务公司代为运营，由村委会监管，除为老年人提供一日三餐和日间托管外，还提供各项娱乐设施，定期理发、修脚、理疗等服务。此外，还设有健康检测室，可以为老人测血压、血氧、血糖，有效帮助老人监控慢性病，随时检查身体指标是否正常。

（张镇）

【基层党建】年内，坚持严格程序、依法合规，完成村和社区“两委”换届选举工作，除机关下派干部担任党支部书记的6个村外，100%实现“一肩挑”。丰富党建活动载体，将“双报到”“月末清洁日”等活动与安全生产、环境保护、人居环境整治等重点工作相结合，全年累计开展“月末清洁日”活动12次，引导在职党员积极参与社会治理，不断促进支部、党员作用发挥，有效推动全镇各项重点工作落实。开展升国旗、走访慰问等系列活动，春节、“七一”期间累计走访慰问党员363人次，发放款物43万余元。构建党建工作新格局，与北京城市学院艺术工美党支部开展“1+3”党建合作共建，实现校镇组织联动、优势互补、共同提升。永强建筑公司党群服务中心、港西村党群服务站获评区级党群活动服务站点。

（张镇）

【“意识形态”工作】年内，用好“学习强国”学习平台，着眼全员参与、全面覆盖，将学习情况纳入贯彻落实意识形态工作责任制。围绕重大主题和中心工作开展宣传，微信平台推送信息105期610条，镇报印发9期4.5万份，被市区级媒体报道294条。通过“政策宣讲大篷车”，走进企业、学校、村、社区，就安全、环保、计生等政策进行宣讲20场。“镇级宣讲团”就重大创新成果、市区重点工作、重要决策部署进行宣讲解读，完成巡回宣讲6场。举办“灶王花会杯、二月新春、五月鲜花、广场舞大赛”等群众文化活动，开展“星火工程”62场、播放数字电影760部。持续开展“疏解整治促提升 文明城市我先行”等系列实践活动。北营村朝阳庵乡情村史馆建设完成。

（张镇）

【营商环境】年内，全面贯彻优化营商环境“京136条”及“9+N”2.0版系列政策，在行政服务大厅设置综合行政服务中心，对全镇31个村（社区）政务服务站进行统一管理，不断优化政务服务工作流程。全年完成实体注册手续7家，楼宇注册手续41家，注册资金3.35亿元。浅山慧谷项目投入使用，总建筑面积4.08万平方米，可用于发展新一代信息技术、人工智能等领域。支持汉飞航空发动机核心部件工程技术研究院、智能化生产基地建设，协助安装生产车间变压器1座，5条智能生产线进入组装调试阶段。

（张镇）

【文教事业】年内，张镇中学中考高中上线率95%，重点高中上线率50%，获初中教学成长优秀集体奖，初中教学成绩优秀集体奖，英才教育优秀集体奖，所有学科均获中考优胜奖。张镇小学扬长教育形成品牌，多次举办国家、市区现场交流会，教师获国家、市区奖项50余项，学生荣获160项，获顺义区教育系统先进集体。张镇中心幼儿园社会领域PCK研究成果——基于领域教学知识的学前培训及效能研究在京津冀协同发展合作交流会、北京教育学院“青蓝”计划优秀中青年园长班和全区幼教系统分享推广。“小不点儿花会队”代表顺义区社区教育中心参加中日韩社区教育研讨会，现场表现获得嘉宾一致好评，在区民间花会大赛暨京津冀三地民间花会交流展演活动中荣获金奖，并参加顺义区在线春晚演出。

（张镇）

【文旅产业】年内，良山珐琅厂提升改造工程竣工并正式对外开放，将打造成为张镇首个AA级景区，大力发扬和传承传统工艺。莲花山滑雪场新增1900平方米室内滑冰场，成为全市唯一同时具有滑冰、滑雪项目的运动休闲场所。由50名小学生组成的张镇莲花山少年滑雪队、滑冰队正式成立，依托莲花山滑雪场等镇内资源，第三届灶王文化节、“助力冬奥”冰雪公益体验课、冰雪温泉欢乐季开幕式等活动举办，张镇被评为2019年北京市体育特色乡镇。

（张镇）

【美丽乡村建设】年内，17个《村庄规划》编制工作正式启动，其中西营、前王会、行宫等8个村的《规划编制》和《实施方案》通过区级联审，正在编制成果文本；赵各庄、张各庄、聂庄等9个村通过村民代表会，完成镇级初审工作。西营村绿色村庄创建工作收官。留白增绿园林绿化1.94公顷及农田0.58公顷的栽植、验收、销账工作提前完成，2019年度平原造林123.26公顷（1848.9亩）的栽种任务超额完成。港西建筑垃圾资源化处置场配套工程按时完工。2019年度人居环境整治工作基本完成，其中12月考核验收成绩在全区名列前茅。强力推进违法建设拆除工作，累计拆除12.4万平方米，销账12.37万平方米。

（张镇）

【大气污染防治攻坚战】年内，张镇PM2.5浓度指标为低于49微克/米^3，2019年张镇PM2.5累计浓度为41微克/米^3；张镇降尘量指标为6.5吨/(千米^2•月)2019年张镇累计降尘量为6.3吨/（千米^2•月），均超额完成年度指标任务。张镇台账内生产加工类企业及水泥构件厂共有60家，均已安装除尘净化设备；餐饮企业共有30家，均已安装油烟净化设备，并检测合格。国庆70周年活动保障和重污染期间联合检查及夜查36次，检查企、事业单位共计164家次，发现问题316处，立即整改232处，限期整改84处；对镇域内4890平方米裸露土地进行苫盖；每日洒水降尘136吨，切实达到“削峰”目标。

（张镇）

【重大活动服务保障】年内，全镇近2000人参与中华人民共和国成立70周年庆祝活动服务保障工作，相继完成党的十九届四中全会、第二届“一带一路”国际合作高峰论坛、世界园艺博览会、亚洲文明对话大会等一系列重大活动服务保障工作。选派精干力量50人参加国庆70周年群众游行“区域协调”方阵，10人参加广场南侧观礼活动，历经多次训练和3次模拟演练，群众方阵、群众观礼、环境质量、安全稳定等活动服务保障任务高质量完成。

（张镇）

【“河长制”工作】年内，张镇小微水体整治专项小组成立，研究制定并完善《顺义区张镇2019年河长制工作实施方案》等7项河长制工作制度。全年督导29名村级河长和60名镇村两级河道巡查员巡查6128次，累计发现整改各类问题228处，整治、验收、销账24处（涉及13个村）小微水体。本年度11个村分批次启动农村污水治理工程，其中张镇再生水厂进入设备安装阶段，港西村污水处理站建成并投入使用，成为顺义区首个实现独立建站的村庄。全镇水生态环境质量明显提高，无名河、金鸡河、东一干渠及冉家河基本实现“五无”目标，无名河西双营断面，金鸡河圪塔头断面两处市级考核断面水质稳定达到地表水Ⅴ类水标准。

（张镇）

【基础设施建设】年内，实施12个村18条共计1.09千米的连村路建设工程，完成北营路、大故现路、浅山东路全长1.88千米的道路大修工作。持续推进照明工程，完成1192盏次的路灯主体及线路维修工作，为12个村累计新装274盏连村路灯。完成110千伏张镇变电站10千伏煤改电配套送出工程，解决20个村约9000户煤改电设备负荷接入问题。张镇BOT再生水厂市政配套工程进展顺利。

（张镇）

【社会救助】年内，开展社会救助专项整治工作，认真落实各类社会救助政策，完成城乡社救对象医疗救助381人次，开展困难家庭子女教育救助34人，镇级临时救助6户，发放取暖补贴177户，慈善救助困难群众184人，发放残疾人两项补贴1313人次，发放精神障碍看护补贴373人次，累计发放各类救助金、补贴153.87万元。

（张镇）

【民生保障】年内，为低保、优抚建房户进行危房改造51户，完成90户家庭的公租房申请、补贴办理、信息变更业务。张镇张各庄村集体土地租赁住房项目开工建设，项目位于张镇镇中心东侧，北至浅香南街、南至张良路、西至现状企业、东至现状居民小区，项目总建筑面积12.6万平方米，其中地上建筑面积7.8万平方米。

（张镇）

【精准扶贫】年内，加强对镇域内脱低户的持续监控、后期跟踪，实现低保、低收入、特困人员“一户一档”。推进低保、低收入综合试点改革，进一步简化低保、低收入户审批流程，切实维护困难群众基本权益。将宫廷油鸡产业示范园引入对口帮扶单位河北省张家口市万全区万全镇上田庄村，项目投资700万元，占地13.33公顷（200亩），建筑总面积4110平方米，建设鸡舍40栋，养殖规模20000只。项目完成总施工进度的80%。

（张镇）

【“平安张镇”建设】年内，张镇消防站建成并投入使用，在全镇31个村（社区）累计建设完成22个消防水池，23个消防水鹤以及35个集中充电车棚、404个充电桩，为全镇220户鳏寡孤独、低保家庭安装可群发短信功能的烟感报警器。紧紧围绕“市级安全社区”建设工作，累计检查生产经营单位2537家次，发现隐患3906处，下达责令改正通知书1031份，整改率100%。张镇安全生产检查队参加顺义区有限空间作业大比武活动，荣获团体（应急组）第一名和优秀组织奖。

（张镇）

【“接诉即办”】年内，打通服务民生“最后一公里”，对全镇29个村、2个社区逐个“把脉会诊”，抓住问题易发、多发的重点领域和关键环节，积极回应群众呼声，制定实施《张镇市民服务热线反映问题“接诉即办”工作实施方案》，建立张镇市民服务热线办理“七日工作法”，成立便民电话工作领导小组，设立工作专班。全年接收便民电话单共计3433件，响应率为100%，“接诉即办”年度综合考评成绩在全区25个街镇中位列第12，19个乡镇中位列第6。其中，2019年5月综合排名在全市位列第8，在全区位列第4。

（张镇）

赵全营镇

【概况】年内，赵全营镇坚持以习近平新时代中国特色社会主义思想为指导，围绕中华人民共和国成立70周年服务保障工作这一主线，打赢“三大攻坚战”、抓好“三件大事”等中心任务，坚持突出重点，突破难点，凝心聚力，开拓创新，完成镇十七届人民代表大会第六次会议确定的年度目标任务。完成属地税收17.6亿元，排名全区第7；一般公共预算收入3.64亿元，排名全区第5；农民人均所得2.9万元，同比增长10%。

（赵全营镇）

【北京汽车集团越野车有限公司成立】1月2日，北京汽车集团越野车有限公司成立大会在北汽集团越野车生产基地举行，原北汽集团越野车分公司正式升级为研发、采购、制造、营销等融为一体的独立运作的汽车公司。市经济和信息化局副巡视员姜广智，区委书记高朋，区委副书记、区长孙军民，区委常委、副区长支现伟，北汽集团党委书记、董事长徐和谊参加。

与会领导共同为北京汽车集团越野车有限公司揭牌。

（赵全营镇）

【北郎中村第一届迎春花展】1月25日，北郎中村第一届迎春花展在北郎中村花木中心举办，花展以“繁花迎春·盛世中华”为主题，以郁金香等球根花卉为主体，与祥云、龙凤等有中国特色的形状及多种园艺造型相结合。花卉展览面积17000平方米，共设4个展区，涵盖郁金香、风信子等球根花卉70余万株近100个品种。

（赵全营镇）

【“赵全营杯”民间花会大赛】2月19日，第十七届“赵全营杯”民间花会大赛暨京津冀三地民间花会展演活动在赵全营镇举行。参赛队伍由全区300多支花会队伍中选拔出的25支优胜队及来自北京东城区非遗群英同乐小车圣会、天津杠箱老会、河北省吴桥仰山开路圣会组成，涵盖舞龙、舞狮、抖空竹、高跷秧歌、跑旱船、中幡、小车会等10余种花会类型。“台湾高雄喜乐土风舞蹈社”“台北陈氏太极拳协会”代表队具有台湾韵味，促进顺义区与台湾地区多领域的文化交流与合作，充分体现两岸文化同根同源、两岸一家亲的理念，也为顺义区“赵全营杯”民间花会大赛增添新的色彩。

（赵全营镇）

【副总理胡春华莅临“中国农民丰收节”】9月22日，2019年第二届“中国农民丰收节”在顺义区赵全营镇开幕。国务院副总理、农业农村部、北京市顺义区相关领导出席并参加活动。开幕式上，相关领导为全国十佳农民颁奖。本届丰收节自9月23日持续至10月7日，为期15天。活动以“礼赞丰收·致敬农民·祝福祖国”为主题，设立南区种植区及北区主会场2个主要活动区域，可展示面积约53.33公顷（800亩），包含农机耕作文化展示、北京农业科技成就展示、千企万品助增收、丰收集市、“百草园”观赏区、电商展区、农事采摘体验区等多个部分。

（赵全营镇）

【疏解整治促提升】年内，通过“疏整促”专项行动，累计拆除违法建设53.6万平方米，完成率118%，销账面积45.9万平方米，完成率100%，拆除量、销账量均位列全区第一，完成留白增绿农田7.33公顷；规范基本便民商业网点2家，整治占道经营单位1家，无证无照经营单位3家，疏解一般制造业4家，规范劳动用工28家。利用拆除违建后的空地，新建忻州营休闲文化公园3座，占地面积16650平方米；修建停车场3处。拓宽道路修建“海棠一条街”，建造宣传社会主义核心价值观、村规民约、忻州营村历史等各类文化墙100块。

（赵全营镇）

【人居环境整治】年内，按照“品质”“品位”“品格”三个层次统筹推进农村人居环境整治工作，累计拆除私搭乱建4.6万平方米，清理乱堆乱放2.9万处，解决污水横流问题3360个，完成第二、第三批市级美丽乡村验收。扎实开展城市“清洁”“美容”工程，坚持每月最后一个周六组织开展月末清洁日活动，整改销账30处市级环境挂账点位、1320处区级点位，完成116公顷（1740亩）平原造林任务。

（赵全营镇）

【民生事业】年内，投资125万元建设板桥新苑养老驿站，出资48万元对六福全营养老服务中心进行安全设施改造，为本镇户籍入住六福全营养老服务中心的独居老人减免10%的服务费。优化教育资源结构布局，北京教科院附属小学投入使用。扩大医疗资源供给，优化农村医疗布局，新建成村级卫生室7所，并对老旧卫生室进行装修改造。24户农村危房改造完工，为264户居民新申请抗震节能改造。

（赵全营镇）

【社会保障】年内，实现城乡劳动力就业人数512人、城乡就业困难人员就业人数334人，超额完成年度目标任务，继续动态保持25个充分就业村和充分就业镇。群众意外保障制度不断完善，投入125万元为全镇2.7万户籍人口购买全家福保险项目，保障出险人员227人。为全镇70岁以上老人提高生活补贴，每人每年增加400元，共为2918名老人发放生活补贴480万元；持续开展煤改电用户补贴，在市区财政补贴基础上，镇财政额外为每户补贴500元。

（赵全营镇）

【3项措施做好腾退空间再利用】一是积极盘活土地资源用于环境改善和提升，新建忻州营休闲文化公园3座，占地面积16650平方米；修建停车场3处。二是通过规范挤街占道行为拓宽道路，修建“海棠一条街”，建造宣传社会主义核心价值观、村规民约、忻州营村历史等各类文化墙100块。三是创新推广“解放村模式”，全面开展拆除私搭乱建工作。东绛洲营村、西绛州营村利用拆除违建后的空地，新增健身广场面积2000平方米、公用停车位105个、美化绿化9500平方米、建造污水防渗池32个、改造化粪池56个。

（赵全营镇）

【3项措施加强烟花爆竹安全管理】一是充分发挥巡查员的作用，出动421名专职巡查员、1185名巡查志愿者，每天对镇域主要道路、人员密集场所进行巡查。二是利用广播、宣传栏、LED显示屏进行烟花爆竹安全知识普及，并要求各村及时组织村民学习，严格落实《北京市顺义区人民政府进一步加强烟花爆竹安全管理工作通告》精神，将防火工作落到实处。三是发挥各村微型消防站实际作用，配备人员24小时在岗在位，确保春节期间不发生重大火灾事故。

（赵全营镇）

【“2019农民合作社500强”评选】年内，农民日报社启动第二届中国新型农业经营主体发展评价研究和排行工作。排名主要参考经营收入、农民（出资、入股）成员数、盈余返还额等3个指标，权重分别为50%、20%、30%，使用层次分析法进行分析。北京兴农天力农机服务专业合作社分别以3653万元、155户、226万元在此次评选中荣列第148名。

（赵全营镇）

【城市承载能力不断增强】年内，赵全营兆丰工业开发中心基础设施提升项目完成验收。项目总投资6667.5万元，包括电力土建及广播系统工程、园区内道路、雨水、路灯、绿化、管网等工程，以及园区品牌建设工程3个标段。新建电力管道2.7千米、电缆井66座、机动车道1万平方米，新敷设高压电缆4千米，改造人行步道3.6万平方米，整理绿化用地12万平方米，制作完成园区品牌导示系统、园区内核心区大型雕塑装置和园区宣传片策划及拍摄。

（赵全营镇）

【全面提升镇域综合承载力】年内，投资3.2亿元实施兆丰工业开发中心基础设施提升项目，有效改善企业生产经营硬件环境，新三板加速器配套设施等重点项目如期竣工，“大园区”建设再上新台阶；红铜营村建筑垃圾资源化处理站正式投入运营，后桑园村建筑垃圾暂存点完工。投资144万元对白良路进行大修，投资约50万元对赵红路、赵李路及东水泉路进行小修。

（赵全营镇）

【“问需于民”】年内，各村党支部向村民征集问题186个，将问题整理汇总为“环境建设”“美丽乡村”等六大类，在分类完成后将问题分配给各相关科室，按照先易后难、轻重缓急的原则逐一解决。总投资8860万元，整体对联庄、河庄等14个村，实施道路铺油、绿化升级、外墙粉刷、排水系统升级、围栏建设等工程。

（赵全营镇）

【北郎中村被评为“中国美丽乡村百佳范例”】年内，赵全营镇北郎中村在中国农村杂志社联合中央主要新闻单位举办的“金龙鱼”杯第二届中国美丽乡村百佳范例评选活动中，获评“中国美丽乡村百佳范例”。

（赵全营镇）

【安全管理】年内，深入开展安全生产大排查大整治，累计检查各类生产经营单位2863家次，打击食品药品违法经营专项执法18次，镇域消防基础设施建设工作全面完成。

（赵全营镇）

【精准扶贫】年内，60户低收入户共计127人的脱低工作全部完成。以结对方式对甘肃省镇原县郭原乡毛庄村、西藏尼木县普松乡、张家口市万全区安家堡乡、河南省西峡县开展帮扶，提供帮扶资金340万元，助力受援地区持续稳定脱贫。不断提升帮扶工作成效，走访慰问低保家庭、优抚对象、残疾人1871户，发放过节补贴82万元；对117户低保户、4户特困户实时动态管理，累计发放补贴271万元。

（赵全营镇）

【环境保护】年内，实施打赢蓝天保卫战三年行动计划，区域PM2.5平均浓度降为38微克/米^3，下降27%。累计检查工业企业、餐饮单位3549家次，指导87家餐饮单位完成烟道升级改造，查处扬尘类违法行为104起。压实河长职责，扎实开展水环境治理工作，高标准治理销账小微黑臭水体27处，重点对方氏渠、小中河进行治理，4条主要河道断面考核全部通过市级验收，涉及5个村的污水改造工程接近尾声，河道水质得到较大改善。

（赵全营镇）

【新三板加速器】年内，坚持把“加速器”作为创新驱动的引擎重装打造，推动挂牌新三板企业46家，储备项目30家，举办第三届新三板品牌峰会。

（赵全营镇）

【营商环境持续优化】年内，对标一流、深化改革，建立完善“总管家”“服务生”“店小二”体系，优化“点对点”服务重点企业机制，区域营商环境持续优化。班子成员带队到企业开展“一对一”走访服务，累计走访116家次，开展座谈会和培训42场，收集意见建议34条，帮助企业解决实际困难。

（赵全营镇）

【人居环境品质提升】年内，建筑垃圾资源化处置站通过验收。处置站位于红铜营村西侧，占地面积53904.55平方米，拥有破碎机、筛分机等机器3台，每道工序窗口配备喷淋设备防止处置过程中产生扬尘污染。主要承担镇域25个村混凝土、废弃砖石等建筑垃圾的处理，月处置能力30000吨。自6月22日试点运营至年底，处理建筑垃圾110000吨、生产再生骨料66000吨。

（赵全营镇）

【墨伽徜徉幼儿园完成验收】年内，板桥四期配套幼儿园采取委托办园的方式举办为普惠性民办幼儿园，为辖区适龄儿童提供优质，普惠性的学前服务。项目位于板桥核心区，占地面积6500平方米，建筑面积5000平方米，地上3层，包含幼儿园用房和门卫室2个单体建筑，共设置18个教学班，可提供学位500个。

（赵全营镇）

【北京教育科学研究院附属顺义实验小学投入使用】学校位于顺义区赵全营镇瑞吉路3号院，占地面积24881.6平方米，建筑面积20745平方米。建有普通教室、专用教室、教师图书馆、学生图书馆、阅览室、风雨操场、报告厅、阶梯教室等设施，预计办学规模30个班，提供小学学位1200个。年内投入使用。

（赵全营镇）

【消防安全全面提升】一是日常检查与联合执法结合，建立常态化检查机制，深入开展安全隐患排查，共检查各类生产经营单位2863家次，下达责令整改通知书877份，消除安全隐患3055处。二是坚持“政府推动、企业实施、中介帮扶”原则，借助安全生产中介服务机构，指导企业完成隐患排查治理标准和岗位清单编制，做到隐患排查治理规范化。三是大力提升消防基础设施建设，建成消防水池（鹤）24座、充电车棚31个、充电车桩233个以及简易喷淋设备62套。

（赵全营镇）

【液化石油气专项整治】一是组织召开液化石油气专项整治工作部署会，坚守安全底线，确保措施到位。二是领导带队，安监科、城管等多部门对北京三益和餐饮管理有限公司晋汉子庄园分公司以及板桥液化气站开展联合安全隐患排查。三是全体包村领导、包村干部、村“两委”、网格员对企业、出租房等重点场所进行安全指导检查，全面完成自查自纠自改。共检查走访企业425家次、餐饮单位36家、学校食堂3所，卫生院1所，入户宣传引导50余家。

（赵全营镇）

【欠薪问题化解】一是建立联动机制，派出所、工业区管委会、26个村（居）等多部门，重点对政府投资工程及存在拖欠工资隐患的其他企业进行监察，确保工资“零拖欠”，欠薪“两清零”。二是安排劳动监察员和基层协管员逐一摸排镇域经营性单位并建立详细台账，包含加工制造类、建筑施工等企业78家，涉及外来务工人员约5300人，动态掌握企业及用工情况。三是坚持“横向到边、纵向到底、全面细致，不走过场”原则，全面对各类用人单位开展专项检查行动，共开展专项行动5次，检查企业199家次，宣传劳动法律法规10次，解决欠薪事件12起，涉及金额

672万元。

（赵全营镇）

【环境保护】一是依托生态治理技术，采取种植水生植物、利用生态坝和微纳米曝气装置净化等方式，提升小微水体的自净能力，修建生态坝1条，安装微纳米曝气装置2套。二是全面排查村民私接管道导致污水流入河道现象，修建临时污水处理站等有效截污措施，集中清运处理各类污水，确保达标排放，修建临时污水处理站3座。三是全面落实“清四乱”“清河行动”，重点对水面漂浮物及河道两侧渣土垃圾进行全方位清理。累计清理渣土垃圾2200立方米，打捞漂浮物17000平方米，整改小微黑臭水体27处，修复保养雨淋沟22处，劝离非法垂钓17人次。

（赵全营镇）

【京沈客专】年内，三电迁改各项工作接近尾声，涉及12户，发放补偿款2500万元；四电迁改涉及5处地上物拆迁，除平原造林地块正在办理相关手续的报批，其余地块拆迁已经完成，发放补偿款92万元。

（赵全营镇）

【构造“三级网格”助力社会精细化】一是将镇域整体作为一级网格，建立工作领导小组，由党委分管领导兼指挥中心主任，各责任部门分管领导为小组成员，协调组织城管、派出所、综治、环保等部门共同开展联合执法行动。二是根据“地理布局、区域属性”等原则，将全镇26个村（居）划分为8个二级网格。安排150名专职网格员，全面负责网格内市场监管、社会管理和公共服务等各项工作巡查及有关问题处理、反映、上报，确保辖区各要素全部纳入网格化服务管理范畴。三是按照居住区域、村民小组等将每个村居再细化为三级网格，指定村民代表或专职巡逻员负责日常工作，深入推进网格精细化治理体系向村居覆盖延伸。平均每村每天队员巡查22人次、车辆巡查7辆次、自行处理问题6条，每网格组上报有效信息日均达39条。

（赵全营镇）

【“吹哨报到”】年内，邀请区城市管理委、区市政控股公司等8家单位以及市政设计所相关工作负责人，召开紧急协调会，解决北京奔驰顺义工厂因在施工过程中遇到未知功能的地下预埋综合市政管线而影响工程进度的问题。相关单位针对各自工作职责和内容进行分析和研讨，并到现场实地踏勘，对实际问题给出说明、指导和详细解决方案。

（赵全营镇）

【“智慧全营服务管理一体化平台”】平台由地理信息、全营数据、网格化管理、治安监控、应急处置5个功能模块构成。一是描绘一张“三维”电子图。对全镇64.45平方千米区域进行立体扫描，生成1：500精度三维建模GIS高精度数字地图，实现对25个自然村的涉气管控、餐饮单位、工业企业及环保等相关事项的精准、快速定位；增加底图数据测绘工具，为拆违、消防、安全等工作提供技术保障。二是丰富一个“综合”数据库。整合人口结构、经济发展、产业布局、网格事项、市民热线以及其他渠道接的数据作为“全营数据”基础组成部分。在数据构成上包括民政、计生、就业、社保、党建、文化、民生工程等多方面的内容。三是建立一套“循数”解析盘。依据网格巡查等渠道收集到的案件，对全营数据进行统计，通过柱状图和饼状图直观地展示当月各网格事件数量及类型、日常巡查数量、已派遣事件数量、各科室事件数量、处理完成数量以及事件超期未处理数量，为镇党委政府“循数治理、科学决策”提供准确数据支撑。

（赵全营镇）

【六项惠民工程完工】年内，六项惠民工程总投资1970.5万元，项目包括乡村道路改建、健身步道提升、同心路环境提升、同心路南侧停车场改造、锅炉房改造，以及解放村沥青路、文化墙建设。

（赵全营镇）

附录

荣　誉

全　国

个　人

区法院法官蔡秀获最高人民法院颁发的“全国法院办案标兵”称号

北京临空经济核心区——北京顺丰速运仓管员张义标获“全国五一劳动奖章”

集　体

区妇联儿童部获全国妇联颁发的“全国维护妇女儿童权益先进集体”

区法院执行局被全国妇联评为“全国维护妇女儿童权益先进集体”

区财政局预算科被中华妇女联合会授予“巾帼文明岗”称号

北京临空经济核心区——北京空港航空地面服务有限公司客运部被授予国家级荣誉“巾帼文明岗”称号

北京临空经济核心区——中科星图股份有限公司GEOVIS产品研发团队获得“全国工人先锋号”称号

区公路局获得交通运输部、农业农村部、国务院扶贫办联合颁发的“四好农村路”全国示范区荣誉称号。

区劳动人事争议仲裁院获得人力资源社会保障部颁发的“全国人力资源社会保障系统2017—2019年度优质服务窗口”

北京燕京啤酒股份有限公司被中国轻工业联合会评定为2018年度“中国轻工业酿酒行业十强企业”

高丽营镇一村被中央农村工作领导小组办公室评为“全国乡村治理示范村”

市　级

个　人

区人民法院法官麦育亥被北京市总工会授予“2019年度首都劳动奖章”

北京临空经济核心区管委会副主任、工委副书记马强荣获“首都劳动奖章”

区城管执法监察局执法业务一科科长梅军辉荣获“首都劳动奖章”

区环境保护局监察支队负责人张红伟获“首都劳动奖章”

中关村顺义园中航荣欣投资有限公司冯川获“首都劳动奖章”

中关村顺义园莱姆电子（中国）有限公司赵永生荣获“首都劳动奖章”

北京燕京啤酒股份有限公司创新业务中心副主任王欣被授予第五批“北京市有突出贡献的高技能人才”荣誉称号

顺义区双丰街道马坡花园第二社区居民委员会党总支书记、居委会主任焦秀梅(女)获评“首都劳动奖章”

区国有资本经营管理中心资产管理部经理杨建国获评“首都劳动奖章”

区高丽营第二小学教师蒋秀凤（女）获评“首都劳动奖章”

北京东方雨虹防水技术股份有限公司技术保障中心总监刘金景获评“首都劳动奖章”

区退役军人事务局高宝中被中共北京市委、北京市人民政府授予“首都拥军优属拥政爱民模范个人”

区退役军人事务局尹传贺被中共北京市委、北京市人民政府授予“首都拥军优属拥政爱民模范个人”

集 体

顺义区人民检察院未成年人案件检察部获评北京市“北京市工人先锋号”

顺义卫生计生委员会南彩家庭医生中心第六团队获评北京市“北京市工人先锋号”

中北华宇建筑工程公司安保部获评北京市“北京市工人先锋号”

北京城建北方集团有限公司第二项目部获评北京市“北京市工人先锋号”

区发展和改革委员会被授予“首都劳动奖状”

区应急管理局组织的“工程生产安全突发事件应急救援演练”活动被市应急管理局评为“应急宣传进万家”最佳实践活动

北京临空经济核心区——中科星图股份有限公司获得“首都劳动奖状”称号

北京燕京啤酒股份有限公司被北京市委、北京市人民政府授予“北京市筹备和服务保障中华人民共和国成立70周年庆祝活动先进集体”

区退役军人服务中心被中共北京市委、北京市人民政府授予“首都拥军优属拥政爱民模范单位”

区军队离休退休干部安置办公室被北京市人民政府、军队离休退休干部安置办公室“庆祝中华人民共和国成立70周年重大活动保障先进单位”

顺义区组织机构负责人名单

一、区委机关

（一）中国共产党北京市顺义区委员会

书　记　高　朋
副书记　孙军民（女）
　　　　张　良（1 月任）
常　委　宋建明
　　　　霍光峰
　　　　禹学垠
　　　　支现伟
　　　　贺亚兰（女）
　　　　张晓峰
　　　　刘国强（4 月任）
　　　　张爱冬（4 月任）
　　　　王子利

（二）中国共产党北京市顺义区纪律检查委员会（北京市顺义区监察委员会）

书　记　张　良（1 月免）
　　　　刘国强（4 月任）
副书记　史卫东
　　　　王文荣（女，8 月免）
　　　　荫春涛
　　　　张瑞英（女，11 月任）
常　委　芦　超（10 月免）
　　　　赵前程
　　　　王海涛
　　　　张海涛
　　　　李德亮
主　任　张　良（1 月免）
　　　　刘国强（4 月任）
副主任　史卫东
　　　　王文荣（女，8 月免）
　　　　荫春涛
　　　　张瑞英（女，11 月任）
委　员　芦　超（10 月免）
　　　　王海涛
　　　　张海涛
　　　　杨立平（满族）
　　　　张　霞（女）
巡察办主任　张瑞英（女）

（三）区委工作部门

办公室主任　李　衍
保密委员会办公室（区国家保密局，设在区委办公室）主任　李　衍（3 月免）
　　　　孙　皓（3 月任）
档案局（在区委办公室加挂牌子）局长
　　　　郝光保（3 月任）
机要局（区密码管理局，在区委办公室加挂牌子）局长　郝光保
组织部部长　禹学垠
常务副部长（正处级）　张友生
区公务员局（在区委组织部加挂牌子）局长
　　　　刘红岩（3 月任）
宣传部部长　贺亚兰（女）
常务副部长（正处级）　黄海厚（3 月免）
分管日常工作的副部长（正处级）
　　　　张海东（3 月任）
精神文明建设委员会办公室（设在区委宣传部）主任　皮志杰（女，3 月免）
　　　　张海东（3 月任）
区人民政府新闻办公室（在区委宣传部加挂牌子）主任　卢海珀（女，3 月任）
区新闻出版局（在区委宣传部加挂牌子）局长
　　　　刘金燕（女，3 月任）
网信办（加挂区互联网信息办公室牌子）主任　张　晖
政法委书记　张晓峰
常务副书记（正处级）　姜　蒙（3 月免）

分管日常工作的副书记（正处级）
姜　蒙(3月任,6月免)
分管日常工作的副书记（正处级）
王　江（6月任）
社会管理综合治理委员会办公室主任
姜　蒙（3月免）
流动人口和出租房屋管理委员会办公室主任
姜　蒙（3月免）
维护稳定工作领导小组办公室主任
张　峰（3月免）
防范和处理邪教问题领导小组办公室（政府防范和处理邪教问题办公室）主任
李剑文（3月免）
统战部部长　张爱冬（4月任）
常务副部长（正处级）　王振林
台湾工作办公室（挂区台湾事务办公室牌子，与区委统战部合署办公）主任
皮志杰（女）
政府侨务办公室（在区委统战部加挂牌子）主任　于会婧（女，3月任）
民族宗教事务办公室(在区委统战部加挂牌子)主任　金　良(回族,3月任)
研究室主任　张小军
区委改革办（设在区委区政府研究室）主任
张　良（1月任）
常务副主任　张小军
直属机关工作委员会书记　李　衍
常务副书记（正处级）　赵金明
老干部局局长　赵庆江
社会工作委员会书记　马朝龙（3月免）
机构编制委员会办公室主任　贾文禹

二、人大机关

北京市顺义区人大常委会

主　任　车克欣（女）
副主任　吴建国
盛德利
赵殿江（11月免）
丁文强
白丽洁（女，不驻会）
办公室主任　田法德（11月免）
朱新生（12月任）
研究室主任　田晓丹（女）
代表联络室主任（市人大代表联络处处长）
杨卫民（女）
教科文卫体办公室主任　高学通（12月免）
田庆江（12月任）
农村办公室主任　孙书林（12月免）
李长勇（12月任）
财政经济办公室（预算审查办公室）主任
周振涛（12月免）
范士永（12月任）
法制办公室（备案审查办公室）主任
吕海燕（女）
信访接待室主任　李赛楠　（女）

三、政府机构

（一）顺义区人民政府

区　长　孙军民（女）
副区长　霍光峰
支现伟
赵为民
李向英（女）
吴耀新（4月免）
李在东（4月任）
郑晓博（4月免）

（二）区政府工作部门

办公室主任　张尚强
政府对外联络办公室(在政府办公室加挂牌子)主任　张尚强（3月任）
政府外事侨务办公室主任　梁志刚（3月免）
政府外事办公室主任　梁志刚（3月任）
政府对外联络办公室（在政府外事侨务办加挂牌子）主任　梁志刚（3月免）
突发公共事件应急委员会办公室（副处级）主

任（应急指挥中心主任） 李正义（3月免）
安全生产监督管理局局长 单增友（3月免）
应急管理局局长 张香东（3月任）
发展和改革委员会主任 于长雷
临空经济办公室主任 柳亚辉（3月免）
教育委员会主任 武 捷
政府教育督导室（在区教委加挂牌子）主任
张海东（3月免）
武 捷（3月任）
科学技术委员会党组书记 范玉岭（3月免）
刘振河（3月任）
主 任
知识产权局（在区科学技术委员会加挂牌子）
局 长
市场监督管理局局长 胡小兵（3月任）
食品药品安全委员会办公室（在区市场监督管理局加挂牌子）主任 胡小兵（3月任）
知识产权局（在区市场监督管理局加挂牌子）
局 长 胡小兵（3月任）
民政局局长 聂燕山（3月免）
李宝东（3月任）
民族宗教事务局局长 赵金荣（女，3月免）
政府法制办公室主任
司法局党组书记 董国林
局 长 管学文（3月免）
财政局局长 范学智
人力资源和社会保障局局长
张尚强（3月免）
王文荣（女，3月任）
住房和城乡建设委员会主任 赵洪涛
住房保障和改革办公室（在区住建委加挂牌子）
主 任 赵洪涛（3月免）
住房保障办公室（在区住建委加挂牌子）主任
赵洪涛（3月任）
房屋征收办公室（在区住建委加挂牌子）主任
赵洪涛
城市管理委员会主任 郝蔚泉
城乡环境建设委员会办公室（在区城管委加挂牌子）主任 郝蔚泉

交通局局长 郭崇峰
农村工作委员会主任 刘振河（3月免）
农业局局长 刘振河（3月免）
动物卫生监督管理局局长 赵桂清（女，3月免）
农业农村局局长 黄海鹏（3月任）
商务委员会主任 袁日晨（满族，3月免）
商务局局长 杨登科（3月任）
粮食局（在区商务委员会加挂牌子）局长
袁日晨（满族，3月免）
粮食和物资储备局（在区商务局加挂牌子）
局 长 杨登科（3月任）
文化委员会主任 田庆江（3月免）
旅游发展委员会主任 申志红（女，3月免）
文化和旅游局局长 申志红（女，3月任）
卫生和计划生育委员会主任 董杰昌（3月免）
卫生健康委主任 董杰昌（3月任）
医疗保障局局长 赵靖宇（3月任）
审计局党组书记 范士永（12月免）
曾中坚（12月任）
局 长 范士永（12月免）
环境保护局局长 张乙铭（女，土家族，1月免）
生态环境局局长 陈 笛（4月任）
统计局局长 岳彩华（女）
水务局局长 王 江（6月免）
马卫国（6月任）
经济和信息化委员会主任 胡小兵（3月免）
经济和信息化局局长 兰雄景（畲族，3月任）
大数据局（在区经济和信息化局加挂牌子）
局 长 兰雄景（畲族，3月任）
制造业创新发展办公室（在区经济和信息化局加挂牌子）主任 兰雄景（畲族，3月任）
体育局局长 李 成
园林绿化局党组书记 李长勇（11月免）
田法德（11月任）
局 长 李长勇（11月免）
于宝鑫（11月任）
绿化委员会办公室（在区园林绿化局加挂牌子）
主任 李长勇（11月免）
于宝鑫（11月任）

信访办公室主任　王　辉
民防局局长　张文生（3月免）
人民防空办公室主任　张文生(3月任,11月免)
　刘海丰（11月任）
政府国有资产监督管理委员会主任
　耿　超
金融服务办公室主任　周继武（3月免）
　王　卿（女，3月任）
城市管理综合行政执法监察局党委书记
　韩　静（2月免）
　王忠诚(2月任,11月免)
局　　长　宋　鹏（2月免）
　王忠诚(2月任,11月免)
城市管理综合行政执法局局长
　王忠诚（11月任）
政务服务管理办公室主任　王 卿（女，3月免）
政务服务管理局局长　姜惠琴（女，3月任）
退役军人事务局局长　李正义（3月任）
北京临空经济核心区管委会工委书记
　支现伟（12月任）
工委副书记、副主任（正处级）
　马　强
北京顺义绿色生态产业功能区管理委员会（推进浅山区建设办公室）主任
　秦拥军(满族,11月免)
　张文生（11月任）
中关村科技园区顺义园管理委员会（科技创新产业功能区管委会)工委书记　支现伟(12月任)
工委副书记、副主任（正处级）　张建国

四、政协机关

政协北京市顺义区委员会

主　席　周颖博
副主席　闫志广
　单成刚
　郭振江
　刘　静（女，不驻会）
　杨凤辉（不驻会）
秘书长　张希德
办公室主任　王学武
专委会工作一室主任　单晓梅（女）
专委会工作二室主任　刘　峰
专委会工作三室主任　徐晓武
专委会工作四室主任　李国印
专委会工作五室主任　张存忠
专委会工作六室主任　王海荣（女）
研究室主任　解长春

五、综保区机关

北京天竺综合保税区管理委员会

主　任　孙军民（女）
常务副主任　宋建明
副主任　李燕凌（女，3月免）
　宋　鹏（1月任）
　张志刚（1月任）
　满群杰（1月任）
办公室主任　李宝东（3月免）
　袁日晨（满族，3月任）
政策法规处处长　张廷军
规划建设处处长　赵志齐
经贸发展处处长　王兆宇（女，2月免）
　郑晓辉（女，满族，3月任）
保障处处长　赵习文
信息处处长　王永宝
党群工作处处长　刘相宏

六、群众团体

总工会主席　丁文强
共青团顺义区委员会书记　刘　琳（女）
妇女联合会主席　王新兵（女）
残疾人联合会理事长　王晓东
工商业联合会主席　王庆国
党组书记、常务副主席　王　頎
红十字会会长　李向英（女）
党组书记、常务副会长　张立新（女，3月免）

党组书记、分管日常工作的副会长（正处级）
袁树旺（3 月任）
文学艺术界联合会主席 袁树旺（3 月免）
姜 蒙（6 月任）
科学技术协会主席 鲍晓芹（女）

七、政法军事

北京市公安局顺义分局局长 赵为民
政 委 沈仲岳
检察院检察长 张 豫
法院院长 李旭辉
武装部部长 王子利
政 委 陈 新（9 月免）
李增明（9 月任）

八、镇、街道办事处

（一）街道办事处

光明街道
工委书记 姜惠琴（女，5 月免）
李 黎（土家族，5 月任）
办事处主任 陈志勇
胜利街道
工委书记 张 洁（女，12 月免）
王洪涛（12 月任）
办事处主任 王洪涛
石园街道
工委书记 徐志国
办事处主任 饶党辉
旺泉街道
工委书记 黄学英（女）
办事处主任 于宝鑫（11 月免）
周国忠（11 月任）
双丰街道
工委书记 赵靖宇
办事处主任 任海军
空港街道
工委书记 衣 晶（女）
办事处主任 张 敬（6 月免）
赵长松（10 月任）

（二）镇（地区）

仁和镇（地区办事处）
党委书记 刘 洋
镇长（主任） 李光明
马坡镇（地区办事处）
党委书记 贾 睿
镇长（主任） 高福良
牛栏山镇（地区办事处）
党委书记 郝蔚泉（1 月免）
王鉴远（1 月任）
镇长（主任） 王永生
赵全营镇
党委书记 李在东（8 月免）
陈 红（8 月任）
镇 长 李志刚（6 月免）
张 敬（6 月任）
高丽营镇
党委书记 王海松
镇 长 王秀刚
北石槽镇
党委书记 王鉴远（1 月免）
胡小刚（1 月任）
镇 长 胡小刚（3 月免）
黄海厚（3 月任）
南法信镇（地区办事处）
党委书记 黄永志
镇长（主任） 王 民（10 月免）
王 雪（12 月任）
后沙峪镇（地区办事处）
党委书记 冯江全
镇长（主任） 李 强
天竺镇（地区办事处）
党委书记 李子腾
镇长（主任） 杨登科（3 月免）
周靖慧（3 月任）
李桥镇
党委书记 张春和

镇　　长　　乔　龙

南彩镇

党委书记　　赵海波

镇　　长　　刘海丰（11月免）

夏自景（11月任）

杨镇（地区办事处）

党委书记　　李　莉（女）

镇长（主任）　　何长华

张镇

党委书记　　刘晨光

镇　　长　　张　涛

北小营镇

党委书记　　欧阳华洲

镇　　长　　孙海江

木林镇

党委书记　　李　刚

镇　　长　　李　浩

龙湾屯镇

党委书记　　张国宇（10月任）

镇　　长　　张　伟（12月免）

李　杜（12月任）

李遂镇

党委书记　　朱新生

镇　　长　　李　黎（土家族，5月免）

赵　楠（6月任）

北务镇

党委书记　　陈　红（8月免）

马占磊（10月任）

镇　　长　　马占磊（10月免）

聂树生（10月任）

大孙各庄镇

党委书记　　马卫国（6月免）

李志刚（6月任）

镇　　长　　陶黎黎（女，10月免）

安建军（10月任）

九、事业单位

区委党校

校　　长　　张　良（1月任）

常务副校长　　闫连恒（12月免）

分管日常工作的副校长　张　洁（女，12月任）

行政学院

院　　长　　霍光峰

常务副院长　　闫连恒（12月免）

分管日常工作的副院长　张　洁（女，12月任）

档案局局长　　梁　军（3月免）

档案馆馆长　　柳亚辉（3月任）

农村合作经济经营管理站站长

焦庆海（5月免）

王猛元（5月任）

党史区志办公室主任　梁　军（3月免）

党史地方志办公室主任　焦庆海（3月任）

地震局局长　　田福贵（3月免）

孙雪松（3月任）

投资促进中心党组书记　李晓军（女）

局　　长　　杨凤辉

汉石桥湿地自然保护区管理办公室党组

书　　记　　牛玉江

主　　任　　牛玉江（3月免）

蔡春轶（女，3月任）

机关事务管理服务中心主任

韩立稳

政府招待所所长　　蒲朝夕（女，苗族）

长青林场党组书记　　张海泉（11月免）

场　　长　　李瑞军

市场经营管理中心主任　申志勇

房屋征收事务中心主任　张香东（5月免）

王建军（5月任）

北京天竺保税区综合服务中心主任

陈　光

新城建设管理委员会办公室主任

陈向东

北京空港建设管理服务中心主任

魏　伟

广播电视中心主任　　宋　森（3月免）

融媒体中心主任　　宋　森（3月任）

园林服务中心党组书记　王振军

主　　任　　　　　　王振军（3 月免）
周　鑫（女，3 月任）
种植业服务中心主任　史长生
农机服务中心主任　　冉京山
城镇环境卫生服务中心主任
王华雄
教育研究和教师研修中心主任
张　海
牛栏山第一中学校长　张华礼
总部企业和临空经济高端人才服务中心主任
董敬红（女）
信息中心主任（副处级）韩瑞军
文化创意产业促进中心主任（副处级）
郭文超（4 月任）
住房保障事务中心主任（副处级）
张存江
社会福利事务管理中心主任（副处级）
李　静（女，10 月免）
城市管理指挥中心主任（副处级）
彭荣强
社区教育中心主任（副处级）
李建军
卫生监督所所长（副处级）
侯　宁
疾病预防控制中心主任（副处级）
李印东
区医院党委书记（副处级）
黄建柏（6 月任）
区医院院长（副处级）王　飞
中医院党委书记（副处级）
魏　青
妇幼保健院党委书记（副处级）
张树海
人力资源公共服务中心主任（副处级）
陈静华（女）
劳动服务管理中心主任（副处级）
梁　勇
社会保险事业管理中心主任（副处级）
解锡海（3 月免）
劳动人事争议仲裁院院长（副处级）
李　栋
物价检查所所长（副处级）
王玉红（女）
新农村建设服务中心主任（副处级）
刘　琪

十、企业单位

北京燕京啤酒集团公司党委书记、董事长
赵晓东
北京顺义市政控股有限责任公司
党委书记、董事长　　李守义
经　　理　　　　　　杨学文
北京市顺建工程有限公司
党委书记、董事长　　张殿友
经　　理　　　　　　郭舫军
北京市顺义区供销合作社
党委书记　　　　　　申志勇（7 月任）
主　　任
北京顺义商业集团有限公司
党委书记、董事长　　张福海
北京顺鑫控股集团有限公司
党委书记、董事长　　王　泽
经　　理　　　　　　李颖林
顺义区国有资本经营管理中心
党委书记、经理　　　赵柏青
北京顺义金融控股有限责任公司
董 事 长　　　　　　赵柏青
经　　理　　　　　　董文利
北京综合保税区开发管理有限公司
党委书记、董事长　　杨文科
经　　理　　　　　　杨继军
北京天竺空港经济开发公司
党委书记、董事长　　卞云鹏
经　　理　　　　　　石振东
北京顺义文化旅游投资集团有限公司
党委书记、董事长　　任建军
经　　理

北京顺义科技创新集团有限公司
党委书记、董事长　　赵洪峰
经　　理　　　　　　蒙连胜
北京大龙控股有限公司
党委书记、董事长　　马云虎
经　　理　　　　　　杨祥方
北京顺义建设投资服务有限公司
党委书记、董事长　　刘福海
经　　理　　　　　　姚仕松
北京市燕顺保障性住房投资有限公司
经　　理　　　　　　李文江
北京顺义新城发展有限公司
党委书记、董事长　　宋学农
经　　理　　　　　　纪品良

十一、双管单位

北京市规划国土委顺义分局局长
杜井龙（3月免）
北京市规划和自然资源委员会顺义分局
局　　长　　　　　　杜井龙（3月任）
北京市路政局顺义公路分局
党委书记　　　　　　赵兴利
局　　长　　　　　　李泽钧
国家税务总局北京市顺义区税务局联合
党委书记、局长　胡永进（满族）
北京市顺义区食品药品监督管理局
局　　长　　　　　　陈福刚（3月免）
北京市顺义区质量技术监督局
局　　长　　　　　　茹立新（女，3月免）
北京市工商行政管理局顺义分局
局　　长　　　　　　杨　鸣（3月免）
国家统计局顺义调查队
队　　长　　　　　　孙洪博
北京市顺义区经济社会调查队
队　　长　　　　　　贾思华（10月任）
北京市顺义区烟草专卖局
局　　长　　　　　　刘向宇
北京市共青林场
党委书记　　　　　　张海泉（11月免）
场　　长　　　　　　律　江
北京市顺义区气象局局长
韩晓峰
北京市顺义区邮政局局长
贾小燕（女）
北京农业生态工程试验基地
党委书记、主任　　张　涛（女）

十二、临时机构

新国际展览中心项目领导小组
办公室主任　　　　李晓勇
创新型产业集群和“2025”示范区领导小组
办公室主任　　　　兰雄景（畲族）
“实施乡村振兴战略推进美丽乡村建设”工作领导小组办公室主任　　　　李　岩
樱花园置换工作领导小组办公室主任
魏　伟

2019年顺义区国民经济和社会发展主要指标统计表

项 目	计量单位	2019年	2018年
土地面积	平方千米	1019.89	1019.89
街道办事处	个	6	6
建制镇	个	19	19
村民委员会	个	426	426
社区居委会	个	135	134
总户数	户	281890	279142
农业户	户	103405	102968
总人数	人	655306	644919
农业人口	人	244171	244084
非农业人口	人	411135	400835
常住人口	万人	122.8	116.9
地区生产总值	万元	19928950	18759519
第一产业	万元	166100	175609
第二产业	万元	5767053	5995759
第三产业	万元	13995797	12588151
地区生产总值构成			
第一产业	%	0.8	0.9
第二产业	%	28.9	32.0
第三产业	%	70.2	67.1
农业			
农林牧渔业总产值（现价）	万元	433735.0	463118.6
主要农副产品产量			
粮食	万吨	4.9	5.4
夏粮	万吨	2.1	2.2
秋粮	万吨	2.8	3.2
蔬菜	万吨	21.6	23.6
干鲜果	万吨	3.5	3.4
出栏猪	万头	15.3	54.1

续表

项　目	计量单位	2019 年	2018 年
出栏牛	万头	1.1	1.5
出栏羊	万只	5.0	7.2
出栏鸡	万只	36.6	48.2
出栏鸭	万只	116.1	115.2
鲜蛋	吨	2741.1	3122.2
#鸡蛋	吨	2718.9	3096.5
鲜鱼	吨	4189.0	5174.0
牛奶	吨	38259.7	35102.73
工业（规模以上）			
工业总产值	万元	16591531.3	19135395.7
工业主营业务收入	万元	18908351.8	21562691.7
工业利润总额	万元	987939.9	1372632.2
外经·外贸			
三资企业签约项目	个	78	62
合同外资额	万美元	130211.8	59556.4
实际利用外资额	万美元	91074.9	165242.1
注册资本	万美元	133973.6	74960.9
投资总额	万美元	226287.3	123099.1
固定资产投资			
固定资产投资（不含农户）	万元	—	—
#房地产开发投资	万元	—	—
批发零售．住宿餐饮			
社会消费品零售额	万元	6377535.6	6035708.6
财政．金融			
地方财政收入	万元	2932071	3017306
#一般公共预算收入	万元	1657013	1593016
地方财政支出	万元	4407943	3829055
#一般公共预算支出	万元	3058742	3150116
各项税收	万元	5519593.3	—
各项存款余额	万元	24538148.6	22559773.3
#城乡居民储蓄余额	万元	9456204.3	8141687.1
各项贷款余额	万元	15048563.9	14310543.3
劳动工资			

续表

项　目	计量单位	2019年	2018年
年末从业人员人数	人	441394	441806
第一产业	人	193	2919
第二产业	人	134996	146491
第三产业	人	306205	292396
全年工资总额	万元	6477025.6	5774300.4
第一产业	万元	3930.6	16450.9
第二产业	万元	1653829.1	1641495.3
第三产业	万元	4819265.6	4116354.2
教育			
学校数			
普通中学	个	33	33
职业中学	个	7	6
小学	个	50	49
在校学生数			
普通中学	人	26387	25827
职业中学	人	296	32
小学	人	50409	48882
毕业生数			
普通中学	人	7676	7616
职业中学	人	75	111
小学	人	7164	6560
文化体育			
文化馆（站）	个	26	26
公共图书馆	个	1	1
公共图书馆藏书	万册	103.0	113.7
电影放映单位	个	407	407
农村放映单位	个	406	422
区级以上重点文物保护单位	个	3	3
卫生			
医疗卫生机构数	个	751	742
#医院及卫生院	个	219	216
医疗卫生机构实有床位数	张	4508	3988
#医院及卫生院实有床位数	张	4118	3598

续表

项　目	计量单位	2019 年	2018 年
卫生技术人员	人	9290	9230
#执业（助理）医师	人	3967	3911
每千人口拥有执业（助理）医师数	人	3.2	3.3
每千人口拥有医院及卫生院床位数	张	3.4	3.1
人民生活（抽样调查资料）			
全区居民人均可支配收入	元	39948	36575
城镇居民人均可支配收入	元	47496	43437
低收入农户人均可支配收入	元	16018	13695
全区居民人均消费支出	元	25024	23118
城镇居民人均消费支出	元	30627	28301
城市建设与环境			
全区公路总里程	千米	2943.8	2948.9
天然气管道供应	万户	26.1	24.4
天然气销售量	万立方米	59466.1	57356.1
林木绿化率	%	38.31	37.15
城镇污水处理率	%	99.0	98.9
能源消耗			
全区用电总量	万千瓦时	791072.9	760620.9
城乡居民生活用电	万千瓦时	206060.3	205417.0

注：1. 地区生产总值增速为现价增速，2018 年不变价增速为 6.1%。

2. 每千人口拥有执业（助理）医师数和拥有医院及卫生院床位数，人口按常住人口计算。

3. 按照市局工作规定，全社会固定资产投资及其相关指标数据不予对外公布。

4. 劳动工资统计范围是扣除私营法人单位后的全部独立核算的法人单位。

5. 表中“—”表示相关统计数据不公布。

6. 表中“#”表示总计中的其中项；有“#”号的分组指标表示总计的部分项目，无 “#”号的分组指标则表示其中项之和等于总计。

7. 表中空格表示该项指标数据不详或没有数据。

勘 误

2018年顺义区卫生和体育工作情况

卫生综述

【概况】2018年，顺义区常住人口1026543人，户籍人口644919人，流动人口381624人。全区户籍育龄妇女14.7万人，其中户籍已婚育龄妇女11.1万人。全年户籍人口出生7396人，政策符合率99.22%。出生人口性别比109。出生率12‰。年内全区共办理一孩生育登记4224例，二孩生育登记3761例， 北京市再生育确认206例。

报告户籍人口死亡4670人，户籍人口总死亡率为7.30‰，其中男性死亡2549人，死亡率为8.05‰；女性死亡2121人，死亡率为6.56‰。人口自然增长率为5.97‰，男性和女性自然增长率分别为5.77‰和6.17‰。因病死亡4437人，占总死亡人数的95.01%。死因顺位前十位依次为心脏病、恶性肿瘤、脑血管病、呼吸系统疾病、损伤和中毒、消化系统疾病、内分泌营养和代谢疾病、神经系统疾病、泌尿生殖系统疾病和传染病，共计4441人，占总死亡数的95.08%。

（区卫计委）

【医疗机构】全区医疗机构总数771个。执业（助理）医师3964人（包括西医、中医、中西医结合），注册护士3383人。平均每千常住人口拥有执业（助理）医师3.51人、注册护士3.00人。

（区卫计委）

医疗卫生改革与管理

【抓好“三件大事”，打好“三大攻坚战”】年内，《顺义区医疗卫生设施专项规划(2017-2035年）》的规划文本及相关图纸编制完成并提交区政府，明确顺义区医疗卫生设施总体战略空间布局。深入推进精准健康扶贫，完成区内低收入户专项帮扶544人次，改善3个低收入村医疗机构的设施设备。选派43名专业技术人才到受援地开展医疗专业帮扶，接收46名受援地区人员入区进修。为受援地区开通远程医疗与重症患者转诊绿色通道服务，向受援地区捐赠106万元的医疗用品。

（区卫计委）

【市区两级折子实事工程全部完成】年内，“全民健康信息平台互联互通”等4项市级折子及“名中医身边工程”市级实事全部完成。“千名失能人群服务及千场健康讲座”区级实事提前完成，为1035名失能人群提供个性化服务万余次。开展健康大课堂1755场，受众10万余人次，超额完成全年任务，完成率175.5%。

（区卫计委）

【公共卫生服务均等化】年内，村居委会建立公共卫生委员会工作全面推进。国家基本公共卫生服务水平进一步提升，2017年北京市考核排名由2016年的第13名上升到第6名；适龄妇女两癌筛查、国家心血管病高危人群筛查干预、结直肠癌筛查等14项重大公共卫生项目完成，其中国家心血管病高危人群筛查干预、结直肠癌筛查项目获评北京市优秀组织管理奖。

（区卫计委）

【疾病预防控制】年内，全区疾病预防控制机构服务能力和水平进一步提升，与区教委等部门的联动机制更加顺畅。区疾控中心在传染病控制、预防接种、慢病防治、健康促进、实验室检测五个方面取得长足进步，结防中心在结核病筛查、患者管理和志愿者服务三个方面更加规范，精神病院在严重精神障碍管理方面更有成效。2017年度疾病控制考核位列全市第六。

（区卫计委）

【妇幼保健】年内，通过出政策、建机制，婚检、婚登“一站式”

服务模式得到落实，孕前优生健康检查达到目标人群全覆盖；通过启动妇幼保健院改扩建工程、完成区医院产科回迁本院区项目等方式，有效强化区妇幼保健院及区医院危重孕产妇救治中心建设，使危重孕产妇救治更有成效；通过加强危重新生儿抢救中心建设，畅通危重新生儿转会诊网络，全年共完成150名危重新生儿的有效救治；在区妇幼保健院设置围产期心理保健门诊，填补顺义区孕产期心理保健工作空白。

（区卫计委）

【急救与应急保障】年内，急救与应急保障能力进一步提升，新增2所院前急救站和1所新生儿转运站，完成2个急救站点布局调整，在全区范围统筹调配急救医师，新增运行3辆院前急救车，120呼叫满足率持续维持在90%以上，位居全市前五。在华联商厦、光明广场宣传屏及繁华街道候车亭发布无偿献血宣传广告，新增鑫海韵通大卖场石园店采血点1处，全年开展无偿献血街头宣传活动7次，宣传发动团体无偿献血活动40余次。通过团体无偿献血和街头采集等方式完成血液采集共计15835单位，各医疗机构临床用血累计6747单位，采供血平衡率234.69%，有效保障血液的供需平衡。

（区卫计委）

【爱国卫生运动与美丽乡村建设】年内，联合区文化委开展第31个世界无烟日宣传活动。全年受理控烟投诉举报案件170件，罚没金额1.9万元。根据病媒生物防制季节性特点，相继开展春季统一灭鼠活动、健康北京灭蚊行动。制发农村户厕升级改造工作方案等文件，配合区属相关部门启动农村户厕升级改造试点工作。

（区卫计委）

【医养服务融合发展】年内，继续巩固医疗机构与养老机构的业务协同，鼓励医疗机构到养老机构开展巡诊服务。在京顺医院老年病区增设49张床位，扩充老年患者医疗服务供给总量。建立以顺义区中医医院为核心、涵盖8家社区卫生服务中心、5家养老机构和4家养老驿站的中医健康养老联合体，组建10个中医健康养老治未病社区团队，完成180名中医健康养老护理员的专业培训，启动中医健康养老治未病试点工作。

（区卫计委）

【优质医疗资源引入】年内，北京友谊医院顺义院区完成基坑施工。配合属地政府和相关部门加快推进阜外医院顺义医院入区办医项目。北医三院顺义院区1000张床位规模取得市卫生健康委书面批复同意，北京口腔医院顺义医院合作项目取得市医院管理局原则性批复同意。正式启动改善国际医疗服务试点相关工作，着手编制国际化医疗服务试点工作方案。鼓励社会资本参与提供多层次医疗卫生服务，全年共新增设置医疗机构33家，登记注册31家，民办医疗机构床位总数达516张，在2017年347张的基础上增加48.7%。

（区卫计委）

【医联体建设持续推进】年内，区医院作为区域医疗中心，加快推进以高血压、糖尿病、脑卒中等慢性非传染性疾病为主的专科医联体建设，借助“双向转诊信息平台”引导各基层单位开展双向转诊。区中医医院康复科获批首都区域特色专科，通过中医标准化社区卫生服务站建设、“流动医院”服务和“转诊直通车”等建设项目，带动提升基层中医药服务能力。妇幼保健院充分发挥在乳腺外科、儿科、妇产科等方面的专科优势，与基层单位开展妇科、眼科、皮肤科、中医科、儿童保健科等医联体建设。空港医院主动对接北京同仁医院和中日友好医院，切实发挥眼科和慢阻肺专科医联体牵头作用。全区共建成4个医联体，覆盖全部26家社区卫生服务中心和3家社会办医院。

（区卫计委）

【基层医疗卫生服务网夯实】年内，村级医疗卫生机构和乡村医生岗位设置规划工作启动实施，完成60个村卫生室的房屋改造任务和57个村卫生室的新建立项审批手续，全区20个空白村全部完成村卫生室机构建设和乡村医生配置并开诊服务。开展乡村医生岗位人员公开招募，通过组织专业知识笔试和专业技能测试，招募30人充实到乡村医生队伍。

（区卫计委）

【中医药服务体系建设持续加强】在全系统范围内广泛宣传贯彻落实中医药法系列活动，严格落实中医诊所备案制度，全年共完成中医诊所备案15家。举办以“弘扬中医文化、促进百姓健康”为主题的首届顺义区中医药健康文化节，加快推进中医药文化与百姓生活的紧密融合。有序谋划实施名中医身边工程，共组建26支专家团队与26家社区卫生服务中心对接，市区镇村一体化的中医医联体覆盖范围扩展至区内9家一级医院和45个村级医疗卫生机构。

（区卫计委）

【医疗质量管理持续完善】年内，督促指导区级质控中心进一步完善管理办法和工作职责，全年共组织相关专业质控中心专家完成各类医疗质量检查14次，开展质量管理培训42课次。依托院级和区级专家组，全年完成处方点评6.3万张，不合理处方比例在2017年的基础上降低8.62%，医疗质量管理与控制体系进一步健全。全年共组织召开医疗机构季度例会4次，从行业监管角度传达相关质量管理文件，针对业务管理和卫生监督中发现问题开展针对性培训。

（区卫计委）

【医药分开改革任务全面落实】年内，落实京津冀地区心内血管支架类等第一批六大类医用耗材联合采购工作部署，指导医疗机构开展数据摸底调查和分析统计工作。切实抓好改革与改善同步，制定改善医疗服务实施方案，出台区级层面的17项改善医疗服务措施，指导医疗机构抓好具体落实。4家区级医院分时预约可精确到1小时以内，部分医疗机构还建立门诊患者就医签到服务机制，利用微信、支付宝实现预约挂号、自助缴费等便民服务，减少患者排队等候时间，改善群众就医体验。

（区卫计委）

【医学科研管理水平稳步提升】年内，共举办区级继续医学教育项目585场、市级继续医学教育项目31场，举办国家级继续医学教育项目4场。全区共计8380人参加继续医学教育学习，参与率、合格率均为100%。组织开展基层卫生技术人员岗位练兵活动，全区26家社区卫生服务机构的443名全科医生、292支全科医生团队全员参与，参培率达100%。区中医院申报的“基于肠道菌群与血小板活性探讨星蒌承气汤干预脑梗死急性期痰热腑实证的效应机制研究”项目，获批2018年度国自然基金青年科学基金项目立项，实现顺义区在国家自然科研课题项目立项方面零的突破。全区各级医疗卫生机构发表SCI论文4篇，核心期刊论文280篇，出版《生命早期1000天营养指南》专著1部。

（区卫计委）

【基础设施建设与卫生信息化水平】年内，区妇幼保健院改扩建工程于12月份正式开工建设。区中医院迁建主体工程封顶。疾病预防控制中心及卫生监督所迁建工程进入市政接入阶段并开展各项验收。区120急救分中心等部门陆续搬入区医院教学科研楼。卫生信息平台及系统软硬件运维、桌面管理、医学知识库升级项目通过验收。依托区中医医院建设完成区域远程心电诊断会诊中心，在2家试点单位经过半年左右试运行，符合业务发展需求正式投入使用。

（区卫计委）

【计划生育服务管理】年内，完善特殊家庭与人群关怀工作机制，为特殊家庭提供家政服务、送餐、上住院护理险等“三项特别服务”。累计发放计生特殊家庭、独生子女意外伤残或死亡及低保独生子女家庭资金100.52万元。办理完成一孩、二孩及再生育确认服务单8191例。确认2018年全区农村部分计划生育家庭奖扶对象8485人，核实20个省市反馈各类信息5364条。完成国家卫生计生委流动人口动态监测现场22个村共计440人的调查和数据上报工作。

（区卫计委）

【卫生综合监督执法】年内，发放各类卫生许可737件，备案食品企业标准80件；监督检查各类单位14436户次，受理各类投诉举报案件631件，对存在违法行为的933户被监管单位进行行政处罚，罚没金额162.53万元。开展打击无证行医、医疗机构控烟执法等17项专项检查；强化农村生活饮用水监督，农村自备井供水单位监管实现全覆盖，农村自备井合格率位居全市第一。

（区卫计委）

诊 疗

【诊疗情况】年内，全区总诊疗924.29万人次，其中门诊866.13万人次，急诊57.52万人次，出院8.58万人次，手术例数2.56万人次，床位使用率70.78%，出院者平均住院日7.79天。

（区卫计委）

【床位】年内，实有病床3978张，平均每千人常住人口实有床位3.53张。

（区卫计委）

【医疗质量管理】年内，区级质控中心管理办法及工作职责进一步完善，医疗质量管理与控制体系进一步健全，全年共完成各类医疗质量检查14次，开展质量管理培训42课次。全年点评处方6.3万张，不合理处方比例较2017年降低8.62%。继续通过DRGs、临床路径等方式开展医院评价，DRGs平均入组率99.8%，高于全市平均水平；二级及以上综合公立医疗机构纳入临床路径规范化管理病例数占比51.3%，完成市级公立医院改革目标。继续加强区级临床重点专科管理，健全区级临床重点专科建设配套管理制度，进一步规范各专科发展方向，逐步提升区级医院的诊疗服务能力和科研教学水平。

（区卫计委）

【护理工作管理】年内，有注册护士3383人，医护比例1：0.85，有ICU床位30张。全区共上报不良事件179例，其中管路滑脱24例，用药错误24例，跌倒坠床30例，皮肤压疮34例，意外事件65例，操作并发症2例，整改率100%。

（区卫计委）

【血透质量管理】年内，北京血液净化质量控制和改进中心专家组对顺义区医院、中医院、空港医院进行现场检查，并对3家医院血液透析质量管理提出合理化建议。各医院根据专家的建议，结合实际情况进行整改，规范医疗服务行为，有效防控安全隐患。区医院感染管理质量控制和改进中心对各级医疗机构医院感染管理专职人员及主要负责人进行相关知识培训，分别从《医疗机构消毒技术规范》《医院隔离技术规范》《基层医疗机构医院感染管理要求》《重症监护病房医院感染防控要求》等方面进行解读，对辖区内各级医疗机构开展《基层医疗机构医院感染管理基本要求》培训。

（区卫计委）

【对口支援】年内，全区共接收支援医院支援医师131人2527天，开展门、急诊诊疗24968人次，完成手术355例，手术示教145例，疑难病会诊589人次，教学查房318次，学术讲座39次，在支援专家指导下建立特色专科18个，送出医护人员25人到支援医院进修。顺义区深入与内蒙古巴林左旗、内蒙古科左中旗、河北沽源县、河北万全区、西藏尼木开展对口帮扶工作，协同顺义区二级及以上医院到帮扶地区开展实地考察，选派49名专业技术人才到受援地区进行帮扶指导，累计共诊疗6338人次，开展手术80余例，参与疑难病例讨论和会诊20人次，开展新技术、新项目4例，学术讲座和业务培训共1783次，开展教学查房和手术示教25次，下乡义诊2364人次，建设疼痛科门诊、儿科门诊、中医科病房等特色专科。捐献床旁CR机1台、牙片机1台、血液分析仪1台、尿沉渣分析仪1台及开机试剂。全年共接收39名医疗骨干来顺义区进修。

（区卫计委）

【临床合理用药】年内，继续规范抗菌药物使用，组织开展抗菌药物使用培训及资格考试，质控中心对区内社会资本举办的医疗机构开展抗菌药物静脉输液资格审核专项检查活动，按要求对其人员资质、抗菌药物使用指征等内容进行审查，共审批通过15家单位。巩固抗菌药物专项整治活动成果，加强日常抗菌药物使用监测，并配合市级质控中心开展限制性抗菌药物临床监管工作。

（区卫计委）

【处方点评管理】年内，各级医疗机构坚持处方点评制度，严格组织处方点评的实施及结果应用。全面推进三级点评制度，提高处方质量，切实保障患者用药安全。全年点评处方6.3万余张，不合理处方比例较2017年降低8.62%。

（区卫计委）

【院前急救工作】年内，区120急救分中心合理调整各分站布局，新增1家马坡镇急救站点正式投入使用，顺义区院前急救体系建设进一步完善。全年院前急救任务出车18518次，其中心血管疾病2158次，脑血管疾病3708次，外伤5389次，孕产妇325次，儿科190次，CPR81次，突发公共卫生事件246次，各种保障143次。

（区卫计委）

【医疗设备采购审批】年内，严格控制设备购置审批程序，坚持大额采购两级论证原则，促进卫生资源合理配置与建设。年内共受理9家医疗机构、25批次合计70项的采购申请，总计金额6612.3万元，其中超过两级论证限额的项目12项。全年共组织区级论证12次，论证金额共计3475.83万元。

（区卫计委）

【应急救援与大型活动医疗保障】年内，区急救中心承担辖区内大型活动保障工作，在2018年第二十七届燕京啤酒节、清明节祭扫活动、第四届舞彩浅山登山文化节等大型活动中，安排专门的救护车辆、急救人员承担保障任务，共执行专项医疗急救保障任务143次。

（区卫计委）

【体检工作】年内，区中医医院承担区内征兵体检和高招体检工作。征兵体检共760人，无一例责任退兵；高招体检共检查3719人。

（区卫计委）

【全程办事代理】年内，全年医疗机构校验558件，登记注册31件，机构设置审批33件，医疗机构变更124件，医疗机构注销7件。受理医师执业注册、地点变更及外国医师短期行医等719件，护士延续注册及地点变更申请1999件。

（区卫计委）

【区级医院中医药服务能力提升】年内，稳步扩展中医医联体覆盖范围。中医医联体覆盖9家一级医院和45个村级医疗卫生机构。全年出诊、带教340人次，诊疗患者4300余人次；培训24场，受众1500余人次；基层单位上转患者316例。有序开展名中医身边工程。年内共组建17支区级专家团队和9支市级专家团队与26家社区卫生服务中心对接，共计出诊470人次，诊疗患者2266人次，开展中医特色宣教99人次。持续推进中医流动诊车项目，中医流动诊车新增5个巡诊站点，全年共完成巡诊任务308次，服务患者2002人次，同比增长29.08%，健康宣教59次，养生知识普及1560人次。

（区卫计委）

【药品阳光采购工作】年内，自2017年4月医药分开综合改革启动以来，通过药品阳光采购平台采购药品金额35.8亿元，在全区医药采购中占比48.3%，同比下降1.5%。持续开展公立医院控制药占比和卫生材料专项行动，贯彻落实《2017年度医改绩效综合考评发现问题整改工作方案》，通过专家讲解、自查自纠及督办督查等方式，确保改革稳妥有序实施。

（区卫计委）

【首届“中国医师节”】8月20日，区卫生计生委举办以“尊医重卫，共享健康”为主题的首届“中国医师节”主题宣传活动，活动中对“最美健康卫士”“最美基层医师”“最美援助医师”“最美公卫医师”4个奖项的共20名“顺义最美医师”通报表彰。

（区卫计委）

【社区卫生】年内，有社区卫生服务中心26所，社区卫生服务站（运行）173所，均为政府办机构。有卫生技术人员1921人，其中全科医生513人、中医医生114人、注册护士547人；全年门诊2636233人次；家庭医生上门服务10196人次。顺义区完成社区卫生中心（站）标准化建设。

（区卫计委）

【村卫生室】年内，顺义区共有194个村卫生室，其中120个为政府购买服务的村卫生室，74个为私人办村卫生室。全区医疗机构覆盖率为100%。有乡村医生111人，2018年开展考核培训20次。

（区卫计委）

【家庭医生签约服务】年内，辖区常住人口签约401652人，签约率34.3%。重点人群签约193695人，签约率达91.2%。开展预约复诊、定向分诊、集中候诊家庭医生服务全科诊疗新模式的社区卫生服务机构23家（除旺泉、城区社区卫生服务中心和空港医院3家），使用预约复诊系统开展服务11家，使用挂号自助机5家，组建家医服务团队286个，其中一医一护或一医一助理的团队184个。

（区卫计委）

【慢病管理】年内，各社区卫生服务中心共计管理高血压患者53972人，规范管理高血压患者32980人，高血压规范管理率61.1%，血压达标人数29164人，血压控制率54%。管理糖尿病患者25073人，规范管理糖尿病患者15844人，糖尿病规范管理率63.1%，血糖达标人数12677人，血糖控制率50.5%。

（区卫计委）

【健康档案】年内，建立健康档案（均为电子档案）852351份，占总人口数的72.9%；健康档案使用383558份，使用率为45%。健康档案合格率80%，健康档案知晓率65.7%。

（区卫计委）

【社区基本药物采购】年内，26所社区卫生服务中心累计采购药品3989个品规，金额达6.384亿元。其中基本药物3.01亿元，基本药物采购金额占总金额47%。

（区卫计委）

【老年人健康管理】年内，共完成老年人健康管理63010人，管理率70.01%，完成市级要求67%的老年人管理率。

（区卫计委）

计划生育

【流动人口健康教育】年内，按照市卫生健康委工作要求，落实在流动人口中开展卫生计生关怀关爱专项行动，元旦春节期间全区共举办健康讲座、开展义诊、宣传活动等157场，发放“把健康带回家”健康工具包4918个，发放宣传资料6561份，活动惠及2万余人次。在全区25个镇、街组织流动人口已婚育龄妇女健康体检，惠及2000人。开展健康教育与健康促进活动，重点核查流入人口基础信息以及变动情况，了解流动人口的实际需求，开展有针对性的服务管理。普及健康知识和技能，提高流动人口健康意识和健康素养，活动惠及3万余人次。

（区卫计委）

【流动人口动态监测调查】年内，完成国家卫生健康委流动人口动态监测调查工作。4月，全区11个镇（街）、22个村（居）被国家卫生健康委抽选为流动人口动态监测样本点，样本点共涉及440人。在对计生专干及44名村（居）级调查员进行系统培训基础上，动态监测工作调查员对随机抽选的调查对象进行问卷调查，对流动人口家庭成员与收支情况、就业情况、健康与公共服务等进行调查和记录，并按时完成数据审核及上报，6月中旬完成此项工作。

（区卫计委）

【计划生育关怀】年内，扎实做好计生家庭利益导向工作。进一步完善区卫计委、区民政局等5部门联合出台的《顺义区计划生育特殊家庭扶助工作实施方案》。年内，顺义区共有奖扶对象8485人，特扶对象909人。区级奖励扶助金额提高到每人每年1200元，伤残（死亡）特别扶助金提高到每人每年2400元，资金全部发放到位。市区两级奖励扶助金发放2240.04万元，特别扶助金946.908万元。继续落实对低保独生子女家庭的专项救助金37.02万元、独生子女意外伤残或死亡的一次性经济帮助39万元。

（区卫计委）

【计划生育信息化建设】年内，努力提高全员人口数据库质量。一是举办两期镇街（村居）计生专干全员人口数据库应用培训班，全区600余名镇村两级计生干部分批接受共计1天的培训。二是坚持进行全员人口数据库信息比对，定期将助产医院的人口出生信息反馈到各镇街计生办，指导计生办在全员人口数据库中逐条核实、补录、充实库内信息。三是努力完成出生核实工作，2018年利用全员人口数据库共核实全市2014年至2018年助产医院的出生信息35000余条，全区助产医院出生信息共核实6383条出生信息。

（区卫计委）

疾病控制

【概况】年内，顺义区未发生鼠

疫、传染性非典型肺炎、脊髓灰质炎、人感染高致病性禽流感、炭疽、流行性脑脊髓膜炎、白喉、新生儿破伤风、钩端螺旋体病、血吸虫病、人感染H7N9禽流感、麻风病、流行性和地方性斑疹伤寒、黑热病、包虫病、丝虫病。常见多发的传染病有肺结核、梅毒、病毒性肝炎、痢疾、猩红热、淋病、艾滋病、布病、其他感染性腹泻、麻疹、乙脑、手足口病、流行性感冒和流行性腮腺炎等。

（区卫计委）

【传染病防治】 年内，顺义区共报告甲乙丙类法定传染病21种7214例，总报告死亡数14人，总报告发病率为639.54/10万，总报告死亡率为1.24/10万，与2017年相比，总报告发病率、总报告死亡率分别上升14.19%和40.81%。

甲类传染病共报告1种1例（霍乱），报告发病率为0.09/10万。乙类传染病共报告14种929例，报告死亡11人（乙肝4例、乙脑1例、肺结核6例），报告发病率为82.36/10万，报告死亡率为0.98/10万。丙类传染病共报告6种6284例，报告死亡4人（均为流行性感冒），报告发病率为557.09/10万，报告死亡率为0.27/10万。

全年共报告淋病、梅毒、尖锐湿疣、生殖器疱疹、生殖道沙眼衣原体感染5种性病456例，发病率为40.43/10万，同比上升17.29%，无死亡病例。发病顺位为梅毒204例、尖锐湿疣147例、淋病58例、生殖道沙眼衣原体感染44例、生殖器疱疹3例。法定传染病梅毒报告发病率比上年上升8.63%、淋病下降4.54%；其他传染性疾病尖锐湿疣、生殖器疱疹、生殖道沙眼衣原体感染比上年分别上升43.09%、35.78%、24.47%。2018年新增艾滋病感染现住顺义区87例（63例HIV，24例AIDS），累计现住顺义区487例（含死亡8例，查无此人1例），需随访管理478例，其中343例HIV，135例AIDS。478例病例中含顺义区户籍88例，其中51例HIV，37例AIDS；同性传播56例，占63.64%，异性传播31例，占35.23%，不详1例，占1.14%。2018年随访调查565人次，区疾控中心CD4检测68人次，随访检测率达95%以上；抗病毒治疗覆盖率90%以上。

结核病初诊登记685人，确诊结核病人217人，门诊量和初诊登记率与去年同期基本持平，确诊病人略有增多。全区登记管理肺结核病人353例，其中外地患者145例，占病人登记总数的41%。对337名家庭密接成员进行接触者检查，患者家属筛查率达到100%，未检出肺结核患者。密切接触者筛查909名在校师生，未发现活动性肺结核，全区学校无肺结核病疫情发生。结核菌/艾滋病毒双重感染工作中，结防中心筛查5人，无确诊肺结核病例，对70名结核病患者筛查HIV抗体，未发现阳性患者。

2018年顺义区乙类传染病报告发病情况统计表

2018年					2017年			发病率增减（%）
顺位	疾病病种	发病数（例）	发病率（1/10万）	构成比（%）	顺位	发病数（例）	发病率（1/10万）	
1	肺结核	314	27.84	33.80	1	316	30.95	-10.05
2	梅毒	204	18.09	21.96	2	170	16.65	8.63
3	肝炎	110	9.75	11.84	4	103	10.09	-3.32
4	痢疾	97	8.60	10.44	3	135	13.22	-34.96

2018年					2017年			发病率增减（%）
顺位	疾病病种	发病数（例）	发病率（1/10万）	构成比（%）	顺位	发病数（例）	发病率（1/10万）	
5	猩红热	78	6.91	8.40	5	89	8.72	-20.66
6	淋病	58	5.14	6.24	6	55	5.39	-4.54
7	艾滋病	24	2.13	2.58	7	22	2.15	-1.24
8	布病	16	1.42	1.72	8	16	1.57	-9.48
9	麻疹	9	0.80	0.97	9	2	0.20	307.30
10	乙脑	8	0.71	0.86	—	—	—	—
11	百日咳	8	0.71	0.86	10	5	0.49	44.82
12	登革热	1	0.09	0.11	—	—	—	—
13	伤寒+副伤寒	1	0.09	0.11	—	—	—	—
14	疟疾	1	0.09	0.11	11	2	0.20	-54.72

注：表中“—”表示无相关统计数据。

2018年顺义区丙类传染病报告发病情况统计表

2018年					2017年				发病率增减（%）
顺位	疾病病种	发病数（例）	发病率（1/10万）	构成比（%）	顺位	发病数（例）	发病率（1/10万）	构成比（%）	
1	流行性感冒	2477	219.59	39.42	3	1350	132.21	28.11	66.10
2	手足口病	2373	210.37	37.76	2	1474	144.35	30.69	45.74
3	其它感染性腹泻病	1351	119.77	21.50	1	1881	184.21	39.16	-34.98
4	流行性腮腺炎	79	7.00	1.26	4	90	8.81	1.87	-20.54
5	风疹	2	0.18	0.03	5	4	0.39	0.08	-54.74
6	急性出血性结膜炎	2	0.18	0.03	6	4	0.39	0.08	-54.74

【地方病防治】年内，随机抽取龙湾屯镇、北石槽镇、北务镇、李遂镇及石园街道五所中心小学各40人，8-10岁儿童共采集尿标本200人，尿碘中位数为178.5ug/l；育龄妇女200人、成年男性200人，尿碘中位数分别为145.5和167.7ug/l，本辖区内孕妇共采集尿标本200人，尿碘中位数为136.2ug/l，仅有孕妇略低于世界卫生组织推荐的碘营养标准150-249 ug/l。五个乡镇范围内共采居民户食盐300件，总体合格碘盐食用率为79.7%，未达到国家不低于90%的标准。其中，学生家中食盐样品200件，碘盐171件，合格碘盐157件，无碘盐29件，合格碘盐食用率为78.5%；孕妇家中食盐样品100件，碘盐96件，合格碘盐82件，无碘盐4件，合格碘盐食用率为82%。共检查200人，肿大11人，甲状腺肿大率为5.5%，其他重点人群甲状腺触诊检查，共检查600人，均符合国家控制指标小于5%之内。

4月和8月，对12个乡镇的49眼改水井的使用状况和枯、丰水期水氟含量进行调查，结果为改水井正常使用47眼，超标2眼，正常使用率为95.92%，直接受益人口为8万人。水氟含量检测合格率为95.92%。水氟含量在1.2mg/l以上的超标水井2眼，分别为高丽营一村：枯水期1.53mg/l，丰水期结果为1.60 mg/l；板桥稷山营村：枯水期 1.40mg/l，丰水期结果为1.48mg/l。11月，完成张镇良善庄、板桥和高丽营3个小学8-12岁学龄儿童的氟斑牙患病情况调查工作，共检查50人，患病8人，患病率为16.0%。

（区卫计委）

【学校卫生】年内，全区中小学生体检62664人，体检覆盖率为91.19%。中小学生视力不良检出率为57.20%，肥胖检出率为20.49%（中国学生超重肥胖BMI筛查标准评价），营养不良检出率为6.37%（中国学生超重肥胖BMI筛查标准评价），缺铁性贫血检出率为6.22%，学生恒牙患龋率为14.34%，恒牙龋均为0.27，恒牙龋齿填充率为28.91%。

（区卫计委）

【慢性非传染性疾病防治】年内，以2018年慢性病综合防控工作要点为核心，以持续巩固慢性病综合防控示范区机制为主线，通过健康知识普及、全民健康生活方式行动、结直肠癌早诊早治、脑卒中筛查管理及慢病危险因素监测、常见慢性病的规范管理等措施，进一步巩固慢性病综合防控示范区建设成果。开展全人群健康促进行动，促进健康生活方式的养成。多部门联手，将慢病防控关口前移，开展覆盖全人群、贯穿生命全周期、形式多样化的健康促进行动。开展“生命早期1000天营养干预行动”和“幼儿健康知识传播行动”，引导幼儿从小养成良好的健康习惯和生活方式；针对中小学生超重肥胖和视力不良，开展“学生吃动平衡行动”；针对职业人群体力活动不足的现状，开展“健康减重专项行动”，推广职业人群万步有约专项行动，累计覆盖27家机关事业单位近1500人；针对中老年人骨质疏松高发的现状，推广普及毛巾操，提高老年人抗跌倒技能，开展“健康骨骼行动”和“老年人防跌倒行动”。实施国家心血管病高危人群早期筛查与综合干预项目和结直肠癌筛查。健康示范餐厅、食堂、超市、单位、社区、健康公园、健康步道、健康小屋等健康示范机构和支持性环境稳步持续增长，镇街覆盖率100%。开展慢性病主题宣传活动25场次，覆盖3000余人。

（区卫计委）

【计划免疫】年内，全区共接种338217人次，基础免疫、加强免疫报告接种率均在99%以上，本市儿童出生1个月内和流动儿童居住2个月内建卡、建证率均在99%以上。顺义区25家规范化接种门诊中，AAA级门诊3家，AA级门诊13家，A级门诊9家。另有2家其他预防接种门诊。

全年报告疑似预防接种异常反应（Adverse Event Following Immunization，简称AEFI）263例，发生率为11.61/10万针次，全年未发生接种差错事故，安全接种率100%。其中一般反应210例，异常反应46例，偶合症7例，未出现疫苗质量事故和接种事故。263例不良反应涉及疫苗20种，报告发生率在520.32～1.69/10万之间。其中，百白破IPV和Hib五联疫苗、23价肺炎疫苗、麻风疫苗、13价肺炎疫苗、百白破（无细胞）疫苗报告发生率均在100/10万以上。脊灰疫苗、流感疫苗（裂解）报告发生率在10/10万以下。一般反应主要集中在百白破（无细胞）疫苗、百白破IPV和Hib五联疫苗、4价流感疫苗，占全区报告一般反应总数的53.81%。异常反应主要集中在麻风疫苗，共报告18例，占全区异常反应报告总数的39.13%，其次为麻腮风疫苗7例、无细胞百白破疫苗、EV71疫苗均为5例，共占异常反应病例总数的36.96%。狂犬疫苗、麻疹疫苗、乙脑（灭活）疫苗、霍乱疫苗、百白破Hib四联、狂犬病球蛋白、流脑A+C（结合）、AC-Hib联合疫苗无不良反应报告。263例不良反应病例中男性141例，占53.61%，男女比例1.16:1。年龄最大的60岁，最小的3月龄。不良反应主要发生于2岁以及下婴幼儿，其中，0岁组76例，1岁组120例，2岁组21例，占病例总数的82.51%。

（区卫计委）

【外来务工人员麻疹、流脑疫苗接种】年内，全区共调查集中用工单位522家，应接种麻疹疫苗3541人次，实接种3016人次，接种率为85.17%；应接种流脑疫苗3507人次，实接种2992人次，接种率为85.31%。学龄前流动儿童强化查漏补种工作共调查到学龄前流动儿童22289人，补种/预约381人次，补卡、补证率、各疫苗补种/预约补种率均达到100%，达到北京市指标要求。

（区卫计委）

【流感疫苗接种】10月22日起，顺义区28个流感疫苗接种门诊对本市60周岁以上老年人和中小学校在校学生开展流感疫苗接种工作。截至12月31日，全区流感疫苗共接种83773人次（接种人数同比下降3.55%），其中自费疫苗4105人次；招标流感疫苗中，60岁以上老人接种41080人次，接种人数较2017年（41384人次）下降0.74%；学生接种37222人次，接种人数较2017年（39751人次）下降6.36%；其他保障人群共接种1366人次；招标流感疫苗合计接种79668人次，较2017年（82519人次）下降3.45%。

（区卫计委）

【疫病防治 疫苗相关疾病及应急接种】年内，未报告狂犬病病例。5家狂犬门诊共接诊动物致伤病例15841例，比2017年（14187例）上升11.67%，致伤动物种类主要是犬（致伤10439人，占65.9%），其次是猫（致伤4719人）和其他动物（致伤683人）。百日咳散发病例8例，其中本地病例3例，外省病例5例；2017年同期发病5例，其中本地病例4例，外省病例1例。麻疹发病率高于2017年，共报告疑似麻疹病例34例，其中实验室确诊麻疹9例，排除25例，发病率为0.80/10万，排除率为3.6/10万。发病率比上年发病率（0.20/10万）上升300%。共确诊9例麻疹病例，比上年发病数（2例）增加7例。共进行应急接种34次，累计应接种90人次，实接种麻风疫苗34次，90人次，接种率100%。共报告疑似风疹病例10例，其中实验室确诊风疹2例，实验室确诊麻疹病例1例，排除7例，发病率0.18/10万，比上年（0.39/10万）下降54.74%。共报告流行性腮腺炎80例，发病率7.09/10万，较去年下降19.53%。应急接种麻风腮疫苗1次，共接种1人次。共报告水痘病例815例（含4例外籍病例、3例港澳台病例），发病率72.25/10万（含外籍病例），比上年（74.62/10万）降低3.18%。5月和11月，出现2次发病高峰，累计发病211例，占全部水痘病例的25.89%，其中5月份发病105例，11月份发病107例，其他各月份平均发病61例，发病趋势与往年相似。共出现水痘暴发疫情5起，无突发公共卫生事件。5起暴发疫情均发生在学校，分别为杨镇二中、牛栏山一中、大风车幼儿园、双兴小学和板桥中心小学。累计发病79例，应急接种10人。全年共应急接种水痘疫苗28次，接种314人次。报告病毒性肝炎110例，发病率9.75/10万，同比下降5.16%。其中新发病毒性肝炎（仅包括急性和未分类）47例，发病率4.17/10万，较去年上升6.37%。甲肝2例，发病率0.18/10万，同比下降54.74%；乙肝16例，发病率1.42/10万，同比上升44.84%；丙肝6例，发病率0.53/10万，去年同期无发病；戊肝15例，发病率1.33/10万，同比下降28.53%；未分型肝炎8例，发病率0.71/10万，同比上升3.46%；无死亡病例及暴发疫情报告。母婴阻断工作全年共监测母亲HBsAg（+）的儿童40名，检测结果显示乙肝感染0人，感染率0.00%；抗体阳转人数37人，阳转率92.50%。全年共接到医疗机构报告乙脑病例8例，其中外地户籍病例7例（黑龙江省5例，山西省2例），本市户籍病例1例。实验室确诊病例7例，临床诊断病例1例。8例病例出院后，死亡1例，后遗症3例，4例带呼吸机辅助治疗回原籍后失访。其中1例实验室确诊病例死亡以突发公共卫生事件上报。2018年全区乙脑总发病率为0.71/10万，2017年同期无发病。

（区卫计委）

2018年顺义区本市儿童疫苗基础免疫情况统计表

疫苗基础免疫		应种人数（人）	受种人数（人）	接种率（%）
乙肝	1	7258	7249	99.88
	2	8509	8509	100.00
	3	9264	9264	100.00
	合计	25031	25022	99.96
脊灰	1	8483	8483	100.00
	2	8558	8558	100.00
	3	8757	8757	100.00
	合计	25798	25798	100.00
百白破	1	8564	8564	100.00
	2	8678	8678	100.00
	3	8714	8713	99.99
	合计	25956	25955	100.00
白破	1	0	0	0.00
	2	0	0	0.00
	3	1	1	100.00
	合计	1	1	100.00
麻风		8841	8841	100.00

疫苗基础免疫		应种人数（人）	受种人数（人）	接种率（%）
A 群流脑	1	8806	8805	99.99
	2	8675	8673	99.98
	合计	17481	17478	99.98
乙脑	1 岁	9876	9874	99.98
甲肝	1.5 岁	10654	10652	99.98

2018 年顺义区本市儿童疫苗加强免疫情况统计表

疫苗加强免疫		应种人数（人）	受种人数（人）	接种率（%）
乙肝	初一	3360	3360	100.00
脊灰	4 岁	9845	9844	99. 99
百白破	1. 5 岁	10375	10373	99. 98
白破	6 岁	6822	6822	100.00
	初三	0	0	0.00
	大一	0	0	0.00
	合计	6822	6822	100.00
麻腮风	1.5 岁	10664	10664	100.00
	6 岁	7001	7001	100.00
	合计	17665	17665	100.00
麻疹	大一	0	0	0.00
A+C 流脑	3 岁	5909	5909	100.00
	小四	4756	4756	100. 00
	合计	10665	10665	100. 00
乙脑	2 岁	9704	9701	99. 97
甲肝	2 岁	9477	9475	99. 98

2018年顺义区外来儿童基础免疫情况统计表

疫苗基础免疫		应种人数（人）	受种人数（人）	接种率（%）
乙肝	1	4166	4166	100.00
	2	4334	4334	100.00
	3	6634	6634	100.00
	合计	15134	15134	100.00
脊灰	1	4929	4929	100.00
	2	5474	5474	100.00
	3	6004	6004	100.00
	合计	16407	16407	100.00
百白破	1	5331	5331	100.00
	2	5840	5840	100.00
	3	6091	6091	100.00
	合计	17262	17262	100.00
白破	1	0	0	0.00
	2	1	1	100.00
	3	0	0	0.00
	合计	1	1	100.00
麻风		6521	6521	100.00
A群流脑	1	6367	6367	100.00
	2	6485	6485	100.00
	合计	12852	12852	100.00
乙脑	1岁	6740	6740	100.00
甲肝	1.5岁	7524	7524	100.00

2018年顺义区外来儿童加强免疫情况统计表

疫苗加强免疫		应种人数（人）	受种人数（人）	接种率（%）
乙肝	初一	1129	1129	100.00
脊灰	4岁	6493	6493	100.00
百白破	1.5岁	6751	6750	99.99
白破	6岁	4496	4496	100.00
	初三	0	0	0.00
	大一	0	0	0.00
	合计	4496	4496	100.00
麻腮风	1.5岁	7492	7491	99.99
	6岁	4970	4967	99.94
	合计	12462	12458	99.97
麻疹	大一	2340	2340	100.00
A+C流脑	3岁	4840	4840	100.00
	小四	2149	2149	100.00
	合计	6989	6989	100.00
甲肝	2岁	6460	6459	99.98
乙脑	2岁	6871	6870	99.99
	3	266	266	100.00
	4	0	0	0.00
合计		7137	7136	99.99

【职业卫生】年内，对煤工尘肺、矽肺、石棉肺及石棉所致肺癌和间皮瘤、苯中毒及苯所致白血病、铅中毒、噪声聋、布鲁氏菌病、电焊工尘肺、职业性慢性锰中毒、职业性慢性溶剂汽油中毒与汽油致职业性皮肤病等职业病开展监测，监测覆盖全区28个乡镇、街道办事处及经济功能区涉及10种职业病危害因素的所有用人单位和劳动者。共收集481家重点职业病危害企业资料，包括288家用人单位职业病危害因素检测信息和314家用人单位职业健康检查信息；收集个案卡数22848个，排除非监测范围、外区及危害不明的个案后，涉及10种危害的个案卡数17482个，其中在岗14538个（16562人次）；收集16个职业病病例工伤保险待遇落实情况信息。全年共接报职业病（含疑似）及农药中毒55例，其中确诊职业病9例，疑似职业病36例，农药中毒10例。职业病报告数量总体与上一年持平。确诊职业病同比下降73.53%，其中尘肺病7例，同比下降56.25%；职业性中暑2例，上一年度无报告。疑似职业病同比上升300%，其中疑似噪声聋23例，疑似苯中毒9例，疑似电焊工尘肺3例，疑似布鲁氏菌病1例。农药中毒10例，同比下降16.67%，其中生产性中毒2例，非生产性中毒8例；死亡2例。全年访视职业病报告病例9例，职业病报告卡审核55例，并协助处理职业病信访事件4起，审核用人单位信息91条，有毒有害作业工人健康监护汇总表201份。

（区卫计委）

【放射卫生】年内，一是完成7家医疗卫生机构9台设备的医用辐射防护检测，初检设备防护超标率为33.3%（3/9），经调试复测合格。二是完成27家医疗机构哨点调查，数据录库并上交市疾控。放射本底水平监测按要求每季度开展室内外环境本底剂量监测，共采集8件样品；4月、9月，完成土壤和水体本底监测，共采集10件样品；本底水平检测结果均在正常范围。2018年，共完成全区77家放射单位470名放射作业人员1773人次的个人剂量监测，个人剂量检测人次率为98.4%，与2017年基本持平；其中发现9人大剂量，经现场调查主要原因是剂量计留置机房，均排除职业因素。

（区卫计委）

【营养与食品卫生】年内，全年化学污染物及有害因素监测生肉、肝脏、酒类、水果、烤鱼片、食品用纸制品和竹木筷7类90件样品，检测项目包括食品中有害元素、农药残留、兽药残留、有机污染物、加工过程产生的有害物质等，有评价标准的样品全部合格。食品微生物及其致病因子监测婴幼儿谷类辅助食品、动物性海水产品、坚果/籽类的酱、酱及酱制品和鲜海鱼（国家专项）5类115件样品，监测项目包括肠杆菌科、克罗诺杆菌属、单核细胞增生李斯特氏菌、金黄色葡萄球菌、沙门氏菌、蜡样芽孢杆菌、大肠菌群、霉菌和异尖线虫三期幼虫等，致病菌检出率为4%。全年在区主要商场超市、市场共监测熟食凉拌菜40件。检测项目为金黄色葡萄球菌、沙门菌、产气荚膜梭菌、变形杆菌和单核细胞增生李斯特菌及亚硝酸盐。结果显示有一件检出金黄色葡萄球菌，其余指标均合格；60件整禽（鸡）中人畜共患病原监测，检测项目为小结肠耶尔森菌、沙门菌、弯曲菌和单核细胞增生李斯特菌。结果显示，整禽（鸡）致病菌检出率91.7%，其中弯曲菌检出率78.3%，沙门氏菌检出率16.7%，变形杆菌检出率20.0%，单核细胞增生李斯特菌检出率20.0%。熟食致病菌检出率5.0%，金黄色葡萄球菌检出率5.0%；20件生猪肉、猪肝监测，项目为β受体激动剂。结果显示，9件猪肝有2件样品检出禁用药物沙丁胺醇、克伦特罗和特布他林，检出率为22.2%；8件猪肉有3件样品检出禁用药物沙丁胺醇和特布他林，检出率为37.5%

（区卫计委）

【食源性疾病病例监测】年内，食源性疾病病例监测在所有医疗机构开展，并开展健康教育宣传工作。主动监测在顺义区医院、空港医院2家哨点医院开展工作，年内除检测国家要求的沙门氏菌、副溶血弧菌、志贺氏菌、致泻性大肠埃希氏菌和诺如病毒5种病原体外，还增加弯曲菌、耶尔森氏菌、肠出血性大肠杆菌0157、轮状病毒等病原体的检测。主动监测共采集病例375例及粪便标本374例，开展全病原检测367例。检出病原169株，阳性病例159例（10例双阳性），阳性率为43.3%。致病性细菌检测病例367例，检测项目包括沙门氏菌、志贺氏菌、致泻大肠埃希氏菌、副溶血弧菌、空肠弯曲菌、弧菌等，检出菌株131株，阳性病例126例（5例双阳性），阳性率为34.3%，包括39例副溶血弧菌、38例致泻大肠、28例弯曲菌、24例沙门氏菌、1例小肠耶尔森氏菌、1例创伤弧菌；轮状病毒和诺如病毒检测标本120例，检出菌株38株，诺如病毒21株，轮状病毒17株。阳性病例37例（1例双阳性），阳性率为30.8%。全年共出动15次现场流调，处理11起疑似食源性疾病事件，有11起事件开展现场流行病学调查，均及时上报市疾控中心营养与食品卫生所，最终有10起确定为食源性疾病事件，现场调查处理采集样品199件。与去年（3起开展调查，1起确定为食源性疾病事件）相比，开展调查及确定食源性疾病事件数量均明显增多。

（区卫计委）

【饮用水监测】年内，完成北京市疾控中心饮用水监测报表工作，其中市政供水末梢水120件（次／月），二次供水80件（次／季），农村自备井水77件（次／半年）。监测结果显示顺义区水质整体情况良好，个别地区出现二次供水和末梢水细菌总数、铁和浑浊度超标，复测结果均合格；农村自备井水存在主要问题是氨氮、总大肠菌群、耐热大肠、菌落总数、砷超标。对辖区农村1家联村水厂、2家单村水厂开展饮水安全评价工作，学习并掌握水厂设备、管网的工艺及健康风险。现场提出单村水厂管理方面的缺失、联村水厂对职工健康保护不到位等问题；通过评价工作为李桥镇庄子营村解决生活饮用水锌超标问题。2018年，顺义区首次开展卫生系统农村水厂评价。配合卫生监督所处理水投诉28起，采集水样55件；其中市政供水（居民楼）投诉事件14起，监测结果均合格；农村自备井水投诉14起，监测结果全部不合格，不合格项目反馈给卫生监督所。2018年共发生1起水污染事件。

（区卫计委）

【公共场所环境卫生监测】年内，完成公共场所136家单位，795件样品的抽检。旅店业、沐浴场所、影剧院、商场超市等公共场所，共抽检97户，抽检合格93户，合格率为95.9%；抽检样品597件，合格590件，合格率为98.8%。对全区48家游泳场所进行水质监测，抽检样品192件，合格111件，合格率57.81%。抽检合格21户，合格率43.75%，不合格27户，不合格指标主要为尿素。开展公共场所危害因素监测，共监测134家公共场所，年内，监测的场所类型中增加医院候诊室、公共交通等候室。2018年探索监测的新项目包括：公共用品用具pH值、空气中β—溶血链球菌、嗜肺军团菌、肺炎链球菌、金黄色葡萄球菌。

（区卫计委）

【精神卫生】年内，顺义区录入北京精神卫生信息管理系统并上传卫生部减去死亡后的精神病患者4550人。其中严重精神障碍患者在册3255人（指精神分裂症、持久的妄想性障碍、分裂情感性障碍、双相情感障碍〈包括躁狂发作〉、癫痫所致精神障碍、精神发育迟滞伴发精神障碍的患者3190人，强制报告的六类外病种患者65人），其他严重精神障碍患者1295人。全区有长期免费服药患者1814人，其中享受老政策免费服药患者572人，新政策累计1242人，新增313人。全年共发放免费药品金额229万余元。全年共进行5次临时免费投药，共为923余名在档患者免费投药金额112万元。按照北京市卫计委要求，精防所继续开展“四进行动”工作，全年共进社区15场、进企业3场、进学校4场、进特殊人群4场；举办健康大讲堂2场；总受众人数达2000余人次，发放宣传材料4000余份。

（区卫计委）

【消毒与有害生物防制】5—10月，对机场口岸周边居民区、保税区、宾馆、建筑工地、温榆河流域、绿地7个监测点开展监测18次；布诱蚊灯504灯次，共捕获蚊虫8564只，蚊密度为8.5只／灯·小时。成蚊种类分3属6种。全年鼠密度为0.38%；蟑螂密度0.01只／张·夜；蝇监测密度 6.87 只／笼；蚊监测中人诱停落法全年平均密度 1.59 只／人•30 分钟，CO_2 诱蚊灯法密度 3.83 只／灯•小时，蚊幼监测阳性率为 0。现场处理疫情共计 18 次，现场消杀及指导 31 人次。地段传染病病家消毒工作，全年共电话抽查全区 180 例户次病家消毒隔离工作检查。消毒效果监测全年共计采样 1882 件，合格率 95.01%。

（区卫计委）

【健康教育与健康促进】年内，一是联合区科委、区人力社保局等部门，加大工作协调力度，开展疾控系统健康大课堂活动，讲座内容涉及心脑血管、恶性肿瘤、心理健康、健康生活方式、视力保护、临床营养等。二是配备专项资金作为授课老师的交通及授课费用。三是设专人负责协调。年内完成专题讲座 15 场，直接受众约 4300 余人。

（区卫计委）

【《影响孩子一生的健康书》系列绘本配发】8 月，全区各幼儿园以疾控中心配发的《影响孩子一生的健康书》系列绘本内容为基础，围绕洗手、爱眼、爱牙、爱耳、运动、饮食、意外伤害、睡眠等健康主题，通过开展“讲健康故事”“趣味健康课”等主题活动，以情景剧、健康歌、快乐舞、健康操等形式组织开展健康节目创意表演。此次行动覆盖顺义区 100 余所各级各类幼儿园 2.5 万余名在园儿童，各幼儿园围绕本书创作上报健康故事、情景剧、“趣味健康课堂”优质教学案例等 377 个。

（区卫计委）

【健康知识宣传】年内，在全区各级医疗机构累计开展健康大课堂场次总计 1755 场，完成全年工作任务的 175.5%，累计受益人数十万人。围绕世界卫生日、世界无烟日等主题宣传日开展宣传咨询活动 312 次。向学校、街道、社区、医院、社区卫生服务中心等部门提供慢病主题相关宣传印刷资料 14 种 332000 余份，相关宣传栏模板 6 种，贴纸 1300 份。利用报纸、电视、广播累计播（刊）出健康节目 260 余期，另外利用户外电子屏、宣传栏、车站灯箱等形式开展宣传 230 余期次。北京顺义健康教育微信公众号发布图文信息 443 条（其中原创 103 条），累计阅读量达 128 万人次；头条号关注粉丝 6695 人，累计发布图文信息 298 篇，阅读量达 175.8 万人次。微博发布图文信息 1091 条（原创 486 条）。

（区卫计委）

妇幼保健

【围产保健】年内，户籍人口产妇 8052 人，活产 8176 人。孕产妇系统管理率 97.44%，产妇建卡率 100%，产前检查率 99.98%，早检率 99.76%，产后访视率 97.71%，住院分娩率 100%。高危孕产妇筛查率 77.74%，高危妊娠管理率 100%，高危孕产妇住院分娩率 100%。户籍围产儿 8196 人，围产儿死亡 25 例，围产儿死亡率 3.05‰，早期新生儿死亡率 0.61‰。户籍人口孕产妇死亡 0 例。剖宫产率 43.54%，产后出血发生率 22.05%、中重度贫血发生率 4.87%、妊高征发生率 6.25%，危重孕产妇发生率 2.53%。

（区卫计委）

【出生缺陷防治】年内，为 1584 人发放叶酸，并提供健康教育，叶酸服用率 99.30%，随访率 100%，叶酸服用依从率 86.68%。产前检查及产后访视补助146人，补助金额 89593 元。住院分娩的孕产妇接受艾滋病、梅毒、乙肝检测 10183 人，检测率 100%，艾滋病、梅毒、乙肝的检测率达到市级目标。未发现艾滋病感染的孕产妇。发现并上报梅毒感染孕产妇 5 例，均转诊到地坛医院进行规范治疗，其婴儿出生时均未发现先天梅毒儿。感染乙肝病毒的孕产妇 100 例，所生新生儿接种乙肝免疫球蛋白 100 支，接种率 100%。

（区卫计委）

【孕产期心理保健】年内，开设孕前及孕产期心理保健门诊，结合医院精神心理保健中心的成立，对孕前和孕早期建册的孕妇进行心理筛查，对于筛查高危人员进行心理诊断，随后进行心理疏导或生物电治疗。同时以点带面，组织全区妇女保健人员进行《职业压力与干预》《孕产期心理和产后抑郁》《孤独症早期识别》《0-6 岁儿童心理健康与家庭指导》等心理保健培训，全年共接诊 7230 余人，其中筛查出高危孕妇 630 余人，心理疏导

104人，转诊4人。

（区卫计委）

【儿童保健】年内，户籍人口活产8176人，新生儿访视7825人，新生儿访视率95.71%，高危儿合格管理992人，高危儿合格管理率65.74%。

（区卫计委）

【新生儿疾病筛查】年内，全区助产机构开展新生儿听力筛查10649例，筛查覆盖率99.63%，新生儿耳聋基因筛查率99.78%；新生儿疾病筛查10251例，筛查率99.78%，异常追踪41例，确诊甲低4例，苯丙酮尿症3例。

（区卫计委）

【死亡评审 生命监测】年内，根据市卫计委《关于加强北京市危重新生儿转会诊工作的通知》要求，依托北京儿童医院托管平台，打造顺义区妇幼保健院和顺义区医院2家危重新生儿转会诊中心，建立顺义区高危新生儿转会诊网络，畅通转会诊绿色通道。加强新生儿窒息复苏培训与考核，提升儿科抢救水平。5岁以下儿童死亡死因顺位分别为：第一位早产低体重，第二位肺炎，第三位先心病；提高5岁以下儿童生命监测质量，规范开展儿童死亡评审，有效降低儿童死亡率。

（区卫计委）

【儿童早期综合发展】年内，儿童早期综合发展服务中心结合儿童生长发育和心理行为偏离开展儿童康复训练，主要针对走路姿势异常（x型腿、o型腿、内八字、外八字）、感统失调、智力发育落后、语言发育落后等进行训练。

（区卫计委）

【学前儿童保健】年内，加强托幼园所卫生保健管理工作。完成辖区内33所幼儿园9767名在园儿童的体检工作。发现眼科疾病（内斜、外斜，结石）262例，心脏杂音5例，扁桃体Ⅱ°以上肿大120例，均开具转诊单上转至区妇幼保健院继续治疗。完成入院体检3449人，发现听力可疑异常转诊23例，其中确诊6例；发现贫血17例，其中1例确诊为急性淋巴细胞白血病；发现转氨酶异常8例，其中1例诊断为肝豆状核变性，1例为Duchenne型肌营养不良症，均进行相应的转诊与治疗。

（区卫计委）

【青春期保健】年内，依据北京市青少年保健综合服务管理工作要求，配合区卫计委制定《顺义区青少年综合服务项目方案（2018-2020年）》。联合教委、学校、社区开展青少年问题调研，同时对医疗机构青少年服务能力情况进行调查，区妇幼保健院开设青春期保健门诊，为青少年提供青春期心理、生殖系统保健、避孕节育咨询和性保健等综合服务，同时开展青春期大课堂走进校园讲座3次，开展健康调查问卷270份，采取多种形式开展青春期保健服务。

（区卫计委）

【爱婴医院建设】年内，爱婴医院管理常态化，开展全区爱婴医院产儿科医护人员及相关科室专业技术知识区级培训1次，完成区级督导4次，在国际母乳喂养宣传周期间，各医院利用义诊、孕妇学校、培训等形式开展相关宣传活动，完成北京市爱婴医院暗访工作。

（区卫计委）

【妇幼保健健康教育】年内，继续开展妇幼保健及基本和重大公共卫生宣传教育工作，充分利用网络、媒体、深入社区、学校宣传等方式，提高百姓的知晓率。开展“三八妇女节”“世界孤独症日”“爱耳日”“母乳喂养周”“爱牙日”“预防出生缺陷日”等宣传日纪念日活动12次；走进社区、机关、幼儿园开展“高血压”“糖尿病”“生长发育讲座”“心理保健”“女性生殖健康”“更年期”“青春期”“儿童保健”等健康讲座35场；进社区宣传基本及重大公共卫生政策及相关知识2次；顺义电视台录制《健康有约》高危妊娠风险防范、孕产期心理保健、儿童多动症、儿童睡眠等6期节目； 通过微信推出“宫颈癌、乳腺癌”“妊娠期高血压疾病”“身高促进”“新生儿听力筛查”等妇幼健康科普知识共142篇。

（区卫计委）

【计划生育技术管理】年内，计划生育手术10533例，其中本地4793例，外地5740例。宫内节育器放置术835例，宫内节育器取出术1182例，输卵管结扎术41例，负压吸宫术1392，药物流产1123例，无痛负压吸宫术5821例，手术并发症0例。计划生育手术单位管理率100%。

（区卫计委）

爱国卫生

【爱国卫生月活动】 4月，根据顺义区实际情况，按照《北京市人民政府关于进一步加强新时期爱国卫生工作的实施意见》（京政发〔2015〕54号）和《健康北京人—全民健康促进十年行动规划（2009-2018年）》的文件要求，区爱卫办制定并下发《关于开展第三十个爱国卫生月活动的通知》（顺爱卫发[2018]4号）。活动期间，全区共出动人员15000余人，车辆200余次，清理卫生死角1000余处，清乱倒垃圾100余吨，捡拾白色污染物600余公斤，清除非法小广告2000余处，清理绿地41余万平方米，清理破损牌匾55块，清理、清除乱涂乱挂的非法小广告70处，彻底清除背街小巷、城中村、城乡结合部和铁路公路沿线的卫生死角，加强农贸市场等重点行业的卫生管理，并开展春季灭鼠活动。

（区卫计委）

【世界无烟日活动】 5月17日，区爱卫办联合区文化委、区卫生监督所在顺义区图书馆报告厅开展第31个世界无烟日主题宣传活动。区文化委、区卫生计生监督所、区爱卫办相关工作人员以及网吧、KTV及影剧院从业人员近90人参加。

（区卫计委）

【控烟专项执法行动】 5月30日—6月8日，区爱卫办联合区卫计委法制科、区卫生监督所、区控烟志愿者队伍共投入56人次开展重点场所控烟专项执法行动，对顺义区仁和卫生院、万家灯火饺子城（金汉店）、北京宏远航城物业管理有限责任公司、北京千龙网都尽情上网服务有限公司、北京协众国际酒店管理有限公司等26家单位进行检查。8月9日，区爱卫办联合区文委、区卫计委法制科、区卫生计生监督所共同开展互联网上网服务营业场所控烟专项执法行动。本次联合执法分成2个检查组，采取“双随机”的抽查方式，分别对辖区内北京钻石之星上网服务有限公司、北京千龙网都尽情上网服务有限公司、北京三同捷创上网服务中心等22家网吧进行检查。2018年接报控烟投诉294起，办结294起，办结率100%。

（区卫计委）

【控烟宣传】 年内，在各类宣传活动中共发放控烟标识70000余张、海报30000余张、折页30000余张、控烟条例17000余本、监督检查证9000余个、控烟纸巾、毛巾等各类宣传品近45000余份，投入控烟宣传资金12万元；累计监督检查4727户次，责令整改87户次，处罚89户次，罚款金额共计62400元，其中一般程序 13户次，罚款金额共计58600元；简易程序76起，个人罚款金额3800元。

（区卫计委）

【国家卫生区复审】 年内，全国爱卫会下发《全国爱卫会关于2017年国家卫生城市（区）和国家卫生县城（乡镇）复审结果的通报》（全爱卫发[2018]2号）文件，通报重新确认北京市顺义区为国家卫生区。10月25日，在北京市爱卫会召开北京市国家卫生区创建与复审工作现场会上，顺义区通过国家卫生区复审并授发奖牌。

（区卫计委）

【农村户厕升级改造】 年内，结合全市美丽乡村建设工作总体部署，顺义区将户厕升级改造工作纳入《顺义区“实施乡村振兴战略扎实推进美丽乡村建设”专项行动计划（2018-2020年）》，明确最终达到无害化户厕基本全覆盖的工作目标。结合市级主管部门工作要求，制定《顺义区美丽乡村建设中农村户厕升级改造工作方案》，指导具体工作开展。制定《顺义区农村卫生间升级改造参考标准》，在市级1000元/户改厕补助标准的基础上，增加区级财政投入到3000元/户。召开区级农村户厕改造工作部署会，部署全区改厕工作，确定20个试点村进行优先改造。年内全区改厕工作全面启动，20个试点村的地下污水管网建设工作有序进行。

（区卫计委）

体　育

【概况】 年内，顺义体育工作紧紧围绕打造健康顺义的总目标，以党建为引领，抓住备战两个市运会、服务保障冬奥会和冬残奥会、构建全民健身公共服务体系三项重点工作，统筹推进群众体育、竞技体育、体育产业、体育文化四个方面，不断推动全区体育事业全面快速可持续发展。

（区体育局）

【三级网络推进设施惠民】年内，一是加大基层体育设施的配建力度。完善以“15 分钟健身圈”为基础的全民健身设施格局，顺义区 71 片专项体育场地设施建设全面启动。二是落实市级民生实事项目。投入 445 万元，完成空港街道、双丰街道 2 个全民健身示范街道和赵全营镇、马坡镇、李遂镇 3 个体育特色乡镇创建工作。三是落实惠民举措增进民生福祉。组织开展城乡手拉手体育公益行，为全区 19 个镇、6 个街道免费发放乒乓球台、音响、体重秤 5100 份。全面开展科学健身指导和服务，为全区各镇、街 49 个体质监测站点开展体质测试活动，完成监测人数达 4900 人。

（区体育局）

【四大平台推进服务惠民】年内，建立和完善“知识宣教、健身指导、社团发展、便民服务”四大健身服务平台，不断提升体育惠民服务水平。一是科学健身宣教平台。通过在区主流媒体和官方微信平台开设科学健身专栏、开展科学健身系列讲座等方式，增强科学健身意识，普及科学健身知识。与区广播电台策划制作运动健康栏目，通过电台播放进行传播，提升市民运动健康素养。二是健身指导服务平台。全年组织各类体育技能培训活动 20 次，培养二、三级社会指导员 406 名，冰雪社会体育指导员、校园辅导员 215 名。三是体育社团发展平台。扶持培育街道和社区（村）体育协会等基层体育组织。全区有各级各类体育社会组织 38 个，2018 年扶持门球协会、登山协会、大兴武术社、拔河协会、钓鱼协会等 15 个体育社会组织发展，直接带动 10 万人参与体育锻炼。四是晨晚练点便民平台。构建便民利民的健身平台，全区有晨晚练体育活动点 469 个，每万人拥有健身活动站点 4.16 个，乡镇、街道社会体育指导员实现全覆盖。

（区体育局）

【五化模式推进赛事惠民】年内，以满足市民多元化健身需求和参与全民健身赛事活动需求为目标，探索赛事组织“五化”的新模式。一是承办赛事精品化。以传统节日庆典为契机，大力发展民族传统体育项目，投入 130 余万元，举办北京市春节期间全民健身系列活动暨北务镇舞龙大赛、首届民族体育交流展示活动、第四届舞彩浅山山地马拉松等一系列精品体育赛事。二是冰雪活动多样化。开展 20 多项次区级冰雪赛事和活动，带动全区 40 万人参与冰雪运动。三是健身活动品牌化。投入资金 125 万元，以顺义区全民健身宣传周为主题，开展长跑、风筝、拔河等 8 项全民健身宣传周品牌赛事活动，带动市民广泛开展全民健身活动。四是赛事组织社会化。投入资金 50 万元，推动全民健身全民办，引导、鼓励和支持社会力量参与，推动全民健身赛事活动的供给主体和供给方式多元化。五是市民健身团队规范化。投入资金 590 余万元。在北京市第十五届运动会群众组比赛中，本区派出 448 名选手参加 14 个大项 24 个小项的角逐，取得全市第二名。

（区体育局）

【北京市第十五届运动会】年内，竞技体育以备战北京市第十五届运动会契机，在备战北京市第十五届运动会过程中，体育局党组从人力、物力、财力等方面给予支持，调动各方面资源，通过增加外训频次、改善运动员伙食、认真开展针对性训练等措施，全力为市运会提供训练和竞赛保障。顺义区代表团由 623 人组成，参加竞技组比赛中的田径、柔道、羽毛球、拳击等 20 个项目的角逐。最终，以 59 枚金牌、72 枚银牌、84 枚铜牌、团体总分 2259.5 分的成绩，取得全市金牌总数、奖牌总数、团体总分 3 个第五名成绩，并获得体育道德风尚奖、优秀承办单位等奖项。

（区体育局）

【竞技体育捷报频传】年内，获得市级各项锦标赛金牌 150 余枚。

（区体育局）

【业余训练服务和管理】年内，通过“请进来，走出去”的方式，扶持中小学球类比赛项目，不断加强对业余训练项目布局的规划和调整，开展青少年训练营等活动，为落实校园“1248”后备人才梯队建设工程和“3+3+3”网点校建设工作打下基础。业训项目不断拓宽，新成立中国式摔跤队，聘用原国家柔道队总教练程志山为项目总顾问，不断将本区柔道摔跤项目做大做强。

（区体育局）

【后备人才培养】年内，发挥社会力量促进青少年体育后备人才培养，利用体育社会组织、职业体育俱乐部资源，通过政府购买服务、梯队共建、场地保障等方式，促进篮球、乒乓球、羽毛球等项目后备人才培养。参加全国及北京市传统项目学校比赛获得奖牌19枚。投入资金130万元加强教练队伍师资培养，选派20余名教练参加市级传统项目学校师资训练培养，2018年本区共注册26个项目，审核通过运动员1659名。共输送到一线8人、一本15人、二本17人、体育中专12人，初步形成梯队比较健全、人才项目比较丰富的业训队伍。

（区体育局）

【助力北京冬奥会】年内，紧抓北京筹办2022年冬奥会和冬残奥会重大历史机遇，从政策保障、场地建设、冰雪活动普及、竞技人才培养等方面多点发力，扎实做好全区服务保障冬奥会的牵头工作。10月30日，由体育局起草的《顺义区积极参与2022年冬奥会和冬残奥会北京筹办任工作方案》在全市范围内率先以区委、区政府文件印发实施。成立由区委书记、区政府区长任组长，全体常委、副区长任副组长，全区71家相关单位一把手任成员的工作领导小组，梳理出7大领域38项具体任务，为顺义区服务保障冬奥筹办提供完备的制度机制保障。广泛开展冰雪运动知识进校园、进农村、进社区、进机关“四进”活动，充分利用广播、电视、报刊、互联网等媒体开展形式多样的冰雪运动宣传活动，推广普及冬奥会、冰雪运动知识，形成浓厚的冰雪体育文化氛围，全年宣传受众人数达到38万人次。

（区体育局）

【全民参与冰雪运动】年内，举办第四届市民冰雪欢乐季，开展20多项次区级冰雪赛事和活动，组织全区19个镇、6个街道的3万多名零基础市民在莲花山滑雪场、乔波滑雪馆等7处冰雪场地免费体验冰雪活动。区级冰雪特色校的遴选工作有序开展，本区现有3所市级冰雪特色学校，力争在2022年前建设20所区级冰雪特色学校，助力北京冬奥会。推进场地建设，打好发展基础。全面推进本区冰雪场地设施建设，在莲花山滑雪场投入929万元建设一座可拆装制冷冰场；在城南体育中心建成全市唯一一座带座席的区级室内冰场，形成东有张镇莲花山雪场、南有仁和镇城南体育中心四季冰场、北有牛栏山镇乔波四季滑雪馆，春夏秋冬各具特色、冰上雪上协调并进的良好局面，超额完成市政府《关于加快冰雪运动发展的意见（2016－2022）》规定的目标。

（区体育局）

【竞技人才培养】年内，成立11支冰雪队伍，冬季项目运动员注册人数500余人，培养冰雪运动指导员、教练员和冰雪项目教师1000余人。通过引进国家高山滑雪队来本区集训，不断提高全区滑雪项目的竞技水平，其中，7名顺义区体校运动员入选国家高山滑雪队，3人赴奥地利、2人赴美国、2人赴瑞士进行国外专业训练，不断为冬奥会培养后备人才。在北京市第一届冬季运动会中本区组织280人代表团参加竞技组、群众组的滑冰、滑雪等11大项比赛，在竞技组比赛中，顺义区获4金4银4铜，位列全市第四名；群众组比赛中包揽冰车、高山滑雪四项男女团体一等奖，总分位列全市第一。

（区体育局）

【产业资源环境不断优化】年内，提档升级，推进大型场馆的建设和综合利用。推动顺义区城南体育中心项目、城南体育中心配套设施建设项目和顺义区青少年体育馆建设3项重点工程。其中，顺义区城南体育中心移交至区体育局。完成市运会柔道、拳击项目的承办任务，完成北京现代汽车有限公司职工运动会、2018年南航北京地区田径运动会、顺义区全民健身宣传周启动仪式等10余项大型赛事活动的保障工作。

（区体育局）

【体育彩票销售】年内，顺义体

彩紧紧围绕便利性为核心的发展方向，以扩大销售渠道规模、提升网点形象质量、创新多业态销售渠道为引领，不断优化网点布局，使众多偏远地区的彩民购票更加便利。截至12月，全区发展新兴网点20家，累计发展彩票站120家，电脑销售和即开型体彩销售合计完成2亿元，超额完成全年任务的10%。

（区体育局）

【强化体育市场管理责任担当】 年内，定期组织对体育行业领域的安全生产形势进行研判，对重点安全风险源、重大安全隐患等做到情况熟、状况明。严格贯彻落实《经营高危险性体育项目许可管理办法》，对全区53家取得经营高危险性体育项目行政许可证的经营单位开展安全生产执法检查。2018年执法队检查经营单位284家次，发现安全生产隐患217个，下达限期责令改正通知书14份；行政处罚3起，行政罚款4万元，全年无安全生产事故。

（区体育局）

【首届“莲花山杯·青少年高山回转比赛”】 2月24日，顺义首届“莲花山杯·青少年高山回转比赛”举办。来自黑龙江尚志市、北京市海淀区及顺义区的20名中小学生参与比赛。本次比赛面向中小学生，分为初赛和决赛两场，决赛男女各10人，年龄从8至13岁不等。比赛区别于传统的速度比赛，为高山回转障碍赛，考验选手们的加速、减速、拐弯、冲刺、刹车多项技能。本次比赛共设一、二、三等奖及优秀奖4个奖项。本次比赛中，有17名选手来自张镇中心小学，分获一等奖1个、二等奖2个、三等奖6个。

（区体育局）

【顺义区与冬奥组委主动对接冬奥会筹办工作】 4月12日，区委书记高朋带队赴石景山区与北京冬奥组委对接冬奥会筹办工作。北京冬奥组委秘书长韩子荣，区委副书记于庆丰、副区长李向英参加。座谈会上，双方围绕顺义区服务保障冬奥会筹办的具体工作进行交流。

（区体育局）

索 引

说 明

1. 本索引为主题词索引，又称内容分析索引。主题词（标目）以《北京顺义年鉴2020》正文中出现的专业名词或名词词组、机构名称、会议名称、活动名称、文件名称等为主。

2. 本索引按汉语拼音音序排列。以汉字打头主题词按首字的音序、音调依次排列，音序相同时，则以第二个字排序。以阿拉伯数字和英文字母开头的排在索引的最前面。

3. 本索引的文字部分为主题词，主题词之后的阿拉伯数字表示所在正文中的页码（地址项），数字之后的小写英文字母（a、b、c）分别表示该页的左、中、右栏。主题词后有多个页码的，表示该主题词均在这些位置出现。

4. 特载、大事记、附录及正文中的表格、图片等内容不在索引范围内。

A

B

C

D

E

F

G

H

J

K

L

M

N

P

Q

R

S

T

W

X

Y

Z